Howard Gardner

Dem Denken auf der Spur

Der Weg der Kognitionswissenschaft

Aus dem Amerikanischen von
Ebba D. Drolshagen

Klett-Cotta

Greif-Buch 1992[1]
nach der Ausgabe von 1989[1]
Verlagsgemeinschaft Ernst Klett Verlag –
J. G. Cotta'sche Buchhandlung
Die Originalausgabe erschien unter dem Titel
„The Mind's New Science.
A History of the Cognitive Revolution"
bei Basic Books, Inc., New York

Printed in Germany
Schutzumschlag: Klett-Cotta-Design
Gesetzt aus der 9½ Punkt Novarese Buch von
Setzerei Lihs, Ludwigsburg
Gedruckt auf säurefreiem und holzfreiem
Werkdruckpapier und gebunden von
Clausen & Bosse, Leck

Für wissenschaftliche Beratung dankt der Verlag
Frau Dr. Margrit Glaser, Tübingen

Die Deutsche Bibliothek – CIP-Einheitsaufnahme
Gardner, Howard:
Dem Denken auf der Spur : der Weg der
Kognitionswissenschaft / Howard Gardner. Aus dem Amerikan.
von Ebba D. Drolshagen. – Nach der Ausg. von 1989. –
Stuttgart : Klett-Cotta, 1992
(Greif-Bücher)
Einheitssacht.: The mind's new science ⟨dt.⟩
ISBN 3-608-95866-5

Meinen Eltern,
Hilde Weilheimer Gardner
und Ralph Gardner

Inhalt

Kognition: Ausdruck für jeden Prozeß, durch den das Lebewesen Kenntnis von einem Objekt erhält oder sich seiner Umwelt bewußt wird. Zur Kognition zählen: Wahrnehmung, Erkennen, Vorstellen, Urteilen, Gedächtnis, Lernen, Denken, oft auch Sprache.

H. *Wagenknecht*,
Herder-Lexikon der Psychologie

Vorwort

Mitte der siebziger Jahre hörte ich zum ersten Mal den Ausdruck *Kognitionswissenschaft*. Als Psychologe, der sich für Kognition interessiert, war ich natürlich neugierig auf Methoden und den Gegenstandsbereich dieser neuen Wissenschaft. Da ich keine systematischen Darstellungen dazu finden konnte und Nachfragen bei Kollegen mich nur verwirrten, beschloß ich, dem weiter nachzugehen. Die Beschäftigung mit Veröffentlichungen selbsternannter Kognitionswissenschaftler überzeugte mich, daß die Kognitionswissenschaft tief in der Philosophie wurzelt und somit in gewissem Sinn eine lange Geschichte hat. Zugleich ist das Fach so neu, daß seine führenden Vertreter alle am Leben, einige sogar noch recht jung sind.

Mir scheint es sinnvoll und lohnend, eine Untersuchung durchzuführen, bei der ich mich im wesentlichen auf das stützen wollte, was die Begründer dieser Forschungsrichtung sowie deren gegenwärtig aktivste Vertreter sagen. Aber statt für eine Geschichte aus Augenzeugenberichten oder für eine Reportage über aktuelle Forschungen (beides wurde später von anderen Autoren geleistet) entschied ich mich für eine Darstellung der Kognitionswissenschaft, die es mir erlauben würde, auch längerfristige Aspekte einzubeziehen — die philosophischen Ursprünge, die Geschichte einer jeden beteiligten Einzeldisziplin, die wichtigsten neueren Arbeiten und meine eigene Einschätzung der Zukunftsaussichten dieses ambitionierten Wissenschaftszweiges.

Es war meiner Aufmerksamkeit nicht entgangen, daß die *Alfred P. Sloan Foundation* zu den wichtigsten Förderern der Kognitionswissenschaften gehörte. Daher erkundigte ich mich bei ihrem Programmdirektor Kenneth Klivington nach den Möglichkeiten, eine Geschichte der Kognitionswissenschaft zu schreiben. Zu meiner Freude zeigte sich die *Foundation* interessiert, und Anfang 1981 begann ich meine Recherchen. Ich möchte allen in der Verwaltung der *Sloan Foundation* sowie ihren verantwortlichen Programmdirektoren Kenneth Klivington und Eric Wanner danken, die meine Bemühungen um die Fertigstellung dieses etwas gewagten Unternehmens uneingeschränkt unterstützten.

Während meiner Recherchen interviewte ich sowohl in den Vereinigten Staaten als auch in anderen Ländern Dutzende von Kognitionsforschern oder führte informelle Gespräche mit ihnen. Soweit ich mich erinnere, lehnte keiner der Wissenschaftler, an die ich mich wandte, ein Interview ab; die meisten — sogar die, die der Kognitionswissenschaft skeptisch gegenüber standen — waren zuvorkommend und gaben bereitwillig Auskunft. Ich bedauere, daß ich nach einiger Zeit mit den Interviews aufhören und mit dem Schreiben beginnen mußte, und noch mehr bedauere ich, daß ich die Arbeit etlicher Gesprächspartner, von denen ich viel gelernt habe, letztendlich in diesem Buch nicht berücksichtigen konnte. Hätte ich auch nur die Hälfte aller Arbeiten aufgenommen, die es wert sind, ausführlicher erwähnt zu werden, wäre dieses Buch um ein mehrfaches dicker geworden, als es bereits ist.

Zuerst möchte ich jene nennen und ihnen danken, die sich mit mir bereitwillig über ihre Arbeit und das Gebiet der Kognitionswissenschaft unterhielten. (Ich muß mich auch bei allen entschuldigen, die ich in dieser Aufzählung aus Versehen ausgelassen habe.) Ich stehe in der Schuld von Jonathan Adler, Allan Allport, John Anderson, Dana Ballard, Jon Barwise, Elizabeth Bates, Brent Berlin, Ned Block, Daniel Bobrow, Margaret Boden, Stanley Brandes, Joan Bresnan, John Seely Brown, Roger Brown, Jerome Bruner, Peter Bryant, Alfonso Caramazza, Noam Chomsky, Gillian Cohen, Michael Cole, Roy D'Andrade, Daniel Dennett, Hubert Dreyfus, Jerome Feldman, Charles Fillmore, Jerry Fodor, Michael Gazzaniga, Clifford Geertz, meines verstorbenen und hochgeschätzten Mentors Norman Geschwind, Samuel Glucksberg, Nelson Goodman, Charles Gross, Patrick Hayes, Geoffrey Hinton, Stephen Isard, Philip Johnson-Laird, Ronald Kaplan, Paul Kay, Samuel Hay Keyser, Stephen Kosslyn, George Lakoff, Jean Lave, Jerome Lettvin, Robert LeVine, Claude Lévi-Strauss, Christopher Longuet-Higgins, John McCarthy, Jay McClelland, Jean Mandler, Alexander Marshack, John Marshall, Jacques Mehler, Susanna Millar, George Miller, Marvin Minsky, Julius Moravcsik, John Morton, Ulric Neisser, Freda Newcombe, Allen Newell, Donald Norman, Daniel Osherson, Domenico Parisi, Stanley Peters, Michael Posner, Karl Pribram, Hillary Putnam, Raj Reddy, Richard Rorty, Eleanor Rosch, David Rumelhart, Roger Schank, Israel Scheffler, John Searle, Robert Siegler, Herbert Simon, Aaron Sloman, Brian Cantwell Smith, Stuart Sutherland, Leonard Talmy, Sheldon Wagner, Terry Winograd und Edgar Zurif.

Mehrere Freunde und Kollegen waren so freundlich, eine oder mehrere frühere Fassungen dieses Buches zu lesen. Ich stehe tief in ihrer Schuld. Ich danke Margaret Boden, Hiram Brownell, Daniel Dennett, Martha Farah, Josef Grodzinsky, Jerome Kagan, Benny Shanon, Eric Wanner, mehreren anonymen Rezensenten sowie meiner Frau Ellen Winner für hilfreiche Kommentare, kritische Anmerkungen und ermunternde Worte. Ich weiß, wie sehr ich von ihren Reaktionen profitiert habe; ich fürchte, für verbliebene Fehler und Mängel bin nur ich verantwortlich.

In den Jahren der Arbeit an diesem Buch hatte ich zum Glück die Unterstützung von Linda Levine, Susan McConnell, Christine Meyer und Claudia Strauss, die als Forschungsassistentinnen fungierten. Meine gegenwärtige Forschungsassistentin Mara Krechevsky leistete mir unschätzbare Hilfe dabei, das Manuskript für die Veröffentlichung fertigzustellen. Darüber hinaus trug sie inhaltlich sehr viel zum Manuskript bei. Ich danke Connie Wolf von der *Harvard University* und Carmella Loffredo von der *Sloan Foundation* für ihre Hilfe. Dolly Appel, Damaris Chapin, Isabel Eccles, Nan Kortz und Laura Stephens-Swannie tippten mit großem Sachverstand das gelegentlich schwer als solches erkennbare Manuskript ab und bearbeiteten es am Wordprocessor. Ganz sicher würden sie sich der Meinung anschließen, die Samuel Johnson über *Paradise Lost* äußerte: „Kein Mensch könnte wünschen, daß es länger wäre."

Wieder hatte ich, wie schon bei meinen letzten drei Büchern, das Glück, daß viele Verlagsangehörige des Hauses Basic Books mich unterstützten. Ich bin den Lektorinnen Judith Greissman und Jane Isay sowie dem Verleger Martin Kessler über alle Maßen dankbar für ihre einfühlsamen Reaktionen auf frühere Fassungen dieses Manuskripts. Linda Carbone leistete gute Arbeit als Ressortlektorin, die Fachlektorin Phoebe Hoss half mir bei vielen Schwierigkeiten der Präsentation und bewies auch ein untrügliches Gespür dafür, wo ich (und, mitunter, die Kognitionswissenschaft) zu kurz griffen. Sie läuft Gefahr, in ihrem nächsten Leben selbst Kognitionsforscherin zu werden.

Am meisten freue ich mich über die Möglichkeit, dieses Buch meinen Eltern zu widmen.

HOWARD GARDNER
Cambridge, Massachusetts
April 1985

Teil I:
Die kognitive Wende

1. Einführung: Womit Menon ringt

> Daß wir aber, wenn wir glauben, das suchen zu müssen, was wir nicht wissen, besser werden und mannhafter und weniger träge, als wenn wir glauben, was man nicht wisse, sei nicht möglich zu finden, und man müsse es also auch nicht erst suchen, dafür möchte ich allerdings streiten, wenn ich es könnte, mit Wort und Tat.
>
> *Sokrates in Platons „Menon"*

> Die sicherste allgemeine Charakterisierung der europäischen Philosophiegeschichte lautet, daß sie aus etlichen Fußnoten zu Platon besteht.
>
> *Alfred North Whitehead*

Die Fragen der Griechen

In *Menon*, einem Dialog Platons, befragt Sokrates einen jungen Sklaven eindringlich zu seinem Wissen über die Geometrie. Zunächst scheint der Sklave recht kundig und bestätigt rasch, ein Quadrat mit einer Seitenlänge von zwei Fuß umfasse vier Quadratfuß. Aber als der Sklave, in Beantwortung einer von Sokrates gestellten Aufgabe, behauptet, eine Figur von acht Quadratfuß habe eine Seitenlänge von vier Fuß, zeigt Sokrates, daß der Junge völlig durcheinander ist und nicht erkennt, daß die Seitenlänge die Quadratwurzel aus Acht sein muß.

Das Mittelstück des Dialoges besteht aus vielen Fragen und Antworten in bewährter sokratischer Manier. In diesem Austausch gelingt es dem Philosophen schließlich, aus dem Jungen zum einen das Wissen hervorzulocken, daß ein Quadrat mit einer Seitenlänge von vier Fuß in Wahrheit sechzehn Quadratfuß umschließen würde — das heißt eine Fläche, die zweimal größer ist, als er vermutet hatte —, und zum zweiten das Wissen, daß man durch geometrische Operationen ein Quadrat, das tatsächlich acht Quadratfuß hat, in dieses größere Quadrat einpassen kann. Damit hat Sokrates zu seiner und Menons, des Herrn des Sklaven, Befriedigung demonstriert, daß der junge Mann in sich alles Wissen hat, das erforderlich ist, um die verschiedenen in Frage stehenden geometrischen Relationen zu berechnen.

In diesem Platon'schen Dialog ging es um sehr viel mehr als nur darum, den Wissensstand eines einzelnen Sklavenjungen zu prüfen. Hier wurde vielleicht zum ersten Mal in der Geistesgeschichte der Menschheit ausgiebig über die Natur von Wissen nachgedacht: Woher kommt es, worin besteht es, wie ist es im menschlichen Geist repräsentiert? Und obendrein unterbreitet Platon auch eine bestimmte — wenn auch letztendlich höchst umstrittene — Theorie menschlichen Wissens.

Platon (und, so steht zu vermuten, auch Sokrates) sah die Domäne des Wissens *par excellence* in der Mathematik sowie in den exakten Wissenschaften, die sie begründet hatte. Ja, die reinsten Formen des Wissens waren idealisierte Formen oder Archetypen, die in der irdischen Realität nur flüchtig erspäht werden können. Ein Verständnis geometrischer Probleme — ja aller Bereiche wahren Wissens — war der menschlichen Seele schon bei der Geburt gegeben. Aufgabe des Unterrichtens war, wie der Dialog des *Menon* vorführt, lediglich das Bewußtmachen dieses angeborenen Wissens.

Das Interesse der Griechen am Wesen des Wissens lebte, ebenso wie ihre besonders umstrittenen Theorien und evokativen Bilder, in der abendländischen Geistesgeschichte weiter. Die Philosophie des Aristoteles war ein Eckpfeiler des Mittelalters; damals blieben Dispute über Wissen prinzipiell den Theologen vorbehalten. Während der Renaissance und der Aufklärung führten Philosophen die Debatte fort und zogen bald auch regelmäßig Ergebnisse der gerade entstehenden empirischen Wissenschaften heran. Denker wie Descartes, Locke und Kant befaßten sich ebenso mühelos mit theoretischen wie mit empirischen Problemen des Wissens, und der neapolitanische Gelehrte Giambattista Vico hob sogar eine Neue Wissenschaft (*Scienza Nova*) aus der Taufe, die sich mit diesen und verwandten Themen befassen sollte. Bis zum ausgehenden neunzehnten Jahrhundert war eine Flut neuer Wissenschaften und philosophischer Spezialgebiete entstanden, von denen sich etliche der Natur des menschlichen Geistes widmeten.

Bewaffnet mit Hilfsgeräten und Konzepten, die noch vor hundert Jahren unvorstellbar waren, erforscht heute eine neue Riege von Denkern, die man „Kognitionsforscher" nennt, viele Fragen, die schon vor zweieinhalb Jahrtausenden die Griechen fesselten. Wie ihre damaligen Kollegen, so fragen sich Kognitionsforscher heute, was es bedeutet, etwas zu wissen und richtige Überzeugungen zu haben oder unwissend oder im Irrtum befangen zu sein. Sie wollen verstehen, was man weiß — die Objekte und Subjekte der Außenwelt — und den Menschen verstehen, der weiß — seinen* Wahrnehmungsapparat, seine Lernmechanismen, sein Gedächtnis und seine Rationalität. Sie denken über die Ursprünge des Wissens nach: Woher kommt es, wie wird es gespeichert und abgerufen, wie kann es verloren gehen? Sie wollen mehr über Unterschiede

* Zur besseren Lesbarkeit des Textes verwende ich durchgängig das Maskulinum als grammatisches Geschlecht sowie das Pronomen *er* im gattungsspezifischen Sinn.

zwischen Individuen wissen: Wer lernt früh oder nur unter Schwierigkeiten; was kann ein Kind wissen oder jemand aus einer schriftlosen Kultur, jemand, der eine Gehirnverletzung erlitten hat, ein Wissenschaftler auf der Höhe seiner Leistungsfähigkeit?

Des weiteren stellen Kognitionsforscher, auch hier den Griechen vergleichbar, Vermutungen über die verschiedenen Wissensvehikel an: Was ist eine Gestalt, eine Vorstellung, ein Begriff, ein Wort, und wie stehen diese „Repräsentationsmodi" miteinander in Verbindung? Sie fragen nach der Priorität spezifischer Sinnesorgane im Gegensatz zu einem zentralen „Allgemeinverständnis" oder dem „gesunden Menschenverstand". Sie denken über Sprache nach, bemerken die Macht und die Fallstricke beim Gebrauch von Wörtern und auch deren vielleicht allesbeherrschende Auswirkung auf Denken und Überzeugungen. Und sie spekulieren ausgiebig darüber, worin eigentlich das Wesen von Wissen besteht: Warum wollen wir überhaupt etwas wissen, welchen Beschränkungen unterliegt Wissen und wo verläuft die Grenze des wissenschaftlichen Wissens über menschliches Wissen?

In ihrem Bemühen, die Natur menschlichen Wissens zu enträtseln, geht diese Wissenschaft also auf die Griechen zurück. Zugleich ist sie jedoch radikal neu. Kognitionswissenschaftler begnügen sich nicht mit Spekulationen am Schreibtisch, sie haben sich empirischen Methoden verschrieben, mit denen sie ihre Theorien und Hypothesen überprüfen und mit denen sie sie auch widerlegbar machen. Ihre entscheidenden Fragen sind nicht nur ein Abklatsch der griechischen Fragen: Neue Disziplinen wie die „Künstliche Intelligenz" sind entstanden; neue Fragen wie die, ob von Menschen gemachte Maschinen das Potential zum Denken haben, spornen die Forschung an. Die Kognitionswissenschaftler nutzen auch die neuesten wissenschaftlichen und technologischen Errungenschaften. Von zentraler Bedeutung für ihr Unterfangen ist der Computer — jenes Produkt der Mitte unseres Jahrhunderts, das unsere Vorstellungen von der Welt, in der wir leben, und unser Bild des menschlichen Geistes zu verändern verspricht.

Was ist Kognitionswissenschaft?

Wenn ein neuer Wissenschaftszweig entworfen und begründet wird, schaffen sich viele seiner Vertreter ihre eigenen Definitionen. Seit Anfang der siebziger Jahre, als man den Begriff *Kognitionswissenschaft* häufiger zu hören begann, haben Dutzende von Wissenschaftlern versucht, Wesen und Gegenstandsbereich dieses Faches zu definieren (siehe z. B. im Literaturverzeichnis Bruner 1983; Collins 1977; Mandler 1981; Miller 1979; Norman 1980; Rumelhart 1982). Deshalb ist es für mich wichtig, gleich zu Beginn festzuhalten, was ich unter Kognitionswissenschaft verstehe.

Ich definiere Kognitionswissenschaft als einen zeitgenössischen Versuch, sehr alte erkenntnistheoretische Fragen auf empirischem Wege zu beantworten

— vor allem die Fragen, welche sich mit der Natur des Wissens, dessen Komponenten, dessen Ursprüngen, dessen Entfaltung und dessen Anwendung befassen. Der Begriff *Kognitionswissenschaft* wird zwar mitunter so weit ausgelegt, daß er alle Wissensformen umfaßt — belebte wie unbelebte, menschliche wie nichtmenschliche; ich aber verwende ihn vor allem für den Versuch, menschliches Wissen zu erklären. Ich möchte herausfinden, ob Fragen, die unsere philosophischen Ahnen fesselten, endgültig beantwortet, sinnvoll neu gestellt oder für immer begraben werden können. Die Kognitionswissenschaft ist heute in der Lage, die Lösungen zu finden.

Unter den Merkmalen oder Aspekten, die gemeinhin mit kognitionswissenschaftlicher Forschung in Verbindung gebracht werden, halte ich fünf für entscheidend. Selbstredend würde nicht jeder Kognitionswissenschaftler alle fünf unterschreiben; diese Merkmale können aber als symptomatisch gelten: Weist eine Forschungsarbeit alle oder die meisten dieser Merkmale auf, so handelt es sich wahrscheinlich um Kognitionswissenschaft; sind wenige oder keine vorhanden, bewegt man sich außerhalb meiner Definition der Kognitionswissenschaft. Ich werde diese Merkmale am Ende des dritten Kapitels ausführlicher vorstellen und immer wieder auf sie zurückkommen, aber es ist wichtig, hier erste Bekanntschaft mit ihnen zu schließen.

An erster Stelle steht die Annahme, daß sich über die kognitive Aktivität des Menschen nur sprechen läßt, indem man von „mentaler Repräsentation" (davon später mehr) ausgeht und sie auf einer Ebene analysiert, die von der biologischen oder neurologischen einerseits sowie von der soziologischen oder kulturellen andererseits völlig getrennt ist.

An zweiter Stelle steht die Überzeugung, daß der Elektronenrechner für unser Verständnis des menschlichen Denkens von zentraler Bedeutung ist. Computer sind nicht nur unabdingbar, um die verschiedensten Untersuchungen durchzuführen, der Computer dient auch, und dies ist entscheidender, als sinnfälligstes Modell für die Funktionsweise des menschlichen Geistes.

Diese ersten beiden Merkmale stellen die zentralen Annahmen der modernen Kognitionswissenschaft dar; die folgenden drei sind methodologischer oder strategischer Natur. Als nächstes folgt die bewußte Entscheidung, bestimmten Faktoren wenig Gewicht beizumessen, die zwar für kognitives Funktionieren wichtig sein mögen, deren Berücksichtigung zum gegenwärtigen Zeitpunkt jedoch das ganze Unternehmen unnötig komplizieren würde, so zum Beispiel der Einfluß affektiver Faktoren oder Emotionen, der Beitrag historischer und kultureller Faktoren und die Rolle des kontextuellen Hintergrundes, vor dem bestimmte Handlungen oder Gedanken auftreten.

Das vierte Merkmal: Kognitionswissenschaftler sind der Überzeugung, daß interdisziplinäres Arbeiten große Vorteile birgt. Gegenwärtig sind die meisten Forscher noch bestimmten Einzeldisziplinen verhaftet, vor allem der Philosophie, Psychologie, Künstlichen Intelligenz, Linguistik, Anthropologie und der Neurowissenschaft. (Diese Disziplinen werde ich auch gesondert als „Kognitionswissenschaften" bezeichnen.) Man hofft aber, daß die Grenzen zwischen diesen Disziplinen eines Tages weniger starr sein, vielleicht völlig verschwinden werden, und dann eine einzige, einheitliche Kognitionswissenschaft entsteht.

Das fünfte, etwas umstrittene Merkmal ist die Feststellung, daß die moderne Kognitionswissenschaft entscheidend von genau den Fragen und Interessen geprägt ist, mit denen man sich in der abendländischen Erkenntnisphilosophie schon seit langem beschäftigt. Ich finde es geradezu unvorstellbar, daß es die Kognitionswissenschaft gäbe — oder gar in ihrer gegenwärtigen Form gäbe — wäre da nicht eine philosophische Tradition, die bis in die griechische Antike zurückreicht.

Ziel und Aufbau dieses Buches

Ich wollte ein Buch über Kognitionswissenschaft schreiben, weil ich dieses Gebiet für die aufregendste neue Forschungsrichtung halte, der sich Wissenschaftler in den letzten Jahrzehnten zugewandt haben. Ob sie letztendlich all ihre Ziele erreichen wird, kann gegenwärtig niemand sagen; jetzt aber scheint ein günstiger Zeitpunkt für einen historischen Überblick und eine aktuelle Bestandsaufnahme. Ich hoffe, ich kann allen Zeitgenossen der ersten Jahrzehnte der Kognitionswissenschaft ein wenig von dem Enthusiasmus vermitteln, den ich gespürt habe, etwas von den Schwierigkeiten, denen zu begegnen ist, und auch ein wenig von der Arbeitsweise der Forschungen, mit denen die Wissenschaftler gegenwärtig befaßt sind.

Mein historischer Abriß hat zwei Teile. Der erste besteht aus den verschiedenen interdisziplinären Diskussionen und Projekten unseres Jahrhunderts — solche, die der inoffiziellen Etablierung der Kognitionswissenschaft Mitte der fünfziger Jahre vorausgingen und solche, die sie begleiteten. In den folgenden beiden Kapiteln erzähle ich, wie die Kognitionswissenschaft gegründet wurde. Der zweite Teil — der sich über die Kapitel vier bis neun erstreckt — besteht aus kurzen, schwerpunktorientierten Überblicken über die Geschichte der erwähnten sechs Zweige der Kognitionswissenschaft. (Wir hätten andere Disziplinen, zum Beispiel Soziologie oder Ökonomie, hinzufügen, die „Grenzdisziplinen" Anthropologie und Neurowissenschaften auslassen können; ich denke aber, daß die wesentlichen Punkte an diesen sechs Fächern verdeutlicht werden können.) Ich bin der Auffassung, daß ein kurzer, schwerpunktorientierter Abriß der Geschichte jener Einzeldisziplinen optimal in die wesentlichen Fragen unserer Tage einführt, in die Art und Weise, wie diese Fragen heute angegangen und erforscht werden, sowie in die Richtung, die die Forschung vermutlich künftig einschlagen wird.

Ich habe als Leitfaden für jedes historische Kapitel ein oder zwei größere Themen gewählt, um ein Gefühl dafür zu vermitteln, welche Fragen immer wieder auftauchen und welche Methoden für eine bestimmte Disziplin besonders wichtig sind. So skizziere ich beispielsweise in der Philosophie die ewige Debatte zwischen Vertretern des Rationalismus (nach deren Ansicht der Geist

Erfahrungen aktiv auf der Basis bereits existierender Schemata organisiert) und Philosophen mit empiristischen Präferenzen (für die mentale Prozesse eine Widerspiegelung der Informationen der Außenwelt sind). In der Anthropologie betrachte ich verschiedene, im Lauf der Jahre gemachte Versuche, das Denken von Naturvölkern mit dem Denken der typischen Vertreter der modernen westlichen Gesellschaft zu vergleichen. Danach nähere ich mich diesen Fachgebieten aus methodologischer Sicht und stelle die Frage, ob die Philosophie schließlich von einer empirisch fundierten Kognitionswissenschaft verdrängt werden wird und ob die Anthropologie jemals über die individuelle Fallstudie hinausgehen kann (oder gar sollte).

Solche strukturierenden Leitthemen können natürlich nur die Oberfläche des komplexen Terrains ankratzen, das jeder Wissenschaft zugrundeliegt. Aber ich hoffe trotzdem, mit solchen Leitthemen vermitteln zu können, wie sich ein Linguist einer Fragestellung nähert, was ein Psychologe als Problem (und was als Antwort) erachtet, was in den Neurowissenschaften und der Künstlichen Intelligenz als Fortschritt gilt. Erst durch diese Beschäftigung mit den Problemen, denen sich der Kognitionswissenschaftler einer bestimmten Disziplin Tag für Tag (und Jahr für Jahr) widmet, sind die Möglichkeiten — und Schwierigkeiten — abschätzbar, die sich auftun, wenn Vertreter unterschiedlicher Fachgebiete zusammenarbeiten. Am Ende eines jeden Abrisses werde ich für jede Einzeldisziplin Bilanz ziehen und zeigen, wie es gegenwärtig um die jeweils wichtigsten Streitpunkte steht — und diese Diskussion wird ihrerseits auf einige grundlegende Faktoren verweisen, die Kognitionsforscher dazu veranlaßt haben, sich zusammenzutun.

Jeder historische Abriß ist zwar in sich abgeschlossen, durch die Gegenüberstellung aber ergeben sich faszinierende und schwer vorhersehbare Parallelen. Wissenschaftsgebiete entwickeln sich nicht im luftleeren Raum: So disparate Faktoren wie die Verbreitung von Darwins umwälzenden Ideen, Kriegsausbrüche, das Aufblühen bedeutender Universitäten fanden ihren Niederschlag — einen mitunter revolutionierenden Niederschlag — in scheinbar weit auseinanderliegenden Wissensbereichen, die kaum in unmittelbarer Verbindung zueinander standen. Zumeist werde ich solche Parallelen einfach deutlich werden lassen, am Anfang des dritten Teils aber werde ich gewisse historische Kräfte benennen, die einige Kognitionswissenschaften ganz offenbar beeinflußt haben.

Nachdem ich die einzelnen Disziplinen vorgestellt habe, gehe ich im dritten Teil auf Arbeiten unserer Tage ein, die mit Fug und Recht kognitionswissenschaftlich zu nennen sind. Daher verschiebt sich in den Kapiteln zehn bis dreizehn der Schwerpunkt von Arbeiten im Rahmen herkömmlicher Disziplinen zu Forschungen, die ganz eindeutig am Schnittpunkt mehrerer Disziplinen angesiedelt sind und daher als prototypisch für eine einzige, einheitliche Kognitionswissenschaft gelten können. Ich habe mich bemüht, herausragende Arbeiten zu wählen: Will man die Kognitionswissenschaft als intellektuelles Projekt bewerten, sollte man dies anhand ihrer besten Leistungen tun.

Diese vier Kapitel über die heutigen kognitionswissenschaftlichen Arbeiten sind in ihrem Aufbau gleich. Meiner These folgend, daß die Kognitionswissenschaft sich um die Klärung grundlegender philosophischer Fragen bemüht, fängt jedes Kapitel mit einem alten erkenntnistheoretischen Problem an. Im zehnten Kapitel beispielsweise beschreibe ich Arbeiten über unsere Art, die Welt wahrzunehmen; im dreizehnten Kapitel geht es um widerstreitende Ansichten über den Grad menschlicher Vernunft. Zudem beginne ich in diesen Kapiteln jeweils mit scheinbar ganz begrenzten Fragestellungen und komme schließlich zu den globalen. Die fundiertesten Antworten, und dies kann nicht verwundern, gibt es auf sehr spezifische Fragen, während die globalen Problemstellungen noch weitestgehend ungelöst sind.

Meine eigenen Gedanken zur Kognitionswissenschaft bleiben dem letzten Kapitel vorbehalten. Dort werde ich mich erneut den wichtigsten Fragen der Kognitionswissenschaft zuwenden, nun im Licht der historischen Abrisse und der besprochenen interdisziplinären Arbeiten, und mich zwei Grundthemen widmen, die sich aus dieser Forschung ergeben und von denen im dritten Kapitel ausführlicher die Rede sein wird: Ich habe diese beiden Themen das „Paradox der Computerwissenschaft" und die „Aufgabe der Kognitionswissenschaft" genannt und glaube, die Zukunft der Kognitionswissenschaft hängt davon ab, wie diesem Paradox begegnet, wie jene Aufgabe gelöst wird.

Man könnte sagen, daß die Kognitionswissenschaft eine sehr lange Vergangenheit, aber eine relativ kurze Geschichte hat. Der Grund dafür ist, daß ihre Wurzeln bis in die Antike zurückreichen, sie sich aber erst in den letzten Jahrzehnten zu einem anerkannten Forschungsbereich entwickelt hat. Die Behauptung ist sicher zutreffend, daß alle ihre Komponenten schon in der ersten Jahrhunderthälfte vorhanden waren und die eigentliche Geburt dann unmittelbar nach der Jahrhundertmitte stattfand. Warum die Kognitionswissenschaft ausgerechnet damals und ausgerechnet in dieser Form entstand, ist mein Thema für die noch verbleibenden Kapitel des ersten Teils.

2. Ein Fundament für die Kognitionswissenschaft

Das Hixon-Symposium und die Kampfansage an den Behaviorismus

Im September 1948 trafen sich auf dem Gelände des *California Institute of Technology* einige bedeutende Wissenschaftler verschiedener Disziplinen zu einer Konferenz über „zerebrale Verhaltensmechanismen", die von der Hixon-Stiftung finanziert wurde (Jeffress 1951). Gegenstand dieser Konferenz waren Gespräche über die klassische Frage, wie das Nervensystem das Verhalten steuert. Aber die Diskussionen gingen sehr viel weiter, als das offizielle Thema vermuten ließ. So zog der erste Redner, der Mathematiker John von Neumann, verblüffende Vergleiche zwischen Elektronenrechnern (diese Erfindung war damals so neu, daß sie im Ruch der Science fiction stand) und Gehirn (das es schon etwas länger gab).* Der nächste Redner, der Mathematiker und Neurophysiologe Warren McCulloch, nutzte den provozierenden Titel seines Vortrages („Warum das Denken im Kopf ist"), um eine weitreichende Erörterung zu dem Thema zu beginnen, wie das Gehirn Informationen verarbeitet; wie von Neumann wollte auch er bestimmte Parallelen zwischen Nervensystem und „logischen Maschinen" nutzen, um herauszubekommen, warum wir die Welt so wahrnehmen, wie wir sie wahrnehmen.

Der folgende Redner war mit den jüngsten Entwicklungen der Technik weniger vertraut, dafür um so versierter, wenn es darum ging, menschliches Verhalten zu erklären: Der Psychologe Karl Lashley hielt den innovativsten und denkwürdigsten Vortrag. Er sprach über „Das Problem serieller Ordnung im Verhalten", zog eine Lehre (oder ein Dogma) in Zweifel, das einige Jahrzehnte lang die psychologische Wissenschaft beherrscht hatte, und entwickelte eine völlig neue Forschungsperspektive. In meiner eigenen Terminologie gesprochen, benannte Lashley einige Hauptkomponenten, die jede Kognitionswissenschaft braucht, und kritisierte zugleich jene Kräfte, die deren Entstehen bis dahin verhindert hatten.

Um den Stellenwert von Lashleys Bemerkungen würdigen zu können, muß man das wissenschaftliche Klima bedenken, in dem er (und seine vielen Kollegen, die sich für Humanpsychologie interessierten) in den vorangegangen Jahr-

---

* Eine Übersetzung des Hixon-Vortrages John von Neumanns findet sich in: Kursbuch 8, März 1967. [A. d. Ü.]

zehnten gearbeitet hatten. Um die Jahrhundertwende hatten sich Forscher, in der Folge neu gegründeter Humanwissenschaften, den zentralen Problemen des mentalen Lebens zugewandt: dem Denken, Problemlösen, der Natur des Bewußtseins, den einzigartigen Aspekten menschlicher Sprache und Kultur. Diese Diskussionen standen in der Tradition der philosophischen Fragestellungen des Abendlandes, die Wissenschaftler aber hatten versucht, durch streng experimentelle Methoden über bloße Spekulationen hinauszugehen.

Leider bevorzugten die meisten Forscher jener Tage die Introspektion als wissenschaftliche Methode: Reflexion seitens eines geschulten Beobachters über Wesen und Verlauf seiner eigenen Denkmuster. Diese Introspektion war zwar suggestiv (mitunter zu suggestiv), führte aber nicht zu jener Art von Wissenszuwachs, die für jede Wissenschaft entscheidend ist. Der Introspektionismus wäre möglicherweise unter seinem eigenen Gewicht zusammengebrochen, wenn er nicht energisch zu Fall gebracht worden wäre, und zwar von einigen, zumeist jungen, zumeist amerikanischen Wissenschaftlern, die als „Behavioristen" bekannt wurden.

Die Behavioristen stellten zwei miteinander verbundene Forderungen auf: Zum einen sollten sich Forscher, die sich für eine Wissenschaft vom Verhalten interessierten, strikt auf objektive Untersuchungsmethoden beschränken, die jeder Wissenschaftler anwenden und quantifizieren konnte. Schluß mit subjektiven Mutmaßungen und privater Introspektion: Wollte eine Disziplin eine empirische Wissenschaft sein, mußten ihre Objekte ebenso beobachtbar sein wie die Nebelkammer des Physikers oder das Reagenzglas des Chemikers. Zweitens sollten sich alle, die sich für eine Wissenschaft vom Verhalten interessierten, ausschließlich auf *Verhalten* konzentrieren: Themen wie Geist, Denken oder Vorstellung, Begriffe wie Plan, Wunsch oder Absicht sollten von Forschern beharrlich gemieden werden. Auch hypothetische mentale Konstrukte wie Symbole, Ideen, Schemata sowie weitere mögliche Formen geistiger Repräsentation waren keinesfalls zu dulden. An solchen Konstrukten, von früheren Philosophen niemals ausreichend geklärt, hatten sich die Vertreter des Introspektionismus die Finger verbrannt. Nach Auffassung der Behavioristen konnte man jedwede psychologische Aktivität hinreichend erklären, ohne zu solchen geistigen Mysterien Zuflucht nehmen zu müssen.

Von großer Bedeutung für das behavioristische Prinzip war der Glaube an den Vorrang und die determinierende Kraft der Umwelt. Menschen handelten nicht aufgrund eigener Ideen oder Intentionen so, wie sie handelten, oder weil ihre kognitive Ausstattung bestimmte autonome Strukturierungstendenzen verkörperte; sie spiegelten vielmehr passiv verschiedene Kräfte und Faktoren ihrer Umwelt wider. Es wurde ein ausgeklügelter Erklärungsapparat mit detaillierten Prinzipien der Konditionierung und Verstärkung konstruiert, um zu erklären, wie Lernen und Verhaltensforschung zustande kommen könnten. Man nahm an, daß die Wissenschaft vom Verhalten, geprägt von Gelehrten wie Iwan Pawlow, B. F. Skinner, E. L. Thorndike und J. B. Watson, in der Lage sein würde, alles zu erklären, was jemand tut, und überdies noch die Umstände, unter denen er es tun kann. (Aus diesem Blickwinkel war es völlig unerheblich, was jemand denkt — es sei denn, Denken wurde einfach als nicht beobachtbares Verhalten neu definiert.) Wie die Mechanik die Gesetze der physikalischen Welt erklärte, so konnten mechanistische Modelle, die auf dem „Reflexbogen"* basierten, menschliches Handeln erklären.

Der Behaviorismus kam vielen Bedürfnissen der Wissenschaftler entgegen, darunter einigen, die völlig legitim waren: dem Unbehagen, introspektiv gewonnene Einsichten ohne irgendeine Handhabe wissenschaftlicher Kontrolle oder Überprüfbarkeit einfach hinzunehmen, einer Unzufriedenheit mit vagen und globalen Konzepten wie *Wille* oder *Absicht* sowie dem Wunsch, menschliches Verhalten mit den gleichen Konstrukten zu erklären, die (mit so offensichtlichen Erfolgen) beim Tierverhalten angewandt wurden. Ja, in der Folge der Komplikationen, die aus dem Vertrauen auf Introspektion entstanden waren (Komplikationen, von denen im vierten Kapitel die Rede sein wird), wirkte der Behaviorismus zu Anfang unseres Jahrhunderts wie ein frischer Windstoß. Kein Wunder, daß er schnell Fuß faßte und die besten Denker einer Forschergeneration für sich einnahm.

Rückblickend aber war der Preis, der für striktes Festhalten am Behaviorismus gezahlt werden mußte, viel zu hoch. Solange der Behaviorismus tonangebend blieb — also während der zwanziger, dreißiger und vierziger Jahre —, konnte man sich den Fragen nach dem Wesen der menschlichen Sprache, nach Planen, Problemlösen, Vorstellen und dergleichen nur verstohlen und unter Schwierigkeiten — wenn überhaupt — nähern. Lashleys Vortrag brachte eine Einsicht auf den Punkt, die damals unter nachdenklichen Wissenschaftlern zunahm, daß nämlich ein Befolgen behavioristischer Prinzipien die wissenschaftliche Erforschung des Geistes unmöglich machte.

Lashley erkannte, daß es nötig sein würde, die Konfrontation mit dem Behaviorismus zu suchen, bevor neue Erkenntnisse über das Gehirn — oder über Elektronenrechner — Eingang in die Psychologie finden konnten. Daher äußerte Lashley am Anfang seines Vortrags die Überzeugung, jede Theorie menschlichen Handelns müsse Erklärungen bieten für so komplex organisiertes Verhalten wie zum Beispiel Tennisspielen, Musizieren und — vor allem — Sprechen. Er erläuterte: „Die Probleme, die in der Organisation von Sprache liegen, scheinen mir typisch für fast jede Art zerebraler Aktivität" (zitiert in Jeffress 1951, S. 121). Mit diesem einen Satz rückte Lashley ein Thema ins Zentrum der Humanpsychologie, das seine behavioristischen Kollegen unter den Teppich gekehrt hatten. Zugleich sei das vorherrschende theoretische Erklärungsmodell in Neurophysiologie wie Psychologie — die einfache Assoziationskette zwischen Reiz und Reaktion nämlich — keinesfalls in der Lage, auch nur eine dieser seriell geordneten Verhaltensweisen zu erklären. Der Grund

---

* Damit ist der schematische Ablauf eines Reflexgeschehens gemeint: Reiz — Reizverarbeitung — Reaktion.

dafür sei, daß sich diese Handlungssequenzen mit solcher Geschwindigkeit entfalteten, daß in der Kette ein Schritt unter keinen Umständen auf dem vorherigen basieren könne: Spielt man beispielsweise ein Arpeggio, ist einfach keine Zeit für Rückmeldung, keine Zeit, daß der nächste Ton vom vorherigen abhängen oder auf irgendeine Weise dessen Verlauf widerspiegeln könnte. Ebenso beziehen sich manche Fehler, die Menschen machen — wie Versprecher —, häufig bereits auf Worte, die in einer Sequenz erst sehr viel später erscheinen. Auch diese Phänomene sind mit linearen „A-evoziert-B"-Ketten nicht erklärbar.

Laut Lashley müssen diese Verhaltenssequenzen im voraus geplant und organisiert werden. Die Organisation stellt man sich am besten hierarchisch vor: Es gibt sehr breit angelegte Gesamtpläne, innerhalb derer immer feinkörnigere Handlungssequenzen aufeinander abgestimmt werden. Nimmt man das Beispiel des Sprechens, dann umfaßt der höchste Hierarchieknoten die übergeordnete Intention, die zur Äußerung führt, während die Wahl der Syntax sowie die tatsächliche Lautproduktion tiefere Hierarchieknoten einnehmen. Das Nervensystem verfügt über einen Gesamtplan oder eine Gesamtstruktur, in die Einzelreaktionen unabhängig von dem spezifischen Feedback der Umwelt eingepaßt werden können — ja eingepaßt werden müssen. Verhalten entsteht nicht als Reaktion auf Umweltanstöße, vielmehr gehen zentrale Hirnprozesse voraus, die festlegen, wie ein Organismus komplexes Verhalten ausführt. Einfacher gesagt, Lashley kam zu dem Schluß, daß Form dem spezifischen Verhalten vorausgeht und es bestimmt: Organisation wird dem Organismus nicht von außen auferlegt, sie entsteht in ihm.

Als Lashley die gängige behavioristische Analyse jener Tage verwarf, sagte er zugleich zweien der wichtigsten Dogmen neurobehavioristischer Forschung den Kampf an: der Annahme, das Nervensystem befinde sich meistens in einem Zustand der Inaktivität, sowie der Annahme, isolierte Reflexe würden nur dann aktiviert, wenn spezifische Stimulationen vorhanden sind. Lashleys Nervensystem bestand aus stets aktiven, hierarchisch organisierten Einheiten, und die Kontrolle ging vom Zentrum aus, nicht von peripherer Stimulation. Wie er sagte: „Alle Versuche, Hirnfunktionen mit den Konzepten des Reflexbogens oder assoziierter Neuronenketten darzustellen, scheinen mir zum Scheitern verurteilt, weil sie von der Annahme eines statischen Nervensystems ausgehen. Alle Ergebnisse, zu denen wir gekommen sind, lassen auf ein dynamisches, ständig aktives System schließen, oder vielmehr auf ein Zusammenwirken vieler interagierender Systeme" (zitiert in Jeffress 1951, S. 135).

Lashley hatte mit den Themen, die er ansprach, und der Art, wie er dies tat, eine radikale Stellung bezogen. Wissenschaftler, deren Gebiet das menschliche Verhalten war, hatten die Erforschung der menschlichen Sprache gescheut, weil sie komplex und als Verhaltensform vergleichsweise „unsichtbar" ist; befaßten sie sich trotzdem mit Sprache, suchten sie in aller Regel Analogien zu einfacheren Verhaltensformen (wie das Durchqueren eines Labyrinths oder die Hackordnung in einem Käfig) bei einfacheren Organismen (wie Ratten oder Tauben).

Nicht nur richtete Lashley seine Aufmerksamkeit auf Sprache, er begeisterte sich auch für ihre Komplexität und war nicht davon abzubringen, daß andere motorische Aktivitäten ebenso kompliziert seien.

Normalerweise erwarten einen Wissenschaftler, der sich gegen die etablierte Lehre stellt, beträchtliche Unannehmlichkeiten. Es geschieht selten, daß bedeutende Forscher (ein ehrgeiziger und oft mißgünstiger Haufen) während einer Konferenz einem Kollegen Ovationen bereiten. Aber aus den Erzählungen derer, die beim Hixon-Symposium dabei gewesen waren, ist ganz deutlich, daß Lashleys Kollegen über die Eigenständigkeit und Brillanz seiner Ausführungen begeistert waren — die zudem von einem Wissenschaftler stammten, der mit der behavioristischen Tradition eng verbunden gewesen war. Lashley selbst dazu: „Einige schmeichelhafte Bemerkungen, die heute fielen, haben mich ziemlich verlegen gemacht" (zitiert in Jeffress 1951, S. 144). Es ist keine Übertreibung, wenn man sagt, daß etablierte Erklärungsweisen zu wanken begannen und daß sich Biologie und Verhaltenswissenschaft mit einer völlig neuen Forschungsaufgabe konfrontiert sahen.

Ein entscheidender Moment

Die Wissenschaftler, die am Hixon-Symposium teilnahmen, befanden sich an einem bedeutenden Scheideweg der Wissenschaftsgeschichte. Sie waren sich der rasanten Fortschritte früherer Jahrhunderte im Bereich der Physik ebenso bewußt wie der jüngsten wissenschaftlichen Durchbrüche in den Bereichen Biologie und Neurologie. Mitte des zwanzigsten Jahrhunderts war man sogar kurz davor, zwei der großen Mysterien der Antike zu enträtseln — das Wesen der unbelebten und das Wesen der belebten Materie. Zugleich jedoch stand die entsprechende Klärung eines dritten Mysteriums, das die antiken Denker ebenfalls fasziniert hatte, noch aus — das Geheimnis des menschlichen Geistes.

Die Teilnehmer des Hixon-Symposiums waren (wie viele Gelehrte ihrer Zeit) sowohl in den Geistes- wie den Naturwissenschaften ausgebildet und daher mit den erkenntnistheoretischen Fragen vertraut, die zunächst die Griechen beschäftigt hatten und während der Aufklärung wesentlicher Bestandteil gelehrter Dispute gewesen waren. Sie wußten, daß sich, in der Folge von Darwins einflußreicher Abhandlung über Ursprung und Evolution der Arten, viele Wissenschaftler bemüht hatten, die Erforschung menschlichen Verhaltens und Denkens genauso rigoros durchzuführen. Jene Gelehrten hatten häufig direkte Bezüge zur Philosophie verschmäht (deren intellektuellen Einfluß sie im Schwinden sahen) und im ausgehenden neunzehnten Jahrhundert eigene Wissenschaftsdisziplinen begründet: Psychologie, Sprachwissenschaften, Anthropologie, Soziologie und verschiedene Neurowissenschaften. Unbestreitbar war, daß diese strebsamen Erforscher der menschlichen Natur es verstanden hatten, sich an den Universitäten eine wirkungsvolle institutionelle Basis zu schaffen; inwieweit allerdings jede dieser neuen Disziplinen zu wichtigen Erkenntnissen gelangt war, blieb um die Jahrhundertmitte immer noch strittig. Schließlich waren die Teilnehmer jenes Symposiums in Pasadena auch bestens vertraut mit dem Wissenschaftsverständnis der Behavioristen. Und sie ahnten alle miteinander — eine Ahnung, die Lashleys zwingend formulierter Vortrag nachhaltig bekräftigte —, daß die behavioristische Antwort auf die Fragen des menschlichen Geistes im Grunde nichts beantwortete.

Aber noch andere Faktoren standen der Gründung einer Kognitionswissenschaft im Weg. Einige philosophische Schulen — der Positivismus, der Physikalismus und der Verifikationismus — paßten hervorragend zum Behaviorismus, da sie Entitäten (wie Konzepte oder Ideen) mieden, die sich nicht umstandslos beobachten oder verläßlich messen ließen. Auch war man von der Psychoanalyse regelrecht berauscht, aber obwohl viele Gelehrte von Freuds Intuitionen gefesselt waren, meinten sie dennoch, eine wissenschaftliche Disziplin lasse sich nicht auf der Grundlage klinischer Interviews und retrospektiv konstruierter individueller Fallstudien aufbauen. Außerdem mißbilligten sie zutiefst die Anmaßung eines Faches, das sich jeder Falsifikation entzog. Zwischen dem „harten Kurs" des behavioristischen Establishments und der ungehemmten Interpretationslust der Freudianer ließ sich auf dem Terrain menschlicher Denkprozesse nur schwerlich ein wissenschaftlich respektabler Pfad ausmachen.

Schließlich hatte auch die politische Weltlage lähmend auf dieses Wissenschaftsprojekt gewirkt. Zunächst war die Elite der europäischen Wissenschaftler durch totalitäre Systeme aufgerieben worden, dann hatte man die Elite der amerikanischen Wissenschaftler gebeten, ihre theoretischen Fragen beiseite zu legen, um zum Gewinn des Krieges beizutragen.

Der Krieg war zwar in vielerlei Hinsicht eine furchtbare Zeit, der zu Tod oder Arbeitsunfähigkeit vieler begabter Forscher führte, aber er förderte bestimmte wissenschaftliche und technologische Aktivitäten. In den Vereinigten Staaten verlangten die Kriegsanstrengungen Rechenmaschinen, die große Zahlenmengen sehr schnell „knacken" konnten. Schon bald waren Elektronenrechner zur Realität geworden. Der Krieg stellte weitere Anforderungen, die man befriedigen mußte. So wurde der Mathematiker Norbert Wiener gebeten, eine präzisere Flugabwehr zu entwickeln. Für diese Arbeit brauchte man „ein gutes Geschütz, ein gutes Projektil und ein Feuerungskontrollsystem, das es dem Schützen erlaubt, die Zielposition zu erkennen, das Waffenkontrollsystem zu korrigieren und den Zünder so zu setzen, daß das Projektil im richtigen Moment detoniert" (zitiert in Heims 1980, S. 183). Als Wiener und ein Kollege, der junge Ingenieur Julian Bigelow, am *Massachusetts Institute of Technology* an diesen Problemen arbeiteten, kamen sie zu dem Schluß, daß es zwischen den Rückkopplungs-Aspekten dieser technischen Geräte und den homöostatischen Prozessen, die dem menschlichen Nervensystem ein zielgerichtetes Handeln ermöglichen, wichtige Parallelen gibt. Diese Vorstellungen von Planung, Absicht und Rückkopplung, entwickelt mit mathematischer Präzision, standen im krassen Widerspruch zur behavioristischen Lehrmeinung.

Der Krieg brachte auch viele Versehrte mit sich, und man bat Mediziner, die Patienten mit Hirnverletzungen betreuten, festzustellen, welche Aufgaben nach einer Verletzung des Nervensystems noch bewältigt werden konnten und welche Funktionen — zeitweilig oder für immer — verloren waren. Daneben gab es etliche Probleme, die personenzentriert waren — von Untersuchungen darüber, wie Propaganda wirkt, bis zur Auswahl von Männern, die zur Führung von Kampfeinheiten geeignet waren —, um die sich die Wissenschaftler dieser Disziplinen kümmern mußten und die zu Ideen führten, auf denen die Humanwissenschaften der Nachkriegszeit aufbauen konnten" (Bruner 1944; Murray 1945; Stouffer et al. 1949). Dies galt auch für andere vom Krieg betroffene Länder, von Alan Turings und Kenneth Craiks Arbeiten an Computern in England bis zu Alexander Lurias präziser Forschungsarbeit mit Hirnverletzten in der Sowjetunion während des Krieges.

Ende der vierziger Jahre machte sich das Gefühl breit — deutlich in Pasadena, keineswegs aber auf diesen Ort beschränkt —, nun könne die Zeit reif sein für einen erneuten und endlich erfolgreichen wissenschaftlichen Sturm auf die Bastion des menschlichen Geistes. Es ist interessant, daß fast alle Arbeiten, die in der Nachkriegszeit Früchte trugen, im Grunde auf älteren theoretischen Überlegungen basierten — auf Arbeiten, die häufig zum Anfang unseres Jahrhunderts zurückreichen. Aber diese Arbeiten waren manchmal in den Schatten der behavioristischen Bewegung geraten, manchmal durch die Kriegsereignisse auf unvorhersehbare Weise verwandelt worden. Diese Ideen, diese Grundpfeiler moderner Bestrebungen der Kognitionswissenschaft, waren den Teilnehmern des Hixon-Symposiums und auch anderen Gelehrten vertraut, die in den vierziger und fünfziger Jahren an den ersten gemeinschaftlichen Anstrengungen zur Gründung der Kognitionswissenschaft beteiligt waren. Nun war es an der Zeit, diese Ideen wissenschaftlich optimal zu nutzen.

Die theoretischen Grundpfeiler

Mathematik und Datenverarbeitung

Die Zeit um die Jahrhundertwende war für Mathematik und Logik von allergrößter Bedeutung. Fast zweitausend Jahre lang hatte die syllogistische Logik, in der Antike von Aristoteles entwickelt, gegolten; dank der Arbeit des Logikers Gottlob Frege aber entstand gegen Ende des neunzehnten Jahrhunderts eine neue Form von Logik, die mit abstrakten Symbolen operierte. Im frühen zwanzigsten Jahrhundert dann versuchten, wie ich im vierten Kapitel näher ausführen werde, die britischen Mathematiker und Logiker Bertrand Russell und

Alfred North Whitehead mit beträchtlichem Erfolg, die Grundgesetze der Arithmetik auf Sätze der Logik zu reduzieren. Das Werk Whiteheads und Russells beeinflußte eine ganze Generation von Mathematikern, so auch Norbert Wiener und John von Neumann, zwei der wichtigsten Mitbegründer der Kognitionswissenschaft.

In den dreißiger Jahren leistete der damals kaum bekannte Brite Alan Turing jene logisch-mathematische Arbeit, die für die Kognitionswissenschaft schließlich entscheidend sein sollte. 1936 entwickelte Turing die Idee einer einfachen Maschine (später „Turingmaschine" genannt), die im Prinzip jede mögliche Berechnung ausführen konnte. Die Vorstellungen, die dieser „theoretischen" Maschine zugrunde lagen, waren einfach. Man brauchte nur ein unendlich langes Band, das man durch die Maschine führen konnte, sowie einen Abtaster, der lesen konnte, was auf dem Band stand. Das Band selbst war in gleich große Quadrate unterteilt, auf denen sich entweder eine Leerstelle oder aber ein Schrägstrich befand. Die Maschine konnte mit dem Band vier verschiedene Dinge tun: es nach rechts bewegen, nach links bewegen, einen Schrägstrich löschen oder einen Schrägstrich aufdrucken. Mit nichts anderem als diesen einfachen Operationen konnte die Maschine jedes Programm ausführen, das sich im Binärcode ausdrücken ließ (beispielsweise einen Code aus Leerstellen und Schrägstrichen). Allgemeiner gesagt: wenn man die Schritte, die zur Erledigung einer Aufgabe nötig waren, klar formulieren konnte, konnte man sie programmieren und von der Turingmaschine ausführen lassen, die einfach das Band (ungeachtet seiner Länge) abtastete und die Anweisungen ausführte (Davis 1958; McCorduck 1979).

Turings Demonstration — und das Theorem, das er bewies — war für Forscher, die sich für Rechner interessierten, von allergrößter Bedeutung. Sie zeigte, daß man mit Hilfe eines Binärcodes (der nur aus „0" und „1" besteht) unendlich viele Programme entwickeln und ausführen konnte und daß man Maschinen konstruieren konnte, die nach diesem Prinzip arbeiteten. Je länger Turing über Rechenmaschinen nachdachte, desto enthusiastischer beurteilte er das Potential, das in ihnen stecken würde. 1950 (kurz bevor er sich, erst Anfang vierzig, das Leben nahm) meinte er sogar, eine Maschine ließe sich so programmieren, daß die Antworten, die sie einem Gesprächspartner gäbe, von denen eines Menschen nicht zu unterscheiden wären — ein Gedanke, der als „Turing-Test" unsterblich wurde. Dieser Test soll alle widerlegen, die bezweifeln, daß ein Computer wirklich denken könne: wenn ein Beobachter die Antworten einer programmierten Maschine nicht von den Antworten eines Menschen unterscheiden könne, dann dürfe man sagen, die Maschine habe den Turing-Test bestanden (Turing 1950).

Wissenschaftler, die sich für das Denken des Menschen interessierten, begriffen die Tragweite dieser Ideen sehr schnell, denn sollte es ihnen gelingen, das Verhalten oder die Denkprozesse eines Organismus präzise zu beschreiben, dann könnten sie vielleicht eine Rechenmaschine bauen, die genauso arbeitete. Dann ließe sich vielleicht mit Maschinen die Plausibilität von Vorstellungen davon überprüfen, wie der Mensch im Grunde funktioniert, und vielleicht könnte man sogar Maschinen bauen, von denen sich guten Gewissens behaupten ließe, daß sie dächten wie ein Mensch.

Auf der Grundlage von Turings Vorstellungen entwickelte John von Neumann den Gedanken, ein Programm zu erstellen, das der Turingmaschine Anweisungen geben würde, sich selbst zu reproduzieren. Dies nun war die entscheidende Idee eines *gespeicherten Programms*; das heißt, der Computer war durch ein Programm steuerbar, das in seinem internen Speicher enthalten war, so daß die Maschine nicht für jede neue Aufgabe mühevoll neu programmiert werden mußte (siehe Goldstine 1972). Erstmals schien vorstellbar, daß ein Computer seine Programme selbst erstellen und ausführen könnte.

Das Neuronenmodell

Andere Überlegungen, die für die Begründer der Kognitionswissenschaft wichtig waren, kamen in den frühen vierziger Jahren von Warren McCulloch, dem zweiten Redner beim Hixon-Symposium, sowie von Walter Pitts, einem jungen Logiker. Auch hier war der Grundgedanke entwaffnend einfach, obwohl die tatsächliche mathematische Analyse alles andere als simpel war. McCulloch und Pitts (1943) zeigten, daß die Operationen einer Nervenzelle und ihrer Verbindungen mit anderen Nervenzellen (ein sogenanntes neurales Netzwerk) sich in der Begrifflichkeit der Logik darstellen ließen. Dabei konnte man sich die Nerven analog zu logischen Aussagen vorstellen; das Alles-oder-nichts-Prinzip der Nerven, zu „feuern" oder nicht zu „feuern", war vergleichbar mit den Wahrheitswerten der Aussagenlogik, in der eine Aussage entweder wahr oder falsch ist (Heims 1980, S. 211). Dieses Modell ermöglichte die Vorstellung, daß ein Neuron aktiviert wird und diese Aktivierung dann auf ein anderes Neuron in gleicher Weise überträgt, wie ein Element oder eine Aussage einer logischen Ableitung eine andere Aussage implizieren kann: So kann, ob es um Logik oder Neuronen geht, A plus B also C implizieren. Daneben konnte man sich die Analogie zwischen Neuronen und Logik auch in Begriffen der Elektrizitätslehre vorstellen — als Signale, die einen Kreis durchlaufen oder nicht durchlaufen. McCullochs und Pitts' Ausführungen kommen zu dem Schluß: „Alles, was erschöpfend und eindeutig zu beschreiben ist ..., läßt sich ... durch ein geeignetes, endliches neuronales Netzwerk realisieren" (von Neumann, zitiert in Bernstein 1982, S. 68).

Die Erfinder der neuen Rechenmaschinen waren fasziniert von McCullochs und Pitts' Ideen. Dank ihrer Überlegungen nahm die Idee einer Turingmaschine jetzt zwei Richtungen — auf ein Nervensystem, zusammengesetzt aus unzähligen Alles-oder-nichts-Neuronen, und auf einen Rechner, der jedes Verfahren umsetzen kann, das sich eindeutig beschreiben läßt. Turing hatte die prinzipielle Möglichkeit sehr leistungsfähiger Rechenmaschinen gezeigt, während McCulloch und Pitts gezeigt hatten, daß man sich mindestens eine ziemlich imponierende Maschine — das menschliche Gehirn nämlich — so vorstellen konnte, daß sie nach logischen Prinzipien und somit wie ein leistungsstarker Elektronenrechner arbeitete.

In letzter Konsequenz mag McCulloch seine eigenen Gedanken zu weit getrieben haben. Er war überzeugt, grundlegende erkenntnistheoretische Probleme könnten ausschließlich durch die Kenntnis des zentralen Nervensystems dargestellt und gelöst werden (McCurdock 1979), und seine Behauptungen über Denken waren sehr eng mit dem verknüpft, was zu seiner Zeit über das Nervensystem bekannt war. Einige Beobachter meinen sogar, die Suche von McCulloch und seinen Mitarbeitern nach einer direkten Entsprechung zwischen Logikmaschinen und Nervensystem sei für die Entwicklung der Kognitionswissenschaft ein Hemmnis gewesen: Statt zu versuchen, Maschinen zu bauen, die das Gehirn physiologisch imitierten, hätte man die Analogien auf sehr viel höherer Ebene entwickeln und weitertreiben sollen — zum Beispiel zwischen dem *Denken* als Teil menschlicher Problemlösungsvorgänge und den *Strategien* eines Computerprogramms (McCarthy 1984). Andererseits ist es zum Teil McCullochs Analyse zu danken, daß wir heute einige der wichtigsten Aspekte des Nervensystems besser verstehen, denn er förderte die Erforschung überaus spezifischer Merkmale einzelner Nervenzellen. Außerdem haben Computerwissenschaftler in allerjüngster Zeit wieder ganz direkt auf Vorstellungen über die Natur von Nervenzellen und deren Verbindungen untereinander zurückgegriffen (siehe Kapitel 10). Alles in allem dürfte der Einfluß seiner umfassenden Bildung ein günstiger Faktor bei der Entstehung der Kognitionswissenschaft gewesen sein.

Die Synthese der Kybernetik

Während John von Neumann in Princeton versuchte, Ergebnisse aus der Mathematik, Logik und dem Nervensystem zu einem Ganzen zusammenzufügen, war der Mathematiker Norbert Wiener am *Massachusetts Institute of Technology* (MIT) mit Vergleichbarem befaßt (siehe Heims 1980; Wiener 1964). Wiener war, sogar noch ausgeprägter als von Neumann, ein mathematisches Wunderkind gewesen, und er hatte, wie dieser, schon mit knapp zwanzig Jahren grundlegende mathematische Entdeckungen gemacht (Wiener hatte über die Brownsche Molekularbewegung, von Neumann über die Quantentheorie gearbeitet). Diese frühen Schwerpunkte zeigen bereits, daß beide Männer in ihrer Mathematik einen Hang zur Praxis hatten; außerdem war es ihr Bestreben, die Entwicklung von Naturwissenschaft und Technik in ihrer Gesellschaft zu beeinflussen.

In den dreißiger und vierziger Jahren begann Norbert Wiener, inzwischen am MIT etabliert, sich mit vielfältigen praxisorientierten Projekten zu befassen. Während der Arbeit an Servomechanismen — Geräten, die Flugabwehr-Artillerie, ferngesteuerte Raketen und Flugzeuge auf Kurs hielten — hatte er angefangen, über Rückkopplung und über selbstkorrigierende und selbstregulierende

Systeme nachzudenken, seien sie technischer oder menschlicher Provenienz. Er arbeitete eng mit Vannevar Bush zusammen, einem der Erfinder des Analogrechners. Wiener war auch beeindruckt von der Bedeutung der Arbeit seiner zeitweiligen Kollegen McCulloch und Pitts, insbesondere von den inspirierenden Analogien zwischen einem System logischer Schaltungen und dem menschlichen Nervensystem.

Wieners missionarische Überzeugung, daß all diese naturwissenschaftlichen und technischen Entwicklungen zusammenpaßten, übertraf die seiner Zeitgenossen. Ja, nach seinem Dafürhalten bildeten sie eine neue Wissenschaft — eine, bei der es um Probleme von Kontrolle und Kommunikation ging, die er, Mitte des zwanzigsten Jahrhunderts, für zentral hielt. Er publizierte diese Auffassung erstmals 1943 in dem Aufsatz „Behavior, Purpose und Teleology" (Rosenblueth, Wiener und Bigelow 1943), in dem er und seine Mitautoren die Überzeugung äußerten, Probleme der Regeltechnik und der Nachrichtentechnik seien untrennbar; überdies stehe nicht die Elektrotechnik im Mittelpunkt, sondern der viel fundamentalere Begriff der Nachricht — „ob diese nun auf elektrischem oder mechanischem Wege oder mit Hilfe von Nerven übertragen wird". Die Autoren äußerten eine damals radikale Vorstellung: es sei zulässig, von Maschinen mit Rückkopplung zu behaupten, daß sie „Ziele anstreben", daß sie die Differenz zwischen ihrem Ziel und ihrer aktuellen Leistung berechnen und dann darauf hinarbeiten, diesen Abstand zu verringern. Maschinen verfolgten Ziele. Die Autoren entwickelten auch neuartige Vorstellungen vom zentralen Nervensystem. Wiener beschrieb dies später folgendermaßen:

> Das zentrale Nervensystem erscheint nicht mehr als ein in sich abgeschlossenes System, das Eingaben von den Sinnesorganen erhält und an die Muskeln abführt. Im Gegenteil, einige seiner charakteristischen Handlungen sind nur als Kreisprozesse erklärbar, die vom Nervensystem in die Muskeln übergehen und durch die Sinnesorgane ins Nervensystem zurückkehren, ob diese nun Propriozeptoren oder Organe spezieller Sinne sind. Dies schien uns ein neuer Markstein im Studium jenes Teils der Neurophysiologie zu sein, der nicht allein die Elementarprozesse der Nerven und Synapsen betrifft, sondern das Wirken des Nervensystems als eines geschlossenen Ganzen betrachtet. (Wiener 1961, S. 8/dt. 1963, S. 28)

Die Parallelen zu Lashleys Vorstellungen neuraler Organisation — und die an die behavioristische Reflexlehre adressierte Herausforderung — sind in der Tat augenfällig.

Es dauerte nicht lange, bis Wiener eine Synthese der verschiedenen ineinandergreifenden Ideen entworfen hatte, die er in dem epochemachenden Buch *Kybernetik* darlegte (Erstveröffentlichung 1948, im Jahr des Hixon-Symposiums). Er führte seine völlig neue Wissenschaft wie folgt ein: „Wir haben beschlossen, das ganze Gebiet der Regelung und Nachrichtentheorie, ob in der Maschine oder im Tier, mit dem Namen Kybernetik zu belegen" (1961, S. 11/dt. 1963, S. 31). Auf den folgenden Seiten unterbreitete er eine integrierte Vorstellung — die Verknüpfung von Fortschritten im Verständnis des menschlichen Nervensystems, des Elektronenrechners und der Funktionsweise anderer Maschinen. Und er sprach nachdrücklich von seiner Überzeugung — und schloß sich damit von Neumann, McCulloch und Pitts an —, daß die Funktionsweise des lebenden Organismus und die der neuen Kommunikationsgeräte entscheidende Parallelen aufweisen. Auch wenn es letztendlich nicht Wieners Synthese war, der sich die Kognitionswissenschaft anschloß (in der Sowjetunion kam sie diesem Sonderstatus viel näher), bleibt sie ein wegweisendes Beispiel für die Entwicklungsmöglichkeiten solcher interdisziplinärer Unternehmungen.

Informationstheorie

Ein anderer, sehr wichtiger Ahnherr der Kognitionswissenschaft war Claude Shannon, Elektroingenieur am MIT, dem in aller Regel das Verdienst zugesprochen wird, die Informationstheorie erfunden zu haben. Schon als Student am MIT hatte Shannon Ende der dreißiger Jahre eine zukunftsweisende Erkenntnis. Er sah, saß man die Grundprinzipien der Logik (d. h., wahre und falsche Aussagen) benutzen kann, um die beiden Zustände (an und aus) elektromechanischer Relaisschalter zu beschreiben. In seiner Diplomarbeit unterbreitete Shannon eine erste Hypothese, nach der elektrische Schaltkreise (wie sie sich in einem Rechner befinden) grundlegende Denkoperationen verkörpern könnten. Ich beschreibe diese Arbeit — die für alle weiteren Arbeiten mit Rechnern entscheidend war — ausführlich im sechsten Kapitel.

Während der folgenden zehn Jahre entwickelte Shannon, teilweise zusammen mit Warren Weaver, die Grundidee der Informationstheorie: Information ist völlig losgelöst von einem spezifischen Inhalt oder Thema vorstellbar als eine Entscheidung zwischen zwei gleichermaßen plausiblen Alternativen. Die Basiseinheit der Information ist das „Bit" (kurz für *binary digit* — Binärzahl): das heißt, die Informationsmenge, die nötig ist, um eine Nachricht aus zwei gleich wahrscheinlichen Alternativen auszuwählen. Danach braucht man für die Wahl einer Nachricht aus acht gleichermaßen wahrscheinlichen Alternativen drei Bit: das erste Bit reduziert die Wahl von einer aus acht auf eine aus vier Möglichkeiten; das zweite von einer aus vier auf eine aus zwei; das dritte Bit wählt eine der verbleibenden Alternativen. Wiener erklärte die Bedeutung dieser Konzeption: „Information ist Information, weder Materie noch Energie. Kein Materialismus, der dies nicht berücksichtigt, kann heute überleben" (Wiener 1961, S. 132/dt. 1963, S. 166).

Dank Wieners Einsichten ließ sich nun Information unabhängig von einem bestimmten Übertragungssystem denken: Statt dessen konnte man sich auf die Wirksamkeit *jeder* Nachrichtenübermittlung durch *jeden* Mechanismus konzentrieren, und man konnte kognitive Prozesse getrennt von ihren spezifischen Erscheinungsformen untersuchen — eine Möglichkeit, der sich Psychologen schon bald bedienten, als sie eine Beschreibung jener Mechanismen anstrebten, die Grundlage der Verarbeitung jedweder Information sind. Erst in allerjüngster Zeit haben sich Kognitionsforscher zu fragen begonnen, ob sie wirklich alle Informationen gleich behandeln und Fragen zum Inhalt ignorieren dürfen.

Neuropsychologische Syndrome

Ein ähnlich wichtiger Beitrag zur gerade entstehenden Kognitionswissenschaft kam aus einem entlegenen und unerwarteten Winkel der Wissenschaft: die Merkmale kognitiver Ausfälle als Folge von Gehirnverletzungen beim Menschen. Es ist eine bittere Ironie, daß dieser Forschungsbereich stark vom Wahnsinn des Krieges abhängig ist. Wie schon während des Ersten Weltkrieges, wuchs auch im Zweiten Weltkrieg das Wissen über Aphasie (Sprachausfälle), Agnosie (Erkennungsstörungen) und andere Formen mentaler Pathologie. In den Forschungslaboratorien von New York, Oxford, Paris, Berlin und Moskau arbeitete man intensiv mit Hirnverletzten. Als die Neuropsychologen ihre Befunde auszutauschen begannen, erkannten sie über Kultur- und Sprachgrenzen hinweg beträchtliche Entsprechungen. So ähnelten sich beispielsweise die Erscheinungsformen der Aphasie trotz erheblicher Sprachunterschiede. Offenbar waren die kognitiven Fähigkeiten im Nervensystem mit viel größerer Gesetzmäßigkeit organisiert, als es nach Erklärungen mentaler Prozesse möglich wäre, die ausschließlich auf Umwelteinflüsse abzielten. Außerdem ließen sich verschiedene Ausfälle nicht ohne weiteres als einfache Reiz-Reaktions-Unterbrechung erklären. Vielmehr änderte sich in vielen Fällen die Hierarchie von Verhaltensreaktionen. So blieb bei einigen Aphasieformen das allgemeine Satzgerüst erhalten, aber die Betroffenen konnten Einzelwörter nicht korrekt in das Gerüst einfügen. Bei anderen Aphasien hingegen zerbrach das Satzgerüst, aber einzelne Inhaltswörter behielten ihre Bedeutung. Dies war ein weiterer Schlag gegen Modelle des Denkens auf der Grundlage des Reflexbogens. Zugleich brachten die charakteristischen Profile von Fähigkeiten und Ausfällen während des Erholungsprozesses von einer Hirnverletzung etliche wichtige Hinweise darauf, wie das Gehirn bei Gesunden organisiert sein könnte.

Gegen Ende der vierziger Jahre bildeten sich in so verschiedenen Bereichen wie Nachrichtentechnik und Neuropsychologie immer deutlicher bestimmte Leitthemen heraus, und zwar vor allem in den Vereinigten Staaten, Großbritannien und der Sowjetunion. Ich habe hier zwar die amerikanische Seite dieser Geschichte besonders betont, aber vergleichbare Berichte wären auch aus anderen nationalen Blickwinkeln möglich. Die Vertreter dieser Wissensbereiche veröffentlichten nicht nur, sie trafen sich auch oft und gern, um die vielen aufregenden neuen Perspektiven zu diskutieren. Herbert Simon, der einer der Begründer der Kognitionswissenschaft werden sollte, damals aber noch Student an der *University of Chicago* war, erinnert sich an eine Art „unsichtbare Hochschule" in den vierziger Jahren (Simon 1982). Er kannte McCulloch in

Chicago; er wußte von Shannons Diplomarbeit am MIT; er wußte, daß Wiener und von Neumann an Problemen der symbolischen Logik arbeiteten, die aus den philosophischen Schriften von Whitehead, Russell und Frege hervorgegangen war. Simon selbst studierte in Chicago bei Rudolf Carnap, der damals Grundsatzideen zur logischen Syntax entwickelte. Führende Biologen (und Hixon-Teilnehmer) wie Ralph Gerard, Heinrich Klüver, Roger Sperry und Paul Weiss arbeiteten in nahen Laboratorien zu Problemen des Nervensystems. Etliche dieser Einflüsse färbten um die gleiche Zeit auch auf Jerome Bruner, Noam Chomsky, John McCarthy, George Miller, Allen Newell und andere Begründer der Kognitionswissenschaft ab.

Einflußreiche Konferenzen und Veröffentlichungen

So gab es also in den vierziger Jahren schon das intellektuelle Fundament, auf dem die Kognitionswissenschaft errichtet werden sollte. Einige Gelehrte, so Norbert Wiener, versuchten eine vorläufige intellektuelle Synthese; mehr als nur einige — von Studenten wie Herbert Simon bis zu den ganz Großen wie John von Neumann — spürten, daß die Gründung einer neuen Disziplin (oder neuer Disziplinen) unmittelbar bevorstand. Noch gab es sowohl den Widerstand der behavioristischen Lehrmeinung als auch einige Zweifel, ob der menschliche Geist sich selbst ebenso wirkungsvoll würde erforschen können wie er Materie und Genetik erforscht hatte; dies aber vermochte den Enthusiasmus derer nicht zu dämpfen, die ahnten, welch unermeßlicher Preis den Newton der Kognition erwartete.

Die Geistesgeschichte jener Zeit verzeichnet viele Begegnungen, bei denen die zusammenkamen, die sich für Fragen der Kognition interessierten, sowie zahlreiche Publikationen, die zur Entstehung einer neuen interdisziplinären Wissenschaft des Geistes beitrugen. Es kann natürlich sein, daß die Kognitionswissenschaft auch ohne diese Konferenzen, Bücher und Aufsätze entstanden wäre — vielleicht sogar in ihrer gegenwärtigen Form. Aber besonders wenn Gelehrte aus sehr unterschiedlichen Disziplinen sich zusammentun wollen, ist es für sie von größter Bedeutung, sich regelmäßig zu treffen, einander kritische Fragen zu stellen und auch Nuancen wissenschaftlicher Methoden, nicht ausgesprochene Annahmen und vorwissenschaftliche Vermutungen zu entdecken, die sich im geschriebenen Wort häufig verflüchtigen.

Das Hixon-Symposium war nur einer von vielen Kongressen der vierziger und fünfziger Jahre für kognitiv ausgerichtete Wissenschaftler. Dieses eine ist für unsere Geschichte allerdings aus zwei Gründen besonders wichtig: wegen seiner Verknüpfung von Gehirn und Elektronenrechner und wegen seiner schonungslosen Kampfansage an den damals vorherrschenden Behaviorismus.

Dennoch muß jeder historische Abriß dieses neuen Fachs einige andere Gelegenheiten erwähnen, bei denen sich aufstrebende Kognitionswissenschaftler trafen.

In den Wissenschaftsannalen jener Zeit prangt der Name der *Josiah P. Macy Foundation* in großen Lettern. Im Winter 1944 arrangierten John von Neumann und Norbert Wiener in Princeton ein Treffen all derer, die sich für das interessierten, was man später „Kybernetik" nannte. An dieser von Macy unterstützten Tagung nahmen viele teil, die hier schon erwähnt wurden. Wiener erinnerte sich später: „Am Ende des Treffens war allen klar, daß es eine beträchtliche gemeinsame Denkbasis aller Bearbeiter der verschiedenen Gebiete gab, daß man in jeder Gruppe bereits Begriffe verwenden konnte, die durch andere schon besser entwickelt waren, und daß ein Versuch gemacht werden sollte, ein allgemeines Vokabular zustande zu bringen" (1961, S. 15/dt. 36).

Auf der Grundlage dieser ersten Kontakte verständigte sich Warren McCulloch im Frühjahr 1946 mit der *Macy Foundation* auf einer Konferenzreihe zu Problemen der Rückkopplung. „Der Gedanke war, eine kleinere, einige zwanzig Teilnehmer nicht überschreitende Gruppe von Wissenschaftlern verschiedener verwandter Gebiete zusammenzubekommen und diese an zwei aufeinanderfolgenden Tagen für Folgen zwangsloser Vorträge, Diskussionen und Mahlzeiten zusammenzuhalten, bis sie die Gelegenheit gehabt hatten, ihre Meinungsverschiedenheiten gründlich zu erörtern und im gemeinsamen Denken Fortschritte zu machen" (Wiener 1961, S. 18/dt. S. 39). Alles in allem gab es zehn Treffen, etwa eines pro Jahr, und sie hießen ursprünglich *Conference for Circular Causal and Feedback Mechanisms in Biological and Social Systems*, was auf Wieners Drängen schon bald (und zum Glück) zu *Conference on Cybernetics* abgekürzt wurde. In den Mitschriften dieser Konferenzen finden sich sowohl etliche Belege dafür, daß die Wissenschaftler voneinander lernten, als auch erste Hinweise auf interessante und mitunter unvorhersehbare Forschungsprojekte. Ein Beispiel: der Anthropologe Gregory Bateson begegnete bei den Diskussionen der Macy-Konferenzen erstmals jenen Ideen über Rückkopplung, die er später für seine „Double-Bind"-Theorie der Schizophrenie verwenden sollte.

In der Gegend von Boston und Princeton sowie in Kalifornien waren die Aktivitäten besonders intensiv. J. Robert Oppenheimer, Leiter des *Princeton Institute of Advanced Studies* (zu dessen festen Mitgliedern von Neumann gehörte), wollte Anfang der fünfziger Jahre wissen, ob einige dieser neuen Ideen in der Psychologie anwendbar waren. Er lud regelmäßig einige Psychologen ein, das Institut zu besuchen und über neue Entwicklungen in ihrem Gebiet zu berichten. Zu denen, die dort ein Jahr verbrachten, gehörten auch George Miller und Jerome Bruner, zwei begabte junge Psychologen, denen wenig später bei der Begründung der Kognitionswissenschaft eine fundamentale Rolle zukommen sollte.

Auch hier entstand ein kaum zu antizipierender, aber vielversprechender Ideenaustausch. Oppenheimers besonderes Interesse galt den Parallelen zwischen Problemen der Wahrnehmung aus psychologischer Sicht und Fragen der

Beobachtung, die inzwischen in der Physik unumgänglich wurden, sobald man auf atomarer und subatomarer Ebene zu arbeiten begann. Er hatte über die überaus beunruhigenden Implikationen der „Unschärferelation" nachgedacht, nach der es unmöglich ist, Ort und Geschwindigkeit eines Teilchens zu bestimmen, ohne es während der Messung zu beeinflussen. Unterdessen hatte Bruner studiert, wie Einstellung und Erwartungen eines Beobachters auf vermeintlich „objektive Daten" wirken. Eines Tages sagte Oppenheimer zu ihm: „Irgendwie kann sich doch die Wahrnehmung, die ihr Psychologen untersucht, nicht von der Beobachtung in der Physik unterscheiden, oder?" (zitiert in Bruner 1983, S. 95f.)

In Boston wurde die Diskussion dieser kognitiven Grundthemen am MIT und den angegliederten *Lincoln Laboratories* fortgeführt, wo einige junge Ingenieurwissenschaftler und Psychologen sich zusammengetan hatten, um an der Lösung praktischer Aufgaben wie einem Frühwarnsystem für Bombenangriffe zu arbeiten. Im nahen Harvard standen die älteren Mitglieder der prestigeträchtigen *Society of Fellows* noch stark unter dem Einfluß der Behavioristen, die jüngeren aber, darunter der Linguist Noam Chomsky und der Mathematiker Marvin Minsky, verfolgten bereits andere, anti-behavioristische Theorierichtungen (Miller 1982). Die *Ford Foundation* beschloß, die Erforschung von Verhalten zu fördern, gründete daraufhin in Palo Alto das *Center for Advanced Study in the Behavioral Sciences* und übernahm auch einen bedeutenden Teil (etwa ein Drittel) der Finanzierung aller in der Forschung beschäftigten Psychologen der USA. Bei der *Rand Corporation* im südlichen Kalifornien arbeiteten Mathematiker und Ingenieure an der Entwicklung von Elektronenrechnern. Zwei junge Wissenschaftler, Albert Newell und Herbert Simon, hatten ein Gespräch über die Möglichkeiten begonnen, eine Maschine zu bauen, die wirklich denken konnte. Und auch hier gab es eine britische Entsprechung — der 1949 gegründete *Ratio Club*. Im Mittelpunkt des *Ratio Clubs* stand die Idee der Informationsverarbeitung bei Lebewesen und Maschinen. Zu seinen Mitgliedern gehörten Physiologen, Ingenieure, Mediziner und Psychologen, die sich für den Geist oder „Geisteszustände" interessierten. Turing nahm gelegentlich an den Treffen teil. Die Gruppe (die einige Jahre lang bestand) hatte die bestrickende Regel, daß jedes Mitglied, das in den Rang eines ordentlichen Professors aufstieg, auszuschließen sei, da es dann potentiell Macht über andere Mitglieder hätte (McCorduck 1979, S. 78).

Zusätzlich zu diesen vielen persönlichen Begegnungen derer, sie sich mit Fragen der Kognition beschäftigten, erschienen Ende der vierziger, Anfang der fünfziger Jahre Bücher aus verschiedenen Sachgebieten, die dazu beitrugen, die neuen interdisziplinären Ideen weiter zu verbreiten. Eines dieser Bücher, möglicherweise die Publikation, die in ihrer Bedeutung am ehesten mit dem Hixon-Symposium vergleichbar ist, war W. Ross Ashbys *Design for a Brain* (1952).

Ashby, ein britischer Arzt und Mathematiker, wollte die geistige Aktivität des Menschen mechanistisch erklären. Er versuchte zu zeigen, wie man mit ausschließlich logischen axiomatischen Methoden eine Maschine entwerfen konnte, die des adaptiven Verhaltens oder Lernens fähig ist. In zeitgemäßer behavioristischer Manier vermied es Ashby absichtlich, Dinge wie Bewußtsein oder zielgerichtetes Verhalten zu erwähnen. Statt dessen konzentrierte er seine Aufmerksamkeit darauf, wie ein Organismus den Übergang von Chaos zu Stabilität vollziehen und damit seine Überlebenschancen erhöhen kann. Stabilität kann entstehen, weil „die Maschine ein sich selbst organisierendes System ist, ein System, das auf Reize reagiert und sein Verhalten, manchmal seine Gestalt verändert, um Stabilität zu erreichen" (McCorduck 1979, S. 83). Ashbys Arbeit inspirierte junge Wissenschaftler — wie George Miller, Marvin Minsky, Allen Newell und Herbert Simon —, denn er wollte mehr als nur eine Maschine bauen, die gut funktioniert. „Mein Ziel", sagte Ashley, „ist schlicht: Ich will das lebende Gehirn kopieren. Vor allem möchte ich, daß mein künstliches Gehirn da Fehler macht, wo das lebende Gehirn auch typischerweise Fehler macht. Ich habe zu deduzieren versucht, welche Voraussetzungen nötig sind, über welche Eigenschaften das Nervensystem verfügen muß, um sich zugleich mechanistisch und adaptiv zu verhalten" (1952, S. v, 130). Das Ausmaß von Ashbys Ambitionen, seine geradezu stur folgerichtige Vorgehensweise sowie seine Weigerung, mögliche Unterschiede zwischen menschlichem und mechanischem Verhalten „auszubügeln", faszinierte künftige Kognitionswissenschaftler. Ja, gerade Ashbys enervierendes Kleben an den striktesten behavioristischsten und mechanistischsten Grundsätzen war den jungen Forschern zusätzlicher Ansporn: Seine Herausforderung hängt auch heute noch, zumindest im Geiste, über den Schreibtischen etlicher Kognitionsforscher.

Auch aus entlegeneren Wissenssparten tauchten mit der Zeit Bücher auf, die für die Diskussionen in der entstehenden Kognitionswissenschaft relevant waren. In der Linguistik beispielsweise veröffentlichten Roman Jakobson und seine Kollegen erste Ergebnisse über die distinktiven Merkmale der Sprache — jene Einheiten oder Bausteine, aus denen die Phoneme (oder Grundlaute) der Sprache konstruiert sind (Jakobson und Halle 1956). In der Neuropsychologie beschrieb Donald Hebb das sich entwickelnde Nervensystem auf eine Weise, die viele Aspekte visueller Wahrnehmung erklärte und auch Licht auf Lernprozesse sowie auf das Entstehen und den anschließenden Verfall von Intelligenz warf (Hebb 1949). In der Anthropologie unterbreitete Gregory Bateson seine Thesen über Rückkopplungssysteme in sozialen Systemen — beispielsweise bei Familienmitgliedern (Bateson et al. 1956, dt. 1983). Von mathematischen Neuerungen wie den Markow-Prozessen und stochastischen Modellen erfuhren junge Gesellschaftswissenschaftler sehr schnell. Und einige Namen, die in Europa Aufmerksamkeit erregt hatten, gewannen auch in der anglo-amerikanischen Wissenschaftswelt zunehmend an Respekt — Frederic Bartlett, Claude Lévi-Strauss, Alexander Luria, Jean Piaget, Lew Wygotski.

Dies alles waren Vorbereitungen. Die grundsätzlichen Ideen für eine Kognitionswissenschaft steckten in den frühen Texten von McCulloch, Turing, von Neumann, Wiener und Pitts, sie wurden auf den Macy-Konferenzen, im *Ratio Club*, in der *Harvard's Society of Fellow*, an etlichen anderen Institutionen und anderen Schauplätzen leidenschaftlich debattiert. Man schrieb und diskutierte wichtige Aufsätze und Bücher. Aber in gewissem Sinne fanden all diese Aktivitäten außerhalb der etablierten Wissenschaftsdisziplinen statt. Sie waren nicht Teil des Lehrplans und galten bei Vertretern der herrschenden Richtungen — der behavioristischen Psychologie, strukturellen Linguistik, funktionalistischen Sozialanthropologie und der Neuropsychologie des tierischen Lernens — als etwas sonderbar. Um diese Fächer in ihren Grundfesten zu erschüttern, bedurfte es dramatischerer Ereignisse — und die ließen nicht lange auf sich warten.

3. Die ersten Jahrzehnte

Das Geburtsdatum

Nur selten sind sich Amateurhistoriker so einig: Fast alle bedeutenden Wissenschaftler der damaligen Zeit, die heute noch am Leben sind, stimmen überein, daß sich die Kognitionswissenschaft offiziell etwa 1956 bildete. Der Psychologe George A. Miller (1979) nennt sogar den Tag: der 11. September 1956.

Warum gerade der 11. September? Miller hat dabei das *Symposium on Information Theory* im Auge, das vom 10.–12. September 1956 am MIT stattfand und an dem viele führende Vertreter der Kommunikations- und Humanwissenschaften teilnahmen. Der zweite Tag ist Miller aufgrund zweier herausragender Vorträge besonders in Erinnerung geblieben. Der erste, von Allen Newell und Herbert Simon, beschrieb die „Logiktheorie-Maschine", den ersten lückenlosen Beweis eines Theorems, der je auf einer Rechenmaschine durchgeführt wurde. Den zweiten Vortrag hielt der junge Linguist Noam Chomsky, der „Drei Sprachmodelle" darstellte. Chomsky zeigte zunächst, daß ein Modell der Sprachproduktion, das sich an Claude Shannons informationstheoretischem Ansatz orientiert, auf gar keinen Fall mit Erfolg auf „natürliche Sprachen" anwendbar ist, und ging dann zu seinem eigenen Grammatikansatz über, der auf linguistischen Transformationen basierte. Miller erinnert sich: „Es hatten schon andere Linguisten gesagt, daß Sprache die formale Präzision der Mathematik besitzt, aber Chomsky war der erste Linguist, der diese Behauptung bewies. Ich glaube, das war es, was uns alle so aufregte" (1979, S. 8). Es ist kein Zufall, daß auch George Miller just an diesem Tag einen richtungweisenden Vortrag hielt, in dem er seine Behauptung darlegte, die Kapazität des menschlichen Kurzzeitgedächtnisses sei auf etwa sieben Elemente beschränkt. Miller schreibt über seine Reaktionen:

> Ich verließ das Symposium mit der mehr intuitiven denn rationalen Überzeugung, daß die experimentelle Humanpsychologie, die theoretische Linguistik und die Computersimulation kognitiver Prozesse alle Teile eines größeren Ganzen waren und die Zukunft eine immer größere Differenzierung und Koordination ihrer gemeinsamen Belange bringen würde… Ich habe etwa zwanzig Jahre lang auf eine Kognitionswissenschaft hingearbeitet, bevor ich wußte, daß man das so nennt. (1979, S. 9)

Andere Teilnehmer bestätigen Millers Bericht. Für die Psychologen erklärt Jerome Bruner: „Damals, Mitte der fünfziger Jahre, entstanden neue Metaphern und zu den bezwingendsten gehörte die der Datenverarbeitung… Meine ‚Generation' schuf und nährte die Kognitive Wende — eine revolutionäre Wende, deren Grenzen noch nicht absehbar sind" (1983, S. 274, 277). Michael Posner kommt zu dem Schluß: „Dieses Ideengemisch über Kognition entzündete sich an der Sprache der Informationsverarbeitung, die in der Psychologie zu Beginn der fünfziger Jahre auftauchte" (Posner und Shulman 1979, S. 374). Und George Mandler meint:

Aus gegenwärtig noch ungeklärten Gründen ergänzten sich die verschiedenen Spannungen und Unzulänglichkeiten der ersten Hälfte des zwanzigsten Jahrhunderts und bildeten einen neuen Zweig der Psychologie, der zunächst das Etikett Informationsverarbeitung trug und dann als moderne Kognitionspsychologie bekannt wurde. All dies geschah in den Jahren zwischen 1955 und 1960. In diesen fünf Jahren nahm die Kognitionswissenschaft ihren Anfang, ein Ereignis, das ihren aktiven Vertretern erst jetzt langsam klar wird. (1981, S. 9)

Und die Computerwissenschaftler Allen Newell und Herbert Simon erklären in ihrer Darstellung der damaligen Zeit:

In den letzten zwölf Jahren hat ein grundlegender Wandel in den wissenschaftlichen Anschauungen stattgefunden, der mit den hier vertretenen Auffassungen übereinstimmt. Dieser Wandel vollzog sich etwa 1956: in der Psychologie mit dem Erscheinen von Bruner, Goodnow und Austins *Study of Thinking* und George Millers „The magical number seven", in der Linguistik mit Noams Chomskys „Drei Sprachmodelle" und in der Computerwissenschaft mit unserem eigenen Vortrag über die Logiktheorie-Maschine. (1972, S. 4)

Bei diesem beeindruckenden Konsens ist vor allem von einigen einflußreichen Publikationen die Rede, die (was vielleicht nicht überrascht) von just dieser kleinen Forschergruppe stammen. Tatsächlich jedoch ist die Liste relevanter Publikationen geradezu endlos. Im Hinblick auf Veröffentlichungen im Bereich der Kognitionswissenschaft allgemein wäre als erstes John von Neumanns postum erschienenes Buch *The Computer and the Brain* (1958) zu nennen. In diesem Buch — an sich ausgearbeitete Vorlesungen, die von Neumann wegen seiner Krankheit nicht mehr halten konnte — spann der wegweisende Computerwissenschaftler viele Themen weiter, die er erstmals in seinem Vortrag beim Hixon-Symposium berührt hatte. Er schloß auch eine Erörterung verschiedener Rechnertypen ein und untersuchte die Idee eines Programms, die Arbeitsweise eines Rechenspeichers sowie die Möglichkeit von Maschinen, die sich selbst replizieren.

Aus jedem Fach, das ich zu den Kognitionswissenschaften zähle, kamen relevante Forschungsarbeiten.* Die Zeitzeugen, die ich gerade zitiere, sahen die wichtigsten Texte in den Bereichen Psychologie, Linguistik und Künstliche Intelligenz, es ließen sich etliche Veröffentlichungen hinzufügen. Neurowissen-

* Die Literaturangaben zu diesen Forschungsarbeiten finden sich in den jeweiligen Textpassagen.

schaftler begannen, die Impulse einzelner Neuronen im Nervensystem aufzuzeichnen. Am MIT nahm Warren McCullochs Forschungsteam unter der Leitung der Neurophysiologen Jerome Lettvin und Humberto Maturana Ableitungen an der Retina des Frosches vor. Sie konnten auch nachweisen, daß Neuronen auf überaus spezifische Informationen wie „käferähnliche" kleine schwarze Flecken ansprachen, die sich mit einer Größe von drei bis fünf Grad durch ihr rezeptives Feld bewegten. Ein Konkurrenzteam in Harvard, David Hubel und Torsten Wiesel, begann ebenfalls Ende der fünfziger Jahre mit Ableitungen am visuellen Kortex der Katze. Sie lokalisierten Nervenzellen, die auf spezifische Informationen ansprachen, darunter Helligkeit, Kontrast, Binokularität und Orientierung von Linien. Diese Forschungen, 1981 mit dem Nobelpreis honoriert, verdeutlichten, welch hohes Maß an Spezifität im Nervensystem encodiert ist.

Auch für die Anthropologie war die Mitte der fünfziger Jahre eine besondere Zeit. Damals erschienen die ersten Veröffentlichungen von Harold Conklin, Ward Goodenough und Floyd Lounsbury in dem ganz neuen Zweig der „kognitiven Anthropologie" oder „Ethnosemantik": Forscher sammelten bei Völkern entlegener Kulturen systematisch Daten zu deren Benennungs-, Klassifikations- sowie Begriffsbildungfähigkeiten und versuchten dann, die sprachlichen und kognitiven Verhaltensweisen formal zu beschreiben. Diese Untersuchungen belegten das große Spektrum kognitiver Verarbeitung rund um den Erdball, während sie zugleich eindringlich zeigten, daß sich die entscheidenden kognitiven Prozesse überall ähneln.

Darüber hinaus traf sich im Sommer 1956 im *Dartmouth College* eine Gruppe junger Mathematiker und Logiker, die sich für das Problemlösungspotential von Computern interessierten, um über gemeinsame Themen zu sprechen. Die meisten, die in Dartmouth dabei waren, arbeiteten in einem Bereich, den man später „Künstliche Intelligenz" nennen sollte, und zu ihnen gehörten auch die vier Männer, die allgemein als deren Begründer gelten: John McCarthy, Marvin Minsky, Allen Newell und Herbert Simon. Im Verlauf dieser Sommerakademie erörterten sie, zusammen mit anderen bedeutenden Wissenschaftlern, Ideen für Programme, die Probleme lösen, Muster wiedererkennen, Spiele spielen und logische Schlüsse ziehen würden, und sie umrissen die großen Themen, die in den folgenden Jahren diskutiert werden müßten. Auch wenn aus diesen Gesprächen keine Synthese hervorging, bildeten die Teilnehmer offenbar eine Art ständiger „Insidergruppe", deren Mittelpunkt das MIT und die Universitäten Stanford sowie Carnegie-Mellon waren. Für die Künstliche Intelligenz war diese Konferenz im Sommer 1956 ebenso wichtig wie für die Kommunikationswissenschaftler das Treffen am MIT einige Monate später.

Auch in anderen Bereichen als den empirischen Wissenschaften befaßten sich Gelehrte mit den Implikationen der neuen Maschinen. In Princeton hatte der amerikanische Philosoph Hilary Putnam einige innovative Ideen. Seiner Auffassung nach trugen eine Weiterführung der Idee der Turingmaschine sowie die Erfindung des Elektronenrechners dazu bei, das klassische Leib-Seele-Problem zu lösen — oder auch aufzulösen. Offensichtlich konnten verschiedene

Programme auf demselben oder auf verschiedenen Computern strukturell identische Problemlösungsvorgänge ausführen. Somit ließen sich logische Operationen (die „Software") völlig getrennt von der jeweiligen „Hardware" beschreiben, in der sie zufällig ausgeführt wurden. Technischer formuliert heißt dies, daß die „logische Beschreibung" einer Turingmaschine keine Spezifizierung hinsichtlich ihrer physischen Realisierung impliziert.

Die Analogien zum menschlichen System und zu menschlichen Denkprozessen waren klar. Das menschliche Gehirn (oder „körperliche Zustände") entsprach der Hardware des Elektronenrechners; Denk- oder Problemlösungsmuster („mentale Zustände") konnten völlig unabhängig von der speziellen Beschaffenheit des menschlichen Nervensystems beschrieben werden. Zudem beherbergten Menschen Programme, wie Computer; und man konnte mit der gleichen Symbolsprache Programme in beiden Entitäten beschreiben. Solche Ideen verdeutlichten nicht nur die erkenntnistheoretischen Implikationen der Ergebnisse der Künstlichen Intelligenz; sie brachten auch die zeitgenössische Philosophie und empirische Arbeiten im Bereich der Kognitionswissenschaften in viel engeren Kontakt zueinander.

Ein weiterer wichtiger Forschungszweig, der nicht zur Kognitionswissenschaft im engeren Sinne zählt, ist die Verhaltensforschung (Ethologie), die in den dreißiger und vierziger Jahren in Europa dank der Bemühungen von Konrad Lorenz (1935) und Niko Tinbergen (1951) entstand. Just zu der Zeit, als sich die amerikanischen Tierpsychologen strikt an kontrollierte Laborexperimente hielten, waren europäische Verhaltensforscher zu dem Schluß gekommen, man müsse Tiere in ihrer natürlichen Umgebung erforschen. Diese Ethologen führten in der Natur präzise Beobachtungen sowie nach und nach auch informelle Experimente durch und konnten so die außergewöhnliche Einpassung der Tiere in ihre natürliche Umgebung darlegen, die typische U*mwelt* jeder Gattung und die besonderen Reize (oder Auslöser), die während „kritischer" oder „prägbarer" Entwicklungsperioden wie ein Katalysator wirken. Die Ethologie ist in gewissem Maße auch heute noch ein europäisches, nicht so sehr ein amerikanisches Spezialgebiet. Dennoch wirkte die Bereitschaft, ein breiteres Verhaltensspektrum in der natürlichen Umgebung zu studieren, befreiend auf die Konzepte und Forschungsmethoden, die in der Kognitionsforschung seitdem toleriert werden.

Die sechziger Jahre: Mit Volldampf voraus

Die Saat der fünfziger Jahre ging im folgenden Jahrzehnt rasch auf. In den USA gewährten Regierung und private Stiftungen bedeutende finanzielle Unterstützung. Der intellektuelle Ton wurde von jenen führenden Wissenschaftlern bestimmt, die in den fünfziger Jahren die ersten wesentlichen Forschungsarbeiten geleistet hatten, sowie von einigen begabten Studenten, die es zu den Kognitionswissenschaften zog, wie es die besten Köpfe früherer Generationen zu Physik und Biologie gelockt hatte. Zwei wichtige Persönlichkeiten auf diesem „Markt der Kognition" waren Jerome Bruner und George Miller, die 1960 in Harvard das *Center for Cognitive Studies* gründeten. Dieses Zentrum, so die Legende, nahm seinen Anfang, als die beiden Psychologen den Dekan des Fachbereichs, McGeorge Bundy, baten, bei der Gründung einer Forschungsstelle mitzuwirken, die sich mit der Natur des Wissens befassen sollte. Es heißt, Bundy habe darauf geantwortet: „Und worin unterscheidet sich das von dem, was Harvard sonst macht?" (zitiert in Bruner 1983, S. 123). Bundy stimmte zu, und Bruner und Miller gelang es, Gelder von der Carnegie Corporation zu erhalten, deren damaliger Präsident, der Psychologe John Gardner, neuen Initiativen in den Verhaltenswissenschaften mit Wohlwollen begegnete.

Danach war das *Harvard Center* über zehn Jahre lang ein Ort, wohin Gastprofessoren für die Dauer eines Forschungssemesters eingeladen wurden, wohin Studenten und Doktoranden strömten, um die neuesten Ideen auf dem Gebiet der Kognition kennenzulernen. Die Besucherliste des Zentrums liest sich wie ein „Who is Who" der Kognitionswissenschaft: Fast alle waren sie irgendwann einmal dort zu Gast, viele blieben ein Semester oder ein Jahr. Und wenn auch die realen Projekte und Resultate des Zentrums für das Überleben des Fachs vermutlich nicht unbedingt notwendig waren, dürfte es in diesem Wissensbereich kaum einen jungen Menschen geben, der von der Existenz des Zentrums unbeeinflußt geblieben wäre, von den dort ausgetauschten Ideen und davon, wie sie Eingang in spätere Forschungen fanden. Für die Psychologen Michael Posner und Gordon Shulman (1979) liegt sogar der Beginn der Kognitionswissenschaften im *Harvard Center*.

In den sechziger Jahren wurden die Ideen des Zentrums und anderer Forschungsstätten durch Bücher und sonstige Publikationen zugänglich. George Miller eröffnete — gemeinsam mit seinen Kollegen Karl Pribram, einem Neurowissenschaftler, und Eugene Galanter, einem mathematisch orientierten Psychologen — das Jahrzehnt mit einem Buch, das eine ungeheure Wirkung auf die Psychologie und ihre Nachbardisziplinen hatte — ein Bändchen mit dem Titel *Strategien des Handelns. Pläne und Strukturen des Verhaltens* (1960; dt. 1974). In ihm versetzten die Autoren dem gängigen Behaviorismus mit seinem geschmähten Reflexbogen den Todesstoß und forderten an seiner Stelle die kybernetische Analyse des Verhaltens in Form von Handlungen, Rückkopplungsschleifen und Neuorganisation der Handlung als Reaktion auf Rückkopplung. Sie schlugen vor, den Reflexbogen durch eine Handlungseinheit zu ersetzen, die sie „TOTE Einheit" nannten (für „*Test-Operate-Test-Exit*"): Wichtiges Merkmal einer TOTE-Einheit war, daß sie selbst wiederum in die Hierarchiestruktur übergreifender TOTE-Einheiten eingebettet sein konnte. Als Mittel der Konzeptualisierung solcher TOTE-Einheiten wählten die Autoren den Computer mit seinen Programmen. Wenn ein Computer ein Ziel (oder mehrere Ziele) haben konnte, ein Mittel, dieses Ziel anzustreben, ein Mittel, um zu überprüfen, ob es erreicht wurde und dann die Wahlmöglichkeit, sich einem neuen Ziel zuzuwenden oder diese Verhaltenssequenz zu beenden, dann sollten Modelle vom Menschen mindestens Gleiches aufweisen können. Durch den Computer war es theoretisch legitim geworden, Menschen in Begriffen wie Plänen (hierarchisch organisierte Prozesse), Vorstellungen (das gesamte verfügbare Wissen der Welt), Zielen und anderen mentalistischen Konzepten zu beschreiben: und mit der uneingeschränkten Billigung der genannten drei führenden Wissenschaftler war es nun auch praktisch legitim, die engen Begrenzungen von Reiz und Reaktion zugunsten von Modellen aufzugeben, die offener, interaktiv und zielgerichtet waren.

Der Einfluß dieser Denkweise wurde einige Jahre später deutlich, als die ersten Lehrbücher der Kognitionspsychologie erschienen. Das bei weitem einflußreichste war *Kognitive Psychologie* des auch mit Computern vertrauten Experimentalpsychologen Ulric Neisser (1967, dt. 1974). Neisser entwickelte eine überaus „konstruktive" Sicht menschlichen Handelns. Folgt man seiner Darstellung, impliziert Kognition stets, vom ersten Augenblick der Wahrnehmung an, schöpferische Analyse- und Syntheseprozesse. Er sprach den Computerwissenschaftlern seine Hochachtung dafür aus, daß sie das Sprechen über eine „Exekutive" ermöglicht hätten, und ebenso den Informatikern dafür, daß sie von Zugriff, Verarbeitung und Transformation von Daten gesprochen hatten. Zugleich jedoch verwahrte sich Neisser gegen die unkritische Übernahme einer rein an Computer- und Informationswissenschaft ausgerichteten Analyseform. Seiner Ansicht nach ist eine objektive Berechnung, wieviele Bit verarbeitet werden können, für die Psychologie nicht von Belang, da Menschen in ihrer Aufmerksamkeit auf eine Weise selektiv sind, wie es ein reiner Kanal, z. B. ein Telefon, nicht sein kann. Ähnlich skeptisch äußert sich Neisser über Behauptungen hinsichtlich Computer-Programmen:

> Meiner Meinung nach wird keines [dieser Programme] auch nur entfernt der Komplexität menschlicher geistiger Prozesse gerecht. Im Gegensatz zum Menschen tendieren diese „künstlich intelligenten" Programme dazu, einseitig, nicht ablenkbar und ohne Gefühl zu sein… In gewissem Sinne kann der Rest dieses Buches als ein extensives Argument gegen Modelle dieser Art und auch gegen andere simple Theorien kognitiver Prozesse ausgelegt werden. (1967, S. 9; dt. 1974, S. 25f.)

Nach Neisser konnte man zwar den kognitionswissenschaftlichen Ansatz im allgemeinen akzeptieren, aber trotzdem lebhafte Meinungsverschiedenheiten mit den „wahren Jüngern" austragen.

Enthusiastische Befürworter der Leistungsfähigkeit von Simulationen verhielten sich zu jener Zeit keineswegs still. In seinen *Compton Lectures* von 1969, *The Sciences of the Artificial*, interpretierte Herbert Simon seinen Ansatz philosophisch; nach seinen Worten solle man sich sowohl den Computer als auch den menschlichen Geist als „Symbolsysteme" vorstellen — physische Entitäten, die verschiedenartige Symbole verarbeiten, verändern, erweitern und auf andere Weise manipulieren. 1972 dann veröffentlichten Allen Newell und Herbert

Simon ihr *Opus magnum*, das monumentale *Human Problem Solving*, in dem sie die Programme eines „allgemeinen Problemlösers" beschrieben, ihre Art kognitiver Forschung erklärten und im Anhang einen historischen Abriß beifügten, in dem sie ihren Anspruch auf die Vorrangstellung dieser Forschungsrichtung detailliert darlegten.

Auch in anderen Sparten der Kognitionswissenschaft erschienen Lehrbücher und Aufsatzsammlungen. Äußerst einflußreich war der 1964 von Jerry Fodor und Jerrold Katz herausgegebene Sammelband *The Structure of Language*, eine Anthologie von Aufsätzen aus Philosophie, Psychologie und Linguistik, die Chomskys Standpunkt vertraten und zu dokumentieren suchten, warum dieser der richtige sei und nicht die bisherigen Vorstöße auf dem Gebiet der Sprache. In der Künstlichen Intelligenz brachten Edward Feigenbaum und Julian Feldman unter dem Titel *Computers and Thought* (1983) eine Sammlung heraus, die viele der am besten funktionierenden Programme jener Zeit vorstellte; während ihre Sammlung eindeutig „Carnegie-Schlagseite" hatte, betonte ein 1968 von Marvin Minsky herausgegebenes Konkurrenzwerk, *Semantic Information Processing*, die Position des MIT; und in der kognitiven Anthropologie war, neben wichtigen Publikationen von Kimball Romney und Roy D'Andrade (1964), die Erstveröffentlichung von Stephen Tylers Lehrbuch *Cognitive Anthropology* im Jahr 1969 zu vermerken.

Um 1969 aber ist die „magische Zahl 7" des Kurzzeitgedächtnisses überschritten — ohne Bündeln kann man die vielen wichtigen Monographien, Aufsätze und Persönlichkeiten in den Kognitionswissenschaften nicht mehr aufzählen. (Meine Liste mag über Gebühr lang wirken. In Wahrheit aber habe ich kaum die Oberfläche der Kognitionswissenschaft um 1970 angekratzt.) Etliche Fachgebiete waren von gewaltiger Betriebsamkeit sowie vom Gefühl echten Fortschritts geprägt. Ein enthusiastischer Konferenzteilnehmer meinte:

> Wir stehen vielleicht am Beginn eines bedeutenden intellektuellen Abenteuers: etwa vergleichbar der Situation der Physik gegen Ende der Renaissance, mit einer Menge Entdeckungen, die darauf warteten, daß jemand sie macht und dem ersten Schatten einer Ahnung davon, wie man daran gehen muß, um sie zu machen. Bei den ersten Schritten der modernen Physik hatte sich gezeigt, daß zum Fortschritt der Naturwissenschaft neue Arten intellektueller Differenzierung gehören: eine neue Mathematik, eine neue Ontologie und eine neue Sicht von wissenschaftlicher Methodik. Ich glaube, daß im jetzigen Fall eine ebensolche Evolution erforderlich ist (in, nebenbei, etwa der gleichen Zeitspanne). Vermutlich wird es, wie damals auch, ein mühseliger Kampf gegen veraltete intellektuelle und institutionelle Usancen sein. (*Sloan Foundation* 1976, S. 10)

Wenn sich in einem Fachgebiet das Maß an Aktivität bis zu einem solchen Punkt gesteigert hat und angesichts bevorstehender Durchbrüche große Aufregung herrscht, gründet man häufig eine Organisation oder markiert das neue Projekt auf andere Weise. Das geschah in der Kognitionswissenschaft Anfang bis Mitte der siebziger Jahre. Die Zeit war reif, daß sich Individuen, Interessen und Disziplinen in einer Organisationsstruktur zusammenfanden.

Die Initiative der Sloan Foundation

Dies war der Augenblick, als das Schicksal in Gestalt einer bedeutenden New Yorker Privatorganisation mit Interesse an der Wissenschaft auf den Plan trat — die *Alfred P. Sloan Foundation*. Die *Sloan Foundation* finanziert, was sie selbst „Sonderprogramme" nennt: Sie investiert mehrere Jahre lang beträchtliche Summen in einen Forschungszweig, und zwar in der Hoffnung, damit entscheidende Fortschritte zu initiieren. Anfang der siebziger Jahre war ein Sonderprogramm Neurowissenschaften begonnen worden; es umfaßte mehrere Disziplinen, die sich mit der Erforschung des Nervensystems befaßten — von der Neuropsychologie und Neurophysiologie bis zur Neuroanatomie und Neurochemie. Wissenschaftler aus grundverschiedenen Fachgebieten wurden durch eine solche Förderung angeregt, nach gemeinsamen Konzepten und gemeinsamen Organisationsstrukturen zu forschen. Nun suchte *Sloan* nach einem vergleichbaren Wissenszweig, bevorzugt aus den Naturwissenschaften, um dort eine entsprechende Summe zu investieren.

Aus Gesprächen mit Mitarbeitern der *Sloan Foundation* und den veröffentlichten Berichten lassen sich die wichtigsten Ereignisse rekonstruieren, die dazu führten, daß sich die *Sloan Foundation* den Kognitionswissenschaften zuwandte. Anfang 1975 waren noch mehrere Fächer im Gespräch; Ende 1975 jedoch wurde am ernsthaftesten ein Sonderprogramm „Kognitionswissenschaften" erwogen. Während des folgenden Jahres fanden Treffen statt, bei denen sich führende Kognitionswissenschaftler austauschen konnten. Vielleicht ahnten sie den unmittelbar bevorstehenden Geldsegen für das Fach, denn fast alle Wissenschaftler, die von der *Sloan Foundation* eingeladen wurden, schafften es, diese Treffen in ihren vollen Terminkalendern unterzubringen. Es gab zwar auch einige Kritik an der neuen kognitionswissenschaftlichen Bewegung, aber die meisten (zugegebenermaßen parteiischen) Teilnehmer betonten die Verheißungen des Fachs und die Notwendigkeit einer flexiblen Förderung von Forschung und Ausbildung.

Die Vertreter der Stiftung erkannten zwar, daß die Kognitionswissenschaft nicht so weit fortgeschritten war wie die Neurowissenschaft, als man sich zu deren Förderung entschlossen hatte, kamen aber dennoch zu dem Schluß, daß „alle Anzeichen dafür sprechen, was von vielen führenden Vertretern, die an den ersten Sondierungen teilnahmen, bestätigt wird, daß viele Bereiche der Kognitionswissenschaften konvergieren und damit die dringende Notwendigkeit einhergeht, Kommunikationswege zwischen den Wissenssparten zu etablieren, damit Mittel und Techniken der Forschung beim Erarbeiten eines theoretischen Grundwissens geteilt werden können" (*Sloan Foundation* 1976, S. 6). Nach eingehenden Beratungen beschloß die Stiftung ein Fünf- bis Siebenjahresprogramm, dessen Finanzierung maximal fünfzehn Millionen Dollar betragen sollte. (Dieser Betrag wurde später auf zwanzig Millionen Dollar erhöht.) Die Investitionen wurden zunächst als kleine Stipendien an viele Forschungsinstitute, zum Schluß als wenige große Stipendien an bedeutende Universitäten geleistet.

Die Initiative der *Sloan Foundation* wirkte, wie der Auftrieb, den die *Macy Foundation* für die vorhergehende Generation bedeutet hatte, als Katalysator für das Fach. So mancher witzelte: „Plötzlich wachte ich auf und stellte fest, daß ich zeit meines Lebens Kognitionswissenschaftler gewesen bin." Wenig später wurde die Zeitschrift *Cognitive Science* gegründet — die erste Ausgabe erschien im Januar 1977; und bald darauf, 1979, folgte die Gründung einer gleichnamigen Gesellschaft. Bei beiden Bestrebungen wirkte Donald Norman von der *University of California* in San Diego mit. Das erste Jahrestreffen der Gesellschaft fand mit großem Pomp im August 1979 im kalifornischen La Jolla statt. Überall in den Vereinigten Staaten und auch im Ausland entstanden Forschungsprogramme, Seminare, Informationsblätter und allerlei wissenschaftliches Beiwerk. Es gab sogar Bücher über die Kognitionswissenschaften, darunter das populärwissenschaftliche *The Universe Within* von Morton Hunt (1982) sowie mein eigener historischer Essay, ebenfalls von der Sloan Foundation unterstützt.

Indem man die Geburt einer Disziplin verkündete, sammelte man alle, die entdeckt hatten, daß sie — peripher oder ganz zentral — dazugehören, aber man sicherte damit keineswegs einen Konsens, ganz zu schweigen von nennenswerten wissenschaftlichen Fortschritten. Förderer benötigt man fast immer, um eine Disziplin zu begründen oder einen Konsens herzustellen — dennoch reicht auch dies nicht unbedingt aus. Und so begegnete man in jeder Förderungsphase durch die *Sloan Foundation* Zwistigkeiten über die Fragen, was das Fach ist, wer es vertritt, wer es bedroht und in welche Richtung es sich entwickeln sollte (der Zwist hält an).

Symptomatisch für die Kontroverse, die die Unterstützung der *Sloan Foundation* auslöste, waren die Reaktionen auf einen Bericht, den die Stiftung 1978 in Auftrag gegeben hatte. Dieser *State of the Art Report*, der schon bald nur noch SOAP [Seife] hieß, stammte von einem Dutzend bedeutender Fachleute, denen zudem eine Beratergruppe zugearbeitet hatte. Hier die Meinung der Autoren: „Das Fach entstand, weil es ein gemeinsames Forschungsziel gibt: die Entdekkung der repräsentationalen und datenverarbeitenden Kapazitäten des Geistes sowie ihre strukturale und funktionale Repräsentation im Gehirn" (1978, S. 6). Die Verfasser skizzierten die Querverbindungen zwischen sechs wesentlichen Teilbereichen — das sogenannte kognitive Sechseck. Mit Hilfe von durchgezogenen und gestrichelten Linien sollten Verbindungen zwischen Fachgebieten, die bereits bestanden, und auch Verbindungen aufgezeigt werden, die denkbar waren, aber noch nicht existierten.

Ich finde, die Verfasser des SOAP-Berichtes haben einen durchaus vertretbaren Versuch unternommen, einen Überblick über die wichtigsten Forschungsrichtungen zu geben, eine allgemeine Charta der Kognitionswissenschaft vorzulegen und ihre Grundannahmen zu klären. Dann zeigten sie am Beispiel des Farbenbenennens bei Menschen verschiedener Kulturen, wie mehrere Disziplinen ihre Ergebnisse verbinden. (Zu diesem Beispiel des Farbenbenennens werde ich im 12. Kapitel einiges sagen.) Doch fast alle Kognitionswissenschaftler lehnten diesen Bericht entschieden ab. Ja, es äußerten so viele derartig

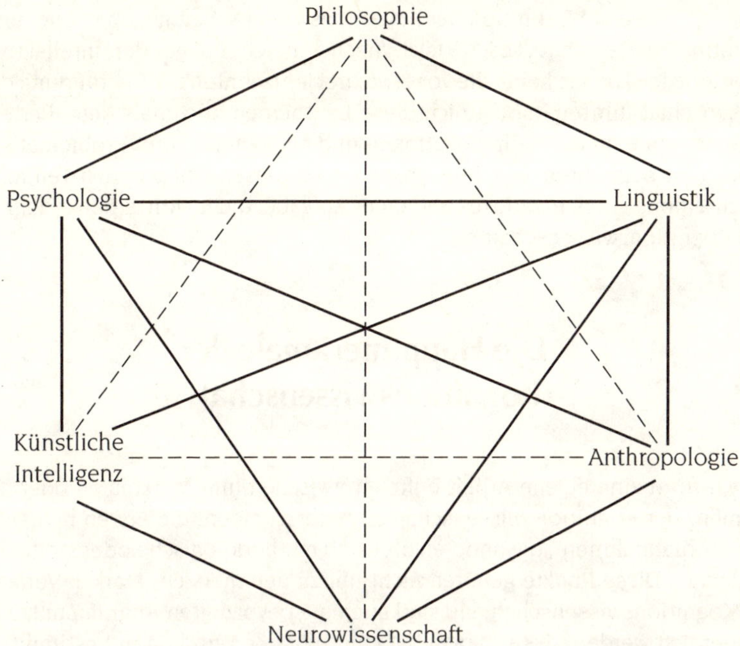

Verbindungen zwischen den Kognitionswissenschaften

Durchgezogene Linien: starke interdisziplinäre Verbindungen
Gestrichelte Linien: schwache interdisziplinäre Verbindungen

heftige Kritik, daß das Dokument entgegen der ursprünglichen Absicht niemals veröffentlicht wurde. Grund dieser negativen Reaktion war vermutlich, daß jeder Leser und jede Leserin das Dokument aus der Perspektive der eigenen Disziplin und des eigenen Forschungsprogrammes betrachtete. Mit ihrem Bemühen, sinnvolle Verbindungen zwischen den Disziplinen herzustellen, hatten die Autoren lediglich erreicht, daß die meisten Leser fanden, ihre eigene Arbeit sei nicht genügend berücksichtigt worden. Außerdem gibt es bis heute noch kein allgemein akzeptiertes Forschungsparadigma — keinen Konsens über Grundannahmen und Methoden —, so daß Kognitionswissenschaftler dazu tendieren, ihre Lieblingsparadigmen auf das Fach als Ganzes zu projizieren. Bedenkt man diese Faktoren, dann konnte 1978 vermutlich noch kein Bericht geschrieben werden, den die Kognitionswissenschaftler mehrheitlich befürwortet hätten.

Natürlich wäre es wünschenswert, wenn auf mysteriöse Weise Einigkeit entstünde, sei es dank der Freigebigkeit der *Sloan Foundation*, sei es dank eines Newton oder Darwin unserer Tage, um Ordnung in die Kognitionswissenschaft zu bringen. Da aber keines dieser Wunder eintritt, müssen wir eine eigene vorläufige Beschreibung des Fachs finden. Im Anfangskapitel dieses Buches habe ich eine erste Definition der Kognitionswissenschaft gegeben und auf fünf Hauptmerkmale hingewiesen. Jetzt, nachdem ich einige der intellektuellen Strömungen skizziert habe, die vor etwa drei Jahrzehnten zur Begründung dieser Wissenschaft führten, möchte ich diese Leitthemen nochmals detaillierter behandeln, um einige ihrer Implikationen und auch einige ihrer problematischen Aspekte zu betrachten. Beschließen werde ich diesen einleitenden Teil mit der Beschreibung eines Paradoxes und einer Aufgabe, die im Mittelpunkt der heutigen Kognitionswissenschaft stehen.

Die Hauptmerkmale der Kognitionswissenschaft

Es war für meine eigene Arbeit hilfreich, zwischen fünf Merkmalen oder „Symptomen" der Kognitionswissenschaft zu unterscheiden: die ersten beiden sind ihre „Kernannahmen", die anderen drei sind methodologische oder strategische Merkmale. Diese Punkte gehören nicht nur zu den meisten „starken Varianten" der Kognitionswissenschaft, sie sind auch die bevorzugten Angriffspunkte ihrer Gegner. Ich werde jedes Charakteristikum umreißen und dann bestimmte Kritikpunkte benennen, die die entschiedensten Gegner der Kognitionswissenschaft vorbringen. Diese Kritik (vertreten durch ihre bekanntesten Sprecher) wird in den entsprechenden Kapiteln ausgeführt und im letzten Kapitel nochmals aufgegriffen werden.

Repräsentationen

Die Kognitionswissenschaft basiert auf der Annahme, daß es zulässig — ja notwendig — ist, ein eigenes Niveau für die Analyse zu postulieren, das „Repräsentationsebene" genannt werden kann. Bei seiner Arbeit auf dieser Ebene hat es ein Wissenschaftler beispielsweise mit Symbolen, Regeln und Vorstellungen zu tun — jener Art Repräsentation eben, die zwischen Input und Output liegt —, und er untersucht zudem Verbindungen, Transformationen und Unterschiede zwischen diesen Entitäten. Nur mit Hilfe dieser Ebene kann die Vielfalt menschlichen Verhaltens, Handelns und Denkens erklärt werden.

Mit der Annahme einer Repräsentationsebene weist der Kognitionswissenschaftler einige traditionelle Erklärungen menschlichen Denkens als unzureichend zurück. Der Neurowissenschaftler mag sich der Ebene der Nervenzellen zuwenden, der Historiker oder Anthropologe den kulturellen Einflüssen, der normale Mensch oder der Schriftsteller den Erfahrungen oder Phänomenen. Der Kognitionswissenschaftler zweifelt nicht daran, daß diese Ebenen für bestimmte Zwecke nützlich sein mögen, seine eigene Disziplin aber fußt auf der Annahme, daß für wissenschaftliche Zwecke das kognitive Handeln des Menschen in Begriffen wie Symbol, Schema, Vorstellung, Idee und anderen Formen mentaler Repräsentation beschrieben werden muß.

Umgangssprachlich ist nichts Besonderes dran, wenn man sagt, daß Menschen Ideen haben, sich etwas vorstellen, in ihrem Denken Symbole, Bilder oder Sprache benutzen. Aber es ist ein erheblicher Unterschied, ob solche Konzepte umgangssprachlich benutzt oder in den Rang anerkannter wissenschaftlicher Konstrukte erhoben werden. Umsichtige Theoretiker postulieren keine Erklärungselemente oder -ebenen, wenn es nicht unbedingt sein muß; und sie möchten auch die auf einer bestimmten Ebene angewandten Strukturen und Mechanismen beschreiben können, bevor sie deren Existenz „an die große Glocke hängen". Über Struktur und Mechanismen des Nervensystems zu sprechen, ist recht unproblematisch — seine Bestandteile sind (zumindest im Prinzip) sichtbar und untersuchbar. Einigkeit darüber jedoch, auf der Ebene mentaler Repräsentation von Struktur und Prozessen zu sprechen, ist sehr viel schwieriger herzustellen.

Die Kritiker der Repräsentationsebene kommen vor allem aus dem Lager der Behavioristen. Sie glauben, das Konstrukt „Geist" bringe mehr Schaden als Nutzen; es sei sinnvoller, über neurologische Strukturen oder beobachtbares Verhalten zu sprechen als über Ideen, Konzepte oder Regeln; auf einer repräsentationalen Ebene zu beharren sei unnötig, irreführend oder unlogisch.

Eine weitere Kritik, weniger extrem, letztendlich aber ebenso lähmend, akzeptiert zwar die Notwendigkeit, umgangssprachlich von Plänen, Intentionen, Überzeugungen und dergleichen zu reden, sieht aber keine Notwendigkeit für eine eigene Wissenschaftssprache und Analyseebene, die sich mit deren mentaler Repräsentation zu befassen hätte: Nach dieser Auffassung sollte man von Plänen direkt zum Nervensystem übergehen können, denn in letzter Konsequenz müssen *dort* alle Pläne oder Intentionen repräsentiert sein. Auf eine Kurzformel gebracht heißt das: Umgangssprache plus Neurologie beseitigt die Notwendigkeit, von mentalen Repräsentationen zu sprechen.

Natürlich toben auch noch Kontroversen unter Wissenschaftlern, die im Prinzip von der Notwendigkeit einer Repräsentationsebene ausgehen. Die gegenwärtigen Theoriediskussionen zwischen „ausgewiesenen" Kognitionswissenschaftlern laufen in gewisser Weise auf eine Debatte darüber hinaus, wie man sich mentale Repräsentationen am besten vorzustellen hat. Einige Forscher meinen, es gebe nur eine einzige Form mentaler Repräsentation (zumeist eine mit Propositionen oder Aussagen); andere glauben an mindestens zwei Formen — wobei die eine mehr einem Bild (oder einer Vorstellung), die andere mehr einer Proposition nahekommt; und die dritten finden, es könnte multiple Formen mentaler Repräsentation geben und es sei einfach nicht zu entscheiden, welche die richtige ist.

Alle Kognitionswissenschaftler akzeptieren die banale Tatsache, daß mentale Prozesse letztendlich im zentralen Nervensystem repräsentiert sind. Tiefe Uneinigkeit aber herrscht darüber, welche Relevanz die Hirnforschung für die gegenwärtige kognitionswissenschaftliche Arbeit hat. Bis vor kurzem meinten die meisten, Kognitionswissenschaft solle am besten ohne Detailwissen über das Nervensystem betrieben werden — nicht nur, weil es dieses Wissen bislang noch nicht gibt, sondern auch aus dem Wunsch, die Legitimität einer separaten Ebene mentaler Repräsentation sicherzustellen. Vielleicht wird diese selbstauferlegte Distanz in dem Maße geringer, wie sich die Kognitionsebene etabliert und die Hirnforschung weitere Entdeckungen macht. Es ist naheliegend, daß sich Neurowissenschaftler (als Berufsstand) am wenigsten für einen repräsentationalen Erklärungsmodus begeistern können, während die meisten Psychologen, Linguisten und Computerwissenschaftler unumstößlich daran festhalten.

Computer

Nicht für alle Kognitionsforscher steht der Computer im Mittelpunkt ihrer täglichen Arbeit, fast alle jedoch sind von ihm stark beeinflußt. Zunächst ist der Computer „Existenzbeweis": Wenn man von einer menschengemachten Maschine sagen kann, sie ziehe logische Schlüsse, habe Ziele, revidiere ihr Verhalten, transformiere Information und so weiter, dann haben Menschen mit Sicherheit Anspruch darauf, auch so beschrieben zu werden. Es läßt sich kaum bezweifeln, daß die Erfindung des Computers in den dreißiger und vierziger Jahren sowie der Nachweis von „denkenden" Computern in den fünfziger Jahren auf Gelehrte, die den menschlichen Geist zu erklären suchten, eine nachhaltig befreiende Wirkung hatte.

Der Computer dient nicht nur als Modell menschlichen Denkens, sondern auch als wertvolle Hilfe bei der kognitionswissenschaftlichen Arbeit: Fast alle Kognitionswissenschaftler analysieren damit ihre Daten, und eine wachsende Zahl versucht, mit ihm kognitive Prozesse zu simulieren. Für viele ist sogar die Künstliche Intelligenz — die Wissenschaft, in deren Mittelpunkt die Computersimulation steht — nicht nur die wichtigste Disziplin der Kognitionswissenschaft, sondern auch der Bereich, der andere, ältere Wissenszweige am ehesten verdrängen oder überflüssig machen wird.

Theoretisch kann man Kognitionswissenschaftler sein, ohne den Computer zu lieben; in der Praxis aber führen Zweifel in Sachen Computer in aller Regel zu Zweifeln in Sachen Kognitionswissenschaft. Einige Kritiker halten den Computer lediglich für das letzte in einer langen Reihe unzulänglicher Modelle menschlicher Kognition (man denke nur an die Schalttafel, die Hydraulikpumpe oder das Hologramm) und meinen, nichts rechtfertigte den Glauben, dem Modell unserer Tage werde ein glücklicheres Schicksal beschieden sein. Diese Kritiker halten es für einen gravierenden Fehler, aktive Organismen als „informationsverarbeitende Systeme" zu sehen. Andere erachten den Computer als bloßes Spielzeug, der Bemühungen um ein Verständnis des menschlichen Denkens eher behindert denn voranbringt. Der Umstand, daß jedes Verhalten auf mehrere Arten simulierbar ist, könnte die Suche nach der richtigen Beschreibung *menschlichen* Verhaltens sogar erschweren. Häufig werden die überzogenen Behauptungen von Befürwortern der Künstlichen Intelligenz schadenfroh von denen zitiert, die in menschengemachte Maschinen und Programme sehr wenig Vertrauen haben.

Die Beschäftigung mit Computern und der Glaube an ihre Relevanz als Modell menschlichen Denkens gilt für die Kognitionswissenschaft generell, aber auch hier gibt es Unterschiede zwischen den Disziplinen. Die tatsächliche Einbeziehung von Computern ist ein zuverlässiger Gradmesser dafür, wie stark eine Disziplin mit der Kognitionswissenschaft verbunden ist. Computer stehen im Mittelpunkt der Künstlichen Intelligenz und nur einige wenige mißmutige Computerwissenschaftler bezweifeln die Tauglichkeit des Computers als Modell menschlicher Kognition. In der Linguistik und der Psychologie trifft man auf einige Vorbehalte gegen einen Ansatz, der sich am Computer orientiert; aber die meisten Fachleute dieser Disziplinen würden mit den Computerfreunden keinen Streit anfangen.

Was die übrigen Kognitionswissenschaften angeht, wird allerdings das Verhältnis zum Computer zunehmend problematischer. Noch müssen viele Anthropologen und Neurowissenschaftler, unabhängig davon, ob sie in ihrer eigenen Forschung Computer verwenden, erst davon überzeugt werden, daß der Computer ein tragfähiges Modell jener Kognitionsaspekte ist, für die sie sich interessieren. Viele Neurowissenschaftler glauben, das Gehirn werde die Antwort auch ohne dazwischengeschaltetes Computermodell schon selbst liefern; viele Anthropologen glauben, der Schlüssel zum menschlichen Denken liege in historischen und kulturellen Kräften, die sich nicht im Kopf des Menschen befinden und mit Begriffen der Datenverarbeitung schwer in den Griff zu bekommen sind. Was die Philosophen angeht, so reicht ihre Einstellung zum Computer von unverhohlenem Enthusiasmus zu tiefster Skepsis — wodurch sie für jede Bewertung der Kognitionswissenschaft zu einer besonders interessanten und wichtigen Informantengruppe werden.

Ausklammern von Affekt, Kontext, Kultur und Geschichte

Der typische Kognitionswissenschaftler hegt nicht zwingend eine Abneigung gegen den affektiven Bereich, gegen den Kontext, in dem jedes Denken und Handeln steht, gegen historische oder kulturelle Analysen, in der Praxis aber bemüht er sich, diese Elemente so weit als irgend möglich auszuschalten. Selbst Anthropologen tun dies, wenn sie gerade als Kognitionswissenschaftler unterwegs sind. Dies mag eine Frage der Machbarkeit sein: Wollte man all diese individualisierenden und phänomenalistischen Aspekte berücksichtigen, könnte Kognitionswissenschaft unmöglich werden. Wer alles erklären will, hat am Ende nichts erklärt. Und so versuchen die meisten Kognitionswissenschaftler, zumindest bis auf weiteres, Probleme so zu definieren und zu erforschen, daß sie eine adäquate Erklärung geben können, ohne auf diese wolkigen Konzepte zurückgreifen zu müssen.

Die Kritiker des Kognitivismus führen im wesentlichen zwei Gegenargumente an. Einige meinen, Faktoren wie Affekt, Geschichte oder Kontext seien niemals wissenschaftlich erklärbar; es handele sich um Dimensionen, die ihrem Wesen nach humanistisch oder ästhetisch seien und deswegen von Natur aus in die Zuständigkeit anderer Disziplinen oder Forschungen gehörten. Da diese Faktoren für menschliche Erfahrung ganz zentral seien, sei jede Wissenschaft, die sie auszuklammern versuche, von Anfang an zum Scheitern verurteilt. Andere Kritiker teilen die Auffassung, daß einige oder alle dieser Merkmale zum Kern menschlicher Erfahrung gehören, bestreiten aber, daß sie einer wissenschaftlichen Erklärung nicht zugänglich seien. Sie hadern mit der sterilen Kognitionswissenschaft, weil sie diese Dimensionen künstlich ausklammere. Statt dessen sollten sich Kognitionswissenschaftler gleich von Anfang an ordentlich abrakkern und diese Aspekte ungeschmälert in ihre Denk- und Verhaltensmodelle aufnehmen.

Vertrauen auf interdisziplinäre Forschung

Vielleicht wird es eines Tages eine einzige Kognitionswissenschaft geben, aber alle sind sich einig, daß dies in weiter Zukunft liegt. Die Wissenschaftler aus den jeweiligen Disziplinen setzen ihre Hoffnung in einen produktiven Austausch mit Fachleuten anderer Disziplinen: Sie stehen in der Tradition der Teilnehmer der Hixon- und Macy-Symposien und glauben wie diese, daß sie über eine Zusammenarbeit zu weiter reichenden Einsichten gelangen können als aus der Perspektive einer Einzeldisziplin. Als Beispiele führen sie aktuelle Forschungsarbeiten in den Bereichen visuelle Wahrnehmung und Sprachverarbeitung an, die inzwischen ganz selbstverständlich Ergebnisse aus Psychologie, Neurowissenschaft und Künstlicher Intelligenz heranziehen — so sehr, daß die Fachgrenzen bereits zu verschwimmen beginnen.

Skeptiker bezweifeln, daß sich durch interdisziplinäres Arbeiten Fortschritte erzielen lassen, es sei vielmehr klüger, wenn jede Disziplin ihr eigenes Haus in Ordnung hielte. Da zudem unklar ist, *welche* der fraglichen Disziplinen schließlich zu einer Kognitionswissenschaft entscheidend beitragen wird und auf welche Weise dies geschehen wird, werde unter Umständen wertvolle Zeit mit unüberlegter Zusammenarbeit vergeudet. Aus ihrer Sicht sind Einzeldisziplinen etwas ganz Selbstverständliches, und man wäre schlecht beraten, wollte man ein nahtloses Zusammenwachsen propagieren. Bestenfalls Zusammenarbeit solle es unter den Disziplinen geben — niemals völlige Fusion.

Verwurzelung in philosophischen Problemen der Antike

Ich erwähnte bereits, daß die klassischen Fragen der Philosophie meiner Ansicht nach zu den wesentlichen Bestandteilen der modernen Kognitionswissenschaft gehören, ja, daß mir die Kognitionswissenschaft ohne sie kaum vorstellbar scheint. In vielen kognitionswissenschaftlichen Publikationen finden wir die philosophischen Fragestellungen der griechischen Antike und der Aufklärung. Ich will damit nicht sagen, daß diese überlieferten Fragen unbedingt auf bestmögliche Art formuliert wurden, nicht einmal, daß sie beantwortet werden können, sondern nur, daß sie ein logischer Ausgangspunkt für Forschungsarbeiten in der Kognitionswissenschaft sind.

Bei meinen Gesprächen mit Kognitionswissenschaftlern mußte ich allerdings feststellen, daß dieser Punkt umstritten ist. Es ist auch nicht vorhersagbar, welcher Wissenschaftler, oder welche Wissenschaft einer philosophisch begründeten Definition dieser neuen Wissenschaftssparte zustimmen wird. Es finden sich in jeder Disziplin einige Kognitionswissenschaftler, die unumwunden die Bedeutung — ja Unabdingbarkeit — eines philosophischen Fundamentes einräumen; andere hingegen meinen, ausnahmslos alle Philosophieprobleme der Vergangenheit seien für ihre eigenen Zwecke irrelevant oder sogar für die Bemühungen der Kognitionswissenschaft schädlich. Es mag hier im Grunde um persönliche Einschätzungen gehen, wie sinnvoll die Lektüre und Diskussion klassischer Autoren ist, und nicht so sehr um fundamentale methodologische Aspekte der Kognitionswissenschaft. Doch woran es auch immer liegen mag, Kognitionswissenschaftler sind sich selten einig, wenn es darum geht, wie wichtig der *Menon*, Descartes *Cogito* oder Kants *Kritik* sind.

Gerade weil die Rolle der Philosophie in den Kognitionswissenschaften umstritten bleibt, ist eine Beschäftigung mit der Philosophiegeschichte sinnvoll. Nur ein solcher Überblick kann beweisen, daß sich Kognitionswissenschaftler — ob sie es wissen oder nicht — mit jenen Problemen auseinandersetzen, die vor etlichen Jahrhunderten erstmals von Philosophen aufgeworfen wurden. Wissenschaftler werden uneinig darüber sein, ob diese Fragen zutreffend formuliert wurden, ob Philosophen bei deren Beantwortung wesentlich vorangekommen sind, ob der Philosophie heute überhaupt noch eine nennenswerte Rolle in der Wissenschaft zukommt. Über solche Dinge streiten sich sogar die Philosophen. Dennoch lohnt es, ihre Position zu diesen Fragen näher zu betrachten, denn Philosophen halten seit der Antike die Definition menschlichen Wissens für ihre angestammte Domäne. Zudem haben sie sich über Natur und Umfang der kognitionswissenschaftlichen Bemühungen Gedanken gemacht und die Ergebnisse, zu denen sie kamen, verdienen eine ernsthafte Prüfung.

Ich bin der Ansicht, daß jedes einzelne der oben beschriebenen „Symptome" oder Merkmale der Kognitionswissenschaft schon in den Diskussionen der vierziger Jahre erkennbar, Mitte der fünfziger Jahre bereits weit verbreitet war. Ein kognitionswissenschaftlicher Text wird nicht unbedingt jedes dieser Merkmale aufweisen, aber es wird kaum Texte geben, in denen die meisten fehlen.

Diese Merkmale waren vor einem halben Jahrhundert noch nicht zu erkennen, und das rechtfertigt es, von Kognitionswissenschaft zu sprechen; und in dem Maße, wie sie wieder verschwinden werden, wird auch die Ära der Kognitionswissenschaft zu Ende gehen.

Meine eigene Einschätzung, welches Schicksal der Kognitionswissenschaft letztendlich beschieden sein wird, möchte ich der Zusammenfassung am Ende des Buches vorbehalten; aber es mag als Orientierungspunkt für die folgenden Kapitel hilfreich sein, vorzugreifen und die wichtigsten Schlußfolgerungen schon hier zu nennen. Ich glaube, die anfängliche Begeisterung für die Kognitionswissenschaft basierte auf einer scharfsinnigen Intuition: daß sich herausstellen würde, daß menschliches Denken eine bedeutende Ähnlichkeit aufweist mit der Funktionsweise des Rechners, und zwar vor allem mit der des seriellen digitalen Elektronenrechners, der um die Jahrhundertmitte immer größere Verbreitung fand. Noch läßt sich nicht sagen, in welchem Maße menschliche Denkprozesse in diesem Sinn einem Computer ähneln. Deute ich aber die Zeichen richtig, gehört zu den wichtigsten Ergebnissen der letzten zehn oder zwanzig Jahre der Zweifel daran, daß höhere menschliche Denkprozesse — jene Prozesse, von denen wir glauben, sie seien spezifisch menschlicher Natur — mit eben diesem Computermodell adäquat beschrieben werden können.

Damit sind wir bei dem, was ich das *Paradox der Computerwissenschaft* nenne. Paradox daran ist, daß Wissenschaftler als Folge der strikten Anwendung der Methoden und Modelle aus dem Computerbereich jetzt genauer wissen, wo und wie Menschen diesen prototypischen Computern gerade *nicht* besonders ähneln. Das heißt nicht, daß überhaupt keine Kognitionsprozesse Ähnlichkeit mit der Arbeitsweise des Computers aufweisen — einige ähneln dem Computer sogar sehr. Noch weniger soll damit angedeutet werden, Kognitionsprozesse ließen sich nicht mit Hilfe eines Computers nachbilden (schließlich kann man von *allem*, was klar formulierbar ist, ein Modell machen). Damit soll lediglich konstatiert werden, daß die systematische, logische, rationale Sicht der Kognition, die die frühe Literatur der Kognitionswissenschaft durchzieht, viele Aspekte menschlichen Denkens und Handelns nicht zutreffend beschreibt. Die Kognitionswissenschaft muß deswegen nicht einpacken, aber es stellt sich die Frage, ob man nicht nach realitätsnäheren Modellen menschlichen Denkens Ausschau halten sollte.

Die Kognitionswissenschaft hat zu einem Paradox geführt, und sie sieht sich zugleich mit einer herausfordernden Aufgabe konfrontiert. Aus meinen Recherchen scheint klar, daß der Kern der Kognitionswissenschaft problemlos die Disziplinen Kognitionspsychologie, Künstliche Intelligenz und weite Bereiche der Philosophie sowie der Linguistik umfaßt. Ebenso klar aber scheint, daß die Kognitionswissenschaft bei anderen Disziplinen an ihre Grenzen stößt. Ein Gutteil der Neurowissenschaften ist auf einer Untersuchungsebene angesiedelt, wo man Fragen der Repräsentation und des Computermodells nicht begegnet. Am anderen Ende der Skala stehen weite Bereiche der Anthropologie den Methoden der Kognitionswissenschaft inzwischen ablehnend gegenüber;

es herrscht die weit verbreitete Meinung (die immer mehr Anhänger zu gewinnen scheint), es sei klüger, sich den wesentlichen Fragen der Anthropologie unter historischen, kulturellen oder gar literarischen Vorzeichen zu nähern.

Und hierin liegt die Aufgabe der Kognitionswissenschaft. Es ist wichtig, daß sie autonom wird und Bereiche aufzeigt, für die Datenverarbeitungs- und Repräsentationsansätze Gültigkeit haben. Ich glaube, die Kognitionswissenschaft war darin bereits erfolgreich, wenn auch nicht in so breitem Maß, wie man es sich gewünscht hätte.

Wenn die Kognitionswissenschaftler die wichtigsten Kognitionsmerkmale umfassend erklären wollen, werden sie (oder andere Wissenschaftler) jene Brücken finden oder bauen müssen, die ihre Disziplinen mit angrenzenden Fachgebieten verbinden — mit den Neurowissenschaften am unteren Ende, wenn man so will, und den Kulturwissenschaften am oberen. Wie dies geschehen kann (und ob es überhaupt getan werden kann), ist gegenwärtig alles andere als klar; wenn sich aber die kognitiven Aspekte von Sprache oder Wahrnehmung oder Problemlösen nicht mit den neurowissenschaftlichen und anthropologischen Aspekten verbinden lassen, bleibt uns eine substanzlose und bruchstückhafte Disziplin. Mit anderen Worten: niemand zweifelt die Autonomie von Biologie, Chemie oder Physik an; wenn aber die isolierten Erkenntnisse über Atome, Moleküle und Organismen nicht zu einem sinnvollen Ganzen verknüpft werden können, bleibt die wahre Natur der organischen und anorganischen Materie im dunkeln.

Mit all dem aber greife ich weit vor. Wir sahen auf den letzten Seiten, wie unterschiedliche Faktoren, die es schon vor der Jahrhundertmitte gab, zusammenkamen und zum Fundament einer neuen Disziplin wurden. Am Ende werde ich einige der besten Arbeiten des Fachs näher betrachten, um dessen gegenwärtigen Status und Zukunftsperspektiven richtig einschätzen zu können. Um diesen Überblick zu bekommen, muß man allerdings in Betracht ziehen, wie schon die Art der kognitionswissenschaftlichen Fragestellungen aus philosophischen Schriften der Vergangenheit hervorgegangen ist. Ebenso wichtig ist es, die jeweilige Geschichte, die Methoden und die Probleme zu verstehen, die jede kognitive Einzelwissenschaft geprägt haben. Letztendlich bestimmte dieser philosophische und historische Hintergrund weitestgehend Art und Umfang der heutigen interdisziplinären, kognitionswissenschaftlichen Forschung. Im zweiten Teil des Buches werde ich mich eingehend mit den verschiedenen Disziplinen befassen, deren Existenz die Idee einer Kognitionswissenschaft ermöglichte und deren Vertreter den Erfolg dieses Unterfangens bestimmen werden.

Teil II:
Die beteiligten Disziplinen

4. Vernunft, Erfahrung und der Status der Philosophie

Die Philosophie beerdigt immer ihre Totengräber.
Etienne Gilson

Auf keinem anderen Wissensgebiet hat es so wenige Fortschritte gegeben wie in der Philosophie des Geistes. Der menschliche Geist wurde erforscht, als sei er vom Körper unabhängig, und im großen und ganzen von Philosophen, die über ein recht geringfügiges medizinisches Wissen verfügen. Man hat keinerlei Versuche unternommen, seine Phänomene im Licht des Experiments und der Beobachtung zu überprüfen oder in abnormen Phasen zu analysieren. ... Ohne Daten, ohne Axiome, ohne Definitionen wirft [die Wissenschaft vom Geist] Fragen auf, die sie nicht lösen kann... Der menschliche Geist entzieht sich der Erkenntnis der Sinne und das Verstandes und liegt wie ein ödes, sonnenabgewandtes Feld, auf das jeder vorübergehende Grübler sein geistiges Unkraut wirft und damit jeden guten Samen erstickt, der zur Reife hätte gelangen können.
David Brewster (1854)

Descartes Geist

In diesem Kapitel beginne ich meinen Überblick über die Kognitionswissenschaften mit einer Darstellung der Geschichte und des gegenwärtigen Status der Philosophie. Diese Wahl ist nicht beliebig. Nicht nur ist die Philosophie die älteste Kognitionswissenschaft, ihrem erkenntnistheoretischen Zweig entstammen auch die ursprünglichen Themen — der Katalog von Fragen und Problemen, an denen empirisch orientierte Kognitionswissenschaftler heute arbeiten. Philosophen ringen seit Jahrhunderten mit heute modernen Fragen wie der nach dem Wesen mentaler Repräsentation, danach, in welchem Maße das Denken des Menschen lediglich ein mechanischer (im Gegensatz zu einem geistigen) Vorgang ist, und nach dem Verhältnis zwischen Verstand und Gefühl.

René Descartes ist vielleicht der typischste philosophische Vorläufer der Kognitionswissenschaft. Was er zu Beginn der Neuzeit (die er mitprägte und mitbegründete) schrieb, bedeutet in mancherlei Weise eine Rückkehr zum sicheren Vertrauen in die eigene Anschauung, zu Festlegung auf die zentrale Stellung des mathematischen Denkens, zu jenem Glauben an angeborene Ideen, den wir mit den Griechen verbinden. Zugleich aber ist Descartes mit seinem Wissensdrama in Bezug auf die Funktionsweise der Sinnesorgane und des Gehirns sowie mit seiner Vorstellung vom Automaten als möglichem Modell des Menschen eine geradezu moderne Gestalt.

1623 zog er sich in ein kleines bayerisches Bauernhaus zurück und widmete sich einer Reihe von Reflexionen, die nachhaltige Auswirkungen auf das künftige abendländische Denken haben sollten. Descartes sah die Systeme, die verschiedene Denker ersonnen hatten, immer illusionsloser und schrieb, die Philosophie sei „von den vorzüglichsten Geistern einer Reihe von Jahrhunderten gepflegt worden, und dennoch gibt es in ihr nicht *eine* Sache, die nicht umstritten und mithin zweifelhaft sei" (1961, S. 9)*. Um dieser Unsicherheit zu begegnen, entwickelte Descartes eine Methode des systematischen Zweifelns. Er entschied, alles anzuzweifeln, dessen er nicht sicher war, und kam zu dem Ergebnis, daß ihm nichts blieb außer seinen eigenen Bewußtseinszuständen, seinen eigenen Zweifeln. In seiner Fähigkeit zu zweifeln und somit zu denken erkannte Descartes ein sicheres Fundament, auf dem er eine neue Philosophie errichten konnte.

Im Mittelpunkt von Descartes' Philosophie stand sein eigener Geist und, in der Erweiterung, der Geist des Menschen im allgemeinen. Durch die Erforschung der Inhalte seines Geistes meinte Descartes bestimmen zu können, welche Erkenntnis gültig, am wenigsten dem Zweifel unterworfen ist. Er suchte nach Gedanken, die klar und deutlich, folglich unbezweifelbar waren. Den Ideen der Arithmetik und Geometrie wurde ein privilegierter Platz eingeräumt, da sie, von Zweifeln am wenigsten belastet, so offensichtlich schienen, daß sie wahr sein mußten. Überdies waren diese Ideen nicht von außen in seinen Geist gelangt; es schien vielmehr sinnvoll, sie als etwas zu sehen, das der Geist selbst hervorgebracht hatte:

> Hierbei verdient meiner Meinung nach die höchste Beachtung, daß ich bei mir unzählige Ideen finde von gewissen Dingen, von denen man, wenngleich sie vielleicht nirgendwo außer mir existieren, dennoch nicht sagen kann, sei seien Nichts. Und wenngleich ich sie in gewisser Weise willkürlich denke, so erdichte ich sie dennoch nicht, vielmehr haben sie ihre wahrhaften und unveränderlichen Naturen. Wenn ich mir z. B. ein Dreieck vorstelle, so mag vielleicht eine solche Figur nirgends in der Welt außer meinem Bewußtsein existieren, noch je existiert haben, dennoch hat sie fürwahr eine bestimmte Natur oder Wesenheit ..., die unveränderlich und ewig ist, die weder von mir ausgedacht ist, noch von meinem Geiste abhängt. (1954, S. 54)

---

* Angaben zum jeweiligen Jahr der Erstveröffentlichung finden sich, soweit von Bedeutung, im Literaturverzeichnis.

Der Geist ist nach Descartes Meinung der menschlichen Existenz eigen und deren Mittelpunkt; man kann sich auf ihn verlassen. Geist ist vom Körper getrennt und funktioniert unabhängig von ihm, der eine völlig andere Art von Entität ist. Den Körper stellt man sich am besten als Automaten vor, vergleichbar mit menschengemachten Maschinen. Er läßt sich zerlegen, Teile können entfernt werden, ohne etwas Fundamentales zu verändern. Aber selbst wenn man einen Automaten konstruieren könnte, der ebenso komplex ist wie der menschliche Körper, könnte dieser Automat niemals dem menschlichen Geist gleichen, da der Geist ein unteilbares Ganzes ist. Auch könnte ein Körperautomat niemals, wie der menschliche Geist es tut, Sprache oder andere Zeichen benutzen, um seine Gedanken vor anderen darzulegen. Eine Maschine könnte Informationen wie ein Papagei nachplappern, „nicht aber, daß sie auf verschiedene Art die Worte ordnet, um dem Sinn alles dessen zu entsprechen, was in ihrer Gegenwart laut wird, wie es doch die stumpfesten Menschen vermögen" (1961, S. 53).

Descartes wußte, daß die Annahme zweier völlig getrennter Entitäten — rationaler Geist und mechanischer Körper — jedwede Erklärung ihrer Interaktion unplausibel werden ließ. Wie soll eine immaterielle Entität eine mechanische Substanz kontrollieren, mit ihr interagieren, auf sie reagieren können? Er unternahm mehrere Versuche, dieses Problem zu lösen, keiner davon war (und er wußte es selbst) wirklich überzeugend. Doch während er sich um eine Erklärung der Interaktion von Geist und Körper bemühte, wurde Descartes eigentlich zum Psychophysiologen: Er entwarf Modelle, wie mentale Zustände in einer Welt sinnlicher Erfahrung existieren können — Modelle, die physische Objekte abbilden, die man wahrnehmen und mit denen man handeln kann. Er fragte,

> ... worin die Einrichtung der Nerven und der Muskeln des menschlichen Körpers bestehen muß, damit die darin befindlichen Lebensgeister die Glieder desselben bewegen können ... welche Veränderung im Gehirn stattfinden müsse, um Wachen und Schlaf und Träume zu verursachen, wie Licht, Töne, Geruch, Geschmack und alle die übrigen Beschaffenheiten der äußeren Gegenstände durch die Vermittlung der Sinne dort verschiedene Ideen einprägen. (1961, S. 52)

Und er unterbreitete sogar eines der ersten Diagramme zur „Informationsverarbeitung": es zeigte die Übertragung visueller Empfindungen von der Retina über die Nervenfasern ins Gehirn, wobei die Signale der beiden Augen erneut umgekehrt und in der Zirbeldrüse zu einem einzigen Bild vereint werden. Dort konnte, an einem alles entscheidenden Schnittpunkt, der Geist (oder die Seele) mit dem Körper interagieren, was eine vollständige Repräsentation der Außenwelt ergab. Nun konnte der Geist das Bild bewußt wahrnehmen und mit dem Gehirn in etwa so spielen, wie ein Musiker auf seinem Instrument (Fancher 1979, S. 133f.).

Wie viele, die über den Ursprung des Erkennens nachgedacht hatten, war auch Descartes ursprünglich der Ansicht, jede Erfahrung, jedes Denken entstehe aus den Sinnen. Seine Überlegungen aber hatten ihn dazu gebracht, die

Sinne geringer zu bewerten, und jedes Denken, jede Kreativität dem Geist zuzuschreiben. Er mußte zwar einräumen, daß die Erfahrungen seiner Sinnesorgane einen Ursprung hatten, doch er spielte ihre Bedeutung herunter:

> Nun ist aber in mir eine gewisse passive Fähigkeit zu empfinden, d. h. die Ideen der Sinnendinge aufzunehmen und zu erkennen; doch könnte diese mir gar nichts nützen, wenn es nicht eine gewisse aktive Fähigkeit entweder in mir oder in einem anderen gäbe, welche diese Ideen hervorruft und bewirkt. (1954, S. 68)

Wie Platon darauf vertraute, daß der Geist alle Arten von Dingen umfassen (oder erinnern) könne, folgerte Descartes, der Geist, eine aktiv denkende Entität, entscheide als höchste Instanz über Wahrheit. Und seine letzte Konsequenz lautete, Ideen seien angeboren, nicht durch Erfahrung erworben:

> ... daß die Ideen von keinen Dingen uns so, wie wir sie im Bewußtsein bilden, von ihnen [unseren Sinnesorganen] dargeboten werden, so daß es nichts in unseren Ideen gibt, was nicht dem Geiste oder der Fähigkeit zu denken eingeboren gewesen ist, mit Ausnahme nur der Umstände, die sich allein auf Erfahrung beziehen ... Weil sie [die Sinnesorgane] etwas hineingeschickt haben, das unserem Geist, vermöge der ihm eingeborenen Fähigkeit, den Anlaß geboten hat, sie zu dieser Zeit eher als zu einer anderen zu bilden. (Zitiert in Chomsky 1966, S. 67/dt. 1971, S. 88f.)

Hätte Descartes die Erfahrung der Außenwelt völlig verschwinden lassen können, er hätte es mit Vergnügen getan; er schrieb, auch hier wie Platon, das Irren und die Unstetigkeit des Menschen den unberechenbaren Launen der Erfahrung zu, unsere Rationalität, unser Verstehen und sicheres Wissen hingegen dem Geist, der über seine eigenen Ideen reflektiert. Und damit forderte er künftige empiristische Philosophen, für deren Denken er eine ausgesprochene Provokation war, auf das schärfste heraus.

Descartes hatte mit seinen Betrachtungen über Idee und Geist, Sinneserfahrung und Körper, die Macht der Sprache und die zentrale Stellung eines organisierenden, zweifelnden Selbsts einen Themenkatalog formuliert, der in den folgenden Jahrzehnten und Jahrhunderten die philosophische Diskussion beherrschen und Auswirkungen auf die experimentellen Wissenschaften haben sollte. Außerdem entwarf er ein lebhaftes und kontroverses Bild vom Geist als einem rationalen Instrument, das aber von keiner vorstellbaren Maschine simuliert werden kann — ein Bild, das in der Kognitionswissenschaft noch heute diskutiert wird. Descartes trug, indem er solche Bilder entwarf und solche Auffassungen vertrat, zum Beginn einer Ära bei, deren Reichtum in der Philosophie ohnegleichen blieb. Alfred North Whitehead schrieb dazu:

> Eine kurze und hinreichend genaue Beschreibung des Geisteslebens der europäischen Völker während der folgenden zweieinviertel Jahrhunderte bis in unsere Zeit besteht darin, daß sie von dem akkumulierten Ideenkapital gezehrt haben, das ihnen der Genius des siebzehnten Jahrhunderts bereitgestellt hatte. (1925, S. 42/dt. 1984, S. 53)

Die ursprünglich von den Griechen aufgeworfenen und im siebzehnten Jahrhundert von Descartes weitergeführten Fragen wurden auf das heftigste von einigen Philosophen debattiert, denen Whiteheads Bewunderung gilt. Die ersten empirischen Antworten von Locke, Hume und Berkeley, Kants kühne Synthese und endlich die Zweifel an der Kantschen Tradition waren Marksteine philosophischer Debatten über Wissen. Und just zu der Zeit, als die Erkenntnistheorie, die mit diesen frühen Autoren in Verbindung gebracht wird, am schärfsten kritisiert wurde, tauchte der Computer auf. Neue philosophische Perspektiven mit Namen wie „Funktionalismus" und „Intentionalismus" vergrößerten schon bald wieder die Chancen einer angesehenen Erkenntnistheorie: als gemeinsame Wissenschaftsbemühung, in deren Rahmen die repräsentationale Natur des Denkens zugelassen werden konnte und wo sich traditionell philosophische Bereiche mit der Arbeit von kognitiv orientierten Wissenschaftlern verbinden konnten.

In vergangenen Jahrhunderten tauchten in der Philosophie zwei wichtige Themen leitmotivisch immer wieder auf. Bei dem einen handelt es sich um das Spannungsverhältnis zwischen Rationalisten und Empiristen. Rationalisten glauben, der Geist verfüge über die Fähigkeit des logischen Denkens, die er der Welt der Sinneserfahrungen auferlegt; Empiristen glauben, daß mentale Prozesse externe sensorische Eindrücke entweder widerspiegeln oder auf deren Grundlage konstruiert werden. Sowohl Platon als auch Descartes gehörten zum rationalistischen Lager, etliche spätere Empiristen stritten dagegen. Heute halten Behavioristen am Empirismus fest, während Kognitivisten eher eine Spielart des Rationalismus oder eine Mischung aus beidem vertreten.

Bei dem zweiten Thema geht es um den Stellenwert der Philosophie innerhalb der Wissenschaftsdisziplinen und vor allem um ihr Verhältnis zu den Naturwissenschaften. Auch hier sind Platon und Descartes einer Meinung: ihrer selbstsicheren Auffassung nach gebührt der philosophischen Reflexion das Primat, während die Beobachtungen eher empirisch arbeitender Gelehrter nicht gleichermaßen glaubwürdig sind. (Auch wenn die Naturwissenschaft zu Descartes Zeiten erst in Entstehung begriffen war, nahm er naturwissenschaftliche Untersuchungen vor und sah sich selbst mit Sicherheit als empirischen Gelehrten.) In den nachfolgenden Generationen wurden immer mehr naturwissenschaftliche Entdeckungen und Gesetze erarbeitet, ja, einige Fragen (wie die nach dem Wesen der Materie) löste die Physik so schlüssig, daß sie aus dem Bereich der Philosophie herausfielen. Mit der Zeit schien es vielen, wenn nicht gar den meisten Philosophen nötig, sich über naturwissenschaftliche Entdeckungen auf dem laufenden zu halten und ihre Tätigkeit auf naturwissenschaftlich akzeptable Weise zu rechtfertigen. Da in den letzten Jahrzehnten die Vorherrschaft der Naturwissenschaften weiter zunimmt, wird auch der Sinn philosophischer Untersuchungen erneut angezweifelt.

Aus der Perspektive mancher Kognitivisten ist die Philosophie durch den Aufschwung der empirischen Forschung überflüssig geworden. Denn wenn nun die Naturwissenschaft die Fragen der Philosophie beantwortet, was bleibt den Philosophen? Ich werde Gründe dafür anführen, warum ich diese Schlußfolgerung für falsch halte. Ich meine, es gibt hier einen dialektischen Prozeß, in dem Philosophen bestimmte Fragen aufwerfen, empirische Disziplinen in dem Bemühen entstehen, diese Fragen zu beantworten und Philosophen dann zusammen mit empirischen Wissenschaftlern die Ergebnisse interpretieren und neue Wege der Forschung anregen. Die Themen, die Descartes und seine Zeitgenossen aufgeworfen haben, wurden einige Jahrhunderte später zum Arbeitsgebiet von Psychologen, Linguisten und Neurowissenschaftlern; und Descartes' Reflexionen über den Menschen als möglichen Automaten bilden heute sogar den Mittelpunkt der Künstlichen Intelligenz. Angesichts empirischer Ergebnisse haben Philosophen die Themen, mit denen sie sich befaßten, manchmal grundlegend neu konzipiert und damit ihrerseits empirische Arbeiten gestützt, gelenkt und ihre Interpretation erleichtert. Philosophen sind weder oberste Richter noch letzte Opfer der naturwissenschaftlichen Forschung, sondern sie waren — und sind auch künftig — wichtige Gehilfen bei der Erforschung der Kognition.

Die Antwort der Empiristen auf Descartes

Lockes Gegenmodell

Descartes Ansichten wurden schon bald von einigen britischen Empiristen in Frage gestellt, allen voran John Locke, George Berkeley und David Hume. Locke bestritt als erster, daß man überhaupt Wissen auf der Grundlage von Introspektion erlangen könne; er erachtete statt dessen die Sinneserfahrung als einzig verläßliche Wissensquelle. Die Annahme angeborener Ideen verwarf er als nutzlos und irreführend. „Die Kenntnis von der Existenz *aller anderen Dinge* können wir nur durch *Sensation* erlangen", erklärte er. „Denn daß wir die Idee eines Dinges in unserem Geist haben, beweist dessen Existenz ebensowenig, wie das Bildnis eines Menschen dessen Dasein in der Welt beweist oder wie Traumbilder ein wirkliches Geschehen zustande bringen" (1981, S. 311). Und in einer berühmten Passage verkündete er seine endgültige Anwort auf die Frage nach den Ursprüngen des Wissens:

> Nehmen wir also an, der Geist sei, wie man sagt, ein unbeschriebenes Blatt, ohne alle Schriftzeichen, frei von allen Ideen; wie werden ihm diese dann zugeführt? Wie gelangt er zu dem gewaltigen Vorrat an Ideen, womit ihn die geschäftige schrankenlose Phantasie des Menschen in nahezu unendlicher Mannigfaltigkeit beschrieben hat? Woher hat er all das *Material* für seine Vernunft und für seine Erkenntnis; Ich antworte darauf mit einem einzigen Worte: aus der *Erfahrung*. (1976, S. 107f.)

Diese Worte sind eine knappe Zusammenfassung der empiristischen Weltsicht. Wenn (nach Meinung der Empiristen) die Erfahrung der Welt mit Wahrnehmung beginnt, hört sie dort ganz gewiß nicht auf. Locke verwandte beträchtliche Mühe auf die Unterscheidung zwischen verschiedenen äußeren Qualitäten (die er „primär" und „sekundär", „einfach" und „komplex" nannte). Er hob hervor, wie komplexe Ideen aus einfachen entstehen und auf welche unterschiedliche Art und Weise Ideen schließlich miteinander verknüpft werden. Er beschrieb den Prozeß, durch den Worte mit der Zeit stellvertretend für Ideen stehen und damit abstrakte oder generelle Ideen ermöglichen — zum Beispiel die allgemeine Idee eines Dreiecks (im Gegensatz zu einem spezifischen Dreieck mit seinen konkreten Seiten und Winkeln). Und abschließend postuliert er einen Menschen oder ein Selbst, das diese Ideen richtig einzuschätzen vermag, „ein denkendes intelligentes Wesen, das über Vernunft und Reflexion verfügt und sich selbst als sich selbst erkennen kann, als das stets gleiche denkende Etwas zu verschiedenen Zeiten und an verschiedenen Orten" (Copleston 1964, S. 111).

Lockes Erkenntnistheorie zielte auf den diametral entgegengesetzten Pol des cartesianischen Universums — die Erfahrung von Dingen in der Außenwelt. Und doch konnte Locke am Ende einen Organismus konstruieren, der der Abstraktion und Verallgemeinerung fähig war, der aus dem Zusammenspiel dieser Ideen (statt einem bloßen Vergleich mit der Erfahrung) Wissen einer bestimmten Art erlangte und der in einem rationalen, sich seiner selbst bewußten Ich gipfelte. Es ist keinesfalls abwegig zu behaupten, daß das lockesche und das cartesianische Individuum eine starke Familienähnlichkeit aufweisen. Sie unterscheiden sich allerdings grundlegend darin, daß sie auf unterschiedlichen Wegen konzipiert wurden.

Berkeleys und Humes Vorbehalte

Lockes Nachfolger äußerten Zweifel an gewissen Punkten seines Modells vom Menschen. Berkeley (1929) wurde so solipsistisch, daß er schließlich die Existenz einer materiellen Welt unabhängig von deren Wahrnehmung bestritt. Er machte sich über die Vorstellung einer „Idee" lustig und stellte den privilegierten Status der Mathematik in Abrede. Sprache erschien ihm als Kommunikationshindernis, als Förderer des Glaubens an Entitäten, die es nicht gibt, als Ursache unpräzisen Denkens und Entfacher von Leidenschaft statt Reflexion. Er vertraute auf das Primat des erfahrenden Selbst, des wahrnehmenden Geistes, durch den allein es möglich wird, Empfindungen zu haben oder Ideen zu fassen.

Humes Vorbehalte bewegten sich in eine andere Richtung, waren aber ebenso vernichtend. Er kaprizierte sich auf die Idee der Kausalität als privilegiertem Verbindungsglied zwischen zwei Ereignissen, die regelmäßig aufeinander folgen. Hume wies überzeugend nach, daß es keineswegs statthaft ist, aus bestimmten Korrelationen von Ereignissen in der Vergangenheit die Verallgemeinerung abzuleiten, ein Ereignis sei die Ursache des anderen. Man könne höchstens vermuten, die Natur werde in Zukunft ebenso verfahren wie in der Vergangenheit: Diese Annahme basiere auf unserem eingefahrenen und gewohnheitsmäßigen Denken, nicht auf zwingenden, existierenden Verbindungen. Damit unterminierte Hume das Vertrauen in eine rationale Ordnung, in wissenschaftliche Erklärungen kausaler Erscheinungen.

Ebenso erbarmungslos verfuhr er mit dem cartesianischen Glauben an die Zentralität des Geistes, indem er die Existenz einer Substanz oder eines Ortes namens „Geist" anzweifelte, dem Wahrnehmungen eigen sind. Hume meint, daß wir den Geist nur so kennen, wie wir Materie kennen — durch Wahrnehmung. Am besten stelle man sich sogar den Geist als eine abstrakte Bezeichnung für ein Bündel von Ideen vor — eine Art Theater, in dem mehrere Wahrnehmungen nacheinander auftreten: Hinter den Denkprozessen steht keine beobachtende oder kontrollierende Seele (Wolff 1967, S. 92). Der Historiker Will Durant (1926) meinte dazu scherzend, Hume habe den Geist ebenso schnell zerstört wie Berkeley die Materie.

Ungeachtet der ungezügelten Skepsis, die diese britischen Empiristen auszeichnete, warfen sie einige ineinandergreifende Fragen auf — nach der Natur der Sinneserfahrung, der Klassifikation von Dingen, der Rolle von Sprache, dem Status des individuellen bewußten Selbst — über die angehende Philosophen würden nachgrübeln müssen (Fragen, die sich auch den jungen Kognitionswissenschaftlern unserer Tage stellen).

Individuelle Positionen veränderten sich zwar weiterhin, aber schon bald waren alle Teilnehmer der Debatte der Meinung, daß dies die zentralen Themen seien. Ja, die Auffassung, unser Begriffsapparat werde durch die Wahrnehmung von Eigenschaften der Außenwelt aufgebaut, etablierte sich in einem Maße, daß es jahrelang Wissenschaftlern wie Laien schwerfiel, alternative Erklärungen dafür zu finden, warum wir die Welt so wahrnehmen, wie wir sie wahrnehmen. Beherrscht wurde die Diskussion aber weiterhin von dem Problem der Natur des Geistes. Selbst Hume, der größte Skeptiker von allen, hielt sich daran:

> Es gestaltet sich also schon allein zu einem nicht unbedeutenden Teil der Wissenschaft, die verschiedenen Vorgänge im Geiste zu erkennen, sie voneinander zu sondern, sie unter die passenden Rubriken zu bringen und die ganze scheinbare Unordnung zu regeln, in welcher man sie antrifft, wenn man sie zum Gegenstand der Überlegung und Untersuchung macht… Es läßt sich nicht bezweifeln, daß der Geist mit einer Mehrzahl von Kräften und Fähigkeiten begabt ist, daß diese Kräfte voneinander verschieden sind und daß, was wirklich für die unmittelbare Auffassung verschieden ist, auch durch Überlegung unterschieden werden kann; folglich also, daß es in allen Behauptungen auf diesem Gebiet ein Wahr und ein Falsch gibt, und zwar ein Wahr und ein Falsch, das nicht jenseits des Bereichs des menschlichen Verstandes liegt. (1955, S. 22, dt. 1907/S. 11f.)

Kant und die Philosophie als Fundamentalwissenschaft

In der zweiten Hälfte des achtzehnten Jahrhunderts sah sich Immanuel Kant mit rivalisierenden Alternativen konfrontiert: Die eine, vertreten von den britischen Empiristen, erachtete Denken nur als ein Instrument, um Erfahrungen zu reflektieren oder auf ihnen aufzubauen; die zweite, vertreten durch Descartes, Leibniz und andere Philosophen der kontinental-europäischen Tradition, betonte den universellen Anspruch des Denkens hinsichtlich der Organisation und Hervorbringung aller Gegebenheiten. Ja, Gottfried Wilhelm Leibniz hatte dem Empirismus sogar direkt geantwortet: Sich auf Lockes Bemerkung beziehend, im Verstand sei nichts, was nicht zuvor in den Sinnen gewesen sei, fügte er die vielsagende cartesianische Replik an: „Ausgenommen der Verstand selber." Die Empiristen mißtrauten *a priori* Aussagen und Beweisen (die sie als unergiebige Tautologien verwarfen), während die Rationalisten nach universellen Prinzipien suchten, die im reinen Denken verkörpert waren.

In seiner epochalen *Kritik der reinen Vernunft*, 1781 erstmals veröffentlicht, bemühte sich Kant um eine Synthese des rationalistischen und des empiristischen Standpunktes. Um diese Aufgabe erfüllen zu können, mußte er sich der Frage stellen, ob ein Wissen existiert, das einerseits unter apriorischen Bedingungen steht, andererseits aber auch erfahrungsabhängig und nicht nur tautologisch durch den Geist allein erzeugt ist. Er mußte die systematischen Analysen in der Tradition von Leibniz und Descartes auf die wechselhaften Erscheinungen anwenden, die Locke, Hume und Berkeley für dominierend gehalten hatten. Kant nun untersuchte beide Seiten dieser Polarität: um die Natur von Erfahrung zu verstehen und um, was noch wichtiger war, die Natur des Geistes zu sezieren.

Kant mußte verstehen, und dies mag der entscheidende Schritt dieses Prozesses gewesen sein, wodurch es dem Geist möglich wird, Erfahrung so zu erfassen, wie er es tut, und das erforderliche Wissen zu erhalten. In der Analyse dessen, was Kant das *synthetische Urteil a priori* nannte, mußte er zeigen, wie Wissen mit Erfahrung beginnt (und daher nicht rein analytisch ist), gleichwohl aber nicht aus ihr entspringt, oder aus ihr folgt (und daher nicht rein *a posteriori* ist). Er mußte die Ursprünge von Mathematik, Geometrie, der Newtonschen Physik, der traditionellen Logik erklären — höchste Errungenschaften des menschlichen Geistes, die über jede Diskussion erhaben — folglich also notwendig — schienen, nachdem sie einmal entdeckt worden waren.

Ein Ausgangspunkt war für Kant das transzendentale Ich — der Mensch mit dem Bewußtsein seiner selbst und mit seiner Urteilskraft. In diesem Sinn war Kant Cartesianer: Er begann mit dem Wissen des Ich — des transzendentalen Subjekts. Das „ich denke" muß jede Aussage begleiten können. Auch war dieses transzendentale Subjekt kein passives Instrument: Für Kant, mehr als für seine Vorgänger, war der Geist ein aktives Organ des Verstehens, das Empfindungen und Ideen formt und koordiniert, und somit die chaotische Mannigfaltigkeit der Erfahrung in die geordnete Einheit des Denkens verwandelt. Das transzendentale Subjekt ist immer das aktive Subjekt: Indem es ihm selbst nicht bewußte Regeln befolgt, die fester Bestandteil seiner Funktionsweise sind, macht es Erfahrung möglich.

Gleichwohl operiert dieses Selbst, diese organisierende mentale Entität, nicht autistisch. Es ist abhängig von der Außenwelt und wird von ihr stimuliert. Unsere größtmögliche Annäherung an die Wahrheit sind Aussagen über Informationen, die wir unter optimalen Bedingungen durch unsere Fähigkeit zu Empfindungen aufnehmen. Aus diesen Annahmen entwickelte Kant ein Gedankengerüst, das ausführte, wie Wissen aus dem „Rohmaterial" der Sinneserfahrung folgt und auf ihm aufgebaut wird.

Kants Lehre läßt sich in mehrere Teile zerlegen. Am Anfang steht die konkrete, sinnlich erfahrbare Welt — die sinnliche Mannigfaltigkeit — die außerhalb des Subjekts existiert und von der Wissen seinen Anfang nehmen muß. Diese sinnliche Welt aber kann nicht direkt wahrgenommen werden: Es gibt keinen privilegierten Zugang zum *Ding an sich*. Wir müssen uns immer mit Phänomenen — Erscheinungen – befassen, und nicht mit den Dingen an sich — einer nicht erkennbaren äußeren Welt. Jedes Phänomen besteht aus Empfindungen, die selbst durch bestimmte Dinge verursacht werden: Die Form des Phänomens ist abhängig von unserem subjektiven Wahrnehmungsapparat, der die Mannigfaltigkeit auf bestimmte Weise ordnet. Jene Formen der Anschauung, die wir als Menschen zum Verstehen der Welt benutzen, sind unsere „Brille". So müssen wir zum Beispiel Dinge in ihrem Eingebundensein in Raum und Zeit sehen: Uns bleibt keine Wahl.

Über die immanenten Eigenschaften von Raum und Zeit hinaus aber wirkt in unserem Verstand etwas, das Kant (Aristoteles folgend) „Kategorien des Denkens" nennt. Diese Grundbegriffe des reinen Verstehens — *Quantität* (Einheit, Vielheit, Allheit); *Qualität* (Realität, Negation, Limitation); *Relation* (Inhärenz, Kausalität, Gemeinschaft); *Modalität* (Möglichkeit, Dasein und Notwendigkeit) — sind die geistige Ausstattung, die reinen Begriffe der Synthese, die dem menschlichen Verstand gegeben sind. Nur durch sie vermag der Mensch seine Erfahrung sinnvoll zu deuten.

Diese Kategorien scheinen weit entfernt von leuchtend roten Flecken oder frischen roten Kirschen — Beispiele, die in den empiristischen Beschreibungen der Sinneswahrnehmung eine vorherrschende Rolle spielten. Das mag auch Kant gedacht haben, denn er entwickelte eine weitere Ebene der Analyse — die der Schemata — die er zwischen den reinen Sinneseindrücken und den abstrakten *A-priori*-Kategorien ansiedelte. Er selbst sagt dazu mit der für ihn typischen Rätselhaftigkeit: „Diese Vorstellung nun von einem allgemeinen Verfahren der Einbildungskraft, einem Begriff sein Bild zu verschaffen, nenne ich das Schema zu diesem Begriff" (KrV, B 179f.). Mit diesem Erklärungsapparat versuchte Kant die Umstände zu bestimmen, unter denen Kategorien konkret angewandt werden können. Ein Schema dient als vermittelnde Repräsentation, die einerseits verstandesmäßig, andererseits sinnlich ist. Daher wird ein Schema über sinnliche Erfahrung unmittelbar aktiviert, und doch kann man zu Recht davon sprechen, es biete eine Interpretation jener Erfahrung. Ein Kognitionswissenschaftler würde heute sagen, daß Kant die Welt „mentaler Repräsentation" betreten habe.

Während Art und Wirkungsweise dieser Schemata selbst Kantianern Schwierigkeiten bereiten, brauchen Erkenntnistheoretiker eine solche Analyseebene für konkrete Vorkommnisse, wenn sie abstrakte Kategorien bemühen. Die Schemata sind zum Teil *Regeln* und gehören als solche zum reinen Verstehen; sie sind aber teilweise auch *Bilder* und dadurch der empirischen Wahrnehmung verbunden. Das Schema jeder Kategorie bestimmt, unter welcher Bedingung es auf die Gegenstände der Erfahrung in allgemeiner Form anwendbar ist. So ist das Schema der Kategorie Quantität die Zahl; das Schema für Qualität das Ausmaß an Intensität; das Schema der Relation ist zeitliche Dauer, und so weiter. Überdies gibt es die Schemata auch auf der Ebene konkreter Erfahrung. Da wir auf Bello das Konzept *Hund* anwenden können, müssen wir in unserer Vorstellung die schematische Repräsentation eines Hundes erzeugen können — wobei hier das Schema des Konzepts von dem Konzept selbst unterschieden werden kann. Die Schematheorie zeigt also, auf welche Weise Kategorien empirische Konsequenzen haben können.

Kant veröffentlichte zwar keinerlei empirische Ergebnisse, und seine Schriften zu diesen Themen sind wegen ihres hohen Schwierigkeitsgrades berüchtigt, sein Denken aber prägt fast alle theoretischen Texte der modernen Kognitionswissenschaft. Kant suchte (glaube ich) nach einem Weg, die Repräsentationsebene zu beschreiben, nach einer Begrifflichkeit, die erklären könnte, wie Wissen in jeder Entität repräsentiert sein muß, um einerseits eine Verbindung zur materiellen Welt, andererseits zur Welt der angeborenen mentalen Architektur zu haben. Auch wenn wir uns heute diesen Problemen in einer weniger beschwerlichen Sprache nähern, so hat doch meiner Meinung nach bisher niemand Kant darin übertroffen, das Problem zu umreißen und auf der begrifflichen Ebene eine plausible Lösung dafür vorzuschlagen, wie Wissen möglich ist — oder, wie er es formuliert hätte, für die Bedingungen der Möglichkeit von Erkenntnis überhaupt.

Kant hegte, was die Ungeheuerlichkeit dieser Aufgabe anging, keinerlei Illusionen — aber er hatte ein gerüttelt Maß an Vertrauen in seine Fähigkeiten, sie zu bezwingen. Im Vorwort zur Erstausgabe der *Kritik der reinen Vernunft* sagt er: „Ich erkühne mich zu sagen, daß nicht eine einzige metaphysische Aufgabe sein müsse, die hier nicht aufgelöst, oder zu deren Lösung nicht wenigstens der Schlüssel dargereicht worden wäre" (zitiert in Russell 1961, S. 680/dt. Kant 1781). Im Vorwort zur zweiten Auflage verglich er sich mit Kopernikus und äußerte die Überzeugung, er habe, indem er Wissen in den Geist des aktiv Denkenden legte, in der Philosophie eine kopernikanische Wende vollzogen.

Kants Vertrauen in seine Kräfte erwies sich letztendlich als ansteckend, und mit der Zeit glaubten viele philosophisch interessierte Gelehrte, er habe den *Bereich* abgesteckt, innerhalb dessen Wissensaneignung möglich ist. Zu Kants Kartierung dieses Geländes gehörten auch drei Begründungen für die Unmöglichkeit einer wissenschaftlichen Psychologie: die Tatsache, daß der Geist beeinträchtigt ist, während er sich selbst erforscht; daß er keinen räumlichen Ort hat, der aber für jedes Experiment unabdingbar ist; und daß ihm eine mathematische Basis fehlt, Grundbedingung einer jeden Wissenschaft. Und so lautet Kants Urteil über die Psychologie: „Sie kann daher niemals etwas mehr als eine historische und als solche, soviel wie möglich, systematische Naturlehre des inneren Sinnes, d. i. eine Naturbeschreibung der Seele, aber nicht Seelenwissenschaft, ja nicht einmal psychologische Experimentallehre werden" (zitiert in Watson 1979, S. 88/dt. Kant 1781). Viele Jahre lang wirkte diese Warnung lähmend auf Gelehrte, die an der Kognition interessiert waren.

Der Logische Empirismus

Kants Lehre, seine Schlußfolgerungen und sogar seine Warnungen hatten auf die spätere Forschung eine einzigartige Wirkung. Während jeder frühere Erkenntnistheoretiker schon bald einen einflußreichen Opponenten fand, blieb Kants Erkenntnistheorie lange Jahre ohne nennenswerte Alternative. Er schien die beiden konkurrierenden Strömungen der Philosophie miteinander versöhnt zu haben — das Primat des Denkens *und* das Primat der Erfahrung; und seine Beweisführung war schwierig genug, seine Kritik der bekannten rationalistischen und empirischen Positionen überzeugend genug, seine Betrachtungen zur Natur der Geistestätigkeit revolutionär und seine Einschätzung der Philosophie beruhigend genug, daß viele Jahre vergingen, bis die Schwächen seiner Ausführungen sichtbar wurden.

Dank Kant nahm die Philosophie einige Zeit lang am Wissenschaftsfirmament eine Sonderstellung ein. Sein mutmaßlicher Beweis, was Wissen ist, wie es erworben werden kann, und warum die Newtonsche Naturwissenschaft notwendig war, verlieh der Philosophie den Status einer „Über"- oder „Meta"-Disziplin. Von jedem Gelehrten wurde erwartet, daß er diese Grunddisziplin studierte, die sich mit den fundamentalsten Aspekten des Wissens befaßte, und kein Gebildeter hätte eingeräumt, Kant nicht gelesen zu haben. Und wem gravierende Zweifel am Nutzen philosophischer Analyse kamen, hielt normalerweise den Mund. Des weiteren nahm man an, Naturwissenschaft und Philosophie würden gemeinsam voranschreiten.

Kants Erkenntnistheorie wurde schließlich nicht von den Philosophen, die seine spekulative Haltung übernommen hatten, sondern von Logikern in Frage gestellt. Kant hatte erklärt, daß die Logik seit Aristoteles „auch bis jetzt keinen

Schritt vorwärts hat tun können und also allem Ansehen nach geschlossen und vollendet zu sein scheint" (zitiert in Abel 1976, S. 52/dt. Kant 1781). Aber in den 125 Jahren nach Kant hatten Denker wie George Boole, Gottlob Frege, Giuseppe Peano, Charles Sanders Peirce und schließlich Bertrand Russell und Alfred North Whitehead viele neue Anstöße für die Logik geliefert. Ja, sie war keine Ansammlung von ungenauen Verfahren mehr, sondern eine nicht-empirische Wissenschaft, die neue Entdeckungen systematisch in sich aufnehmen konnte. Mathematik und Physik verzeichneten ebenso dramatische Fortschritte, als Forscher wie Niels Bohr, George Cantor, Albert Einstein und Max Planck nicht nur unser Verständnis der mathematischen Welt, sondern auch des physikalischen Universums neu formulierten. Mit der Zeit ließen Fortschritte in just jenen Wissensbereichen, die Kant am höchsten geschätzt hatte, viele seiner Grundannahmen fraglich erscheinen: die Unwandelbarkeit von Raum und Zeit, der Ursprung mathematischer Sätze, die unabänderlichen Gesetze der Logik, die Unmöglichkeit der Psychologie.

Die Arbeit, die die Hauptströmungen der Erkenntnistheorie am nachhaltigsten beeinflußte, wurde Anfang unseres Jahrhunderts im englischen Cambridge von Alfred North Whitehead und Bertrand Russell geleistet. Die beiden Mathematiker und Logiker waren beeindruckt von dem deutschen Logiker Gottlob Frege, der nachzuweisen versucht hatte, daß die Arithmetik auf Logik rückführbar ist. Frege selbst schrieb: „Man wird [...] ersehen können, dass auch ein scheinbar eigenthümlich mathematischer Schluss wie der von n auf n + 1 auf den allgemeinen logischen Gesetzen beruht" (Frege, 1961, S. XVI). Whitehead und Russell bauten auf Freges Erkenntnis auf und versuchten eine Reduktion der gesamten Mathematik auf die Grundsätze der Logik, deren Gesetze in dem Jahrhundert seit Kant neu formuliert worden waren. Dieses Vorhaben war in Teilen sogar explizit anti-kantianisch, denn die Philosophen wollten die Auffassung, mathematisches Wissen sei synthetische Erkenntnis *a priori*, als erfahrungsbedingt entlarven. Was diesen Teil ihres Vorhabens angeht, waren sie weitestgehend erfolgreich.

Am revolutionärsten aber wirkte Whitehead und Russells Arbeit auf die Philosophie. Sie führte zu einer viel engeren Verbindung von empirischer Wissenschaft, Logik und Mathematik, so daß die Grenzen zwischen diesen Sparten verwischten. Während für Kant die Philosophie die wahre Fundamentalwissenschaft war, der Standard, an dem andere Wissenschaften zu messen waren, sahen Whitehead und Russell die Bemühungen all dieser Einzeldisziplinen als Teil eines gemeinsamen größeren Projektes. Russell glaubte sogar, daß viele — wenn nicht gar die meisten — traditionellen Probleme der Philosophie in Begriffen der Logik ausgedrückt und in diesen Begriffen gelöst werden könnten — oder ihre Unlösbarkeit bewiesen werden könnte. Zuversichtlich schrieb er:

Der moderne analytische... Empirismus unterscheidet sich von dem Empirismus Lockes, Berkeleys und Humes dadurch, daß er die Mathematik einbezieht und eine brauchbare logische Technik entwickelt. Das ermöglicht es ihm, bei gewissen Problemen zu endgültigen Lösungen zu kommen, die mehr wissenschaftlichen als philosophischen Charakter haben. Vor den Philosophen hat der Systematiker voraus, daß er stets nur *ein* Problem in Angriff nehmen kann, statt auf einen Schlag eine komplette Theorie des ganzen Universums aufstellen zu müssen. Hierin gleichen seine Methoden den wissenschaftlichen. Für mich steht es außer Frage, daß nur durch Methoden dieser Art philosophische Erkenntnisse — soweit überhaupt möglich — erlangt werden können; und ebenso wenig zweifele ich daran, daß durch diese Methoden viele der alten Probleme vollständig lösbar werden... Angesichts solcher Fragen wie: Was ist Zahl?, Was sind Raum und Zeit?, Was ist Geist und was ist Materie?, möchte ich nicht behaupten, daß wir nun immer gleich diese alten Probleme endgültig lösen können; wohl aber meine ich, es ist ein Verfahren gefunden, das es uns ermöglicht, hier wie in der Wissenschaft der Wahrheit allmählich näher zu kommen, wobei sich jede neue Stufe aus einer Verbesserung ergibt, nicht aus dem Verwerfen des Vorangegangenen. (Russell 1961, S. 788, 789/dt. 1950, S. 843, 844)

An den Anfang ihres Beitrags zur Wissenschaft setzten Whitehead und Russell die Akzeptanz der Welt des sinnlich Erfahrbaren, mit der jeder Mensch zunächst konfrontiert ist. Sie wollten die Kluft überbrücken zwischen dem, was unmittelbar erfahren wird, und dem, was erschlossen werden kann, indem sie das Hilfsmittel Logik benutzten: Schließlich müßte man zu einer Erklärung der Außenwelt mittels einer logischen Konstruktion aus Sinneseindrücken kommen können. Auf ihre eigene Weise verfolgten die beiden Engländer ein Programm, das nicht weniger ambitioniert war als das jener „systematischen Philosophen", denen Russell den Kampf angesagt hatte. Zugleich läßt ihn seine Überzeugung, daß sein Ansatz schließlich empirisch gültige Antworten auf alte philosophische Fragen ermöglichen würde — Fragen, die bis Sokrates zurückreichten — zu einem Kognitionswissenschaftler werden.

Wie die erkenntnistheoretische Tagesordnung des letzten Jahrhunderts von Kants epochaler Abhandlung diktiert wurde, so kann man einen Großteil der Philosophie unseres Jahrhunderts — vor allem der anglo-amerikanischen Welt, mit der ich mich vornehmlich befasse — als Versuch sehen, das Programm von Russell und Whitehead weiterzuführen. Wie wir noch sehen werden, hat sich gezeigt, daß ihre Version einer wissenschaftlichen Philosophie gravierende Mängel aufweist. Dennoch meinen viele, es sei etliches gewonnen worden durch den Versuch, sich den Sinneserfahrungen des Menschen mit den Methoden des logischen Empirismus zu nähern. Für unsere Belange wichtiger ist, daß der logische Empirismus viele Kognitionswissenschaftler der ersten Generation nachhaltig beeinflußt hat.

Zu den ersten, die von Whitehead und Russell inspiriert wurden, gehörte der junge österreichische Philosoph Ludwig Wittgenstein. In seinem *Tractatus logico-philosophicus* (1921), den er 1918 Russell zur ersten Lektüre geschickt hatte, versuchte Wittgenstein, die der Sprache impliziten logischen Strukturen aufzuzeigen. Er meinte, in gewisser Weise bilde Sprache die Struktur der Tatsachen ab — sie sei sogar Abbild der Welt. Präziser gesagt, die Aussagen der Sprache sind der wahrnehmbare Ausdruck von Gedanken, und Gedanken sind logische Abbilder der Tatsachen. Damit postuliert Wittgenstein eine formale Entsprechung zwischen Konfigurationen von Objekten der Welt, Gedanken des Geistes und Wörtern der Sprache.

Man hat über die logische Notwendigkeit gesagt, daß Aristoteles dachte, sie entstamme den Dingen, daß sie sich für Kant aus der Struktur unseres Geistes ergab, während der Wittgenstein des *Tractatus* sie aus der Sprache entstehen sah. Wittgenstein fügte Sprache in Russells und Whiteheads Gerüst ein. In Wittgensteins Werk wird Philosophie zu der Beschäftigung, Aussagen zu klären, auch wenn es sich bei den durch philosophische Analyse geklärten Aussagen nicht um Aussagen der Philosophie, sondern vielmehr um nichtphilosophische Aussagen über die Welt handelt (Kenny 1973). Und während die Philosophie die Aussagen der Naturwissenschaft klärt, vermag sie zugleich metaphysische Fragen über die Existenz als Unsinn zu entlarven.

Wie allgemein bekannt, kamen Wittgenstein Zweifel an seiner „Abbildtheorie" der Sprache und der Welt, später gab er sie praktisch völlig auf. Sein Bestreben aber, Sprache logisch zu analysieren, und sein Versuch, diese Analyse in eine Beziehung zur wahrgenommenen Welt zu setzen, wurde zu einem der Schwerpunkte einer Philosophie, die zwischen den beiden Weltkriegen von den logischen Empiristen des „Wiener Kreises" vertreten wurde. Gelehrte wie Herbert Feigl, Otto Neurath, Moritz Schlick und vor allem Rudolf Carnap wollten ernst machen mit einer Verbindung, die A. J. Ayer „Sprache, Wahrheit und Logik" (1936) genannt hatte. Insbesondere wollte der Kreis herausfinden, welche traditionellen Fragen der Philosophie in formalen Begriffen neu formuliert werden konnten und welche nicht. Die, bei denen dies nicht möglich war (wie Fragen nach himmlischen Winken) galten forthin als metaphysisch und wurden aus weiteren Diskussionen verbannt. Aussagen, die mit logischen Termini faßbar waren (wie solche nach geometrischen Winkeln) wurden dann näher überprüft, um festzustellen, ob sie verifizierbar und somit unserem Fundus des Wahren hinzuzufügen waren.

Ein wesentlicher Punkt in der Lehre der logischen Empiristen war die Theorie der Verifikation, eine Doktrin, nach der empirische (nicht-logische) Sätze unter idealen Untersuchungsbedingungen verifizierbar sind. Dazu braucht man lediglich eine Methode, zu messen und zu verifizieren, worüber man spricht. Carnap sagt, man müsse die Umstände beobachten, unter denen Menschen eine Aussage machen, um die Wahrheit dieser Aussage bestimmen zu können. Ja, die Bedeutung einer Aussage *ist* ihre Verifikationsmethode. Eine weitere Doktrin dieses Programms war der Physikalismus. Der Wiener Kreis glaubte, daß Aussagen, von denen man gemeinhin glaubt, sie bezögen sich auf Geisteszustände, sich als logisch äquivalent zu Aussagen über beobachtbares Verhalten entpuppen. Daher könne jeder Lehrsatz der Psychologie als Beschreibung des physischen Verhaltens von Menschen oder anderen Lebewesen umformuliert werden. Und schließlich lehnte der Wiener Kreis die Vorstellung ab, die Philosophie sei ein besonderer oder grundlegender Wissenszweig: Nach Auffassung dieser Philosophen gab es nur *eine* empirische Wissenschaft, und die Philosophie war ein Teil davon (Ayer 1982, S. 128); ihre Aufgabe bestand darin, die Wissenschaftssprache zu beschreiben und zu kritisieren.

Ausgerüstet mit diesen Ideen, war Rudolf Carnap entschlossen, die logisch-empirischen Annahmen in die Praxis umzusetzen. Russell hatte davon gesprochen, die Welt aus der Erfahrung heraus durch logische Konstruktionen zu definieren; und Carnap wollte alle die Welt betreffenden Sätze in die Sprache der Sinnesdaten übersetzen. Für jeden Satz über materielle Objekte gibt es einen entsprechenden Satz über Sinnesdaten, der die phänomenalen Grundelemente der Erfahrung des Objektes ausdrücken kann.

Nachdem er solche sinneszentrierte Sätze entworfen hatte, bestand der nächste Schritt in Carnaps Programm in einer Überprüfung der Beziehung zwischen Sätzen. Nach Carnaps Dafürhalten dachte man über traditionelle Probleme der Philosophie am besten nach, indem man die theoretischen Beziehungen zwischen ganzen Satzsystemen untersucht: Das Wesen einer Entität ist bestimmt, sobald man die Ableitungsbeziehungen zwischen Sätzen, in denen der entsprechende Begriff vorkommt, und anderen Sätzen dieser Sprache herausgefunden hat. Schließlich würde sich, glaubte Carnap, ein Großteil der Philosophie auf solche Probleme der logischen Syntax reduzieren lassen: Vermeidet man (indem man logische Analyse anwendet) syntaktische Fehler, kann man ein philosophisches Problem entweder lösen oder aber beweisen, daß es nicht zu lösen ist.

Ich habe schon erwähnt, daß Carnaps Programm (und das des Wiener Kreises) überhaupt nicht funktionierte; der Versuch gilt gleichwohl als bedeutsam. So sagte der einflußreiche amerikanische Philosoph Nelson Goodman, ein Kritiker des Wiener Programms, über Carnaps *Opus magnum*:

> *Der logische Aufbau der Welt* überträgt die leistungsfähigen Techniken der modernen Logik auf die Philosophie, zusammen mit bislang beispiellosen Kriterien der Eindeutigkeit, Kohärenz und Exaktheit. Sie wendet [auf die Philosophie] die neuen Methoden und Prinzipien an, die für die Mathematik [gegolten haben]... Die potentielle Bedeutung für die Philosophie ist vergleichbar mit der Bedeutung der Euklidschen deduktiven Methode für die Geometrie... [Es] ist noch immer eines der umfassendsten Beispiele, über das wir verfügen, für die logische Bearbeitung von Problemen der nichtmathematischen Philosophie. (1972, S. 22)

Goodman glaubt also, wie Russell und Carnap, daß die Techniken logischer Analyse das Potential haben, viele — wenn nicht gar alle — der existierenden philosophischen Probleme zu lösen und der beste Weg zum Erfolg darin bestehe, die Probleme nacheinander anzugehen.

Es gibt einen weiteren Grund, warum die Saga des logischen Empirismus für die Geschichte der Kognitionswissenschaft im höchsten Maße relevant ist. Carnap und seine Kollegen wollten, inspiriert durch Whitehead und Russell, normale Wissenschaftsergebnisse mit logischen Grundelementen ausdrücken. Ohne näher auf Einzelheiten einzugehen, könnte man dies als den Versuch bezeichnen, die logische Struktur der Wissenschaft und, spezifischer, der Wissenschaftssprache herauszufiltern — als eine Untersuchung der Syntax der Wissenschaft. Ich finde, ein wichtiger Aspekt der heutigen Arbeit in den Kognitionswissenschaften folgt dem Vorbild des logischen Empirismus: Ich meine die Vision einer *Syntax* — einer Menge von Symbolen und deren Verknüpfungsregeln —, die die Funktionsweisen des Geistes hervorheben könnte (und ein entsprechendes Unbehagen mit Fragen des mentalen *Inhalts*). Wenn also Noam Chomsky (1965/dt. 1969) die Grundoperationen einer Grammatik postuliert, Richard Montague (Thomason 1974) die Logik der Semantik untersucht, Allen Newell und Herbert Simon (1972) menschliches Denken auf dem Computer simulieren oder Jerome Bruner (1973) und George Miller (1956) die Regeln der Klassifikation oder des „Bündelns" zu entziffern suchen, dann bemühen sie sich, eine Logik — möglicherweise *die* Logik — des Geistes zu entziffern. Noch klarer wird diese Vision in den Schriften Jerry Fodors, der ausdrücklich nach einer „Sprache des Denkens" sucht und sich sogar einige von Carnaps Methoden zu eigen macht. So inspiriert also ein Modell, das sich für die Belange der Wissenschaft im ganzen als unzulänglich erwies, in begrenzten Bereichen der Kognition die Forschung noch immer.

Als die Vertreter des Wiener Kreises die Methoden der Logik auf die Welt empirischer Erfahrung übertrugen, waren sie dem Geist des Rationalismus und Empirismus verbunden. Sie wollten der Philosophie auch einen Platz in der Welt der empirischen Wissenschaften sichern, indem sie das Handwerkszeug zur Analyse wissenschaftlicher Aussagen und Praktiken bereitstellten. Im Rückblick betrachtet waren ihre Verfahren allzu künstlich begrenzt, ihre Theorievorstellung allzu eng mit behavioristischen und positivistischen Kriterien verbunden. Und doch teilen selbst Kognitivisten, die sich als prinzipielle Gegner des Wiener Programms sehen, häufig den Geist seines Ansatzes.

Die Demontage des Logischen Empirismus und die Neudefinition der Rolle der Philosophie

Ende der dreißiger und Anfang der vierziger Jahre trafen sich in Harvard regelmäßig einige Philosophen. Zu ihnen gehörten die Harvard-Philosophen Nelson Goodman und W. V. O. Quine und auch häufige Besucher wie Rudolf Carnap, Bertrand Russell und Alfred Tarski; alle drei stammten aus dem vom Krieg zerrissenen Europa. Diese Philosophen waren alle mit dem logischen Empirismus verbunden, nun aber unterwarfen sie fast alle seine Annahmen einer immer schärferen Kritik. Insbesondere fragten sie sich, ob man von „Rohinformation" sprechen kann: das heißt, von reinen Sinnesdaten, die man kritisch prüfen und auf denen man aufbauen kann. Man sah Wissen zunehmend als das Benutzen von Aussagen, und jetzt schien es äußerst dubios, davon zu reden, man wisse um das Reine, Unmittelbare, Gegebene. Noch schwerwiegender war, daß der gesamte logische Apparat, der zur Bestimmung von „Bedeutung" und „Wahrheit" ersonnen worden war, in Zweifel gezogen wurde. Seit Kant hatte man die Unterscheidung zwischen analytischen und synthetischen Wahrheiten sehr geschätzt; nun aber wies Quine (1953) nach, daß sie letztlich unhaltbar ist: der Begriff „Bedeutung" ist selbst zu unklar, als daß es zu rechtfertigen wäre, bestimmten Aussagen das Attribut „wahr allein aufgrund ihrer Bedeutung" oder „wahr qua Definition" zu verleihen. Außerdem lassen sich logische (oder analytische) Komponenten und empirische Komponenten nicht hinreichend genug entwirren, als daß es möglich wäre, sie als Gegenstand je eigener Wahrheitskriterien zu erachten. Schließlich schienen Euklids Prinzipien ganz ohne Zweifel *a-priori*-Wahrheiten zu sein; und doch wurden sie schließlich von der nichteuklidischen Geometrie widerlegt. Ja, sobald man es mit jemand zu tun hat, der die eigenen Anschauungen nicht teilt, läßt sich durch nichts bestimmen, welche Wahrheiten auf Sprache und welche auf gemeinsamer Erfahrung basieren. In letzter Konsequenz gibt es ebenso viele Arten, Sprache auf die Welt zu beziehen, wie es Sprachen gibt, ebenso viele logische Syntaxsysteme wie Sprachsysteme.

Als Folge dieser und anderer Kritikpunkte zog der bedeutende amerikanische Philosoph Hilary Putnam den Schluß:

> Nicht eine einzige der großen positiven Thesen des logischen Empirismus (daß Bedeutung eine Methode der Verifikation ist, daß metaphysische Propositionen buchstäblich ohne Sinn sind, daß Mathematik qua Konvention wahr ist) hat sich als zutreffend erwiesen. Dies lenkt von der aufregenden Tatsache ab, daß man, indem man philosophische Thesen zu linguistischen macht [wie Carnap es vesuchte] … die Philosophie wissenschaftlicher machen und den Wahrheitsgehalt philosophischer Aussagen durch strikte wissenschaftliche Forschung bestimmen kann, falls die Ergebnisse, zu denen man gelangt, durchgehend *negativ* sind. (1975a, S. 20)

Aber er schwächt dieses Urteil auf eine für unseren historischen Abriß vielsagende Weise ab, wenn er sagt: „Selbst wenn [der logische Empirismus] versagt hat, waren doch die moderne symbolische Logik, ein Gutteil der modernen Sprachtheorie sowie ein Teil der heutigen Kognitionswissenschaft samt und sonders Sprößlinge dieser Versuche" (1984, S. 274).

Kritiker wie Quine und Putnam bedauerten den Zusammenbruch des logischen Empirismus und stehen der Kognitionswissenschaft wohlwollend gegenüber, vielleicht weil sie spüren, daß diese Bewegung mit früheren philosophischen Arbeiten zumindest einige Methoden und Hoffnungen teilt. Gegen Ende der vierziger Jahre jedoch meldeten sich sehr viel schrillere Stimmen zu der Tradition, die mit Descartes begonnen hatte und sich trotz vielem Drehen und Wenden auch im logisch-empirischen Lager noch ausmachen ließ. Vor allem drei Namen sind mit dieser Kritik verbunden: Gilbert Ryle, Ludwig Wittgenstein (in seinen späteren Schriften) und J. L. Austin.

Gilbert Ryle

In seinem zu Recht gefeierten Buch *Der Begriff des Geistes* (1949, dt. 1969) trat Ryle ausdrücklich gegen die „offizielle Doktrin" des Mentalismus an, die mit Descartes begonnen hatte. Nach Ryles Beschreibung implizierte diese Doktrin, daß jeder einen Geist und einen Körper hat; der Geist ist nicht im Raum, und seine Funktionsweise unterliegt nicht den Gesetzen der Mechanik; das Wirken des Geistes ist individuell und nur dem jeweiligen Menschen zugänglich; so gibt es *de facto* zwei verschiedene Arten von Existenz oder Status — was immer geschieht, kann eine physische *oder* geistige Existenz haben. „Geistige Ereignisse spielen sich in isolierten Feldern ab, die wir ‚Geister' nennen und … [es gibt] keine direkte Kausalverknüpfung zwischen dem, was sich in einem Geist, und dem, was sich in einem anderen abspielt" (1949, S. 13, dt. 1969, S. 10). Ryle taufte diese Doktrin, mit all ihren dazugehörigen Annahmen und Bezeichnungen, das „Dogma vom Gespenst in der Maschine". Er sagte: „Ich hoffe zu zeigen, daß sie ganz und gar falsch ist, nicht nur in Einzelheiten, sondern grundsätzlich" (S. 16/ dt. S. 13), und dann folgen 460 Seiten, auf denen er diese Hoffnung zu rechtfertigen sucht.

Ryles Grundaussage lautet, Reden vom Geist impliziere eine Kategorienverwechslung. Es ist nichts dagegen einzuwenden, von „Geistern" zu sprechen, aber wir dürfen nicht dem Irrtum verfallen zu denken, es gebe einen Ort namens „der Geist", mit eigener Lage, Geschehnissen und so weiter, ebensowenig wie wir annehmen, es existiere ein Ort namens „die Universität" getrennt und unabhängig von Gebäuden, Straßen, Rasenflächen, Menschen und anderen physikalisch spezifizierbaren Entitäten. Vom Geist zu sprechen, als habe er eine eigene Existenz, bedeutete für Ryle, die Entität einer bestimmten Art (die abstrakte Charakterisierung einer Menge von Dispositionen) irrtümlich so zu behandeln, als sei auch sie eine dieser Dispositionen. „Die philosophisch interessanten Kategorienverwechslungen", so Ryle, „werden aber von Leuten begangen, die vollkommen entscheiden können, wie Begriffe, zumindest in Umständen, mit denen sie vertraut sind, zu verwenden sind, die aber doch im Laufe abstrakter Gedankengänge dazu neigen, diese Begriffe in Kategorien einzureihen, zu denen sie nicht gehören" (1949, S. 17/dt. 1969, S. 16). Und der Geist wird zu einer solchen philosophisch interessanten Verwechslung, weil Descartes eine Substanz postulierte, parallel zum Körper, aber getrennt von ihm, die unser Geistesleben kontrolliert und dessen Schauplatz ist.

Nachdem er die Schwachstellen der cartesianischen Position aufgedeckt hatte, machte sich Ryle daran zu zeigen, wie man, ohne Kategorienverwechslungen zu begehen oder dem tatsächlichen Stand der Dinge Gewalt anzutun, über diese Entitäten und Erfahrungen sprechen kann, die im allgemeinen „mental" genannt werden. Im großen und ganzen argumentierte er behavioristisch: wenn wir davon sprechen, daß ein Mensch „Eigenschaften" oder innere Willenskraft hat, verweisen wir nur darauf, daß Menschen dazu neigen, sich auf bestimmte Weise zu verhalten, und dies vermutlich auch tun, wenn die entsprechenden auslösenden Umstände eintreten. Ryle bezweifelte, daß es im Geist tatsächliche Geschehnisse gibt, zu denen jeder Mensch privilegierten Zugang hat. Statt dessen, so meint er, sei das, was wir über uns selbst herausfinden können, im Prinzip nichts anderes als das, was wir über andere Menschen durch Beobachtung und durch Befragung herausfinden können. Vom Geist eines Menschen zu sprechen, bedeute nichts anderes, als über bestimmte Arten zu sprechen, wie die Ereignisse des eigenen Lebens geordnet sind.

Ryle sagte, er interessiere sich nicht für die Frage, wie man etwas sieht oder versteht, wenn zu diesem Sehen und Verstehen gehört, interne Mechanismen des Verstehens oder Wahrnehmens vorauszusetzen. Das äußerste, was wir als philosophisch Analysierende tun können, ist der Versuch, die Umstände zu verstehen, unter denen ein Mensch *berichten* würde, er habe etwas gesehen oder verstanden; und diese Umstände sollten allen Berichtenden gleichermaßen zugänglich sein. Ryle verwarf Antworten, die auf begriffliche Fragen („Welches sind die Umstände, unter denen ein Mensch wahrscheinlich berichtet, er habe etwas verstanden?") interne Mechanismen beschwören („Ich verstehe etwas, weil ich bestimmte Informationen auf bestimmte Weise verarbeite."). Er meint, die Postulierung interner Mechanismen (à la Descartes oder Kant) füge unserem Wissen nichts hinzu. Ryle hätte kaum einen Grund gesehen, eine „repräsentationale Ebene" anzunehmen, und er hätte auch Bemühungen unserer Tage nicht gebilligt, eine gesamte Wissenschaft auf „interne Entitäten" wie Schemata, Regeln oder Repräsentationen zu gründen, deren bloße Annahme ihm schon problematisch schien.

Ludwig Wittgenstein

Wittgenstein meinte, viele philosophische Rätsel würden sich möglicherweise lösen lassen, wenn man genau darauf achtete, wie Menschen Sprache benutzen. In seinen frühen Schriften war Sprache für ihn Mittel zum Verständnis der Welt gewesen — ein einzigartiges Mittel, um einen direkten Blick auf die Struktur der Welt zu tun. Jetzt aber sah er die Sprache selbst als die Verursacherin problematischer Fragestellungen und die Lösung philosophischer Probleme darin, uns um ein Verständnis unseres Sprachgebrauchs zu bemühen. In seinem Spätwerk versuchte Wittgenstein nicht Probleme zu lösen, sondern zu zeigen, daß sie aus einem Geflecht von Begriffen entstehen, das sich auf eine Weise entwickelt hat, die eine Entwirrung überaus schwierig macht. Er sagte einmal, sein Ziel in der Philosophie sei es, der Fliege den Ausweg aus dem Fliegenglas zu zeigen.

Wittgenstein sah Sprache schließlich als eine im wesentlichen öffentliche oder gemeinschaftliche Tätigkeit. Man wird von anderen Angehörigen der Gemeinschaft in Sprache eingeführt und lernt so, wie Wörter benutzt werden. Sicherlich gibt es, zum Beispiel im Schmerz, persönliche Erfahrungen, der Gebrauch des Wortes „Schmerz" aber leitet sich davon ab, wie und unter welchen Umständen es von anderen regelmäßig benutzt wird. Wenn wir das Wort „Schmerz" zum erstenmal gebrauchen, dann nicht, um etwas zu benennen, das wir fühlen; vielmehr ist das Wort eingebettet in verschiedene Handlungen und verschiedene Dinge, die Menschen aufgrund einer Verletzung tun und sagen.

In einem noch allgemeineren Sinn hielt Wittgenstein es für lehrreich, Sprache als eine Ansammlung von Spielen zu sehen: Wir gehen aus von der Tatsache, daß wir immer in viele Sprachspiele verwickelt sind — Interaktionen mit anderen, in deren Verlauf wir mit Sprachfiguren hantieren; und wie bei einem Spiel hat jede dieser kleinen Begegnungen ihre eigenen Regeln. Aber es ist nicht leicht, diese Regeln herauszufinden, denn sie überschneiden sich: Die Sprachspiele vermischen sich ständig. Was die Angelegenheit weiter kompliziert, ist, daß Wörter keine klare und unzweideutige Bedeutung haben. Schon das Wort „Spiel" hat eine Menge verwandter Bedeutungen, und keine Definition wird jemals alle Spiele, und nur diese, umfassen können. Angesichts der zahlreichen Sprachspiele, die in jedem Augenblick stattfinden, und ihrer inhärenten Überschneidung kann es nicht verwundern, daß Wittgenstein den Glauben daran verlor, philosophische Probleme jemals auf so strikte Weise lösen zu können, wie er und seine Wiener Freunde einmal gehofft hatten. Es schien sinnvoller zu versuchen, die Probleme gänzlich verschwinden zu lassen, indem man nachwies, daß sie irreführend formuliert worden waren.

Wittgensteins Einstellung zu traditionellen Problemen läßt sich aus seinen Kommentaren über die Psychologie entnehmen, besonders über jene Spielart, die er am Anfang seiner Studienzeit in Wien kennengelernt hatte. Er fand, daß die Psychologen Probleme zu lösen versuchten, die sie nicht verstanden: Es gehe dabei gar nicht um gemeinwissenschaftliche Probleme, sie seien vielmehr in bestimmte Arten des Sprachgebrauchs eingebettet. Wittgenstein zeigte, auf welch komplexe und sich überschneidende Weise viele den Geist betreffende Wörter — *glauben, vorstellen, wünschen* — tatsächlich benutzt werden. Statt erklären zu wollen, wie jede dieser mutmaßlich mentalen Operationen tatsächlich „funktioniert", wäre es für Psychologen (à la Ryle) sinnvoller, die Verbindungen zwischen solchen Sprechweisen über Verhalten und Erfahrungen zu studieren. Wittgensteins Gesamteinschätzung ist pessimistisch:

> Die Konfusion und die Unfruchtbarkeit der Psychologie sind nicht dadurch erklärbar, daß man sie eine junge Wissenschaft nennt — die Existenz experimenteller Methoden macht uns glauben, wir verfügten über die Mittel, die Probleme zu lösen, die uns beunruhigen: selbst wenn Probleme und Methoden einander verfehlen ... Die psychologischen Phänomene nicht zu erklären, sondern *hinzunehmen* — das ist es, was schwierig ist. (Zitiert in Hacking 1982, S. 43)

Wittgenstein meinte, Wissenschaftler, die sich für Fragen der Psychologie interessierten, sollten über die Phänomene nachgrübeln, denen ihr Interesse gilt, und ganz besonders über die Verwendung von Begriffen in diesen Bereichen, statt Experimente entwerfen zu wollen, die vermeintlich allesentscheidende

Fragen beantworten. Er stellte einen schneidenden Vergleich an: „Leute, die ständig warum fragen, sind wie Touristen, die vor einem Gebäude stehen, im Baedeker lesen und so damit beschäftigt sind, die Geschichte seiner Erbauung zu lesen, daß sie nicht dazu kommen, das Gebäude zu *sehen*. Es ist die Tendenz, zu erklären statt nur zu beschreiben, die zu schlechter Philosophie führt" (zitiert in Hacking, 1982, S. 43).

J. L. Austin

An sich brauchte es keinen mehr — aber einen letzten Sargnagel für den logischen Empirismus lieferte J. L. Austin, auch er ein britischer Philosoph mit einem Interesse für Sprache. Er wies überzeugend nach, daß man einen Satz nicht einfach, wie es die logischen Empiristen wollten, so hinnehmen kann, wie er ist. Bei vielen, wenn nicht gar den meisten Sätzen müsse man nicht nur die wortwörtliche Bedeutung der Äußerung bedenken, sondern auch, welches die von dem Sprecher intendierte Bedeutung dieser Äußerung ist, d. h., zu welchem Zweck sie gemacht wird. Dazu Austin in seiner William-James-Vorlesung *Zur Theorie der Sprechakte* (*How to Do Things with Words*):

> Man nimmt jetzt allgemein an, daß viele Äußerungen, die wie Aussagen oder Feststellungen aussehen, eigentlich gar nicht oder nur zum Teil Informationen über Tatsachen vermitteln sollen ... Viele traditionelle philosophische Schwierigkeiten [sind] aus einem Fehler entstanden: Man hat Äußerungen, die *entweder* (aus interessanten nicht-grammatischen Gründen) sinnlos sind *oder aber* etwas ganz anderes als Aussagen oder Feststellungen darstellen sollen, einfach als Feststellungen über Tatsachen aufgefaßt. (1962, S. 2f./ dt. 1972, S. 24f.)

So könnte also „Es ist sehr heiß hier" ebensogut eine Bitte sein, das Fenster zu öffnen, oder die Beschreibung einer hitzigen Diskussion wie eine Bemerkung über die Raumtemperatur. Als feststand, daß jede Äußerung völlig unterschiedliche Wirkung haben konnte, je nachdem, wer sie wo und warum macht, mußte die Vorstellung aufgegeben werden, Sätze ließen sich neutral beurteilen. Isaiah Berlin erinnert sich an eine Gelegenheit im Oxford der frühen fünfziger Jahre, als Austin dort über seine Gedanken sprach:

> Freddy [A. J.] Ayer war da, immer noch sehr begeistert vom Wiener Kreis. Der Abend war noch nicht halb vorüber, da wußten wir alle, daß Carnap und der Wiener Kreis am Ende waren. Für Austin war die Unterscheidung zwischen analytischen und synthetischen Aussagen nur ein Sonderfall seines generellen Verfahrens, Aussagen nach ihrer illokutionären* Wirkung zu klassifizieren. Es war bestürzend. (Zitiert in Bruner 1982, S. 41)

---

* *Illokution* bezieht sich auf das Ziel, um dessentwillen man etwas äußert — zum Beispiel um zu antworten, um etwas zu verkünden oder um eine Bitte zu äußern.

Austin, Ryle und Wittgenstein lenkten die Aufmerksamkeit unerbittlich auf die Umgangssprache und warnten somit vor der Vorstellung von der „Philosophie als Superdisziplin", als allein maßgeblicher Instanz für Themen wie Wissen, Wahrheit und Wissenschaft. Vielleicht war es möglich, einige dieser Fragen mit den Methoden empirischer Wissenschaften anzugehen, aber mit Sicherheit verfügten Philosophen über keine privilegierten Mittel, sich ihnen zu nähern oder sie zu lösen. Falls die Philosophie überhaupt eine besondere Aufgabe hatte (was diese Analytiker bezweifelten), dann die, auf Sprachgewohnheiten aufmerksam zu machen, die das menschliche Denken häufig beherrschen, und dabei zu helfen, unklare Arten des Gesprächs (auch solche, die einige Wissenschaftler benutzen) zu entwirren.

War von der traditionellen Philosophie noch etwas zu retten? W. V. O. Quine, selbst einer der federführenden ersten Kritiker, hält es für möglich. Er weist zwar darauf hin, daß der Traum von der Erkenntnistheorie als *prima philosophia* gescheitert sei, ist aber überzeugt, daß man sie weiterhin mit guten Gründen betreiben kann:

> Aber ich meine, daß es an dieser Stelle wohl nützlicher ist, statt dessen zu sagen, daß die Erkenntnistheorie auch weiterhin fortbesteht, jedoch in einem neuen Rahmen und mit einem geklärten Status. Die Erkenntnistheorie oder etwas Ähnliches erhält ihren Platz innerhalb der Psychologie und somit innerhalb der empirischen Wissenschaften. Sie studiert ein empirisches Phänomen, nämlich ein physikalisches, menschliches Subjekt. Diesem Subjekt wird ein bestimmter, experimentell kontrollierter Input gewährt — z. B. bestimmte Bestrahlungsmuster in ausgesuchten Frequenzen — und zur rechten Zeit liefert das Subjekt als Output eine Beschreibung der dreidimensionalen Außenwelt und ihres Verlaufs. Die Beziehung zwischen dem mageren Input und dem überwältigenden Output ist die Beziehung, zu deren Untersuchung uns, grob genommen, die Gründe anspornen, die die Erkenntnistheorie immer motiviert haben: nämlich herauszufinden, in welcher Beziehung die Beobachtung zur Theorie steht und auf welche Weise jemandes Theorie über die Natur über alle Beobachtungen, die man je machen könnte, hinausgeht. (1975, S. 114f.)

Quine schlägt hier einen Ersatz vor. Traditionellerweise überlegte ein Philosoph — oder wer auch immer —, wie er auf der Grundlage von Beobachtungen, die er auf dem Weg über die Sinne sammelt, zu einer Theorie und einem Verständnis der Welt kommen kann. Kritik aus den letzten fünfzig Jahren hatte in überreichem Maße gezeigt, daß diese Vorgehensweise unter gar keinen Umständen zu einer unabhängigen Begründung unseres Wissens von der Welt führen kann. Es gibt keine reinen Sinneserfahrungen, keine klare Bedeutung, keinen unzweideutigen Sprachgebrauch, keine privilegierte Syntax, kein „primär" philosophisches Problem. Allerdings bietet die empirische Psychologie eine Möglichkeit, diesen Fragen nachzugehen. Nach Quines Dafürhalten träumen wir nicht mehr davon, die Wissenschaft aus Sinnesdaten abzuleiten: Der Wissenschaftler (sei er Philosoph oder Psychologe) führt jetzt seine Forschungen bevorzugt experimentell mit Versuchspersonen durch, um herauszufinden, wie jeder Mensch seinen Erfahrungen Sinn verleiht. Locke und Kant sind nicht völlig irrelevant geworden, werden aber verdrängt von der experimentellen Erforschung genau geregelter Interaktionen zwischen Subjekt und Welt. Quine zitiert eine Metapher, die er sehr mag: Die Konstruktion und Rekonstruktion der Wissenschaft bringt jeden von uns in die Lage eines Seemanns, der sein Boot, Planke für Planke, umbauen und dabei weiterhin über Wasser bleiben muß. Unter diesem Aspekt kann man sagen, daß Kognitionswissenschaftler die traditionelle Struktur erkenntnistheoretischer Fragestellungen umbauen.

Richard Rorty: Brauchen wir eine Erkenntnistheorie?

Richard Rortys Durchforstung des gleichen Terrains kommt zu einem viel weniger hoffnungsfrohen Schluß. In seinem vieldiskutierten Buch *Der Spiegel der Natur: eine Kritik der Philosophie* (1979, dt. 1981) stellt er die Erkenntnistheorie überhaupt in Frage. Er präsentiert eine radikal andere und sehr viel bescheidenere Sicht der Philosophie, eine, die sogar das Ende der Programme von Wittgenstein, Ryle und Austin bedeuten könnte und mit Sicherheit bedeutend weniger ambitioniert und optimistisch ist als die Quines. Rortys beeindruckende Kritik an der gesamten Philosophie seit der griechischen Antike ist nicht nur *per se* interessant, sie wirft auch ernste Fragen auf im Hinblick auf jenes Unternehmen, das man Kognitionswissenschaft nennt, zumindest in der Art, wie ich sie hier charakterisiert habe.

Laut Rorty sind Philosophen davon ausgegangen, daß sich ihre Disziplin mit den ewigen Fragen befaßt, mit Rätseln, die sich stellen, sobald man nachzudenken beginnt. Zu diesen Dauerbrennern gehören: Wie erlangt ein Mensch überhaupt Wissen? Was sind die Grenzen des Wissens? Wenn man sich mit diesen fundamentalen Problemen eingehend befaßt, entdeckt man etwas über den Geist:

> [Die Philosophie kennt] die Fundamente der Erkenntnis ... und sie findet diese Fundamente durch die Untersuchung des Menschen-qua-Erkenntnissubjekt, seiner „mentalen Prozesse" oder jener „Aktivität des Vorstellens oder Darstellens" (repraesentatio), die unser Erkennen „allererst ermöglicht". Das Erkennen ist das genaue Darstellen dessen, was sich außer unserem Bewußtsein befindet; das Verständnis der Natur und der Möglichkeit des Erkennens ist demnach das Verständnis der Weise, auf die das Bewußtsein diese Darstellung hervorzubringen vermag. ... Zentrale Aufgabe der Philosophie ist es, allgemeine Theorie der Darstellung zu sein. ... Die Idee einer auf das Verständnis „mentaler Prozesse" gegründeten „Theorie des Erkennens" verdanken wir dem siebzehnten Jahrhundert, insbesondere Locke. Die Idee „des Mentalen" als einer eigenen, getrennten Dimension, in der „Prozesse" ablaufen, verdanken wir dem gleichen Zeitalter, vor allem aber Descartes. Die Idee der Philosophie als ein Tribunal der reinen Vernunft, das über

alle anderen kulturellen Ansprüche zu Gericht sitzt, verdanken wir dem achtzehnten Jahrhundert und insbesondere Kant. Dieser kantische Philosophiebegriff hatte jedoch die allgemeine Billigung der Lockeschen Konzeption mentaler Prozesse und der Cartesischen Konzeption des Mentalen zur Voraussetzung. (1979, S. 3f./dt. 1981, S. 13f.)

Rorty hält diese Analysegepflogenheiten — dieses Beschwören bestimmter Bilder, um über den Geist nachzudenken — für ebenso schädlich wie Ryle. An anderer Stelle geht er sogar noch weiter:

Ich behaupte, daß der Begriff Geist jene Nebelbank ist, dem die Besessenheit der abendländischen Intellektuellen galt, nachdem sie endlich die Nebelbank des theologischen Gottesbegriffs aufgegeben hatten. Die Unfaßbarkeit des Mentalen erfüllt die gleiche kulturelle Funktion wie die Unfaßbarkeit des Göttlichen — sie läßt vage durchblicken, daß die Naturwissenschaft nicht das letzte Wort hat. (Rorty 1982b, S. 31)

Nach Rortys Ansicht sind diese Annahmen der Kulminationspunkt einer langen Geschichte irregeleiteter Denkweisen über gewisse Handlungsarten: Es ist in Ordnung, diese Handlungen irregeleitet zu nennen — wie Ryle es tat: Der einzige Weg aber, dieses „Gespenst" völlig auszutreiben, ist der, seine Geschichte nachzuvollziehen, etwa so, wie ein Therapeut dem Patienten hilft, die Geschichte früherer Handlungen und Fehler erneut zu durchleben. Und so bestehen Rortys Bemühungen großenteils in der Rekonstruktion oder Demontage des philosophischen Denkens des Abendlandes, um vorzuführen, auf wie verschiedene Arten die Philosophie irrte.

Die von Rorty ausgeführte Entwicklungsabfolge läßt sich wie folgt zusammenfassen: Zur Zeit der Griechen entstanden Anschauungen durch die direkte Begegnung mit dem Gegenstand dieser Anschauung. So entdeckte der junge Sklave im *Menon* die Wahrheiten der Geometrie durch das Betrachten eines Dreiecks. Wissen bedeutete, zutreffende Repräsentationen der Idealformen zu haben, die nicht direkt wahrnehmbar sind.

Auf der nächsten Stufe, Descartes läßt grüßen, hängt unser Wissen ab von einer quasi-visuellen Gabe — die Rorty „Spiegel der Natur" nennt — und besteht aus einer Ansammlung korrekter Repräsentationen. Diese Repräsentationen sind im Geist, und ein „inneres Auge" durchforscht sie in der Hoffnung, auf ein Zeichen zu treffen, das Beweis ihrer getreuen Wiedergabe ist. Obwohl die Empiristen sich in vielerlei Hinsicht von Descartes unterschieden, bewahrten sie seine mentalistische Vorstellung vom Geist als separatem Ort, an dem Ideen untersucht werden. Locke sorgte für fatale Verwirrung, als er eine Erklärung, wie Information in unser Bewußtsein gelangt — eine klassische Frage der Psychologie — mit einer Begründung vermengte, *warum* wir glauben, was wir glauben — eine klassische Frage der Philosophie.

Kant wußte, im Unterschied zu seinen Vorgängern, um die Unmöglichkeit eines direkten Zugriffs auf die Dinge: das heißt, man verfügt über ein Wissen über Aussagen über Dinge, nicht über die Dinge selbst. Aber in einer Suche nach den korrektesten Repräsentationen postulierte Kant schließlich einige besonders privilegierte Repräsentationen, die nicht angezweifelt werden konnten. Folgt man Rortys revisionistischer Darstellung, galten diese Repräsentationen schließlich als Fundament eines jeden Wissens; und somit sprach Kant den Philosophen eine Vorrangstellung dabei zu, Aussagen über die Welt zu machen und den Gang der Forschung zu lenken.

Rorty meint, seit Kant hätte ein Großteil der Philosophie diese Vision beizubehalten versucht. Aber diese Vision mußte, aufgrund zwingender Kritik an der traditionellen Erkenntnistheorie, harte Rückschläge einstecken. Da war Wittgensteins Angriff auf Zentralität und Legitimität klassischer philosophischer Probleme. Da war der Pragmatiker John Dewey, der hartnäckig forderte, man müsse versuchen, Wissen praktisch zu benutzen statt der Chimäre des objektiven Wissens nachzustreben. Da war der Phänomenologe Martin Heidegger, der die Vorstellungen und Metaphern zerlegte, von denen die abendländische Philosophie seit den Griechen besessen gewesen war. Und dann war da noch, vielleicht am entscheidendsten, das Scheitern des von Russell/Whitehead und dem Wiener Kreis unternommenen Versuchs, durch eine logische Konstruktion aus Sinnesdaten sicheres Wissen zu erlangen.

Rortys Interpretation der neueren Philosophiegeschichte basiert insbesondere auf den Kritikpunkten, von denen hier bereits die Rede war. Er kommt zu folgendem Schluß: Die Gültigkeit unserer Annahmen läßt sich nicht dadurch rechtfertigen, daß man das Verhältnis zwischen Ideen und deren Objekten untersucht: Diese Rechtfertigung ist vielmehr ein sozialer Prozeß, ein langes Gespräch, mit dem wir andere von dem zu überzeugen suchen, was wir glauben. Wir verstehen die Natur des Wissens, wenn wir verstehen, daß Wissen gleichbedeutend ist mit Begründung unserer Annahmen und nicht mit einer immer korrekteren Repräsentation von Realität. Dazu Rorty zusammenfassend: „Wenn Behauptungen aufgrund der Sozietät, nicht aufgrund des Charakters der von ihnen ausgedrückten inneren Episoden [Repräsentation] gerechtfertigt sind, so macht es keinen Sinn, *privilegierte* Vorstellungen [Repräsentation] isolieren zu wollen" (1979, S. 174/dt. 1981, S. 195).

Vielleicht weil er die weitreichenden Implikationen seiner eigenen Darlegungen (und der anderer) nicht völlig überblickte, glaubte Quine weiterhin, die Erkenntnistheorie könne durch die gute Arbeit der Psychologen, die ihr „wissendes Subjekt" studieren, überleben. Nach Rortys Ansicht aber kann der Psychologie unter gar keinen Umständen gelingen, was auch die Erkenntnistheorie nicht zu Wege brachte. In einem bestechenden Kapitel versuchte Rorty, die Psychologie vor den überzogenen Ansprüchen von Philosophen wie Quine zu retten, die in der Psychologie die zweitbeste Möglichkeit sehen, just jene philosophischen Fragen zu beantworten, die schon als falsch gestellt und überholt erkannt worden sind. Rorty betont, er habe keinerlei Einwände gegen die Idee der Idee *per se* — er nennt dies „Idee der Idee". Als Konstrukte von Wissenschaftlern seien Ideen im Geist nicht mehr und nicht weniger seriös als Neuronen im Gehirn. Der von der „Idee der Idee" angerichtete Schaden stamme von der Pseudoerklärung epistemischer Autorität: von der Behauptung, das Innere

Auge habe direkte Bekanntschaft mit mentalen Entitäten wie etwa Bedeutungen und Sinnesdaten (1979, S. 209/dt. 1981, S. 232).

Rorty tadelt Kritiker wie Wittgenstein und seinen Schüler Norman Malcolm, zu streng mit der Psychologie zu verfahren. Ja, Rorty hat gar nichts gegen die Ansichten des Psychologen Peter Dodwell (1971), Psychologen seien am ehesten in der Lage zu entscheiden, welche Fragen untersucht werden sollten, und sie dann in der Weise und mit den Begriffen zu untersuchen, die ihnen am sinnvollsten erscheinen — allerdings nur, solange Psychologen nicht vorgeben, diese Untersuchungen führten zu Antworten auf Fragen wie „Wie sind Abstraktion, Wiedererkennen oder Konstanz möglich?" oder „Wo im Nervensystem beginnt die Informationsverarbeitung?"

Aber ich möchte behaupten, es wäre ein krasses Mißverständnis, daraus den Schluß zu ziehen, daß Rorty der Psychologie ein Unbedenklichkeitszeugnis ausstellt. An anderer Stelle in seinem Buch spielt Rorty die Idee durch, die Antipoden kämen aus einer Gesellschaft, in der man nicht über Ideen oder Gefühle oder Annahmen spricht, sondern nur über die Stimulation verschiedener Nervenfasern im Gehirn. Auch können die Antipoden nicht verstehen, warum wir Erdenbürger so mentalistisch daherreden müssen: Für sie bringt nichts anderes Erfahrung hervor als die Stimulation von Gehirnregionen. Dieser materialistischen Position, die psychologische Erfahrung mit Neurologie gleichsetzt, gehört offenbar Rortys ungeteilte Sympathie. Hier einige Beispiele aus seinem Buch:

> Die unmittelbar relevanten Gründe des Mißtrauens sind jene, die den Psychologen nahelegen, eher *noch* mechanistischer vorzugehen und durchs Mentale hindurch direkt zum Neurophysiologischen vorzudringen. (1979, S. 217/dt. 1981, S. 241)

> Das heißt also: Wäre die Physiologie einfacher und leichter verständlich, so hätte kein Mensch das Bedürfnis nach einer Psychologie verspürt. (S. 237/dt. S. 262)

> Wir können uns Maschinen vorstellen, bei denen man leichter dadurch herausfindet, was es mit ihnen auf sich hat, daß man sie öffnet und nachsieht, als durch das Studium ihres Programms. (S. 238/dt. S. 263)

> Haben wir eine Psychophysiologie, die sich um Kausalmechanismen kümmert, und eine Wissenschaftssoziologie und -geschichte, die angibt, in welchen Situationen bei der Konstruktion und Demontage von Theorien Beobachtungssätze zu Hilfe gerufen resp. in welchen Situationen sie übergangen werden, so ist die Erkenntnistheorie ohne Aufgabenbereich. Man möchte glauben, dieses Ergebnis sei der Quineschen Theorie kongenial, in Wirklichkeit jedoch widersetzt es sich ihm. (S. 225/dt. S. 249)

Und im Zusammenhang mit der Erörterung, welche Auswirkungen seine Antipoden auf die Philosophie haben könnten, fügt Rorty hinzu: „Das Verschwinden der Psychologie als einer von der Neurologie unterschiedenen Disziplin und ähnliche kulturelle Entwicklungen könnten uns schließlich weitaus wirksamer vom Bild des Spiegels der Natur befreien als die Identitätstheorie der Philosophen" (S. 121/dt. S. 138).

Fassen wir zusammen: Rorty ist entweder nicht in der Lage oder nicht willens, irgendwelche grundsätzlichen Argumente gegen die Psychologie ins Feld zu führen, meint aber, die Disziplin könne ebensogut niemals begründet worden sein, und auch ohne weiteres wieder verschwinden, was nur wenige bedauern würden. Die Neurophysiologie sei eine sehr viel zuverlässigere Wissenschaft, um Hoffnung in sie zu setzen. Rorty erwähnt das Thema der interdisziplinären Kognitionswissenschaft nicht direkt, doch seine Meinung darüber läßt sich aus folgender vielsagenden Nebenbemerkung erraten:

> Nur die Erwartung, eines Tages würden etwa die Taxonomien Chomskys, Piagets, Lévi-Strauss', Marx' und Freuds zusammengenommen eine große Universalsprache der Kultur ergeben — gelegentlich wird sie dem Strukturalismus zugeschrieben — würde die Annahme rechtfertigen, daß der kognitiven Psychologie erkenntnistheoretische Bedeutung zukommt. Sie wäre jedoch genauso irrig wie die Meinung, eine vollständige Neurophysiologie würde uns den Nachweis der Überlegenheit Galileis über seine Zeitgenossen ermöglichen, da wir ja im Prinzip auf der Grundlage einer ausreichenden Kenntnis der Bewegung der Materie alles und jedes prognostizieren könnten. Ob wir in unseren Erklärungen nun eine Hardwaresprache verwenden oder eine Programmsprache, die Kluft zwischen Erklärung und Rechtfertigung unserer selbst wird um nichts schmaler. (1979, S. 249/dt. 1981, S. 274)

Rorty glaubt, der spezielle Kurs der abendländischen Philosophie sei geschichtlich bedingt und nicht zwingend gewesen. Die Geschichte dieses Fachs — sogar dessen Existenz — wäre zum Beispiel eine ganz andere, hätten die Griechen Wissen nicht dem Sehen nachgebildet, hätte Descartes den Geist nicht nachgerade erfunden, indem er Gefühle und Überzeugungen in ein einzelnes Organ legte; oder hätte Kant nicht ein Tribunal des Wissens errichtet und seine eigene philosophische Synthese in den Richtersessel gesetzt.

Rorty verschreibt der Philosophie eine ziemlich spektakuläre Kur. Er findet, die Erkenntnistheorie habe ihren Zweck — mehr schlecht als recht — erfüllt und solle nun aus dem Kreis der Wissenschaftsdisziplinen sanft entfernt werden. Außerdem sollte die Philosophie als solche ihren Anspruch, etwas Besonderes zu sein, radikal einschränken. Rorty bestreitet die Notwendigkeit ambitionierter Philosophen wie Kant oder Russell, die alles Wissen systematisieren wollten, und votiert statt dessen für „bildende Philosophen" wie Wittgenstein und Dewey, die sich damit zufriedengeben, zu reagieren und zu interpretieren. Rorty hofft auf eine humanistischere Philosophie, bei der man die Gedanken von Philosophen studiert, um mehr über Wesen und Grenzen bevorzugter Ideen zu erfahren. Er möchte mit dem Glauben aufräumen (der auf Kant, vielleicht gar Platon zurückgeht), daß der Philosoph jemand sei, der etwas Besonderes weiß oder etwas besonders gut weiß, oder daß es besondere philosophische Methoden, Techniken und Blickwinkel gibt. Er will philosophische Streitgespräche — wie die zwischen Empiristen und Rationalisten — mit dem Hinweis darauf beenden, daß sie auf falschen Prämissen beruhen und zudem für die Human- wie für die Naturwissenschaften ohne jede Konsequenz sind. In dem von ihm neu verteilten Terrain kann die Physik die Struktur der Außenwelt erklären, die Neurophysiologie die Prozesse umreißen, mit Hilfe derer wir Ideen und Gefühle erleben, und Soziologie und Geschichtswissenschaft suchen Erklärungen für die Form unserer gegenwärtigen Überzeugungen.

Und was ist mit der Kognitionswissenschaft? So lange sie sich von philosophischen Fragen fernhält, auf die es keine Antwort gibt, kann dieses neue Fach wohl weiterhin nach den Gründen forschen, warum wir Menschen die Welt so erfahren und verarbeiten, wie wir es tun. Aber Rorty bezweifelt offenbar, daß derartige Versuche, zumindest so, wie sie gegenwärtig betrieben werden, zu wissenschaftlich relevanten Antworten führen werden.

Was bleibt der Philosophie?

Im akademischen Jahr 1946/47 bat der *Moral Science Club* in Cambridge Karl Popper, zeitweiliges Mitglied des Wiener Kreises, um einen Vortrag über „some philosophical puzzles". Popper erinnert sich: „Es war klar, daß das Wittgensteins Formulierung war und daß dahinter Wittgensteins philosophische These stand, daß es in der Philosophie keine echten Probleme gebe, sondern nur sprachliche ‚puzzles' (Vexierfragen, Vexierspiele). Da mir diese These von Herzen zuwider war, beschloß ich, über die Frage ‚Gibt es philosophische Probleme?' zu sprechen" (1974, S. 122/dt. 1979, S. 175).

Popper eröffnete seine Vorlesung, indem er seine Verwunderung über die ursprüngliche Einladung äußerte, da sie implizit bestreite, daß es philosophische Probleme gibt und die Veranstalter somit in einer Sache Partei ergriffen hätten, bei der es um ein echtes philosophisches Problem gehe. Dieser Scherz erregte Wittgenstein, der sofort aufsprang und laut und zornig ausrief: „Der Sekretär tat genau das, was ihm gesagt wurde. Er handelte genau nach meiner Anweisung." Popper beachtete die Unterbrechung nicht und fuhr fort; doch während der ganzen Vorlesung „sprang [Wittgenstein] immer wieder auf, unterbrach mich und sprach lange über Puzzles und über die Nichtexistenz philosophischer Probleme" (1974, S. 123/dt. 1979, S. 176). Der Wortwechsel wurde immer hitziger, bis Wittgenstein schließlich verärgert oder angewidert den Raum verließ.

Als Popper zwanzig Jahre später über diesen Zwischenfall nachdachte, wiederholte er seine Meinung, es gebe tatsächlich philosophische Probleme und einige davon habe er vielleicht sogar gelöst. Dennoch fuhr er fort: „Nichts scheint weniger erwünscht zu sein als eine einfache Lösung für ein altes philosophisches Problem. Viele Philosophen — und besonders, wie es scheint, die Wittgensteinianer — sind der Ansicht, daß ein Problem, wenn es lösbar ist, kein philosophisches Problem gewesen sein kann" (1974, S. 124/dt. 1979, S. 178).

Diese Konfrontation zwischen Popper und Wittgenstein vermittelt einen Eindruck von der Atmosphäre, die um die Mitte unseres Jahrhunderts in philosophischen Kreisen herrschte. Im Hintergrund aufgereiht die großen Gestalten der Vergangenheit — Poppers Heroen — die glaubten, es gebe echte philosophische Probleme, und wenn man systematisch über sie nachdenke, werde man sie schließlich lösen oder ihrer Lösung zumindest näherkommen können. Auch Rorty erkannte die Leistungen dieser Gruppe an, glaubte aber, daß diese „systematischen Philosophen", wie er sie nannte, sich einer aussichtslosen und irregeleiteten Sache gewidmet haben. Statt dessen zollte Rorty denen Anerkennung, die er „bildende Philosophen" nannte, die die Rechtmäßigkeit solcher Fragen überaus skeptisch beurteilen und dem ganzen philosophischen Geschäft eher nachsichtig, ja scherzend begegnen. Zu den „bildenden" Gelehrten gehören die Kritiker des logischen Empirismus, also z. B. Wittgenstein, Dewey, Austin und Rorty selbst.

Soweit ich es beurteilen kann, beabsichtigen die „systematischen Philosophen" nicht, ihren Beruf an den Nagel zu hängen. Daher schreibt ein Rortys Buch durchaus wohlwollend gesonnener Rezensent:

> Falls „Erkenntnistheorie" die Suche nach solchen Grundlagen bedeutet, ist ihr Ende in Sicht, ein von Dewey prophezeites Ende. Bezeichnet aber „Erkenntnistheorie" den Versuch, die Möglichkeiten und die Natur verschiedener Arten des Wissens und des Folgerns zu verstehen, dann gehören Platon, Locke und Dewey zu einer bleibenden Tradition, die zu den wesentlichen Merkmalen unserer Zivilisation gehört. (Hacking 1980, S. 586)

Hilary Putnam, ein Zeitgenosse Rortys, formuliert seinen Angriff viel schärfer. Besonders verärgert ihn Rortys Behauptung, aus kulturrelativistischer Sicht sei die Erkenntnistheorie nichts weiter als eine spezielle Marotte der abendländischen Geistestradition:

> Kulturrelativismus leugnet die Möglichkeit des *Denkens* ... und behauptet ..., Philosophie sei ... ein *törichtes* Unterfangen. Aber die Fragen *sind* profund, und was töricht ist, sind die einfachen Antworten. Selbst die Einsicht, daß der Relativismus inkonsistent ist, bedeutet, falls man dieses Wissen ernst nimmt, daß man etwas Wichtiges über eine profunde Frage einsieht. Philosophen beginnen *tatsächlich* wieder, über die großen Fragen zu sprechen und das Gefühl zu haben, daß man etwas über sie *sagen* kann, auch wenn es keine grandiosen oder endgültigen Lösungen gibt. Es liegt eine gewisse Erregung in der Luft, und wenn ich auf Professor Rortys Buch mit einer gewissen Schärfe reagiere, dann deshalb, weil noch ein „deflationistisches" Buch, noch ein Buch, das uns sagt, die profunden Fragen seien nicht profund und das ganze Unterfangen sei ein Fehler gewesen, genau das ist, was wir gegenwärtig *nicht* brauchen. (Putnam 1981, S. 236)

Putnam spielt auf die Überzeugung (oder den Glauben) etlicher Philosophen an, daß die Erkenntnistheorie nicht tot sei. Das Aufkommen der Kognitionswissenschaft um die Mitte unseres Jahrhunderts hauchte der Erkenntnistheorie sogar neues Leben ein. Insbesondere dank der Erfindung und Verbreitung des

Computers, aber auch aufgrund von Techniken und Ergebnissen zahlreicher Nachbardisziplinen, können wir jetzt zu einigen klassischen Themen der Philosophie zurückkehren und mentale Prozesse auf neue und fruchtbare Weise konzipieren.

Neue Perspektiven der Erkenntnistheorie

Funktionalismus

Einer, der zu dieser Diskussion ganz entscheidend beigetragen hat, ist Hilary Putnam selbst. Putnam, Mathematiker und Philosoph, interessiert sich seit geraumer Zeit für Computer und deren Implikationen für das Denken. Er kann sich erinnern, daß die Erfindung der elektronischen Rechenmaschine für die Philosophie des Geistes ein bedeutendes Ereignis war, da sie zur Idee funktionaler Organisation führte (1973, S. 299). Diese funktionalistische Vorstellung bestreitet die Annahme, Denken und andere „intelligente Funktionen" müßten mit einem gleichartigen System durchgeführt werden, um die gleichen Arten von Prozessen widerzuspiegeln. Vielleicht habe sich die Meinung, Denken sei dem Menschen (oder Entitäten mit einer Struktur, die unserem Gehirn gleicht) vorbehalten, vertreten lassen, bevor es elektronische Rechenmaschinen gab. Computer aber haben gezeigt, daß viele Prozesse, die wir früher einmal „Denken" genannt hätten, sich tatsächlich mit Mechanismen realisieren lassen, die aus völlig anderen Komponenten als Nerven, Blut und Gewebe bestehen — nämlich Transistoren oder Vakuumröhren.

Sollte es also eine Identität geben, kann sie offensichtlich nicht in der Hardware sein, aber sie könnte, wie Putnam bemerkt, sehr wohl in der Software in Erscheinung treten: das heißt, Mensch wie Maschine — oder jede andere Form intelligenten Lebens, von der Antilope zum Antipoden — könnten fähig sein, die gleichen Programme zu realisieren. Das heißt, die Gleichsetzung geschieht auf viel höherem Abstraktionsniveau — einem Niveau, das sich an den Zielen des kognitiven Handelns orientiert, den verfügbaren Verarbeitungsmöglichkeiten, den notwendigen Verarbeitungsschritten, der Evaluierung der Schritte und ähnlichen Merkmalen.

Der Funktionalismus wollte sich mit einem absolut klassischen Dilemma der Philosophie befassen — dem Leib-Seele-Problem. Denken kann tatsächlich in einem physikalischen Apparat geschehen, kann auch mit bestimmten Verhaltensweisen korreliert sein und muß dennoch nicht *zwingend* identisch sein mit der Klasse von Aktivitäten, die gerade produziert werden (Matthews 1982). Es ist absolut zulässig, von mentalen Ereignissen zu sprechen, zu behaupten, ein mentales Ereignis löse ein anderes aus, ohne damit Stellung hinsichtlich der Frage zu beziehen, ob nur zerebrale Ereignisse die Eigenschaft haben, mentale

Zustände zu definieren. Beim Menschen sind natürlich mentale Ereignisse identisch mit physiologischen, aber man muß psychologische Erklärungen nicht auf die Ebene der Neurophysiologie reduzieren. Man könnte vielmehr eine Erklärungsebene vorschlagen, die Psychologie mit der Neurologie verbindet, eine weitere Ebene, die sie mit sozialen Faktoren verbindet, und sogar eine dritte, ungebundene Ebene, die repräsentational ist.

Intentionale Systeme

Auf Putnams wegweisendem Versuch aufbauend, das Problem des Wissens in einer Sprechweise anzugehen, die dem modernen kognitiven Milieu angemessen ist, haben in jüngerer Zeit einige Philosophen eigene Analyseschemata vorgelegt. Daniel Dennett beginnt mit einer Abgrenzung seiner Theorien von früheren Versuchen (Dennett 1978). Er möchte sich nicht jener Art Physikalismus anschließen, bei dem es für jedes mentale Geschehen ein bestimmtes physisches Geschehen im Gehirn gibt. Er möchte auch nicht den sogenannten Turingmaschinen-Funktionalismus übernehmen, der impliziert, daß alle Menschen das gleiche Programm haben. Er sucht nach einer Erklärungsebene, auf der es möglich ist, darüber zu sprechen, was zwei Menschen oder zwei Entitäten psychologisch gemeinsam haben, ohne daß deswegen beide Verkörperungen der gleichen Turingmaschine sind.

Bühne frei für das intentionale System! Diesem Konzept kommt in der Legitimierung mentaler Beschreibungen eine vergleichbare Rolle zu wie der abstrakten Vorstellung einer Turingmaschine, als es darum ging, die Interpretationsregeln für ein Artefakt wie den Computer festzuschreiben. Intentionalität gilt als Merkmal des Mentalen, und Dennett behauptet, jedes mentale Phänomen sei als intentionales System beschreibbar.

Wie Dennett sagt, kann man sowohl den Menschen als auch den Computer und seine Programme als Handelnde betrachten, deren Handeln man zu erklären sucht. Man kann zwar über den Computer in den Begriffen seiner physischen Konstruktion oder seiner jeweiligen physischen Zustände sprechen, oft ist es aber sinnvoller, die Maschine so zu behandeln, als weise sie signifikante Ähnlichkeit mit einem intelligenten Menschen auf. Mit anderen Worten, man schreibt einem intentionalen System Rationalität und Absicht zu. Wenn Sie also beispielsweise mit einem Computer Schach spielen, dann behandeln Sie das Programm, als verfüge es über bestimmte Ziele, Verfahren, Strategien, und Sie versuchen dieses Programm zu überlisten, wie Sie versuchen würden, ein herkömmliches intentionales System zu überlisten — einen anderen Menschen.

Die Idee des intentionalen Systems, so Dennett, ist relativ schlicht und unmetaphysisch. Sie berührt nicht die Frage nach Beschaffenheit, Qualität, Moralität oder Göttlichkeit eines seiner konkreten Verkörperungen. Intentionale Systeme dienen als Brücke zwischen der Alltagswelt des Menschen und seinen

Handlungen einerseits und dem nicht-intentionalen Bereich der traditionellen exakten Naturwissenschaften andererseits. Der künstlichen Intelligenz kommt hierbei eine Gehilfenrolle zu, da diese Disziplin ein System baut, das faktisch über Wissen verfügt und daher eine mögliche Antwort auf die Frage bereithält, wie Wissen möglich ist.

Intentionale Systeme entstehen von einem bestimmten Komplexitätsniveau an. Man kann ein intentionales System in Subsysteme zerlegen, von denen jedes seinerseits als intentionales System betrachtet werden kann, und es dann in noch kleinere Systeme zerlegen. Diese Subsysteme kann man sich als kleine Homunculi vorstellen, die miteinander kommunizieren. Letztendlich jedoch möchte man eine Ebene erreichen, wo all diese Homunculi „entlassen" werden können, wo dieser intentionalistische Standpunkt nicht mehr nötig ist. Wie Dennett schreibt:

> Kriegt man ein Team oder ein Komitee *vergleichsweise* unwissender, engstirniger, blinder Homunculi dazu, das intelligente Verhalten des Ganzen zu erzeugen, ist dies Fortschritt ... Schließlich ... hat man dann Homunculi, die so dumm sind (sie brauchen sich nur noch zu erinnern, ob sie ja oder nein sagen müssen, wenn sie gefragt werden), daß sie, wie man sagt, „durch eine Maschine ersetzt" werden können. Man *entläßt* pfiffige Homuniculi aus seinem Schema, indem man zur Erledigung der Arbeit solche Idiotenarmeen organisiert. (Dennett 1978, S. 123f.)

Was uns zum Haken an Dennetts Formulierung bringt. Er findet es zwar hilfreich, bei Maschinen der künstlichen Intelligenz auch von „intentionalen Systemen" zu sprechen, betont aber zugleich, es sei wirklich nichts weiter als eine Redensart:

> Die Definition von intentionalen Systemen, die ich gegeben habe, besagt nicht, daß intentionale Systeme *wirklich* Meinungen und Wünsche haben, sondern daß man ihr Verhalten erklären und vorhersagen kann, indem man ihnen Meinungen und Wünsche *zuschreibt*, und ob man das, was man dem Computer zuschreibt, Meinungen oder Meinungs-Analogien oder Informationskomplexe oder intentionale Was-auch-immer nennt, ist für die Art von Berechnung, die man auf der Grundlage der Zuschreibungen macht, ganz egal. (1978, S. 7)

Wenn es aber nur eine Redensart ist, was wird durch diesen scheinbar kühnen Zug gewonnen? Wahrscheinlich ist, daß der Ryle-Schüler Dennett diese mentalistische Schiene am liebsten ganz verließe und zu einer vertrauenserweckenderen behavioristischen Sicht der Dinge zurückkehrte. Er räumt aber ein, daß ebendiese Sicht für Wissenschaftszwecke wirklich nicht mehr angemessen ist. In einer kritischen Würdigung des Behavioristen B. F. Skinner schreibt Dennett: „Es spricht nichts dagegen, bei dem Versuch, die Funktion des Verhaltenskontrollsystems von Menschen und Tieren zu umreißen, bis auf weiteres intentionale Begriffe zu benutzen, solange man einen Weg findet, sie ‚einzulösen', indem man einen Mechanismus entwirft, der wie behauptet funktioniert" (Dennett 1978, S. 462).

Putnam und Dennett zeigten mit der Entwicklung ihrer Ideen beispielhaft, welchen Beitrag die Philosophie zur Kognitionswissenschaft leisten kann. Sie reagierten auf die Fragen, die sich durch das Aufkommen des Computers stellten, und bedachten dabei alte Dispute über das Verhältnis von Geist und Körper sowie die Zielgerichtetheit des Handelnden. Damit halfen diese führenden Wissenschaftler, Probleme zu klären, die sich der modernen Wissenschaft vom Geist stellen. Dennoch kann man, glaube ich, durchaus zu Recht behaupten, daß sich beide Philosophen mit größter Vorsicht auf das Terrain der Kognitionswissenschaft begeben haben. Und wie wir in späteren Kapiteln sehen werden, haben Philosophen wie John Searle und Hubert Dreyfus, die der künstlichen Intelligenz gegenüber sehr kritisch eingestellt sind, viel beunruhigendere Fragen aufgeworfen. Deswegen ist es erholsam, sich dem Werk des Vollblut-Kognitivisten Jerry A. Fodor zuzuwenden — ein Philosoph, der gegen ein gemeinsames Schicksal von Philosophen und empirischen Wissenschaftlern, die sich für Themen des Geistes interessieren, offenbar keinerlei Bedenken hegt.

Der hundertprozentige Kognitivist: Jerry Fodor

Fodor lesen (1975, 1981b) heißt, das Gefühl zu bekommen, daß sich das Blatt der Erkenntnistheorie plötzlich und radikal gewendet hat: Die „bösen Buben" werden unversehens zu Helden, einige ehemals hochgepriesene Helden demontiert. Fodor findet, und folgt darin seinem ehemaligen Mentor und jetzigen Kollegen Noam Chomsky, viel Bewundernswertes in der Analyse, die vor mehr als dreihundert Jahren von Descartes vorgenommen worden war. Fodor sieht es als Verdienst der cartesianischen Tradition, die Existenz mentaler Zustände erkannt und geistigen Ereignissen Kausalität zugeschrieben zu haben. Außerdem unterstützte sie die Annahme angeborener Ideen — Wissensinhalte, Mechanismen oder Prinzipien, mit denen der Mensch geboren wird und dank derer er seine Erfahrungen verstehen kann. Zu Fodors Version der Erkenntnistheorie gehörte eine überaus vernichtende Kritik an den Empiristen. Er meint, dreihundert Jahre empiristischer Bemühungen, von Hume bis zu den logischen Positivisten, seien endgültig gescheitert. Fodor stellt es so dar, als seien sowohl Empiristen als auch Rationalisten davon ausgegangen, daß *einige* Konzepte angeboren sein müssen, er aber teilt die Ansicht der Rationalisten, daß der Mensch mit der Kenntnis *vieler* Konzepte geboren wird, die, wenn überhaupt, von der Umwelt höchstens aktiviert werden müssen. Fodor kritisiert auch scharf die behavioristische Position Ryles: Er behauptet sogar, genau die von Ryle zurückgewiesenen Erklärungsweisen seien eben jene, die man braucht. Nach Fodors Ansicht sind es zwei ganz verschiedene Dinge, ob man die Umstände erklärt, unter denen eine Äußerung gemacht wird oder die Gründe, warum sie gemacht wird; und Ryle zum Trotz gehört es zu Fodors Plänen, in den Bereich des Mentalen vorzudringen: herauszufinden, warum und wie wir eigentlich die Äußerungen machen, die wir machen, unter Berücksichtigung des mentalen Rüstzeugs, über das wir verfügen.

Fodors Ablehnung eines großen Teils des bisherigen philosophischen Denkens darf jedoch keinesfalls als unkritische Rückkehr zur cartesianischen Lehrmeinung interpretiert werden. Zum einen betont er, Mentalismus sei nicht gleichbedeutend mit Dualismus. Man kann an die Existenz mentaler Zustände und ihre kausale Wirksamkeit glauben, ohne zu glauben, es gebe zwei Substanzen — Geist und Materie — die irgendwie miteinander interagieren müssen. Hier vertritt Fodor eine materialistische Auffassung vom Geist, die gleichwohl die Existenz mentaler Ursachen und die Interaktion zwischen mentalen Zuständen erlaubt.

Fodor übernimmt sehr viel vom Funktionalismus, wie er ursprünglich von seinem Lehrer Hilary Putnam begründet worden war. Nach dieser Auffassung ist die psychologische Beschaffenheit eines Systems nicht abhängig von seiner Hardware (oder seiner physischen Realisierung), sondern von seiner Software: So kann also ein Marsmensch Schmerzen und ein Computer Anschauungen haben. Fodor übernimmt des weiteren den allgemeinen Informationsverarbeitungsansatz der Kognitionswissenschaften: Kognitive Aktivitäten realisieren, ja konstituieren sich in der Manipulation von Symbolen oder mentalen Repräsentationen. In Übereinstimmung mit vielen modernen Philosophen des Geistes und in direkter Opposition zu jenen älteren Philosophen, für die der Geist Spiegel der Natur war, weist Fodor Ähnlichkeit als Merkmal mentaler Repräsentation zurück: Die Symbole des Geistes sind abstrakte Entitäten, die zu den Entitäten, die sie bezeichnen, keinen konfigurativen Bezug haben müssen.

Schließlich ist Fodors Funktionalismus in keiner Weise reduktionistisch. Intelligenz und mentale Zustände lassen sich in vielen Systemen und Entitäten realisieren, und Erklärungen im Rahmen von Biochemie oder Neurologie haben keinen Vorrang. Fodor äußert sogar schwerwiegende Zweifel, daß sich die „natürlichen Arten" des Nervensystems mit Gewinn auf „natürliche Arten" psychologischer oder mentalistischer Erklärungen werden abbilden lassen. Wenn überhaupt, dürfte die Verbindung zwischen Geist und Computer enger sein als die zwischen Geist und Gehirn. Die ganze Diskussion hat ein ausgeprägt „intentionalistisches Flair": Fodor verwendet Begriffe wie Anschauungen, Wünsche, Ziele und dergleichen mitten in den Erörterungen unterschiedlicher Kognitionssysteme.

Bis hierher mag es scheinen, als stimme Fodor, auch wenn er die Rollen der Helden und Schurken neu verteilt, in seinem Ansatz mit dem anderer kognitiv orientierter Erkenntnistheoretiker wie Putnam und Dennett überein. Aus der Ferne und im Vergleich zu Skeptikern wie Rorty oder Ryle kann man diese Philosophen tatsächlich als enthusiastische Befürworter der Datenverarbeitungsmetapher in der Welt kognitiver Prozesse sehen. Fodors Bereitwilligkeit aber, über die mögliche Beschaffenheit mentaler Repräsentationen nachzudenken, übertrifft die seiner Zeitgenossen bei weitem. Hier wird seine Nähe zu Descartes am deutlichsten.

Kurz gesagt, Fodor glaubt, daß es eine Sprache des Denkens geben muß. Wenn zu kognitiven Systemen Repräsentationen gehören, wenn zu kognitiven Operationen die Manipulation symbolgleicher Repräsentationen gehört, dann müssen diese Repräsentationen irgendwo existieren und irgendwie manipuliert werden. Darum gehört für Fodor zur Überzeugung, daß der Organismus ein repräsentationales System hat, auch eine Beschreibung dieses mentalistischen Systems. Er sagt: „Ich schlage vor ... die traditionelle Auffassung wiederzubeleben, daß es eine ‚Sprache des Denkens' gibt und daß deren Charakterisierung zu den wichtigsten Aufgaben einer Theorie des Geistes gehört" (1975, S. 33). Er meint, implizit erkenne fast jede moderne Kognitionstheorie irgendeine Art Medium oder Sprache an, in der Denken stattfindet. Er macht es sich nun zur Aufgabe, zu ergründen, was für eine Sprache dies sein könnte.

Damit wären wir bei Fodors langem und überaus anregendem Essay *The Language of Thought* (1975), der für einige Beobachter ein „bedeutender Scheidepunkt" in der Philosophie des zwanzigsten Jahrhunderts ist (Piattelli-Palmarini 1983). In diesem Buch behauptet Fodor, die Sprache des Denkens müsse ein überaus vielfältiges Instrumentarium sein, wenn sie die vielen kognitiven Prozesse — Wahrnehmung, logisches Denken, Spracherwerb und dergleichen — ausführen soll, deren Menschen fähig sind. Ja, falls mentale Prozesse Daten verarbeiten, dann *muß* es Repräsentationen geben, um diese Datenverarbeitung ausführen zu können. Überdies äußert er die radikale Ansicht, diese Sprache des Denkens sei angeboren: Menschen würden mit umfassenden Repräsentationen geboren, auf die sie alle neuartigen Informationen abbilden können, denen sie in ihrem Erleben der Außenwelt begegnen mögen. Und: „Die Sprache des Denkens könnte einer natürlichen Sprache sehr ähnlich sein. Es könnte sein, daß die Strukturen des inneren Codes ziemlich direkt in den Strukturen jener Codes repräsentiert sind, mit denen wir kommunizieren ... [Darum] sind natürliche Sprachen so leicht erlernbar" (1975, S. 156).

Fodors Behauptung, der Mensch komme mit der Kenntnis einer Sprache zur Welt — einer angeborenen Sprache, die einer natürlichen Sprache ähnelt — ist erstaunlich, und es bleibt unklar, wie ernst er das wirklich meint. Seine Kampfansage an rivalisierende Erklärungsansätze jedenfalls meint er todernst. Nehmen wir als Beispiel seine Kritik an Jean Piagets Theorie des Konzepterwerbs, nach der ein Kind auf jeder Entwicklungsstufe neue und umfassende Konzepte erwirbt. Fodor breitet genüßlich aus, welche Probleme es ihm bereitet zu verstehen, wie man überhaupt ein neues Konzept lernen kann, wenn man nicht fähig ist, eine Hypothese über dieses Konzept aufzustellen — dann aber besitzt man es bereits. Anklänge an *Menon*! Ganz ähnlich kritisiert Fodor an der Behauptung, komplexe Konzepte setzten sich aus einfachen zusammen, überaus entschieden, daß alle Versuche à la Locke, die Bausteine höherer Konzepte zu benennen, gescheitert seien und dieses Scheitern vermutlich der Beweis dafür sei, daß dieser „empirizistische" Zug von Anfang an keine gute Idee war. Die Tatsache, daß Menschen hochabstrakte Operationen ausführen können, und zwar schon in früher Kindheit, unterstützt zusätzlich Fodors (und Chomskys) Behauptungen, die ursprüngliche geistige Ausstattung eines Menschen müsse überaus spezifisch und so konstruiert sein, daß sie auf bestimmte Erfahrungen und Informationen abzielt. Selbst wenn Fodors Behauptungen im einzelnen nur wenige seiner Kollegen überzeugten, hat sich gezeigt, daß sich die von ihm aufgeworfenen Probleme, daß es nämlich so etwas wie „Mentalesisch" geben muß und welchen Restriktionen dieses Mentalesisch unterliegen müßte, kaum widerlegen lassen. Damit hat seine Position eine der schwierigsten Prüfungen einer jeden philosophischen Behauptung passiert.

Nach Fodors Meinung ist es unzutreffend, sich die Sprache des Denkens lediglich als formales Medium der Symbolmanipulation vorzustellen (siehe Stich 1983). Irgendwie müssen die Dinge der Welt mental repräsentiert ein, denn wir denken nicht nur, wir denken *an* bestimmte Dinge, und diese bestimmten Dinge existieren mit Sicherheit in der Welt. Zugleich jedoch ist Fodor pessimistisch, was die Wahrscheinlichkeit angeht, daß wir jemals verstehen werden, wie unsere eigenen Datenverarbeitungssysteme mit *Inhalt* verfahren. Als Forscher bleibt uns vielleicht nur zu beschreiben, welche „syntaktischen" Operationen ausgeführt werden, ohne zu wissen, wie sich diese Operationen so auf die Außenwelt beziehen, daß sie zu verschiedenen mentalen Konzepten führen. Fodor meint, für den Kognitivisten sei es vielleicht unmöglich, Semantik zu betreiben, obwohl „zu bestreiten, daß mentale Operationen Zugriff auf semantische Merkmale mentaler Repräsentationen haben, *nicht* bedeutet, daß mentale Repräsentationen *keine* semantischen Merkmale haben" (1981b, S. 244). Fodor befürchtet jedoch, daß diese Merkmale wissenschaftlicher Forschung nicht zugänglich sein könnten. Die Maschinerie unseres Geistes weiß nicht, wovon sie spricht, und interessiert sich nicht für eine semantische Beziehung. Die sogenannte naturalistische Psychologie würde zwar gern erklären, wie wir zu unserem Wissen von den Dingen dieser Welt und ihrer Beschaffenheit kommen, aber es könnte sein, daß die Datenverarbeitungspsychologie — eine Psychologie formaler Operationen — die einzige Psychologie ist, auf die wir jemals hoffen dürfen. An solchen „inhaltsblinden" Gedanken erkennt der philosophiegeschichtlich Interessierte Verbindungen zwischen Fodors Ansatz und dem von Carnap und den logischen Empiristen: Fodor übernimmt sogar Carnaps Begriff des *methodischen Solipsismus*, um eine von der Syntax ausgehende Beschäftigung mit der Kognition zu charakterisieren.

Fassen wir zusammen: Fodor glaubt also, jeder Versuch, Kognition zu verstehen, umfasse zwingend die uneingeschränkte Übernahme eines mentalistischen Standpunkts. Er glaubt, daß es mentale Zustände wirklich gibt, daß sie miteinander interagieren können und daß man sie erforschen kann. Zu den Forschungsmethoden gehören empirische Methoden aus Psychologie, Linguistik und anderen Kognitionswissenschaften; und die Chancen, in diesen Bereichen Fortschritte zu erzielen, hängen stark von einer lebhaften Zusammenarbeit von Fachleuten dieser Teilbereiche ab. Nach Fodors eigener Einschätzung werden die mentalen Operationen, die relativ schnell und automatisch ablaufen — wie das syntaktische Zergliedern eines Satzes oder das Erkennen von visuell dargebotenen Formen — diejenigen sein, die mit den gegenwärtigen Methoden der Kognitionswissenschaft am ehesten erklärt werden können. Entsprechend pessimistisch beurteilt er die Wahrscheinlichkeit, daß sich solche Fähigkeiten, zu denen länger dauerndes Urteilen und Überlegen gehört – wie die Entwicklung einer Wissenschaftstheorie oder das Entscheidungsverhalten in alltäglichen Dingen — für jene syntaktische (oder formale) Analyse eignen, für die sich die Kognitionswissenschaft als geeignet erwiesen hat.

Nun sollte man glauben, daß eine solche Umkehr zu cartesianischen Vorstellungen, solch kühnes Reden von der Sprache des Denkens vielen der Wissenschaftler, von denen ich gesprochen habe, geradezu verhaßt sein müßte. Insbesondere sollte man meinen, daß Richard Rorty in Fodors Entwurf ganz genau jene Richtung sehen würde, die ein differenzierter Kognitionsforscher meiden sollte. Darum ist es überraschend, aber auch lehrreich, daß Rorty Fodors Arbeit zwar kritisch bespricht, keinesfalls aber verreißt.

Sie werden sich erinnern, daß Rorty seine schärfste Kritik jenen vorbehält, die an den Spiegel der Natur glauben — an einen mentalen Apparat, der auf irgendeine Weise zu berichten weiß, wie die Welt ist, und uns hilft, sie möglichst korrekt zu beurteilen — damit wir „richtige Meinungen" bekommen, wie er es nennen könnte. Rorty schreibt, daß Fodor sich für die Konstruktion eines mechanistischen Modells mentaler Prozesse interessiere und willens sei, dafür alle möglichen inneren Zustände zu postulieren, daß aber seine entscheidenden Kriterien nur solche Beschreibungen brauchen, die zu einer fruchtbaren Theorie kognitiven Verarbeitens führen könnten — ein durch und durch psychologisches, nichterkenntnistheoretisches Programm wie das Dodwells. Rorty betont, die Frage „Wie erkennen wir Flaschen?" sei eine völlig andere Frage als „Was ist dem Bewußtsein derart unbezweifelbar gegeben, daß es zum infalliblen Prüfstein unseres Schließens dienen kann?" (1979, S. 245/dt. 1981, S. 271) Und so sind sich Rorty und Fodor einig, daß es wichtig ist, zwei Fragen auseinander zu halten: Wie der Organismus mit der Welt interagiert — eine legitime psychologische Frage — und ob die Ansichten des Organismus über die Welt tatsächlich richtig sind — die traditionelle (und nach Rortys Dafürhalten unhaltbare) Frage. Wir sehen jetzt, so Rorty, „daß Fodors Bild vom Bewußtsein als einem System innerer Darstellungen [Repräsentationen] mit der von mir kritisierten Metaphorik vom Spiegel der Natur nichts zu tun hat. Entscheidend ist, daß sich bezüglich Fodors ‚Sprache des Denkens' die skeptische Frage ‚Wie genau stellen die inneren Darstellungen [Repräsentationen] die Wirklichkeit dar?' nicht stellen läßt" (S. 246/dt. S. 272).

Worin sich Fodor und Rorty auch immer einig sein mögen, Fodor, Chomsky und andere aus dem kognitiven Lager gehören sicher zu Rortys „Systematisierern": sie finden die traditionellen Fragen wichtig und versuchen, sie so gut wie möglich zu beantworten, auch wenn sie hinsichtlich des Erreichbaren gewiß skeptischer sind als die großen „systematischen Philosophen" vor einigen Jahrhunderten. Rorty als selbsternannter „bildender" Philosoph glaubt, in der Philosophie gebe es bestenfalls „puzzles", und erkenntnistheoretische Fragen solle man besser samt und sonders meiden. Und auch wenn er die Variante von Psychologie, mit der Dodwell oder Fodor sich befassen, kaum kritisiert, denkt er offenbar, die Psychologie habe bislang wenig erreicht, und letztlich würden nur die neurologische und humanistische Erforschung mentaler Phänomene übrig bleiben (Rorty 1982a). Gerade der Umstand, daß Fodor und Chomsky auf Descartes zurückgreifen und glauben, ihre eigenen Antworten seien für die Kontroverse zwischen Rationalisten und Empiristen von Bedeutung, belegt meiner Meinung nach die tiefe Kluft zwischen diesen beiden Philosophieströmungen unserer Tage.

Zusammenfassung: Die dialektische Rolle der Philosophie

Bei unserem Leitmotiv im Bereich Philosophie — der Frage, ob die empiristische oder die rationalistische Erklärung siegreich bleibt — schien mal die eine, mal die andere Seite im Vorteil. Um 1800 sah es kurze Zeit so als, als habe Kants Synthese endgültig alle Probleme gelöst; 130 Jahre später jedoch, als der Behaviorismus sich auf seinem Höhepunkt befand, schienen die Empiristen auf dem Vormarsch. Dank der kognitiven Wende und als Folge einflußreicher Schriften von Theoretikern wie Fodor wird nun der Rationalismus ernster genommen als seit vielen Jahrzehnten. Wahrscheinlich muß man einräumen, daß es den meisten Kognitionswissenschaftlern inzwischen gleichgültig ist, wer diesen Streit „gewinnt", und daß es Fodor mit seiner Kritik nicht so sehr darum geht, den Cartesianismus wiederauferstehen zu lassen als vielmehr den Bankrott der Empiristen vorzuführen. Doch in dem Maße, wie die Kognitionswissenschaft weitere Anhänger gewinnt, wird sich die rationalistische Position als im Grunde glaubwürdiger erweisen. Das Primat des wissenden Subjekts — das Wissen nur dank vorgegebener kognitiver Strukturen (wenn nicht gar angeborener Ideen) erwirbt — wird weithin akzeptiert. Zumindest hier geht der Trend in der Philosophie zu einer rationalistischen Haltung, die durch empirische Arbeiten in mehreren Wissenssparten gestützt wird.

Die Rolle der Philosophie als eigenständiger Disziplin — und als auch in Zukunft wichtigem Teil der Kognitionswissenschaften — ist überaus umstritten. Innerhalb wie außerhalb der Philosophie wurden verschiedene Vorbehalte laut. Wie wir sahen, bezweifeln Kritiker des logischen Empirismus — allen voran Richard Rorty — die Notwendigkeit von Philosophie, zumindest in ihrer erkenntnistheoretischen Variante. Aus ihrer Sicht waren die Fragen, die Philosophen — von Platon bis Kant — früher bewegten, im Grunde falsch gestellt und eigneten sich gar nicht für die systematischen Antworten, nach denen ihre Vorgänger suchten. Es wäre für Philosophen ratsam, diese Fragen aufzugeben — und sie den empirischen Wissenschaftlern zu überlassen (vorausgesetzt, daß die sich darum kümmern wollen) und statt dessen kundige Interpreten der Gesellschaft zu werden — wozu im Fall unserer Gesellschaft auch Interpretationen der großen Philosophen der Vergangenheit gehören. Eine andersartige Kritik kommt von Forschern, die in Kernbereichen der Kognitionswissenschaft wie der Künstlichen Intelligenz arbeiten. Aus ihrer Sicht löst sich die Notwendigkeit philosophischer Analyse in Nichts auf, sobald man über Erklärungen für Wissen, Verstehen, Repräsentationen und dergleichen verfügt, die auf dem Datenverarbeitungsansatz basieren. Schließlich hatte die Philosophie einst die Fragen der Physik mitdefiniert; nachdem diese aber so immense Fortschritte gemacht hat, interessiert sich kaum noch ein Physiker für die Betrachtungen der Philosophen (Holton 1984).

Keine dieser Kritiken überzeugt mich. Nach meiner Meinung ist die Philosophie von Anfang an dadurch sehr wichtig gewesen, daß sie die Fragestellungen, deren Untersuchung lohnt, formulierte und auch über Jahrtausende hinweg deren Richtung bestimmte. In der Philosophie gibt es deutliche Fortschritte — wenn auch vielleicht nicht so linear wie in den Naturwissenschaften. Diese Fortschritte ergeben sich aus Debatten zwischen Philosophen — wenn beispielsweise Locke bei Descartes bestimmte Konzepte kritisiert und Locke seinerseits von Berkeley und Hume kritisiert wird; und dieser Fortschritt geschieht gleichermaßen durch den Austausch zwischen Philosophen und empirischen Wissenschaftlern, wie beispielsweise zwischen Physikern und logischen Empiristen in der ersten Hälfte unseres Jahrhunderts.

Ich glaube also, daß die Philosophie dank ihrer dialektischen Rolle an der disziplinären Matrix teilnimmt: dank einer Dialektik innerhalb der Disziplin und einer Dialektik zwischen den Analysen der Philosophen einerseits und den empirischen Ergebnissen und Theorien der Naturwissenschaftler andererseits. In den letzten Jahren geschieht dies auf dramatische Weise. Gerade als die Philosophie an ihrem tiefsten Punkt angelangt schien, als der logische Empirismus nachhaltig diskreditiert worden war, machten die Erfindung des Computers und der Anfang der Kognitionswissenschaft plötzlich deutlich, wie nötig differenzierte Analysen sind. Denker, die mit der Philosophietradition vertraut waren — mit Kants Gedanken über Repräsentationen, Descartes Darlegungen zum Leib-Seele-Problem, Lockes Zweifel an angeborenen Ideen — konnten den passenden begrifflichen Rahmen vorlegen und ihn dann im Licht neuer wissenschaftlicher Ergebnisse revidieren.

Dies alles soll nicht heißen, daß die alten philosophischen Fragen *per se* die überlegenen seien. Ich empfinde zwar Rortys Kritik an der traditionellen Erkenntnistheorie als „Overkill", aber die Fragen, die Philosophen bewegen, haben sich im Verlauf der Jahrtausende verändert: Einige Probleme, welche die griechischen Denker beschäftigten, zum Beispiel die visuelle Wahrnehmung, gehören heute ausschließlich in den Bereich der empirischen Wissenschaften;

andere, wie die nach dem Wesen der „rohen" Sinneserfahrung, gelten heute als falsch gestellt; und wieder andere, so die nach Intention und Absicht, haben durch die Erfindung des Computers erneut an Dringlichkeit gewonnen.

Auf der einen Seite sehe ich die Erfindung der Kognitionswissenschaft als wundervollen Anreiz für die Philosophie und auf der anderen Seite die Philosophie als unentbehrlichen Begleiter der empirischen Wissenschaftler. Durch die Philosophie können wir fundamentale Fragen der Kognitionswissenschaft auf kohärente Weise stellen, und die stellt sicher, daß Arbeiten aus disparaten Fachgebieten richtig integriert werden. Doch ebenso muß die Philosophie die Ergebnisse empirischer Arbeiten aufmerksam verfolgen, um nicht zu einer unfruchtbaren oder für die naturwissenschaftliche Forschung irrelevanten Disziplin zu werden. Daher ist es völlig angemessen, wenn die Philosophie, deren frühe Fragen für die Entstehung der Kognitionswissenschaft von Bedeutung waren, von dieser neuen Disziplin frische Impulse erhält, während umgekehrt die Philosophie die Arbeit bereichern und interpretieren kann, die ihr jüngstes geistiges Kind leistet.

Hilary Putnam, Veteran vieler solcher Diskussionen, hat über die Rolle nachgedacht, die der Philosophie im modernen Wissenschaftsbetrieb zukommt. Sein umsichtiger Kommentar nimmt die verschiedenen Kritiken an der „großen" Philosophie ernst und erkennt gleichwohl die wichtige Rolle, die die Philosophie auch in Zukunft bei der Bewertung neuer Wissenschaftsunternehmungen spielen sollte:

> Ich habe nicht versucht... ein großes Bild vom Wesen der Philosophie zu zeichnen; und ich könnte auch kein solches Bild zeichnen, selbst wenn ich es wollte. Es ist wohl deutlich, daß ich nicht der Meinung derer bin, die Philosophie als eine Abfolge von „Reinfällen" sehen und Fortschritte in der Philosophie als Entlarven dieser Reinfälle. Sicher ist auch deutlich, daß ich nicht der Meinung derer bin, für die Philosophie darin besteht, *A-priori*-Wahrheiten über die reale Welt zu verbreiten... Für mich ist Philosophie ein Wissenszweig mit einigen zentralen Fragen, beispielsweise nach dem Verhältnis zwischen Denken und Wirklichkeit... Es scheint ganz selbstverständlich, daß Philosophen, wenn sie sich mit diesen Dingen beschäftigen, konkurrierende Forschungsansätze formulieren, daß sie allgemeine Hypothesen aufstellen und daß Philosophen innerhalb eines jeden wichtigen Forschungsvorhabens ihre Hypothesen durch Versuch und Irrtum korrigieren, auch wenn sie gelegentlich bestreiten, daß sie genau dies tun. In dieser Hinsicht ist Philosophie eine „Wissenschaft". Darüber zu streiten, ob Philosophie Wissenschaft im engeren Sinn ist, scheint mir keine sonderlich sinnvolle Betätigung... Ich finde die Entscheidung gar nicht wichtig, ob Wissenschaft Philosophie oder Philosophie Wissenschaft ist, solange man beide so konzipiert, daß beide unentbehrlich sind für eine solide Sicht der realen Welt und des Platzes, den der Mensch in dieser Welt einnimmt. (Putnam 1975a, S. XVII)

5. Psychologie: Die Verknüpfung von Methodik und Substanz

Drei wichtige Forschungsarbeiten der fünfziger Jahre

George Millers Magische Zahl 7

1956 publizierte George Miller in der Zeitschrift *Psychological Review* einen sehr gekonnt aufgemachten Aufsatz — „The Magical Number Seven, Plus or Minus Two: Some Limits on Our Capacity for Processing Information" [„Die magische Zahl Sieben, plus oder minus zwei: einige Grenzen unserer Informationsverarbeitungskapazität"]. Millers erste Sätze, eher eine Synthese als der Bericht über ein wichtiges Experiment oder die Darstellung einer formalen Theorie, basierten auf beeindruckenden empirischen Beweisen: „Mein Problem ist, daß mich eine Zahl verfolgt hat. Sieben Jahre lang begleitete sie mich überallhin, drang in meine persönlichsten Bereiche ein, sprang mir aus den Seiten unserer bekanntesten Zeitschriften entgegen" (S. 81). Miller zeigte, daß unsere Fähigkeit, Absoluturteile über Reize abzugeben, Phoneme zu unterscheiden, die Anzahl von Elementen korrekt abzuschätzen, ja auch die Zahl der Dinge, die wir im Kurzzeitgedächtnis behalten können, daß all dies ausnahmslos bei etwa sieben Elementen einem drastischen Wandel unterworfen scheint. Bei weniger als sieben bewältigten Probanden solche Aufgaben gut; waren es mehr, pflegten sie zu scheitern. Und diese Diskontinuität schien keineswegs zufällig. Dazu Miller:

> In uns existiert, ob als Folge von Lernen oder als Folge der Konstruktion unseres Nervensystems, offenbar eine Höchstgrenze, die unsere Kanalkapazitäten auf diese generelle Größenordnung beschränkt. Gestützt auf die bisherigen Ergebnisse kann man mit einiger Sicherheit davon ausgehen, daß unsere Kapazität, derartige... [Urteile] zu fällen, begrenzt und recht klein ist und daß diese Kapazität zwischen einzelnen sensorischen Merkmalen nicht nennenswert variiert. (S. 86)

Allerdings verfügen Menschen — tröstet Miller seine Leser — über Wege, diese Beschränkungen zu umgehen. So läßt sich die Zahl der Elemente, die man unterscheiden kann, vergrößern, indem man die zu kodierenden Objekte in mehreren Dimensionen variiert. Man kann mehrere Elemente „bündeln" oder gruppieren (zum Beispiel Zahlen- oder Buchstabenmengen) und dieses Bündel dann als ein Element behandeln. Man kann relative statt absolute Urteile abgeben. Besonders bedeutsam ist die Fähigkeit, Information sprachlich zu rekodieren und sich diese abstraktere Symbolik einzuprägen. Miller schreibt: „Ich glaube, daß diese sprachlich Rekodierung, die Menschen vornehmen, das A und O der Denkprozesse ist" (1956, S. 95). Ja, er beschrieb die potentielle Leistungsfähigkeit dieser Rekodierung sogar einmal wie folgt: „Um eine etwas weit hergeholte Analogie zu gebrauchen: Es ist, wie wenn wir all unser Geld in einem Geldbeutel aufbewahren müßten, der nur sieben Münzen faßt. Für den Geldbeutel würde es keine Rolle spielen, ob das Goldstücke oder Kupfermünzen sind" (Miller, Galanter und Pribram 1960, S. 132/dt. 1973, S. 128 f.).

Warum hatte diese scheinbar schlichte Feststellung eine derart nachhaltige Wirkung auf kognitiv orientierte Forschergruppen? Zum einen setzte Millers Aufsatz zahlreiche, bislang verstreute Daten zueinander in Beziehung und zeigte, daß sie eine gemeinsame Schlußfolgerung nahelegten. Das war also schon einmal eine wertvolle Synthese. Des weiteren behauptete Miller, die Zahl 7 sei nicht bloß Zufall: Sie bezeichnete eine echte Grenze menschlicher Informationsverarbeitungskapazität. Solche „eingebauten" Beschränkungen mochten für radikale Empiristen zwar tabu sein, aber sie trugen dazu bei, in der Erforschung der Struktur zentraler kognitiver Verarbeitungsmechanismen einen Richtungswechsel zu markieren. Die Ausführungen über die strikten Verarbeitungsgrenzen waren, nicht zufällig, in den Begriffen der Informationstheorie formuliert, die Miller am Anfang des Aufsatzes erklärte: Er führte also eine Methode ein, mit der Forscher andere Sinnesmodalitäten oder Aufgaben untersuchen und überprüfen konnten, ob diese mutmaßliche Beschränkung tatsächlich existiert. (Große Teile der folgenden Kontroverse drehten sich darum, wie solche Übersetzungen gemacht werden und ob sie tatsächlich die magische Zahl 7 ergaben.) Und schließlich fehlte, wie gesagt, dem Aufsatz nicht jede Hoffnung, denn Miller zeigte Wege, wie man diese Grenzen geschickt überwinden kann.

Vielleicht gibt es einen weiteren Grund für die immense Wirkung dieses Aufsatzes: Seit etwa einem Jahrhundert hatten Psychologen versucht, die Grundregeln des menschlichen Geistessystems zu entdecken. Dabei waren etliche vielversprechende Wege beschritten worden, die meisten aber waren — so unlängst auch der behavioristische Ansatz — schließlich gescheitert. Die aufregendsten neuen Arbeiten der Humanwissenschaften kamen in den letzten Jahren aus zwei angrenzenden Disziplinen: der Informationstheorie, die von Übertragungsgesetzen ausging, die auf jede Art von Kanal anwendbar waren; und der Computerwissenschaft, die Maschinen hervorbrachte, die Symbole handhaben konnten. Miller ließ die Hoffnung wach werden, die von Psychologen über Jahre angehäuften Datenmengen ließen sich mit den rigorosen neuen Vorgehensweisen der Ingenieurwissenschaftler verknüpfen. Das Resultat könnte eine wirklich naturwissenschaftliche Psychologie mit eigenen unveränderlichen Gesetzen sein. Niemand fragte sich, ob es überhaupt möglich ist, alle Inhalte, oder Bit, gleich zu behandeln (und dann zu zählen).

Britische Arbeiten zur Informationsverarbeitung

Gerade als Miller und seine Kollegen in den USA Konzepte der Nachrichtentechnik auf die Psychologie übertrugen, gab es in Großbritannien vergleichbare Bestrebungen. Diese folgten direkt aus Forschungsarbeiten im Bereich der angewandten Psychologie. Während des Zweiten Weltkrieges hatten sich in Großbritannien Psychologen mit anderen Wissenschaftlern zusammengetan, um zu versuchen, gegnerische Geheimcodes zu knacken, die Dunkeladaption des Auges zu verstehen, Luftschutzalarme vorzubereiten, zur Positionsbestimmung feindlicher Flugzeuge beizutragen, und etliche andere Kriegsanstrengungen zu unterstützen. Zu den Männern, die sich mit diesen praktischen Aufgaben befaßten, gehörten Colin Cherry und Donald Broadbent; ihre Forschungsarbeiten der fünfziger Jahre waren ein wichtiger Impuls für die britische Informationsverarbeitungspsychologie.

Cherry (1953) war Informationstheoretiker und befaßte sich mit der Fähigkeit des Menschen, Informationen, die mit Rauschen überlagert sind, zu beachten und wahrzunehmen. Er spielte Versuchspersonen einen Text in nur ein Ohr ein und bat sie, diesem durch Nachsprechen [*shadowing*] zu folgen: das heißt, sie sollten jedes gehörte Wort so schnell wie möglich wiederholen. Cherry fand heraus, daß die Versuchspersonen wenig von dem berichten konnten, was dem anderen (nicht beachteten) Ohr dargeboten worden war. Genauer gesagt, sie konnten das Signal grob charakterisieren, beispielweise ob es Musik oder Sprache war, nicht aber, ob der Inhalt des Gesagten sich verändert oder die Sprache gewechselt hatte. Broadbent (1954) verfeinerte das Verfahren, indem er Zahlen in Dreierreihen simultan in beide Ohren einspielte. Sein Resultat war, daß die Versuchspersonen am wenigsten Mühe hatten und die besten Ergebnisse erzielten, wenn sie erst alle Zahlen aufsagten, die in das eine Ohr, und danach alle Zahlen, die (zur gleichen Zeit) in das andere Ohr eingespielt worden waren.

Der für unsere Belange wichtige Teil der Broadbent- und Cherry-Arbeiten betrifft das Modell menschlicher Denkprozesse, das sie begründeten. Dieses Modell steht in der Tradition des britischen Empirismus. Es begann mit der über die Sinne aufgenommenen Information, betonte jedoch einen neuen und wichtigen Aspekt: daß die Kapazität für Aufnahme *und* Speicherung von Informationen begrenzt ist. (In diese Betonung der Grenzen der Informationsverarbeitung war das Modell auf das engste mit Millers Studien zur magischen Zahl 7 verbunden.) Und es gab noch einen wichtigen Zusatz: Statt von diesen strukturellen Grenzen rein statistisch zu sprechen, wollten die britischen Forscher genau wissen, was von dem Moment an, wenn man Information erstmals aufnimmt, mit dieser *geschieht*. Bei einem derart „technischen" Vorgehen lag es nahe, ein Flußdiagramm davon zu zeichnen, was geschieht, wenn das Wahrnehmungssystem neue Informationen verarbeitet. Einem neueren Lehrbuch zufolge war Broadbent sogar der erste Psychologe unserer Tage, der kognitive Funktionen mit einem Flußdiagramm beschrieben hat (Lachman, Lachman und Butterfield 1979, S. 188).

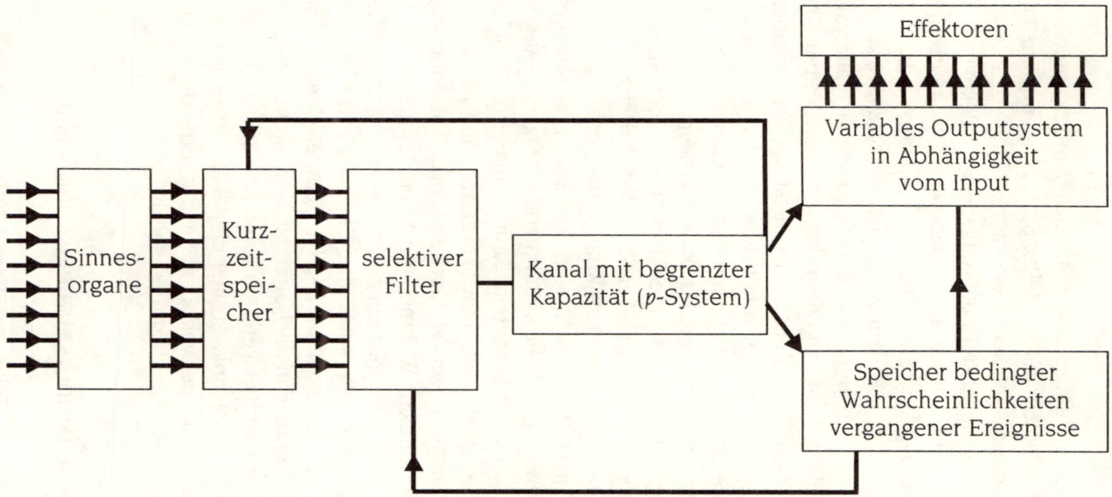

Eines der ersten Informationsverarbeitungs-Diagramme

(nach: D. E. Broadbent, *Perception and Communication*, Elmsford, N.Y.: Pergamon Press 1958/dt. in: W. Hussy, *Denkpsychologie*, Bd. 1, Stuttgart 1984)

Wie ist dieses frühe Flußdiagramm zu verstehen? Die Information wird über die Sinne aufgenommen, in einem Kurzzeitspeicher untergebracht und dann selektiv gefiltert, bevor sie in ein perzeptuelles System mit begrenzter Kapazität gelangt. Während ein Sinnesorgan sehr viele Informationen parallel aufnehmen und momentan behalten kann, besteht die Aufgabe des selektiven Filters in der Blockierung unerwünschter Nachrichten, so daß nur die weitergeleitet werden, die zusätzlich analysiert werden sollen. Als weiteres Merkmal ist der selektive Filter so einstellbar, daß er zu jedem Zeitpunkt nur Nachrichten zuläßt, die bestimmten Anforderungen genügen. Der Speicher kann nichtanalysierte Information kurzfristig behalten, man kann also das mit dem zweiten Ohr Gehörte berichten, nachdem man die drei Zahlen ausgespuckt hat, die man über das erste Ohr aufgenommen hat. In Broadbents frühem Modell gelangt nur bewußt gewordene Information — die den Kanal mit begrenzter Kapazität passiert hat — ins Langzeitgedächtnis und wird damit Teil des aktiven Wissens. Information, die auf einem nicht beachteten Kanal oder in einem nicht beachteten Signal erscheint, verfällt nach diesem Modell binnen weniger Sekunden und wird über die anfängliche „prä-attentive" Analyse hinaus nicht weiterverarbeitet.

Obwohl kaum ein Forscher, vielleicht sogar gar keiner, angenommen hatte, Wahrnehmung oder Denken geschehe simultan oder ohne eine Abfolge mehrerer Schritte, hatte dennoch vor Broadbent kaum jemand die Möglichkeit verfolgt, den einzelnen Stufen der Informationsverarbeitung nachzugehen. Wiederum wurde die Möglichkeit zur Wahrscheinlichkeit, als die Nachrichtentechnik langsam auf die Bereiche Wahrnehmung und Aufmerksamkeit übergriff, die Psychologen schon lange interessiert hatten. Aber das von Broadbent und Kollegen erstellte „Flußdiagramm" sowie ihre Ergebnisse, die sich auf die speziellen Stufen der Informationsverarbeitung bezogen, eröffneten viele produktive Perspektiven. Jetzt konnte man die Dauer diverser psychologischer Prozesse untersuchen, und eifrige Forscher verloren keine Zeit, genau dies zu tun. Wer von den Broadbent-Cherry-Ergebnissen inspiriert war, störte sich nicht daran, daß man dem speziellen *Inhalt*, der verarbeitet wurde, oder den *Arten* der auferlegten Transformationen keine Beachtung schenkte.

Jerome Bruners strategischer Ansatz

1956 veröffentlichte Jerome Bruner zusammen mit Jacqueline Goodnow und George Austin ein Buch mit dem Titel *A Study of Thinking*. Dieser Band war im Rahmen des Kognitionsprojektes entstanden, das Bruner einige Jahre lang in Harvard geleitet hatte. Das Thema — Psychologen wohlbekannt — war Klassifikation, Kategorisierung oder (wie es im Fach zumeist genannt wird) Begriffsbildung oder Begriffserwerb. Und es ging um ein klassisches Problem: Wie kann jemand, angesichts einer Menge von Elementen, diese zuverlässig in Kategorien zusammenfassen — seien es nun Stühle, Atome oder große blaue Dreiecke?

Als Psychologen folgten Bruner und seine Kollegen der Tradition, abstrakte Kategorisierungsformen zu untersuchen, beispielsweise solche, mit denen man herauszufinden sucht, welche Karten aus einem Satz mit unterschiedlichen geometrischen Figuren zu einer bestimmten Kategorie gehören. Der Versuchsleiter faßte einen Begriff ins Auge — also zum Beispiel alle Karten mit einer roten Figur, alle Karten mit roten Vierecken oder, wenn er besonders durchtrieben war, alle Karten mit zwei Figuren und/oder Kreisen. Er zeigte der Versuchsperson jeweils eine Karte, fragte bei jeder, ob sie zu der zuvor festgelegten Kategorie gehörte und sagte dann, ob die Antwort richtig oder falsch war. Die Aufgabe der Versuchsperson bestand natürlich darin, die Charakteristika des gesuchten Begriffs herauszufinden, um alle Karten, aber nur die, wählen zu können, die diese entscheidenden Merkmale aufwiesen.

Während Bruners Ansatz auf den ersten Blick älteren Arbeiten ähnelt, wich er in Wirklichkeit von dem ab, was frühere Forscher im Bereich Kategorisierung getan hatten. Zum einen behandelten Bruner und seine Kollegen die Versuchspersonen nicht als Lebewesen, die weder sprechen noch verstehen können, sondern sie sagten ihnen offen, was sie zu tun hatten, und sahen in den Kommentaren ihrer Probanden eine überaus wichtige Hilfe für die Versuchsauswertung. Im krassen Widerspruch zur etablierten behavioristischen Methodologie wurden also die Versuchspersonen als aktive, konstruktive Problemlöser behandelt und nicht so, als könnten sie lediglich passiv auf dargebotene Reize reagieren. Ihre Introspektionen waren wirklich wichtig.

Ganz im informationstheoretischen Trend der Zeit begannen Bruner und seine Mitarbeiter damit, daß sie sich anschauten, wieviel Bit an Information Versuchspersonen aufnahmen, wenn sie auf so einfache Reize trafen. Aber wiederum abweichend von gängigen Verfahrensweisen landeten sie bei der Analyse der informationellen Eigenschaften langer Handlungssequenzen, sogenannter „Strategien". Es hatte sich gezeigt, daß man das Testverhalten einzelner am besten mit einem Reaktionsmuster erklären konnte, das sich über viele Versuchsdurchgänge erstreckte, statt mit einzelnen Reaktionen auf einzelne Reiz-Konfigurationen. Dies war der revolutionärste — und einflußreichste — Aspekt der Arbeit.

Als nächstes überlegten die Forscher, welche Wirkung jede Strategie im Hinblick auf Ziele des Organismus wie Risikominimierung oder Entlastung der Gedächtniskapazität hat. Sie fanden drei Strategien:

— die *sukzessive Hypothesentestung* [*scanning*], bei der die Versuchsperon eine spezifische Hypothese hat (z. B. alles, was rot ist) und ihre Wahl auf jeweils die Fälle beschränkt, die diese Hypothese direkt testen;

— die *konservative Fokusstrategie* [*conservative focusing*], bei der man ein richtiges Beispiel findet, dann in einer Reihe von Entscheidungen nur jeweils eine Dimension der ersten „Fokus"-Karte variiert und testet, ob diese Veränderung zu einer positiven oder negativen Rückmeldung führt;

— und das *spielerische Fokussieren* [*focus gambling*], bei dem die Versuchsperson von einer positiven Rückmeldung ausgeht, dann aber mit kalkuliertem Risiko gleichzeitig mehr als eine Dimension variiert.

Mit spielerischem Fokussieren kommt man möglicherweise sehr viel schneller zu einem Begriff als mit konservativem Fokussieren, es kann aber auch zusätzliche Versuche nötig machen, falls die Wahl, die man getroffen hat, sich als falsch erweist. Die konservative Fokusstrategie ist eine narrensichere Methode, da sie die Gedächtnisbelastung niedrig hält und stetige Fortschritte auf eine Lösung hin ermöglicht. Doch unter Zeit- oder sonstigem Druck kann sich der Proband auch für die risikoreichere Methode entscheiden, die gleichzeitig mehrere Dimensionen verändert.

Das Bruner-Buch — und das mag bei einer Arbeit, die in dem entscheidenden Jahr 1956 veröffentlicht wurde, nicht überraschen — stellte sich als eine Innovation der Psychologie dar. Dazu die Autoren:

> In den vergangenen Jahren hat das Interesse an Kognitionsprozessen sowie deren Erforschung deutlich zugenommen... Dies folgt aus der Erkenntnis der komplexen Prozesse, die zwischen den klassischen „Reizen" und „Reaktionen" vermitteln, mit Hilfe derer die Reiz-Reaktion-Lerntheorien eine Psychologie begründen wollten, die alles würde umgehen können, was im Ruch des „Mentalen" stand. Der unbefleckte Marginalismus solcher Theorien konnte nicht von Dauer sein... Man wird gut daran tun, diese intervenierenden „kognitiven Landkarten" genauer zu betrachten. (S. VII)

Die Bedeutung von Bruners Buch zeigte sich an dem Lob des berühmten Physikers J. Robert Oppenheimer: „A *Study of Thinking* wirkt in vielerlei Hinsicht wie der Beginn einer neuen Wissenschaft... Das Buch verfügt über eine in sich schlüssige Sichtweise und eine leidenschaftliche Überzeugung, die es zukunftweisend werden lassen" (zitiert in Bruner 1983, S. 121). Niemand kam damals auf die Idee, die Ergebnisse könnten wegen der Verwendung solch artifizieller Begriffe wertlos sein.

Die Kognitionspsychologie

Die Forschungsrichtungen, die Miller, Broadbent, Cherry sowie Bruner begründeten, belebten die Psychologie der späten fünfziger und der sechziger Jahre. Ungeachtet der künstlich starren Beschränkungen, die der Behaviorismus allen Themen im Umkreis der Kognition auferlegt hatte, wollten diese jungen Psychologen Ideen einführen, die lange Zeit „Hausverbot" gehabt hatten. Von angeborenen Begrenzungen der Informationsmenge, die man aufnehmen kann, zu reden, die Schritte nachzuvollziehen, die zur Verarbeitung solcher Information gehören, und von übergreifenden Strategien auszugehen, die bei der Problemlösung benutzt werden — all dies signalisierte eine größere Bereitschaft, über Probleme des Geistes direkt zu sprechen und nicht zu versuchen, sie mit langen Serien von allgemein verifizierbaren Reizen und Reaktionen wegzuerklären.

Eine solche Veränderung kann nicht einem einzigen Faktor zugeschrieben werden, offensichtlich aber ist, daß das Aufkommen des Computers sowie die informationstheoretische Sprache, in der er gemeinhin beschrieben wurde, dazu beitrugen, solche Vorstöße zu legitimieren. Vorbei die Zeiten, als Psychologen in ihren Erklärungen auf Ereignisse beschränkt waren, die entweder einer Versuchsperson zugeschrieben oder am eigenen Verhalten beobachtet werden konnten; jetzt waren Psychologen bereit, über die geistige Repräsentation von Information nachzudenken. Diese Bereitschaft, sich mit mentalen Repräsentationen zu beschäftigen, nahm allerdings in den Texten verschiedener Psychologen verschiedene Formen an. Miller widmete sich den strukturellen Eigenschaften und Begrenzungen, die im Repräsentationssystem vorhanden sind; Broadbent und Cherry untersuchten die Transformation der Information von der Aufnahme durch die Sinnesorgane bis zur Speicherung im Gedächtnis; Bruner ging davon aus, daß die Versuchspersonen über eine Vielzahl von Ansätzen oder Strategien verfügen, die die Ausführung einer Aufgabe bestimmen. Die zur Diskussion stehenden Fragen — Erinnern isolierter Elemente, Verarbeiten von Wörtern oder Tönen, Ordnen von Begriffen — waren zwar in der Psychologie keineswegs neu, aber die Perspektive, Begriffe aus der Informationstheorie zu verwenden, auf dem Modell eines Computers aufzubauen, mehrere Formen geistiger Repräsentation zuzulassen und Versuchspersonen zu gestatten, von ihrer Denkfähigkeit uneingeschränkt Gebrauch zu machen, war erfrischend und befreiend.

Die Psychologie ist als Disziplin für jede Erforschung von Kognition unabdingbar. Aber sie ist auch eine Disziplin, die schwierig auszuüben ist und in der wirkliche Fortschritte immer schwer zu erzielen gewesen sind. Fast jeder nur vorstellbare Aspekt ist für das Verhalten einer Versuchsperson relevant, und wenige Probleme des menschlichen Wesens und Verhaltens lassen sich *a priori* aus dem Laboratorium ausschließen. Daher wird es zu einer besonders kritischen Aufgabe, ein einziges Problem herauszugreifen und alle anderen auszuschalten.

Die Psychologie bereitet auch dem Historiker der Kognitionswissenschaft besondere Probleme — Probleme, die keineswegs geringer werden, wenn dieser Historiker selbst Psychologe ist. Die Psychologie ist ein riesiges Fach — es gibt viel mehr Psychologen als Vertreter anderer Fächer —, und folglich ist die Zahl der Forschungsprogramme viel größer, die zu beschreiben wären. Während es immer eine grobe Vereinfachung ist, ein Fach leitmotivisch an einem oder zwei Themen darzustellen, fällt in der Psychologie die Wahl von Hauptthemen besonders schwer. Sollte man also auf den spezifischen Inhalt der Information achten (auditorisch oder visuell, musikalisch oder sprachlich) oder alle Inhalte behandeln, als seien sie austauschbar? Will man die Forschung betrachten, um etwas über Prozesse zu erfahren, die alle Menschen betreffen, oder sucht man statt dessen nach relevanten interindividuellen Unterschieden — Kind versus Erwachsener, männlich versus weiblich, experimentell erfahren versus unerfahren? Untersucht man Verhalten in seiner natürlichen Umgebung oder sollte man jedwedes Alltagsbeiwerk entfernen und auf künstliche Laboratoriumsbedingungen zurückgreifen? Nimmt man an, daß Menschen sich einer Aufgabe nähern, indem sie größere Bedeutungselemente aus kleineren, isolierten Einheiten aufbauen? Oder ist es sinnvoller, davon auszugehen, daß man an eine Aufgabe mit generellen Strategien oder „Skripts" herangeht, die man dann dieser Aufgabe, ohne Rücksicht auf ihre jeweiligen Dimensionen, Details und Anforderungen, einfach aufzwingt?

Ich habe beschlossen, dieses Kapitel entlang einer Unterscheidung aufzubauen, die mit früher gemachten etwas zu tun hat, aber vielleicht griffiger formuliert ist: die Unterscheidung zwischen *molekularen* oder elementaren Analyseeinheiten und *molaren* oder übergreifenden Analyseeinheiten. Sei es aufgrund wissenschaftlicher Strategie oder nur persönlicher Präferenz — es scheint mir möglich, die meisten Forschungsprogramme mit Hilfe dieser Dimensionen einzuordnen. Einige Programme, so die klassische Psychophysik und die moderne Informationsverarbeitung, tendieren zu elementaren Einheiten (Bit, einzelne Wahrnehmungen, einzelne, in kurzen Zeitabständen untersuchte Assoziationen); sie gehen davon aus, daß ein umfassendes Verständnis dieser elementaren Einheiten und Prozesse der sicherste Weg sei, um schließlich komplexe Einheiten und Entitäten erklären zu können. Die Anhänger des moralen Ansatzes sind entgegengesetzter Meinung — sie widmen sich übergreifenden Problemen über eine lange Zeitspanne und operieren mit Analysebegriffen wie Schemata, Rahmen oder Strategien. Nach Auffassung dieser Forscher sind die großmaßstäblichen Eigenschaften die augenfälligsten der menschlichen Kognition und somit ein logischer Ausgangspunkt. Warum sollte man spekulieren, daß ein elementaristischer Ansatz schließlich zu größeren Einheiten führen wird, wenn man statt dessen gleich mit diesen größeren Einheiten *beginnen* kann, die den Daten und Erfahrungen des Alltagslebens näher scheinen?

Der Gegensatz zwischen molekularen und molaren Vorgehensweisen ähnelt, ist aber keinesfalls identisch mit der Unterscheidung zwischen zwei weiteren Vorgehensweisen: die eine, die sich ihrem Untersuchungsgegenstand *bottom up*, d. h. von unten nach oben, die andere, die sich ihm *top down*, d. h. von oben nach unten nähert. Der *top-down*-Ansatz, mit rationalistischen Anklängen, meint, die Versuchsperson gehe an die Lösung der Aufgabe mit eigenen Schemata, Strategien oder Rahmen heran, die auf ihre Leistung stark abfärben. Der *bottom-up*-Ansatz, eher dem empiristischen Lager zugehörig, meint, die faktischen Details einer konkreten Aufgabe oder Situation hätten den größten Einfluß auf die Leistung einer Versuchsperson. Im folgenden werde ich „molar" oft mit *top down*, „molekular" mit *bottom up* gleichsetzen — nicht, weil sie logisch zueinander gehörten, sondern weil sie oft, vielleicht typischerweise, zusammen auftauchen.

Wie alle Dichotomien, wird auch diese leicht übertrieben, was zu Verzerrungen der Disziplin führt. Fast alle Psychologen hegen für jede der beiden Richtungen einige Sympathien, und viele gehen von einem molekularen zu einem molaren Ansatz über (und zurück). So wählte George Miller den molekularen Ansatz, als er über die Zahl 7 nachdachte, wechselte aber bereitwillig zu einem molaren, als er in seinem 1960 erschienenen Buch über Pläne und Ziele schrieb. Dient der Computer als Modell, kann der Schwerpunkt mit gleichem Recht auf der molekularsten Ebene liegen (einzelne Bit, Symbole, „An-aus"-Regelkreise) wie auf den Programmierungskonzepten der höchsten Ebene (Ziele, Mittel und Routinen). Auch kann man aus unterschiedlichen Gründen einen molekularen (oder molaren) Standpunkt einnehmen: Einige Psychologen beginnen molekular und hoffen, ihre Methoden den molaren Entitäten anpassen zu können; andere hingegen glauben, letztendlich werde sich jedes Verhalten auf molekulare Entitäten reduzieren und durch sie erklären lassen. Wenn ich also diese Dichotomie übernehme, möchte ich damit ein Gefühl vermitteln für eine anhaltende Spannung oder ein Ringen um die Seele der Psychologie — und nicht zwei Schubladen aufziehen, in die alle Experimente, Begriffe und Psychologen schnell und zuverlässig einsortiert werden können.

Jeder grobe historische Überblick des ersten Jahrhunderts der Psychologie muß zwei weitere Trends erwähnen. Der erste ist eine zunehmende Zersplitterung des Fachgebiets. Allein der Amerikanische Psychologenverband zählt mehr als fünfzigtausend Mitglieder (davon tausende aktiv Forschende), die in vierzig Sektionen und mehrere hundert spezialisierte Untergruppen aufgeteilt sind. Viele davon wissen nichts darüber, was außerhalb dieser Gruppe in ihrem Berufsverband oder ihrer Disziplin sonst noch passiert. In einem solchen Klima sind Bemühungen um einende Konzepte überaus wichtig, aber keineswegs einfach.

Der zweite Trend ist die zunehmende methodologische Perfektionierung. Im Verlauf der Zeit wurde, dank der Erfindung neuer Instrumente und der größeren Differenziertheit statistischer Methoden, der Aufbau von Einzelstudien und Untersuchungsreihen immer eleganter. Dies wird sicher niemand bedauern, aber es drängt sich die Frage auf, ob diese größere Differenziertheit der Methoden (wenn wir sie beispielsweise mit der Molekularbiologie vergleichen) unser Verständnis psychologischer Phänomene wirklich vertieft hat. Anders gesagt: Verfügen wir jetzt über ein genaueres Wissen von der menschlichen Kognition, oder benutzen wir überzeugendere experimentelle Ergebnisse nur dazu, ein seit langem bestehendes Wissen ein weiteres Mal zu bestätigen?

Meines Erachtens gehört diese methodologische Differenziertheit zu den stolzesten Leistungen der Psychologie, aber sie ist eine Errungenschaft, die in den Kern des Faches noch nicht völlig integriert ist. Viele der wichtigsten psychologischen Fragen müssen aus molarer Perspektive angegangen werden und implizieren eine „top-down"-Perspektive. Und doch sind die rigorosesten psychologischen Methoden für diese moralen Problemstellungen oft ungeeignet. Ich glaube, die Psychologie sieht sich heute mit der Aufgabe konfrontiert, ihr differenziertes methodologisches Instrumentarium mit Themen und Fragen verknüpfen zu müssen, deren Konsequenzen unverkennbar sind. Viele dieser Fragen gehören zu der philosophischen Tradition, aus der die Psychologie unmittelbar entstanden ist, und daher sollten wir diese Übersicht über den Weg der Kognitionspsychologie mit einer kurzen Betrachtung beginnen, welche Bedeutung das Erbe Kants für die psychologische Forschung des neunzehnten Jahrhunderts hatte.

Die wissenschaftliche Psychologie im neunzehnten Jahrhundert

Der Kampf mit dem Erbe Kants

Immanuel Kant hegte ernste Zweifel an der Möglichkeit einer psychologischen Wissenschaft — ein Skepsis, die, wie ich im letzten Kapitel bemerkte, verschiedene Ursachen hatte. Er glaubte, eine Wissenschaft müsse Gesetze der Mathematik auf empirische Daten anwenden und solche Daten müßten in richtigen Experimenten gesammelt werden: Da aber die Psychologie sich mit Elementen befaßt, die vermutlich keine räumliche Ausdehnung haben — reine Gedanken —, waren solche Experimente unmöglich. Ein weiteres Problem ist, daß sich die Psychologie mit dem Instrument des Wissens befassen müßte — dem Ich; es ist aber dem Ich nicht möglich, sein eigenes Tun zu untersuchen, und schon gar nicht auf unbeteiligte Weise. Schließlich stellt sich noch das Problem des Abstraktionsniveaus. Um wissenschaftlich zu forschen, muß man Zufallsfaktoren ausschalten können, damit man sich auf jene Faktoren konzentrieren kann, die für eine Theorie entscheidend sind — eine radikale Behandlung des Untersuchungsgegenstandes, die nur mit Mühe, wenn überhaupt, auf die vielschichtige und allgegenwärtige menschliche Interaktion anwendbar ist.

Kants gravierendste Einwände waren Folge seiner grundsätzlichen Auffassung von Erkenntnis. Er meinte, es komme der Philosophie als „Fundamentalwissenschaft" zu, das Wesen des Denkens darzulegen — die Verbindungen zwischen den verschiedenen Wissenschaften zu skizzieren und ihre Grundlagen und Grenzen zu bestimmen; bei einem solchen Vorhaben wirkte die Psychologie wie ein zweitrangiger Wilderer. Sie sollte sich mit der Betrachtung der sozialen und historischen Begleitumstände zufriedengeben, unter denen Denken geschieht, nicht aber das Wesen des Denkens zu entschlüsseln suchen.

Kants Autorität — und die vermeintliche Schlagkraft seiner Argumente — bewirkten, daß viele Gelehrte seiner Zeit sich scheuten, psychologische Fragen empirisch zu untersuchen. Zum Glück jedoch spornte Kants Skepsis zumindest einige an, eine positivere Rolle für die Psychologie anzustreben. David Leary (1978), ein psychologischer Wissenschaftshistoriker, schreibt, daß sich drei deutsche Wissenschaftler — Jakob Friedrich Fries, Johann Friedrich Herbart und Friedrich Eduard Beneke — Anfang des neunzehnten Jahrhunderts bemühten, eine wissenschaftliche Psychologie zu konzipieren. Jeder von ihnen glaubte, mentale Prozesse seien experimentell meßbar und es seien Untersuchungen durchführbar, die tatsächlich über geistige Operationen Aufschluß gaben. Insbesondere Herbart behauptete, Ideen wiesen die Variablen Zeit, Intensität und Qualität auf und man könne jeden dieser Aspekte quantitativ messen und sogar Gleichungen aufstellen, die ihre Beziehung untereinander abbildeten. Auch wenn sich das Werk von Herbart und seinen Kollegen im wesentlichen auf reines Nachdenken beschränkte, hielten diese Wissenschaftler in einer Epoche, als Kants scharfe Kritik ein sehr ernstes Hindernis bedeutete, die Idee einer wissenschaftlichen Psychologie am Leben.

Um die Jahrhundertmitte waren die Vorbehalte der Wissenschaftler gegen empirische Untersuchungen, die direkt auf psychologische Probleme abzielten, bereits geringer geworden. Diese Forscher, die weniger stark im Schatten Kants oder anderer Philosophen standen und die gewillter waren, Experimente durchzuführen und einfach abzuwarten, was passieren würde, gingen der Entstehung der wissenschaftlichen Psychologie vor der Jahrhundertwende ganz unmittelbar voraus und brachten Dinge in Gang, die noch in den Laboratorien unserer Tage bemerkbar sind. Außerdem leistete jeder einzelne einen speziellen Beitrag, der für die psychologische Debatte von Bedeutung geblieben ist.

Das Fundament: Helmholtz, Fechner, Donders und Brentano

Von den vielen empirisch arbeitenden Wissenschaftlern, die sich für psychologische Themen interessierten, war der deutsche Physiker und Physiologe Hermann von Helmholtz vermutlich der Bedeutendste. Helmholtz wollte beweisen, daß vieles von dem, worüber Kant spekuliert hatte, Gegenstand empirischer Forschung sein kann. Es gab mehrere widersprüchliche Behauptungen über die verblüffende Geschwindigkeit des Denkens: Helmholtz glaubte keiner und begann daher, die Fortpflanzungsgeschwindigkeit der Erregung in Nerven zu messen. Er benutzte dafür ein geniales, aus seinem Laborgalvanometer weiterentwickeltes Instrument, mit dem er die Zeit messen konnte, die ein Nervenimpuls brauchte, um einen abgetrennten Froschschenkel zu durchlaufen. Später veränderte er diese Methode so, daß sie für menschliche Versuchspersonen geeignet war, die sofort auf einen Knopf drücken sollten, wenn sie am Bein einen Reiz spürten. Damit konnte er die Geschwindigkeit der Erregungsausbreitung in menschlichen Nerven ermitteln: Sie beträgt 20 bis 40 Meter in der Sekunde (Fancher 1979, S. 100f.) Menschliche Verhaltensreaktionen waren also doch meßbar.

Nachdem er den Glauben ins Wanken hatte bringen können, Denken geschehe seinem Wesen nach so schnell, daß es nicht meßbar sei, zog Helmholtz als nächstes Kants Glauben in Zweifel, die Ideen des Raumes seien angeboren. Helmholtz' Gegenposition war, daß die Menschen räumliches Wissen ebenso aufbauen, wie sie die Fakten ihrer physikalischen Welt konstruieren. Er ließ Versuchspersonen Prismen tragen, die ihre Sicht verzerrten, und konnte zeigen, daß sie diese Verzerrungen leicht kompensieren bzw. sich auf sie einstellen konnten und ihre Umgebung schon bald im wesentlichen wieder unverzerrt sahen. In einer Ergänzungsstudie untersuchte er ehemals Blinde, die nun aber sehen konnten, und demonstrierte, wieviel Zeit verging, bis sie lernten, die Welt der Gegenstände so wie normal Sehende wahrzunehmen.

Aufgrund solcher Ergebnisse entwickelte Helmholtz die heute noch einflußreiche Idee des *unbewußten Schließens*: Statt aus der Welt äußerer Reize die Gegenstände der Wahrnehmung einfach abzulesen, verwenden wir unbewußt unser bereits erworbenes Wissen, um das, was wir wahrnehmen, richtig zu interpretieren. Erfahrungen aus früheren Wahrnehmungen werden der gegenwärtigen Reaktion auf einen Reiz unbewußt hinzugefügt — das passiert zum Beispiel, wenn man, ungeachtet der durch die Sinne aufgenommenen Informationen, einer optischen Täuschung erliegt. Helmholtz benutzte absichtlich das Wort „Schließen". Er glaubte, implizit durchdenke das visuelle System seine Erfahrungen: Um beispielsweise die tatsächliche Größe eines Gegenstands herausfinden zu können, muß das visuelle System anhand der Bilder, die auf der menschlichen Retina entstehen, Schlüsse ziehen. Im Unterschied zum syllogistischen Folgern geschehen diese Prozesse natürlich ohne bewußtes Bemühen.

Indem Helmholtz mit seiner Forschung Fortschritte erzielte und bestimmte begriffliche Unterscheidungen einführte, leistete er drei wichtige Beiträge. Zum einen zeigte er, daß Kants philosophisches Dictum keine absolute Gültigkeit hatte: bestimmte Aspekte der Funktionen des menschlichen Geistes konnten doch empirisch beleuchtet werden. Zum zweiten war Helmholtz Wegbereiter sowohl für molekulare Analyseformen (die Geschwindigkeit, mit der ein Impuls eine Nervenbahn entlangläuft) als auch molare Untersuchungen (die Art und Weise, wie komplexe räumliche Konstellationen unter normalen wie verzerrten Bedingungen gesehen werden). Und daß er den Beitrag des Wahrnehmenden zur Wahrnehmung betonte, läßt Helmholtz zu einem frühen Vertreter einer kognitionswissenschaftlichen Auffassung werden.

Nun konnten Wissenschaftler mit weniger überragender Statur zu der entstehenden Wissenschaft der Psychologie beitragen. Der bahnbrechende Psychophysiker Gustav Fechner (1860) bewies, daß innerhalb gewisser Grenzen die Beziehung zwischen der Empfindungsstärke und der objektiven Reizintensität eine logarithmische Funktion ist. Nun schien also, als könnten die persönlichsten Aspekte psychologischen Erlebens — wie laut ein Ton klingt, wie hell ein Licht wirkt, wie süß etwas schmeckt — in einem quantitativen Verhältnis zu einer meßbaren Eigenschaft eines Objektes in der Welt stehen.

F. C. Donders baute 1868 auf Helmholtz' Ergebnissen zur Nervenleitungsgeschwindigkeit auf und meinte, man könne auch die Dauer höherer kognitiver Operationen messen. Will man beispielsweise wissen, wie lange eine Unterscheidung zwischen zwei Reizen dauert, subtrahiert man die Reaktionszeit auf ein einziges, isoliertes Signal von der Zeit, die man zur Reaktion auf ein Signal braucht, das eine von zwei Alternativen darstellt. Subtrahiert man die Reaktionszeit auf ein isoliertes Signal von der Reaktionszeit bei zwei Signalen, kann man den genauen Zeitbedarf für die Reizdiskrimination ableiten. Wie Fechner, arbeitete auch Donders mit relativ molekularen Materialien: prinzipiell aber waren diese Methoden auch auf molare Probleme übertragbar.

Während Helmholtz, Fechner und Donders beweisen wollten, daß psychologische Problemstellungen im Laboratorium quantitative Resultate hervorbringen konnten, näherte sich Franz Brentano, Priester und Philosoph, den Fragen der Psychologie aus einem anderen Blickwinkel. Brentanos Schriften richteten sich sowohl gegen die molekulare Vorstellung, Psychologie sei in Elemente zerlegbar und diese Erfahrungs- oder Bewußtseinselemente könnten isoliert untersucht werden, als auch gegen die Vorstellung, Denkprozesse oder Bewußtsein ließen sich rein mechanistisch begreifen. Für Brentano beginnt Psychologie mit dem Geist — einer aktiven, kreativen Entität mit Intentionen, die ein Objekt impliziert und verlangt. Der wahre Untersuchungsgegenstand der Psychologie ist der mentale Akt — Urteilen, Fühlen, Vorstellen oder Hören, wobei jeder mentale Akt einen Sinn für Richtung und Absicht erkennen läßt. Man kann nicht einfach *sehen*, man muß *etwas* sehen; und der *Akt* des Sehens ist psychologisch oder mental.

Nach dieser Auffassung besteht die Aufgabe der empirischen Psychologie darin, den Geist des Handelnden zu erforschen, während er sich mit Gegenständen, Absichten und Zielen befaßt. Brentano betonte die phänomenologischen Aspekte der Psychologie; Denken und Urteilen lassen sich nicht begreifen oder gar erforschen, wenn man nicht dem eigenen phänomenologische Erleben Beachtung schenkt. Dieses ist durch Introspektion nicht zugänglich — denn man kann nicht zugleich beobachten und erleben —, sondern vielmehr durch einfaches phänomenologisches Erfahren des eigenen Geisteslebens (Brentano 1874).

Brentanos Worte gingen in den Anfangsjahren der Psychologie einige Zeit lang unter, als es plötzlich von größter Wichtigkeit schien, die Elemente der Empfindung und die grundlegenden Konstituenten mentaler Zustände zu erforschen. In den Leipziger Laboratorien war wenig Platz für hochfliegende Gedanken wie die an Akt, Zweck, Intention und phänomenologische Erfahrung. Doch die molaren oder *top-down*-Fragen, die Brentano aufgeworfen hatte, waren auf Dauer nicht zu ignorieren. Sie sollten in anderer Form wieder auftauchen: im Aufbegehren der Würzburger Schule, im Programm der Gestaltpsychologen und erneut in der Vorstellung vom Computer als Handelndem mit Plänen, Intentionen und Zielen. Brentano hat auf vielfältige Weise den späteren Kurs der Psychologie nachhaltig mitgeprägt und viele Experimentalpsychologen beeinflußt, die seinen Namen noch nie gehört haben.

Wundts Forschungsvorhaben

In gewisser Weise war die Psychologie in der zweiten Hälfte des neunzehnten Jahrhunderts schon recht weit gediehen. Mit Helmholtz' wegweisenden Arbeiten und den beachtlichen Leistungen Donders', Fechners und Brentanos, die sich hauptsächlich psychologischen Fragen zugewandt hatten, gab es bereits eine kleine psychologische Denk- und Forschungsrichtung. Aber das Gedeihen einer Disziplin, und darauf werde ich in diesem historischen Abriß immer wieder zu sprechen kommen, hängt stark von Institutions- und Organisationsgründungen ab. Die Erfolge der ersten Pioniere des neunzehnten Jahrhunderts wären vielleicht nie zusammengekommen und hätten sich so gegenseitig verstärkt, hätte es Wilhelm Wundt nicht gegeben, der es sich gegen Ende des letzten Jahrhunderts zur Aufgabe machte, die Psychologie als selbständige experimentelle Wissenschaft zu etablieren. Wundt ist mehr als jeder andere Wissenschaftler — vielleicht mehr als jede Gruppe von Wissenschaftlern — dafür verantwortlich, daß die Psychologie als selbständige Wissenschaftsdisziplin mit eigenen Methoden, Programmen und Institutionen entstand. Die Psychologie ist von ihrer ursprünglichen Etablierung an einer einzigen Universität — 1879 in Leipzig — zu einem Fach geworden, das an faktisch jeder höheren Bildungseinrichtung vertreten ist. Ihr spektakulärer Erfolg ist in nicht geringem Maße Wundts Arbeiten zuzuschreiben — wenn auch nicht immer seinen Ideen (Boring 1950; Fancher 1979; Watson 1979).

Nach Wundts Ansicht erforscht die Physik die Objekte der Außenwelt: diese Untersuchung ist zwar notgedrungen durch die Erfahrung vermittelt, dennoch ist die Physik nicht das Studium der Erfahrung. Die Psychologie hingegen ist das Studium bewußter Erfahrung als Erfahrung. Ihr muß man sich durch Selbstbeobachtung, durch Introspektion nähern. Selbst wenn alle Menschen solche Erfahrungen machen, sind nicht alle zwingend gleich qualifiziert, *geübte* Beobachter ihres Erlebens zu sein. Wundt befürwortete also die Methode der *Introspektion* — einer Methode, bei der man die eigenen Empfindungen sorgfältig beobachtet und so objektiv wie möglich beschreibt. Eine derartige Objektivität bedeutet hier, die Empfindungen, die man fühlt, zu beschreiben und nicht den Reiz, der sie hervorruft; und Gedanken (oder Bilder) ohne Verweis auf ihre Bedeutung oder ihren Kontext zu berichten. Wundts Lehre steht und fällt mit der Möglichkeit derartiger Introspektion.

Es war wichtig, die Psychologie von der Physik zu trennen, und ebenso wichtig war auch ihre Trennung von der Physiologie. Spezieller Untersuchungsgegenstand der Physiologie sind mentale Prozesse, die nicht bewußt — und introspektiver Überprüfung nicht zugänglich — sind, während es der Psychologie um jene höheren mentalen Prozesse geht, die zum Gegenstand persönlicher Erfahrung gemacht werden können. Die Physiologie beschreibt, *wie* wir Gefühle haben, die Psychologie aber deckt die Beschreibung und Analyse von Sinneserfahrungen ab. Wundt erkannte, daß einige Aspekte menschlicher Erfahrung für die Introspektion weniger geeignet sind, und führte in die Psychologie eine weitere Unterscheidung ein: auf der einen Seite waren die individuellen Erfahrungen, die der Selbstbeobachtung zugänglich sind, auf der anderen jene Aspekte menschlicher Erfahrung, die ihrem Wesen nach sozial oder gesellschaftlich sind. In Wundts Arbeitsteilung fiel dem Völkerpsychologen die Erforschung solch komplexer und übergreifender menschlicher Handlungen zu: Sitten, Riten und unter Umständen bestimmte Aspekte von Sprache und Denken. Er selbst leistete schließlich mit einem zehnbändigen Werk einen Beitrag zur Begründung der Völkerpsychologie.

Wie George Miller einmal sagte, sah sich Wundt die Fragen der britischen empiristischen Psychologie mit den Augen eines Mannes an, der in der Tradition der deutschen Physiologie groß geworden war (Johnson-Laird und Wason 1977, S. 2). Wie schon Helmholtz und Donders dachte Wundt sich einfache Aufgaben aus — bat die Versuchspersonen aber für die Dauer ihrer Mitarbeit um Selbstbeobachtung. Beispielsweise sollten die Versuchspersonen auf einen Knopf drücken, sobald sie einen Ton hörten. Bei einigen Versuchen wurde die Aufmerksamkeit der Versuchsperson auf den Ton gerichtet, bei anderen auf die Beugung des Fingers in Richtung des Knopfes. Es stellte sich heraus, daß die Reaktionszeit *länger* war, wenn die Versuchspersonen sich auf den Ton, kürzer, wenn sie sich auf die Bewegung konzentrierten. Wundt folgerte, diese längere Dauer sei durch *Apperzeption* bedingt — den Prozeß, dem Bewußtsein die eigene Erfahrung zu vermitteln. Ist man auf den Reiz konzentriert, muß er offenbar erst perzipiert und dann unter dem Aspekt der damit verbundenen Reaktion apperzipiert, d. h. bewußt interpretiert werden. Weitere Komplikationen ergaben sich, wenn mehrere verschiedenartige Reize vorhanden waren, von denen nur auf einen reagiert werden sollte. Dieser Prozeß dauerte noch länger, weil, so Wundt, „Kognition" eingetreten war: Der Reiz muß nicht nur perzipiert und apperzipiert, sondern auch von anderen Reizen unterschieden werden, die keine Reaktion verlangen (Fancher 1979, S. 139).

Wundts Verbindung zur britischen Philosophietradition zeigt sich daran, wie er solche Ergebnisse interpretierte. Für ihn setzte sich Erfahrung aus einfachen Grundelementen zusammen — sensorisches Rohmaterial ohne jede Bedeutung; alle bewußten Gedanken waren demzufolge *Verbindungen* dieser Empfindungen, die unter den Aspekten Qualität, Modalität, Dauer, Intensität und dergleichen analysiert werden können. Elemente können auf zahllose Arten zu komplexen Strukturen verbunden werden, so daß ein Element mehrere andere aktiviert. In dem gerade beschriebenen Experiment gibt die Versuchsperson durch Introspektion ihr Bewußtsein über die Wirkung der Töne, die Empfindung des Knopfdrückens sowie jede Verbindung zu erkennen, die sie zwischen diesen Empfindungen wahrgenommen hat. Die verschiedenen Vorstellungen, die währenddessen im Bewußtsein der Versuchsperson auftauchen, sind wesentliche Beiträge für die nachfolgende Analyse. Wundts Interesse ging dahin, die verschiedenen Gesetze der Assoziationen aufzudecken, die sich während der Erfahrung eines Probanden einstellen; er wollte verstehen, wie sich diese Gesetze entfalten, während Menschen Vorstellungen entwickeln, und wie sie unterschiedliche Grade an Klarheit erreichen.

Es muß betont werden, daß Wundt weder ein einfältiger Atomist war noch jemand, der über kontextuelle und kulturelle Einflüsse nichts gewußt hätte. Er wandte sich sogar in vielen Untersuchungen molaren Fragestellungen und *top-down*-Effekten zu. In seinen Schriften zur Sprache beispielsweise nahm er Gedanken der modernen Psycholinguistik voraus — so die wichtige Rolle bestehender Absichten für die Sprachproduktion und die Auswirkungen syntaktischer Strukturen auf das Hervorbringen von Äußerungen. Aber ein Wissenschaftler muß nach der Hauptrichtung seines Werkes beurteilt werden; und im großen und ganzen ist Wundts Psychologie eine Art mentaler Chemie, die sich insbesondere mit der Entdeckung der reinen Elemente des Denkens befaßte, durch deren Verbindung Komplexe mentaler Aktivität entstehen.

Dies also war, in den Hauptzügen, Wundts Forschungsprogramm. Ich muß betonen, daß dieses Programm nicht einfach formuliert und dann vergessen wurde. Wundt arbeitete vielmehr unermüdlich fünfzig Jahre lang, um es zu verbreiten, Studenten darin zu unterrichten und sicherzustellen, daß es die erforderlichen Laboratorien, Lehrbücher, Journale und Konferenzen gab, mit Hilfe derer es in die Praxis umgesetzt werden konnte. Wundt war der Lehrer vieler, vielleicht der meisten bedeutenden Forscher der Jahrhundertwende. Er setzte strenge Maßstäbe für die Durchführung von Experimenten, bestand darauf, Versuchspersonen sorgfältig auszuwählen und anzuleiten, relevante Kontrollen durchzuführen und Experimente zu replizieren, um sicherzugehen, daß die Ergebnisse nicht zufällig waren. Er selbst stellte die Ergebnisse in Enzyklopädien, Handbüchern und Lehrbüchern systematisch dar und revidierte sie mit ehrfurchtgebietender Regelmäßigkeit. Seine Produktion psychologischer Publikationen erstreckte sich über einen Zeitraum von dreiundsechzig Jahren und ist bis heute ohnegleichen geblieben.

Innovative Methoden: Hermann Ebbinghaus

Alle staunten über Wundts Produktivität als Gelehrter, nicht alle teilten seine Auffassung von Psychologie. Einige seiner Kollegen — so Hermann Ebbinghaus — gingen einfach eigene Wege. Inspiriert von einer fruchtbaren Idee — nämlich mit Materialien, die von vorangegangenen Erfahrungen und Erlebnissen unbeeinflußt sind, den Grundprinzipien des Gedächtnisses nachzuspüren — erfand Ebbinghaus (1971) mehr als zweitausend sinnlose Silben und maß seine eigene Fähigkeit, sie in Listen zu lernen. Er übte sie eine oder mehrere Sitzungen lang und überprüfte die Auswirkungen der Zeit zwischen den Darbietungen, von proaktiver und retroaktiver Hemmung sowie von anderen „unabhängigen Variablen". Seine Stimuli waren nicht sinnvoller als die Wundts; aber indem er von der Introspektion als einziger Informationsquelle abging und neuartige statistische Analysemethoden lehrte, gab Ebbinghaus der Psychologie eine überaus produktive neue Richtung. Gegenstand der Forschung und Messung wurde die tatsächlich erbrachte Lernleistung — nicht die eigene Beobachtung dessen, was man empfindet und fühlt. Ebbinghaus' Methoden hatten auf die experimentelle Psychologie einen weitaus größeren Einfluß als Wundts Introspektionen. Aber so einflußreich diese Arbeit auch gewesen sein mag, es stellt sich doch die Frage, ob nicht Ebbinghaus' makel-, inhalts- und kontextloser Ansatz letztendlich mehr Schaden als Nutzen brachte; denn inzwischen wissen wir, daß sich die Strategien zur Erinnerung an alltägliche Ereignisse in wichtigen Punkten von den Strategien unterscheiden, mit denen man sinnlose Buchstabenfolgen oder vorstrukturiertes Material behält.

Das frühe zwanzigste Jahrhundert

Die Kritik an Wundt und der Leipziger Schule

Einige Zeit lang herrschten Wilhelm Wundt und seine Anhänger über eine wachsende Psychologenschar. Aber innerhalb von zwei Jahrzehnten wurde die Lehre der systematischen Introspektion von einigen früheren Schülern des Leipziger Professors scharf kritisiert. Um die Jahrhundertwende begann in Deutschland eine moderne Reinkarnation der Debatte zwischen Locke — der an abstrakte Ideen, ohne bildhafte Vorstellungen, glaubte — und Berkeley, der die Existenz abstrakter Ideen bezweifelte und ausschließlich an den Nutzen spezifischer Vorstellungsbilder glaubte. Der abtrünnige Lockesche Standpunkt wurde von einigen Würzburger Psychologen vertreten, die schließlich als „Würzburger Schule" bekannt wurden. Angeführt von Oswald Külpe, einem von Franz Brentano beeinflußten Psychologen, begab sich diese Schule in die berüchtigte Kontroverse mit Wundt und seinem ergebenen amerikanischen Schüler Edward Brandfort Titchener, bei der es um „unanschauliches Denken" ging. In ihrer speziellen Ausprägung ließ diese Kontroverse lediglich die klassische Empirismus-Debatte wiederauferstehen. Generell aber übte Würzburg schwerwiegende und grundsätzliche Kritik an der Art, wie Leipzig seine Forschungen betrieb und Schlüsse zog.

Die Geschichte begann 1901 ganz harmlos damit, daß der junge Psychologe Karl Marbe seine Versuchspersonen bat, Gewichte miteinander zu vergleichen — ein bekanntes Verfahren, das auf Fechners Wunschvorstellungen zurückging. Dabei stellte Marbe fest, daß die Versuchspersonen, wenn sie Gewichte schätzten, keine bildhaften Begriffe während der Urteilsfindung erwähnten; mit anderen Worten: Es huschten keine Bilder durch ihr selbstbeobachtendes Denken. Statt dessen schilderten sie, völlig entgegen Wundts Erwartungen, es seien im Bewußtsein verschiedene vage Erlebnisse aufgetaucht — Erlebnisse wie zögern, zweifeln, auf eine Antwort warten, spüren, daß die Antwort da ist. Marbe mußte daraus schließen: „Das vorliegende Material genügt... um den allgemeinen Schluß zu erlauben, daß es überhaupt keine *psychologischen Bedingungen des Urteils* gibt... Von der Richtigkeit dieses Ergebnisses dürfen wir um so mehr überzeugt sein, als die Beobachter ihren Angaben zufolge über die Dürftigkeit des mit dem Urteilsprozeß verbundenen Erlebnisses selbst sehr erstaunt waren" (Marbe 1901, S. 43).

Daß einige Versuchspersonen berichteten, sie hätten während der Urteilsfindung keine bildhaften Vorstellungen gehabt, dürfte die heutige Wissenschaftsgemeinde kaum sensationell finden, aber es widersprach dem damals weitverbreiteten Diktum, jedes Denken beinhalte bildhafte Vorstellungen, die dem Bewußtsein zugänglich sind. In den folgenden Jahren kamen aus Würzburg wahre Myriaden von Studien, die dieses erste negative Ergebnis bestätigten und erweiterten (siehe Boring 1950; Humphrey 1951; Mandler und Mandler

1964). Da war Henry Watt, der berichtete, die *Aufgabe*, die man einer Versuchsperson stellt, habe wichtige Auswirkungen darauf, welche Assoziationen sich ergeben. Da war Narziß Ach, der von dem Wirken einer *determinierenden Tendenz* berichtete: Die Aufgabenstellung bewirkte, daß unterschiedliche Assoziationen und Fertigkeiten in zielgerichteter Reihenfolge sinnvoll aufeinander abgestimmt wurden — durch eine Art „dirigierenden" Willen —, wodurch die Aufgabe schließlich reibungslos ausgeführt werden konnte. Da war August Messer, für den Bewußtsein nur der sichtbare Teil eines Eisberges war, da seiner Meinung nach die meisten Denkprozesse unterhalb der Oberfläche geschahen und die bewußten Prozesse unterschiedliche Grade an Klarheit aufwiesen. Und da war Karl Bühler, eine der großen Persönlichkeiten der Psychologie, der die von den Leipzigern formulierten einfachen Aufgaben ablehnte und seinen Versuchspersonen wirklich komplexe Aufgaben vorlegte — z. B. die Erörterung philosophischer Probleme. Wie seine Würzburger Kollegen entdeckte auch Bühler besondere Bewußtseinszustände wie Zweifel, Erstaunen und sogar Bewußtsein von Bewußtsein.

Oswald Külpe versuchte, all diese Ergebnisse zusammenzufassen. In einer Kritik an der Leipziger Schule verwies er darauf, es reiche nicht, den Probanden Aufgaben zu stellen und sie nach eigenem Gutdünken Innenschau halten zu lassen. Man müsse Aufgaben mit verschiedenen Anforderungen stellen und die jeweiligen Auswirkungen beobachten. Man könne nicht einfach annehmen, daß alle wichtigen Aspekte mentaler Prozesse bewußt sind, daß bildhafte Vorstellungen immer das Denken leiten und daß mentale Inhalte (wie Gefühle) notwendigerweise die konstituierenden Elemente des Denkens sind. Diese Kritik hatte auch eine positive Seite. Dank der Arbeiten von Külpe und seiner Kollegen wurden geistige Handlungen wie Beachten, Erkennen, Wollen, Vergleichen und Unterscheiden zum Gegenstandsbereich der Psychologie. Nun fehlen diesen Handlungen zwar die lebhaften Wahrnehmungsmerkmale von Empfindungen, Vorstellungen und Gefühlen, doch darum sind sie nicht weniger wichtig. Es gab ganz allgemein eine zunehmende Bereitschaft, bei der Lösung dieser Probleme *top down* verlaufende „Strukturierungstendenzen" gelten zu lassen und Aufgaben zu verwenden, die das logische Leistungsvermögen einer Versuchsperson wirklich forderten. Dies war ein Vorbote der molaren Fragestellungen, denen sich viele Kognitionswissenschaftler unserer Tage widmen.

Die Wundtianer akzeptierten eine derartige Kritik nicht unwidersprochen. Beide Seiten konnten Punkte verbuchen — Wundt mehr methodologische, Würzburg (meiner Meinung nach) mehr inhaltliche; grundsätzlich aber hatte diese Meinungsverschiedenheit schwerwiegende Konsequenzen. Sie führte dazu, daß der Wert einer jeden Psychologie bezweifelt wurde, die sich stark auf Introspektion, besonders die Introspektion erfahrener Versuchspersonen stützt, von denen auch noch ein beunruhigend hoher Prozentsatz aus den Reihen der Experimentalpsychologen selbst stammte. Ein immenses Unterfangen wie eine neue Wissenschaft durfte grundlegende Methoden, die derart vage und subjektiv waren, nicht dulden.

Funktionalismus: William James

Wundt und die Leipziger Schule übten auf der anderen Seite des Atlantiks zunächst eine beträchtliche Wirkung aus. Von den jungen amerikanischen Gelehrten, die sich für Psychologie interessierten, durchliefen die meisten eine Lehrzeit in Wundts Laboratorium; und einige, so der in die USA verpflanzte Engländer Edward Titchener, wurden zu lebenslangen Anhängern des Introspektionismus. Aber William James, damaliger Nestor der amerikanischen Psychologie, wandte sich sehr bald ernüchtert von Wundt ab. Er sah in ihm den typischen deutschen Professor, der zu jedem Thema eine Meinung haben mußte, der aber, in seiner beharrlichen Suche nach den Elementen des Denkens, etliche aufregende und wichtige Fragestellungen der Psychologie übersah. In seinem epochalen Lehrbuch schrieb James, mit kaum verhohlener Verachtung, Wundts Experimentalpsychologie wäre „wohl kaum in einem Land entstanden, dessen Einwohner sich *langweilen* können... Diesen neuen Prismen-, Pendel- und Chronograph-Philosophen fehlt Stil. Ihnen geht es um Geschäft, nicht Ritterlichkeit" (James 1890, Bd. I, S. 193).

William James' Schriften hingegen hatten ausgesprochen Stil. Und im Vergleich zu den verschachtelten Sätzen und den überbordenden experimentellen Details der Schulen von Leipzig und Würzburg wirkten seine Schriften wirklich wie eine frische Brise. James sammelte seine Methoden, wo er sie fand, und hatte wenig Interesse an der Begründung von Forschungsprogrammen oder Institutionen. Statt dessen faszinierten ihn psychologische Fragen des Alltagslebens, und er suchte nach Erklärungen in der Literatur, der Geschichte und auch in den experimentellen Wissenschaften. Er ließ seine lebhafte Phantasie ungehemmt über das gesamte Spielfeld psychologischer Phänomene schweifen — von Gehirnprozessen zum Willen, von Sinnesorganen zum Studium der Aufmerksamkeit, von der Untersuchung von Gewohnheiten zur Beschreibung des momentanen Bewußtseinsstroms. In seinem Buch *Principles of Psychology* legte er einen typisch amerikanischen Pragmatismus an den Tag, den er auch in philosophischen Texten vertrat. Er war der Meinung, es gebe psychologische Mechanismen, weil sie nützlich sind und den Menschen helfen, zu überleben und lebensnotwendige Tätigkeiten durchzuführen. Dazu erklärte er: „Unsere verschiedenen Arten zu fühlen und zu denken sind geworden, wie sie sind, weil sie genauso dazu taugen, unsere Reaktionen auf die Umwelt zu formen." Ohne Zögern sah er in der *Zielgerichtetheit* das Kennzeichen des Mentalen — Romeo drängt es zu Julia, wie die Feilspäne zum Magnet, behauptete er. „Das Verfolgen von in der Zukunft liegenden Zielen und die Wahl der Mittel, um sie zu erlangen, sind also Anzeichen und Kriterium dafür, daß einem Phänomen geistige Kapazitäten eigen sind" (zitiert in Herrnstein und Boring 1965, S. 610).

Möglicherweise beeinflußte der in James' Schriften vorherrschende Ton spätere Generationen amerikanischer Psychologen mehr als einige seiner spezifischen Behauptungen. Denn ihm mißfiel der ganze Stil der deutschen Psychologie, ihre nicht überzeugende Introspektion. James wollte nichts über die Inhalte und Strukturen des geistiges Lebens wissen, er richtete sein Augenmerk auf die verschiedenen Funktionen der geistigen Aktivität — auf die aktiv forschende Natur des Geistes beim Erkennen von Problemen und dem Erreichen von Zielen, und auf die ewige Dialektik von Mittel und Zweck. James gehörte zur Avantgarde einer neuen amerikanischen Bewegung, die sich dem Strukturalismus Wundt-Titchenerscher Prägung widersetzte — eine Bewegung, die passenderweise als „Funktionalismus"* oder auch „Pragmatismus" bekannt werden sollte. Im Gegensatz zur strukturalistischen Suche nach den elementaren Bestandteilen der Erfahrung wollten funktionalistische Psychologen die Funktionsweise geistiger Aktivitäten unter den Bedingungen des tatsächlichen Lebens erforschen.

Nach funktionalistischem Dafürhalten ist es wichtig, das Schwergewicht auf Funktionen oder Dispositionen zu legen, z. B. Wahrnehmen oder Erinnern oder Denken. Eine Funktion hat Bestand und kommt immer wieder vor, während Bewußtseinsinhalte und spezifische Reaktionsmuster nur einmal vorkommen. Grundlage von Wissenschaft sollten diese Handlungsreihen sein, die mehr Dauer und Bedeutung haben.

Es ist unbestreitbar, daß der Funktionalismus eine notwendige Schwerpunktverlagerung sowie ein Gegengewicht gegenüber der Suche nach den kleinsten Bewußtseinseinheiten darstellte. Aber nur einige wenige Jahre, nachdem William James (und auch James Angell und John Dewey) die Richtlinien des Funktionalismus dargelegt hatten, sollte es in der amerikanischen Psychologie eine sehr viel radikalere Verlagerung geben. Diese Verlagerung zum Behaviorismus mag anfangs notwendig gewesen sein, um die Exzesse von Strukturalismus und Introspektion, ob Leipziger oder Würzburger Provenienz, ein für allemal zur Ruhe zu betten. Aus der Perspektive einer Geschichte der Kognitionswissenschaft aber läßt sich diese Phase kaum anders als überwiegend nachteilig und rückschrittlich nennen.

Die behavioristische Wende

1913 begründete John B. Watson, der gerade die Universität absolviert hatte, aber schon eine treibende Kraft der amerikanischen Psychologie war, die behavioristische Wende. Watson stellte die Behauptung auf, eigentlicher Untersuchungsgegenstand der Psychologie sei nicht die Funktionsweise des Geistes, sondern vielmehr die Erforschung des objektiven, beobachtbaren Verhaltens. Aufbauend auf physiologischen Studien zur Funktionsweise des Reflexbogens, meinte Watson, alle Fragen der Psychologie seien zu beantworten, wenn man die Reflexe höherer Regionen des Nervensystems verstehe. Dies war eine molekulare und *bottom-up*-Psychologie, ohne Wenn und Aber. Er schrieb:

---

* Nicht zu verwechseln mit dem im vierten Kapitel beschriebenen philosophischen Funktionalismus.

Für den Behavioristen ist die Psychologie eine völlig objektive Naturwissenschaft. Ihr theoretisches Ziel ist die Vorhersage und Kontrolle des Verhaltens. Introspektion ist kein wesentlicher Bestandteil dieser Methode, noch ist der wissenschaftliche Stellenwert ihrer Daten davon abhängig, wie mühelos sie mit Begriffen des Bewußtseins interpretiert werden können. Der Behaviorist unterscheidet in seiner Suche nach dem einheitlichen Reaktionsschema von Lebewesen nicht zwischen Mensch und Tier. Das Verhalten des Menschen, mit all seinen Feinheiten und in all seiner Komplexität, ist nur ein Teil des allgemeinen Forschungsinteresses des Behavioristen. (Zitiert in Fancher 1979, S. 319)

Watsons dramatische Vorgaben hatten weitreichende Folgen. Er verwarf den überwiegenden Teil des Programms und fast alle Methoden der traditionellen Psychologie. Schluß mit gefühlten Empfindungen und Intentionen: ab sofort war nur noch beobachtbares *Verhalten* relevant. Beschreibung und Erklärung von Bewußtseinszuständen und -inhalten sollten durch die Vorhersage von Verhalten und letztendlich durch dessen Kontrolle ersetzt werden. Die Psychologie interessierte sich nicht mehr dafür, was im Geist eines Menschen vorgehen mochte, da ab sofort alle mentalistischen Begriffe aus dem Wortschatz des Psychologen verbannt wurden.

Wie sehr Watsons Lehre schließlich die amerikanische Psychologie beherrschen und sogar im Ausland Einfluß ausüben sollte, läßt sich kaum hoch genug veranschlagen. Möglicherweise wäre die alte Psychologie von allein zusammengebrochen, aber der Verfall wurde von Watsons rhetorischem Schwung und der Kraft seiner Beweisführung ganz sicher beschleunigt. Mit seinem auf die Praxis ausgerichteten Ansatz konnten Organismen, auch Menschen, „konditioniert", also veranlaßt werden, fast alles zu tun, was man wollte — beispielsweise vor etwas Angst zu haben —, indem man nichts anderes tat, als die Umwelt auf bestimmte Weise zu arrangieren. Und ganz genau dies geschah in Watsons berühmter Studie mit dem kleinen Albert, den er darauf konditionierte, sich vor einer weißen Ratte zu fürchten (Watson und Rayner 1920).

Derart dramatische Beweise dessen, was die Psychologie vermochte, wirkten noch überzeugender, wenn man sie mit den folgenlosen Erörterungen der deutschen Schule verglich. Eine ganze Wissenschaftlergeneration — die führenden Psychologen der folgenden Generation — erhielt ihre Ausbildung in Watsons Einflußsphäre; und Forscher wie Clark Hull, B. F. Skinner, Kenneth Spence und E. L. Thorndike taten das Ihre, damit die amerikanische Psychologie von 1920 bis 1950 unverrückbar behavioristisch blieb. Der Umgang mit Kleinkindern, die Behandlung von Gefangenen, das Unterrichten von Kindern und etliche andere gesellschaftliche Tätigkeiten waren schließlich fest in der Hand behavioristischer Sprachregelung und behavioristischer Praktiken. Und keine geringere Autorität als die *New York Times* erklärte 1942, mit dem Behaviorismus beginne „eine neue Ära in der Geistesgeschichte des Menschen" (Fancher 1979, S. 322).

Selbst Vertreter der amerikanischen Psychologie, die grundlegende Zweifel an Watsons Lehre hegten — Gelehrte wie Edward C. Tolman in Berkeley und Watsons ehemaliger Student Karl Lashley in Harvard —, arbeiteten vor allem mit Tieren und hielten sich streng an die experimentellen Richtlinien der Behavioristen. Allerdings artikulierte Lashley schließlich sein Unbehagen: Beim Hixon-Symposium machte er auf Verhalten aufmerksam, das mit Reiz-Reaktionsverknüpfungen nicht erklärbar ist. Tolman (1932) seinerseits fand es unmöglich, die Fähigkeit von Tieren, eine Belohnung zu finden, nur damit zu erklären, daß sie auf eine gelernte Handlungssequenz zurückgriffen. Da die Tiere offenbar wußten, wohin sie gehen mußten, selbst wenn die Ausrichtung eines Labyrinths verändert worden war, schien Tolman die Annahme von „kognitiven Landkarten" erforderlich, die das Verhalten von Tieren während der Problemlösung lenkten. In seiner Beschreibung von Tierverhalten schien es ihm überdies nötig, sich eines intentionalistischen Vokabulars mit Ausdrücken wie „Erwartungen", „Absicht" und „Bedeutungen" zu bedienen. Folglich unternahm er einen damals gewagten Schritt: er führte zwischen Reiz und Reaktion „intervenierende Variablen" ein. Doch trotz solcher Abweichungen respektierten diese einflußreichen Gelehrten weiterhin die behavioristischen Richtlinien, und sie nannten sich weiterhin Behavioristen, wenn auch aus einem etwas abweichenden Lager.

Wie schon im zweiten Kapitel gesagt, leugnete der behavioristische Ansatz zu viel von dem, was für das menschliche Verhalten wichtig war. Um die Mitte der fünfziger Jahre hatte seine Lehre sich aufzulösen begonnen, heute gilt seiner Theorie (nicht aber seiner praktischen Umsetzung in unterschiedlichen Bereichen) kaum mehr als historisches Interesse. Die kognitive Wende, von Psychologen wie Miller und Bruner angezettelt, trug den Sieg mit gleicher Sicherheit davon, wie es der Behaviorismus ein halbes Jahrhundert zuvor getan hatte. Und, Ironie des Schicksals, einige der Gründe für diesen Sieg des Kognitivismus waren damals auch für den Erfolg des Behaviorismus verantwortlich gewesen: Ein inspirierender und frischer neuer Ansatz trat an die Stelle einer inzwischen verbrauchten Richtung, die in Fragen versank, die außerhalb der Disziplin kaum jemand interessierten. Doch trotz des relativ raschen Niedergangs des Behaviorismus gibt es nur wenige psychologische Schulen, die völlig außerhalb des behavioristischen Lagers angesiedelt sind. Als Beispiel für eine solche Schule werde ich mich auf die Gestaltpsychologie konzentrieren: die engste Verbindung, die es zwischen der kognitiv orientierten Psychologie von 1900 und von heute gibt.

Gestaltpsychologie: Der Blick von oben

Ursprünge

Man könnte die Gestaltpsychologie als eine Schule bezeichnen, die auf einigen verblüffenden Beobachtungen basiert, die sehr einleuchtend sind und damit eine bestimmte Weise des Denkens über mentale Phänomene nahelegen. Das erste Gestaltphänomen beobachtete 1890 der Österreicher Christian von Ehrenfels, ein Schüler Brentanos. Ehrenfels interessierte sich besonders für die

Wahrnehmung von Melodien. Er meinte, die perzeptuelle „Formqualität" einer Melodie sei mehr als die bloße Summe ihrer Einzeltöne: Vielmehr sei sie eine übergreifende Qualität, eine *Gestalt*, die ihre Einzelteile transzendiere. Er machte darauf aufmerksam, daß man mit den gleichen Elementen, oder Tönen, eine völlig andere Melodie erzeugen könne, umgekehrt aber mit völlig anderen Tönen — beispielsweise in einer anderen Tonart — eine Figur, die als „die gleiche Melodie" wie die erste wahrgenommen würde.

Ehrenfels wird gemeinhin als Wegbereiter, nicht als eigentlicher Begründer der Gestaltbewegung gesehen. Diese Ehre gebührt Max Wertheimer, der 1912 einen Aufsatz über Bewegungswahrnehmung veröffentlichte. Wertheimer führte mit zwei jungen Kollegen, Wolfgang Köhler und Kurt Koffka, eine Untersuchungsreihe über Scheinbewegungen beziehungsweise über das „Phi-Phänomen" durch — grob gesprochen das Wahrnehmen einer Bewegung, die dadurch entsteht, daß mehrere Lichtpunkte oder Formen sehr schnell aufeinander folgen (wie bei Leuchtreklamen und übrigens auch beim Film). Wertheimer hat die Scheinbewegung nicht entdeckt — dieses Phänomen war seit geraumer Zeit bekannt; aber er hat gezeigt, daß die bisherigen psychologischen Erklärungen dieses Phänomens unhaltbar waren.

Wertheimer widerlegte insbesondere die gängige Hypothese, Bewegungswahrnehmung geschehe durch Augenbewegungen: Er bewies, daß Bewegung auch dann wahrgenommen wird, wenn das Intervall zu kurz für eine Augenbewegung ist, und selbst dann noch, wenn die Versuchsperson starr einen Punkt fixiert. Wertheimer konnte auch überzeugend darstellen, daß Bewegungswahrnehmung nicht die Summe der Aneinanderreihung unterschiedlicher elementarer Empfindungen ist: Seine Versuchspersonen — die gebeten worden waren, einfach zu berichten, nicht zu analysieren, was sie sahen — waren sich ausnahmslos darin einig, daß sie eine Bewegung direkt wahrnehmen und nicht als Bewegung von etwas, beziehungsweise als etwas erfaßten, das sich von einer Stelle zu einer anderen bewegt. Dieses Ergebnis legte eine neue Denkweise über solche Wahrnehmungsphänomene nahe.

Wertheimer und seine Kollegen schreiben Wahrnehmungserfahrungen wie die der Scheinbewegung der Art und Weise zu, wie das Gehirn den perzeptuellen Input organisiert. Ihrer Ansicht nach findet in den „physiologischen Feldern" des Gehirns eine Art Kurzschließen statt. Daher war es gar nicht nötig, von einer Konstruktion aus Einzelelementen auszugehen: Die Erregungsmuster im Gehirn stellen sicher, daß Bewegung direkt wahrgenommen werden kann.

Die Gestaltpsychologen untersuchten einen ganzen Berg von „Gestaltqualitäten", deren Erscheinungsweise mit analogen Gehirnprozessen erklärbar waren, und formulierten Gesetze, um die Wahrnehmungsorganisation zu erklären. Sie wiesen beispielsweise nach, daß Gegenstände, die räumlich nahe beieinander liegen, oft als zusammengehörig wahrgenommen werden (das Gesetz der Nähe), daß ein geschlossener Bereich um so eher als Figur gesehen wird, je symmetrischer er ist (das Gesetz der Symmetrie), und daß als Figur/Grund-Anordnung diejenige wahrgenommen wird, deren gerade oder gekrümmte Linien am wenigsten verändert oder unterbrochen sind (das Gesetz der guten Fortsetzung) (Hochberg 1978). Auch wenn sich diese Gesetze anfangs in aller Regel auf visuelle Beispiele bezogen, galten Varianten davon auch für akustische Sequenzen — beispielsweise Rhythmen. Grundzug der beeindruckenden gestaltpsychologischen Ausführungen war eine doktrinäre Ablehnung aller atomistischen, *bottom up* oder rein molekularen Analysen; Gestaltpsychologen vertraten eine Auffassung von perzeptueller Organisation, bei der die Art, wie die Teile wahrgenommen werden, von der Gestalt des Ganzen bestimmt wird und nicht umgekehrt.

Köhlers Forschungsarbeiten zum Problemlösen

Die Gestaltgesetze ließen sich leicht auf das Spektrum visueller Phänomene — wie verschiedene Illusionen und Konstanzphänomene — anwenden, die Psychologen bereits vertraut waren, und dies mag der Grund dafür gewesen sein, warum die Gestaltbewegung vor allem auf dem europäischen Festland schnell an Popularität und Einfluß gewann. Doch die Gestaltpsychologen ruhten sich nicht auf ihren perzeptuellen Lorbeeren aus. Während des Ersten Weltkriegs fand sich Wolfgang Köhler auf Teneriffa gestrandet wieder, wo er bahnbrechende Experimente mit Schimpansen durchführte. Köhlers Interesse galt der Art, wie diese Affen Probleme angingen, für deren Lösung eine Veränderung oder „Restrukturierung" der Elemente einer Situation nötig war. Um also an eine nicht erreichbare Banane zu gelangen, mußte der Affe einen Stuhl herbeischieben, zwei Stöcke miteinander verbinden oder die von ihm wahrgenommene Situation irgendwie anders neu organisieren. Köhler (1917) fand es unangemessen, das Verhalten der Affen mit Begriffen wie „Versuch und Irrtum" zu erklären. Statt dessen schien hier ein offenbar recht menschenähnlicher Denkprozeß stattzufinden, bei dem der Affe plötzlich innehielt, nachdachte und dann, als sei ihm eine blitzartige Einsicht gekommen, nach Stuhl oder Seil griff, womit die Lösung gefunden war. Der Schimpanse hatte, so Köhlers Analyse, das ihm dargebotene Feld „restrukturiert" und zwar dank einer momentanen Einsicht — was die Würzburger Schule ein „Aha-Erlebnis" genannt hatte.

Köhler unterschied auch zwischen klugen und dummen Affen. Während der kluge Affe regelmäßig derartige Momente der Einsicht hatte, ging der schwerfällige Affe auf völlig andere Weise vor. Selbst wenn ihm das richtige Verhalten vorgeführt wurde, konnte er nicht ans Ziel gelangen. Statt dessen ahmte er bruchstückhaft einzelne Tätigkeiten nach, offenbar ohne jemals zu erkennen, wie sie aneinandergefügt werden müssen, um zur Belohnung zu führen.

Nach der Gestaltpsychologie können die primitivsten Formen des Lernens als reine Wiederholung oder bruchstückhaftes Aneinanderreihen erklärt werden. Demgegenüber aber zeichnen sich höhere Lernprozesse oder „intelligentes" Lernen, wo immer man es antreffen mag, durch die Fähigkeit aus, die entscheidenden Grundkonstellationen einer Situation zu erfassen. Das Kriterium für Einsicht ist „das Auftauchen einer umfassenden Lösung im Hinblick auf die ganze Ausgestaltung des Feldes" (Mandler und Mandler 1964, S. 248).

Andere Gestalttheoretiker weiteten diese Forschungen auf menschliches Problemlöseverhalten aus. Wertheimer selbst (1945) untersuchte das Lösen von geometrischen und arithmetischen Aufgaben und sogar die Schritte, über die Einstein zur Relativitätstheorie gekommen sein soll. Karl Duncker (1945) widmete sich der Lösung technischer Probleme — wie man beispielsweise Röntgenstrahlen so ausrichten kann, daß sie einen Tumor vernichten, ohne von dem Gewebe, das ihn umgibt, mehr als nötig zu zerstören. Abraham Luchins (1942) untersuchte das Phänomen funktionaler Gebundenheit: das heißt, wie die gängige Verwendungsart eines Gegenstandes jemanden (Affe oder Professor) an der Einsicht hindern kann, dieses gleiche Ding anders zu benutzen, um damit das Problem lösen zu können.

Diese molaren Probleme kontrastieren scharf mit den molekularen Aufgaben, denen sich die frühen deutschen Strukturalisten und die amerikanischen Behavioristen zu widmen pflegten. Diese molaren Probleme sind der Würzburger Schule etwas näher, aber unbelastet von Introspektionen und ausgefeilter interpretativer Terminologie, und sie sind Vorläufer von Problemen, mit denen sich viele Vertreter der Künstlichen Intelligenz heute befassen. Auch die Erklärungsweisen sind andere. Wertheimer und andere Gestalttheoretiker gingen Probleme unter dem Aspekt des Erkennens von Strukturmerkmalen erheblich aktiver und strategischer an: wie diese Strukturen zunächst erkannt, welche Lücken erahnt, welche Elemente verbunden oder neu arrangiert werden können und mit welchen dynamischen Operationen man diese Lücken dann füllen kann, um damit „von einer unklaren, unangemessenen Beziehung zur Sache zu einer klaren, durchsichtigen, unmittelbaren Gegenüberstellung zu gelangen — geradewegs vom Herzen des Denkers zu dem Herzen seines Gegenstandes, seines Problems", wie Wertheimer etwas schwülstig schrieb (1945, S. 191/ dt. 1957, S. 221).

Für die Gestaltpsychologie war das erfolgreichste Denken nicht reproduktiv, sondern produktiv und neuartig. Konfrontiert mit einem Problem wird Wahrnehmung regelmäßig neu organisiert; früher oder später taucht bei einer entscheidenden Neuorganisation eine Eingebung auf, wenn nämlich jene Elemente deutlich hervorzutreten beginnen, die für die Lösung entscheidend sind. In der Annahme, es liege in der Natur des Geistes, der Welt solche logischen Beziehungen aufzuerlegen, statt sie durch eine Erfahrung der Welt „abzulesen", klingt Kant an.

Nach Ansicht der meisten Beobachter unserer Tage fehlte dem theoretischen Programm der Gestaltpsychologie die solide Basis. Wahrnehmungsprinzipien wie *Nähe* oder *Symmetrie* können zwar als grobe Richtschnur für die Organisation von Information dienen, aber es gibt zu viele Ausnahmen oder unklare Fälle; Spekulationen über die Funktionsweise des Gehirns und dessen Einfluß auf die phänomenale Wahrnehmung wurden durch neurologische Forschungsergebnisse widerlegt; die wichtigsten Erklärungsbegriffe sind zu vage, um operationalisiert werden zu können. Der Psychologe Ulric Neisser kommt in einer wohlwollenden Kritik der Gestaltpsychologie zu folgendem Schluß:

Das Gestaltkonzept der Organisation spielt in der Kognitionspsychologie heute fast keine Rolle mehr. Es scheiterte an den Forschungsergebnissen der Neuropsychologie (das Nervensystem ist, wie sich gezeigt hat, elementistischer, als Köhler glaubte), und es wurde von mechanistischen Computermodellen übernommen, die für die gleichen Fakten plausiblere Alternativerklärungen hatten… Die zur Zeit am meisten akzeptierten Erklärungen der Bewegungsphänomene durch Augenbewegungen und spezielle Bewegungsdetektoren sind vom Geist der Gestaltpsychologie so weit entfernt wie nur möglich. (1980, S. 4)

Und doch schließt Neisser mit einer positiveren Einschätzung: „Worin wir uns auch unterscheiden mögen, wir alle arbeiten immer noch an dem Problem, das Wertheimer aufwarf: Die Welt, wie Köhler es nannte, ‚von oben' statt von unten zu betrachten. Denn von dort ist die Sicht wirklich besser" (S. 6). Hierin liegt die Vermutung, daß die Zeit für den *top-down*-Ansatz arbeiten könnte.

Frederic Bartletts kognitive Schemata

Während sich die Gestaltpsychologen mit übergreifenden Problemen, mit holistischen Lösungsmethoden und den konstruktiven Aspekten des Denkens befaßten, hielt in Großbritannien ein einzelner Psychologe gleichfalls die kognitive Fahne hoch. Frederic Bartlett hatte für seine Forschungsarbeiten zum Gedächtnis die strikten Untersuchungsmethoden eines Ebbinghaus übernehmen wollen, sie aber dann als unzulänglich empfunden. Sie schienen vieles von dem, was beim Erinnern eines sinnvollen Textes von zentraler Bedeutung war, nicht zu erfassen, und Bartlett kam zu dem Schluß, man könne nicht völlig beliebiges Material verwenden und trotzdem die Hauptmerkmale des Gedächtnisses in Aktion einfangen. Dazu brauchte es offenbar eine fundamental andere Herangehensweise.

Bartlett hatte die vage Vermutung, daß Gedächtnis mehr ein soziales und kulturelles Phänomen war und daß das „Setting" — die Situation, in die eine stimulierende Erfahrung eingebettet ist — entscheidenden Einfluß darauf hat, woran man sich erinnert und wie gut man sich an etwas erinnert. Bartlett selbst weiß noch, daß er bis zu einem Gespräch mit seinem Freund Norbert Wiener keine Idee für einen Versuchsaufbau hatte. In einem großen Augenblick in der Geschichte der Kognitionspsychologie erwähnte Wiener Bartlett gegenüber eine Idee, die sich als entscheidend erweisen sollte:

Die vielen verschiedenen Interpretationen von unterschiedlichen Leuten faszinierten mich… Eines Tages — ich hatte gerade über meine Experimente gesprochen und darüber, wie ich Sequenzen in einer Untersuchung verwendete, die Anpassung als einen mehr oder weniger kontinuierlich verlaufenden Prozeß sah — sagte [Wiener]: „Könntest du nicht etwas wie Stille Post* machen, wie wir das früher nannten?" Das führte dann zu der Methode, die ich später „Die Methode Serieller Reproduktion" nannte, die, in veränderter Form, zu der endgültigen Ausgestaltung meiner Experimente viel beisteuern sollte. (Bartlett 1958, S. 139, 144)

Bartlett entwarf daraufhin Experimente, bei der Versuchspersonen fremdartige Geschichten hörten, die sie dann nach unterschiedlich langer Zeit wiedererzählen sollten. (Varianten davon umfaßten das Betrachten geometrischer Figuren oder die Beschäftigung mit logischen Argumenten, die sie sich für ein späteres Abfragen merken sollten.) Bartlett (1932) fand, daß sich die Versuchspersonen an das präsentierte Material nicht korrekt erinnern konnten und daß, was aufschlußreicher war, die Fehler systematische Übereinstimmungen aufwiesen. Nehmen wir beispielsweise die indianische Volkssage „Der Krieg der Gespenster", die (für moderne westliche Ohren) voll merkwürdiger Lücken und bizarrer Kausalketten zu sein scheint. Versuchspersonen stellten regelmäßig ihre eigenen Kausalverbindungen her, ließen schwierig zu assimilierende Details aus und veränderten die Handlung, bis sie einer normalen abendländischen Sage ähnelte. Überdies wurden diese Veränderungen bei späteren Nacherzählungen immer klarer, bis die Geschichte eine relativ stabile Form hatte — eine, die einer typischen westlichen Geschichte viel näher kam als der Volkssage, die am Anfang gestanden hatte.

Bartlett benutzte einen Begriff, den Kant (in etwas anderem Sinne) benutzt hatte und der von dem britischen Neurologen Henry Head in die damalige Psychologie eingeführt worden war: Er versuchte, seine Ergebnisse mit dem Konzept der *Schemata* zu interpretieren. Laut Bartlett gehört zum typischen Gedächtnissystem des Menschen die Bildung abstrakter kognitiver Strukturen oder Schemata. Diese Schemata entstehen bei früheren Begegnungen mit der Umwelt, und als Folge davon sind bestimmte Arten von Information auf spezifische Art und Weise organisiert. Hörten Versuchspersonen den „Krieg der Gespenster", griffen sie also auf ihre Schemata für den Umgang mit Alltagserfahrungen im allgemeinen und auf die Schemata für Abenteuer- oder Gespenstergeschichten im besonderen zurück. Um einer Geschichte Sinn zu verleihen, in der Krieger in einem Kanu unterwegs sind, um Menschen zu töten, ziehen die Zuhörer sowohl eigene Erfahrungen heran — beispielsweise eine nächtliche Kanufahrt auf einem Fluß — als auch strukturierte Informationen aus früheren Geschichten — eine typische Abenteuergeschichte, in der primitive Völker und Gespenster vorkommen. Solange die Handlung in Bartletts Geschichte mit diesen bereits früher konstruierten Schemata übereinstimmte, erleichterte dies die Erinnerung, die dann ziemlich korrekt war. Andererseits verursachten Diskrepanzen zwischen den bereits bestehenden Schemata und den Details dieser Geschichte systematische

* „Stille Post" ist ein Gesellschaftsspiel, bei dem die Spieler flüsternd eine Botschaft weitergeben und beobachten, wie sie sich schließlich verändert hat.

Verzerrungen bei der erstmaligen Wiedergabe der Geschichte und führten häufig sogar bei späteren Nacherzählungen zu weiteren Abweichungen.

Bartlett äußerte sich dazu allgemein (und dachte dabei zweifelsohne an Ebbinghaus' Nonsense-Silben):

> Erinnern ist nicht die Reaktivierung zahlloser starrer, lebloser, fragmentarischer Spuren. Es ist eine imaginative Rekonstruktion oder eine Konstruktion, die aus der Beziehung unserer Einstellungen zu einer aktiven Masse vergangener Erfahrungen entsteht... Es ist daher kaum jemals wirklich ganz exakt, selbst in den rudimentärsten Fällen mechanischen Wiederholens nicht, und es kommt auch überhaupt nicht darauf an, daß es das ist. Die Einstellung ist buchstäblich ein Effekt der Kapazität des Organismus', sich auf seine eigenen „Schemata" zu beziehen, und sie ist eine unmittelbare Funktion des Bewußtseins. (1932, S. 213)

Bartlett hielt nicht bloß ein Vorbild für molare Forschungsarbeit am Leben; er antizipierte direkt das selbstbezügliche System, das Kognitionswissenschaftler wie George Miller als für die menschliche Kognition zentral erachten.

Jean Piagets Phasentheorie der kognitiven Entwicklung

Jean Piaget kam auf überaus ungewöhnliche Weise zur Psychologie. Als er eine Stelle als Versuchsleiter im Laboratorium von Theodore Simon annahm, einem ehemaligen Kollegen von Alfred Binet, der den IQ-Test erfunden hatte, war Piaget Biologe mit einem besonderen Interesse für Mollusken. Er nahm eine Aufgabe niemals unhinterfragt hin, und so begann er sich für die *Fehler* zu interessieren, die Kinder bei ihren Antworten auf Fragen des Intelligenztests machten. Er sah sein Lebensziel darin, eine auf biologischen Prinzipien basierende Erkenntnistheorie zu entwickeln, und beschloß daher, einen kurzen Abstecher zu machen und zu untersuchen, wie sich das Denken beim Kind entwikkelt. Dieser Abstecher dauerte, wie er zu sagen pflegte, ein ganzes Leben.

In einer Laufbahn, die sechzig Jahre umspannte, mit Wundts Produktivität konkurrieren konnte und diesen in ihrem Einfluß auf die nachfolgende Forschung übertraf, schilderte Piaget die Entwicklung des kindlichen Denkens in einer Vielzahl von Bereichen. Seine Arbeiten zeigen fast immer zwei Charakteristika: Zum einen waren für Piaget, und dies entspricht fast völlig meiner Definition des Kognitionswissenschaftlers, die großen Fragen der abendländischen Erkenntnistheorie auch die Themen seiner Forschung: das Wesen von Zeit, Raum, Kausalität, der Zahlen, der Moral und anderer kantischer Kategorien. Er erachtete diese Kategorien nicht als dem Geist gegeben, sondern als Kategorien, die, im Stil von Helmholtz, im Verlauf der kindlichen Entwicklung konstruiert werden müssen. Zum anderen beharrte Piaget auf einer akribisch genauen Beobachtung von Kindern: mal, wenn sie spontan etwas erkundeten und spielten, häufiger, wenn sie mit experimentellen Aufgaben beschäftigt waren, die er sich mit großer Findigkeit ausgedacht hatte.

Vielleicht wird Piaget der Öffentlichkeit wie seinen Kollegen in der Psychologie am nachhaltigsten als Erfinder brillanter Versuchsanordnungen und aufsehenerregender Beobachtungen in Erinnerung bleiben; seine Arbeiten hatten für die kognitive Entwicklungspsychologie bleibende Auswirkungen. Wer hätte, vor Piaget, vermutet, daß Kleinkinder selbst dann glauben, ein Gegenstand bleibe am gleichen Ort, wenn er vor ihren Augen an einen anderen bewegt worden war? Wer hätte gedacht, daß ein Kind im Krabbelalter sich nicht vorstellen kann, wie ein Objekt aus einem anderen als dem eigenen Blickwinkel aussieht? Wer hätte vorhergesehen, daß Kindergartenkinder glauben, eine Flüssigkeitsmenge verändere sich, wenn man sie in ein andersartig geformtes Gefäß schüttet? Auch wenn sich Piagets Versuchsergebnisse nicht immer präzise so aufrecht erhalten ließen, wie er sie beschrieben hatte, waren seine bahnbrechenden Entdeckungen immer das Fundament für weiterführendes Wissen.

Piaget selbst aber sah sich als Erkenntnistheoretiker — oder, wie er selbst gern sagte, als genetischen Erkenntnistheoretiker —, nicht als Kinderpsychologe. Er wollte den fundamentalen Gesetzen des Denkens auf die Spur kommen: Informelle Aufgaben mit kleinen Kindern waren einfach die von ihm bevorzugte Art, Daten über die Natur des Wissens zu sammeln. Er sah seinen bedeutendsten Beitrag zur Psychologie im Aufspüren der grundlegenden Denkstrukturen, die für Kinder verschiedener Alters- oder Entwicklungsstufen typisch sind, und in der Erklärung der Mechanismen, die einem Kind den Übergang zu höheren Entwicklungsstufen ermöglichen: von der sensomotorischen (0 bis 2 Jahre) zur anschaulichen (präoperativen) Phase (2 bis 7 Jahre) oder von der konkret operativen (7 bis 11 Jahre) zur formal operativen Phase des Heranwachsenden. Piaget stützte sich bei seiner Postulierung einzelner Entwicklungsstufen stark auf logische Formalismen, und seine Erläuterung der Übergangsregeln von einer Phase zur nächsten fußte auf biologischen Mechanismen, wie sie vermeintlich jede Veränderung in jedem Organismus bestimmen.

Wie sich gezeigt hat, waren Piagets weitreichende Behauptungen weniger langlebig als seine spezifischen Versuchsanordnungen. Die den einzelnen Phasen zugrundeliegenden logischen Formalismen sind untauglich, die Phasen selbst umstritten, und seine Beschreibung der biologischen Prozesse der Phasenübergänge leuchten selbst Forschern nicht ein, die Piaget mit Wohlwollen begegnen (siehe Brainerd 1978). Auch sein beeindruckendes Ziel einer genetischen Erkenntnistheorie wird nicht weiter verfolgt — eine Aufgabe, die offenbar die meisten Forscher zu einschüchternd finden, um sich daran zu wagen. Aber Piaget schürte nicht nur in der Zeit der behavioristischen Hegemonie das kognitive Feuer. Mehr noch als fast alle seine Vorgänger begründete er eine völlig neue Sparte der Psychologie — der es um die Entwicklung der menschlichen Kognition ging — und er bestimmte die Forschungsthemen, mit denen sie sich bis zum heutigen Tag befaßt. Selbst Arbeiten, die Aspekte seiner Theorie widerlegen, sind ein Tribut an seine allgemeine Bedeutung.

Es ist Forschungsprogrammen wie Piagets, Wissenschaftsrichtungen wie Bartletts und solch molaren Konzepten wie Schemata, Operationen und Strategien zu verdanken, daß die Anliegen der Gestaltpsychologen und ihrer Würzburger Vorgänger während der Blütezeit des Behaviorismus in der englischsprachigen Welt nicht in Vergessenheit gerieten. Zu den wenigen Wissenschaftlern, die ähnlich dachten, gehörten, wie erwähnt, die Tierpsychologen Karl Lashley und Edward Tolman, daneben der Wahrnehmungspsychologe J. J. Gibson, der das Vokabular der Reiz-Reaktions-Psychologie mied und seine Aufmerksamkeit statt dessen auf die vielfältigen Informationsquellen der visuellen Umgebung richtete (siehe Kapitel 10 und die dort zitierte Literatur), sowie der englische Sozialpsychologe William McDougall (1961), der in einer antiteleologischen Umgebung darauf beharrte, daß planmäßigem, zielbewußtem Handeln und komplexen Motivationen ein Platz gebühre. Diese Psychologen waren zwar berühmt, bildeten aber während der behavioristischen Ära der dreißiger und vierziger Jahre kaum mehr als ein isoliertes Grüppchen.

Die Wende zur Kognition

Von Computern inspiriert

Kants Warnungen zum Trotz bewies das erste Jahrhundert psychologischer Forschung — etwa von 1850 bis 1950 — zweifelsfrei, daß psychologische Studien möglich waren. Geistige Prozesse konnten im Laboratorium erforscht, bei vielen sogar die Zeit gemessen werden, und die Rolle der informierten Versuchsperson ließ sich angemessen kontrollieren. Diese neue Psychologie nahm an verschiedenen Orten verschiedene Formen an, und das Pendel schwang heftig zwischen molarem und molekularem Ansatz, zwischen einem Betonen der prägenden Rolle der Umwelt und einem Betonen des Beitrags der Versuchsperson zur jeweiligen Aufgabe. An die Stelle des ungezügelten Introspektionismus der Jahrhundertwende trat Anfang des zwanzigsten Jahrhunderts der ungezügelte Behaviorismus. Insbesondere mentalistische Konstrukte wurden verbannt, Aspekte von Sprache und Problemlösen entweder überhaupt nicht oder in sehr verwässerter Form behandelt.

Gegen Ende der vierziger Jahre, um die Zeit des Hixon-Symposiums, wurde offensichtlich, daß der Behaviorismus weder in seiner physiologischen noch in seiner psychologischen Form durchführbar war. Als Alternativmodelle gab es die Gestaltpsychologie sowie die damals noch isolierten Bemühungen von Bartlett, Piaget und einigen wenigen anderen Wissenschaftlern, höhere Problemlösungsstrategien zu erforschen. Aber erst das Aufkommen der Computer (die selbst Problemlöseverhalten erkennen ließen) und die Entwicklung der Informationstheorie (die eine objektive Grundlage zur Festlegung sprachlicher oder begrifflicher Komponenten bot) machten ein Studium der Kognition legitim. Dazu Ulric Neisser in einem kurzen Überblick über die Geschichte der Kognitionspsychologie:

Für diese Wende gab es verschiedene Gründe, doch der wichtigste war wohl das Aufkommen des Computers..., weil das Vorgehen im Computer selbst den kognitiven Prozessen ähnlich schien. Computer nehmen Information auf, manipulieren Symbole, speichern Items im „memory" und rufen sie wieder ab, klassifizieren Inputs, erkennen Muster wieder und so weiter... In der Tat sind die Annahmen, die den meisten heutigen Arbeiten der Informationsverarbeitung zugrunde liegen, erstaunlicherweise die der introspektiven Psychologie des neunzehnten Jahrhunderts, allerdings ohne Introspektion. (1976, S. 5, 7/ dt. 1979, S. 16/17)

Wie ich schon schrieb, war die Entstehung der Kognitionswissenschaft um die Mitte der fünfziger Jahre eine vielschichtige Angelegenheit, in der sich nicht nur Veränderungen des Zeitgeistes spiegelten, sondern auch neue Methoden in Nachbardisziplinen und eine größere Toleranz gegenüber Begriffen wie Intention, Absicht, Ziel und Problemlösung, da jetzt auch „ganz und gar mechanische" Erfindungen solche Prozesse für sich beanspruchen konnten. Die speziellen Beiträge innovativer Psychologen wie Donald Broadbent, Jerome Bruner und George Miller begünstigten zweifelsohne die Wende zur Kognitionspsychologie, ebenso wie die Erregung, die mit der Wiederentdeckung der Arbeiten von Piaget, Bartlett und einigen Gestaltpsychologen einherging. Gelegentlich wurden einfach hochleistungsfähige Techniken der Informationstheorie und Mathematik auf elementare Aspekte des Lernens und Problemlösens übertragen, die noch aus alten Tagen stammten; aber im günstigsten Fall konzentrierte sich diese neue Technologie gezielt auf substantielle Probleme.

Weitere Stadien der Informationsverarbeitung

Im großen und ganzen galten auf beiden Seiten des Atlantiks die ersten Arbeiten dem Versuch, die Details der Informationsverarbeitung herauszufinden. Donald Broadbents Paradigma erwies sich als besonders beliebte Quelle für Experimente; und schon bald entdeckten Experimentalpsychologen an dieser findigen Forschungsrichtung die unterschiedlichsten Probleme. Neville Moray (1969) zeigte, daß man sehr wohl Informationen aus einer an sich unbeachteten Botschaft aufnimmt, wenn ihnen der eigene Namen vorangeht. Anne Treisman (1960, 1964) zeigte, daß Versuchspersonen es tatsächlich bemerken, wenn man ihnen ohne Ankündigung in beide Ohren identische Texte einspielt, was bedeutet, daß sie offenbar doch mit beiden Ohren zugleich Informationen aufnehmen können. Treisman schloß daraus, daß der Filter nicht einfach ein „An/Aus"-Schalter ist, sondern vielmehr ein Mittel, irrelevante oder unbeachtete Signale abzuschwächen: Das unbeachtete Signal wird einfach weniger verarbeitet als das beachtete. Treisman zeigte auch, daß Versuchspersonen von einem Ohr zum anderen wechseln können, wenn der Inhalt einer Botschaft diesen Wechsel macht.

Ulric Neisser (1967) veröffentlichte Mitte der sechziger Jahre ein einflußreiches Lehrbuch mit einer sehr viel komplizierteren Erklärung von Information. Er meinte, man verstehe ein Signal, indem man eine zum Signal passende innere Repräsentation synthetisiert (von Beginn an erzeugt). Das heißt, die Aufmerksamkeit gilt als ein Prozeß, bei dem die dem Zuhörer dargebotene Information konstruiert wird (S. 213). Im Augenblick unwichtige oder offensichtlich irrelevante Sprache wird nur durch passive „präattentive" Mechanismen analysiert und nicht auf diese Weise synthetisiert; hat eine Botschaft aber erst einmal ein präattentives Abtasten passiert, wird daraus geschlossen, daß sie beachtenswert ist, und der Syntheseprozeß beginnt. Schließlich hat Broadbent (1980) sein ursprüngliches, in nur eine Richtung verlaufendes Aufmerksamkeitsmodell revidiert und meint nun, Information laufe in beide Richtungen. Menschen haben seiner Meinung nach sowohl eine Vielzahl von Möglichkeiten, die gleiche Aufgabe auszuführen, als auch eine aktivere (synthetisierende) Rolle im Verstehen von Informationen.

In den Vereinigten Staaten wurden, kurz nach der Wiedergeburt der Kognitionspsychologie, einige sehr wichtige Experimente durchgeführt. 1960 wollte George Sperling wissen, wieviel visuelle Information man gleichzeitig aufnehmen kann. Sperling (1960) führte das Maß des „Teilberichts" ein: Wenige Augenblicke nach der ersten Präsentation einer Matrix mit neun Buchstaben (in Dreierzeilen) wurden die Versuchspersonen (durch einen Ton) darüber instruiert, welche Buchstabenzeile sie wiederzugeben hatten. Mit diesem Verfahren konnte Sperling beweisen, daß über viel mehr Elemente Information verhanden war, als man angenommen hatte. Unter den normalen Bedingungen der „freien Wiedergabe" konnten Versuchspersonen nur vier oder fünf von insgesamt neun Buchstaben richtig wiedergeben — ein Ergebnis, das nahelegt, nur etwa die Hälfte der Gesamtinformation sei aufgenommen worden; unter der Bedingung der Teilwiedergabe aber machten die Versuchspersonen fast keine Fehler. Sperling folgerte daraus, daß visuelle Information in einem sensorischen Speicher gehalten wird, wo sie binnen einer Sekunde zerfällt. Ist ein sofortiger Zugriff auf diese Information möglich, läßt sich nachweisen, daß die Informationsaufnahme doppelt so hoch ist wie angenommen.

Sperlings kluges Experiment trug dazu bei, das Interesse an der Struktur der frühen Stufen der Informationsverarbeitung zu wecken. Das Interesse an der Feinstruktur der einzelnen Verarbeitungsstufen erfuhr wenige Jahre später durch die Arbeiten von Saul Sternberg (1966, 1969) einen mächtigen Aufschwung. In einer typischen Sternberg-Studie sieht die Versuchsperson eine „Ausgangsmatrix" von fünf Zahlen. Nach der ersten Präsentation zeigt man ihr eine einzelne Zahl und fragt sie, ob diese in der Ausgangsmatrix enthalten war. In den folgenden Durchgängen wird die Anzahl der Elemente, aus denen ausgewählt werden muß, systematisch variiert und festgestellt, welche Auswirkung die Größe der Ausgangsmatrix auf Geschwindigkeit und Genauigkeit der Antwort hat.

Sternberg kam zu zwei grundlegenden Ergebnissen: Zum einen zeigte er, daß die Vergrößerung der Ausgangsmatrix um ein zusätzliches Element die Suchzeit um jeweils circa dreißig bis vierzig Millisekunden verlängert. Versuchspersonen suchen offenbar sequentiell, machen also die Vergleiche nacheinander, und nicht gleichzeitig oder parallel. Zweitens führen sie einen erschöpfenden Vergleich durch. Im Gegensatz zu dem, was man intuitiv annehmen könnte, wird die Suche nicht abgebrochen, nachdem eine Übereinstimmung zwischen der Zielzahl und einer Zahl der Ausgangsmatrix festgestellt wurde. Daher nimmt die Suchzeit linear mit der Größe der Ausgangsmatrix zu, hängt aber nicht von der Position der Zielzahl innerhalb der Matrix ab.

Sternbergs Experimente belebten die Hoffnung, Grundoperationen der menschlichen Kognition ließen sich so messen, wie Donders' Arbeiten dies fast ein Jahrhundert zuvor nahegelegt hatten. Allerdings bedeutete Sternbergs Technik gegenüber der von Donders eine methodologische Verbesserung, da sie nicht verlangte, neue, möglicherweise nicht vergleichbare Aufgaben zu erfinden, um die hypothetischen Stufen isolieren zu können. Nach Sternbergs Analyse umfassen seine Aufgaben vier Stufen: Enkodieren — das Gedächtnis nach einer Entsprechung durchsuchen — eine Antwort auswählen — eine Antwort ausführen. Dann unterbreitete er ein Modell, bei dem die Zeit zwischen dem Auftreten eines Reizes und dem Äußern der Antwort mit Einzeloperationen oder Stufen ausgefüllt ist, die sich zur Gesamtzeit aufaddieren. Die Dauer jeder Einzeloperation ist dabei unabhängig von der Dauer der jeweils vorangegangenen Stufe.

Sternberg wollte mit einem Ansatz, den er „Methode der additiven Faktoren" nannte, die einzelnen Effekte und die Interaktion verschiedener Faktoren aufdecken, die diese Aufgabe beeinflussen können. Hatten zwei Faktoren eine additive (oder kumulative) Wirkung, dann spiegelten sie verschiedene Verarbeitungsstufen wider; interagierten sie miteinander, dann bedeutete das, daß sie die gleiche Stufe beeinflußten. Mit dieser Analysemethode konnte eine einzelne Aufgabe in ihre Komponenten zerlegt werden, jede Stufe ließ sich als eine elementare Operation denken, und wenn man jeden Faktor einordnete, ergab sich schließlich ein Flußdiagramm der Gesamtaufgabe.

Ein Gedächtnismodell

Die Untersuchungen von Sperling und Sternberg befaßten sich nur mit einem kurzen Zeitraum direkt nach der Präsentation der Reize (siehe Posner 1969 für weitere wichtige Untersuchungen dazu). Andere Psychologen richteten ihr Augenmerk darauf, welche Eigenschaften das Gedächtnissystem über längere Zeiträume hin aufweist. Richard Atkinson und Richard Shiffrin (1968) entwickelten ein einflußreiches Gedächtnismodell, in dem das Gedächtnis drei „Speicher" hat. Der erste Speicher ist der, in dem ein Reiz im entsprechenden sensorischen System unmittelbar registriert wird: Dies ist der Sitz von Sperlings

Puffer. Dann gibt es einen *Kurzzeitspeicher*, das heißt einen Arbeitsspeicher, in dem die erhaltene Information normalerweise rasch zerfällt und verlorengeht, wenn sie nicht in einen *Langzeitspeicher* überführt wird. Die Information im Kurzzeitspeicher zerfällt binnen fünfzehn bis dreißig Sekunden, kann aber in einen „Wiederholungspuffer" gelangen und dort länger bleiben. Je länger sie dort bleibt, desto größer ist die Wahrscheinlichkeit, daß sie schließlich in den Langzeitspeicher transferiert wird. Das Kurzzeitgedächtnis gilt als Puffer mit etwa sieben Leerstellen, wobei jede eine einzelne Information oder ein Informationsbündel aufnehmen kann. Man geht davon aus, daß die Verarbeitungskapazität des Kurzzeitspeichers konstant ist, und daß für jede zusätzlich aufgenommene Information eine schon vorhandene Information verlorengeht.

Information, die in den Langzeitspeicher gelangt ist, gilt als relativ dauerhaft. Dessen Fassungsvermögen ist unbeschränkt, auch wenn dort gespeicherte Information durch Interferenz neu hinzukommender Informationen nicht mehr abrufbar sein kann. Das Langzeitgedächtnis setzt sich aus mehreren Speichermechanismen zusammen — beispielsweise einem, der die Information nach ihrem jeweiligen Inhalt an bestimmten Stellen plaziert — sowie mehreren Abrufmechanismen, zu denen auch diverse Suchroutinen gehören. Da das Atkinson-Shiffrin-Modell klar, einfach und leicht überprüfbar ist, wurde es von der experimentellen Psychologie weiterhin akzeptiert (das heißt, es wurde zum *modalen* Modell; in mancherlei Hinsicht war es für die siebziger Jahre, was Broadbents Modell für die sechziger Jahre gewesen war). Die Verfasser eines verbreiteten Lehrbuchs schildern das Schicksal dieses Modells:

> Es war nur natürlich, daß das modale Modell zum Schwerpunkt für eine ganze Generation von Büchern über das Gedächtnis wurde. Bücher, die diesem Modell verpflichtet waren, verfolgten in der Regel den Weg des perzeptuellen Inputs von den Sinnesorganen zum Gehirn… Das Hauptproblem mit dieser Art von Lehrbuch-Darstellung liegt darin, daß das „sequentielle Stufenmodell" gegen Ende der siebziger Jahre nicht mehr modal war. (Glass, Holyoak und Santa 1979, S. IV)

Es ist schwer zu sagen, warum das gerade beschriebene Informationsverarbeitungsmodell schließlich verschwand. Immerhin war es insofern erfolgreich gewesen, als Wissenschaftler sich damit leicht Experimente ausdenken konnten, die zu quantitativen Ergebnissen über die Anzahl von Elementen führten, die innerhalb einer bestimmten Zeit verarbeitet werden können, oder auch über die Folgen verschieden großer Belastung mit Reizinformation. Es ist sogar diesem Modell zu danken, daß die meisten Forscher dazu tendieren, Informationsverarbeitung als einen sequentiellen Prozeß zu sehen, bei dem Information an einer Stelle hineinkommt und dann weitergeleitet — oder beiseite geschoben — wird, bis sie an einem zentralen Prozessor ankommt, in dem komplexere Formen der Analyse (auch *top-down*-Prozesse) geschehen können. Damit einher ging eine entsprechende Tendenz, sich die Kapazität der menschlichen Informationsverarbeitung als eng begrenzt vorzustellen — eine bestimmte Anzahl Bündel, eine bestimmte Menge sensorischer Information, ein begrenzter Kurzzeitpuffer und dergleichen; darüber war man sich auf beiden Seiten des Atlantiks einig. Beide Richtungen, das sollte ich betonen, sind unmittelbares Vermächtnis des Broadbent-Modells vom Menschen als Gefäß, das, wie ein Computer, Informationen aufnimmt und eine bestimmte Menge davon in einer bestimmten Zeit bearbeitet.

Gleichwohl ist dieser generelle Kognitionsansatz zunehmend ins Kreuzfeuer der Kritik geraten. Einige — beispielsweise Allen Allport (1980) aus Oxford — meinen die Informationsmenge, die durch die verschiedenen sensorischen Kanäle hereinkommen kann, unterliege im wesentlichen *gar keinen* Begrenzungen: Nach Allports Dafürhalten sollte das Grundmodell des Informationszugangs parallel (viele Zugänge an vielen Punkten) statt sequentiell (ein Bit nach dem anderen, mit Zugang an nur einem Punkt) sein. Wissenschaftler wie Richard Shiffrin von der Indiana University meinen, bestimmte Prozesse könnten mit der Zeit automatisch werden und damit die Kapazität des Organismus, neue Informationen aufzunehmen oder zu filtern, nicht mehr wesentlich beeinträchtigen. Diese Sicht geht davon aus, daß Geschwindigkeit und Genauigkeit von der Anzahl der zu verarbeitenden Elemente unabhängig werden können (Shiffrin und Schneider 1977). Noch radikalere Kritiker wie Benny Shanon (1985) von der Hebräischen Universität in Jerusalem vertreten die Auffassung, daß Kontextinformation *jede* Verarbeitung sensorischer Information beeinflußt: Sie bezweifeln, daß irgendein *bottom up*, irgendein „Außen-Innen"-Modell, das Information unabhängig von ihrer Bedeutung und dem Kontext ihrer Darbietung behandelt, der menschlichen Kognition gerecht werden kann. Sie stellen auch die sequentiell vorgehende „Eine-Operation-nach-der-anderen"-Logik des Modells in Frage. Während die meisten Forscher noch immer eine lineare Sichtweise der Informationsverarbeitung vertreten, haben diese Risse im bislang gültigen Bild viele Forscher veranlaßt, sich parallelen, *top down* oder kontextuellen Betrachtungsweisen der Informationsverarbeitung zuzuwenden.

Wenn man das „modale Modell" genauer betrachtete, tauchten zudem echte Probleme auf, und die Verdienste dieser Forschungsrichtungen erschienen in weniger günstigem Licht. Je genauer man die hypothetischen Stufen untersuchte, desto stärker überlagerten sie sich: das Kurzzeitgedächtnis war nicht so einfach vom Langzeitgedächtnis zu trennen; präattentive Prozesse wurden in die sensorischen Puffer verlagert; Verarbeiten schien häufig nicht strikt sequentiell zu geschehen; die Annahme, spezifische Faktoren beeinflußten spezifische Stufen der Verarbeitungssequenz, erwies sich als schwer haltbar; bestimmte Erwartungen der Versuchsperson konnten sogar frühe Stufen der Reizerkennung beeinflussen (Glass, Holyoak und Santa 1979).

Nicht einmal die am meisten gepriesenen Experimente hielten genauer Untersuchung stand. Das Sternberg-Modell war zwar, wie sich zeigte, die elegante Beschreibung eines bestimmten Experiments, aber schon geringfügige Veränderungen des Modells hatten einen wesentlichen Einfluß auf die Ergebnisse. Ist zum Beispiel die Wahrscheinlichkeit des Auftretens der einzelnen Elemente in der Ausgangsmatrix verschieden, ist die Reaktionszeit auf die wahrscheinlicheren Elemente kürzer; ist ein Element in der Matrix mehrfach vorhanden, ist die Reaktionszeit darauf in der Regel ebenfalls kurz; stammen die Elemente der Ausgangsmatrix aus verschiedenen Begriffskategorien, suchen die Versuchspersonen erschöpfend innerhalb der Kategorien, statt alle Elemente unabhängig von ihrer Kategorienzugehörigkeit zu prüfen. Es zeigte sich sogar, daß manche Ergebnisse ebenso gut mit einem parallelen (im Gegensatz zu einem sequentiellen) Verarbeitungsmodell erklärt werden können (Lachman, Lachman und Butterfield 1979). Wegen dieser verwirrenden Ergebnisse, die häufig in Zusammenhang mit inhaltlichen Aspekten der Elemente standen, ließen sich nur noch wenige aussagekräftige Verallgemeinerungen aufrecht halten (Glass, Holyoak und Santa 1979; Neisser 1976).

Und es gab noch gravierendere Probleme. Selbst wenn Ergebnisse als recht gut gesichert galten, wurde ihr eigentlicher Wert immer fraglicher. Im täglichen Leben hat man es niemals mit solch sinnlosen Reizen unter solch kontrollierten Bedingungen zu tun; immer gibt es Bedeutungen, Erwartungen, Einflüsse des Kontexts, und die sind häufig, vielleicht sogar immer, die entscheidenden Aspekte. Die Psychologen, die in der Donders-Sternberg-Sperling-Tradition über Informationsverarbeitung forschten, entwickelten immer elegantere Modelle von Effekten, die sich als nicht tragfähig erwiesen, sobald die Experimente auf verschiedene Arten geändert wurden; zudem ergänzten sich diese Modelle auch nicht eindeutig zu einem größeren, umfassenderen Bild davon, wie Information unter den Gegebenheiten des realen Lebens verarbeitet wird. Schließlich wandten sich viele dieser Wissenschaftler zugunsten anderer Forschungsrichtungen von diesen Modellen ab.

Reaktionen auf das Standardmodell der Informationsverarbeitung: Die *top-down*-Perspektive

Ein Forschungsprojekt untersuchte, wie sich das allgemeine Wissen von der Welt auf die Art auswirkt, an vermeintlich einfache Sprachaufgaben heranzugehen. In einer beispielhaften Versuchsanordnung, entworfen von John Bransford und seinen Kollegen an der Vanderbilt University, hörten Versuchspersonen mehrere Sätze. Sie sollten aufmerksam zuhören, weil sie hinterher dazu befragt werden würden. In einem nicht angekündigten zweiten Teil hörten sie einige neue Sätze und sollten nun angeben, ob sie jeden einzelnen Satz schon einmal gehört hatten und wie sicher sie sich bei der jeweiligen Antwort waren. Das Bransford-Team fand heraus, daß die Reaktionen ihrer Versuchspersonen von der präzisen Formulierung der zuerst gehörten Sätze kaum beeinflußt waren. Offenbar hörten sie, ungeachtet der oberflächlichen Wortfolge, auf die Satzbedeutung, akzeptieren in der Regel einen Satz, dessen Aussage der eines ursprünglichen Satzes entsprach, und kombinierten sogar die Inhalte mehrerer Einzelsätze, falls sie gut zusammenpaßten. Nehmen wir an, jemand habe die beiden Sätze gehört: „Die Ameisen fraßen die Marmelade" und „Die Ameisen waren in der Küche". Derart instruierte Versuchspersonen behaupteten häufig, sie hätten den Satz „Die Ameisen in der Küche fraßen die Marmelade" oder sogar „Die Ameisen in der Küche fraßen die Marmelade, die auf dem Tisch stand" gehört (Bransford und Franks 1971, S. 339).

Die Bransford-Untersuchung betont die inferentiellen und integrativen Ansätze, die Versuchspersonen oft in ihrem Umgang mit Sprache erkennen lassen, und macht somit den Wert der Schlußfolgerungen aus Hunderten von Experimenten zweifelhaft, bei denen Personen sich an sinnlose Silben oder Wortgruppen erinnern sollten. Bransfords Ergebnisse zeigen kein passives, mechanisches Erinnern, sondern weisen darauf hin, daß Versuchspersonen Information aktiv und konstruktiv verarbeiten und Bedeutungen erschließen, statt sich an bloße Wortreihen zu erinnern.

Eine ganze Reihe weiterer Arbeiten der Bransford-Gruppe galt ebenfalls dieser Perspektive der „Organisationsschemata" (Bransford und Johnson 1972; Bransford und McCarell 1975; Bransford et al. 1979; Johnson, Bransford und Solomon 1973). Die Forscher fanden heraus, daß die Fähigkeit der Versuchspersonen, ein Kapitel eines Textes zu verarbeiten, sich dramatisch veränderte, wenn sie zuvor einen Titel dafür erhalten oder ein aussagekräftiges Bild gesehen hatten; Titel oder Bild schaffen eine Einstellung, die die Interpretation eines Satzes stark beeinflußt. Andere Studien zeigen, daß Versuchspersonen unweigerlich Schlußfolgerungen aus gehörten Sätzen ziehen und Fragen aufgrund dieser Folgerungen, nicht aufgrund des Wortlautes der tatsächlichen Sätze, beantworten, und daß ganz verschiedene sprachliche Hinweise einem Probanden helfen können, sich an ein bestimmtes Wort zu erinnern, je nachdem, welche Bedeutung dieses Wortes in dem Satz, in dem es ursprünglich vorkam, aktiviert worden war. Es zeigte sich, daß derartiges Ersetzen, Interpretieren und Folgern bei der Verarbeitung von sprachlichem Material gewohnheitsmäßig, wenn nicht gar automatisch geschieht; selbst bei sinnvollem, nicht-sprachlichem Material, ob Bilder oder Lieder, lassen sich die gleichen „Organisationsschemata" erkennen.

Wenn wir die Satzebene verlassen und zu einzelnen Kapiteln, Geschichten oder ganzen Texten übergehen, wird die Rolle der Organisationsschemata noch offensichtlicher. In einer bedeutenden Forschungsarbeit untersuchten David Rumelhart (1975) und seine Kollegen, wie man sich an Geschichten erinnert. Aufbauend auf einigen Ideen aus Bartletts frühen Arbeiten und Chomskys Satzanalyse entwickelte der Kreis die Idee einer *Geschichtengrammatik* — das heißt einer Menge von Grundannahmen einer Person über den Handlungsverlauf einer normalen Geschichte. Der Ansatz einer Geschichtengrammatik geht davon aus, daß eine Geschichte einen Handelnden hat, der verschiedene Ziele anstrebt, Schritte unternimmt, um diese Ziele zu erreichen, bei seiner Annäherung an diese Ziele verschiedene Reaktionen darauf erlebt und das Ziel schließlich erreicht (oder auch nicht). Geht man mit solchen Erwartungen an Geschichten heran, die diese Erwartungen erfüllen, wird man sich leicht erinnern können, laufen sie aber den Erwartungen zuwider, neigt man dazu, die Geschichten entweder zu vergessen oder sie (à la Bartlett) zu „normalisieren", damit sie mit den gängigen Annahmen der Geschichtengrammantik vereinbar sind. Offenbar wird ein strukturierendes „Skript" oder ein „Rahmen" sogar dann herangezogen, wenn man es mit anderen Erfahrungs- oder Textarten zu tun hat, die keine Geschichten sind, sondern eine geregelte Sequenz bestimmter Ereignisse umfassen: So prägt die landläufige Art und Weise, wie man einen Reifen wechselt oder ein Restaurant besucht, die eigenen Erfahrungen während solcher Tätigkeiten und die Erinnerung an weitere Begebenheiten der genannten Art.

Dieses Interesse an Schemata, Skripts und anderen Prozessen des Folgerns und Organisierens hat, parallel zu Trends in anderen Kognitionswissenschaften, die Theorie der Kognitionspsychologie nachhaltig beeinflußt. Der Glaube an *bottom-up*-Verfahren oder „sequentielles, serielles Verarbeiten" wurde nicht völlig aufgegeben: Solche Modelle haben immer noch ihren Nutzen und ihre Vertreter. Aber die Wissenschaftler haben ein weiteres Mal erkannt, daß menschliche Probanden den Aufgaben nicht als unbeschriebenes Blatt begegnen: Probanden haben Erwartungen und gut strukturierte Schemata, mit denen sie diverse Materialien angehen, sogar solche wie die scheinbar ebenso farbwie sinnlosen Reize einer gängigen Versuchsanordnung im Bereich der Informationsverarbeitung. Und so geht es bei einem wichtigen Alternativansatz der Kognitionspsychologie um die Frage, wie der Organismus, dessen Strukturen bereits auf eine Stimulierung vorbereitet sind, neu eintreffende Information manipuliert und reorganisiert, wie er die Information bei der Assimilation vielleicht verzerrt oder in eine vertrautere oder leichter zu handhabende Form umkodiert, wenn sie erst einmal aufgenommen worden sind.

Dieser auf Schemata basierende *top-down*-Ansatz ist von älteren Arbeiten der Kognitionspsychologie abgeleitet: von der „determinierenden Tendenz" der Würzburger Schule, von der Suche nach Organisationsstrukturen der Gestaltpsychologen und am unmittelbarsten von Bartletts Geschichtenschemata. Er befindet sich auch in deutlicher Nähe zu Bruners Arbeiten über Strategien der Begriffsbildung. Gerade diese Forschungsrichtung zur Begriffsbildung, die Bruner, Goodnow und Austin begründet hatten, wurde kaum weiterverfolgt — vermutlich weil die Auffassung, Begriffe seien ein willkürliches Bündel von Merkmalen, von der Kognitionspsychologie ebenso entschieden abgelehnt wurde wie Ebbinghaus' sinnlose Silben (mehr darüber im 12. Kapitel.) Aber das Interesse an den Strategien oder den Organisationsschemata, mit denen man eine Aufgabe angeht, ist ein langlebiges Erbe aus Bruners Arbeiten.

Wer diese Sicht von Kognition vertritt, ist der Meinung, sie stehe auf festem ökologischen Boden. Während die Vertreter künstlicher Reize und willkürlicher Aufgaben erst beweisen müssen, daß ihre Ergebnisse auf die Realität übertragbar sind, können alle Vertreter des kontextuellen *top-down*-Ansatzes auf die Tatsache verweisen, daß in der alltäglichen Erfahrung solche interpretierten und bedeutungshaltigen Reize die Regel sind.

Selbst in dem relativ konservativen Bereich der Gedächtnisforschung hat sich bei vielen Forschern die Perspektive verschoben. Statt wie Ebbinghaus in sinnloser Information zu schwelgen, verwenden Wissenschaftler jetzt sinnvolles und sogar überaus elaboriertes, in einen Kontext eingebettetes Material wie beispielsweise Geschichten (Bower 1976). Nun richtet sich die Aufmerksamkeit auf die „Tiefe" der Informationsverarbeitung. Dabei hat die Versuchsperson die Wahl, nur auf oberflächliche Reizaspekte zu achten (wie den Wortklang oder die präzise Syntax der Sätze) oder aber den Reiz diversen bereits bestehenden Schemata anzupassen: Je mehr die Information in früheres Wissen und in reichhaltige Assoziationen eingebettet wird, um so tiefer die Verarbeitung; und somit ist es um so wahrscheinlicher, daß die Information dauerhaft enkodiert und richtig erinnert wird. Ob der Reiz auf einer „seichten" (Oberflächen- oder sensorischen) Ebene verarbeitet wird oder auf einer semantisch stärker integrierten Ebene, ist abhängig von der Art des Reizes, der für die Verarbeitung verfügbaren Zeit sowie von der Motivation, den Zielen und dem Wissensstand des Betreffenden.

Solche „Modelle der Verarbeitungstiefe" (Craik und Lockhard 1972) haben die sequentiellen Modelle der Informationsverarbeitung zumindest zum Teil ersetzt. Nach dieser Auffassung wird die Art der aufgenommenen Information durch die Operationen bestimmt, die während des Inputs ausgeführt werden. Zu den Input-Operationen zählt nicht nur die Analyse sensorischer Aspekte, sondern auch semantischer Merkmale. Somit ist Gedächtnis abhängig von dem Code und der Art der Analyse, nicht von den Eigenschaften bestimmter Gedächtnisspeicher. Überdies ist die eine Kodierungsart einer anderen nicht zwangsläufig überlegen. In aller Regel ist einer Tiefenverarbeitung der Vorzug zu geben. Allerdings ist eine oberflächlichere Verarbeitungsweise dann angezeigt, wenn man sich beispielsweise erinnern will, welche Wörter sich mit den Wörtern einer zuvor gezeigten Liste reimen (Lachman, Lachman und Butterfield 1979, S. 279). Letztendlich hat der Lernende in der Psychologie unserer Tage viele Optionen: Er kann sich für Informationsverarbeitung in mehreren „Tiefen" entscheiden, bei einigen Gelegenheiten sogar einer „seichteren" Verarbeitungsebene den Vorzug geben. Seit den Zeiten, als es nur die Einbahnstraße von der Peripherie zum Langzeitgedächtnis gab, haben wir einen weiten Weg zurückgelegt. Die Psychologie ist sogar — bei ihrer Beschäftigung mit Zielgerichtetheit, mit der Tiefe der Verarbeitung und bei der Verwendung sinnvollen Materials — teilweise zu den Auffassungen der Würzburger Schule zurückgekehrt.

Gewiß ist das Interesse an peripherer Stimulation und kontextfreier Verarbeitung legitim, allzu häufig aber scheint es den Kern der psychologischen Verarbeitung beim Menschen gar nicht zu berühren. Viele Beobachter (ich bin einer von ihnen) meinen, daß dieser molare top-down-Ansatz der Arbeiten zu Schemata, Geschichten und zur Verarbeitungstiefe dem näher kommt, was Mittelpunkt der Psychologie sein sollte. Trotzdem stellt sich die Frage, ob dieser Zweig der Psychologie viel erreicht hat, was unsere Vorgänger oder sogar psychologische Laien nicht auch schon gewußt haben. Denn man braucht kaum die Technologie des zwanzigsten Jahrhunderts und hochdifferenzierte statistische Methoden, um zu beweisen, daß Menschen an Neues mit bestimmten Erfahrungen und Rahmenvorstellungen herangehen oder daß man Information für verschiedene Zwecke aufwendiger oder weniger aufwendig verarbeiten kann. Und wenn wir einen Ansatz des zwanzigsten Jahrhunderts übernehmen, dann stellt sich die Frage, ob wir weiter sind als die Gestaltpsychologen und die Würzburger Schule oder nur wiederentdecken, was sie schon gewußt (und was die engstirnigen Behavioristen und Informationsverarbeiter offenbar vergessen) hatten.

Diese Frage ist nicht ohne weiteres zu beantworten. Meiner Meinung nach liegt der entscheidende Unterschied zu früheren Arbeiten in einem klareren Verständnis, mit welchen Strukturen Menschen dem begegnen, was sie erleben, und welche Manipulationen mit größter Wahrscheinlichkeit signifikante Veränderungen in Verarbeitung, Gedächtnis oder Inferenz hervorrufen; mit anderen Worten, der Fortschritt der Psychologie liegt im Erkennen der Details der Arbeitsweise eines derartigen *top-down*-Prozesses und nicht in der Tatsache seiner Existenz. Dies ist zwar weniger aufregend als die Entdeckung völlig neuer Prozesse und widerspricht auch der Intuition kaum, aber nach meinem Dafürhalten ist dieses Wissen nicht weniger wichtig. Gelegentlich liegt der Fortschritt der Wissenschaft im detaillierten Verstehen statt im Verkünden umwälzender neuer Gesetze. Vielleicht ist dies das Schicksal der Psychologie unserer Zeit.

Mentale Repräsentationen

Während der molare Ansatz mit dem molekularen Ansatz wetteifert, ist das klassische Informationsverarbeitungs-Modell der fünfziger und sechziger Jahre durch andere Forschungsarbeiten sehr unter Druck geraten. Dieses Modell war im Grunde *inhaltsblind*: Die Annahme lautete, jede Information werde im wesentlichen auf die gleiche Weise verarbeitet. Wenn also das Kurzzeitgedächtnis sieben Leerstellen hat, faßt jede dieser Leerstellen die gleiche Informationsmenge, ob Sprache, Bild, Musik, ob Unsinn oder Lebensweisheit. Und wenn eine Suche eine bestimmte Zeit pro gesuchtem Element braucht und wenn sie erschöpfend statt abbrechend ist, dann gilt auch hierbei, daß dieser Prozeß unabhängig davon ist, was gesucht wird und wer sucht.

Diese Annahmen, die alle frühen Kognitivisten beiderseits des Atlantiks machten, dienten als vereinfachende Ausgangspunkte. Sie ließen auch erkennen, daß die heutige Kognitionspsychologie vom Computermodell und der Informationstheorie abstammt: Mit solchen Mechanismen lassen sich ziemlich leicht Experimente ausdenken, bei denen die tatsächlichen Inhalte irrelevant sind. Schließlich konstruierte man sowohl Informationstheorie als auch das Computermodell mit Absicht inhaltsblind.

In letzter Zeit wurden diese Annahmen jedoch angezweifelt. Einige Wissenschaftler, für die ich stellvertretend Roger Shepard von der Stanford University nennen möchte, haben eine Repräsentationsart erforscht, zu der visuelle Vorstellungen gehören. Shepard untersuchte die Fähigkeit von Menschen, mentale Repräsentationen von Objekten — mit bekannten oder unbekannten Formen — zu bilden und Fragen über ihre physische Ähnlichkeit zu beantworten. Bei den typischen Untersuchungen sollen Versuchspersonen beurteilen, ob sich zwei gezeigte geometrische Formen gleichen, von denen eine um einen bestimmten Winkel gedreht ist; oder sie sollten Fragen zu anderen Dingen beantworten, die man sich bildlich vorstellen kann, beispielsweise die Umrisse der fünfzig US-Bundesstaaten (Shepard und Chipman 1970).

Zusammen mit seiner Kollegin Jacqueline Metzler entdeckte Shepard, daß die Reaktionszeit bis zur Entscheidung über die Gleichheit zweier Formen präzise deren Drehwinkelunterschied wiedergibt (1971). Beträgt der Winkel zwischen den Figuren fast Null, erfolgt die Antwort fast augenblicklich; bewegt sich der Winkel auf 180 Grad zu, nimmt die Reaktionszeit der Versuchsperson linear mit der Größe des Winkels zu. Die Autoren deuten diese Ergebnisse als Beweis, daß die Probanden diese Vergleiche so anstellen, daß sie eine der beiden Figuren im Geist mit gleichbleibender Geschwindigkeit drehen. Die mentale Vorstellung ahmt die Bahn nach, auf der sich die Figuren bewegen würden, falls sie tatsächlich vorhanden wären und vor den Augen des Befragten gedreht würden.

Diese Experimente, von Roger Shepard und (in den letzten Jahren) Stephen Kosslyn durchgeführt, sind umstritten, aber ich werde die Erörterung dieser Diskussion bis zum 11. Kapitel zurückstellen. Im Moment geht es um Shepards Behauptung, Kognitionswissenschaftler irrten, wenn sie annähmen, propositionale (sprachähnliche) Repräsentationen seien die *lingua franca* der Kognitionssysteme. Denn daß Computer in nur einer Symbolform Informationen übermitteln können — und es in der Regel auch tun — muß keineswegs bedeuten, daß Menschen das gleiche tun. Für Shepard ist die bildhafte Vorstellung eine menschliche Fähigkeit, die sich über Jahrmillionen entwickelt hat, damit der Organismus sich in einer Umwelt behaupten kann, die sich ständig verändert und in der er Konsequenzen antizipieren können muß. Was auch immer der primäre Schwerpunkt gewesen sein mag, dieses Wissen wurde durch die Evolution internalisiert, so daß es jetzt in den Menschen „fest verdrahtet" ist und bestimmt, wie sie Objekte im Raum erfassen.

Und diese Fähigkeiten sind nicht auf die visuelle Modalität beschränkt. Shepards Arbeiten mit akustischem Material lassen erkennen, daß die Repräsentation und Umwandlung von Musik den gleichen Grundprinzipien folgt wie visuell dargebotene Information: Prinzipien der Mengenkonstanz, Symmetrie, Nähe und so weiter. Damit bestätigte Shepard einige gestaltpsychologische Grundannahmen und verhalf ihnen zugleich zu einer experimentell solideren Basis (Shepard 1981, 1982; siehe auch Jackendoff 1983).

Obwohl Shepards Arbeit aus der Erforschung von Information in nur einer Sinnesmodalität hervorging, bringt sie doch die gängige Kognitionspsychologie zu großen Teilen ins Wanken. Falls Shepard dasselbe für mehr als eine Modalität nachweisen kann, stellt sich die Frage, ob es nicht eine Vielzahl mentaler Repräsentationsformen geben könnte, die alle an einen bestimmten *Inhalt* gebunden sind. Aus Gründen wissenschaftlicher Ökonomie sprechen sich die meisten Philosophen und nicht wenige Psychologen für nur eine Form mentaler Repräsentation aus. Schon die Annahme einer weiteren Form kompliziert die Sache — denn wenn es zwei Repräsentationsformen gibt, warum nicht drei oder sieben oder dreitausend? Aus Shepards Sicht ist man allerdings schlecht beraten, die Ergebnisse von Experimenten mit Menschen auf die Erfordernisse des Digitalcomputers abzustimmen.

Die Beiträge der Psychologie

Meines Erachtens hat die Kognitionspsychologie seit der Mitte der fünfziger Jahre beeindruckende Fortschritte gemacht: Sie hat weit verbreitete und produktive Paradigmen entworfen und etliche Problembereiche untersucht, von denen ich nur einige wenige genannt habe. Kognitionspsychologen haben faszinierende Phänomene aufgedeckt, von der Anzahl der Elemente, die man gleichzeitig im Gedächtnis behalten kann, bis zu der Art, wie ein normaler Erwachsener geometrische Formen „mental manipuliert"; sie haben viele eindrucksvolle Vergleiche angestellt, vom Unterschied zwischen konkreten und formalen Operationen bei Kindern bis zum Gegensatz zwischen propositionaler Repräsentation und visuellen Formen des Vorstellens; sie haben eine Unmenge neuer, zum Teil technisch hochdifferenzierter Methoden entwickelt und zugleich Techniken verfeinert, die es schon seit hundert Jahren gibt. Fraglos wurden — um mit William Kessen (1981) zu sprechen — einige interessante neue Siedlungen gegründet, die nun bevölkert werden; und die Forscher sind zu Experten auf Gebieten wie bildhafter Vorstellung, der Mengenkonstanz bei Flüssigkeiten oder der Verwendung von Schemata zum Geschichtenverstehen geworden.

Noch wichtiger dürfte sein, daß die Kognitionspsychologen den Kampf um ihr eigenes Terrain in der Psychologie gewonnen haben. Der Behaviorismus ist zwar noch als Behandlungsmethode in der klinischen Arbeit von Bedeutung, aber seine grundsätzliche Theorie und seine strikten experimentellen Vorgaben haben heute kaum noch Einfluß auf die Forschung. Fast alle Wissenschaftler finden es notwendig — und ratsam —, von einer Ebene geistiger Repräsentation auszugehen. Sie benutzen ohne Bedenken Begriffe wie Schemata, mentale Operationen, Transformationen und Vorstellungsbilder. Die Debatten drehen sich um das beste Repräsentationsmodell, nicht um die Frage, ob man einen solchen Begriffsapparat überhaupt braucht.

Unter diesen Gesichtspunkten scheint die Kognitionspsychologie zwar uneingeschränkt Erfolg zu haben, aber es gibt noch gravierende Probleme — einige betreffen das Fach selbst, andere seine Stellung innerhalb der Kognitionsforschung im weiteren Sinn. Als erstes Problem fällt die Zersplitterung des

Fachs auf. Mittlerweile gibt es etliche Spezialgebiete und innerhalb dieser noch speziellere Gebiete, von denen ein jedes recht gut allein vorankommt, aber selten Verbindungen zur Forschung in angrenzenden Bereichen hat. Arbeiten zur visuellen Wahrnehmung haben kaum Bezug zu Arbeiten über das Verstehen von Geschichten oder das musikalische Gedächtnis, und die Begriffe, mit denen diese Phänomene erfaßt werden, sind oftmals ebenso weit voneinander entfernt.

Ein gezielter und ehrgeiziger Versuch, vereinheitlichende Konzepte in die Kognitionspsychologie einzuführen, ist die Arbeit, die John Anderson (1983) im vergangenen Jahrzehnt geleistet hat. Anderson, ein Psychologe mit enger Anbindung an die Künstliche Intelligenz, entwickelte das sogenannte ACT-Modell (*Adaptive Control of Thought*), das er als ein Grundmodell der „Kognitiven Architektur" verstanden wissen will.

ACT bedient sich eines Prozeßmodells, das den Informationsfluß innerhalb des Kognitionssystems beschreibt. Im Zentrum steht die Idee eines *Produktionssystems* (das im 6. Kapitel näher erläutert wird). Sobald ein Knoten in einem Netzwerk ausreichend aktiviert ist, findet eine bestimmte Handlung (oder Produktion) statt: Dieses Konstrukt wird als eine Art kognitiver Reiz-Reaktionsverbindung beschrieben, denn wann immer die passende Stimulation vorhanden ist, wird eine Handlung ausgelöst. Zum System selbst gehören noch diverse Speicher — ein *Arbeitsspeicher* (bestehend aus Informationen, mit denen das System aktuell arbeitet), ein deklarativer Speicher (der Propositionen enthält) und ein *Produktionsspeicher* (zu dem die vom System ausführbaren Handlungen gehören). Daneben gibt es noch zahlreiche andere Mechanismen. Kodierprozesse bringen Informationen über die Außenwelt in den Arbeitsspeicher. Performanzprozesse wandeln Befehle des Arbeitsspeichers in Verhalten um. Ein Speicherprozeß macht im deklarativen Gedächtnis ständige Aufzeichnungen; ein Abrufprozeß ruft Informationen aus dem deklarativen Gedächtnis ab; und ein Ausführungsprozeß überträgt die für die Handlung aktivierten Produktionen in den Arbeitsspeicher. Ein Vergleichsprozeß bringt Daten im Arbeitsspeicher in Einklang mit den Bedingungen des Produktionssystems. Zu Andersons theoretischer Arbeit gehört die genaue Bestimmung der Wissensstrukturen, die im Arbeitsgedächtnis angesiedelt sind, sowie des Speicherprozesses, des Abrufprozesses und der verschiedenen Faktoren, die Produktionen aktivieren.

Dieses Sperrfeuer aus Mechanismen und Konzepten dürfte deutlich gemacht haben, daß Andersons System kompliziert ist, und kompliziert ist auch seine Begründung. Das System ist umstritten: Einige Psychologen setzen ihre Hoffnungen in Arbeiten der von Anderson betriebenen Art, andere glauben, dies alles sei auf Sand gebaut. Keith Holyoak, als Kritiker durchaus wohlwollend, meint:

> Einige haben empirische Beweise erbracht, die [Andersons] Theorie zu widerlegen schienen, haben aber angesichts der Unmöglichkeit, eine ewig rotierende Zielscheibe zu treffen, schließlich frustriert aufgegeben... Einige äußerten die Befürchtung, ACT sei

nicht so sehr eine prognostische Theorie als vielmehr ein sehr allgemeines Gerüst, das der Natur des Kognitionssystems kaum detaillierte Beschränkungen auferlegt. Und die skeptischsten unter den Kritikern behaupten, die Suche nach einer allgemeinen Kognitionstheorie sei nichts als verschleuderte Energie. (1983, S. 500)

Ich fände es verfrüht, alle Bemühungen um die Lokalisierung und Beschreibung eines allgemeinen Kognitionssystems einzustellen. Wie Piaget und andere „Systematisierer" ist Anderson kühn genug, eine derart gewaltige Aufgabe anzugehen, und selbst falls er scheitern sollte, würden wir aus seinen Strategien (und Fehlern) lernen. Ich sehe allerdings zwischen Piaget und Anderson einen bedeutenden Unterschied. Welchen Verlauf Piagets Theorie auch genommen haben mag, sein eigentliches Interesse galt immer den Phänomenen der Kognition, und seine Prinzipien entwickelte er aus der intensiven praktischen und experimentellen Arbeit mit Kindern: Dies ist sein bleibender Beitrag zur Psychologie. Anderson hingegen scheint gelegentlich eine Psychologie *zweiter Ordnung* zu betreiben: zum einen stützt er sich auf die (mitunter zu ernst genommene) Lektüre psychologischer Abhandlungen anderer Wissenschaftler, und zum anderen versucht er, Psychologie so zu betreiben, daß sie zu einem Digitalcomputer paßt, statt tief in die wirklichen Phänomene des Denkens, Erinnerns, Wahrnehmens und so weiter einzutauchen. Falls diese Beschreibung richtig ist, dann wäre ACT möglicherweise eher immanent stimmig als nach außen mit den in Wirklichkeit ablaufenden Prozessen des menschlichen Denkens verbunden.

In der Psychologie gibt es eine lange Tradition, die den speziellen Inhalt einer Information ignoriert — eine Tradition, die bis zu den Arbeiten Donders' zurückreicht und die Broadbent, Bruner, Miller und ihre Kollegen mit ihren wegweisenden Forschungsarbeiten uneingeschränkt übernommen haben. Andersons Arbeit paßt problemlos in diese Tradition. Aber in den letzten Jahren meinen einige Wissenschaftler, insbesondere Jerry Fodor (1983), es sei günstiger, den Geist als eine Menge im wesentlichen separater Informationsverarbeitungsmechanismen zu deuten, wovon einige auf die Sprachverarbeitung abgestimmt sind, andere auf visuelles Verarbeiten, auf Musik oder ähnlich spezifische Inhalte. Diese „modulare" Sicht geht davon aus, daß sich Module entwickelt haben, die spezifische Analyseformen fest verdrahtet, schnell und von anderen isoliert ausführen; Kommunikation zwischen den Modulen geschieht erst danach, auf ungeklärte Weise. „Modularisten" hegen auch beträchtliche Skepsis, ob ein zentraler Prozessor oder eine ausführende Funktion überhaupt nötig ist; und selbst wer (wie Fodor) an ein solches Zentralsystem glaubt, bezweifelt, daß die Kognitionswissenschaft es jemals wird erklären können.

Die modulare Sichtweise, für die ich beachtliche Sympathien hege (Gardner 1983), steht im Widerspruch sowohl zu jenen Theorien der Kognition, die „inhaltsblind" sind als auch zu jenen, die ihr Vertrauen in „horizontale Fähigkeiten" setzen. Eine horizontale Auffassung wie die von Anderson nimmt an, Fähigkeiten wie Lernen, Erinnern und Wahrnehmen funktionierten gleich oder ähnlich, unabhängig davon, ob es um Sprache, Bild, Musik, Geschmackssinn oder was auch immer geht. Wie aber Fodor und ich nachzuweisen suchen, häufen sich die Hinweise, daß „vertikale" psychologische Mechanismen mit verschiedenen Inhalten individuell verfahren. Vermutlich hat unsere Art, beispielsweise mit sprachlicher Syntax umzugehen, nur wenig grundlegende Gemeinsamkeiten mit unseren Transformationen dreidimensionaler Vorstellungen oder Interpretationen des musikalischen Ausdrucks. Keine dieser Möglichkeiten wurde von der ersten Generation der psychologisch orientierten Kognitionsforscher angemessen berücksichtigt, und wer wie Anderson oder Piaget versuchte, eine allgemeine kognitive Architektur zu erschaffen, hat solche Möglichkeiten im großen und ganzen ignoriert oder heruntergespielt.

Sollten die Modularisten auf der richtigen Spur sein, eröffnet sich für die Psychologie eine beunruhigende Perspektive: Es könnte geschehen, daß die Psychologie keine einzige, kohärente Disziplin bleibt — wie ihre führenden Vertreter dies verständlicherweise gern hätten — sondern eher zu einer Art Dachverband wird. In einem derartigen Szenarium wird es Einzeluntersuchungen zu Sprache, Musik, visueller Wahrnehmung und dergleichen geben, und niemand würde so tun, als gehörten sie alle zu einer gemeinsamen Disziplin. (Im letzten Kapitel werde ich darauf eingehen, daß dies das Schicksal der gesamten Kognitionswissenschaft sein könnte.) Da eine solche Situation den etablierten Lehren des Fachs zuwiderliefe, müssen weiterhin integrierende Ansätze versucht werden, wie es Anderson und andere Wissenschaftler tun.

Die gegenwärtige Debatte betont zwar die Gegensätze zwischen Generalisten und „Modularisten" (siehe z. B. Piatelli-Palmarini 1980), aber es ist möglich, daß sowohl „Modularisten" als auch „Zentralisten" Facetten der Wahrheit gefunden haben. Die „Modularisten" könnten damit recht behalten, daß viele Bereiche eigenen Gesetzen folgen, die „Zentralisten" damit, daß es einen anderen, integrierenden Bereich des Geistes gibt, in dem modulare Prozesse inadäquat und horizontale Prozesse notwendig sind. Unter diesen Umständen könnte die Debatte sich darauf konzentrieren, ob es modulare Bereiche gibt, die sich unter irgendeinen Aspekt der Zentralprozessor-Theorie subsumieren lassen.

Solche Diskussionen finden unter Leuten statt, die mit den gegenwärtigen Methoden und Konzepten der Kognitionspsychologie im Prinzip sympathisieren. Aber das ganze Unternehmen ist auch sehr viel schärfer kritisiert worden. Einige beklagen die Künstlichkeit kognitionspsychologischer Untersuchungen. Nach dieser Auffassung beziehen sich die gelungensten Modelle auf solche Aufgaben, die kaum eine erkennbare Verbindung zu normalen menschlichen Tätigkeiten haben; im Gegensatz dazu haben die Untersuchungen, die tatsächliche normale menschliche Tätigkeiten betreffen, ehe die Form bestechender Demonstrationen als wirklicher Experimente, die die Theorie weiterbringen. In ihrer krassesten Form impliziert diese Kritik, der Ansatz der Informationsverarbeitung sei insgesamt völlig falsch, der Versuch, menschliche Kognition als eine Reihe von mentalen Operationen nachzubilden, sei einfach bloß ein schlechtes Modell menschlichen Denkens und ein radikal anderer (wenn auch vielleicht noch zu findender) Ansatz sei nötig (Shanon 1985). Auf dieses Thema werde ich zurückkommen, wenn ich das „Paradox der Computerwissenschaft" bespreche.

Selbst einige führende Psychologen äußerten derartige Bedenken. Ulric Neisser sprühte in seinem 1967 erschienenen Buch *Kognitive Psychologie* noch vor Optimismus hinsichtlich der Verheißungen seines eigenen Wissenschaftszweiges. Ein Jahrzehnt später, in *Kognition und Wirklichkeit* (1979), war er viel zurückhaltender. Er bezichtigte seine Kollegen, dem Computermodell zu huldigen und bei künstlichen Laboratoriumssituationen zu verharren, und er beklagte das Fehlen einer ökologisch haltbaren Psychologie — einer, die sich jener Art von Problemen widmet, die Menschen im Alltagsleben antreffen und lösen.

Eine Psychologie, der es an ökologischer Gültigkeit mangelt und die der Kultur gegenüber indifferent ist, läuft nach Neisser Gefahr, ein eingeengtes und uninteressantes, weil allzu spezialisiertes Feld zu werden. Und er meint, „Die Bösen in diesem Stück sind die mechanistischen Informationsverarbeitungsmodelle, die den menschlichen Geist behandeln als Apparat fixer Kapazität zum Umwandeln diskreter und sinnloser Eingaben in bewußt Wahrgenommenes" (1976, S. 7, 10/dt. 1979, S. 19). Neisser (1984) fordert eine Wahrnehmungspsychologie, die untersucht, wie Menschen sehen, während sie sich bewegen und mit Gegenständen interagieren (Gibson 1979), eine Erforschung von Begriffsbildung, die sich mit komplexen, realen Objekten befaßt (Rosch 1973b), und eine Gedächtnisforschung, die Autobiographisches, Augenzeugenberichte und Erinnerungen an Jugendfreunde berücksichtigt (Bahrick, Bahrick und Wittlinger 1975). John Morton, einer der führenden britischen Psychologen im Bereich der Informationsverarbeitung, erklärte: „Was ihre Relevanz angeht, ist die Geschichte der Experimentalpsychologie absolut verheerend" (1981, S. 232). Und Arnold Glass, Keith Holyoak und John Santa, Verfasser eines renommierten kognitionspsychologischen Lehrbuchs, ziehen die beunruhigende Möglichkeit in Betracht, daß die Psychologie „ein schnelles Rennen auf einem kurzen Rundkurs" sein könnte. Sie erklären, was sie damit meinen:

> Die Kognitionspsychologie tritt auf der Stelle; trotz unserer ausgefeilten Methodologie haben wir nichts Wesentliches zum Verständnis des menschlichen Geistes beitragen können… Vor nicht allzu langer Zeit hatte man gerade damit begonnen, sich der Kognition auf dem Wege der Informationsverarbeitung zu nähern. Es gab hochgespannte Erwartungen, daß die Zerlegung der Informationsverarbeitung in eine Reihe einzelner Stufen tiefe Einblicke in die menschliche Kognition erlauben werde. In einigen wenigen Jahren war die Vitalität dieses Ansatzes erschöpft. Es war nur natürlich, daß derart hochgespannte Erwartungen tief fallen würden. (1979, S. IX)

Glass und seine Kollegen teilen diese düstere Sicht der Dinge zwar nicht, doch sie bemerken zu Recht, diese Meinung höre man „dieser Tage deprimierend oft" und zwar, wie ich schon erwähnte, vor den Toren der Kognitionspsychologie ebenso wie dahinter.

Ich denke, es gab in den ersten Jahren nach der Geburt (oder Wiedergeburt) der Kognitionspsychologie verständliche, vermutlich aber übertriebene Erwartungen. Und daher überrascht es nicht, daß einige von denen, die das Abdanken des Behaviorismus bejubelten, von den Resultaten der letzten (oder ersten!) fünfundzwanzig Jahre alles andere als begeistert sind. Es läßt sich gegen Experimente, die unter künstlichen Bedingungen durchgeführt werden, *per se* nichts anführen (man denke nur an die Physik!), aber es ist recht unangenehm, wenn die Ergebnisse zu bröckeln beginnen, sobald die Versuchsbedingungen ein klein wenig verändert, auf komplexere Phänomene angewandt oder einen Meter aus dem Laboratorium hinaus verlegt werden.

Paradoxerweise folgt die gegenwärtige Unzufriedenheit zum Teil aus der Perfektion der psychologischen Untersuchungsmethoden. Zu den wirklichen Leistungen des Behaviorismus gehörte die Verfeinerung experimenteller Methoden; jetzt aber könnten diese Verfeinerungen den Punkt erreicht haben, an dem eine weitere Perfektionierung keinen Nutzen mehr abwirft. Ich bekomme beim Studium der Literatur den Eindruck, daß zu viel Gewicht auf experimentelle Verfahren ohne erkennbare Schwächen oder Unschärfen gelegt wird; und dieses Schwergewicht geht nur allzuoft auf Kosten der Überlegung, was ein interessantes oder wichtiges Problem ist. Dazu gehört auch, daß unmittelbar, nachdem in der psychologischen Literatur eine interessante Arbeit vorgestellt wurde, Dutzende von Forschern ihre Aufmerksamkeit — und ihren methodologischen Eifer — darauf richten, die Schwachstellen dieses Experiments zu finden. Und letztendlich erweisen sich fast alle diese Experimente als viel zu beschränkt (und werden deswegen dann auch eingestellt). Zusammen ergeben diese Trends eine Wissenschaft, die weniger Fortschritte gemacht hat, als sie hätte machen sollen, und die immer noch mehr eine Ansammlung beeindruckender, aber isolierter Resultate ist, statt eine wirklich kumulative Disziplin.

Man muß kaum erwähnen, daß methodologische Perfektion leichter bei solchen Untersuchungen zu erreichen war, die sich mit molekularen Phänomenen befassen und in *bottom-up*-Weise verfahren. Ich erwähnte jedoch bereits, daß in letzter Zeit das Unbehagen bei derartigen Experimenten wächst: und damit hängt eine Bewegung hin zu psychologischen Untersuchungen zusammen, die sich mehr mit molaren Phänomenen befassen (wie dem Verstehen von Geschichten oder der Umwandlung einer mentalen Landkarte) und dies auf *top-down*-Weise tun (wobei Schemata, Rahmen und Kontextbedingungen mit einbezogen werden). Das Pendel bewegt sich ganz ohne Frage wieder in molarer Richtung.

Diese beiden Sachverhalte — die Begeisterung für Methoden und der Trend zur Molarität — bedeuten für die Psychologie eine unschätzbare Möglichkeit. Einfach ausgedrückt, es ist für die Psychologie an der Zeit, ihre unbestrittene methodologische Differenziertheit an eine Beschäftigung mit Problemen zu knüpfen, die molarer, weniger künstlich, für Situationen des Alltagslebens typischer, wesentlicher sind. Wie dies genau erreicht werden könnte, ist schwierig zu sagen — auch wenn ich versucht habe, einige Forschungsrichtungen aufzuzeigen, die mir vielversprechend erscheinen. In diesem Zusammenhang glaube ich fest, daß es für Psychologen von Nutzen wäre, sich mit dem Beispiel der Künstlichen Intelligenz zu beschäftigen. Trotz (oder vielleicht wegen) der vermeintlichen Rigidität des Computers, sind Vertreter der Künstlichen Intelligenz eher geneigt, sich mit molaren Fragestellungen (wie Problemlösen oder Geschichtenverstehen) zu befassen und dies *top down* zu tun. Die Partnerschaft, die zwischen diesen beiden Gebieten entsteht — und auf die ich im folgenden Kapitel näher eingehen werde —, mag das beste Beispiel dafür sein, wie methodologische Differenziertheit mit zweifellos substantiellen Problemen verknüpft werden kann.

Die Erörterung solch interdisziplinärer Fragen bringt mich zur letzten Frage, ob nämlich die Psychologie, wie die Philosophie, eine lebensfähige Disziplin bleiben oder schließlich in einer oder in mehreren anderen Disziplinen aufgehen wird. Ich meinerseits gehe davon aus, daß psychologische Methoden für jedes kognitionswissenschaftliche Unterfangen von zentraler Bedeutung bleiben werden. Ja, unter Umständen besteht die entscheidende Leistung der Psychologie in der Perfektionierung von Methoden, mit denen die Kognition des einzelnen untersucht, Gruppen verglichen oder die Dauer von Prozessen aufgezeichnet werden können. Für mich ist schlicht unvorstellbar, daß die Erforschung von Musik, Sprache oder räumlichem Sehen ohne die Techniken und die Ansätze durchführbar ist, die Psychologen im Verlauf der letzten hundert Jahre ausgefeilt haben.

Die Psychologie ist für die Kognitionswissenschaft von zentraler Bedeutung und daher besonders gefährdet, von einem umfassenderen Fachgebiet aufgesogen zu werden — anders als beispielsweise die Philosophie oder die Neurowissenschaft. Die Philosophie mag mit ihren Fragen zur Kognitionswissenschaft beitragen, doch damit trägt sie auch zu vielen anderen Wissenschaften bei und wird daher sicher unabhängig von dem Wohl oder Wehe der Kognitionswissenschaft fortbestehen. Am anderen Ende des Spektrums kann auch die Neurowissenschaft mit ihrem klar definierten Gebiet — dem Studium des menschlichen Gehirns und Nervensystems — ohne Rücksicht auf Ergebnisse in Psychologie oder Kognitionswissenschaft weitermachen.

Sollte der Geist wirklich — wie Wundt, Piaget und John Anderson glaubten — eine nicht zu trennende Einheit sein, dann wäre es für Psychologen sinnvoll, ihren Beruf weiterhin unter einem gemeinsamen Namen und mit einem gemeinsamen Ziel vor Augen auszuüben. Falls es allerdings (wie ich glaube) besser wäre, das Areal der Kognition nach einzelnen Problemen oder Themen abzustecken — visuelle Wahrnehmung, Objektklassifikation, Rationalität, Bewußtsein und so weiter —, dann könnte es sein, daß die Kognitionspsychologie keinen gemeinsamen Untersuchungsgegenstand mehr hat, keinen „natürlichen Forschungsbereich“.

Ich denke, die Kognitionspsychologie kann nur als Teil eines Forschungsteams überleben. Man braucht psychologische Methoden (beobachtende wie experimentelle), um Bereiche wie Sprache (in Zusammenarbeit mit einem Linguisten) oder Musik (in Zusammenarbeit mit einem Musikwissenschaftler) oder Problemlösen (in Zusammenarbeit mit einem Logiker, einem Techniker oder einem Physiker) zu untersuchen. Der Psychologe kann dann die Unterscheidungen überprüfen, die der betreffende Experte liefert, und es können Programme der Künstlichen Intelligenz ausgearbeitet werden, die klären, ob das von dem Team aus Psychologe und Fachexperte vorgeschlagene Modell tatsächlich haltbar ist. Ich gehe davon aus, daß sich Kognitionspsychologie und Künstliche Intelligenz zum Kern einer neuen, einheitlichen Kognitionswissenschaft verbinden, wobei Wissenszweige wie Linguistik, Musiktheorie oder räumliche Wahrnehmung den jeweiligen Rahmen für Probleme liefern, die ihre Bereiche betreffen .

Auch wenn ich erwarte, daß die Kognitionspsychologie problemlos und zu ihrem eigenen Vorteil in eine themenorientierte Kognitionswissenschaft eingehen wird, will ich damit nicht sagen, daß die Psychologie als solche verschwinden wird. (Es käme mir nicht in den Sinn, das Ende meiner eigenen Disziplin vorherzusagen — oder gar herbeizuwünschen!) In den praktischen Bereichen Krankenhaus, Schule und Industrie wird immer ein großer Bedarf an Psychologen herrschen. Selbst auf theoretischer Ebene werden der Psychologie einige Nischen erhalten bleiben. Ich sehe nicht kommen, daß Themen wie Persönlichkeit oder Motivation des Menschen von anderen Disziplinen übernommen werden: Weder die Neurowissenschaft noch die Künstliche Intelligenz könnten sie schlucken. Ebenso unentbehrlich bleibt die Psychologie für die Klärung interindividueller Unterschiede: zwischen „normalen" und ungewöhnlichen Menschen, zwischen Menschen mit unterschiedlichen Erkrankungen oder zwischen Menschen aus unterschiedlichen gesellschaftlichen und kulturellen Umfeldern. Die Individual- oder Differentialpsychologie wird sicherlich weiterbestehen und könnte interessante Ergebnisse hervorbringen. Ferner kann die Psychologie eine ebenso wichtige Rolle dabei spielen, andere Vergleiche anzustellen — zwischen verschiedenen Sinnesmodalitäten, verschiedenen Symbolsystemen, verschiedenen Repräsentationsformen —, wobei es zunächst unwichtig ist, ob sich schließlich der Modularitätsstandpunkt als überzeugender erweisen wird als einer, zu dem ein zentraler Prozessor gehört.

Die Psychologie ist eine der erfolgreichsten Disziplinen unseres Jahrhunderts, und es scheint wenig opportun, ihr Aufgaben in einer größeren Disziplin vorherzusagen. Aber es waren just die psychologischen Neuerungen der vergangenen Jahrzehnte, die jene bedeutende kognitive Wende auslösten, innerhalb derer die Psychologie ohne Frage einen zentralen Platz eingenommen hat. Keinesfalls sollte man die Psychologie lediglich als Warteschleife sehen, bis Neurologie, Soziologie oder Anthropologie erstarkt sind: Psychologen sind, nicht weniger als andere Gelehrte auch, im Wissenschaftsklima unserer Tage mit großem Erfolg für die Zentralität des menschlichen Geistes und mentaler Repräsentation eingetreten. Eine Fusion der Psychologie mit der Künstlichen Intelligenz und anderen Disziplinen zu einer größeren Kognitionswissenschaft wird ein Tribut an ihren Erfolg und ihre Bedeutung sein.

Vielleicht haben die Ereignisse der letzten hundert Jahre gezeigt, daß die Psychologie eine Wissenschaft ist, die ihre Ziele nur schwer erreicht, jedenfalls nicht ohne die Hilfe anderer Disziplinen. Noch klarer aber ist, daß wir es weit gebracht haben, seit Kant vor nicht einmal zwei Jahrhunderten behauptete, eine „Seelenwissenschaft" könne es nicht geben.

6. Künstliche Intelligenz: Das Handwerkszeug der Experten

Ich würde sogar so weit gehen zu behaupten, daß es schon in wenigen Jahren rechtens sein wird, Philosophen, die nicht wenigstens mit den wichtigsten Entwicklungen der Künstlichen Intelligenz vertraut sind — falls es solche Philosophen dann noch geben sollte — der beruflichen Inkompetenz zu bezichtigen, und daß Seminare über die Philosophie des Geistes, über Erkenntnistheorie ... ohne die Darstellung ... von Aspekten der Künstlichen Intelligenz ebenso unverantwortlich sein werden wie ein Physikseminar ohne Quantentheorie.

Aaron Sloman

Der Sommer 1956 in Dartmouth

Im Sommer 1956 trafen sich zehn junge Mathematiker und Logiker auf dem Campus des Dartmouth College in Hanover im amerikanischen Bundesstaat New Hampshire. Ihr Ziel: die Möglichkeiten von Computerprogrammen zu erörtern, die intelligent „handeln" oder „denken" könnten. In ihrem Antrag auf Forschungsförderung durch die Rockefeller-Stiftung hatten sie geschrieben: „Dieses Forschungsprogramm basiert auf der Annahme, daß jeder Aspekt von Lernen sowie jedes andere Kennzeichen von Intelligenz im Prinzip so präzise beschrieben werden können, daß eine Maschine sie simulieren kann" (McCorduck 1979, S. 93).*

Von den zahlreichen Wissenschaftlern, die im Verlauf jenes Sommers in Dartmouth Seminare besuchten, sollten vor allem vier bei der Entwicklung eines neuen Fachbereichs namens Künstliche Intelligenz (kurz KI oder auch AI, als Abkürzung für Artifizielle Intelligenz) eine entscheidende Rolle spielen. Als erster ist John McCarthy zu nennen, damals Assistenzprofessor für Mathematik in Dartmouth, später Gründer und erster Direktor der KI-Laboratorien sowohl

* Dieser historische Abriß folgt der Darstellung von Pamela McCorduck (1979), einer Wissenschaftshistorikerin der Künstlichen Intelligenz.

am *Massachusetts Institute of Technology* (MIT 1957) als auch an der *Stanford University* (1963). McCarthy war Hauptorganisator dieses Sommer-Workshops, und von ihm stammt auch (darin sind sich fast alle einig) der Begriff „Künstliche Intelligenz". Die anderen drei Hauptpersonen waren Marvin Minsky, damals *Junior Fellow* in Mathematik und Neurologie in Harvard, später Direktor des *Artificial Intelligence Laboratory* am MIT, sowie Herbert Simon und Allen Newell, damals bei der *Rand Corporation* in Santa Monica und am Pittsburgher *Carnegie Institute of Technology* (jetzt *Carnegie-Mellon University*), wo sie bis heute sind.

Der Sommer in Dartmouth bot diesen und anderen Wissenschaftlern die Möglichkeit, Meinungen auszutauschen und sich über eine Zusammenarbeit bei künftigen Projekten zu verständigen. Während der vierziger und frühen fünfziger Jahre hatten mehrere Experten die Ansicht geäußert, daß Computer in der Lage sein müßten, Prozesse auszuführen, die dem menschlichen Denken ähnelten, und Aufgabe der hier Anwesenden war es, solche Aussichten einer Prüfung zu unterziehen. Alex Bernstein, damals Programmierer bei *International Business Machines* (IBM) in New York, sprach über das Schachprogramm, an dem er arbeitete. Arthur Samuel, auch er bei IBM, stellte ein Programm vor, das Dame spielen konnte. Newell und Simon beschrieben ein Programm, das sie zur Lösung logischer Theoreme entworfen hatten. Nathan Rochester von IBM in Poughkeepsie beschrieb die Programmierarbeit an einem Modell neuronaler Netzwerke, während Marvin Minsky über die Anwendung von Computern zum Beweis Euklidischer Theoreme sprach.

Das Treffen in Dartmouth erfüllte nicht alle Erwartungen: Unter den Teilnehmern herrschte stärkere Konkurrenz und weniger offener Austausch, als die Organisatoren gehofft hatten. Dennoch gilt es als Markstein in der Geschichte der Kognitionswissenschaften im allgemeinen und der Künstlichen Intelligenz im besonderen. Die Gründe dafür sind, glaube ich, im wesentlichen symbolischer Natur. Das Jahrzehnt zuvor hatte erlebt, daß die brillanten Ideen der älteren Generation — Norbert Wiener, John von Neumann, Warren McCulloch, Alan Turing — alle auf die Entwicklung von Elektronenrechnern hindeuteten, die Funktionen ausführen konnten, die gemeinhin dem menschlichen Gehirn zugeschrieben wurden. Diese älteren Gelehrten hatten die Entwicklungen vorhergesehen, konnten aber nicht sicher sein, ob sie selbst noch die Möglichkeit haben würden, ins „gelobte Land" vorzudringen.

In Dartmouth trafen sich Angehörige der jüngeren Generation, die in der Atmosphäre dieser fruchtbaren Ideen groß geworden waren und jetzt kurz davor standen (und in manchen Fällen mehr als nur das), Maschinen zu entwerfen und Programme zu schreiben, die konnten, worüber von Neumann und Wiener spekuliert hatten. Machtvolle (wenn auch vage und noch nicht so recht verstandene) Ideen faszinierten diese jungen Wissenschaftler: Daten, die von einem Programm verarbeitet und dann selbst zu einem Teil des Programms werden, die Verwendung von Computern zum Verarbeiten von Symbolen statt nur zum „Zahlenknacken", die Tendenz neuer Programmiersprachen, unvermutete Leistungen der Maschinenhardware hervorzubringen, die Rolle von Computern beim Testen von wissenschaftlichen Theorien. Diese Konferenz hätte vielleicht keine besonders große Wirkung gehabt, hätte sie isoliert stattgefunden. Doch nur wenige Wochen danach gab es eine Konferenz am MIT (s. S. 40f.), wo zum Teil die gleichen Leute, zum Teil überragende Gestalten aus Nachbardisziplinen wie der Linguist Noam Chomsky und der Psychologe George Miller, einer gerade aus der Taufe gehobenen Kognitionswissenschaft ihre Ideen präsentierten. Und schließlich war es auch die Zeit einschneidender Publikationen — nicht nur Simon und Newells „Logic Theorist" und Marvin Minskys „Steps toward Artificial Intelligence" (1963), sondern auch wichtige Monographien von Bruner, Chomsky, Levi-Strauss, Piaget und vielen anderen Wissenschaftlern mit kognitiver Ausrichtung. Kein Einzelereignis kann für sich in Anspruch nehmen, die Geburtsstunde der Kognitionswissenschaft als neuer Disziplin gewesen zu sein, aber aussichtsreichster Bewerber für die Sparte Künstliche Intelligenz ist dieser Workshop in Dartmouth.

Die Grundgedanken der Künstlichen Intelligenz

Die Geschichte der Künstlichen Intelligenz seit dem Dartmouth Treffen ist kurz, aber stürmisch. Der Sturm tobt unter anderem um Definitionen. Fast alle Experten sind sich einig, daß die Künstliche Intelligenz versucht, im Computer einen Output zu erreichen, den man als intelligent bezeichnen würde, wenn er von einem Menschen stammte. Die meisten Experten sehen das Computerprogramm als Test bestimmter Theorien über die Funktionsweise kognitiver Prozesse. Hier aber hören die Übereinstimmungen auf. Einige Definitionen betonen die Entwicklung von Programmen; andere richten ihren Blick vor allem auf Programmiersprachen; wieder andere enthalten, neben der Software, die Komponente der mechanischen Hardware oder der menschlichen Begriffsbildung. Einige Vertreter des Fachs wollen menschliche Denkprozesse präzise simulieren, während andere mit jedem Programm zufrieden sind, das zu intelligenten Ergebnissen führt.

Uneinig sind sich die Experten auch darüber, wie wörtlich die Metapher des „denkenden Computers" zu nehmen ist. Einige Forscher vertreten die, wie sie inzwischen heißt, „schwache Version", bei der das Erfinden „intelligenter" Programme lediglich eine Testmöglichkeit für Theorien davon ist, wie Menschen kognitive Operationen ausführen könnten. Andere hingegen stellen sehr viel weiter gehende Behauptungen über ihr Fach auf. Für die „starke Artifizielle Intelligenz", so die Definition des Philosophen John Searle, „ist der recht programmierte Computer in Wahrheit selbst ein Geist in dem Sinn, daß man Computern, die mit den richtigen Programmen ausgestattet sind, buchstäblich Verstehen und andere kognitive Zustände zusprechen kann. Weil bei der starken AI der programmierte Computer kognitive Zustände aufweist, sind dort die Programme nicht nur ein Instrumentarium, das uns die Überprüfung psychologischer Erklärungen erlaubt; vielmehr stellen die Programme selbst die Erklärungen dar" (1980, S. 417/dt. 1986, S. 337). Ich werde am Ende dieses Kapitels die schwache und die starke KI gegeneinander abwägen.

Nun gehört der Gegensatz zwischen den schwachen und starken Behauptungen zwar zu den folgenschwersten Streitpunkten, er ist aber keineswegs der einzige. Robert Wilensky, einer der führenden Wissenschaftler der KI, sagte dazu unlängst: „Die Künstliche Intelligenz ist ein Fach, das für seine mangelnde Übereinstimmung in grundlegenden Fragen berühmt ist" (1983, S. xii). Nun, in einem neueren Abriß zur Geschichte der Künstlichen Intelligenz konnte Allen Newell (1983) nicht weniger als drei Dutzend Themen aufzählen, die irgendwann einmal das Fach in Lager spalteten. Einige sind vornehmlich technisch, andere von nur vorübergehendem Interesse, zwei jedoch scheinen mir eine Sonderstellung einzunehmen. Das erste ist der Gegensatz zwischen „Generalisten" und „Experten", der an die Dialektik der „Modularisten"- und „Zentralisten"-Perspektive in der modernen Psychologie erinnert. Generalisten glauben an übergreifende Programme (oder Programmfamilien), die für fast jede Problemart taugen, Experten setzen ihre Hoffnung in Programme, die sich durch großes Detailwissen aus einem bestimmten Bereich, aber vergleichsweise begrenzte Anwendbarkeit auszeichnen. Das zweite kontroverse Thema ist die wissenschaftliche Standortbestimmung des Fachs. Während einige ihrer Gründer bereitwillig die wissenschaftliche Bedeutung der KI betonten (einige meinten sogar, KI ersetze die Erkenntnistheorie), fragten sich skeptischere Beobachter, ob der Künstlichen Intelligenz überhaupt der Status einer Wissenschaft zukäme. Ihrer Ansicht nach ist KI nichts weiter als angewandte Ingenieurwissenschaft — sogar Effekthascherei — aber keine theoretisch fundierte Wissenschaft. Auch hinsichtlich anderer Disziplinen der Kognitionswissenschaft sind derartige Zweifel laut geworden, doch es mag an den dramatischen Versprechungen einer „denkenden Maschine" liegen, daß um den Wissenschaftsstatus der KI besonders heftig gekämpft wurde.

In diesem Kapitel werde ich die erheblichen Stimmungsschwankungen und unterschiedlichen Blickwinkel beschreiben, die in den ersten drei Jahrzehnten Kennzeichen führender Befürworter sowie Kritiker der KI waren. Selbstverständlich kann ich nicht jeden Zweig der KI erwähnen; daher werde ich, es sei denn beiläufig, keine Arbeiten darstellen, die sich mit Robotern befassen, mit Informationsabruf aus Datenbanken, dem Erstellen optimaler Kombinationen oder optimaler Pläne, dem Simulieren von Organisationsabläufen oder dem Schreiben von Programmen, die Programme schreiben, selbst wenn jede dieser Sparten zunehmend in den gängigen Darstellungen der Künstlichen Intelligenz auftaucht (Nilsson 1980; Waldrop 1984 a, 1984 c; Winston 1977). Aber ich werde von jenen Forschungsrichtungen sprechen, die mir für die Humanpsychologie am wichtigsten erscheinen, und am Ende des Kapitels versuchen, den Platz der KI innerhalb einer umfassenden Kognitionswissenschaft zu bestimmen.

Der Traum von der Künstlichen Intelligenz

Die KI selbst mag eine kurze Geschichte haben, aber der Traum von einem mechanischen Geist reicht weit zurück. Erste Andeutungen sind im Werk von René Descartes erkennbar, dessen Interesse einem Automaten galt, der den menschlichen Körper nachahmen könnte (was den menschlichen Geist betraf, war er skeptisch). Möglicherweise von Descartes inspiriert, waren französische Denker offenbar die ersten, die die Idee einer denkenden Maschine verfolgen. In Paris veröffentlichte 1747 der Arzt Julian Offray de la Mettrie sein Buch L'*Homme Machine*, in dem es heißt, „der menschliche Körper ist eine Maschine, die sich selbst aufzieht" (zitiert in McCorduck 1979, S. 36), und das Gehirn sei, als Organ des Denkens, Gegenstand des Forschens und Duplizierens. Er schrieb: „Denken ist so vereinbar mit organisierter Materie, daß es geradezu, genauso wie Elektrizität, Bewegungsfähigkeit und Undurchdringlichkeit, eine ihrer Eigenschaften zu sein scheint" (zitiert in Lowry 1971, S. 42).

Sehr viel praktischer ging Jacques de Vaucanson an derartige Gedanken heran, ein Handwerker, der zu Beginn des achtzehnten Jahrhunderts mit seinen Automaten — mechanischen Flötenspielern, Enten und Tamburin-Spielern — ganz Europa bezauberte. In einem ausführlichen Begleitschreiben erklärte Vaucanson, wie jedes Teil des Flötenspielers zum Beispiel tatsächlich nach den entsprechenden Gliedern des menschlichen Vorbilds modelliert war. Vaucanson befaßte sich, so der Wissenschaftshistoriker John Marshall, „damit — in der präzisesten und formalsten Sprache, die ihm möglich war — eine Theorie des Querflötenspielers zu formulieren und zu überprüfen" (Fryer und Marshall 1979, S. 261).

Die Szene wechselt ins England des neunzehnten Jahrhunderts, wo sich Forscher mit der Mechanisierung des Denkens auf uns vertrautere Art befaßten. Einer von ihnen war Charles Babbage aus Cambridge. Dieser brillante Mathematiker war seiner Zeit weit voraus und verwandte viele Jahre auf die Erfindung eines automatischen Tabellen-Rechners, der komplizierte Berechnungen für Navigation und Ballistik würde ausführen können. Leider hätte die von ihm entworfene Maschine die Produktion mehrerer Tausend Präzisionsteile erfordert; und während heutige Wissenschaftler meinen, daß Babbages Maschine funktioniert hätte, stellte die britische Regierung ihre finanzielle Unterstützung ein, nachdem sie bereits die damals beträchtliche Summe von siebzehntausend Pfund investiert hatte. Unterdessen wurde Babbage, inspiriert durch seine Zusammenarbeit mit Lady Ada Lovelace, noch verwegener: Er entwarf eine Maschine, die jede beliebige Funktion tabellarisch darstellen und, im Prinzip, sogar Schach spielen könnte (McCorduck 1979, S. 25ff.). Diese Rechenmaschine arbeitete mit Lochkarten, wie sie bis dahin zur Steuerung spezieller Webstühle benutzt worden waren: Steuerkarten lenkten die auszuführenden Operationen, und Variablenkarten bestimmten, in welchen Varianten die jeweiligen Operationen durchzuführen waren (Dorf 1974). Man sollte jede beliebige Rechenaufgabe eingeben können, und dann sollte — vorausgesetzt, die richtigen Rädchen würden gedreht — die korrekte Lösung herauskommen.

Während Babbage seine ehrgeizigen mechanischen Ambitionen zu vollenden suchte, widmete sich George Boole vom *Queens College Cork*, auch er ein britischer Mathematiker, einem andersartigen, aber ebenso monumentalen Projekt: Er wollte die Grundgesetze des Denkens erkennen und auf die Prinzipien der Logik gründen. Um die Vieldeutigkeit der natürlichen Sprache auszuschalten (von der die Logik beherrscht worden war, seit Aristoteles den Syllogismus untersucht hatte) benutzte Boole eine Reihe willkürlicher Symbole (a, b, x, y und so weiter), die für Grundelemente des Denkens standen. Ein, wie er sagte, „erfolgreicher Versuch, logische Propositionen durch Symbole auszudrücken, deren Verknüpfungsgesetze auf den Gesetzen der Geistesprozesse beruhten, für die sie stehen, wäre ein Schritt in Richtung auf die Sprache der Philosophie" (zitiert in Hilton 1963, S. 163). Diese symbolischen Elemente konnten durch Operationen wie Addieren, Subtrahieren oder Multiplizieren zusammengefaßt oder getrennt werden und so mit den gleichen Elementen neue Ausdrücke oder neue Begriffe bilden. Diese Verfahren liefen auf eine Art „mentale Algebra" hinaus, bei der logisches Folgern in abstrakten positiven oder negativen Ausdrücken durchführbar war, unangetastet von bestimmten Assoziationen, die an bestimmte Inhalte gebunden sind. Diese Operationen nannte Boole die „Gesetze des Denkens". Er bemerkte, und dies war für die Zukunft entscheidend, daß es sich bei seiner Logik um ein zweiwertiges oder Wahr-Falsch-System handele. Jede logische Aussage, egal wie komplex, ließ sich entweder mit 1 (für „alle" oder „wahr") oder mit 0 (für „kein" oder „falsch") kennzeichnen. Die Idee, daß jedes menschliche Denken auf eine Abfolge von Ja/Nein-Aussagen reduziert werden kann, sollte sich als zentral für Philosophie und Wissenschaft des zwanzigsten Jahrhunderts erweisen.

Die große Bedeutung von Booles Arbeit wurde ein halbes Jahrhundert später von Alfred North Whitehead und Bertrand Russell angemessen gewürdigt, als sie ihre *Principia Mathematica* (1910—1913) verfaßten. Ziel dieses Werkes war, wie ich schon sagte, der Beweis, daß die Mathematik in den Grundgesetzen der Logik wurzelt. Whitehead und Russell übernahmen viel von dem Formalismus, den Boole begründet hatte. Russell ging, in der ihm eigenen asketischen Art, sogar so weit zu sagen: „Die reine Mathematik wurde von Boole in einem Werk entdeckt, das er ‚Die Gesetze des Denkens' genannt hat" (zitiert in Halacy 1962, S. 106).

Solche Ideen, hier vertreten durch Babbages Rechenmaschinen, Booles Denkgesetze sowie Whiteheads und Russells entscheidende Beweise, wurden dann in den dreißiger und vierziger Jahren von mehreren Gelehrten zusammengefaßt. Deren Arbeit gipfelte in den ersten Elektronenrechnern und schließlich in den ersten Programmen, denen man intelligentes Verhalten bescheinigen konnte.

Den Traum wahr machen

Viele hatten die explosive Entwicklung mit vorbereitet, die um die Jahrhundertmitte dann zu Dartmouth und seinen Folgen führte. Immens wichtig war die Arbeit des MIT-Mathematikers Claude Shannon gewesen, der 1938 „A Symbolic Analysis of Relay and Switching Circuits" veröffentlichte, die vielleicht wichtigste und vielleicht auch berühmteste Examensarbeit unseres Jahrhunderts. In diesem Werk wies Shannon nach, daß die Relais und Schaltkreise elektrischer Maschinen in Form Boolescher Gleichungen dargestellt werden können: Das Wahr-Falsch-System kann parallel zu den „An-Aus-Schaltern" beziehungsweise zum Fließen oder Nichtfließen eines Stroms gesehen werden. Ja, alle Operationen, die mit einer endlichen Anzahl von Schritten zu beschreiben waren, konnten mit solchen Schaltungen durchgeführt werden. Shannons Arbeit legte das Fundament für die Konstruktion von Maschinen, die wahrheitsfunktionale Operationen ausführen konnten, und zeigte auch neue Möglichkeiten, Schaltkreise zu entwerfen und zu vereinfachen. Auf theoretischer Ebene machte Shannon zugleich darauf aufmerksam, es sei günstiger, wenn man sich das Programmieren eines Computers (die Ausarbeitung kodierter Instruktionen, die exakt zu befolgen sind) als ein Problem der formalen Logik und nicht als eins der Arithmetik vorstellt, eine Erkenntnis, die aus der Beschäftigung mit Booles Arbeit stammte. Mit einem Schlag hatte Shannon ein Thema von rein akademischer Bedeutung in die Welt der Maschinen eingeführt, zu der auch die brandneuen Rechenmaschinen gehörten.

Shannons Erkenntnisse wurden nicht in einem intellektuellen Vakuum gewonnen. Alan Turing (1936) legte damals seine Idee vor, jede explizit formulierte Rechenaufgabe könne von einer Maschine gelöst werden, die über eine endliche Menge geeigneter Anweisungen verfüge. Er zeigte, daß es im Prinzip nur eine Art Rechenmaschine gab (auch wenn man natürlich auf viele Weisen viele Modelle bauen kann); und er begann, über die zentralen Fragen der Künstlichen Intelligenz nachzudenken: über die Beziehung zwischen menschlichem Denken und maschinellem Denken. Diese Beschäftigung fand etwas später ihren Ausdruck in dem berühmten Turing-Test, bei dem ein Skeptiker vor die Aufgabe gestellt wird, die Antworten eines Menschen von denen zu unterscheiden, die ein Computer gegeben hat (s. S. 29). Vannevar Bush, Ingenieur am MIT, der den jungen Claude Shannon angeregt hatte, die Analogie zwischen der Theorie elektrischer Netzwerke und der Aussagenlogik zu untersuchen, begann mit dem Bau von Maschinen, die Differntialgleichungen lösen konnten. Ebenfalls um diese Zeit arbeiteten, wie erwähnt, Warren McCulloch und Walter Pitts (1943) an ihren Ideen über neuronale Netzwerke, insbesondere daran, daß alles, was sich erschöpfend und eindeutig in Worte fassen läßt, auch mit einem passenden finiten Neuronennetzwerk realisiert werden kann; damit konnte also das Gehirn präziser als zuvor als Maschine aufgefaßt werden, ja, es war sogar als Turingmaschine vorstellbar (McCorduck 1979, S. 15). Und Norbert Wiener verknüpfte die Stränge der Kybernetik, jenem neuen interdisziplinären Gebiet, das Rückkopplungsmechanismen in organischer Materie und in Automaten erforschte.

Und schließlich war da noch John von Neumann, der mit all diesen Denkrichtungen in Berührung stand und das vielleicht beharrlichste Interesse an der Theorie der Rechenmaschine hatte. Ihm wird meist das Verdienst zugeschrieben, die Idee eines gespeicherten Programms entwickelt zu haben, bei dem die Operationen des Computers mit einem Programm oder mit Instruktionen gesteuert werden können, die im internen Speicher des Computers untergebracht sind. (Somit muß nicht für jede neue Aufgabe neu programmiert werden.) Er wies nach, wie zweiwertige Logik und Arithmetik beim Entstehen gespeicherter Programme zusammenwirken können. Kodiert man die Instruktionen für die Maschine in der gleichen Sprache, die man für die von ihr verarbeiteten Daten benutzt, kann man Instruktionen und Daten im Programm mischen und beide im Computer speichern. Diese bahnbrechenden neuen Konzepte bereiteten den Weg für Programmierhilfen — wie *Assembler*, die Subroutinen in das Hauptprogramm einbinden können, und *Compiler*, die aus einer Sprache (normalerweise einer höheren Programmiersprache, die leicht zu benutzen ist) in eine einfachere Sprache übersetzen, die sich in den tatsächlichen elektromechanischen Operationen des Computers widerspiegelt. Und schließlich widmete sich von Neumann mit besonderem Eifer den Analogien zwischen Gehirn und Rechenmaschine.

Es ist nicht völlig klar, ob von Neumann bewußt war, daß Programmen ein Potential innewohnt, intellektuell weitreichende Probleme anzugehen und zu lösen. Aber er wußte ganz sicher um den Problemzusammenhang in diesem Bereich, und wäre er nicht relativ jung an Krebs gestorben, hätte er zur führenden Gestalt in der Geschichte der Künstlichen Intelligenz werden können. So aber teilten sich vier Teilnehmer des Dartmouth-Treffens von 1956 diese Rolle: Herbert Simon und Allen Newell, Marvin Minsky und John McCarthy.

Die Vier von Dartmouth

Programme für Probleme: Allen Newell und Herbert Simon

In Dartmouth dachten zwar alle Wissenschaftler heftig über denkende Maschinen nach, nur das Team Newell/Simon aber hatte bereits demonstriert, daß diese „in der Luft liegenden" Ideen auch durchführbar waren. Ihr erstes Programm, *Logic Theorist* (LT), konnte sogar Theoreme aus Whitehead und Russells *Principia* beweisen.

Newell und Simon zweifeln nicht daran, daß ihre Entdeckung ein Markstein in der Geistesgeschichte unseres Jahrhunderts ist, und haben daher die Entwicklung ihrer Arbeit ausführlich beschrieben. Die beiden hatten sich 1952 bei der *Rand Corporation* kennengelernt und waren davon beeindruckt gewesen, daß die neuen Elektronenrechner mehr konnten als bloß „Zahlen knacken", daß sie sogar alle möglichen Symbole manipulieren konnten. Zusammen mit Cliff Shaw, einem Kollegen bei *Rand*, begannen Newell und Simon zu erforschen, welche Aufgaben ein Computer im Bereich Symbolmanipulation bewältigen kann. Sie dachten unter anderem an Schachspielen und das Lösen geometrischer Aufgaben und stießen fast nebenbei auf den Beweis logischer Theoreme.

Newell und Simon wußten, daß es schwierig sein würde, Programme, die komplexe Formen der Informationsverarbeitung beherrschen sollen, direkt in der Sprache des Computers zu schreiben. Was sie brauchten, war eine „höhere" Programmiersprache, die dem menschlichen Programmierer mehr entgegenkam und dann automatisch in die „Maschinensprache" des Computers übersetzt werden konnte. 1955 begann das Newell-Team, solche „Informationsverarbeitenden Sprachen" (IPL für *information processing languages*) oder „Listenverarbeitungssprachen" (*list processing languages*) zu erarbeiten. Am 15. Dezember desselben Jahres zergliederte Simon einen Beweis aus Whitehead und Russells *Principia* so detailliert, daß seine Kollegen wie er der Meinung waren, das Verfahren müsse auf einem Computer durchführbar sein, den man (nach von Neumann) *Johnniac* getauft hatte. Simon erzählte den Teilnehmern seines Seminars in mathematischer Modellbildung: „Über Weihnachten haben Allen Newell und ich eine denkende Machine erfunden" (zitiert in McCorduck 1979, S. 116). Und im August 1956 führte der *Logic Theorist* auf *Rands* Computer *Johnniac* tatsächlich den ersten lückenlosen Beweis eines Theorems durch (Whitehead und Russells Theorem 2.01).

Listenverarbeitung war als Technik entwickelt worden, um den begrenzten Speicherplatz des Computers besser verwalten zu können. Bis dahin war die Speicherplatzzuweisung während des Ladens des Programms erfolgt. Aber der *Logic Theorist* verbrauchte Speicherplatz so schnell und so unvorhersagbar, daß Benutzer es sich nicht leisten konnten, diesen permanent zu belegen. Shaw und Newell lösten das Problem, indem sie jedes Speicherareal kennzeichneten, die Maschine eine aktuelle Liste (einschließlich Listen der Listen) der jeweils freien Speicherkapazität führen ließen, und den Speicherplatz dynamisch verfügbar machten, wenn er gebraucht wurde.

Neben der Lösung des Platzproblems ermöglichte es diese Listenverarbeitungsmethode den Programmierern zugleich, Datenstrukturen zu schaffen, die Information auf einfach zugängliche Weise speichern konnten und die auch, nicht zufällig, eine gewisse Ähnlichkeit mit menschlichen Denkprozessen hatten.

Und wie arbeitet nun das Computerprogramm *Logic Theorist*? Dieses Programm findet Beweise für Theoreme der symbolischen Logik, wie sie ursprünglich in Whiteheads und Russells *Principia Mathematica* vorgelegt worden waren. Das Programm umfaßt die grundlegenden Operationsregeln — eine Liste von Axiomen und bereits bewiesenen Theoremen. Dann erhält das Programm einen neuen logischen Ausdruck mit der Instruktion, einen Beweis dafür zu finden.

Von da an durchläuft das Programm auf der Suche nach einem Beweis alle Operationen, die es beherrscht. Findet es einen, wird der Beweis auf einem langen Papierstreifen ausgedruckt. Wenn nicht, erklärt es die Aufgabe für unlösbar und beendet die Operationen.

Der Nachweis, daß der *Logic Theorist* Theoreme beweisen konnte, war *per se* schon bemerkenswert. Er bewies übrigens achtunddreißig der ersten zweiundfünfzig Theoreme des zweiten Kapitels der *Principia*. Etwa die Hälfte der Beweise wurde jeweils in weniger als einer Minute ausgeführt; die meisten anderen dauerten eine bis fünf Minuten; einige wenige fünfzehn bis fünfundvierzig Minuten; es herrschte eine enge Beziehung zwischen der Anzahl der Ausdrücke im logischen Ausdruck und der Dauer des Beweises. Einer der Beweise war sogar eleganter als Whitehead und Russells Version fünfzig Jahre zuvor — Simon teilte dies Bertrand Russell mit, der seinen Spaß daran hatte. Das *Journal of Symbolic Logic* lehnte es allerdings ab, einen Aufsatz zu veröffentlichen, in dem dieser Beweis vorgestellt und der *Logic Theorist* als Mitverfasser genannt wurde (McCorduck 1979, S. 142).

Es war immer noch möglich, daß solche Demonstrationen zwar Ingenieure und Logiker faszinierten, aber nicht in das Arbeitsgebiet von Wissenschaftlern fielen, die sich für die Funktionsweise des menschlichen Geistes interessierten. Newell, Simon und ihr Kollege Cliff Shaw betonten aber, sie demonstrierten nicht bloß Denken ganz allgemein, *sondern vielmehr jene Art des Denkens, die dem Menschen eigen ist*. Natürlich hätte der *Logic Theorist* im Prinzip durch schieren Zufall funktionieren können (wie der sprichwörtliche Affe an der Schreibmaschine), dann aber hätte er Jahrhunderte, sogar Jahrtausende gebraucht, um auszuführen, was er *de facto* in wenigen Minuten erreichte. Statt dessen arbeitete der LT mit Verfahren, die, so das Newell-Team, jenen analog waren, die menschliche Problemlöser verwenden. Zu den Methoden, die LT benutzt, gehört das Ersetzen eines Ausdrucks durch einen anderen, eine Abtrenn-Methode, bei der das Programm von etwas schon Bewiesenem rückwärts auf etwas zu arbeitet, das noch zu beweisen ist, und eine syllogistische Art des Folgerns, bei dem, wenn „a impliziert b" wahr ist und „b impliziert c" wahr ist, „a impliziert c" ebenfalls wahr sein muß.

In dem weiteren Bemühen, die Parallelen zwischen menschlichem und maschinellem Problemlösen zu betonen, führten Newell und Simon mit ihrem Programm mehrere Experimente durch. Sie zeigten, daß, sobald sie die Aufzeichnung früherer Theoreme herausnahmen (auf denen die Lösungen neuer Theoreme aufbauten), der *Logic Theorist* Aufgaben nicht mehr lösen konnte, die er zuvor in zehn Sekunden geschafft hatte. Dies war vielleicht das erste Mal in der Geschichte, daß man experimentell überprüfte, ob ein Computer wie ein Mensch „reagiert".

Weil das Newell-Team seine Demonstration im richtigen Licht präsentieren wollte, unterstrich es auch die Ähnlichkeiten zwischen menschlichem und maschinellem Problemlösen. Die Forscher stützten sich dabei auf einige Protokolle, die sie erstellt hatten, während menschliche Versuchspersonen mit gleichen Aufgaben beschäftigt waren. Sie fanden sowohl bei Menschen als auch bei

Rechenmaschinen gewisse Grundeigenschaften menschlichen Problemlösens. So berichten sie zum Beispiel von gewissen Momenten scheinbarer „Aha-Erlebnisse" sowie von einem Rückgriff auf Exekutivprozesse, die die Grundoperationen des LT (wie Ersetzen und Abtrennen) koordinieren und jene Teilprobleme und Theoreme auswählen, auf welche die Methoden angewandt werden. Zusammenfassend sehen sie den Platz ihrer Arbeit inmitten der neuen kognitiven Welle:

Wir glauben nicht, daß diese funktionale Äquivalenz zwischen Gehirn und Computer strukturelle Äquivalenzen auf anatomischer Ebene impliziert (wie eine Äquivalenz von Neuronen und Schaltkreisen). Die Entdeckung der neuronalen Mechanismen, die im menschlichen Gehirn diese Funktionen der Informationsverarbeitung ausführen, ist Aufgabe einer anderen Ebene der Theoriebildung. Unsere Theorie ist eine Theorie, die sich mit der an der Problemlösung beteiligten Informationsverarbeitung befaßt, und keine Theorie neuronaler oder elektronischer Mechanismen. (Newell, Shaw und Simon 1964, S. 352)

Diese Bemerkungen dürften an jene gerichtet sein, die — wie der Kreis um McCulloch — die Antwort auf das Geheimnis der Funktionsweise des Computers (und des Denkens allgemein) in neuronalen Schaltungen suchten. Die Simon-Newell-Gruppe war absolut sicher, daß diese Analogie nicht weiterführen würde und es sinnvoller sei, Problemlösen begrifflich auf einer sehr viel makroskopischeren Ebene zu fassen. Fünfundzwanzig Jahre lang konnte sich diese „trockene" Betrachtungsweise erfolgreich behaupten: Wir werden noch sehen, daß ein Ansatz, der unser Wissen über die Funktionsweise des Nervensystems stärker berücksichtigt, in den Kreisen der Künstlichen Intelligenz erst in den letzten Jahren langsam Unterstützung findet.

Indem sie den *Logic Theorist* entwarfen und laufen ließen, zeigten Newell und Simon, daß KI möglich war, ja, Realität werden konnte. Während zuvor alle Behauptungen in gewisser Weise leeres Gerede gewesen waren, hatte man jetzt zwei Schlüsselbeweise erbracht: 1. Computer konnten sich auf eine Weise verhalten, die man unzweideutig intelligent nennen würde, wenn sich ein Mensch so verhielte; 2. die Programme durchlaufen beim Beweisen der Theoreme einzelne Stufen, die eine beträchtliche Ähnlichkeit mit denjenigen aufweisen, die bei menschlichem Problemlösen beobachtbar sind.

Aber Newell, Simon und ihre Kollegen hatten schon bald Größeres vor. Ihr ehrgeizigstes Projekt war die Entwicklung des GPS, *des General Problem Solver* (*Allgemeinen Problemlösers*), eines Programms, dessen Methoden (zumindest im Prinzip) für jede Art von Problemlösung zu verwenden waren (Newell und Simon 1972). Der GPS beherrschte so offenbar unterschiedliche Aufgaben wie Theoreme lösen und Schach spielen, er konnte Denksportaufgaben wie „Kannibalen-und-Missionare" oder „Turm von Hanoi" bewältigen sowie krypto-arithmetische Probleme lösen — dies sind die überaus kniffligen Rätsel, bei denen Buchstaben an Stelle von Zahlen stehen und die Addition oder Multiplikation der daraus gebildeten Worte wiederum Worte ergeben. Der GPS versuchte aber nicht nur, diese Probleme auf die effizienteste Weise zu lösen. Er bemühte sich vielmehr darum, die Vorgehensweisen nachzuahmen, die normale Menschen benutzen, wenn sie solche Aufgaben angehen. Daher war ein wichtiger Teil dieses Forschungsprojektes das Erstellen von Protokollen, die Introspektionen und Aufzeichnungen von Probanden beim Lösen solcher Aufgaben erfaßten.

Die vom GPS benutzten Methoden sind einfach zu beschreiben. Eine Mittel-Ziel-Analyse legt zunächst die erwünschte Lösungsform einer Aufgabe fest und vergleicht dann den aktuellen Stand der Problemlösung mit dem angestrebten Endziel. Stimmen sie überein, ist das Problem gelöst. Wenn nicht, klärt der (menschliche oder mechanische) Problemlöser die Unterschiede und sucht nach Methoden, wie die Diskrepanz zwischen dem augenblicklichen und dem anvisierten Status verringert werden kann.

Die hohe Kunst des GPS liegt in den Methoden, diese Distanz zu reduzieren. Eine Matrix verknüpft die Ziele des Systems mit Operatoren, welche für das Erreichen der Ziele hilfreich sein könnten. Ist die Differenz zwischen dem momentanen Status und dem Ziel berechnet, wählt das System einen mit dieser Differenz verknüpften Operator und prüft, ob dieser auf die vorliegende Situation anwenbar ist. Ist er anwendbar und führt dies zu einem Ergebnis, das näher am angestrebten Endzustand liegt, wird er wiederholt. Erweist er sich als nicht anwendbar, erstellt das System ein Unterziel, das die Diskrepanz zwischen dem momentanen Status und dem Status, auf den der Operator anwendbar ist, verringern soll. Dieses Verfahren wird einfach wiederholt, bis das Ziel erreicht oder bis nachgewiesen wurde, daß es mit der verfügbaren Information oder den im Programm vorhandenen Operatoren nicht zu erreichen ist.

Der GPS verfügte über weitere Eigenschaften, die das Problemlösen vereinfachen sollen. Die Aufgabe konnte in Unterprobleme zerlegt werden, die nacheinander angegangen werden konnten. In bestimmten Situationen konnten einige komplizierende Faktoren ignoriert werden, um zunächst Übersicht zu gewinnen. Auch konnten Details eines Problems ganz weggelassen werden. So konnte die Maschine beim Lösen eines Problems der Aussagenlogik beschließen, Unterschiede zwischen den einzelnen logischen Konnektiven und der Reihenfolge der Symbole zu übergehen und nur zu berücksichtigen, was für Symbole es waren und wie sie gruppiert waren.

Der GPS wurde schließlich aufgegeben, weil seine Allgemeingültigkeit nicht so groß war, wie seine Erfinder gehofft hatten, und weil sich die Künstliche Intelligenz als Fach in andere Richtungen bewegte; doch der GPS kann als das erste Programm gelten, das eine gewisse Palette symbolischen Verhaltens des Menschen simuliert hat. Er beeinflußte auch maßgeblich die Art und Weise, wie Simon und Newell über das Projekt dachten, mit dem sie sich befaßten. Ihrer Auffassung nach gehört zu jeder Art von Intelligenz der Gebrauch und die Manipulation diverser symbolischer Systeme wie die der Mathematik oder der Logik. Früher wurden Manipulationen dieser Art nur im Kopf des Menschen, vielleicht auch mit Papier und Bleistift vorgenommen, aber mit dem Aufkommen des Digitalrechners ist Symbolmanipulation auch zu einer Domäne elektronischer Maschinen geworden. Laut Newell und Simon ist der Computer ein physisches Symbolsystem wie das menschliche Gehirn und zeigt oft die gleichen Eigenschaften wie der Mensch, für dessen Verhaltenssimulation er programmiert wurde.

Ebenso wie die Zelltheorie inzwischen ein grundlegendes Prinzip der Biologie und die Erkenntnisse über Bakterien entscheidend für die Erforschung von Krankheiten sind, so sehen Simon, Newell und ihre Kollegen von der *Carnegie-Mellon*-Universität das Konzept eines *physischen Symbolsystems* als die zentrale Doktrin der Computerwissenschaft. Ganz im Booleschen Geist ist es Aufgabe des Forschenden, jene Prozesse zu finden, die mit symbolischen Begriffen operieren, um wiederum andere Begriffe zu erzeugen, die symbolische Strukturen schaffen, modifizieren, reproduzieren und/oder transformieren. Ein physisches Symbolsystem ist zur Durchführung intelligenter Handlungen notwendig und hinreichend; umgekehrt wird sich bei einer Analyse jedes System, das intelligentes Verhalten erkennen läßt, als physisches Symbolsystem erweisen. Ein solches System besteht aus einer Steuereinheit, einem Speicher, einem Satz von Operationen sowie aus Input und Output: Sein Input besteht aus lokalisierbaren Objekten; seine Prozesse sind Operationen mit diesem Input; sein Output ist die Modifizierung oder Neuschöpfung von lokalisierbaren Objekten.

Ein Schlüsselbegriff in Newells und Simons Schema ist das Produktionssystem, in dem eine Operation ausgeführt wird, falls bestimmte Bedingungen erfüllt sind. Programme bestehen aus langen Sequenzen derartiger Produktionssysteme, die mit der Datenbank operieren. Nach der Beschreibung der Theoretiker ähnelt dieses Produktionssystem einer auf Datenverarbeitung basierenden Reiz-Reaktions-Verknüpfung; solange die richtigen Reize (oder Bedingungen) vorhanden sind, erfolgt die Reaktion (oder Produktion). Im Lauf der Entwicklung ihres GPS hatten Simon und Newell also eine bestimmte Auffassung von Künstlicher Intelligenz, eine Theorie des Denkens sowie Themen künftiger Forschungsarbeiten vorgelegt.

Newells und Simons Vision war grandios. Aus ihrer Sicht waren die großen Ähnlichkeiten zwischen dem menschlichen Geist, der ein Problem löst, und dem Computer, der für die Lösung des gleichen Problems programmiert wurde, viel bedeutsamer als die Unterschiede in der Hardware (eine elektronische Maschine im Gegensatz zu organischem Nervengewebe). Beides sind einfach Systeme, die in einer bestimmten Zeit Informationen verarbeiten und dabei mehr oder weniger logisch geordnet vorgehen. Und wenn bei einem Menschen die mittels Introspektion beobachteten Schritte analog dem Verlauf eines Computerprogramms waren, handelte es sich überdies nicht mehr nur um schwache KI: Es war sinnvoller, das von Menschen gemachte physische Symbolsystem so zu sehen, als löse es tatsächlich Probleme.

Kritiker des Newell-Simon-Projekts zeigten mehrere fragliche Punkte auf: Vor allem führten sie an, daß die gesamte Information im Computerprogramm samt und sonders durch Menschen in das Programm gekommen waren: Platt gesagt, tat der GPS also nur, wofür er programmiert worden war. So waren es ja beispielsweise Newell und Simon gewesen, die die Aufgaben für das Programm strukturiert und in einigen Fällen auch die Reihenfolge ihrer Präsentation bestimmt hatten. Begriffe wie *Einsicht* waren in diesem Zusammenhang nichts als eine irreführende Metapher. Newell und Simon erschien diese Kritik anachronistisch: Da sich das Programm nicht in mechanischem Wiederholen von Schritten erschöpfte, sondern tatsächlich Regeln benutzte, um Probleme zu lösen, denen es zuvor nicht begegnet war, war sein Verhalten ebenso „intelligent" wie das eines Menschen. Lediglich aufgrund überholter Denkgewohnheiten scheuten Kritiker offenbar den Begriff *intelligent*. In Wahrheit mußte man sich vorstellen, daß die Menschen mit Regeln programmiert sind, genau wie Computer. Nicht alle Wissenschaftler ließen sich von dieser „demokratischen Regelung" überzeugen.

Eine andere Kritik bezog sich auf gewisse Unterschiede zwischen Menschen und Computerprogrammen. So können Menschen spontan kürzere Wege wählen oder heuristische Verfahren anwenden, während Computer immer die gleichen Prozesse wiederholen, solange sie nicht so programmiert werden können, daß sie aus früheren Bemühungen lernen. Newell und Simon räumten ein, daß dies eine Beschränkung des GPS war, und machten sich an das Schreiben lernfähiger Programme.

Und schließlich wurden die Aufgaben kritisiert, die dem GPS gestellt worden waren. Ungeachtet seines hochtrabenden Namens waren die Aufgaben ausnahmslos Denksporträtsel oder logische Probleme: Diese können leicht in symbolischen Formen ausgedrückt werden, mit denen dann operiert werden kann. Eine solche Beschränkung auf „geschlossene" Fragen war entscheidend, denn der GPS konnte nur mathematisch-logische Aufgaben lösen. Offenbar sind viele Probleme, die Menschen angehen (in einem Wald den richtigen Weg finden oder einen bestimmten Tanz lernen, um nur zwei Beispiele zu nennen) nicht ohne weiteres mit der symbolischen Logik formulierbar. Hier treffen wir auf ein vielsagendes Beispiel dafür, wie die Programme, die es zur Zeit gibt, die Begriffe „Denken" oder „Problemlösen" unnatürlich einschränken.

Einige dieser Kritikpunkte treffen auch auf andere Bereiche der Künstlichen Intelligenz zu, aber jede Forschungsrichtung verdient es, nach ihren eigenen Ergebnissen beurteilt zu werden. Daher möchte ich in etwas strafferer Form darstellen, womit sich andere bedeutende Forscher etwa im ersten Jahrzehnt nach der Konferenz von Dartmouth beschäftigten.

Marvin Minsky und seine Studenten

Marvin Minsky vom MIT hat weder so eifrig publiziert wie Newell und Simon noch verbindet man eine bestimmte Arbeit mit seinem Laboratorium. Im Bereich der Künstlichen Intelligenz war er unabhängig von Newell und Simon teils auf die gleichen Ideen gekommen, und als zukunftsweisender Vordenker wie als Mentor einer aktiven Gruppe begabter Studenten spielte er für die Fortschritte der KI in den sechziger Jahren (und später) eine wichtige Rolle.

Von Minsky inspiriert, lenkten seine Schüler die Künstliche Intelligenz in andere Richtungen als die von Newell und Simon verfolgte. Einer dieser Studenten, T. G. Evans, entwickelte gegen Ende der sechziger Jahre ein Programm, das visuelle Analogieaufgaben bewältigte. Anthropomorph ausgedrückt, zeigte man dem Programm zwei Figuren, die in einer bestimmten Relation zueinander standen, und forderte es auf, aus einer Menge von Figuren ein weiteres Paar auszuwählen, das dieselbe Relation zeigte. Dem Programm wird beispielsweise „A verhält sich zu B" vorgelegt, und aus fünf Bildern muß es dann dasjenige aussuchen, das die entsprechende Relation zwischen „C" und „D" aufweist.

Dazu ist zu sagen, daß das Programm die visuellen Analogieaufgaben nicht mit den Wahrnehmungsmechanismen angeht, die Menschen benutzen würden, sondern indem es die Figuren in Symbolformen beschreibt, wie sie bei einer numerischen Analogieaufgabe benutzt werden. Das Programm findet die Analogie, indem es sowohl A als auch B als Figuren beschreibt und die Unterschiede der Beschreibungen mit Begriffen wie *in, über, links von, gedreht* oder *spiegelbildlich* charakterisiert; dann wendet es den erkannten Unterschied als Transformationsregel auf C an, um damit ein neues Figurenpaar zu bekommen, dessen Beschreibung auf eine der fünf in Frage kommenden Alternativen zutrifft (Boden 1977). Evans Programm bewältigt solche Aufgaben etwa auf dem Niveau eines sechzehnjährigen Schülers. Um auf dieses Niveau zu kommen, mußte Evans eines der kompliziertesten Programme aller Zeiten schreiben. Die Maschine hatte eine Speicherkapazität von etwa einer Million Bit, und davon brauchte das Programm jedes bißchen.

Daniel Bobrow, der ebenfalls in Minskys Laboratorium arbeitete, übertrug die Arbeit im Bereich des Problemlösens auf einen sprachlichen Bereich (1968). Bobrows Programm STUDENT sollte Rechenaufgaben lösen, wie Schüler sie in ihren Mathematikbüchern vorfinden. Als Beispiel hier eine der Aufgaben, die Bobrow in seiner Dissertation vorstellt:

> Die Fahrleistung meines Autos ist 15 Meilen pro Gallone. Die Entfernung zwischen Boston und New York ist 250 Meilen. Wieviel Gallonen Benzin verbraucht es auf der Strecke New York/Boston? (Bernstein 1981, S. 113)

Marvin Minsky schrieb, das Programm halte jeden Satz für eine Gleichung; um sie herausfinden zu können, bekam es Informationen zu bestimmten Wörtern. Beispielsweise wurde „ist" so kodiert, daß *ist* „gleicher Betrag auf beiden Seiten der Gleichung" bedeutete. *Pro* bedeutete eine Division. Mit solchen definierten Bedeutungen sollte das Programm nun die Syntax analysieren. In Minskys Worten:

> Aus dem mathematischen Begriff „pro" in „Meilen pro Gallone" im ersten Satz weiß es, daß man die Zahl 15 bekommt, indem man eine bestimmte Zahl x für Meilen durch eine andere Zahl y für Gallonen teilt. Abgesehen davon hat es nicht die geringste Ahnung, was Meilen oder Gallonen sind, was Autos sind übrigens auch nicht. Der zweite Satz besagt offenbar, daß irgend etwas anderes zweihundertfünfzig Meilen entspricht — daher ist der

> Ausdruck „die Entfernung zwischen" ein guter Kandidat für x. Der dritte Satz will etwas über die Anzahl von Gallonen wissen — so daß der Ausdruck „Benzin verbraucht es auf der Strecke" Kandidat für y ist. Daher entwirft es eine Gleichung: x = 250, und eine weitere Gleichung, x/y = 15. Dann kann der mathematische Teil des Programms leicht herausfinden, daß y = 250/15 ist. (Bernstein 1981, S. 113)

STUDENT zeigt gut, was Programme Mitte der sechziger Jahre zu leisten vermochten, und es zeigt auch bestimmte Beschränkungen, um derentwillen sie kritisiert wurden. Daß die Programmierer überaus findig waren und die Maschinen oft Bravourstücke absolvieren konnten, die man, stammten sie von Menschen, fraglos intelligent hätte nennen müssen, ließ sich schwerlich bestreiten (auch wenn einige Kritiker genau dies taten [siehe Arnheim 1969; Dreyfus 1972]). Aber ebenso klar schien, daß die angewandten Verfahren häufig völlig konträr zu denen waren, die Menschen normalerweise benutzen. Ein Schüler aus Fleisch und Blut würde bei einer solchen Aufgabe daran denken, was eine Autofahrt ist, wo New York und Boston liegen und was passiert, wenn man auf einer solchen Fahrt Benzin verbraucht. Der Schüler müßte derartige Einzelheiten sogar geradezu beiseite schieben, um den Benzinverbrauch herauszukriegen (oder er könnte auch nur aufgrund seiner „Alltagserfahrung" eine realistische Schätzung wagen).

Beim Computer war die Vorgehensweise fast entgegengesetzt. Der Computer wußte überhaupt nicht, wovon die Aufgabe handelte, und hätte sie ganz genau so ausgeführt, wenn es um Pfennige für Pfandflaschen oder um Millionen für Marschflugkörper gegangen wäre. Das Wissen des Computers war rein syntaktisch. Das Programm ist so entworfen, daß es bestimmte Aussagen über Gleichungen erwartet und die wahrscheinlichsten Schlüsse zieht, welche Teile der Aufgabe die Hauptkomponenten einer Gleichung sein könnten. Es ist ziemlich einfach, das Programm zu verwirren — indem man beispielsweise das Wort *ist* in einem Zusammenhang benutzt, wo es nicht Teil einer Gleichung, sondern Teil eines Relativsatzes oder einer beiläufigen Bemerkung ist. Ebenso verheerende Folgen hat es, wenn man das Wort *pro* in einer Redewendung einführt, wie in *pro forma* oder in *pro und kontra*. Menschen lassen sich manchmal durch irgendeine Nebensächlichkeit verwirren, die relevant scheint (wie der Benzinpreis). Das Problem des Computers besteht darin, daß er die Art, wie er programmiert ist, nicht durchschaut und somit die tatsächliche Bedeutung eines Wortes oder einer Zahl nicht aufnehmen kann. Da er nicht versteht, wovon die Aufgabe handelt, macht der Computer zwingend Schnitzer, die bei einem Menschen niemals vorkämen oder als überaus dumm gelten würden.

Man könnte sagen, daß der Computer einem Menschen ähnelt, der in einer Fremdsprache, von der er nur wenige Worte beherrscht, eine Rechenaufgabe lösen soll: Konfrontiert mit einem solchen Problem stürzen sich der Computer wie der Sprachunkundige auf die wenigen Zahlen, die sie erkennen, und raten so gut es geht, welche Rechenoperationen man mit diesen Zahlen ausführen könnte. Die von Minsky und seinen Studenten gewählten Probleme umfassen zwar eine größere Bandbreite als die vom GPS bewältigten, aber sie wurden zuvor stets in eine standardisierte Form gebracht. Gleichwohl muß betont werden, daß diese Programme, wie schon die von Newell und Simon, funktionierten. Die in normaler Sprache formulierten Übungsaufgaben, über die sich Schulkinder seit Generationen den Kopf zerbrechen, waren mit einem mechanischen Prozeß zu lösen.

Listen und Logik: John McCarthy

Während die Laboratorien von Simon und Minsky ganz damit beschäftigt waren, Demonstrationsprogramme zu erstellen, beschäftigte sich John McCarthy — erst am MIT, dann in Stanford — mit weniger spektakulären, aber ebenso wichtigen Dingen. Zu seinen bedeutendsten Leistungen gehört die Erfindung von LISP (Abkürzung von *list processing*), jener Computersprache, die zur meistbenutzten Sprache der Künstlichen Intelligenz wurde (McCarthy et. al. 1962; Foster 1967).

Ich sprach bereits im Zusammenhang mit Newells und Simons frühen Arbeiten davon, daß es für die Forscher wichtig war, eine Sprache zu haben, mit der sie leicht über Problemlösen nachdenken konnten und die auch präzise die Art von Denkschritten nachahmt, die ein menschlicher Problemlöser vermutlich durchläuft. LISP oder LISP-artige „höhere" Programmiersprachen sollten schließlich als die Mathematik der Künstlichen Intelligenz gelten, als die präzisen und eindeutigen Sprachen zur Formulierung von Theorien (siehe auch Boden 1977 und Winston 1977).

LISP befaßt sich im Grunde mit der Präsentation und Manipulation von Listen, von Elementen auf Listen und von Listen von Listen, von denen jede benannt werden kann. Sowohl Programme als auch Daten sind als Listen strukturiert. Die Leistungsfähigkeit von LISP beruht auf der Tatsache, daß es sich um eine rekursive Programmiersprache handelt, eine, die sich für die Beschreibung und die Manipulation von Strukturen und Mengen von Strukturen gut eignet. Als rekursive Sprache ist sie hierarchisch, und sie kann auf verschiedenen Ebenen der Detailliertheit beschrieben werden (und operieren). LISP ist auch sehr flexibel: Das Programm kann sich zwischen Ebenen bewegen, die ineinander verschachtelt sind, sich wann immer nötig auf sich selbst beziehen und an sich selbst Operationen ausführen sowie Speicherplätze automatisch neu belegen. Dies sind nur einige der Gründe, warum LISP und seine Nachfolger immer noch von den meisten kognitiv orientierten Computerwissenschaftlern bevorzugt werden.

Aber McCarthy ist mehr als nur der Erfinder einer zweckmäßigen KI-Sprache. Er hat auch sehr klare Vorstellungen von den Zielen der Künstlichen Intelligenz und von den Methoden, mit denen sie am besten zu erreichen sind. McCarthy glaubt, der Weg zu intelligenten Maschinen führe über ein streng formales Vorgehen, bei dem alle Akte, die Intelligenz ausmachen, auf einen Satz logischer Beziehungen oder Axiome reduziert werden, die man präzise in mathematischen

Begriffen fassen kann. McCarthy schrieb 1969 mit Patrick Hayes, der damals an der *Edinburgh University* war, einen einflußreichen Aufsatz, in dem er für die Verwendung eines formalen Prädikatenkalküls plädierte, das in ein auf Sprachverständnis hin konstruiertes System eingebettet ist (McCarthy und Hayes 1969). Er forderte die Formalisierung von Begriffen wie *Kausalität*, *Fähigkeit* und *Wissen*. Mit einem solchen Ansatz wäre die Verwendung von Techniken aus dem Bereich des Theorembeweises möglich, die nicht abhängig sind von den Details bestimmter Gegenstandsbereiche. McCarthys System basierte auf dem Vertrauen in die Konsistenz eines Systems von Sätzen über Sachverhalte und auf der Ansicht, jedes Wissen sei in rein logischen Begriffen denkbar (oder vorstellbar). Wie wir sehen werden, hat diese Anschauung in den letzten Jahren kaum noch Anhänger. Dennoch ist McCarthy seiner generellen Richtung treu geblieben. Er hat eine unkonventionelle Modifikation der Standard-Logik entworfen, um das Denken des „gesunden Menschenverstands" nachzubilden, und sein ehemaliger Kollege Hayes (1982) versucht, die Denkprozesse der „naiven Physik" — der Physik im Alltagsverständnis — in logische Begriffe zu fassen. In extremer Weise verficht McCarthy eine einzige Auffassung in der Künstlichen Intelligenz — ein Mann, der im Fach strenge Normen einhält und weniger als andere gewillt ist, sich dem praktisch Machbaren oder dem Einzelfall zu beugen.

Weitere bahnbrechende Programme

Während sich Vertreter der KI-Hauptströmungen in den sechziger Jahren entweder mit logischem Problemlösen befaßten oder über den rechten Weg der Künstlichen Intelligenz theoretisierten, hatten einige andere Arbeiten der damaligen Zeit weitreichende Implikationen für die Zukunft. Dazu gehörten die Forschungen von Edward Feigenbaum, ehemals Simon-Student. In Zusammenarbeit mit Joshua Lederberg, einem Nobelpreisträger für Genetik in Stanford, wollte Feigenbaum Daten aus einem Massenspektrographen analysieren (Feigenbaum, Buchanan und Lederberg 1971). Das Ergebnis war ein Programm namens DENDRAL, das auf der Basis einer riesigen Datenmenge bestimmen sollte, welche organische Verbindung Gegenstand der Analyse war. Nachdem die Daten verarbeitet waren, stellte das Programm Hypothesen über die Molekularstruktur der Verbindung auf und testete diese Hypothesen dann mittels weiterer daraus folgender Vorhersagen. Der endgültige Output war eine Liste möglicher Molekularverbindungen, nach abnehmender Wahrscheinlichkeit geordnet. DENDRALs Leistungen behaupteten sich im Vergleich mit denen versierter Chemiker gut (Boden 1977).

DENDRAL unterschied sich als Programm in zweierlei Hinsicht von Simon und Newells klassischem Modell. Zum einen bediente sich DENDRAL eines beträchtlichen gespeicherten Wissens über chemische Verbindungen. Es basierte auf der Annahme, daß Experten über sehr viel Fachwissen verfügen und jedes Programm, das intelligentes Verhalten für sich beansprucht, davon soviel wie möglich haben müsse. Zweitens sollte, selbst wenn dies mit der ersten Annahme unvereinbar schien, keinesfalls versucht werden, die Art und Weise nachzuahmen, wie ein Mensch dieses Problem gelöst hätte. Feigenbaums Interesse galt erklärtermaßen Leistungen auf höchster Ebene, nicht der Imitation der Vorgehensweise eines Menschen, der mit der gleichen Menge an Information konfrontiert ist. Dies ist ein früher Hinweis auf die tiefe Kluft, die sich zwischen der Simulation menschlichen Verhaltens und der Förderung intelligenter Leistungen *per se* auftun sollte.

Zwei andere Forschungsarbeiten der sechziger Jahre versuchten in einen scheinbar schwer faßbaren Bereich menschlichen Handelns vorzudringen: in den sinnvoller Dialoge. Bedenkt man Turings berühmte Herausforderung (s. S. 29), war dies ein verlockendes Ziel. Sowohl Kenneth Colby, damals Psychiater in Stanford, als auch Joseph Weizenbaum vom MIT schrieben Programme, die Zweiergespräche nachbildeten. Colby interessierte sich für psychische Störungen und entwickelte daher ein Programm, dessen Antworten von einem Paranoiden mit einer besonderen Fixierung auf die Mafia stammen könnten:

Warum sind Sie im Krankenhaus?
ICH SOLLTE GAR NICHT HIER SEIN.
Wer hat Sie hergebracht?
DIE POLIZEI.
Welche Schwierigkeiten hatten Sie mit der Polizei?
DIE BULLEN MACHEN IHRE ARBEIT NICHT.
Was machen sie statt dessen?
DIE BULLEN VERHAFTEN DIE FALSCHEN.
Sind Sie Italiener?
MEINE FAMILIE KOMMT AUS ENGLAND, ABER ICH BIN HIER GEBOREN.
Kennen Sie irgendwelche italienischen Gauner?
ICH VERSUCHE, DER UNTERWELT AUS DEM WEG ZU GEHEN.
(Boden 1977, S. 100f.; siehe auch Colby 1975)

Weizenbaum hingegen versuchte, das Verhalten eines Therapeuten zu kopieren, der nach der nichtdirektiven Rogers-Methode arbeitet:

Die Männer sind alle gleich.
IN WELCHER HINSICHT?
Sie nerven uns immer wegen irgendwas.
DENKEN SIE DA AN EIN BESTIMMTES BEISPIEL?
Nun, mein Freund wollte, daß ich herkomme.
IHR FREUND WOLLTE, DASS SIE HERKOMMEN.
Er sagt, ich sei fast immer deprimiert.
ES TUT MIR LEID, DASS SIE FAST IMMER DEPRIMIERT SIND.
Es stimmt. Ich bin unglücklich.

GLAUBEN SIE, WENN SIE HIERHER KOMMEN, WIRD IHNEN DAS HELFEN, WENIGER UNGLÜCKLICH ZU SEIN?
Ich brauche Hilfe, das jedenfalls ist klar.
WAS WÜRDE ES FÜR SIE BEDEUTEN, WENN SIE HILFE BEKÄMEN?
Vielleicht würde ich lernen, mit meiner Mutter auszukommen.
ERZÄHLEN SIE MIR MEHR ÜBER IHRE FAMILIE.
(Boden 1977, S. 106f.; siehe auch Weizenbaum 1966)

Beide Programme waren geschickt genug getarnt, um einen arglosen Gesprächspartner des Computers oder einen uninformierten Zeugen der Unterhaltung einige Zeit lang täuschen zu können. Aber beide Erfinder räumen ein, daß jeder, der den Programmaufbau kennt oder die richtigen Schlüsse ziehen kann, das Programm leicht demaskieren kann. Der Grund dafür ist, daß die Programme, wie auch Bobrows STUDENT-Programm, die Wörter nicht im eigentlichen Sinne verstehen, sondern nur so konstruiert sind, daß bestimmte Stichwörter bestimmte Antworten auslösen. Weizenbaums ELIZA zum Beispiel basiert auf Techniken des Musterabgleichs. Jeder Input-Satz wird nach Stichwörtern wie *ich*, *Sie*, *mögen* und *Vater* abgetastet; ist eines dieser Wörter vorhanden, wird der Satz nach den Regeln, die mit diesem Wort verknüpft sind, transformiert. Enthält hingegen der Input-Text kein derartiges Stichwort, antwortet ELIZA mit einer inhaltsleeren Phrase wie „WARUM GLAUBEN SIE DAS?" oder mit einem neutralen Verweis auf eine frühere Bemerkung. Das Programm hat einige geradezu hinterhältige Eigenschaften. Nehmen wir an, es findet sich kein erkennbares Stichwort, so daß die Entscheidung getroffen wird, auf ein früheres Thema zurückzugreifen: Das Programm ist so ausgelegt, daß es ein Thema wählen wird, an dessen Anfang das Wort *mein* stand, und zwar in der keineswegs unvernünftigen Annahme, daß solche Themen häufig für den Gesprächspartner „emotional aufgeladen" sind.

Es sollte, und nicht nur *en passant*, erwähnt werden, daß die Forschungsprogramme von Colby und Weizenbaum zwar auf ähnliche Arten entwickelt wurden und anfangs zwischen beiden sogar eine gewisse Zusammenarbeit bestand, daß sie inzwischen jedoch diametral entgegengesetzte Meinungen zur Künstlichen Intelligenz vertreten. Dazu gehörten auch hitzige persönliche Auseinandersetzungen. Weizenbaum steht inzwischen der Künstlichen Intelligenz offenbar grundsätzlich ablehnend gegenüber: Es widerte ihn an, daß es in den klinischen Berufen und den Massenmedien Leute gab, die seine ziemlich eigenwillige Demonstration als ernstzunehmendes therapeutisches Mittel erachteten, das im Umgang mit psychisch gestörten Menschen wirklich eingesetzt werden könnte. Colby hingegen ist ein „Eingeschworener", der die Meinung vertritt, Computern käme bei der Erforschung und vielleicht auch bei der Behandlung von Geisteskrankheiten eine wichtige Rolle zu. Die Meinungsverschiedenheiten zwischen diesen beiden Wissenschaftlern sind gravierend und berühren ethische Fragen zum Computergebrauch — ein Thema, das in jüngerer Zeit in den Debatten über den Wert — und die Werte — der Künstlichen Intelligenz wiederholt aufgetaucht ist.

Das phänomenale SHRDLU

Während die Programme von Weizenbaum und Colby nicht vorgaben, die Äußerungen zu verstehen, auf die sie antworteten (sondern nur „stur" auf gewisse Stichwörter reagierten), verhielt es sich mit dem Programm, das der MIT-Doktorand Terry Winograd um 1970 entwickelte, ganz anders. Es heißt SHRDLU (nach den Buchstaben, die auf der Häufigkeitsliste englischer Drucker auf Platz sieben bis zwölf stehen) und arbeitet ganz anders als die bisher beschriebenen Programme. Es ist kein allgemeiner Problemlöser oder ein nur durch Stichworte auslösbarer Antwortmechanismus: SHRDLU nimmt für sich in Anspruch, ein verstehender Experte zu sein — wenn auch nur auf einem überaus begrenzten Gebiet. Winograd erfand für sein Programm eine Scheinwelt aus einfachen Bauklötzchen, die (gäbe es sie wirklich) auf unterschiedliche Weise aufgetürmt und gestapelt werden könnten; sein Programm verfügt über ein hinreichend ausgefeiltes sprachliches Wissen, um einen komplexen Satz von Befehlen ausführen zu können. Darüber hinaus zeigt SHRDLU an, daß diese Befehle tatsächlich verstanden wurden — eines der deutlichsten Zeichen von Verstehen ist, daß das Programm um Klärung bittet, wenn die Anweisungen nicht eindeutig sind.

Was tut SHRDLU? Kurz gesagt, beantwortet es Fragen, die ein Interviewer ihm über seine Bauklötzchenwelt stellt, führt Befehle aus, die die simulierten Klötzchen betreffen, und berichtet über die Ergebnisse. Manchmal sind dies einfache Tätigkeiten wie *nehmen*, *bewegen* oder *stellen*; es können aber auch Tätigkeiten auf einem höheren Abstraktionsniveau sein, wie *stapeln* oder *Oberseite freiräumen*. Bevor zum Beispiel *stapeln* ausgeführt werden kann, müssen die Oberseiten beider Objekte, die gestapelt werden sollen, freigeräumt sein. Das Programm sucht die nach den einzelnen Schritten, durch die jedes Teilziel erreicht wird, und nach den Voraussetzungen für jeden folgenden Schritt. Das kann auch bedeuten, daß eine Handlungssequenz vom Zielzustand ausgehend bis zu dem Zustand zurückverfolgt wird, bei dem schließlich alle Voraussetzungen dafür erfüllt sind, daß mit der Sequenz begonnen werden kann.

Sehen wir uns einige Ausschnitte von SHRDLUs Können an:

Hebe einen großen roten Klotz auf.
OK
...
Suche einen Klotz, der größer ist als der, den du hältst, und lege ihn in die Schachtel.
...
OK
Was ist in der Schachtel?
DIE BLAUE PYRAMIDE UND DIE BLAUE SCHACHTEL.
Was steht unter der Pyramide?
DIE SCHACHTEL
...

Kann eine Pyramide auf einem Klotz stehen?
JA
...
Würdest du bitte beide rote Klötze und entweder einen grünen Würfel oder eine Pyramide aufeinanderstapeln?
OK
Welcher Würfel liegt auf dem Tisch?
DER GROSSE GRÜNE, AUF DEM DIE ROTE PYRAMIDE STEHT.
Ist ein großer Klotz hinter einer Pyramide?
JA, DREI: EIN GROSSER ROTER, EIN GROSSER GRÜNER WÜRFEL UND DER BLAUE.
...
Wann hast du [die grüne Pyramide] aufgehoben?
ALS ICH DEN ROTEN WÜRFEL, EINEN GROSSEN ROTEN KLOTZ UND EINEN GROSSEN GRÜNEN WÜRFEL AUFEINANDER GESTAPELT HABE.
Warum?
UM SIE LOS ZU WERDEN.
Warum hast du das gemacht?
UM DEN ROTEN WÜRFEL FREIZURÄUMEN.
...
Lege die blaue Pyramide auf den Klotz in der Schachtel.
OK.
...
Danke.
BITTE SEHR.
(Winograd 1972, zitiert in Boden 1977, S. 115—122)

Verglichen mit dem Verständnisniveau anderer Programme war SHRDLU ein bedeutender Durchbruch. Es ist schon wahr, daß seine simulierte Welt klein und die Zahl der Tätigkeiten, die es ausführen, und der Fragen, die es beantworten konnte, überaus begrenzt war. Aber innerhalb seines speziellen Universums verhielt sich das Programm folgerichtig, indem es Unterschiede „bemerkte" und Befehle „ausführte", als habe es wirklich verstanden, was es gefragt worden war. (Ob man sagen kann, daß es *tatsächlich* versteht, ist, wie wir gleich sehen werden, Gegenstand heftigster Kontroversen.)

Winograds Programm war dank der Verwendung mehrerer „Parser-Module" oder Spezialisten ausgetüftelter als seine Vorgänger: ein Syntax-Spezialist, der die Sätze in sinnvolle Wortgruppen zerlegt, ein Satz-Spezialist, der feststellt, wie sich die von einer Gruppe von Nomina beschriebenen Gegenstände auf die von einer Gruppe von Verben beschriebene Handlung beziehen, und ein Drehbuch-Spezialist, der versteht, wie Einzelszenen zueinander und zu der fortlaufenden Geschichte passen, die sie zusammen erzählen müssen. In der Bauklötzchenwelt beispielsweise ist der Drehbuch-Spezialist zuständig für den Bezug der Pronomina (keine einfache Aufgabe) und für die zeitliche Abfolge aller ausgeführten Tätigkeiten. Außer diesen Experten, die flexibel miteinander interagieren und Informationen austauschen können, verfügt das Programm auch noch über Glauben, über Kenntnisse in Problemlösen (beispielsweise Deduktionsmechanismen) sowie Spezialisten, die feststellen, ob es sich bei einer Äußerung um eine Frage, einen Befehl oder einen Kommentar handelt.

SHRDLU demonstrierte für seine Zeit auf verblüffende Weise, daß Sprache von einem Programm offensichtlich erzeugt und auch verstanden wurde. Wie Daniel Dennett (1978) jedoch meint, hat eine seiner wichtigsten Leistungen auf anderem Gebiet gelegen. Genauer gesagt, mit dem SHRDLU-Experiment untersuchte man einige der weitreichenden Anforderungen an jedes System, das Befehlen folgen, Veränderungen in der Welt planen und dann über alles die Übersicht behalten soll. Die Art, wie diese Aufgaben erledigt wurden, simulierte sicher nicht die Art und Weise, wie ein realer Mensch in einer realen Bauklötzchenwelt vorgehen würde, aber die von Winograd erfundenen Verfahren waren klug ausgedacht und verwiesen zumindest darauf, welchen Problemen sich jedes System wird stellen müssen, das wirklich verstehen will statt Verstehen bloß zu imitieren.

Einige Einschränkungen dürfen allerdings nicht unerwähnt bleiben. SHRDLU hat nicht genügend semantisches Wissen, um die Bedeutungsunterschiede von Funktionswörtern wie *und*, *der* und *aber* zu verstehen. Noch wichtiger ist, daß SHRDLU überhaupt nicht lernen kann, besser zu werden. Sein Wissen reicht aus, um zu wissen, warum es tut, was es tut, aber es reicht nicht aus, um sich zu erinnern, was bei einem Fehler schief gelaufen ist, oder um aus einem Irrtum zu lernen, künftig besser zu reagieren. Ein späteres, von Gerald Sussmann (1975) entworfenes Programm mit einer Bauklötzchenwelt — HACKER — zeigte, daß solches Lernen tatsächlich möglich ist.

Winograds Programm entstand zu einem Zeitpunkt, der für die Geschichte der Künstlichen Intelligenz ganz entscheidend war. Gerade damals tobten heftige Diskussionen, innerhalb der KI-Gemeinde ebenso wie zwischen der KI und ihren schärfsten Kritikern. Winograds Programm war in vielerlei Hinsicht wichtig für diese Diskussionen, auch wenn es sie nicht mit einem Handstreich beendete.

Fragen, um die sich alles dreht

Der Bedarf an Expertensystemen

Schauen wir uns zuerst die Diskussionen innerhalb der KI-Gemeinde an. In den sechziger Jahren sorgte das allgemeine Problemlösen für große Aufregung. Angeführt von den Prominenten Newell und Simon begab man sich auf die Suche nach Programmen, die zumindest im Prinzip mit Material jeder Art fertig werden konnten. Gegen Ende desselben Jahrzehnts jedoch waren die Beschränktheiten dieser Programme, die in überaus allgemeinen Termini abgefaßt werden mußten, immer offensichtlicher geworden.

Etwa um diese Zeit kam Edward Feigenbaum an die *Carnegie*-Universität, seine *Alma Mater*, und hielt vor einem Publikum, zu dem Newell, Simon und andere führende Kognitionswissenschaftler gehörten, einen Vortrag. Feigenbaum schleuderte seinen ehemaligen Lehrern eine Herausforderung entgegen: „Hier wird an Spielzeugproblemen gearbeitet. Schach und Logik sind Spielzeugprobleme. Wenn sie gelöst sind, sind Spielzeugprobleme gelöst. Mehr nicht. Tun Sie sich in der wirklichen Welt um, und lösen Sie Probleme der wirklichen Welt!" (Feigenbaum und McCorduck 1983, S. 63). Feigenbaum hatte Informationen über DENDRAL mitgebracht, sein Expertensystem, das eine Unmenge von Spezialwissen über organische Verbindungen umfaßte. DENDRAL verbuchte zwar beeindruckende Erfolge, traf jedoch anfänglich auf ein mißtrauisches Publikum. Joel Moses vom MIT berichtete:

> Das Wort, das man in der frühen KI-Literatur sucht und kaum jemals sieht, ist das Wort Wissen. Damals glaubte man nicht, daß man etwas wissen muß, denn man konnte immer wieder komplett von vorne anfangen ... Ich glaube, 1967 war der Wendepunkt, da war das Gefühl stark genug geworden, daß die alten Vorstellungen von allgemeinen Prinzipien nicht mehr taugten ... Ich argumentierte für etwas, das ich das „Primat des Expertenwissens" nannte, und die anderen nannte ich damals die Generalisten. (Zitiert in McCorduck 1979, S. 228f.)

Moses berichtete über Allen Newells heftigen Widerstand gegen seinen Ansatz:

> Er nannte meine Position die „Große-Schalter-Theorie", die angeblich darauf hinausläuft, daß man massenweise Experten hat, die die Arbeit machen; und wenn man ein Problem hat, dann überlegt man sich, welcher Experte zur Lösung des Problems hinzugezogen werden muß. Das ist nicht KI, wissen Sie ... Ich glaube, was Newells Position schließlich zu Fall brachte, war Winograd. (Zitiert in McCorduck 1979, S. 229)

Und in der Tat, kaum war Winograds Programm fertig, waren sogar die Größen der alten Garde wie Marvin Minsky und Allen Newell davon überzeugt, daß generalistische Programme Beschränkungen unterliegen und man Systeme brauchte, die beträchtliches Spezial- oder Expertenwissen haben. Und analoge Fragen sollten in anderem Gewand wieder auftauchen: So die Frage, ob es für alle KI-Programme eine allgemeine Sprache oder besser viele Spezialsprachen geben solle.

Prozedurale versus deklarative Repräsentation

Hinsichtlich der Art und Weise des Programmierens gab es zur gleichen Zeit einen heftigen Kampf zwischen Wissenschaftlern, die die *deklarative Repräsentation* bevorzugten — bei der Wissen im wesentlichen in Form von Fakten oder Aussagen kodiert wird — und denen, die der *prozeduralen Repräsentation* den Vorzug gaben — bei der Wissen in Form auszuführender Prozeduren oder

Handlungen kodiert wird. Anfang der siebziger Jahre waren diese beiden Lager strikt getrennt, wobei die LISP-Anhänger in aller Regel in das Lager der deklarativen Wissensrepräsentation einschwenkten. Sie meinten, deklarative Sprachen seien leichter zu verstehen und zu benutzen. Außerdem sind solche Programme ökonomisch, weil jede Information nur einmal gespeichert werden muß und dann beliebig verfügbar ist. „Deklarativisten" meinten, Intelligenz beruhe auf überaus allgemeinen Prozeduren, die breitgefächert anwendbar sind, gepaart mit spezifischen Fakten, die zum Beschreiben bestimmter Wissensbereiche nützlich sind; sie gingen davon aus, daß das Wissen über einen Sachverhalt nicht zwingend mit den Prozeduren verknüpft ist, die mit seiner Verwendung in diesem oder jenem Kontext einhergehen.

Auf eine Art, die an die Funktionalisten in der Psychologie erinnert, waren die „Prozeduralisten" der Ansicht, man müsse sich menschliche Intelligenz als eine Reihe von Tätigkeiten vorstellen, die von Menschen beherrscht werden; das dazu jeweils nötige Wissen ist in den konkreten, zum Ziel führenden Prozeduren eingebettet. Viele Dinge, die wir zu tun wissen, kann man sich am besten als Handlungsabläufe vorstellen, und es ist schwierig, diese formal auf deklarative Weise zu beschreiben. Will man beispielsweise einen Roboter bauen, der in einer einfachen Welt agieren soll, geschieht dies am natürlichsten, indem man die Handlungen als prozedurale Programme beschreibt. Darüber hinaus hat die prozedurale Repräsentation den Vorzug, daß sie zum einen eine problemlose Verwendung von Steuerinformation oder Wissen höherer Ordnung (der zweiten Stufe) darüber ermöglicht, wo im Programm eine Routine von einer anderen ausgelöst werden muß, und daß sie zum zweiten auch in diversen Bereichen anwendbar ist (Boden 1977; Cohen 1977; Newell 1983; Winograd 1975).

Die Debatte um prozedurale versus deklarative Repräsentation hat sich in den letzten Jahren etwas gelegt. Die Erkenntnis wächst, daß sich nicht ausnahmslos alle Datenverarbeitungsfunktionen besser für die eine als für die andere Repräsentationsart eignen und daß es sogar besser ist, einige Probleme in der einen, andere in der anderen Form anzugehen. Winograd war ursprünglich einer der entschiedensten Vertreter prozeduraler Systeme; später aber schrieb er einen Aufsatz über die Vor- und Nachteile dieser beiden Repräsentationsarten, und er arbeitet in neuerer Zeit mit Daniel Bobrow an einigen *Sprachen zur Wissensrepräsentation*, die prozedurale wie deklarative Komponenten enthalten (Bobrow und Winograd 1977).

Drei tiefe Einschnitte

Während sich also Wissenschaftler, die die Ziele der Künstlichen Intelligenz im Prinzip befürworteten und sich lediglich über den besten Weg uneinig waren solche internen Streitigkeiten austrugen, wurde in den siebziger Jahren auch sehr viel schärfere Kritik an der Künstlichen Intelligenz laut. Joseph Weizenbaum (1976), der früher selbst zum Fach gehört und das bestechende Programm ELIZA entwickelt hatte, griff die KI-Enthusiasten heftig an. Er fand viele ihrer Behauptungen maßlos, ohne jeden Bezug zum tatsächlich Erreichten. Er kritisierte auch die Zukunftspläne der Künstlichen Intelligenz; viele der Aufgaben, die man Maschinen übertragen wollte, sollten seiner Meinung nach weiterhin den Menschen überlassen bleiben; es herrsche eine gefährliche Unsicherheit darüber, was unbedingt Menschen vorbehalten bleiben müsse und was Maschinen tun könnten. Menschen seien völlig andere Entitäten als Maschinen, und einzigartige menschliche Erfahrungen wie beispielsweise Liebe und Moral müßten unantastbar bleiben.

Noch grundsätzlicher argumentierte der KI-Kritiker Hubert Dreyfus, ein phänomenologisch ausgerichteter Philosoph der *University of California* in Berkeley, der 1972 ein Buch mit dem Titel *Die Grenzen Künstlicher Intelligenz. Was Computer nicht können* veröffentlichte. Dreyfus stellte darin vor allem die fundamentalen Unterschiede zwischen Menschen und Computern groß heraus: Der Mensch, so behauptete er, verfüge im Unterschied zum Computer über ein diffuses Bewußtsein, könne Mehrdeutigkeiten tolerieren, habe einen Körper, der das Erleben seiner Umwelt und seine subjektiven Eindrücke organisierte und koordinierte, könne ein Opfer von Langeweile, Erschöpfung oder Antriebslosigkeit werden und verfüge über eindeutige Absichten und Bedürfnisse, die seine Situation strukturierten.

Nach Dreyfus' Darstellung verhält es sich so, daß die Künstliche Intelligenz nach einer anfänglichen Strähne vermeintlicher Erfolge steckengeblieben ist, weil sie keinen Weg fand, diese fundamentalen Unterschiede zwischen Mensch und Maschine zu bewältigen. Sie blieb dem Glauben verhaftet, ausnahmslos jedes menschliche Verhalten — einschließlich Intelligenz jeglicher Art — sei mit logischen Regeln formal beschreibbar. Aber das Leben der Menschen ist nur so geordnet wie eben nötig; es ist niemals völlig regelgeleitet: Leben ist, was Menschen daraus machen, und sonst nichts. Da ein Computer niemals an einer Situation beteiligt („engagiert") ist, da er weder Bedürfnisse noch Wünsche noch Absichten hat, muß er alle Fakten immer als gleich relevant behandeln: er kann nicht all die Unterscheidungen und Bewertungen machen, die Dreh- und Angelpunkt des wirklichen Lebens sind und die ihm Sinn geben.

Weizenbaums Buch wurde von den Kollegen aus der Künstlichen Intelligenz kritisch, aber noch mit gewissem Respekt aufgenommen; doch es gab kaum einen Computerwissenschaftler, der für Dreyfus' Verriß auch nur ein freundliches Wort gehabt hätte. Die Debatte wurde vom Aufeinanderprall unvereinbarer Charaktere und sogar von Vorwürfen intellektueller Inkompetenz beherrscht. Leider diskutierten Kritiker und Befürworter kaum ernsthaft über die aufgeworfenen Probleme, was möglicherweise an den unterschiedlichen Wertesystemen lag: Glaubt man (wie Weizenbaum), daß der Computer in bestimmten Bereichen nicht eingesetzt werden sollte, ist dies ein ethisches, vielleicht ein weltanschauliches Urteil; glaubt man (wie Dreyfus), daß man sich dem Verstehen phänomenologisch nähern muß, wobei die Empfindungen des fühlenden menschlichen Körpers im Mittelpunkt stehen, dann ist man einer erkenntnistheoretischen Tradition verpflichtet, die in der Welt der Computerwissenschaft und der Künstlichen Intelligenz so ziemlich niemand begreift.

Ich sollte erwähnen, daß Dreyfus' Buch 1979 in zweiter Auflage erschien; seiner Meinung nach gibt es nun in der Künstlichen Intelligenz gewisse Trends — wie die Annahme von Organisationsschemata oder -rahmen, — die in bestimmtem Umfang berücksichtigen, wie Menschen mit Erfahrung umgehen. Was die Computerwissenschaftler betrifft, so vertritt inzwischen zumindest eine Minderheit die Meinung, Dreyfus habe Themen aufgeworfen, die ernsthafte Beachtung verdienen. Gleichwohl trägt das Buch, an dem Dreyfus gegenwärtig schreibt, den Arbeitstitel: *Den Computer in seine Schranken verweisen.*

Am nachhaltigsten verstört wurden die KI-Verfechter vermutlich durch den Verriß ihrer Disziplin durch Sir James Lighthill, einen vermeintlich neutralen englischen Beobachter, der vom *Science Research Council* seiner Regierung mit einem Bericht über den aktuellen Stand der Künstlichen Intelligenz in Großbritannien beauftragt worden war. Lighthill fand wenig Rühmliches und äußerte sich über die Kluft zwischen ersten Erwartungen und tatsächlichen Errungenschaften der ersten zwanzig Jahre recht abschätzig:

> Die meisten Forscher im Bereich der KI und angrenzender Disziplinen gestehen, sie seien von dem, was in den letzten fünfundzwanzig Jahren erreicht wurde, tief enttäuscht. Forscher schlossen sich um 1950, sogar um 1960 dieser Disziplin mit großen Hoffnungen an, die 1972 von ihrer Verwirklichung noch sehr weit entfernt sind. In keinem Teilbereich der Disziplin brachten die bisherigen Entdeckungen den entscheidenden Durchbruch, der damals in Aussicht gestellt wurde ... Unterdessen wurden Behauptungen und Vorhersagen über zukünftige Ergebnisse der KI-Forschung veröffentlicht, die sogar noch weiter gingen als die Erwartungen der meisten Wissenschaftler im Fach, deren peinliche Lage nun durch das beklagenswerte Scheitern derart inflationärer Vorhersagen verschlimmert wurde. (1972, S. 17; siehe auch Lighthill et al. 1973)

Lighthill schreibt weiter:

> Wenn fähige und renommierte Wissenschaftler in Briefen an den Verfasser schreiben, daß es sich bei der KI, dem wichtigsten Bereich der Computerwissenschaft, um „einen weiteren Schritt im allgemeinen Evolutionsprozeß" handele, daß zu den Möglichkeiten der achtziger Jahre eine universelle Intelligenz mit einem dem Menschen vergleichbaren Grundwissen gehöre, daß sich atemberaubende Möglichkeiten eröffnen, die auf Maschinen-Intelligenz basieren und bis zum Jahre 2000 die menschliche Intelligenz übertreffen werden, [dann darf man zu Recht skeptisch sein]. (1972, S. 17)

In Lighthills durch und durch negativer Darstellung gab es einen einzigen Lichtblick. Seine besondere Anerkennung galt Winograds Doktorarbeit: Nach Lighthills Ansicht benutzte SHRDLU erfolgreich Prinzipien, die echtes Wissen erkennen ließen, sowie innerhalb eines begrenzten Universums eine Sensibilität für die Erfordernisse der natürlichen Sprache. Daß Lighthill zu dieser Differenzierung fähig war, zeigt, daß es ihm nicht darum ging, die Künstliche Intelligenz in Bausch und Bogen zu verwerfen, und es verweist auch ein weiteres Mal auf die besondere Leistung dieser einen, Anfang der siebziger Jahre erschienenen Dissertation.

Man kann wohl zu Recht sagen, daß sich die Künstliche Intelligenz von diesen Schlägen der frühen siebziger Jahre erholt hat und Ende der siebziger, Anfang der achtziger Jahre einige außergewöhnliche Erfolge hatte. Wie Margaret Boden, eine mit der KI sympathisierende Philosophin, sagte:

> Hier soll nur erwähnt werden, daß es bereits Programme gibt, die Dinge tun — oder auf jeden Fall offenbar anfangen, Dinge zu tun — die schlechtinformierte Kritiker *a priori* als unmöglich bezeichnet haben. Dazu gehört: holistisch statt atomistisch wahrnehmen, Sprache kreativ gebrauchen; mithilfe einer sprachneutralen semantischen Repräsentation sinnvoll von einer Sprache in eine andere übersetzen; Handlungen grob skizziert planen und über Details erst während der Durchführung entscheiden; je nach dem psychologischen Kontext des Betroffenen unterschiedliche emotionale Reaktionen erkennen. (Boden 1981, S. 33)

Selbst wenn die Erwartungen seit dem „absurden Überoptimismus" der fünfziger Jahre niedriger geworden sind, bleiben die tatsächlichen Leistungen einiger Wissenschaftler bemerkenswert; und die meisten fachfremden Beobachter sind überzeugt, daß die Experimente zumindest interessant sind und ernst genommen werden sollten.

Neuerungen der siebziger Jahre

Auch wenn sich die Kritiker der KI nicht so leicht beschwichtigen ließen, gab es, darüber herrscht Einigkeit, Anfang der siebziger Jahre einen neuen Energieschub und mehrere wirklich wichtige Ergebnisse. Diese neue Welle zeigte sich beispielhaft an Winograds SHRDLU, dem Übergang von generalistischen Wissenssystemen zu Expertensystemen, sowie an der Verschmelzung deklarativer und prozeduraler Ansätze. Um diese Zeit gab es einen weiteren Trend, der von größter Bedeutung, wenn auch umstritten war: die immer häufigere Anwendung eines *top-down*-Ansatzes beim Studium von Sprache und anderen Kognitionsbereichen.

Die Arbeit von Roger Schank und seinen Kollegen von der *Yale University* (Schank 1972; Schank und Abelson 1977) führt beispielhaft vor Augen, daß ein „verstehender" Mechanismus mehrere Erwartungen darüber hegt, wie ein Text generell beschaffen ist; dazu gehört auch ein Fundus an Wissensstrukturen über Details des fraglichen Themas. Diese Strukturen sind fester Bestandteil einer existierenden Wissensgrundlage; sie können auf einen bestimmten Text angewandt werden, wenn man verstehen möchte, wie dieser Text anderen des gleichen Genres ähnelt, aber auch, worin er sich von ihnen unterscheidet. Die bekannteste Formulierung Schanks ist der Begriff des *Skripts* — die Menge all der Ereignisse, die man in häufig erlebten Situationen wie Restaurant- oder Arztbesuchen erwartet. Dank des Skripts wird man dann aus den unterschiedlichen Speisekarten klug, vom Imbiß bei McDonalds bis zum Gala-Diner im Maxim, oder aus einer Reihe von Besuchen bei verschiedenen Fachärzten. Ein derart strukturierter Rahmen erlaubt es dem „Verstehenden", effektiv mit einer Vielzahl ansonsten schwierig zu assimilierender Texte umzugehen (ganz ähnlich Frederik Bartletts Geschichtenschemata, mithilfe derer seine Versuchspersonen eine ansonsten rätselhafte Gespenstergeschichte verstehen konnten).

Ein weiterer einflußreicher *top-down*-Ansatz ist Marvin Minskys Idee des Rahmens (1975): eine erwartete Wissensstruktur über ein Gebiet, die aus einem Kern sowie einer Menge von Leerstellen besteht. Jede Leerstelle entspricht einem Aspekt des vom Rahmen nachgebildeten Gebietes. In einem Rahmen wird eine Beschreibung erstellt und dann weitergeführt, indem vorhergesagte Werte durch tatsächlich beobachtete Werte ersetzt werden. Kommt also beispielsweise ein Roboter durch eine Tür in ein Zimmer, aktiviert er einen „Zimmerrahmen", der zum Arbeitsspeicher führt und einige Erwartungen weckt, was in einem typischen Zimmer als nächstes zu sehen sein wird. Nimmt der Roboter dann ein Viereck wahr, könnte diese Form, im Kontext eines Zimmerrahmens, ein Fenster sein. Zu den Leerstellen gehören solche auf höchster Ebene — feste Parameter, die Dinge repräsentieren, die für die jeweilige Situation *immer* zutreffen (wie die, daß ein Zimmer vier Wände hat); untere Ebenen haben viele Endplätze — Leerstellen, die durch spezifische Daten gefüllt werden müssen: Dinge wie Fenster beispielsweise, die man in einem Zimmer mit wechselnder Wahrscheinlichkeit antrifft. Man nimmt an, daß Menschen Hunderte von Organisations- und Interpretationsrahmen haben und in jeder halbwegs komplexen Situation auf Kombinationen solcher Rahmen zurückgreifen.

Pluralismus

Minsky hat auch ein bestechendes Konzept vorgelegt, wie der Geist arbeitet, das zu ganz neuen Vorschlägen führte, wie Computerprogramme beschaffen sein sollten. Minsky glaubt nicht mehr an einen einfachen allgemeinen oder zentralen Prozessor, durch den alle Informationen hindurch müssen, oder an einen organisierten oder einheitlichen Geist, der alle Handlungen überwacht; jetzt meint er, geistige Aktivität bestehe aus vielen *Agenten*, Agierenden, von denen jeder auf etwas spezialisiert ist. Nach seiner Auffassung setzt sich der Geist aus mehreren Dutzend Verarbeitungszentren oder „Agenten" zusammen, die verschiedene Wissensarten simultan verarbeiten können. Jeder der Einzelagenten hat eine Funktion, die unter bestimmten Bedingungen aktiviert wird, und jeder hat Zugang zu anderen Agenten. Die Agenten kommunizieren nicht durch die Übermittelung symbolischer Begriffe, sondern durch die Ausbreitung von Erregung oder Hemmung. Sie können auch, etwa wie Freuds Über-Ich, Informationen zensieren. Nach diesem Schema wissen einige Teile des Geistes gewisse Dinge, und andere Teile wissen etwas über die erstgenannten. Das Wissen, welcher Agent was wissen und was tun kann, ist sogar einer der wichtigsten Komponenten dieser neuen Betrachtungsweise des Geistes (Minsky 1979, 1982).

Minskys Idee des Rahmens und seine Metapher der „Gemeinschaft des Geistes" sind *per se* keine Theorien, die Gegenstand klar formulierter wissenschaftlicher Untersuchungen sein können, sondern man sollte sie sich eher als Organisationsrahmen vorstellen, die Programme nach sich ziehen könnten, die effektiver funktionieren und menschliche Verhaltensweisen getreuer nachbilden. In diesem Sinne kann man Minskys Ideen als eine Reaktion ansehen: eine Reaktion gegen Ansätze, die nicht bereits bestehendes Wissen oder Erwartungen einbauen, und auch gegen jene Ansätze, die zwar das Detailwissen auf einem bestimmten Gebiet groß herausstellen, aber über absolut keine Allgemeingültigkeit oder Verbindung zu anderen Bereichen verfügen. Welche Auswirkungen Minskys neue Ideen schlußendlich auf die Künstliche Intelligenz haben werden, ist noch ungewiß.

Während sich hinsichtlich der Wissensbasis so die Perspektiven verlagerten, wuchs zugleich eine gewisse Unzufriedenheit mit dem Typ Computer, der dem KI Forscher in der Regel zur Verfügung steht: dem seriellen „Von-Neumann"-Digitalrechner. Wissenschaftler wie Minsky und jüngere wie Geoffrey Hinton und James Anderson (1981) sehen hier eine bestechende Möglichkeit: Da das Gehirn kein serieller, sondern ein paralleler Mechanismus ist, in dem Millionen von Neuronen simultan aktiv sind, sollte menschliches Handeln von Computern simuliert werden, die ebenfalls parallel arbeiten. Das Gehirn ist ein Gebilde, das lernt, das viele spezialisierte Tätigkeiten ausführt und das Informationen in großen neuronalen Erregungsschleifen verteilt hat. Also fordern Hinton, Anderson und ihre Kollegen Computer, deren Funktionsweise zu der des menschlichen Gehirn analog ist, und Programme mit vielen zusammenwirkenden Einzel„agenten". Die meisten dieser Versuche gelten bislang der Simulation visueller Verarbeitung — ein Bereich, der neurophysiologisch ausreichend erforscht ist, um eine anatomisch plausible Simulation zu erlauben. Immer mehr Experten glauben, die nächste Neuerungswelle der Künstlichen Intelligenz werde der Verwendung „paralleler" Informationsverarbeitungsmechanismen gelten (Feigenbaum und McCorduck 1983). Wenn ich im 10. Kapitel Arbeiten zur visuellen Wahrnehmung vorstelle, werde ich einen Blick darauf werfen, wie man sich solche „Nicht-von-Neumann"-Computer vorstellt.

Sprache verstehen

Neben dieser Flut neuer Überlegungen hat es in einigen Spezialbereichen der Künstlichen Intelligenz beeindruckende Erfolge gegeben — Erfolge, die neue Konzepte widerspiegeln und von denen man behaupten kann, daß sie die gekünstelten Darbietungen früherer Programmiergenerationen wettmachen. So haben Roger Schank und Kollegen an der Yale University und auch Schanks ehemalige Studenten, die inzwischen an anderen Forschungszentren arbeiten, im Bereich Sprache Programme erstellt, die Geschichten gerafft wiedergeben, Zeitungsartikel überfliegen, Fragen zu Ablauf, Personen und Motiven von Geschichten beantworten und daraus Schlüsse ziehen (Schank und Abelson 1977; Wilensky 1983).

Schanks Behauptungen über seine Programme haben, ebenso wie seine allgemeineren Sprachtheorien, heftige Kontroversen ausgelöst. Er sieht den Grund für das Scheitern früherer Sprachprogramme in ihrer engen Fixierung auf Grammatik und will Programme, die tatsächlich „Sprache verstehen" — oder zumindest Teile davon. Doch viele Kritiker meinen, hier werde „verstehen" auf eine nicht zulässige Weise benutzt. Ich werde auf diese Kritik zu sprechen kommen, wenn ich John Searles grundsätzliche Zweifel daran darstelle, ob Maschinen überhaupt „Intentionen" haben können. Gestritten wurde auch über Schanks Charakterisierung von Sprache. Er behauptet, daß sich alles, worüber wir nachdenken oder sprechen können, auf einige wenige begriffliche Grundelemente reduzieren lasse, und er scheut auch nicht davor zurück, diese Elemente und ihre Funktionsweise zu benennen, wobei er über Bedeutungsnuancen ganz ungerührt hinwegzugehen scheint. So behauptet er, man könne alle Verben der Alltagssprache in zwölf elementare Tätigkeiten zerlegen (wie *bewegen, sich einverleiben, greifen*), die den Umgang mit, das Bewegen oder die Verwandlung von Gegenständen, aber auch von abstrakten Beziehungen oder Ideen betreffen. Schank liefert für seine Aufstellung keine theoretische Rechtfertigung, bringt aber etliche Beispiele, wie Verben mit diesen elementaren Partikeln analysiert werden können. Auf der Grundlage dieser Verben sollte man ein allgemeines Sprachverständnis aufbauen können, das sich, unter Umgehung syntaktischer Faktoren, fast ausschließlich auf Semantik stützt.

Schanks linguistische Ausführungen vermochten Sprachwissenschaftler, die in der Chomsky-Tradition arbeiten, nicht zu überzeugen. Aus ihrer Sicht hat Schank eine Reihe von *ad hoc* Mechanismen aufgestellt, die zwar unter gewissen begrenzten Bedingungen funktionieren mögen, ansonsten aber völlig unhaltbar sind. Nicht nur fehlt jedes systematische Kriterium für die Entscheidung, wann ein bestimmtes Skript aktiviert werden soll, es gibt auch keine theoretische Begründung, warum ein bestimmtes Verb-Konzept einem anderen vorgezogen werden sollte. Warum sollte „essen" als „sich einverleiben" analysiert werden, statt unter dem Aspekt der Muskelbewegungen, der Gedanken und Reaktionen dessen, der ißt? Oder warum sollte man bei einem Zahnarztbesuch eher das Arztpraxis-Skript aktivieren statt das eines Büros im allgemeinen oder eines Kieferchirurgen im besonderen? Diesen Kritikern erscheint es wenig sinnvoll, der Frage des Sprachverstehens weiter nachzugehen, bevor man nicht über eine brauchbare Theorie der Sprachstruktur verfügt — eine Theorie, die verschiedene Aspekte der Sprache, einschließlich Syntax, umfaßt (Dresher und Hornstein 1976).

Selbst wenn viele Beobachter zustimmen würden, daß Schanks Arbeiten theoretische Unzulänglichkeiten aufweisen, läßt sich die Tatsache, daß seine Programme die ihnen gestellten Aufgaben recht ordentlich erledigen, nicht einfach von der Hand weisen. Viele meinen sogar, Schank habe die richtige Generalisierungsebene für die Schaffung eines „verstehenden Systems" gefunden. Er kümmert sich um Bedeutungseinheiten, nicht um einzelne Wörter; benutzt Wörter, um Erwartungen aufzudecken, statt Sätze zu machen; und er konzentriert sich auf Semantik statt auf Syntax. So wie der *top-down*-Ansatz zur Belebung der Kognitionspsychologie beigetragen hat, so haben sich Schanks strategische „Spekulationen" — zumindest bislang — als verblüffend erfolgreich erwiesen.

Auch wenn ein Programm, das natürliche Sprache so versteht wie ein Mensch, noch in weiter Ferne liegen dürfte, hat es in anderen Bereichen natürlicher Sprachbeherrschung drastische Fortschritte gegeben. Einige Ansätze, wie die von William Woods (1975) und Ross Quillian (1968), halten sich an die Semantik; andere hingegen, wie der von Mitchell Marcus (1979), setzen lieber auf die Syntax. Ray Reddys HEARSAY (Reddy et al. 1973) geht das Problem des Sprachverstehens an, indem es sich verschiedener Arten von Wissen bedient — semantischem, pragmatischem, syntaktischem, lexikalischem, phonemischem und phonetischem — und das Signal auf zahlreichen Ebenen analysiert — vom isolierten Laut bis zum kompletten Satz. Jede Wissensebene wirft einen Blick auf die Hypothesen, die von allen anderen aufgestellt wurden (und die auf einer zentralen Tafel „angezeigt" werden) und „rät" dann so „gut wie möglich", was tatsächlich gesagt wurde. Diesem System mangelt es zwar fraglos an Eleganz und auch an der Geschlossenheit eines theoretisch begründeten Ansatzes, aber es macht sich die Strategie zunutze, Informationsstückchen zusammenzusetzen — eine Strategie, die möglicherweise unter Bedingungen, die nicht optimal sind, zum Sprachverstehen gehört.

Wahrnehmung

Im Bereich der visuellen Wahrnehmung gibt es ähnliche und vielleicht weniger strittige Fortschritte. Um 1960 gab es kurzfristig heftige Aufregung über PERCEPTRON, einen von Frank Rosenblatt (Cornell University) erfundenen Mechanismus, dessen Ziel das Erkennen von Buchstaben (oder anderen Mustern) war, die vor seine „Augen" gelegt wurden. PERCEPTRON bestand aus einer Matrix von vierhundert Photozellen, entsprechend den Neuronen der Retina; diese Zellen waren mit Assoziationselementen verbunden, deren Aufgabe darin bestand, die von den Photozellen produzierten elektrischen Impulse zu bündeln; die Verbindungen wurden zufällig hergestellt, da dies die beste Art zu sein schien, das Gehirn nachzuahmen (Bernstein 1981; Dreyfus 1972). (Als die zufällige Verdrahtung nicht funktionierte, wurde PERCEPTRON gezielter neu verdrahtet, was seine Leistung im Mustererkennen verbesserte.) Eine weitere

Komponente beinhaltete Reaktionseinheiten; ein Assoziationselement erzeugte nur dann ein Signal, wenn der Reiz oberhalb eines bestimmten Schwellenwerts lag.

Marvin Minsky und Seymour Papert vom MIT waren der Ansicht, die Konstruktion dieser Maschine basiere auf völlig falschen Konzepten und es sei lohnender, nach den Prinzipien zu suchen, die einer Maschine Lernen ermögliche, statt eine zu bauen und dann zu hoffen, daß sie schon funktionieren werde. Sie meinten, man müsse eine Grundstruktur in die Maschine einbauen und das System mit einer Informationsrückkopplung über Erfolg oder Mißerfolg versorgen. Schließlich veröffentlichten Minsky und Papert ein Buch, in dem sie die Grenzen der PERCEPTRON-Theorie überzeugend darlegten (1968). Ihre Kritik wirkte einige Zeit lang wie ein Dämpfer auf das Fach, weil KI-Forscher daraus folgerten, auf dem Gebiet des Formerkennens seien mit Systemen, die auf dem Modell neuronaler Netzwerke beruhen, keine weiteren Fortschritte zu machen.

Aber schon Anfang der siebziger Jahre waren am MIT im Bereich der visuellen Wahrnehmung neue beeindruckende Arbeiten begonnen worden. Patrick Winstons Programm (dem offenbar das Schicksal eines Akronyms erspart blieb) konnte lernen, Bauklötzchenkonstruktionen, die Bögen darstellten, von solchen zu unterscheiden, die dies nicht taten. Das Programm lernte, Flächen, Bögen, Piedestale und Arkaden zu erkennen, indem man ihm für alles Beispiele und Gegenbeispiele zeigte. Das Programm suchte nach den Differenzen zwischen den Positiv- und Negativbeispielen, die für die korrekte Identifikation relevant sind. Ein vorläufig erstelltes Konzept wurde dann durch die Analyse weiterer Beispiele verbessert. Obwohl Winstons Programm (wie SHRDLU) nur in einem sehr begrenzten Bereich arbeitete, beruhte es doch auf sehr weitgehenden Einsichten davon, wie man Formen miteinander kontrastieren kann.

Aufbauend auf einigen anderen Arbeiten (Clower 1971, Roberts 1965) entwickelte David Waltz (1975) vom MIT ein Programm, das die graphische Darstellung einer Szene vollständig analysieren konnte. Es brachte nicht nur eine dreidimensionale Beschreibung von Gegenständen in einer gezeichneten Szene zustande, es konnte auch zwei unterschiedliche Abbildungen als Darstellungen der gleichen Szene erkennen. Waltz nutzte eine empirische Entdeckung: Wenn man alle Elemente, aus denen ein Bild besteht, benennen kann, dann sind die physikalisch möglichen Szenen so eng eingrenzbar, daß es in den meisten Fällen nur eine mögliche Interpretation der Szene gibt. Das Programm konnte sogar Mehrdeutigkeiten erkennen und auflösen. Dazu Patrick Winston:

Waltz' Arbeit über das Verstehen von Szenen überraschte alle. Zuvor hatte man geglaubt, nur ein Programm mit komplizierten Kontrollstrukturen und einem umfangreichen, expliziten Beurteilungsapparat könne hoffen, komplizierte Szenen zu analysieren. Jetzt wissen wir, daß es ausreicht, wenn man weiß, welche Verbindungen in der Realität möglich sind und welche nicht, um alles viel einfacher zu machen. Man braucht nur eine Tabelle mit einer Aufstellung der wenigen tausend physikalisch möglichen Arten, wie Ecken aneinanderstoßen können, und ein simples Vergleichsprogramm ... Es geht lediglich um die Ausführung eines ganz einfachen Iterationsprozesses, der bestimmten Restriktionen unterliegt, und der unvereinbare Konstellationen von Linien sukzessiv beseitigt. (1977, S. 227)

Noch eindrucksvollere Leistungen im Bereich der visuellen Wahrnehmung stammten von David Marr, einem anderen MIT-Wissenschaftler, der es sich zur Aufgabe gemacht hatte, das Frühstadium der Wahrnehmung von Gegenständen und Szenen nachzubilden. Marr war beeinflußt von Chomskys Theorie, was Sprache ist und wie ein Organismus Sprache lernen kann; darum grübelte Marr darüber nach, welche Eigenschaften *jedes* Programm der Künstlichen Intelligenz und *jedes* visuelle System unbedingt haben müsse, und auch darüber, welche Einzelheiten dazugehören, um in der realen Welt komplexe Szenen zu erkennen. Er arbeitete nicht unmittelbar mit dem visuellen Nervensystem, entwarf aber seine Programme so, daß sie mit den Prozessen vereinbar waren, die als Eigenschaften des visuellen Systems bekannt sind. Marrs scharfsinnige Vorgehensweise beim Formulieren der relevanten Fragen und einige erstaunliche Ergebnisse hatten ihm schon breite Anerkennung eingebracht, als er 1980 im Alter von nur fünfunddreißig Jahren starb. Ich werde Marrs Arbeiten (Marr 1982) beschreiben, wenn ich im 10. Kapitel der Frage nachgehe, wie man einen Gegenstand erkennt.

Natürlich könnte ich viele andere Forscher und Programmierer anführen, sowohl solche, die in den wichtigsten Forschungsgebieten Sprache, visuelle Wahrnehmung und Problemlösen beschäftigt sind, als auch solche, die an der Peripherie das Land bestellen, wie Christopher Longuet-Higgins (1979) mit seiner Arbeit zum Erkennen von Tonarten, oder Richard Young (1947), der kindliche Kognitionsprozesse bei Aufgaben der von Piaget verwandten Art simuliert. Es gibt zur Zeit auch vielversprechende neue Projekte, über deren allgemeinen Stellenwert sich noch nichts sagen läßt. So hat Douglas Lenat (1976; 1984) eine Methode des heuristischen Folgerns als zusätzliche Hilfe beim Problemlösen und sogar beim Aufspüren neuer heuristischer Verfahren entwickelt. Der wesentliche Punkt jedoch dürfte deutlich geworden sein: Nach der Krise der frühen siebziger Jahre hat die Künstliche Intelligenz einen zweiten kreativen Energieschub erlebt. Selbst wenn die Resultate noch nicht an menschliche Standards heranreichen, kann man sie auch nicht mehr einfach damit abtun, daß sie auf oberflächlichen Verfahren oder billigen Tricks beruhen. Sie befassen sich zweifelsohne mit zentralen Fragen zum intelligenten menschlichen Verhalten.

Das „Chinesische Zimmer"

Und doch sind nicht alle Beobachter vom grundsätzlichen Wert der Künstlichen Intelligenz überzeugt. John Searle, ein Sprachphilosoph an der Universität Berkeley, hat einen Aufsatz mit dem Titel „Geist, Gehirn, Programm" (1980, dt. 1986) geschrieben, die vielleicht bislang eindringlichste Kritik. Searles Aufsatz erschien in einer Fachzeitschrift, die in der Folge mehrere Dutzend Stellungnahmen — von Zustimmung bis zu wütender Kritik — veröffentlichte. Daher wurden die strittigen Punkte dieser Kontroverse sehr bekannt, und sie stellen sozusagen eine sehr knappe Zusammenfassung der wesentlichen Fragen der Künstlichen Intelligenz unserer Tage dar.

Zu Anfang schließt Searle die Position der „schwachen" oder vorsichtigen KI von seiner Kritik aus: daß nämlich die Künstliche Intelligenz zum Verständnis menschlichen Verhaltens beitragen kann. Er hat (wenigstens was diesen Aufsatz betrifft) keine Schwierigkeiten mit einer Spielart der KI, die den Computer als Instrument zur Erforschung des Geistes sieht und damit eine strenge Überprüfung von Hypothesen ermöglicht. Searles Unmut bezieht sich auf die Behauptungen der „starken" KI, ein entsprechend programmierter Computer sei tatsächlich ein Geist, von dem man buchstäblich sagen kann, er verstehe und erlebe andere kognitive Zustände. Nun vertreten zwar wenige Wissenschaftler die „starke" Version so krass, wie Searles hypothetische Zielgruppe dies tut, aber die Vehemenz bestimmter Reaktionen auf Searles Kritik beweist, daß er einen empfindlichen Nerv getroffen hat.

Searles Gedankenexperiment

Um die starke KI zu widerlegen, erfand Searle sein provozierendes Beispiel vom „Chinesischen Zimmer". Nehmen wir an, sagt er, jemand (in diesem Fall Searle), werde in ein Zimmer eingeschlossen und erhalte einen Packen chinesischer Schriftzeichen. Nehmen wir weiter an, er könne chinesische Schriftzeichen nicht lesen, Chinesisch vielleicht nicht einmal von irgendwelchen Kritzeleien unterscheiden. Nehmen wir als nächstes an, er erhalte einen weiteren Packen chinesischer Schriftzeichen sowie eine Reihe von Regeln, wie der zweite Stoß dem ersten zuzuordnen ist. Die Regeln sind in Englisch abgefaßt, Searle kann sie also verstehen. Durch sie lernt er, eine Menge formaler Symbole einer anderen Menge zuzuordnen. Dies wird mit weiterem Material wiederholt, bis der Sprecher darin geübt ist, die Schriftzeichen einander zuzuordnen, und daher immer zu einem Packen vorgegebener Schriftzeichen einen zweiten Packen „richtiger" Schriftzeichen besorgen kann. Um die Situation noch weiter zu komplizieren, nehmen wir an, der Sprecher erhalte auch Fragen und Antworten auf Englisch, die er bewältigen kann. Der Sprecher befindet sich dann in folgender Lage:

Nehmen wir auch an, daß ich nach einer gewissen Zeit den Anweisungen für das Hantieren mit den chinesischen Symbolen so gut zu folgen lerne und die Programmierer so gut lernen, Programme zu schreiben, daß, von außen betrachtet — d.h. vom Standpunkt eines Menschen aus, der sich außerhalb des Raums befindet, in dem ich eingeschlossen bin —, meine Antworten auf die Fragen absolut ununterscheidbar sind von denen, die einer geben würde, dessen Muttersprache Chinesisch ist. Niemand, der nur meine Antworten sieht, kann erkennen, daß ich kein Wort Chinesisch spreche. Nehmen wir auch an, daß meine Antworten auf die englischen Fragen ununterscheidbar sind von denen, die andere geben würden, deren Muttersprache Englisch ist; was ohne Zweifel der Fall ist, einfach deshalb, weil Englisch auch meine Muttersprache ist. Von außen gesehen — vom Standpunkt dessen betrachtet, der meine „Antworten" liest — sind die Antworten auf die chinesischen Fragen und auf die englischen Fragen gleich gut. Aber im Fall des Chinesischen bringe ich, anders als im Englischen, die Antworten dadurch hervor, daß ich mit unverstandenen formalen Symbolen hantiere. Soweit es das Chinesische betrifft, verhalte ich mich einfach wie ein Computer; ich führe kalkulatorische Operationen an formal spezifizierten Elementen aus. In bezug auf das Chinesische bin ich einfach ein verkörpertes Computerprogramm. (Zitiert in Hofstadter und Dennett 1981, S. 33/dt. 1986, S. 339)

Searles Beweisführung ist komplexer und subtiler, als dieses aus dem Zusammenhang gerissene Zitat erkennen läßt, aber der Grundtenor wird deutlich. Er findet, der Turing-Test teste keineswegs, ob ein Computerprogramm Geist besitze oder einem Menschen irgendwie ähnele, denn menschenähnliches Verhalten könne von jedem Individuum und jeder Maschine nachgeäfft werden, die man mit einem Satz formaler Regeln ausgestattet hat, welche unter genau festgelegten Bedingungen zu befolgen sind. Solange man nur Regeln befolgt — solange man mit syntaktischen Operationen befaßt ist — kann von wirklichem Verstehen keine Rede sein. Und der Computer ist die Maschine *par excellence* für formale Operationen, frei von semantischem Wissen, frei von wie auch immer geartetem Wissen über die reale Welt und frei von der Absicht, durch eine spezielle Reaktion eine spezielle Wirkung zu erzielen. Daher ist er eine grundsätzlich andere Entität als der Mensch, der den semantischen Inhalt einer Äußerung versteht und eigene Beweggründe für Kommunikation hat. Fazit: die Lehre der „starken" KI hat abgewirtschaftet.

Gegenangriffe

Da Searle weiß, daß seine Ausführungen nicht unwidersprochen bleiben werden, nimmt er die wichtigsten Gegenargumente selbst vorweg. Er erörtert die Berkeley- oder „System-Replik": Sie besagt, selbst wenn die Einzelperson im Zimmer die Geschichte nicht versteht, so sei sie doch Teil eines ganzen Systems — Handbuch, Papier, Datenbanken, und so weiter — und das System als Ganzes verstehe. Searles Antwort lautet, der Betreffende könne das gesamte Material des Systems memorieren und internalisieren (also die Regeln im

Handbuch sowie die Datenbanken aus chinesischen Symbolen auswendig lernen und alle Berechnungen im Kopf ausführen), und er würde trotzdem nichts verstehen.

Eine zweite Replik ist die Roboter-Replik der Yale-Gruppe. Sie besagt, man könnte einen Computer in einen Roboter stecken, und der Roboter könnte umherlaufen und all das tun, was richtige Leute tun; solch ein Roboter würde, da er mit der realen Welt in Berührung steht, wirklich verstehen. Searle aber meint, diese Replik räume zwar stillschweigend ein, Erkenntnis sei mehr als formales Manipulieren von Symbolen, könne aber dennoch nicht überzeugen — weil Searle nämlich, ohne es zu merken, selbst zum Roboter werden könnte. So könnten die chinesischen Schriftzeichen in Wirklichkeit über eine Fernsehkamera zu ihm gelangen, die an dem Roboter angebracht ist: Der Searle-Roboter würde folglich den Eindruck machen, er nehme wahr. Ebenso könnten die Symbole, die er erzeugt, Motoren dazu veranlassen, Arme und Beine des Roboters zu bewegen: Der Searle-Roboter würde folglich handeln. In beiden Fällen wäre es Searle selbst, der all diese formalen Symbolmanipulationen durchführt und der dennoch nicht wüßte, was vorgeht. Auf gewisse Weise wäre er der Homunkulus des Roboters, die chinesischen Bedeutungen aber blieben ihm weiterhin völlig verschlossen.

Ein drittes Gegenargument, Berkeley und dem MIT zugeordnet, ist die Gehirnsimulator-Replik. Diese Antwort entwirft ein anderes Szenario: Jetzt simuliert ein Programm die tatsächliche Abfolge von Neuronenaktivitäten in den Synapsen des Gehirns eines Chinesen, der beispielsweise eine Geschichte versteht oder Fragen beantwortet. Nun nimmt die Maschine als Eingabe Geschichten auf, simuliert dabei die formale Struktur wirklicher Chinesengehirne bei der Verarbeitung dieser Geschichten und wirft chinesische Antworten als Ausgabe aus. Searle sagt, selbst wenn man sich so weit der Funktionsweise des Gehirns annähere, reiche dies nicht, um Verstehen zu erzeugen. Stellen wir uns, so Searle, statt eines Menschen, der in einem Zimmer Symbole sortiert, einen Menschen vor, der über ein ausgetüfteltes System von Wasserleitungen verfügt, die über Ventile verbunden sind. Erhält er die Symbole, schlägt er sie im Programm nach und bestimmt dann, welche Ventile er auf- oder zudrehen muß. Jeder Verbindungsstelle entspricht eine Synapse im Chinesengehirn, und das ganze System ist so aufgebaut, daß schließlich chinesische Antworten herauspurzeln. Aber, so Searle, der Mann versteht kein Chinesisch und die Wasserleitungen auch nicht. Das Problem mit dem Gehirnsimulator, so Searle, ist, daß er das Falsche simuliert:

Solange er nur die formale Struktur der Neuronenaktivierungen in den Synapsen simuliert, hat er nicht das am Gehirn simuliert, worauf es ankommt, nämlich dessen kausale Eigenschaften, seine Fähigkeit, intentionale Zustände hervorzurufen. Und daß die formalen Eigenschaften nicht ausreichen, um die kausalen Eigenschaften darzustellen, zeigt das Wasserleitungsbeispiel: Wir können uns sämtliche formalen Eigenschaften abgehoben vorstellen von den wesentlichen neurophysiologischen kausalen Eigenschaften. (Zitiert in Hofstadter und Dennett 1981, S. 340/dt. 1986, S. 348)

Searle zählt weitere Repliken und Kombinationen von Repliken auf, denen er auf ähnliche Weise begegnet, seine Karten aber legt er in der Gehirnsimulator-Replik auf den Tisch. Für ihn ist Verstehen eine Eigenschaft, die nur bei einer bestimmten Maschine herauskommt — einer Maschine wie das menschliche Gehirn, das über die Fähigkeit verfügt, Intentionen zu haben und sie zu realisieren. Wie er sagt, verstehe ich Englisch nicht deshalb, weil ich die Verkörperung eines Computerprogramms bin, sondern weil ich, soweit wir wissen, „eine bestimmte Art Organismus mit einer bestimmten biologischen (d. h. chemischen und physischen) Struktur bin und weil diese Struktur unter bestimmten Bedingungen im ursächlichen Sinne imstande ist, Wahrnehmen, Handeln, Verstehen, Lernen und andere intentionale Zustände hervorzurufen" (zitiert in Hofstadter und Dennett 1981, S. 344/dt. 1986, S. 351)

Die seinerzeit in der Zeitschrift veröffentlichten Kommentare griffen ausnahmslos jedes von Searles Argumenten an. Einige vertraten unverdrossen Positionen, die Searle bereits verworfen hatte, und behaupteten, er habe sie mißverstanden oder bestimmte Repliken könnten, richtig weitergedacht, doch leisten, was Searle bestritten hatte. Andere Kritiker warfen ihm vor, er sei mystisch, antiwissenschaftlich, antitechnologisch oder einfach bloß einer dieser Philosophen, die zu nichts mehr taugten. Wieder andere meinten, Searles Beispiel sei einfach nicht plausibel: Um mit diesem Verhalten erfolgreich durchzukommen, müßte der Mensch oder das System wirkliches Verstehen erlangen oder zumindest das, was wir ohne Zögern wirkliches Verstehen nennen würden, wenn wir ihm bei einem Menschen begegneten. Searle habe das Größenordnungsproblem ignoriert (welche Mühe es beispielsweise bedeuten würde, alle möglichen Nachrichten zu antizipieren und zu übersetzen) und nur dank dieses Kunstgriffs könne er seine Beweisführung durchhalten. Er wurde auch beschuldigt, die Ebenen verwechselt zu haben: Der Mensch sei es, der verstehe, nicht das Gehirn, und ähnlich verstehe auch der Computer als Ganzes und nicht das Programm.

Ich finde Searle überzeugend, solange er auf seinem eigenem Terrain bleibt — in seinem Beispiel des Mannes, der mit einem Satz formaler Regeln ausgestattet ist, um auf Chinesisch antworten zu können. Ich schließe zwar nicht, wie Searle, die Möglichkeit aus, daß eine Maschine eine natürliche Sprache verstehen kann, aber ich bin absolut der Meinung, daß das Wort *verstehen* beim Gedankenexperiment des „Chinesischen Zimmers" ungebührlich weit ausgelegt wurde.

Was man zu Recht kritisieren kann, ist Searles Erklärung dafür, warum wir verstehen, wenn er über die Intentionalität des Gehirns spricht. Die ganze Vorstellung vom Gehirn als einem Kausalsystem, das Intentionalität aufweist, ist unklar und schwer verständlich, und sie läßt sich schon gar nicht wie ein Computerprogramm emotionslos darlegen. Zenon Pylyshyn, ein Computerwissenschaftler von der Universiy of Western Ontario, kann mit folgender Bemerkung in dem Streit einige wichtige Punkte für sich verbuchen: „Searle will behaupten, nur Systeme, die dem Menschen äquivalent sind, könnten Intentionalität haben ... Seine These steht und fällt also damit, daß Intentionalität sehr eng an spezifische materielle Eigenschaften gebunden ist — ja, daß sie buchstäblich von ihnen *ausgelöst* wird." Pylyshyn fragt sich (1980a), ob Searle damit etwa behaupten will, daß Intentionalität so etwas wie ein „Sekret" des Gehirns sei, und gibt dann folgendes Rätsel auf:

Wenn immer mehr Zellen Ihres Gehirns durch integrierte Schaltchips ersetzt würden, die so programmiert wären, daß die Eingabe/Ausgabe-*Funktion* der neuen Einheit identisch wäre mit der der jeweils ersetzten Einheit, würden Sie aller Voraussicht nach haargenau so weiterreden, wie Sie es jetzt tun, nur daß Sie irgendwann aufhören würden, mit dem Gesagten irgend etwas zu *meinen*. Was wir äußeren Beobachter für Worte halten könnten, hätte sich für Sie einfach nur in bestimmte Geräusche verwandelt, zu denen Sie durch Schaltungen veranlaßt würden. (Zitiert in Hofstadter und Dennett, dt. 1986, S. 358)

Mir scheint, Searles Argument verliert seine Schlagkraft, falls *per definitionem* nur das menschliche Gehirn und gehirnähnliche Mechanismen Eigenschaften wie Intentionalität, Verstehen und dergleichen besitzen können. Ist dies *per definitionem* wahr, ist die Kontroverse sinnlos. Läßt Searle jedoch die Möglichkeit offen (und das muß er), daß auch nicht-protoplasmische Entitäten die „Milch menschlicher Intentionalität" besitzen können, dann muß er erklären, was es heißt, intentional zu sein, verstehen zu können und dergleichen. Eine solche Erklärung wird schwierig sein, da wir keine Ahnung haben, wie die kausalen Eigenschaften des Protoplasmas dem Menschen das Denken ermöglichen; und wer will schon mit Sicherheit behaupten, daß dieser Prozeß nicht genauso merkwürdig ist wie einer der Prozesse, die Searle so gelungen veralbert.

In dem Bemühen, alle diese Fragen zu beantworten, schrieb Searle ein Buch über *Intentionalität*. Nach seiner Definition ist Intentionalität eine Eigenschaft mentaler Zustände und Ereignisse, mittels derer diese sich auf die Objekte und Gegebenheiten der Umwelt richten. Intentionale Zustände umfassen Überzeugungen, Befürchtungen, Hoffnungen und Wünsche (1983a, S. 1/dt. 1987, S. 15). In diesem Buch sagt er:

Meine eigene Vermutung — und beim gegenwärtigen Kenntnisstand in der Neurophysiologie kann es nur eine Vermutung sein — ist: Wenn es uns gelingt, die Rolle des Hirns bei der Hervorbringung von Intentionalität zu verstehen, so wird uns dies wahrscheinlich mit Hilfe von Prinzipien gelingen, die sich vollkommen von den zur Zeit benutzten unterscheiden; der Unterschied wird so groß sein wie der zwischen den Prinzipien der Quantenmechanik und denen der Newtonschen Mechanik. Aber jede adäquate Theorie des Hirns muß die Realität der Intentionalität des Hirns anerkennen und die kausalen Fähigkeiten der Intentionalität des Hirns erklären. (S. 272/dt. S. 337)

Es scheint ganz so, als glaube Searle, man brauche nur zwei Erklärungsebenen, um Kognitionsforschung zu betreiben, — die Ebene der Intentionalität (eine ganz bodenständige Diskussion über die Wünsche, Überzeugungen und so weiter des Organismus) — und eine neurophysiologische Erklärung dessen, was das Gehirn tut, wenn es diese intentionalen Zustände realisiert. Unnötig erscheint ihm eine Ebene symbolischer Repräsentation, die in allen Sparten der Kognitionswissenschaft die Forschung beherrscht (1983b). Sind diese Argumente nur der Versuch, das Thema vom Tisch zu wischen, dann fehlt Searles positiven Äußerungen über Intentionalität die Überzeugungskraft. Kann er aber spezifizieren, was er genau meint, und kann er zeigen, daß Intentionalität nicht prinzipiell auf organische Gehirne begrenzt ist, tut sich ein veritables wissenschaftliches Problem auf. Dann können die KI-Forscher versuchen, genau jenes Verhalten zu simulieren, von dem Searle behauptet, es liege außerhalb ihrer Erklärungsmöglichkeiten.

Möglicherweise jedoch gehen die Themen, die zwischen Searle und seinen Kritikern — vielleicht überhaupt zwischen KI-Befürwortern und -Gegnern — strittig sind, über Fragen rein wissenschaftlicher Natur hinaus. In einer wütenden Kritik an Searles Aufsatz äußert der Computerwissenschaftler Douglas Hofstadter folgende Vermutung:

> Diese wahrhaft religiöse Streitschrift gegen die KI, getarnt als ernsthafter wissenschaftlicher Beitrag, ist einer der abwegigsten, empörendsten Aufsätze, die ich in meinem ganzen Leben gelesen habe ... Ich weiß, daß diese Zeitschrift nicht der Ort für philosophische oder religiös-weltanschauliche Stellungnahmen ist, aber mir scheint, in letzter Konsequenz ist das, was Searle und ich miteinander ausfechten, ein Glaubenskrieg, und ich bezweifle, daß ich irgend etwas sage könnte, was ihn umstimmen würde. Er beharrt auf etwas, das er „kausale intentionale Eigenschaften" nennt, die sich aufzulösen scheinen, sobald man sie näher zu analysieren, Regeln für sie zu finden oder sie zu simulieren versucht. Aber ich weiß nicht, was dieses Etwas ist — es sei denn ein Epiphänomen oder eine harmlos emergente Qualität. (Zitiert in Searle 1980, S. 434)

Sollte Hofstadter mit den tieferen Ursachen dieser Meinungsverschiedenheit recht haben, gibt es keinen Weg, wie eine Seite die andere überzeugen könnte. Dann geht es um Fragen des Glaubens, wobei Vernunft von keiner der beiden Seiten als relevant erachtet wird.

Angriff und Verteidigung: Die Diskussion geht weiter

Was immer an Searles Argumenten dran sein mag, sie sprechen den meisten heutigen Arbeiten der Künstlichen Intelligenz nicht die Legitimation ab: Searle kann, wie er schreibt, ohne Bedenken einräumen, daß die KI dazu beitragen kann, Theorien über menschliche Intelligenz zu konzipieren und zu testen. Wie wir aber schon sahen, stellen einige Kritiker die KI noch grundsätzlicher in Frage. Joseph Weizenbaum (1976) zum Beispiel wirft ethische Fragen auf wie die, ob die KI in Bereiche vordringen darf, die bislang dem Menschen vorbehalten waren — Bereiche wie Justiz oder Liebe.

Eine andere Kritik lautet, es sei zwar völlig in Ordnung, die menschliche Intelligenz simulieren zu wollen, die meisten Vertreter der KI hätten jedoch bislang oberflächliche Modelle benutzt, die nicht zum Kern menschlicher Denkprozesse vordringen. Anfangs kam diese Kritik aus dem Lager von Transformationsgrammatikern wie Elan Dresher, Norbert Hornstein (Dresher und Hornstein 1976) und Kenneth Wexler (1978). Aus ihrer Sicht versucht die Künstliche Intelligenz nicht, auf fundamentalen Prinzipien der Sprache (oder anderer Bereiche) aufzubauen; vielmehr ist sie nichts als ein praktisches, nach dem Prinzip von Versuch und Irrtum ablaufendes Unterfangen, das schwerlich jemals auf etwas stoßen wird, was Allgemeingültigkeit oder Erklärungswert hat. So finden sie zum Beispiel Schanks Programm zu vage und unspezifisch und meinen, es gäbe keine Algorithmen, um das „primitive Verb" oder das Skript zu bestimmen, das für eine bestimmte sprachliche Kette relevant ist. An Winograds Programm hingegen wird bemängelt, es sei zu spezifisch an eine vorgegebene „Mikro-Welt" gebunden und somit für neue Sprachvarianten unbrauchbar. Nach dieser „puristischen" Anschauung sollten die Wissenschaftler ihre Zeit damit zubringen, Systeme als solche zu analysieren, kompetente Menschen zu erforschen oder theoretische Erklärungen darüber aufzustellen, was Intelligenz oder Kompetenz ausmacht: Theorien, die den Kriterien der „harten" Naturwissenschaften standhalten. Und hat man erst einmal die *tatsächlichen* operativen Prinzipien verstanden — wie man sie im Bereich syntaktischer Verarbeitung bereits zu verstehen beginnt — dann dürfte es ein leichtes sein, den Computer so zu programmieren, daß er diese Operationen ausführt. Im folgenden Kapitel werde ich diese „transformationalistische" Vorstellung eines akzeptablen Erklärungsmodells in der Kognitionswissenschaft genauer betrachten.

Diese Kritiker gestehen der Künstlichen Intelligenz noch nicht den Rang einer echten Wissenschaft zu. Statt dessen sei sie nur ein bequemes Hilfsmittel und seine Funktionsweise von geringem theoretischen Interesse — Ansichten, die in letzter Zeit auch von einigen der aktivsten KI-Forscher übernommen werden. Terry Winograd, der ehemalige Liebling der KI-Szene, hat über die Grenzen des Computerverstehens nachgegrübelt und sich von Simulationsexperimenten abgewandt. Er und Daniel Bobrow erklären:

> Die zur Zeit üblichen Systeme, selbst die besten, gleichen häufig einem Kartenhaus ... Dies führt zu einer extrem zerbrechlichen Struktur, die beeindruckende Höhen erreichen mag, die aber augenblicklich zusammenstürzt, wenn man sie nur ganz geringfügig von dem speziellen Gebiet (oft sogar dem speziellen Beispiel) wegrückt, für das sie gebaut wurde. (Bobrow und Winograd 1977, S. 4)

Schank hat eingeräumt, wie schwierig es ist, Systeme ohne solide Modelle entwerfen zu wollen, und gestand unlängst den philosophischen Hintergrund vieler Probleme ein:

> KI ist sehr schwierig. Was ist die Natur des Wissens? Wie wird von vorhandenem zu allgemeinerem Wissen abstrahiert? Wie modifiziert man Wissen angesichts eines Feh-

lers? Gibt es Prinzipien des Problemlösens, die nicht an einen bestimmten Bereich gebunden sind? In welcher Beziehung stehen Ziele und Pläne zum Verstehen? Der Computer ist eine Möglichkeit, Ideen zu testen. Aber wir müssen erst einmal begreifen, wovon wir eigentlich Modelle bauen sollen. (Zitiert in Waldrop 1984a, S. 805)

Wissenschaftler wie John McCarthy (1984) haben über ein Problem nachgedacht, das Daniel Dennett (1983) die „Feuerprobe" der Künstlichen Intelligenz getauft hat: Wie kann ein Programm entscheiden, welche unerwarteten Aspekte einer Situation unbeachtet bleiben können. (So müßte zum Beispiel der Rahmen einer Ruderpartie, um menschlicher Intelligenz zu ähneln, davon absehen, daß die Ruder eines Bootes blau und nicht grün sind, keinesfalls aber davon, daß eine der Ruderdollen zerbrochen ist.) John Seely Brown und Kurt van Lehn, Wissenschaftler bei *Xerox* PARC in Palo Alto, räumen ein, daß die meisten neueren KI-Arbeiten den üblichen wissenschaftstheoretischen Kriterien nicht genügen, und beklagen das Fehlen einer „konkurrierenden Argumentation", die die Leistung einer Simulation rigoros mit der einer anderen vergleicht. Durch einen solchen Vergleich kann man begründen, *warum* man einige Prinzipien der Datenverarbeitung akzeptiert und andere ablehnt. In Ermangelung einer solchen Argumentationsweise stünden nun, so die Verfasser mit grimmigem Humor, die Theorien der Künstlichen Intelligenz nicht auf den Schultern, sondern auf den Füßen ihrer Vorgänger (van Lehn, Seely Brown und Greeno 1982).

Die Erkenntnis, daß die eigene Disziplin vielleicht nicht wissenschaftlich korrekt vorgegangen ist, ist *per se* noch kein Allheilmittel, aber sie ist ein wichtiger erster Schritt — der vielleicht wichtigste Schritt im Erwachsenwerden einer Disziplin. Ein weiterer wichtiger Trend ist meiner Meinung nach, daß immer mehr KI-Forscher Systeme suchen, welche die verborgenen Prinzipien eines bestimmten Wissensbereichs widerspiegeln. Diese Forscher suchen weder nach den allgemeinsten Merkmalen des Problemlösens (die sich beim GPS als schwer faßbar erwiesen haben), noch interessieren sie sich für Expertensysteme, die allein deswegen gut funktionieren, weil sie völlig undifferenziert Unmengen von gespeichertem Wissen heranziehen, sondern sie nehmen statt dessen die Prinzipien ernst, die in dem einzigen anderen uns bekannten intelligenten System wirksam zu sein scheinen — dem Menschen. In späteren Kapiteln werde ich auf einige dieser vielversprechenden Arbeiten zu sprechen kommen.

Es kann natürlich sein, daß wir nach eingehender Untersuchung verschiedener Bereiche entdecken werden, daß die eigentlichen Prinzipien tatsächlich bereichsübergreifend funktionieren, und daß wir schließlich doch eine allgemeine Wissensbasis oder einen allgemeinen Problemlöser statt etlicher Einzelexperten brauchen werden. Wie ich schon im Hinblick auf John Andersons (1983) kognitionspsychologische Arbeit sagte, könnte dieser Traum noch wahr werden, aber sehr wahrscheinlich ist es nicht.

Meine eigene Einschätzung ist, daß die Künstliche Intelligenz nach einer Phase überzogener Behauptungen und mitunter oberflächlicher Demonstrationen ein bescheideneres Bild von sich hat und im Verlauf dieses Prozesses zu einigen vertretbaren Ergebnissen gekommen ist. Teil dieses Reifungsprozesses ist auch die Erkenntnis, daß die KI-Praxis tiefgehende philosophische Fragen berührt, die nicht ignoriert oder heruntergespielt werden können. Dazu gehört auch die Erkenntnis, daß es für das, was mit den jetzigen KI-Methoden erklärbar ist, Grenzen gibt, und daß es unter Umständen sogar ganze Untersuchungsbereiche gibt, die — zumindest zur Zeit, vielleicht für immer — außerhalb der Künstlichen Intelligenz liegen. Es ist wichtig, reale Umsetzungen und nicht nur Beschreibungen möglicher Programme zu erreichen: Darauf beharrt zu haben, gehört zu Newells und Simons wichtigsten Beiträgen. Aber ebenso wichtig ist, daß diese Demonstrationen stabile Prinzipien widerspiegeln und nicht bloß zerbrechliche Konstrukte mit begrenzter Anwendbarkeit sind.

Da ich die Zukunft der Kognitionswissenschaft in der Untersuchung und Klärung einzelner Wissensbereiche sehe, glaube ich, daß diese Disziplin den Status einer Wissenschaft erreichen wird, wenn es ihr gelingt, die Gebiete und die Wissensysteme, mit denen sie sich befaßt, in einer neuen Weise zu beleuchten. Wie der Psychologe John Marshall sagt:

> Es ist mir völlig egal, was Angehörige der KI-Szene über den ontologischen Status ihrer Schöpfungen denken. Nicht egal ist mir, ob jemand grundlegende, einsichtsvolle Erklärungen von, zum Beispiel, der Wahrnehmung tonaler Musik …, den Eigenschaften des räumlichen Sehens …, und dem Zergliedern von Sätzen der natürlichen Sprache produzieren kann. Alle, die ich kenne, die mit Computern herumstümpern, tun das, weil sie eine attraktive Theorie irgendeiner psychologischen Fähigkeit haben und bestimmte Konsequenzen dieser Theorie algorithmisch überprüfen wollen. (1980, S. 436)

Christopher Longuet-Higgins sagte das gleiche auf etwas andere Weise:

> Vielleicht ist es an der Zeit, den Namen „Künstliche Intelligenz" durch einen zu ersetzen, der bescheidener und weniger provisorisch ist … vielleicht kann man anregen, ohne den Psychologen zu nahe treten zu wollen, daß im Grunde „theoretische Psychologie" die richtige Überschrift wäre, unter die man die Wahrnehmungs- und Kognitionsstudien der Künstlichen Intelligenz subsumieren sollte … Die Aufgabe des Theoretikers ist es, Hypothesen zu formulieren und ihre logischen Implikationen unter angemessener Beachtung interner Konsistenz und prognostischer Kraft so präzise wie möglich herzuleiten; die Pflicht des Experimentators ist es, den theoretischen Prognosen stabile und relevante Beobachtungen gegenüberzustellen und darauf hinzuweisen, in welchen Punkten die Theorie modifiziert werden muß, um mit den Experimenten in Einklang zu stehen — falls das überhaupt möglich ist. Jetzt scheint der Zeitpunkt gekommen, wo die Aufgabe der Theoriebildung viel zu schwierig geworden ist, um in der knappen freien Zeit außerhalb des Laboratoriums zu geschehen; sie ist mindestens ebensosehr eine Disziplin wie gutes Experimentieren. (1981, S. 200)

Mashall und Longuet-Higgins weisen damit auf die immer enger werdenden Verbindungen zwischen der experimentellen Kognitionspsychologie und der Künstlichen Intelligenz hin. Psychologen können von den sorgfältigen Simulationen der KI-Forscher profitieren und ihre eigenen, in aller Regel informellen

Modelle einer strengen Überprüfung unterziehen; KI-Wissenschaftler können ihrerseits feststellen, ob sich Versuchspersonen tatsächlich ihren hypothetischen Modellen entsprechend verhalten. Ich finde es naheliegend, daß Teile der Psychologie und Teile der Computerwissenschaft zu einer einzigen Disziplin werden, oder daß sie, wie ich schon im letzten Kapitel sagte, das Kernstück einer neuen Kognitionswissenschaft bilden.

Natürlich kann es sowohl in der Computerwissenschaft wie in der Psychologie Bereiche geben, die an dieser Verbindung nicht teilhaben. Dies wäre völlig in Ordnung. Die Vorstellung, die Künstliche Intelligenz könne sich entweder mit allen psychologischen (oder philosophischen) Problemen gleichermaßen oder aber mit keinem einzigen befassen, muß verschwinden. Und wir haben ebensowenig Grund für die Annahme, der Mensch sei völlig identisch mit dem Computer, wie wir uns an die Idee klammern müssen, zwischen diesen beiden Arten von (potentiell) denkenden Entitäten gäbe es keinerlei verwertbaren Ähnlichkeiten oder Parallelen.

Dennoch läßt sich die Frage, wie groß die Ähnlichkeit zwischen Mensch und Computer wirklich ist, nicht auf Dauer beiseite schieben. Zu den wichtigsten Forschungsergebnissen der neueren KI gehört, daß die seriellen „Von-Neumann"-Digitalcomputer in vielerlei Hinsicht offenbar ein inadäquates Modell menschlicher Kognition sind. Falls sich dieses Ergebnis erhärten sollte — und die meisten Forschungsarbeiten, die ich in diesem Buch noch vorstellen werde, sprechen dafür — dann sehen wir das Paradox der Computerwissenschaft bestätigt. Die Künstliche Intelligenz hat gezeigt, daß der Computer ein wertvolles Instrumentarium für die Kognitionsforschung und ein recht angemessenes Modell einiger menschlicher Denkprozesse sein kann. Ob er aber das beste Modell für die wichtigsten Prozesse ist, ist immer noch gänzlich unklar.

Künstliche Intelligenz und Kognitionspsychologie mögen sich als die zentralen Komponenten einer neuen Kognitionswissenschaft zusammentun, sie allein aber sind nicht das Fach. Die Philosophie wird eine Quelle wichtiger Fragen bleiben, eine Fundgrube unschätzbarer Reflexionen über diese Fragen und wertvoller Kritik kognitionswissenschaftlicher Arbeiten. Ebenso wichtige Partner dieser neugebildeten Forschungsrichtung werden jedoch jene Disziplinen sein, deren Aufgabe die Analyse bestimmter Kognitionsbereiche ist. Von den Disziplinen, die diese Bürde tragen müssen, ist die Linguistik, darüber herrscht Einigkeit, diejenige, die am meisten erreicht hat und somit an der Kognitionswissenschaft ganz maßgeblich beteiligt ist. Außerdem, und vielleicht aus diesem Grund, betrachten andere Disziplinen die Linguistik als ein mögliches Modell dafür, wie man einen spezifischen Bereich erforschen und das leistungsfähige (vielleicht zu leistungsfähige Instrumentarium der Psychologen und der Computerwissenschaftler anwenden soll. Wegen der großen Bedeutung, die der Sprache unter den kognitiven Fähigkeiten des Menschen zukommt, wegen der Rolle der Linguistik als möglichem Modell für bereichsspezifische Forschung und wegen der immensen Fortschritte, die es in den vergangenen Jahrzehnten in der Linguistik gab, werden wir uns nun der wissenschaftlichen Erforschung von Sprache zuwenden.

7. Linguistik: Die Suche nach Autonomie

Am Anfang standen farblose grüne Ideen...

Rätselhafte Sätze

Einer der berühmtesten Sätze der Wissenschaft unseres Jahrhunderts ergibt beim ersten Lesen kaum Sinn. Es handelt sich um Noam Chomskys in sich widersprüchlichen Satz „Farblose grüne Ideen schlafen wütend". Schließlich haben Ideen keine Farben, Ideen schlafen nicht, nichts kann zugleich farblos und grün sein — und was bedeutet es überhaupt, daß eine Entität wütend schläft?

Und doch läßt sich aus diesem Satz irgendwie ein Sinn herausdestillieren. Er ist sicherlich klarer als „Ideen wütend grün farblos schlafen" oder irgendeine andere willkürliche Aneinanderreihung dieser fünf Wörter. In Chomskys Satz weiß man, daß eine Aussage über Ideen gemacht wird; man spürt den Kontrast zwischen einem scheinbaren Zustand von Entspannung und einem aktiveren Zustand von Energie und Farbe. Der Satz ließe sich sogar metaphorisch verstehen. Man denkt an die revolutionäre Wirkung vermeintlich harmloser Ideen — Ideen wie die, die Noam Chomsky 1957 mit dem Buch *Syntaktische Strukturen* vorlegte.

Daß wir ein deutliches Gespür haben für offensichtlichen Unsinn wie „farblose grüne Ideen schlafen wütend" (oder: „Es brillig war. Die schlichten Toven wirrten und wimmelten"), ist das Fundament für Chomskys zentrale Beiträge zur Linguistik — übrigens auch zur Kognitionswissenschaft im weiteren Sinn. Mit seinem Buch sowie den zahlreichen folgenden Schriften lenkte Chomsky die Aufmerksamkeit auf bestimmte Eigenschaften von Sätzen, die alle normalen Sprecher und Hörer intuitiv kennen, die sich jedoch aus einem tieferen Verständnis der Sprache ableiten, deren Eigenschaften möglicherweise nur der Sprachwissenschaftler explizit kennt. Chomsky deckt Unterschiede zwischen scheinbar ähnlichen Sätzen auf und liefert überzeugende Erklärungen für diese Unterschiede: „Hans ist einfach zu zeichnen" (wobei Hans gezeichnet wird) versus „Hans ist begierig zu zeichnen" (wobei Hans zeichnet). „Maria drängte Hans zu lernen" (wobei Hans lernen soll) versus „Maria versprach Hans zu lernen" (wobei Maria lernt). Chomsky lieferte eine Erklärung dafür, warum sich bei manchen Sätzen die Bedeutung nicht verändert, selbst wenn die Konstituenten ausgetauscht werden („Die Katze jagte die Maus" versus „Die Maus wurde von der Katze gejagt") und warum bei anderen Sätzen die Phrasen nicht ohne weiteres umkehrbar sind („Viele Menschen lesen wenige Bücher" versus „Wenige Bücher werden von vielen Menschen gelesen"). Er entdeckte und erklärte Mechanismen, mit deren Hilfe Menschen Mehrdeutigkeiten in Sätzen bemerken und auflösen können — so in den folgenden Sätzen, die als Beispiele in der Linguistik ebenfalls sehr berühmt geworden sind: „Flying planes can be dangerous", „The shooting of the hunters disturbed me" und „I didn't shoot John because I like him". Er meinte, man müsse Sätze, die offenbar akzeptabel sind, wie „John seemed to each of the men to like the other" im Gegensatz zu vermeintlich ähnlichen Sätzen studieren, die eine angenommene Regel der englischen Sprache verletzen: „John seems to the men to like each other". Wir können sagen „We like each other", was heißt, daß jeder von uns den anderen mag, aber wir können nicht sagen „We expect John to like each other" — ja, es ist auch Sprechern des Englischen nicht klar, was das bedeuten könnte (Marshall 1981).

Die Erkenntnis, daß Menschen ein Gespür für derartige Sätze haben, war nicht Chomsky allein vorbehalten. Immerhin nutzte Lewis Carroll ein ähnliches Wissen für *Jabberwocky*. Edward Sapir (1921), ein einflußreicher Linguist der ersten Hälfte unseres Jahrhunderts, hatte bereits auf viele der Beziehungen zwischen Sätzen hingewiesen, die Chomsky später beschäftigen sollten. Aber Chomskys Ziel ging über das seiner Vorgänger, auch solch scharfsinniger Linguisten wie Sapir, weit hinaus, denn er wollte die Regeln finden, mit Hilfe derer man alle gerade genannten korrekten Sätze bilden oder generieren kann, weiß, daß sie korrekt sind und was die bedeuten, und mithilfe derer man jene Sätze bezeichnen kann, die diese Regeln verletzen und daher ungrammatisch, wenn auch nicht zwingend bedeutungslos sind. Um dies zu können, muß der Sprecher auf irgendeiner Ebene über eine detaillierte Aufstellung jener Regeln bzw. Prozeduren verfügen, die bestimmen, an welcher Stelle einer Äußerung welche sprachlichen Elemente auftreten können: das heißt, die Regeln müssen die Intuitionen abbilden, die Menschen von den Beziehungen in Sätzen und zwischen verschiedenen Sätzen ihrer Muttersprache haben. Chomskys Formulierung dieses expliziten Ziels der Erforschung von Sprache — oder, genauer gesagt, der Erforschung von Syntax — und der Erfolg, mit dem er Methoden zum Erreichen dieses Zieles entwickelte, hoben seine Arbeit augenblicklich von der anderer Sprachforscher ab. Und in seiner grundsätzlichen Überzeugung, daß die diversen Bereiche des Geistes (wie Sprache) nach Regeln oder Prinzipien funktionieren, die man finden und formal darstellen kann, liegt seine größte Herausforderung für die heutige Kognitionswissenschaft.

In *Syntaktische Strukturen* verkündete Chomsky zunächst einige Ziele und beschrieb dann die Art von Grammatik, die nötig scheint, wollte man die Regelhaftigkeiten des Englischen — im Grunde jeder Sprache — erkennen. Statt sich lediglich Sprachdaten anzusehen und zu versuchen, diese Regelhaftigkeiten aus empirisch beobachtbaren Äußerungen abzuleiten, wie dies seine Vorgänger in aller Regel getan hatten, beharrte Chomsky darauf, daß diese Prinzipien durch eine Untersuchung der realen Äußerungen niemals erkennbar seien. Statt dessen müsse man deduktiv vorgehen. Man müsse herausfinden, welche Art von System die Sprache sei, etwa so, wie man herausfindet, wie ein bestimmter Zweig der Mathematik beschaffen ist; und man muß seine Schlußfolgerungen als formales System darstellen. Eine solche Analyse sollte zu der Formulierung jener Regeln führen, mit denen jeder vorstellbare grammatische Satz (und die Zahl dieser Sätze ist selbstverständlich unendlich) erzeugt werden kann, zugleich jedoch dürften diese Regeln keine inkorrekten oder ungrammatischen Sätze „generieren". Ist das System einmal erstellt, muß man bestimmte Äußerungen untersuchen, um zu entscheiden, ob sie mit den Regeln des linguistischen Systems tatsächlich richtig generiert werden können.

Chomsky stellte zwei wichtige, vereinfachende Annahmen an den Anfang seiner Arbeit. Die eine war, daß man die Syntax unabhängig von anderen Aspekten der Sprache untersuchen könne. Wäre die Syntax unlösbar mit diesen anderen Aspekten — wie Bedeutung oder kommunikativem Nutzen — verknüpft, wäre es vielleicht unmöglich, ihre fundamentalen Gesetze zu entdecken. Die zweite, stillschweigende, allerdings eng mit der ersten verknüpften Annahme lautete, die Linguistik könne als Disziplin unabhängig von anderen Sparten der Kognitionswissenschaften vorgehen. Auch hier galt, daß Fortschritte ausgeschlossen oder quälend langsam sein könnten, falls die Erforschung von Sprache vollkommen an die Erforschung anderer Bereiche menschlicher Kognition — andere kognitiver Organe, wie Chomsky sie später nennen sollte — gebunden wäre.

Diese Arbeitshypothesen über sprachliche Autonomie — sowohl der Syntax von anderen sprachlichen, als auch der Linguistik von anderen kognitionswissenschaftlichen Aspekten — erwiesen sich im großen und ganzen als vorteilhaft und ließen die Linguistik zu einer rasch aufstrebenden Wissenschaft werden. Ob aber diese Annahmen letztendlich aufrechterhalten werden können — ob die Autonomie-Behauptung tatsächlich gerechtfertigt ist — ist ein Problem, das noch zu lösen ist. Ich werde in der Zusammenfassung auf diese Fragen zurückkommen, zunächst aber möchte ich Chomskys wichtigste Entdeckungen darstellen, die Geschichte des Faches, bevor er auftauchte, sowie einige der gegenwärtigen Fragen der Linguistik.

Bevor ich nun zum Wesentlichen an Chomskys Arbeiten komme, ist ein Wort über den Schwerpunkt dieses Kapitels angebracht. Die Arbeit herausragender Gelehrter war auch für andere Kapitel sehr wichtig, kein zweites Kapitel dieses Buches aber widmet einer einzelnen Person so viel Aufmerksamkeit wie dieses. Dies ist zum Teil eine Frage der Darstellungsweise — ein Weg, die wichtigsten (und häufig komplizierten) Ideen der modernen Linguistik so verständlich wie möglich wiederzugeben. Zudem aber ist in keiner zweiten modernen Kognitionswissenschaft das Werk eines einzelnen so zentral und so unersetzlich. Auf maßgebliche Weise ist die Geschichte der modernen Linguistik die Geschichte von Chomskys Ideen sowie der Reaktionen seiner Kollegen auf ihn und seine Theorie.

Chomskys Ansatz

Um sein ehrgeiziges Ziel zu erreichen, mußte Chomsky erst nachweisen, daß existierende Methoden zur Analyse von Syntax und zur Erklärung akzeptabler Sätze nicht funktionierten. Führte man eine präzise, aber unzureichende Formulierung bis zur inakzeptablen Schlußfolgerung, konnte man zeigen, *warum* diese Formulierung inadäquat war — und zugleich die Sprachdaten besser verstehen, die diese vergeblich zu erklären versuchte. Als erstes wies Chomsky nach, daß die theoretisch plausibelsten Methoden zur Satzgenerierung grundsätzlich nicht funktionieren konnten. Zunächst nahm er sich die Finite-State-Grammatik vor: eine Maschine mit einer endlichen Anzahl innerer Zustände, die Sätze auf folgende Weise erzeugt. Ausgehend von einem Anfangszustand gelangt die Maschine in einen zweiten Zustand, indem sie das erste Wort eines Satzes erzeugt; während sie an jedem Übergang ein Wort äußert, geht die Maschine von Zustand zu Zustand, bis sie den Endzustand erreicht hat, und da angekommen, ist ein vollständiger Satz erzeugt. Chomsky zeigte, daß solche Finite-State-Grammatiken grundsätzlich keine rekursiven Konstruktionsmerkmale des Englischen darzustellen vermögen: das heißt, es liegt in der Natur einer Finite-State-Grammatik, daß sie keine Sätze mit eingebetteten oder voneinander abhängigen Sätzen generieren und zugleich Ketten ausschließen kann, die diesen Abhängigkeiten widersprechen.

Nehmen Sie als Beispiel den Satz: „Der Mann, der sagte, er würde uns helfen, kommt heute an." Finite-State-Grammatiken können die strukturelle Verbindung zwischen *Mann* und *kommt an* nicht fassen, die den dazwischenliegenden Relativsatz überspannt. Zudem kann eine Finite-State-Grammatik, wie schon der Name sagt, keine Sprachstrukturen behandeln, die endlos wiederkehren können, beispielsweise das Einbetten eines Satzes in einen anderen („Der Junge, den das Mädchen, das den Hund..." und so weiter). Auch wenn solche Sätze für den Hörer schnell schwer verstehbar werden, sind sie im strengen Sinne grammatisch: jede Grammatik muß sie erklären (und generieren) können. Auf der allgemeinsten Ebene funktioniert Englisch (oder irgendeine andere Sprache) nicht so, daß man ein Wort in eine Leerstelle einfügt und darauf verweist, welche Wörter „rechts davon" folgen können; Sprache arbeitet auf einer höheren Abstraktionsebene, auf der bestimmte Elemente, unter bestimmten Umständen, *en bloc* in andere Elemente hineinplaziert werden können. Chomsky sagt also (über Sprache) genau das, was Karl Lashley sehr nachdrücklich über sequentielles Verhalten in all seinen Erscheinungsformen behauptet.

Als nächstes demonstrierte Chomsky die Unhandlichkeit — wenn auch nicht absolute Unmöglichkeit — einer zweiten Grammatikart, der Phrasenstruktur-Grammatik (oder der unmittelbaren Konstituentenanalyse). Hier arbeitet der Sprachforscher mit einer Anfangsmenge von Ketten und mit einer endlichen Anzahl von Phrasenstruktur- oder „Ersetzungsregeln", die ein Neuformulieren von Phrasen ermöglichen. Chomsky zeigte, daß solch ein Phrasenstruktur-System bestimmte Sätze nur sehr umständlich generieren kann; außerdem kann es viele Regelhaftigkeiten, die jeder Sprecher des Englischen bemerkt, weder erfassen noch erklären. So kann eine Phrasenstrukturgrammatik des Englischen die unterschiedlichen Strukturen von „What are vou looking for" und „What are you running for" (Lees 1957, S. 386), oder die Ambiguität von „The teacher's marks are very low" nicht erklären. Sie kann ebenfalls nicht zeigen, daß „John hit Bill" und „Bill is hit by John" in enger Beziehung zueinander stehen. Und man kann, so Chomsky, mit Hilfe einer Phrasenstruktur-Grammatik auch keine Sätze generieren, zu denen das Zusammenfügen zweier paralleler Wortfolgen gehört: solche Grammatiken haben beispielsweise keinerlei Mechanismen, um Sätze wie „Der Film spielte in Chicago" und „Das Stück spielte in Chicago" zu „Der Film und das Stück spielten in Chicago" zu verbinden. Grundsätzlicher gesagt, eine Phrasenstruktur-Grammatik kann nur um den Preis mehrerer Reformulierungen großer Bereiche der Grammatik geschrieben werden. Wie der Linguist Robert Lees bemerkt: „Läßt man diese unökonomischen Wiederholungen zu, dann zeigt die Grammatik nicht die fast identischen Strukturen zwischen den Teilen, die wiederholt werden müssen" (1957, S. 387). Dies bedeutet allgemeiner, daß man Englisch zwar mit einer Phrasenstruktur-Grammatik beschreiben könnte, diese Beschreibung aber so umständlich, so hoffnungslos kompliziert wäre, daß sie von geringem Interesse ist.

Damit hatten sich die bislang plausibelsten Modelle zur Erzeugung grammatischer Sätze als unzulänglich erwiesen: Finite-State-Grammatiken, weil zahllose Beispiele sinnvoller Sprache nicht durch Aneinanderreihung von Worten zu erzeugen sind; Phrasenstruktur-Grammatiken, weil ein bloßes Augenmerk darauf, wie Phrasen konstruiert werden, wichtige Regelhaftigkeiten der Sprache unberücksichtigt läßt. Aus diesen Gründen fand es Chomsky nötig, eine neue Ebene linguistischer Strukturen einzuführen, die all diese Schwierigkeiten vom Tisch fegten und es möglich machten, ausnahmslos alle Sätze der Sprache zu erklären.

Chomsky entdeckte, teilweise inspiriert von seinem Lehrer Zellig Harris (1952) die Ebene der Transformationen. Eine Transformationsgrammatik, so Chomsky, postuliert ein Regelwerk, mit dem Sätze zueinander in Beziehung gesetzt werden können, und mit dem ein Satz (genauer gesagt, die abstrakte Repräsentation eines Satzes) in einen anderen umgewandelt oder transformiert werden kann. Eine generative Grammatik im Sinne Chomskys ist ein mit mathematischer Präzision formalisiertes Regelsystem: ohne auf Informationen Bezug zu nehmen, die nicht explizit in ihm repräsentiert sind, generiert das System die grammatischen Sätze der Sprache, die es beschreibt oder charakterisiert, und ordnet jedem Satz eine strukturelle Beschreibung oder grammatische Analyse zu.

Gemäß der in Chomsky (1957) gegebenen Beschreibung arbeitet diese Transformationsmethode etwa wie folgt (man muß sofort hinzufügen — ja betonen — daß das System in den Jahren seither mehrfach verändert wurde): Ausgehend von Phrasenstruktur-Regeln, generiert man nur „Kernsätze", die kurze aktive Aussagen sind. Diese werden generiert, indem man Regeln zur Erzeugung von Wortketten befolgt: beispielsweise (1) Satz = Nominalphrase + Verbalphrase; (2) Nominalphrase = Art + N; (3) Art = der; (4) N = Mann, Ball; (5) Verbalphrase = Verb + Nominalphrase; (6) Verb = werfen, nehmen; und so weiter. Ausgehend von dem Einzelsymbol S kann man, mittels präzise benennbarer Regeln, einen Kernsatz wie „Der Mann wirft den Ball" generieren. Alle grammatischen Sätze einer Sprache können generiert werden, indem man diese Kernsätze transformiert.

Transformationen sind algorithmische Verfahren, die in festgelegter Reihenfolge stattfinden und mit Hilfe derer man eine Wortfolge in eine andere umwandeln kann. So wird durch eine Transformation aus einem Aktiv- ein Passivsatz, aus einer affirmativen Aussage eine Verneinung oder eine Frage. Im Rahmen dieser Analyse ist „What are you looking for" eine „What-Question"-Transformation von „You are looking for it"; „What are you running for" hingegen als eine „Why-Question"-Transformation von „You are running". Transformationen verdeutlichen die Beziehungen zwischen Sätzen wie „Der Junge küßt das Mädchen" und „Das Mädchen wird von dem Jungen geküßt"; die gravierenden Unterschiede oberflächlich betrachtet ähnlicher syntaktischer Wortfolgen wie „Hans ist begierig zu zeichnen" und „Hans ist leicht zu zeichnen"; und sie zeigen auch die Ambiguität des bereits erwähnten Satzes „the shooting of the hunters disturbed me", weil ihm zwei verschiedene Derivationen zugeordnet werden können — entweder werden die Jäger erschossen oder sie schießen selbst.

Alle diese Transformationen sind strukturabhängig: das heißt, sie beziehen sich nicht auf einzelne Wörter oder Wortfolgen von beliebiger Länge. Vielmehr werden Transformationen auf Ketten (abstrakte Satzrepräsentationen) angewandt, *nachdem* diese Ketten in bestimmte syntaktische Kategorien und Konstituenten (oder Phrasenstrukturen) zerlegt wurden, die determinieren, wann und wo die Transformationen anwendbar sind. Da Chomsky bei der Auswahl der jeweiligen syntaktischen Beschreibung größten Wert auf formale Einfachheit legte, trug die Transformationsgrammatik den Sieg über die Phrasenstrukturgrammatik davon. Selbst wenn alle englischen Sätze im Prinzip mit einer Grammatik generierbar sind, die allein aus Phrasenstrukturregeln besteht, wird man selbstverständlich eine einfache Phrasenstrukturregel und eine einfache Transformationsregel einer Menge schwerfälliger und schwierig aufeinander abzustimmender Phrasenstrukturregeln vorziehen.

(Um Mißverständnissen vorzubeugen, muß ich hier ein wenig vorgreifen. Als Chomsky dies schrieb, war nicht klar, daß es sich bei den Transformationen um ein überaus machtvolles formales Instrumentarium handelt, das auch dazu mißbraucht werden konnte, Analysen zu retten, die den Sprachdaten in Wirklichkeit nicht angemessen waren. Um diesem und weiteren Problemen zu begegnen, gibt es seither Bemühungen, die Transformationskomponente drastisch zu beschränken oder gar aufzugeben. Einige bekannte Linguisten haben sich sogar wieder einem Phrasenstruktur-Ansatz zugewandt.)

Der Transformationsansatz war zwar fraglos innovativ, aber es ist schwer zu sagen, worin genau Chomskys Arbeit über die seiner Zeitgenossen hinausging.

Mit Sicherheit trieb auch andere Kollegen der Wunsch um, eine umfassende Grammatik des Englischen zu schreiben, und die Konzentration auf die Syntax, unter relativem Ausschluß von Phonologie und Semantik, war ein Merkmal vieler Arbeiten jener Zeit. Chomsky sprach zwar darüber, wie die syntaktische Ebene mit Phonologie und Semantik interagiert; jahrelang aber beschränkte er seinen analytischen Eifer auf die Ebene der Syntax (siehe jedoch Chomsky und Halle 1968). Außerdem ging Chomsky diese Aufgabe mit einer Zielgerichtetheit an, mit reichhaltigem logischem und analytischem Handwerkszeug, mit einer Liebe zum Detail und einer Entschlossenheit in der Beweisführung, die es in der linguistischen Analyse bis dato einfach nicht gegeben hatte. Andere Wissenschaftler hatten auf die Begrenzungen existierender Modelle wie des Finite-State- und des Phrasenstrukturmodells hingewiesen, Chomsky aber bewies die Unmöglichkeit des ersten und die grundlegende Unzulänglichkeit des zweiten Modells. Während andere, darunter auch Chomskys Lehrer Zellig Harris, von Transformationsregeln gesprochen hatten, die Sätze verbinden könnten, beteuerte Chomsky nicht bloß, derartige Regeln seien imstande, die Beziehungen zwischen Sätzen festzulegen: er sagte einfach, daß es eine separate Ebene namens Transformationsebene geben *muß* und schlug die Mechanismen vor, die obligatorische wie optimale Transformationen bestimmten.

Chomsky sah die Aufgabe des Linguisten anders als seine Vorgänger. Seine Sicht der Erzeugung von Grammatik basierte auf der Idee eines Automaten — einer Maschine im abstrakten Sinne, die Wortfolgen einfach auf der Grundlage von Regeln generiert, die in sie eingebaut (programmiert) sind. Die daraus entstehende Grammatik ist neutral — gleichermaßen gültig zur Beschreibung von Sprachproduktion als auch von Sprachverstehen. Offensichtlich war Chomsky ein Kind der neuen Ära Wiener, von Neumann, Turing und Shannon, selbst wenn — ebenso offensichtlich — einige seiner Ideen darüber, wie Sprache funktioniert, den Vorstellungen der Informationstheorie konträr zuwiderliefen.

Chomsky beschrieb auch die Aufgabe des Linguisten klarer als seine Vorgänger. Erhebliche Aufmerksamkeit widmete er der theoretischen Frage, wie man ein Modell der Sprache wählen soll. Er unterbreitete die formalen Kriterien einer adäquaten Theorie der Linguistik, indem er bestimmte (und zeigte), wie diese Kriterien zu erfüllen sind. Er entwarf zudem auf verschiedenen Ebenen Adäquatheitsstandards: die Beobachtungsadäquatheit, bei der die Grammatik alle beobachtbaren Sprachdaten korrekt darstellt; die Beschreibungsadäquatheit, bei der die Grammatik auch die Kompetenz eines idealisierten Sprechers und dessen internalisiertes Wissen umfaßt; und die Erklärungsadäquatheit, bei der der Theoretiker die Regeln aufdeckt, die einer optimalen Sprachgrammatik zugrunde liegen. Ist ein Ansatz erklärungsadäquat, kann er erklären, warum Menschen gerade die Grammatiken konstruieren, die sie haben, und welche Fähigkeiten Menschen brauchen, um sprachliche Kompetenz zu erlangen. Auch eine solche theoretische Differenziertheit (und Vermessenheit!) hatte in den Schriften von Sprachforschern, die sich der Grammatik gewidmet hatten, bislang gefehlt.

Völlig auf sich gestellt, hätte sich Chomskys Buch vielleicht als allzu weit vom übrigen Fach entfernt erwiesen und wäre sang- und klanglos untergegangen. Niemand mochte seine monumentale Dissertation *The Logic Structure of Linguistic Theory* (1955) veröffentlichen, die detailliert die formalen Beweise führte. Seine erste Monographie, *Syntaktische Strukturen*, kam erst bei dem kleinen niederländischen Verlag Mouton heraus, nachdem Roman Jakobson, der angesehenste Sprachwissenschaftler jener Tage, sie nachdrücklich empfohlen hatte. Auch nachdem das Buch erschienen war, wäre es, zumindest einige Jahre lang, möglicherweise völlig unbeachtet geblieben, wäre nicht in der einflußreichen Zeitschrift *Language* eine lange, detaillierte und uneingeschränkt lobende Besprechung erschienen, die von Chomskys ehemaligem Studenten und Kollegen Robert Lees (1957) stammte.

Lees ließ in seiner Rezension keinen Zweifel daran, daß Chomskys schmales Bändchen die Sprachwissenschaft revolutionieren würde, und kontrastierte das „vorwissenschaftliche Stadium, das interessante Fakten sammelt und klassifiziert" mit einer Wissenschaftsdisziplin, die „im wesentlichen gekennzeichnet ist durch die Einführung abstrakter Konstrukte in die Theorien und die Validierung dieser Theorien durch eine Überprüfung ihrer prognostischen Kraft" (1957, S. 376). Wie seinerzeit Huxley für Darwin, stand Lees für Chomsky auf und behauptete, einige Wissensgebiete hätten „eine so hohe Entwicklungsstufe erreicht, daß ihr Grundproblem bündig formuliert werden kann, und die Struktur so gut bekannt ist, daß wir nun damit beginnen können, axiomatische Theorien aufzustellen, um explizit und rigoros wiederzugeben, worin ihr Inhalt besteht und was er bedeutet" (S. 377). Nach Lees' Meinung war es der Linguistik durch Chomskys Buch möglich geworden, die Grenze zwischen deskriptiver Vorwissenschaft und axiomatischer Wissenschaft zu überwinden:

> Chomskys Buch über syntaktische Strukturen ist einer der ersten ernsthaften Versuche seitens eines Linguisten, in der Tradition wissenschaftlicher Theoriekonstruktionen eine umfassende Sprachtheorie zu konstruieren, die im gleichen Sinne verstanden werden will, wie eine chemische oder biologische Theorie gemeinhin von Fachleuten dieser Bereiche verstanden wird. Dies ist keine bloße Neuordnung der Daten in einen andersartigen Katalog, und es ist auch keine weitere spekulative Philosophie über die Natur von Mensch und Sprache, es ist vielmehr die exakte Erklärung unserer sprachlichen Intuitionen anhand eines axiomatischen Systems, der daraus ableitbaren Theoreme, expliziter Ergebnisse, die mit neuen Daten und abweichenden Intuitionen verglichen werden können, und dies alles basiert auf einer klar dargelegten Theorie der inneren Struktur von Sprachen; und sie mag durchaus eine Gelegenheit bieten, eindeutig zu entscheiden, welche Grammatik anderen Grammatiken nach den Kriterien der Einfachheit überlegen ist. (1957, S. 377 f.)

Lees sagte, *Syntaktische Strukturen* sei „einer der ersten ernsthaften Versuche", eine umfassende Sprachtheorie zu konstruieren; aber wie Frederic Newmeyer in seiner sorgfältig recherchierten Geschichte jener Jahre schreibt: „Der Grundtenor der Rezension ließ klar erkennen, daß Lees es für den *einzigen* ernsthaften Versuch hielt — und überdies für einen ganz und gar geglückten" (1980, S. 19).

Auch andere Sprachwissenschaftler erkannten, als sie auf Chomskys Arbeit aufmerksam wurden, dessen Kraft und Eigenständigkeit. In einer anderen Rezension schrieb der führende Sprachwissenschaftler C. F. Voegelin, selbst wenn *Syntaktische Strukturen* nur einige seiner Ziele erreichen sollte, „wird es eine kopernikanische Wende herbeigeführt haben" (zitiert in Newmeyer 1980, S. 19). Der geschätzte britische Sprachwissenschaftler C. E. Balzell bemerkte, „die Sprachwissenschaft kann nie mehr sein, was sie mal war"; und Bernhard Bloch, einer der führenden Sprachwissenschaftler der vorherigen Generation, vertraute Kollegen an: „Chomsky ist offenbar auf dem richtigen Weg. Wäre ich jünger, würde ich mich ihm anschließen" (beide zitiert in Newmeyer 1980, S. 47).

Aber Chomsky setzte mit dieser revolutionären Wende eine Bewegung auf Kosten anderer in Gang — der strukturalistischen Linguisten der vorherigen Generation nämlich. Und als die ganze Reichweite seines Ansatzes deutlich wurde, gab es beträchtlichen und häufig heftigen Widerstand. Denn wie sich zeigte, kritisierte Chomsky nicht nur die bereits existierenden Versuche, eine Grammatik zu beschreiben; er vertrat vielmehr radikal andere Aufassungen von Linguistik im besonderen und von Sozialwissenschaft im allgemeinen (wir würden heute sagen „Kognitionswissenschaft"). Einige dieser Auffassungen waren noch implizit oder nicht ganz ausformuliert, als *Syntaktische Strukturen* erschien (Chomsky war damals erst neunundzwanzig Jahre alt; siebenundzwanzig bei Abschluß seiner Promotion); aber als Ende der fünfziger und Anfang der sechziger Jahre weitere Aufsätze erschienen und 1965 die bedeutende theoretische Darstellung *Aspekte einer Syntaxtheorie* vorlag, offenbarte sich die ganze Reichweite seines Vorhabens.

Chomsky machte von Anfang an deutlich, daß er auf eine ganz bestimmte Weise an Sprache interessiert war. Sprache ist kein allgemeines Kommunikationsmittel oder eine Leerformel, die alle Symbolsysteme umfaßt: vielmehr steht im Mittelpunkt von Sprache die Syntax, die ausschließlich der menschlichen Spezies eigene Fähigkeit, sprachliche Symbole in bestimmten, spezifizierbaren Folgen immer wieder neu zu kombinieren, um potentiell unendlich viele grammatisch korrekte Sätze zu erzeugen. Darüber hinaus gilt Syntax als primäre, grundlegende oder (in technischem Sinne) tiefe Ebene der Sprache, wobei Semantik (Bedeutung) als auch Phonologie (Lautstruktur) auf einer syntaktischen Basis konstruiert werden. Bei dem Modell der Generativen Transformationsgrammatik haben also die semantischen und phonologischen Komponenten Zugriff auf den Output der syntaktischen Basiskomponente, nicht aber umgekehrt (Smith und Wilson 1979, S. 97); ja bei diesem Ansatz werden die sprachlichen Symbole ohne jeden Bezug auf ihre Bedeutungen oder ihre Laute behandelt. Kürzlich nannte Chomsky (1981) die Verlagerung von „Sprache" zu „Grammatik" in engerem Sinne eine der beiden wichtigsten Verschiebungen der linguistischen Theorie der letzten Jahrzehnte (die zweite ist die Suche nach einem restriktiveren Grammatikkonzept, um die Möglichkeiten für Erklärungsadäquatheit zu vergrößern).

Chomsky interessierte sich für Sprache auch auf abstraktere Weise als seine Vorgänger. Während die Strukturalisten der vorherigen Generation untersuchten, was Menschen tatsächlich sagten, und sich in aller Regel auf das gesprochene Wort konzentrierten, sah Chomsky die Sprache als Abstraktion — eine Fähigkeit, die man nur erahnen kann, da sie in den realen Äußerungen eines Menschen nicht mehr in reiner Form sichtbar ist. Ganz im Einklang mit seinen formalistischen Neigungen meinte Chomsky, Linguisten sollten sich auf diese idealisierte, im Grunde Platonische Form konzentrieren und kleine Fehler, Pausen, Gedächtnislücken und dergleichen, die zum wirklichen Sprechen gehören, außer acht lassen. Sowohl in seinem Betonen der reinen Syntax als auch in seinem Wunsch, Sprache als ideale Form zu studieren, stand Chomsky in eklatanter Opposition zum Behaviorismus jener Tage.

Sprachliches Fehlverhalten: Die Kontroverse mit Skinner

Nach und nach offenbarte Chomsky, daß er in grundsätzlicher Opposition zu ausnahmslos allen empiristischen Annahmen der meisten Wissenschaftler und fast aller Linguisten seiner Zeit stand. Zunächst zeigte sich dies in seiner 1959 erschienenen, inzwischen berüchtigten Rezension des Buches *Verbal Behavior* [*Sprachliches Verhalten*] von B. F. Skinner (1957), dem Erzbehavioristen der Jahrhundertmitte. Skinner hatte versucht, sprachliches Verhalten — die Betonung lag auf *Verhalten* — mit den gleichen Reiz-Reaktions-Ketten und den gleichen Verstärkungsgesetzen zu erklären, mit denen er zuvor das Verhalten niederer Organismen erklärt hatte — also das Picken von Tauben oder das Labyrinthlaufen von Ratten. Größtenteils übergangen hatte er dabei die komplizierten Strukturmerkmale von Sprache, die nicht nur Chomsky (und andere Sprachwissenschaftler), sondern auch Behaviorismus-Kritiker wie Karl Lashley faszinierten. Und Skinner hatte den kreativen Aspekt der Sprache völlig ignoriert — die Tatsache, daß man reden kann, worüber man will und wie man will. Chomsky betonte das unbegrenzt expressive Potential von Sprache und fand die Annahme unsinnig, sprachlicher Output werde auf eine nennenswerte Weise durch zufällig vorhandene Reize begrenzt.

Er zeigte ganz genüßlich, daß Skinners Versuche, Sprache mittels dieser Reiz-Reaktions-Schemata zu erklären, gänzlich unzulänglich waren. Sie versagten, ob sie wortgetreu oder metaphorisch angewandt wurden. Chomsky formulierte mit der für ihn typischen Schroffheit:

> ... eine kritische Darstellung seines Buches [muß] zeigen, daß es in wortgetreuer Lesart (in der die Termini des deskriptiven Systems in etwa die technischen Bedeutungen haben, wie sie in Skinners Definitionen gegeben sind) fast keinen Aspekt des sprach-

lichen Verhaltens zu erklären vermag und daß es in metaphorischer Lesart nicht wissenschaftlicher ist als die traditionellen Versuche, diesen Problemkreis anzugehen, und zudem nur selten ebenso klar und sorgfältig. (1964a, S. 552/dt. 1976, S. 75)

Aber Chomsky machte klar, daß Skinner auch erkenntnistheoretisch auf dem Holzweg war. Wie andere Empiristen jener Zeit hatte auch Skinner Wissenschaftler ermahnt, eng an den Daten zu bleiben und abstrakte Theorien zu meiden. Chomsky hingegen meinte, Daten würden *niemals* für sich selbst sprechen, man müsse einen theoretischen Standpunkt beziehen und die Konsequenzen dieser Theorie ausloten. Darüber hinaus ließ er seine eigene Vermutung erkennen, die Theorien, die zur Erklärung von Sprache sowie anderen Aspekten menschlichen Denkens und Verhaltens nötig seien, müßten abstrakt, offen gesagt: mentalistisch sein. Chomsky stützte sich explizit auf die von Descartes vor etwa dreihundert Jahren geleistete Arbeit, machte Anleihen bei Plato und bei Immanuel Kant und vertrat die Auffassung, daß wir die Welt auf der Grundlage repräsentationaler Systeme interpretierten, die aus der Struktur des Geistes abgeleitet seien und auf keine direkte Weise die Form der Außenwelt reflektierten. Und sobald Linguisten akzeptiert hätten, daß es unmöglich ist, Grammatikalität physikalisch zu definieren — beispielsweise anhand realer Äußerungen —, würden sie die Notwendigkeit einer abstrakten mentalistischen Sprachtheorie erkennen.

In dieser Rezension ließ Chomsky auch erkennen, welch grundsätzliches Mißfallen die meisten psychologischen Theorien in ihm auslösten. Er meinte, um etwas zu beweisen brauche es häufig keine psychologischen Experimente: viele Psychologen zögen den Nachweis des Offensichtlichen einem systematischen und theoretisch fundierten Denken vor (Rieber 1983, S. 48). Einen Psychologen erwähnt Chomsky lobend: Karl Lashley. In seiner Studie über geordnetes serielles Verhalten war Lashley zu dem Schluß gelangt, eine Äußerung werde nicht erzeugt, indem einfach Reaktionsketten unter der Kontrolle äußerer Reize und interverbaler Assoziationen aneinandergereiht werden. Auch sei die syntaktische Organisation einer Äußerung nicht direkt in der physikalischen Struktur der Äußerung repräsentiert. Vielmehr erweist sich die syntaktische Struktur, so Lashley, als „ein generalisiertes Muster, das den einzelnen Akten bei ihrem Erscheinen auferlegt wird" (zitiert in Jeffress 1951, S. 122). Auf Lashley aufbauend, kam Chomsky zu dem Schluß, es müsse „eine Vielfalt von integrativen Prozessen [geben], die lediglich aus den Endresultaten ihres Wirkens ableitbar sind" (1964a, S. 575/dt. 1976, S. 96).

In Chomskys Formulierung steckt latent eine neue psychologische Sichtweise. Ganz am Ende der Rezension meint er: „Im Augenblick kann die Frage nicht ernsthaft gestellt werden, aber prinzipiell dürfte es möglich sein, zu untersuchen und zu bestimmen, wie die innere Struktur des informationsverarbeitenden (hypothesenbildenden) Systems beschaffen sein muß, um fähig zu sein, anhand der verfügbaren Daten in der zur Verfügung stehenden Zeit zu der Grammatik einer Sprache zu gelangen" (1964a, S. 578/dt. 1976, S. 99f.). In den folgenden Jahren kam Chomsky auf diese Intuition zurück, als er behauptete, der Mensch werde mit einer starken Tendenz zum Spracherwerb geboren, und die *möglichen Formen* von Sprachen, die man lernen könne, seien durch die Zugehörigkeit zur Spezies Mensch mit ihrem spezifischen genetischen Erbe begrenzt. Es beeindruckte Chomsky sehr, wie überaus abstrakt die Aufgabe ist, die sich jedem Kind beim Erlernen von Sprache stellt, wie schnell es Sprache erlernt, obwohl es nicht explizit unterwiesen wird. Skinners Vorstellung vom Spracherwerb durch Imitation und Verstärkung war nicht plausibel — vielleicht sogar im gleichen Sinne umöglich wie die Finite-State-Grammatik: um der Kürze der Zeit und der relativen Fehlerfreiheit gerecht zu werden, mit der Kinder Sprache erwerben, und zwar ungeachtet der „Reizarmut", des relativ kleinen Korpus oft unvollständiger und fehlerhafter Äußerungen, denen sie im täglichen Leben begegnen, brauchte man eine völlig neue psychologische Sichtweise.

Bekanntmachung: Chomskys Thesen

Mit diesem Essay trat Chomsky ins Rampenlicht. Nicht mehr nur Sprachwissenschaftler, der für einige wenige Kollegen über kaum verständliche Eigenheiten der Syntax schrieb, zeigte er sich als gestandener Kognitivist, als jemand, der sich für viele Dimensionen des Geistes interessiert und bereit war, seine Überzeugungen resolut zu vertreten. (Skinner hat auf diese Rezension niemals öffentlich geantwortet, ein Umstand, den viele Interessierte als theoretischen Konkurs des Behaviorismus deuteten.) Und in den Jahren, die auf diese Rezension folgten, führte Chomsky seine Wissenschaftsthesen weiter aus. Er vertrat die Auffassung, Sprache sei das beste Modell für die Konzipierung und Erforschung von Denkprozessen. Im Grunde sei Sprache Teil einer neu definierten Psychologie. Sowohl Sprache als auch die übrige Psychologie sollten formale Strenge aufweisen, abstrakte Modelle aufstellen und die Grundsätze der Erklärungsadäquatheit anstreben. Informell formulierte Grundprinzipien (der von Skinner und vielen anderen Psychologen bevorzugten Art) waren strikt abzulehnen. Nach und nach zog Chomsky den verbreiteten Glauben an überaus allgemeine und unspezifische Geistesfähigkeiten in Frage — Fähigkeiten wie Lernen, Reizgeneralisierung und dergleichen. (Hier reflektierte, ja antizipierte er ähnliche Verlagerungen in der Psychologie wie in der Künstlichen Intelligenz.) Er sah den Geist als eine Reihe relativ unabhängiger mentaler Organe oder Module, ein jedes mit eigenen Operations- und Entwicklungsgesetzen sowie festgelegten Interaktionsmöglichkeiten mit anderen „Organen". Dies war ein entschiedenes Eintreten zugunsten der Autonomie sowohl von Sprache als Organ — und auch, nicht zufällig, der Linguistik als Disziplin. Auf dieser *Modularität* basierte ein Bekenntnis zum *Mentalismus* — die Existenz abstrakter Strukturen im Geist, die Wissen möglich machen. Und es gab auch eine Tendenz zum *Nativismus*, dem Glauben, wesentliche Teile unseres Wissens seien universell und angeboren, und über dieses Wissen verfüge man ohne Unterweisung, einfach dadurch, daß man ein Mensch ist. Diese Ansichten waren von den Humanwissenschaften jener Zeit ebenso weit entfernt wie Chomskys frühe Ausführungen von der damaligen Linguistik; und sie führten zu noch heftigeren Auseinandersetzungen als seine ursprünglichen, in *Syntaktische Strukturen* geäußerten Ansichten.

Welch eine Herausforderung Chomsky für die traditionelle Sprachwissenschaft tatsächlich bedeutete, wurde 1958 bei einer Konferenz — der *Third Texas Conference on Problems of Linguistic Analysis of English* — deutlich. Hier ließ er, zunächst höflich, gleichwohl unnachgiebig formuliert, seine linguistischen Mitstreiter wissen, ihre herkömmlichen Ansätze zum Verständnis von Sprache seien zum Scheitern verurteilt. Er versicherte, selbst ein lückenloses Verzeichnis aller sprachlichen Elemente könne niemals zu einer Beschreibung aller möglichen Sätze führen und daß induktive Entdeckungsprozeduren schlicht nicht funktionieren. Er fuhr fort:

> Ich glaube, die Unfähigkeit, zu einer präzisen Begriffsklärung von „Grammatik" zu kommen, ist nicht nur ein oberflächlicher Defekt der Sprachtheorie, der behoben werden kann, indem man eine weitere Definition hinzufügt. Mir scheint, bis dieser Begriff geklärt ist, kann sich kein Teil der Sprachtheorie auf eine auch nur entfernt zufriedenstellende Weise entwickeln… Ich habe hier über die Grammatik einer Einzelsprache als analog zu einer bestimmten Wissenschaftstheorie gesprochen und bin dabei mit deren Untersuchungsgegenstand (den Sätzen dieser Sprache) verfahren, wie die Embryologie oder die Physik mit ihrem Untersuchungsgegenstand verfährt. (1964b, S. 213)

Chomsky distanzierte sich von der Meinung, die methodologische Hauptaufgabe der Linguistik sei es, immer differenziertere Techniken zum Entdecken und Klassifizieren sprachlicher Elemente zu finden, und Grammatiken seien Verzeichnisse dieser Elemente und Klassen. Statt dessen war Grammatik für ihn eine *Theorie* der Sätze einer Sprache; und das größte methodologische Problem sah er in der Konstruktion einer allgemeinen Theorie der Sprachstruktur, in der die Merkmale von Grammatiken (sowie die von ihnen abgeleiteten Strukturbeschreibungen und Sprachebenen) abstrakt erforscht werden (Chomsky 1964b).

Im Anschluß an seinen Vortrag stellte sich Chomsky den Fragen seiner Zuhörer und diskutierte mit führenden Strukturalisten der vorherigen Generation, deren Ansichten er bekämpfte. Einige von ihnen hatten gehofft, diesen jungen Parvenü jetzt endgültig schlagen zu können, aber es kam ganz anders. Newmeyer schreibt, gestützt auf die Konferenzprotokolle: „Hier können wir, wie nirgends sonst, Linguistikgeschichte dokumentiert sehen — Chomsky, das *enfant terrible*, tritt gegen einige der Giganten seines Fachs an und läßt sie aussehen wie ziemlich konfuse Erstsemester in einem Einführungskurs für Linguistik" (1980, S. 35). Diese Szene sollte sich in den folgenden Jahren unzählige Male wiederholen, als Chomskys ständig wachsende Schar von Bewunderern und Anhängern mit den führenden Vertretern der ehemals tonangebenden strukturalen Schule kämpfte und mit schöner Regelmäßigkeit die Unzulänglichkeit früherer Ansätze und die Verheißungen des neuen generativen Grammatikansatzes darlegte.

Chomskys Ansatz war tatsächlich revolutionär — umstürzlerisch im Vergleich zur früheren Sprachwissenschaft; bilderstürmerisch angesichts des herrschenden empiristischen, induktivistischen und nominalistischen Klimas. Wie Levi-Strauss in der Anthropologie, Bruner und Miller in der Psychologie, Quine und Putnam in der Philosophie die Lehren ihrer Disziplinen angezweifelt hatten, so rebellierte Chomsky gegen die herrschenden Meinungen der linguistischen Welt. Und da sein Ansatz überaus formal war, und die Sprachforschung in den Humanwissenschaften relativ avanciert, stach die Reichweite seiner Behauptungen grell ins Auge.

Überdies, und auch das gehört zur Geistesgeschichte jener Zeit, waren Chomskys Talent als Polemiker und seine Liebe zum Streitgespräch in der jüngeren Wissenschaftsgeschichte möglicherweise einzigartig. Er diskutierte gern, tat es brillant und war bereit, unermüdlch mit allen zu streiten, die sich für sein Thema interessierten. Er inspirierte auch zahlreiche Studenten und Kollegen, ihm in etwas zu folgen, das ein Kreuzzug zu sein schien — ein Kreuzzug gegen den reflexiven (und unreflektierten) Empirismus der vorherigen Generation, ein Kreuzzug für seine Auffassungen von Syntax, von Sprache, von angeborenem Wissen, Kognitionswissenschaft und auch, sogar oft, von zeitgenössischer Politik. Am Ende wurde Chomsky von vielen seiner Anhänger verlassen, und heute teilt offenbar nur noch eine Minderheit der Syntax-Forscher seine spezifische Sicht der Linguistik. Aber nicht einmal seine schärfsten Kritiker würden an dem arbeiten, woran sie arbeiten und so arbeiten, wie sie es tun, gäbe es nicht sein unersetzliches und ehrfurchtgebietendes Vorbild. Sowohl durch die Kraft dessen, was er sagte, als auch durch die Kompromißlosigkeit, mit der er es sagte, hat Chomskys Werk von Anfang an fast jeden tief beeindruckt, der sich die Mühe machte, es eingehend zu studieren.

Heute, wo sich die Aufregung der frühen Tage der Transformationsgrammatik etwas gelegt hat, lassen sich Kontinuitäten mit vorhergehenden Zeiten leichter ausmachen. Zu Beginn dieses Kapitels sprach ich davon, daß sich schon Edward Sapir, zwei Generationen vor Chomsky, auf intuitive Weise mit vielen Problemen befaßte, die *Syntaktische Strukturen* explizit aufgriff. Sehr viel weiter zurück reichte der allgemeine erkenntnistheoretische Ansatz, der Chomsky beeinflußte: er stammte von Descartes und mehr noch von jenen „cartesianischen Sprachwissenschaftlern", die die Kreativität der menschlichen Sprache bewunderten, und die (wie Wilhelm von Humboldt) nach Wegen suchten, ihre Regelhaftigkeiten zu erfassen. Zeitlich wie geographisch näher waren Chomskys strukturalistische Lehrer, deren Meinung er teilte: über die Bedeutung einer separaten Erforschung von Syntax oder Grammatik; über die Notwendigkeit, (deutlich gemacht von Roman Jakobson und Louis Hjelmslev [1953]) einer im wesentlichen mathematischen oder formalen Erforschung von Sprache; über die Verbindungen (erwähnt von Leonhard Bloomfield) zwischen dem Problem, eine Sprache zu beschreiben und dem Problem, Spracherwerb zu erklären; und in der — mit Ferdinand de Saussure geteilten — Überzeugung, ein Studium der *langue* (oder Kompetenz) sei etwas grundlegend anderes als das Studium der *parole* (oder Performanz). Chomskys Leistung bestand nun allerdings darin, all diese Stränge zu verknüpfen: Er zeigte, daß man, ausgerüstet mit einer formallogischen Analyse, intuitive Beziehungen zwischen Sätzen klären konnte, um damit letztlich ein Regelsystem zu generieren, das alle korrekten Sätze der Sprache, und nur sie, umfassen würde. Wie sagte Freud über seine Entdeckung des Unbewußten durch den „Königsweg" der Träume: Eine solche Erkenntnis hat man nur einmal im Leben.

Die Sprachwissenschaft früherer Epochen

Schon in der Antike diskutierten Gelehrte über die Regelhaftigkeiten der Sprache und über ihr wahres Wesen: gehört Sprache zur Natur oder zur Kultur? Es entstand, basierend auf Griechisch und Latein, ein System grammatischer Kategorien, und das Studium der Rhetorik blühte wie seither nie mehr. Dieses Interesse war nicht auf das Abendland beschränkt; im Indien des vierten vorchristlichen Jahrhunderts beispielsweise entwarf Panini eine Grammatik, die detaillierter war als die Grammatik der griechisch-römischen Gelehrten und dieser in mancher Hinsicht überlegen war. Während der Renaissance erreichte die Tradition der Philologie antiker Prägung einen Höhepunkt, als sie in diversen Bereichen kritischer Textanalyse Anwendung fand. In dem Maße, wie Gelehrte durch Reisen und die Kolonisierung von anderen Sprachen erfuhren, wuchs das empirische Wissen über die verschiedenen Sprachen Asiens, Afrikas, Ozeaniens und der Neuen Welt. Es gab sogar Wissenschaftsexpeditionen, die nur Daten über exotische Sprachen sammeln sollten (Robins 1967).

Ein bedeutendes Ereignis in der Geschichte der Sprachwissenschaft fiel in das Jahr 1786, als der englische Orientalist Sir William Jones der Bengalisch-Asiatischen Gesellschaft berichtete, Sanskrit weise verblüffende Ähnlichkeiten mit Latein und Griechisch auf. Jones trug die provozierende Hypothese vor, diese drei Sprachen müßten eine gemeinsame Ursprungssprache haben, die es vielleicht nicht mehr gab. Diese Behauptung erschütterte die gelehrte Welt; war sie doch bis dahin davon ausgegangen, Latein sei eine Art heruntergekommenes Griechisch, und die meisten europäischen Sprachen seien einfach aus dem Lateinischen entstanden. Aber eine gleichermaßen unkomplizierte Erklärung war für die Beziehung zwischen den antiken Sprachen und dem jüngst erforschten Sanskrit nicht möglich.

Jones' Entdeckung war der Anfang einer neuen Auffassung von Sprachtheorie, Sprachentstehung und den Prozessen des Sprachwandels. Zuvor hatte man geglaubt, alle Sprachen seien in den wenigen Jahrtausenden seit der Schöpfung entstanden, und Hebräisch sei die „Ursprache". Statt dessen suchten Sprachwissenschaftler und Philologen jetzt nach den Gesetzen, denen der sprachliche Wandel folgt. Die Sprachwissenschaftler verfuhren wie taxonomisch arbeitende Biologen, bestimmten verschiedene Sprachfamilien (Semitisch, Algonquin, Finn-Ugrisch, und so weiter) und entwickelten eine Theorie des Sprachwandels. Jacob Grimm fand systematische Entsprechungen zwischen den Lauten des Deutschen und denen des Griechischen, Lateinischen und Sanskrit. Er stellte beispielsweise fest, daß dort, wo im Gotischen (der ältesten erhaltenen germanischen Sprache) ein /f/ steht, im Lateinischen, Griechischen und Sanskrit häufig ein /p/ ist. Um diese Beziehungen zu erklären, postulierte er eine zyklische Lautverschiebung im prähistorischen Germanisch, bei der die ursprünglich stimmlosen (oder nicht aspirierten) Verschlußlaute zu „Frikativen" wurden (also /p/ zu /f/). Aber die Systematisierung war nicht lückenlos: Grimm und seine Mitarbeiter waren durchaus gewillt, Ausnahmen von diesen Regeln zu dulden (Bollinger 1968).

Die Junggrammatiker

Auf eine Weise, die an den Chomsky-Kreis ein Jahrhundert später erinnert, wollten einige junge Rebellen, die man Junggrammatiker nannte, um 1860/1870 die Situation klären. Sie waren unzufrieden mit dem bloßen Sammeln oder einer Taxonomie der Regelhaftigkeiten, die Grimm und Kollegen aufgefallen waren, und stellten die Behauptung auf, die Gesetze der Lautverschiebung ließen keinerlei Ausnahmen zu. Hermann Paul schrieb 1879: „Jedes Lautgesetz operiert mit zwingender Notwendigkeit: es erlaubt ebensowenig eine Ausnahme wie ein Gesetz der Chemie oder der Physik" (zitiert in Brew 1968, S. 177). Jede offensichtliche Abweichung von diesen Gesetzen mußte mit einem Verweis auf ein anderes Gesetz erklärt werden, und es gab sehr wenig theoretischen Spielraum um der reinen Theorie willen. Wie die Junggrammatiker H. Osthoff und K. Brugmann erklärten:

> Nur der vergleichende Sprachwissenschaftler, der die hypothesengeschwängerte Atmosphäre der Studierstube verläßt, in der die indogermanischen Urformen geschmiedet werden und in das helle Licht greifbarer heutiger Tatsachen hinaustritt, um aus dieser Quelle Informationen zu erhalten, die vage Theorie ihm niemals zu bieten vermag, kann zu einer richtigen Darstellung des Lebens und des Wandels sprachlicher Formen gelangen. (Zitiert nach Robins 1967, S. 184f.)

Die Junggrammatiker waren sehr auf Daten ausgerichtet, und dies beeinflußte stark das Denken über Sprache entscheidend. Man konnte Hinweise auf die Funktionsweise von Sprache in den physikalischen Merkmalen von Äußerungen suchen; und die neuen Techniken der Psychophysik schienen vielversprechende Hilfsmittel zu sein. Doch trotz aller Bemühungen des Psychologiepioniers Wilhelm Wundt bekamen die Psychologen die Sprachphänomene nie richtig in den

Griff. Rückblickend ist interessant, daß um die Jahrhundertwende die Sprachwissenschaftler aufmerksam auf die Psychologen blickten, um zu erfahren, welche der neuen psychologischen Theorien richtig waren; heutzutage bleiben die Psychologen den Sprachwissenschaftlern auf den Fersen, um herauszufinden, welche linguistische Sichtweise am ehesten eine psychologisch gültige Auffassung von Sprache bietet (Blumenthal 1979).

Der Pionier de Saussure

Vergleichende Sprachforscher (wie Grimm) vergrößerten das empirische Wissen von der Entwicklung der Sprache über die Jahrtausende und den Beziehungen zwischen den Lautstrukturen verschiedener Sprachen, aber ihre Schriften wirken heute im Grunde überholt: es ist, als hätten diese Gelehrten in ihrem Eifer, einer fernen Vergangenheit ihre Gesetzmäßigkeit zu entreißen, ganz übersehen, was für spätere Generationen das Wesentliche bei der Untersuchung von Sprache sein sollte. Dies trifft allerdings nicht auf Ferdinand de Saussure zu, den man mit Fug und Recht als den ersten modernen Linguisten bezeichnen kann. Der Schweizer De Saussure (oftmals abgekürzt zu Saussure) war um die Jahrhundertwende tätig und arbeitete zunächst in der vergleichenden indoeuropäischen Sprachwissenschaft, führte dann aber seine Kollegen aus ihrer Versunkenheit in die Geschichte zum Studium der Sprachen ihrer eigenen Zeit. Er kontrastierte *diachronische Sprachwissenschaft* (die sich mit dem Sprachwandel im Lauf der Zeit befaßt) mit *synchronischer Sprachwissenschaft* (dem Studium von Sprache als einem System zu einem bestimmten Zeitpunkt). Und er meinte, es gebe in der Sprache viel Wichtiges zu verstehen, das über die historisch-komparatistischen Fragen hinausgehe, die Schwerpunkt der Arbeit seiner Vorgänger und seiner eigenen Ausbildung gewesen waren.

Saussure (1986) verglich Sprache mit einer Partie Schach (eine Analogie, die ihm überaus gut gefiel) und sagte, im Verlauf einer Partie verändere sich der Stand auf dem Brett ständig: dennoch sei der Stand der Partie jederzeit erschöpfend durch die Stellungen der Figuren beschreibbar. Dabei ist es unerheblich, auf welchen Wegen die Spieler zu ihren momentanen Stellungen gelangt sind. Ganz ähnlich veränderten sich Sprachen zwar ständig, die aufeinanderfolgenden oder aktuellen Sprachzustände aber könnten unabhängig voneinander und ohne Rückgriff auf ihre bisherige Geschichte beschrieben werden.

Für Saussure glich Sprache auch in anderer Hinsicht einer Schachpartie. Zunächst ist die reale Größe und Gestalt der sprachlichen Zeichen unwichtig: so wie jede beliebige Figur als Läufer dienen kann, kann jeder Laut den Begriff *Apfel* bezeichnen: Dazu bedarf es nur des Konsenses. Zweitens hat keine Entität *per se* Bedeutung; Bedeutung erhält eine Entität nur über ihre Beziehung zu anderen Entitäten eines Korpus. So entsteht die Bedeutung des Turms nur im Verhältnis dazu, was die anderen Figuren im Prinzip können und wo sie gegenwärtig konkret stehen; ebenso ist ein Wort (oder eine Äußerung) nur im Kontext der anderen Wörter der Sprache sowie derjenigen Wörter von Bedeutung, mit denen dieses eine Wort zu einem bestimmten Zeitpunkt verknüpft ist. So wie jeder Zug einer Schachpartie das Erscheinungsbild des Spiels beeinflußt und alle Beziehungen verändert, so führt auch das Einfügen eines neuen Wortes zu Schwingungen, die sich auf alle anderen Wörter der Äußerung, des Textes oder der gesamten Sprache auswirken. Daher muß man Sprache als eine organisierte Totalität sehen, deren verschiedene Teile in wechselseitiger Abhängigkeit stehen und die ihren Sinn aus dem System als Ganzem ableiten.

Saussures Schwerpunkt auf Sprache als System und sein Interesse an einer synchronen Beschreibung dieses Systems sind die vielleicht zeitlosesten Beiträge zu der Sprachwissenschaft, wie sie sich damals herausbildete. (Die Gestaltpsychologen äußerten um diese Zeit Ähnliches über die Wechselbeziehungen zwischen optisch wahrgenommenen Einzelheiten.) Aber Saussure unternahm weitere beeindruckende Expeditionen in das Terrain Sprache. Er unterschied zwischen Sprache (oder *langue*) als dem gesamten Regelsystem (wie die Regeln des Schachs) und Sprechen (oder *parole*), als den konkreten Äußerungen (wie die Züge einer bestimmten Partie). *Parole* sind zwar die unmittelbar zugänglichen Daten, eigentlicher Untersuchungsgegenstand des Sprachwissenschaftlers jedoch ist die *langue* einer Sprachgemeinschaft: die lexikalischen, grammatischen und phonologischen Regelhaftigkeiten, die jeder Mensch aufnimmt, wenn er in einer Sprachgemeinschaft aufwächst. Findig verwies Saussure darauf, daß ein Papagei Wörter sprechen könne, das Sprachsystem aber nicht kennt; andererseits könne sich jemand, der Englisch beherrscht, entscheiden, es nicht zu sprechen. (Man denkt an Searles Chinesisches Zimmer!)

In mancher Hinsicht antizipierte Saussure die linguistische Theorie unserer Zeit; einige seiner Unterscheidungen und theoretischen Begriffe gehören heute zu den Grundannahmen eines jeden praktisch arbeitenden Linguisten. Beispielsweise sah er Sprache als kognitives System, das sich im Kopf des jeweiligen Sprechers befindet — eine mentalistische Sichtweise, die für einen französisch-sprechenden Gelehrten vielleicht nahe lag. Wichtig aber ist, die Unterschiede zwischen seiner Auffassung und der heutiger Forscher festzuhalten. Zum einen behielt Saussure die Beschreibung oder Bestandsaufnahme von sprachlichen Elementen und den Aufbau vom einfachsten zum komplexesten Element bei. Diese atomistische Orientierung steht in deutlichem Kontrast zu Chomskys Ziel eines Systems generativer Regeln, das nur akzeptable Äußerungen hervorbringt. Des weiteren schenkte Saussure den Eigenschaften des Satzes wenig Beachtung; in Chomskys „top down"-Ansatz hingegen sind die regelgeleiteten Merkmale der Wörter eines Satzes sowie die Beziehungen zwischen Satztypen ganz entscheidend. Dennoch ist Saussure, wegen seines Schwergewichts auf systematische und sprachspezifische Aspekte der Linguistik sowie auf eine sprachimmanente Erklärungsweise, ein Kollege moderner Autoren. In der Zusammenfassung seines Buches *Grundfragen der allgemeinen Sprachwissenschaft* betont er: „So haben wir denn einige Streifzüge in die Grenzgebiete unserer Wissenschaft unternommen, und es hat sich dabei eine Lehre ergeben, die zwar negativ ist, aber insofern besonders bedeutsam, als sie in vollem Einklang steht mit dem Grundgedanken, der diese Darlegung überhaupt beherrscht: *Die Sprache an und für sich betrachtet ist der einzige wirkliche Gegenstand der Sprachwissenschaft*" (dt. 1967, S. 279). Das war ein sehr wichtiger Punkt für die Vertreter der Autonomie!

Die Prager Schule

Saussure hatte die Wissenschaft der Linguistik begründet, und nun entstanden rund um die Welt Forschungszentren. In Amerika, Frankreich und Skandinavien arbeiteten Linguisten in der Tradition des Genfer Gelehrten. Am erfolgreichsten aber wurde Saussures Ansatz in den zwanziger und dreißiger Jahren von Sprachwissenschaftlern in Prag weitergeführt. Die Prager Schule unter Leitung von Roman Jakobson und Nikolai Trubetzkoy hatte vielfältigste Interessen, ist aber am besten bekannt für ihre Arbeit zur Phonologie. Für Angehörige der Prager Schule war das Phonem nicht die kleinste Analyseeinheit; sie definierten es vielmehr als ein Bündel distinktiver Merkmale. Jedes Phonem besteht aus einer Reihe artikulatorischer Merkmale und unterscheidet sich von jedem anderen Phonem der Sprache durch Anwesenheit oder Abwesenheit mindestens eines Merkmals (Vachek 1966).

Jakobson erläuterte dies mit einem prägnanten Beispiel. Stellen Sie sich vor, Ihnen wird auf einer Party jemand vorgestellt, doch Sie verstehen seinen Namen nicht. Er könnte Ditter, Bitter, Pitter, Titter oder so ähnlich lauten. Ob Sie seinen Namen herausfinden, hängt davon ab, ob Sie bestimmte Minimalkontraste hören. So unterscheiden sich *ditter* und *pitter* durch zwei minimale Oppositionen — die man *grave* versus *acute* und *tense* versus *lax* nennt. Auf ähnliche Weise kann jedes nichtidentische Paar durch die unterscheidenden Merkmale beschrieben werden.

Jedes dieser distinktiven Merkmale impliziert eine Wahl zwischen den beiden Begriffen eines Oppositionspaares, eines Kontrastes, den der Hörer wahrnehmen kann. Denken Sie zum Beispiel an die Laute /*p*/ und /*t*/. Diese Laute kontrastieren in den Merkmalen grave und acute. In /*p*/ gibt es eine Energiekonzentration am unteren Ende des Lautspektrums, in /*t*/ hingegen eine Energiekonzentration am oberen Ende des Spektrums. Daher haben die beiden Laute relativ verschiedene Tonhöhen, repräsentieren in ihrer Produktion verschiedene Energieverteilungen und reflektieren Resonanzräume verschiedener Größe und Form. Auch alle anderen distinktiven Merkmale sind durch solche perzeptuellen, physikalischen und motorischen Merkmale definierbar. Die distinktiven Merkmale werden zu simultanen Lautbündeln arrangiert, und dies sind die Phoneme der Sprache. Man könnte zwar meinen, es existierten unzählige solcher Merkmale, aber Jakobson und sein Kollege Morris Halle berichteten — ebenfalls in dem entscheidenden Jahr 1956 — von nur zwölf Grundoppositionen, aus denen jede Sprache ihre Wahl trifft.

Diese Art von Phonologie ist der typischste und beständigste Beitrag der Prager Schule. Festzuhalten bleibt, daß dieser Ansatz oberflächlich betrachtet zwar dem deskriptiven Strukturalismus ähnelt, im Grunde aber von anderen Motiven geleitet war. Die Prager Wissenschaftler interessierten sich für eine Erklärung, nicht nur für eine Beschreibung, und sie zögerten nicht, ihren linguistischen Theorien psychologische Realität zuzuschreiben. Für die Angehörigen der Prager Schule waren die Merkmale nicht einfach eine „praktische" Methode der Lautbeschreibung, sie hielten sie für physisch und psychisch real: das Nervensystem habe sich auf eine Art entwickelt, die sicherstelle, daß diese Merkmale korrekt hervorgebracht und unterschieden werden können. Merkmale können unabhängig von ihrem Vorkommen in einer Einzelsprache definiert werden, und wenn man empirisch auf sie trifft, kann man ihnen ihren Platz in einer allgemeinen Theorie der Phonologie zuweisen. Die Theorie steuert die Entdeckung von Phänomenen statt umgekehrt.

Das Phonem bedeutete einen wichtigen Fortschritt. Zum einen zeigte sich, daß das Phonemsystem jeder Sprache mit einer kleinen Anzahl binärer Merkmaloppositionen beschrieben werden konnte. Zum zweiten erlaubten die Merkmale Generalisierungen, die in anderen strukturalen Modellen nicht möglich waren. Und die Annahme dieser Merkmale ermöglichte auch die Entwicklung eines Bewertungsverfahrens: Eine optimale Analyse war dadurch gekennzeichnet, daß sie die geringste Anzahl von Merkmalsspezifikationen pro Phonem benötigte. Diese Faktoren übten schon bald ihren Einfluß auf jene Linguisten aus, deren Ziel es war, die noch in den Anfängen steckende Syntaxerforschung mit gleicher Exaktheit zu betreiben.

Die Prager Schule beschränkte sich keineswegs auf Phonologie. Ja, Roman Jakobson und sein Kollege schrieben mit geradezu leidenschaftlichem Vergnügen über fast jeden Aspekt der Sprache, von Phonologie bis Poesie, und auch über sehr viele Sprachen. Jakobson (1941) begab sich auf das Gebiet der Psychologie, als er versuchte, seine Beschäftigung mit den Lautgesetzen auf sehr unterschiedliche Populationen auszudehnen. Er entdeckte beim gesunden Kind eine Abfolge der Lautentwicklung, die dem *Gesetz des maximalen Kontrastes* folgt; dann wies er nach, daß sich dieser Entwicklungsprozeß als Folge einer Hirnverletzung systematisch umkehrt. Außerdem zeigte Jakobson, daß dieselbe Art von Kontrasten, mit denen die Phonologie beschrieben werden konnte, auch auf andere Sprachebenen anwendbar war, von der Syntax bis zur Pragmatik. Und in einem überaus fruchtbaren methodologischen Beitrag wies er darauf hin, daß die meisten sprachlichen Kontrastpaare nicht äquivalent oder reversibel sind: einer der beiden Kontraste ist grundlegender (oder unmarkiert), während der andere im wesentlichen in seiner Beziehung zum Gegenpol definiert und somit markiert ist. So ist auf der Ebene der Lautstruktur ein stimmloser Laut unmarkiert; auf der Ebene der lexikalischen Semantik ist das Wort *lang* unmarkiert im Kontrast zu dem Wort *kurz*, das markiert ist. Das Konzept der *Markiertheit* fand Eingang in Beschreibungen jeder Sprachebene und übte, wie wir noch sehen werden, einen bedeutenden Einfluß auf Nachbardisziplinen aus.

Mit seinen Sprachkenntnissen, seinen breit gefächerten Interessen und seiner kühnen Theoriebildung inspirierte Jakobson eine ganze Linguistengeneration. Und wie bei anderen herausragenden Gelehrten zeigte sich seine Wirkung auch in benachbarten Wissensbereichen. Den wohl größten Niederschlag fand er in der Anthropologie. Jakobson hatte Anfang der vierziger Jahre Claude Lévi-Strauss in New York kennengelernt, und die beiden hatten als Kollegen und Freunde viel Zeit miteinander verbracht. Damals suchte Lévi-Strauss nach einer Methode, die ihm bei der Interpretation riesiger Datenmengen über Verwandtschaftsbeziehungen und soziale Organisation helfen würde, die er bei seinen Feldstudien in Brasilien gesammelt hatte (Lévi-Strauss 1967). Jakobson machte ihn mit den strukturalen Methoden der Sprachanalyse bekannt, und Lévi-Strauss eignete sie sich als eine Möglichkeit an, nicht nur sprachliche, sondern *alle* kulturellen Daten zu konzeptualisieren. Für Lévi-Strauss war, wie wir im achten Kapitel sehen werden, die Linguistik das Beispiel *par excellence*, dem andere, rückständigere Sozialwissenschaften folgen sollten. Aber es erwies sich als gewaltiges Problem, wie man das phonologische Modell auf einen Bereich übertragen sollte, für den es nicht explizit gemacht worden war. In einem kleineren Maßstab stellte sich dieses Problem auch der Prager Schule. Die Analyseprinzipien, mit Blick auf die Phonologie entwickelt, waren darauf auch leicht anwendbar; wie aber diese Prinzipien auf komplexere Sprachaspekte, beispielsweise Syntax und Poesie, übertragen werden sollten, war nicht immer klar ersichtlich.

Derartige Vorbehalte beunruhigten Jakobson nicht. Er war seinem Temperament nach ein Eroberer, kein Zögerer. Obwohl in seinem Fach chauvinistisch, mochte er keine Grenzlinien ziehen, um die Unantastbarkeit von Phonologie oder Linguistik vor territorialen Heckenschützen zu bewahren; er bemühte sich sogar sehr um Verbindungen zu anderen Bereichen. „Ich bin Linguist", pflegte er zu sagen, „und nichts Menschliches ist mir fremd". Das strenge Gewissen der Chomskianer verbot solche Raubzüge und gewagten Spekulationen, so daß Jakobsons intellektuelle Ambitionen einige Zeit lang als etwas überbordend und anachronistisch galten. Jetzt aber, da die Autonomie der linguistischen Forschung erneut zur Diskussion steht, könnte seine synthetischere Sichtweise wieder an Glaubwürdigkeit gewinnen.

Bloomfield steckt eine Disziplin ab

Auch in Amerika entstand die Linguistik im Schatten von Saussures Lehre, nahm aber dank des überwältigenden Einflusses eines einzelnen Sprachforschers, Leonard Bloomfield nämlich, historisch einen etwas anderen Verlauf (Hockett 1968a). Aus moderner kognitiver Sicht leistete Bloomfield zwei Beiträge — der erste wirkte sich sehr günstig für das Fach aus, der zweite weniger. Zu seinen positiven Arbeiten gehört die Entwicklung von Methoden und Transkriptionssystemen zur Erforschung unbekannter Sprachen. Bloomfield begann als junger Lehrer, verschiedene exotische Sprachen zu studieren — beispielsweise Tagalog, die wichtigste indonesische Sprache der Philippinen. Er arbeitete nach Diktat, schrieb lange Gespräche auf und analysierte sie dann detailliert. Er lehnte es ab, sich wie viele seiner Vorgänger an der lateinischen Grammatik zu orientieren und notierte die Lautstruktur jeder einzelnen Sprache, wobei er Ähnlichkeiten wie Abweichungen zu klassischen Sprachen vermerkte. Nach Tagalog studierte Bloomfield Malayo-Polynesisch und Algonquin, entwikkelte auch dafür auf die Sprache abgestimmte Notationsmethoden und mühte sich mit der Suche nach der besten Beschreibungsart ihrer Lautstruktur und Grammatikregeln. Die Bestimmung von Konstituentenstrukturen als Mittel syntaktischer Analyse ist eines der Ergebnisse von Bloomfields Arbeit.

Bloomfield lernte die Eigenheiten dieser verschiedenen Sprachen zu meistern, doch er gab sich nicht damit zufrieden, nur seiner eigenen Forschung nachzugehen. Er erkannte die Notwendigkeit einer Riege geschulter Sprachforscher, gründete schon bald eine linguistische Gesellschaft und rief eine Veröffentlichungsreihe ins Leben. Linguistik war für ihn eine empirische Wissenschaft — die sich an der Physik orientierte.

> Wie der Physiker nicht den Weg eines jeden Teilchens verfolgen muß, sondern das resultierende Gesamtverhalten mehrerer Teilchen beobachtet, und deren Einzelverhalten nur dann, wenn dieses seinerseits zu einer Änderung des Gesamtzustandes führt (wie in radioaktiven Substanzen) und selten die Möglichkeit hat, die Auswirkung eines Einzelpartikels zu beobachten, so achten wir in der Linguistik selten auf die einzelne Äußerung, den einzelnen Sprecher, sondern wir achten auf die Abweichungen von Äußerungen und Sprechern nur dann, wenn sie sich so massieren, daß es zu einer Veränderung der Gesamthandlung kommt. (Bloomfield 1925, S. 2)

Indem er für die Linguistik als Disziplin warb und indem er vorführte, wie unbekannte Sprachen aufzuzeichnen sind, setzte Bloomfield eine erstrebenswerte Norm. Wie Wundt gebührt ihm das Verdienst, die wichtigsten Institutionen seiner Wissenssparte gegründet zu haben. Aber wie bei seinem deutschen Vorgänger hatte auch Bloomfields überzeugende Vision ihre einengenden Aspekte, die sich im Fall von Bloomfield schließlich als hinderlich für die weitere Entwicklung seiner Wissenschaft erweisen sollten.

Anfang der zwanziger Jahre geriet Bloomfield unter den Einfluß von A. P. Weiss, einem Behavioristen der *Ohio State University*, und kam mit der Zeit zu einer völlig behavioristischen Sprachauffassung. Die von Bloomfield vertretene Auffassung wurde physikalistisch (und somit antimentalistisch): er sah Sprache generell als ausschließlich physikalisches Phänomen und lehnte spezifisch psychologische oder mentalistische Eigenschaften zur Erklärung sprachlichen Verhaltens strikt ab. Während er also zum Beispiel sehr gern *Bedeutung* berücksichtigt hätte, kam er zu dem Schluß, die Beschäftigung mit diesem Konzept sei gefährlich. Er erklärte, um Bedeutung genau definieren zu können, brauche man ein wissenschaftlich lückenloses Wissen über alles, was in der Welt des Sprechers vorkommt. Da dies unmöglich ist, sprach Bloomfield lieber in schlichten behavioristischen Begriffen von den ständig wiederkehrenden Merkmalen einer Situation, in der eine bestimmte Form benutzt wird (Newmeyer 1980, S. 9).

Letztendlich kam er zu einem überaus konservativen Schluß: „Die einzigen sinnvollen Generalisierungen über Sprache sind induktive Generalisierungen. Merkmale, die uns universell erscheinen, können schon der nächsten Sprache fehlen, die sich uns erschließt" (zitiert in Newmeyer 1980, S. 4). Er bekannte sich zu einem strikten Behaviorismus, Mechanismus und Operationalismus. Man solle nur Elemente erforschen, die direkt beobachtbar oder greifbar sind, sich für mechanistische Erklärungen eignen und am Ende zu dauerhaften Vorhersagen führen. Er zog über den Mentalismus her, von dem er sagte, er werde sich als ebenso haltlos erweisen wie die ptolemäische Astronomie. In seinem Bemühen, mentalistische Erklärungen zu meiden, beschränkte er sogar seinen Blick seinerseits auf „persönliche... Ereignisse der Physiologie", andererseits auf die externen Reize von Objekten oder Menschen.

Dank seiner klaren Richtlinien und kraftvollen Persönlichkeit beherrschte Bloomfield die amerikanische Linguistik fast bis zur Mitte unseres Jahrhunderts. Sein Buch *Language* (zweite Auflage 1933) war viele Jahre lang der Standardtext: Allen Sprachforschern war sein behavioristischer und antisemantischer Tenor vertraut, selbst wenn sie ihn vielleicht nicht völlig teilten. Chomsky und seine Kollegen führten ihre Revolution der Generativen Transformationsgrammatik gegen das Gespenst Bloomfield, und gegen so überaus lebendige und loyale Anhänger wie Charles Fries (1963) und Charles Hockett (1958).

Bloomfield dominierte die Linguistik zwar, kontrollierte sie jedoch nicht völlig. Edward Sapir, der seine Ausbildung bei Franz Boas, dem Pionier der Anthropologie, erhalten hatte, entwickelte Vorstellungen, die Anthropologen ebenso fesseln sollten wie Bloomfields Vorstellungen die allermeisten Linguisten gefangengenommen hatten. Sapir scheute den Begriff Bedeutung nicht: Er widmete sogar einige seiner eindringlichsten Schriften dieser schwierigen, aber entscheidenden Sprachkomponente. Und er stellte die provozierende Hypothese auf, die Denkprozesse eines Menschen würden durch die spezifischen Eigenheiten der Sprache, die er spricht, strukturiert, vielleicht gar gesteuert. In seinem Lehrbuch *Sprache* schreibt er dazu:

> Menschen leben nicht allein in der Welt der Dinge und auch nicht allein in der Welt sozialer Aktivitäten im landläufigen Sinne, sondern sie sind überaus abhängig von der bestimmten Sprache, die zum Ausdrucksmedium ihrer Gesellschaft geworden ist. Es ist wahrlich unrealistisch zu glauben, man passe sich im wesentlichen ohne den Gebrauch von Sprache an die Realität an und Sprache sei lediglich ein beliebiges Mittel zur Lösung spezieller Kommunikations- oder Denkprobleme. Die Wahrheit ist, daß die „reale Welt" zu einem großen Teil unbewußt auf den Sprachgewohnheiten der Gruppe aufgebaut ist... Wir sehen und hören, wir erleben auch anderes vor allem so, wie wir es tun, weil die Sprachgewohnheiten unserer Gemeinschaft uns für bestimmte Interpretationsmöglichkeiten empfänglich machen. (1921, S. 75/dt. 1972)

Sein Schüler Benjamin Lee Whorf trieb Sapirs Ideen sehr viel weiter. Whorf schreckt auch vor der Schlußfolgerung nicht zurück, selbst unsere fundamentalsten Begriffe könnten von Sprache abgeleitet sein. Während Newtonianer vielleicht meinen, Raum, Zeit und Materie lösten überall die gleichen Empfindungen aus, zweifelte Whorf dies an. Er behauptete, die nordamerikanischen Hopi-Indianer hätten völlig andere Vorstellungen von diesen kantischen Kategorien, und diese Unterschiede resultierten daraus, daß ihre Sprache das Universum völlig anders gliedere. Mit seinen Worten:

> Wir gliedern Natur an Linien auf, die uns durch unsere Muttersprachen vorgegeben sind ... [die Welt] präsentiert sich in einem kaleidoskopartigen Strom von Eindrücken, der durch unseren Geist organisiert werden muß — das aber heißt weitgehend: von dem linguistischen System in unserem Geist. ... Wie wir die Natur aufgliedern, sie in Begriffe organisieren und ihnen Bedeutungen zuschreiben, [dies ist ein Abkommen], das für unsere ganze Sprachgemeinschaft gilt und in den Strukturen unserer Sprache kodifiziert ist. Dieses Übereinkommen ist natürlich nur ein implizites und unausgesprochenes, *aber sein Inhalt ist absolut obligatorisch.* (1956, S. 153/dt. S. 12)

Viele Linguisten waren fasziniert von Whorfs und Sapirs Arbeiten, viele Psychologen und Anthropologen sahen in ihnen eine exzellente Quelle fruchtbarer Hypothesen. (Im zwölften Kapitel wird von einigen davon inspirierten kognitionswissenschaftlichen Arbeiten die Rede sein.) Dennoch galten sie, wie die meisten Arbeiten zur Semantik jener Zeit, als marginal für die Hauptströmungen der Linguistik — zu schwer faßbar, zu verseucht von der „wirklichen Welt" und dem gefährlichen Begriff „Bedeutung", ausreichender Dokumentation oder Beweisen nicht zugänglich. Bloomfield und Sapir waren wirklich eklatante Gegensätze. Bloomfield vertrat die Haltung eines streng empirisch vorgehenden Forschers, der sich auf Methodologie und formale Analyse konzentrierte. Sein Beharren auf einer ausschließlich mechanistischen Behandlung von Bedeutungen sowie sein Pessimismus in Sachen Semantik waren mitverantwortlich für die relative Vernachlässigung dieser Bereiche. Sapir, Jakobson viel ähnlicher, war großzügig und hatte keine Berührungsängste vor Begriffen wie Kultur, Konzeptbildung und Bedeutung. Es ist geradezu paradox, daß er mit Chomsky zwar viele Intuitionen über Sprachstrukturen teilte, kaum aber die formalistische Neigung eines Chomsky oder auch eines Bloomfield hatte. Die Verbindung der Vorgehensweisen und Erkenntnisse von Bloomfield mit denen von Sapir steht in der Linguistik noch aus.

Die Krise der frühen fünfziger Jahre

Als Bloomfield 1949 starb, schien die Linguistik in den Vereinigten Staaten aus den meisten Blickwinkeln betrachtet in hervorragender Verfassung. Beobachter sprachen von „großartigen Fortschritten", „weitreichenden Vorstößen", einem „blühenden Zustand" und „gesicherten Ergebnissen". Die erste Jahrhunderthälfte hatte den Zusammenschluß historischer, vergleichender und strukturaler Sprachbeschreibungen erlebt; die Entdeckung und Entwicklung des phonemischen Prinzips, und die Versuche, Grammatik und andere Aspekte einer deskriptiven Analyse auf festen Boden zu stellen. Die Phonologie diente als Modell für die Grammatik, die Semantik galt als unabhängig von der Syntax, Sprache als inhärent systematisch. Induktive Entdeckungsverfahren wurden gutgeheißen, und es herrschte die Auffassung, man könne von der einfachsten Ebene — der Lautebene — nach und nach aufbauen zur Wortebene (Morphologie), zur Syntax und dann zur Semantik. Auch wenn noch nicht alle entscheidenden Schritte getan waren, galt weithin als ausgemacht, daß es nur eine Frage der Zeit war, bis man die verschiedenen Sprachformen und -ebenen völlig verstehen würde (Newmeyer 1980).

Gefördert wurde dieses Gefühl von Fortschritt und Leistung durch rapide Entwicklungen in verwandten Disziplinen. Informationstheorie (die sich mit Kommunikationskanälen befaßte) und Techniken wie die der stochastischen Modellbildung (die sich mit Wahrscheinlichkeiten befaßte) schienen natürliche Verbündete der Sprachanalyse. Die Erfindung des Schallspektrographen zur Untersuchung von Sprachproben versprach die Enthüllung der physikalischen Eigenschaften des Sprachsignals. Wie der Historiker Newmeyer sagt: „Viele Linguisten meinten, die Verfahren seien so gut ausgearbeitet, daß ein Computer die Plackerei der Sprachanalyse übernehmen könne, alles, was man im Prinzip machen mußte, war, die Daten in den Computer einzutippen, und schon würde er die Grammatik ausspucken!" (1980, S. 2)

Doch bei näherer Betrachtung war die Lage nicht ganz so günstig, wie die meisten damaligen Beobachter dachten. Zunächst einmal, und davon sprach ich schon in früheren Kapiteln, zerfiel die Hegemonie der empiristischen Philosophie und der behavioristischen Psychologie rapide. Beide Anschauungen gerieten zunehmend in Verruf und untergruben somit das Fundament, auf dem Bloomfields linguistisches Theoriegebäude errichtet war. Sogar Wissenschaftlern, die von dieser philosophischen Revolution unbeeinflußt blieben, waren an den von Linguisten angewandten Methoden Bedenken gekommen. Einfach „Daten sammeln und objektiv beschreiben" war nicht so leicht, wie es klang: was man selbst erwartete, was man selbst über Bedeutung wußte, färbte unweigerlich die Daten und brachte eine beunruhigende Zirkularität in vermeintlich objektive Beschreibungen. Selbst Hockett, Befürworter der damaligen Richtung, sagte 1955, es sei nicht möglich, eine Sprache objektiv zu analysieren — man müsse sich in die Information „hineinversetzen" (zitiert in Newmeyer 1980, S. 17).

Es gab Bemühungen, das Linguistikgebäude von innen zu reparieren. Den vielleicht erfolgreichsten Versuch unternahm Zellig S. Harris (1952), der den Schwierigkeiten eines rein deskriptiven Zugangs zur Syntax begegnete, indem er Transformationen postulierte — Regeln, die die intuitiven Beziehungen zwischen bestimmten Sätzen explizit machen. Aber während die von Harris erfundenen Techniken klug und bei der Organisation von Daten wirklich nützlich waren, widersetzte er sich entschieden allen Versuchen, diese Transformationen zu einem einheitlichen Theoriegerüst zusammenzufassen oder eine abstrakte Analyseebene zu postulieren. Diese Methode hatte Chomsky von seinem Lehrer Harris gelernt, und es konnte, wie schon mehrere Kommentatoren bemerkt haben, nicht ausbleiben, daß jemand mit einem größeren Hang zur Theorie als Harris untersuchen würde, welche Implikationen Transformationen für die damaligen Bestrebungen haben könnten, Grammatiken zu schreiben. Dies führte, wie wir sahen, zu Chomskys *Syntaktischen Strukturen*: einer Arbeit, die eine Analyseebene einführte, die abstrakter ist als der oberflächliche Satz, und auf der Transformationen operieren. Allgemeiner gesagt, Chomsky notierte nicht nur denkbare Transformationen zwischen Sätzen, er erstellte ein Regelwerk, das aus abstrakten Tiefenstrukturen die Strukturen der tatsächlich gesprochenen Sätze der Sprache ableitete.

Die Evolution von Chomskys Denken

Ver-Satz-Stücke

In einem Überblick wie diesem können die verschiedenen Modelle mit ihren vielen Änderungen, die Chomsky und seine Anhänger in den auf *Syntaktische Strukturen* folgenden Jahren entwickelten, nicht detailliert dargestellt werden. Dennoch muß ich betonen, daß Chomskys Beitrag sich nicht zeitlich eingrenzen läßt und nicht in einer geschlossenen Theorie besteht. Man kann sogar sagen, daß von den spezifischen Ideen aus *Syntaktische Strukturen* nur wenige heute noch ihre ursprüngliche Form haben (wenn auch die grundsätzliche Richtung mit bemerkenswerter Beständigkeit beibehalten wurde). Die Kernsätze wurden bald aufgegeben; die Zahl der Transformationen verringert und stark vereinfacht, die Beziehung zwischen Syntax, Semantik und Phonologie wird heute etwas anders gesehen. Bestimmte Themen des ersten Buches wurden fallengelassen, während andere, die 1957 nur am Rande erwähnt worden waren, ganze Forschungsrichtungen begründeten.

Die erste größere Überarbeitung erschien 1965 mit Chomskys Buch *Aspekte der Syntaxtheorie* (dt. 1969). Dieses Buch enthält, was heute die „Standardtheorie" genannt wird, jene Theorie, die viele Jahre lang Dreh- und Angelpunkt eines jeden Linguistik-Lehrbuchs war. In der Standardtheorie gibt es keine Kernsätze mehr. Statt dessen steht am Anfang die Basis, die einen Basis-Phrasenmarker generiert, die *Tiefenstruktur*. Diese Tiefenstruktur ist Ausgangspunkt für die wesentlichen Transformationen. Es gibt eine transformationelle Subkomponente, die die erste Tiefenstruktur in weitere Strukturen überführt, deren letzte die *Oberflächenstruktur* ist; in dieser Theorie sind die meisten Transformationen obligatorisch.

Zwei interpretative Komponenten operieren auf diesen syntaktischen Kernkomponenten. Tiefenstrukturbeziehungen werden von einer semantischen Komponente interpretiert, alle für die semantische Analyse erforderlichen Informationen müssen in der Tiefenstruktur vorhanden sein. Die phonologische Interpretation operiert auf der Oberflächenstruktur: so wird die syntaktische Tiefenstruktur auf Bedeutung, die endgültige Oberflächenstruktur auf Laute „gelesen". In der Version von 1965 waren weder Basis- noch Transformationsregeln beschränkt, was eine große Vielzahl möglicher Basis- und Transformationssysteme erlaubte.

Die Standardtheorie war eine ambitionierte Theorie, die teilweise versuchte, für die Semantik zu erreichen, was in *Syntaktische Strukturen* nur für die Syntax entworfen worden war. Sie erwies sich auch als viel kontroverser und mußte schließlich wegen mehrerer Unzulänglichkeiten aufgegeben werden. Besonders umstritten war die Idee der Tiefenstruktur. *Tiefenstruktur* ist ein technischer Terminus, der nichts mit Tiefe zu tun hat. Dennoch wurde er häufig dahingehend fehlinterpretiert. Selbst unter den Kritikern, die den technischen Umfang des Begriffes Tiefenstruktur verstanden, hielten einige ihn für „zu tief", andere hingegen für „nicht tief genug". Auch der Schritt, die Semantik zur Interpretation der syntaktischen Satzbasis zu verwenden, wurde heftig diskutiert.

Die Kritik gegen Chomsky kam im wesentlichen aus zwei Richtungen. Die eine stammte vom konservativen Zweig der Linguistik — von Wissenschaftlern, die noch dem Strukturalismus Bloomfieldscher Prägung anhingen. Charles F. Hockett antwortete Chomsky stellvertretend für die traditionellen Interessengruppen der strukturalen Linguistik. In *The State of the Art* (1968b) vertrat Hockett die Auffassung, die Grundidee der generativen Linguistik sei unhaltbar. Chomsky habe auf das falsche Wissenschaftsmodell gesetzt, wenn er Sprache mit einer formalen Disziplin wie Logik oder Mathematik vergleiche; tatsächlich sei sie eine empirische Wissenschaft wie die Chemie. Nur vom Menschen erdachte Systeme wie die Logik hätten jene Regelhaftigkeit, die Chomsky in der Sprache suche; im Gegensatz dazu sei die natürliche Sprache nicht klar definiert, und die Theorien von Berechenbarkeit und algebraischer Grammatik, die er anzuwenden suche, seien irrelevant. „Dies entzieht der gegenwärtigen mathematischen Linguistik, zumindest in Gestalt einer algebraischen Grammatik, die Basis, deren Grundannahme lautet, daß man Sprache als wohldefinierte Untermenge der Menge aller endlichen Ketten über einem wohldefinierten endlichen Alphabet ansehen kann" (1968b, S. 61). Hockett bestritt auch die Trennbarkeit von Grammatik und Semantik (die er früher vertreten hatte) sowie die Unabhängigkeit beider von kulturellen Einflüssen. Autonomie innerhalb der Linguistik und Unabhängigkeit von anderen Disziplinen wurde aufgegeben. Seiner Meinung nach gibt es die „Grammatik der Sprache" im Sinne Chomskys einfach nicht.

Was auffällt, ist, daß es auf diese Monographie keinerlei Reaktionen gab. Abgesehen von einer abschätzigen Rezension des ehemaligen Chomsky-Verbündeten George Lakoff (1969), wurde diese Kritik völlig ignoriert. Offenbar waren Ende der sechziger Jahre die Gegenargumente der älteren Generation schlicht irrelevant geworden. Übereinstimmend mit Thomas Kuhns (1970) Beschreibung wissenschaftlicher Paradigmenwechsel setzten sich Chomskys Ansichten nicht deshalb durch, weil die frühere Generation von ihren Irrtümern überzeugt worden wäre, sondern weil sie die begabtesten Studenten der folgenden Generation für sich gewinnen konnte.

Einige Angehörige dieser jüngeren Generation allerdings fanden Chomsky nicht radikal genug. Ende der sechziger Jahre führten bestimmte Linguisten, die seine grundsätzliche Position befürworteten, einen wichtigen Angriff gegen sein Werk. Angeführt von den ehemaligen Chomsky-Studenten George Lakoff und J. R. Ross (1976), äußerten diese Kritiker Bedenken an dem einfachen Postulieren zweier Analyseebenen — einer Tiefenstruktur, die semantisch, und einer Oberflächenstruktur, die phonetisch interpretiert werden mußte — und sie bezweifelten auch die Autonomie von Syntax und Semantik. Am Ende gaben diese Kritiker die einfache Tiefenstruktur zugunsten von Grammatiken auf, deren zugrunde liegende Strukturen viel tiefer waren, und auch näher an den eigentlichen semantischen Repräsentationen. (Andere Kritiker, zu denen dann auch Chomsky gehörte, setzten auf Grammatiken, deren zugrunde liegende Strukturen flacher, näher an der Oberflächenstruktur und mit einer viel reichhaltigeren lexikalischen Komponente als früher ausgestattet waren.) Die Generativen Semantiker bestritten, daß es eine klare Unterscheidung zwischen Syntax- und Semantikregeln gebe, und behaupteten, daß eine Ebene der syntaktischen Tiefenstruktur, die als generierende Basiskomponente definiert sei, sich nicht aufrechterhalten lasse. Sie hatten statt dessen Regeln, deren Input semantische Repräsentationen sind und die als Output Oberflächenstrukturen erzeugen, ohne intervenierende Tiefenstruktur. Im Gegensatz dazu verlagerten die Interpretativen Semantiker, auch Chomsky, mehr von der Last, die die Syntax getragen hatte, auf die semantische Komponente, so daß sich mit der Zeit die Tiefenstruktur eines Satzes seiner Oberflächenstruktur immer weiter annäherte (Smith und Wilson 1979).

Die Auseinandersetzungen zwischen Generativen Semantikern und traditionellen Chomsky-Anhängern und später zwischen Generativen Semantikern und Interpretativen Semantikern waren heftig und oft gehässig. Es ging um bestimmte Auffassungen davon, wie Wortbedeutungen am besten zu repräsentieren seien, und auch um widerstreitende Ansichten darüber, wie man linguistische Theorien konstruieren solle. Man beschimpfte und beleidigte sich auf eine Weise, die selbst abgebrühte Polemiker schockierte. Als sich das ganze Gezeter und Geschrei gelegt hatte, war allerdings der Schule der Generativen Semantik die Puste ausgegangen, und die meisten ihrer führenden Vertreter gaben den Bereich Syntax ganz auf. Unterdessen untersuchte Chomsky, mit der ihm eigenen Beharrlichkeit, weiterhin die Syntax. Zutreffend ist allerdings, daß die von den Generativen Semantikern benannten Probleme den Chomsky-Kreis anregten, bestimmte Notationen (unter Einbeziehung der symbolischen Logik) sowie eine Unmenge neuer und hochabstrakter Mechanismen zu entwickeln, die alle darauf abzielten, Mängel des traditionellen Transformationsansatzes zu beheben. Am entscheidendsten mag sein, daß die Generative Semantik dazu beitrug, die Transformationskomponente zu Grabe zu tragen; diese ehemals zentrale Komponente fehlt heute in einigen Ansätzen völlig, in anderen wurde sie radikal vereinfacht.

Seit Ende der sechziger Jahre hat Chomskys *Generative Transformationsgrammatik* (wie sie genannt wird) einige Änderungen durchlaufen. Es ist nicht möglich, hier die Details der erweiterten Standardtheorie oder ihrer Nachfolgerin, der Rektions- und Bindungstheorie darzulegen, von Einzelheiten der Spurentheorie oder der X-*Bar*-Theorie zu schweigen — die wichtigsten Meilensteine in der Entwicklung seiner Theorie bis heute. Ich kann jedoch einige Tendenzen der Theorie skizzieren. Im Laufe der Jahre hat Chomsky die Definition seines Untersuchungsgegenstandes ständig weiter eingegrenzt. Sprache als allgemeines Kommunikationssystem hat ihn nie interessiert, und jetzt bezweifelt er, ob Sprache *per se* überhaupt ein System ist, das der Untersuchung lohnt. Sprache ist für Chomsky etwas Abstrakteres als Grammatik, weiter entfernt von konkreten Mechanismen, und er ist heute überzeugter denn je, daß Linguisten sich auf Probleme der Syntax konzentrieren sollten (1982, S. 14). Versuche, die Semantik zu systematisieren, unternimmt er nicht mehr.

In Reaktion auf etliche Kritiken hat Chomsky versucht, die Ausdruckskraft von Transformationsstrukturen zu verringern. Es zeigte sich, daß die ursprünglichen Grammatiken nicht restriktiv genug waren und somit nichts zur Klärung des entscheidenden Punktes, was in einer *menschlichen* Sprache erlaubt ist, beitragen konnten (siehe Peters und Ritchie 1973). Wollte man wissen, welche Grammatiken typisch für menschliche Performanz sein könnten, mußte man beschränken, was Zielgrammatik kann. Dieser Versuch, die Kraft der Transformationen zu verringern, ist Teil dessen, was Chomsky die zweite entscheidende Verschiebung in der Linguistik genannt hat — die Suche nach Prinzipien, die die Syntaxregeln der natürlichen Sprache beschränken.

Chomsky hat versucht, die Anzahl der Transformationen zu reduzieren, indem er Grundbedingungen suchte, denen Regeln entsprechen müssen; er wollte die Möglichkeit der Verbindung elementarer Operationen zu komplexeren Transformationsregeln ausschalten. Jetzt sagt er dazu:

> Man hat mit viel Mühe zu zeigen versucht, daß die Klasse möglicher Transformationen ohne Verlust an deskripitiver Kraft beträchtlich reduziert werden kann, indem man sehr allgemeine Bedingungen findet, die alle derartigen Regeln sowie die Repräsentationen, auf denen sie operieren und sie bilden, erfüllen müssen... Transformationsregeln, zumindest für eine substantielle Kerngrammatik, sind auf eine einzige Regel reduzierbar: *bewege Alpha* (das heißt: „bewege irgendeine Kategorie irgendwohin"). (Mehler, Walker und Garrett 1982, S. 21)

Vielleicht können sogar die Phrasenstrukturregeln ganz oder zum großen Teil entfallen. Wenn Transformationsregeln und Phrasenstrukturregeln an Bedeutung verlieren, gilt mehr Aufmerksamkeit dem Lexikon — den speziellen Regeln, die für spezifische Wörter gelten. Heute enthält das Lexikon viele Informationen, die früher zum Transformationsapparat gehörten. Und der Begriff der Oberflächenstruktur (mitunter als S-*Struktur* [für engl. *surface structure*] neu konzipiert) wird viel umfangreicher. Chomsky hat sogar geäußert, seine neue Theorie könne als „Ein-Ebenen-Theorie" gelten, die nur aus der Basisgenerierung von S-Strukturen bestehe (siehe Kommentar in Longuet-Higgings et al., S. 279).

Wie also kann man Chomskys gegenwärtige Sicht der Sprache oder, präziser ausgedrückt, der Grammatik beschreiben? Er charakterisiert seine Beschäftigung theoretisch als die Suche nach der *Universalgrammatik* (UG). Die UG ist in ihrem Anfangszustand (im Organismus) genetisch festgelegt und wird durch Erfahrung spezifiziert, geschärft, gegliedert und verfeinert, um die *Einzelgrammatiken* der verschiedenen Sprachen hervorzubringen (1980, S. 234). Eine Theorie der Universalgrammatik heißt *explanatorische Theorie*. Eine Sprache beherrschen bedeutet, sich in einem bestimmten Geistes/Gehirn-Zustand zu befinden: Dieser Zustand wird durch eine Kerngrammatik beschrieben, die aus bestimmten Prinzipien der Universalgrammatik besteht, die der Linguist aufdecken muß. Chomskys Haltung also ist sehr realistisch: Sprachbeherrschung ist eine Reihe von Zuständen des Gehirns.

Und auf welche Prinzipien bezieht sich Chomsky? Hier kommen wir zu dem, was er als zweite wesentliche Veränderung seiner Theorie ansieht. Bis vor relativ kurzer Zeit war sein Ziel das Beschreiben der Regeln, die Menschen irgendwie kennen müssen, um eine Sprache zu beherrschen. Jetzt aber ist er zu der Auffassung gelangt, es sei produktiver, von Prinzipien zu sprechen, die den Sprachgebrauch bestimmen. Diese Prinzipien beginnen in der Biologie des Menschen. Sie bestimmen die Grammatikarten, die grundsätzlich möglich sind (Chomsky 1979). Die Prinzipien der UG sind diverse Subsysteme mit Namen wie *Bindungstheorie*, *Kontrolltheorie*, *Rektionstheorie*, *Theta-Theorie* und dergleichen — von denen jedes einen begrenzten Ausschnitt der gesamten parametrischen Variation behandelt.

Ist die UG umfassend genug, dann sollten schon beschränkte Sprachdaten in der Umgebung genügen, um im Geist reichhaltige und differenzierte Sprachsysteme zu entwickeln. Man muß gar nicht von Regelerwerb sprechen. Vielmehr gehören zu jedem der UG-Systeme bestimmte Parameter, und diese werden anhand jener Daten gesetzt oder fixiert, auf die man (üblicherweise als kleines Kind) beim Erwerb der Muttersprache trifft. Geringfügige Veränderungen in den Parameterwerten finden sich im ganzen System in reicher Zahl und führen auf der Oberfläche zu möglicherweise ganz unterschiedlichen Sprachstrukturen (Chomsky 1982). Die Grammatik einer Einzelsprache, die daraus schließlich entsteht, kann als eine Menge von Werten für jeden dieser Parameter gelten: die Gesamtheit von Regeln, Prinzipien und dergleichen bilden die UG, den Teil des menschlichen Sprachvermögens.

Hier sehen wir, wie sich zwei Auffassungen der Wissenschaft vom Geist verbinden. Für die eine, die aus der Philosophie stammt und auf Platon zurückgeht, ist die Sprache eine Art idealisiertes Objekt, bestimmt von einigen wenigen universellen Prinzipien mit relativ wenigen Parametern (Chomsky 1981). Die zweite Auffassung stammt aus der Biologie und stellt Sprache als organisches System oder Modul dar, das über das Potential verfügt, sich auf einige wenige und begrenzte Arten zu entwickeln; der konkrete Entwicklungsweg, den eine „Kerngrammatik" nimmt, wird durch die Informationen bestimmt, auf die der Organismus trifft. Mit diesen beiden Visionen zusammen kann man sowohl (dank der Universalgrammatik) die bestehenden Ähnlichkeiten zwischen allen Sprachen erklären, als auch (dank der Variationen der Parametersetzung) die ausgeprägten Unterschiede zwischen einzelnen Sprachen.

Was soll man nun von einer derart komplexen Theorie halten, die sich im Verlauf weniger Jahre fundamental verändert hat und sich ohne Zweifel weiter verändern wird? Eine Möglichkeit, gelegentlich von Chomskys ehemaligen Studenten vertreten, ist die, die Unterschiede der Theorie von einer Ära zur nächsten besonders zu betonen und diese auf Versuche zurückzuführen, sie angesichts konkurrierender Ansätze auszubauen. Diese kritische Meinung vertrat z. B. George Lakoff (1980). Er meinte, Chomsky habe Tiefenstruktur und Transformationen aufgeben müssen, weil es sich als unmöglich erwies, die Grundannahme der Modularität beizubehalten — die Unabhängigkeit der Syntax. Nachdem Lakoff und seine Kollegen gezeigt hatten, daß Bedeutung und Verwendungsart praktisch jede Syntaxregel beeinflussen, mußte Chomsky den Geltungsbereich der Syntax immer weiter einschränken: Regeln, die ehemals eindeutig zur Syntax gehörten, wurden als Teil der Semantik neu definiert. Nach dieser Darstellung hat Chomsky diese Kritik zwar praktisch anerkannt, es in seinen expliziten Stellungnahmen aber stets bestritten. Der Historiker der amerikanischen Linguistik, Frederic Newmeyer, hat eine andere Interpretation dieses Phänomens. Seiner Meinung nach forscht jede Generation von Chomsky-Studenten an den Grundideen weiter, die ihr Lehrer gerade während der Jahre, in denen sie intellektuell geprägt wurden, entwickelt hat:

> Der Chomsky der frühen sechziger Jahre war ein „abstrakter Syntaktiker" — und viele seiner Studenten aus jenen Jahren sind es noch immer! Der Chomsky der späten sechziger Jahre brachte die lexikalistische Alternative zur abstrakten Syntax — und wer damals bei ihm studierte, verfolgt dieses Modell immer noch. Und wir können prophezeien, daß Chomskys Studenten der Siebziger auch dann noch die Spurentheorie verbessern werden, wenn Chomskys Ideen schon lange in andere Richtungen gehen. (1980; S. 2076)

Ich selbst glaube, daß Chomsky ganz gewiß von Kritik beeinflußt ist, die an ihm geübt wurde, von ehemaligen Studenten wie von anderen, die mit der Generativen Transformationsgrammatik im Prinzip sympathisieren. Er räumt diesen Einfluß aber ungern ein. Mit ihm zu streiten ist nicht leicht, und da er Kritik nicht besonders gut verträgt, neigt er dazu, auch (oder vielleicht gerade) jene Wissenschaftler abschätzig zu behandeln, deren Arbeiten ihn auf die eine oder andere Weise beeinflußt haben. Diese Rhetorik führt leicht zu einer Polarisierung der Diskussion.

Bemerkenswert aber ist, wie Chomsky trotz unleugbarer Verschiebungen in Schwerpunkt und Strategie an dem Programm festgehalten hat, das er der Wissenschaft zuerst mit *Syntaktische Strukturen* präsentierte und das er verfolgt, seit er Anfang Zwanzig war. Die zentrale Stellung der Syntax, der Glaube an eine Transformationskomponente, die Auffassung von Semantik als Interpretation grundlegender syntaktischer Beziehungen — all dies ist geblieben.

Chomsky sagte zu Recht:

Seit jener Zeit bestand mein Hauptinteresse darin, die Basisprinzipien zu präzisieren, welche in den Sprachkenntnissen, die vom Sprecher-Hörer erlangt wurden, eine Rolle spielen; und darüber hinaus die allgemeinen theoretischen Prinzipien zu entdecken suchen, welche die Tatsache erklären, daβ eher dieses Kenntnissystem als irgend etwas anderes sich im Geist entwickelt, wenn eine Person in eine gewisse sprachliche Umgebung gesetzt wird. Ganz allgemein könnte ich sagen, daβ ich immer noch sehr weitgehend innerhalb des Rahmens jener frühen unveröffentlichten Arbeit arbeite. (1979, S. 113/ dt. 1981, S. 135)

Jede junge Wissenschaft befindet sich in ständigem Wandel. Chomsky gehört zu den wichtigsten Kritikern seiner eigenen Theorie, und verfährt dabei mitunter sehr radikal, selbst wenn ihn von Anfang an dieselbe Vision leitete und er sie unermüdlich verfolgt hat. Jetzt, da seine Charakterisierungen immer abstrakter werden und technische Argumente umfassen, ist seine Anhängerschaft kleiner geworden. Dies scheint Chomsky nicht zu kümmern, der sich (wie so mancher revolutionäre Geist) immer mehr als Einzelgänger gesehen hat. Vor nicht allzu langer Zeit sagte er in einem Interview:

Den speziellen Bereich, in den ich die meiste Energie gesteckt habe, die Struktur der Sprache, fand ich gerade in den letzten sieben oder acht Jahren sehr aufregend. Ich behaupte nicht, daβ ich irgendeinen Konsens im Fach vertrete, ja, ich gehöre in dieser Hinsicht zu einer ganz kleinen Minderheit im Fach, aber ich glaube, in den letzten Jahren konnte eine Theorie der Sprachen mit einem Maβ von deduktiver Struktur entwickelt werden, die eine Vereinheitlichung und eine Erklärungskraft hat, die weit über all das hinausgeht, was noch vor einem Jahrzehnt vorstellbar schien. Auch darin sind, glaube ich, nicht viele Linguisten einer Meinung mit mir... Ich vermute, ich gehöre heute im Fach einer sehr kleinen Minderheit an. Aber eigentlich war das immer so. Was mich angeht, so scheint es heute nicht viel anders als vor zehn oder zwanzig Jahren. Aber meine eigenen Ansichten sind nicht die von damals, und ich hoffe, sie werden in zehn Jahren wieder andere sein als heute. Jeder, der zu einem aktiven, jungen Fachgebiet gehören möchte, wird dies ganz selbstverständlich finden. (Zitiert in Rieber 1983, S. 62f.)

Die Reaktionen anderer Kognitionswissenschaften

Etwa Anfang der sechziger Jahre, als Chomsky in der Linguistik verbreitet Anerkennung fand, wurden auch Vertreter anderer Disziplinen auf seine Arbeit aufmerksam. Da die Kognitionswissenschaft ihre Hoffnung in solch einen interdisziplinären Austausch setzt, ist es wichtig, den Verlauf der Interaktion zwischen der modernen Linguistik und anderen Kognitionssparten zu betrachten.

Zu den ersten, die außerhalb der Linguistik auf Chomskys Arbeit aufmerksam wurden, gehörte der Psychologe George Miller. Bereits Anfang der sechziger Jahre war Miller (1962) zur Chomsky-Grammatik konvertiert und trug schon bald dazu bei, die Sprachpsychologie zu einem Versuchsgelände für Chomskys Behauptungen über Transformationen zu machen. Miller und seine Studenten versuchten die „psychologische Realität" von Transformationen zu demonstrieren: Sie stellten die Hypothese auf, daß die Schritte, mit denen ein Satz theoretisch generiert und transformiert wird, würden auch vom „lebenden" Menschen vollzogen, während er Sätze versteht oder äußert. Diese Versuche waren nicht besonders erfolgreich, führten aber zu wichtigen neuen psychologischen Forschungsmethoden (Fedor, Bever, Garrett 1974).

Es gelang Miller und seinen Kollegen, die Psychologen auf Chomskys Arbeit aufmerksam zu machen. Man überprüfte Chomskys Ideen ohne jede Voreingenommenheit, und eine Minderheit machte sich seine Theorie von Sprache und Kognitionswissenschaft völlig zu eigen. Aber bislang sieht die Mehrheit der Psychologen die grundsätzliche Relevanz seiner Theorie für ihre eigene Forschung immer noch mit Skepsis. Chomsky selbst beschreibt zwar die Linguistik als Teil der Psychologie, seine Ideen und Definitionen aber sind schwer vereinbar mit deren etablierter Lehre. Er mußte nicht nur gegen starke Überreste behavioristischer und empiristischer Anschauungen ankämpfen, sondern auch gegen Mißtrauen angesichts seiner formalen Methoden, Ablehnung seiner Vorstellungen von Sprache als separatem Bereich und gegen tiefe Skepsis hinsichtlich seines Glaubens an angeborene Ideen. Chomsky wurde zwar bei Streitgesprächen kaum jemals auf eigenem Terrain geschlagen (ein drastisches Beispiel aus jüngerer Zeit ist seine Debatte mit Piaget), seine speziellen Ideen und Tendenzen aber haben bislang den Kernbereich psychologischer Forschung nur mäßig beeinflußt (Piattelli-Palmarini 1980).

Auf einen Zweig der Psychologie haben Chomskys Ideen und Vorbild eine ungeheure Wirkung gehabt: auf die Sprachpsychologie oder *Psycholinguistik*, wie sie häufig genannt wird. In den letzten Jahrzehnten ist die Psycholinguistik zu einem wichtigen Forschungsgebiet geworden, in deren Bereich die Erforschung der normalen Sprache bei Erwachsenen, der Sprachentwicklung beim Kind, des Sprachverfalls nach Gehirnverletzungen und des Sprachgebrauchs spezieller Gruppen (z. B. Gehörlose) fallen. Die meisten Arbeiten in jedem dieser Bereiche widmeten sich den syntaktischen Fähigkeiten, die Analysemodelle stammten in aller Regel von Chomsky.. Mitunter wurden mit diesen Modellen die Daten beschrieben, die gesammelt worden waren; bei anderer Gelegenheit dienten die Daten dazu, die „psychologische Realität" von Modellen zu überprüfen — in welchem Maße sich Sprachverhalten nach den von Chomsky postulierten Prinzipien entfaltet.

Nach zwei Jahrzehnten psycholinguistischer Arbeit haben die meisten Psychologen die Hoffnung aufgegeben, Chomsky Arbeit in ihrer Forschung direkt anwenden zu können. Nicht nur sind Chomskys Formulierungen hochabstrakt und verändern sich häufig (sie werden in aller Regel abstrakter); auch wenn man sie anwandte, waren die Resultate nicht konsistent mit den Modellen, zumindest nicht auf klare und einfache Weise. So haben etliche Psycholinguisten versucht, den Spracherwerb mit Chomskys System von Kategorien und Ableitungen zu erklären, aber diese Bemühungen wurden in aller Regel als Fehlschläge gewertet. In letzter Zeit gab es interessante Versuche, eine *Theorie der Erlernbarkeit* zu entwickeln — eine formale Darstellung der Restriktionen, die es im Kognitionsapparat eines Kindes geben muß, damit es Sprache aus jenen Daten lernen kann, auf die es trifft (Wexler 1982; Wexler und Culicover 1980). Steven Pinker (1984) hat versucht, die Daten des Spracherwerbs mit Hilfe von Erlernbarkeitsprinzipien zu interpretieren. Noch läßt sich nicht beurteilen, ob dies Anzeichen für eine neue Verwendung einer Chomsky-inspirierten (oder „generativen") Perspektive in der Psycholinguistik ist, oder ob Chomskys Blickwinkel auch zukünftig nur wenigen zusagen wird.

Chomsky hat also die Psycholinguistik mehr durch die Fragen beeinflußt, auf die er aufmerksam machte, als durch die direkte Übertragbarkeit seiner Theorie auf Experimente. Gelegentlich lehnen er und seine Anhänger die empirischen Untersuchungen der Psycholinguistik ab und stellen sich auf den Standpunkt, ihre Theorien bezögen sich lediglich auf die Kompetenz des idealisierten Sprechers und nicht auf die Fakten individueller Performanz. Ich finde diese Strategie unredlich. Chomsky und seine Anhänger zitieren nur allzu bereitwillig empirische Daten, wenn sie mit ihrer Theorie vereinbar scheinen. Allerdings ist es oftmals alles andere als klar, wie direkt Chomskys Ideen auf die Empirie übertragbar sein sollen; und wenigstens in diesem Sinn sind Chomskys Vorbehalte gerechtfertigt.

Die philosophische Welt wurde mit Chomskys neuen Ideen vor allem durch die Arbeit zweier junger Princeton-Abgänger bekannt gemacht, Jerrold Katz und Jerry Fodor, die Anfang der sechziger Jahre am Massachusetts Institute of Technology lehrten. Sie arbeiteten über viele Jahre zusammen und entwickelten (Katz und Fodor 1963) ein Semantikmodell, das Teil der „Standardversion" der generativen Transformationsgrammatik wurde. Wie in der Psychologie, so haben Chomskys Ideen über Sprache auch einige junge Philosophen überzeugt, aber die meisten stehen seinen speziellen Behauptungen ausgesprochen zwiespältig gegenüber. Der Formalismus ist nicht so sehr das Problem, aber einige seiner essentiellen Annahmen haben in der Philosophie eine wechselhafte Geschichte. Philosophen haben eher kühl auf Chomskys Eintreten für offenbar diskreditierte rationalistische Ideen und seine Begeisterung für angeborene Ideen reagiert. Sein unbeschwerter Gebrauch von Begriffen wie *Regeln*, *Strukturen*, *Systeme* bei (scheinbarer) Mißachtung keineswegs trivialer technischer Probleme, die mit solchen Konzepten verbunden sind, sowie seine flotte Neuinterpretation führender Philosophen der Geschichte (Descartes als Held, die Empiristen als Schurken) waren für die meisten Philosophen harte Brocken. Auch Chomskys mangelndes Interesse an Semantik hat viele Philosophen gestört, die im Werk des Semantikers Richard Montague einiges von jener formalen Eleganz wiederfinden, die andere an Chomskys Darlegungen der Syntax bewundern (Thomason 1974).

Dennoch muß man einräumen, daß, wie in der Psychologie, die Themen, die jetzt diskutiert werden, nachhaltig davon beeinflußt sind, was Chomsky sagte und schrieb. Noch läßt sich nicht sagen, ob Chomskys Ideen in einem halben Jahrhundert eine größere Wirkung haben werden als heute oder ob sie dann als ein kurioses Abweichen vom allgemeinen Siegeszug der empirisch orientierten und anti-mentalistischen Wissenschaften gelten werden. Sieht man von der Linguistik selbst ab, bleibt ungewiß, ob sich Chomskys Ideen schließlich als fruchtbar und als wichtig erweisen werden.

Und was ist mit den anderen Kognitionswissenschaften? Obwohl Chomskys Ansatz mit der Künstlichen Intelligenz viele Wurzeln teilt, sind einige seiner grundlegenden Ideen nicht ohne weiteres auf Computerformat übertragbar. Zum Beispiel gibt es keine Garantie, daß man Sätze mit Hilfe der Generativen Transformationsgrammatik zergliedern kann. Außerdem ist die KI sehr stark auf praktische Probleme wie die Suche nach Programmen ausgerichtet, die Sätze oder Geschichten verstehen. Chomskys syntax-zentrierter Ansatz aber ist für die wichtigsten Fragen des Diskursverständnisses nicht geeignet. Folglich äußern sich Computerwissenschaftler wie Roger Schank in der Öffentlichkeit geradezu feindselig über diese Theorie und vertreten die Position, Semantik und Pragmatik seien für Sprache zentral, Syntax dagegen vergleichsweise unwichtig. Schank hat auch die Modularitätsannahme angegriffen: „Man kann ... losgelöst von Überzeugungen, Zielen, Ansichten und Weltwissen kein Modell von Sprache entwickeln" (1980, S. 36). Andere Wissenschaftler, wie Terry Winograd, übernahmen einige Ideen der Transformationsgrammatik, haben der Chomsky-Theorie aber keine entscheidende Rolle in ihren Systemen eingeräumt. Bislang gab es nur wenige Versuche, Sätze mit Hilfe der Transformationsgrammatik zu zergliedern (siehe jedoch Berwick und Weinberg 1983; Marcus 1980). Chomskys formale Eleganz hat zwar viel KI-Forscher angesprochen, aber seine platonische Sicht der Dinge ist den meisten Computerwissenschaftlern noch fremder als dem durchschnittlichen Psychologen oder Philosophen. Chomsky seinerseits steht der Forschung im Bereich Künstliche Intelligenz recht kritisch gegenüber, da sie ihm zumeist unbegründet und *ad hoc* erscheint; er bewundert allerdings David Marrs Arbeit über visuelle Wahrnehmung (1982).

Gegenpositionen in der Linguistik

Linguisten, die weiterhin in der Tradition der Generativen Grammatik arbeiten, aber mit der Chomsky-Richtung gebrochen haben, wandten sich mitunter der Arbeit in der Künstlichen Intelligenz zu. Zu ihnen gehört Joan Bresnan, ehemals eine Kollegin von Chomsky am MIT, die sich bemüht, eine psychologisch valide Sprachtheorie zu entwickeln (1978, 1981). Anders als Chomsky, der (wie schon gesagt) kaum darauf achtet, wie seine Ableitungen von einem Sprecher realisiert werden könnten, der in seinem Handeln den Beschränkungen der „wirklichen Welt" unterliegt, hat das Bresnan-Team eine Sichtweise erarbeitet, die Licht darauf werfen soll, wie der Mensch Sprache versteht oder erzeugt. Ihre *lexikalisch-funktionale Grammatiktheorie* hat keine Transformationskomponente. Die Information, die bislang in den syntaktischen Komponenten enthalten war, befindet sich nun im Lexikon des einzelnen — in dem das Wissen über bestimmte Wörter gespeichert ist. Eine lexikalisch-funktionale Grammatik ordnet jedem Satz zwei Strukturen zu: eine *Konstituentenstruktur*, die der Oberflächenstruktur (oder dem Phrasenstrukturbaum) in Chomskys Standardtheorie ähnelt; und eine *funktionale Struktur*, die alle für die semantische Interpretation des Satzes relevanten grammatischen Beziehungen umfaßt. Die funktionale Struktur wird durch annotierte Phrasenstrukturregeln generiert, die in Verbindung mit Lexikoneinträgen für die verschiedenen Morpheme eines Satzes operieren.

Seit einigen Jahren arbeitet Bresnan eng mit Kollegen aus der Künstlichen Intelligenz und der Psycholinguistik zusammen. Zweck dieser Zusammenarbeit ist die Entscheidung darüber, ob ihre Position durch Veränderungen der syntaktischen Standardtheorie auf eine Weise „psychologisch valide" ist, wie Chomskys Position es niemals war. Bisherige Ergebnisse lassen vermuten, daß die im Rahmen ihrer Theorie konzipierten Analyse-Mechanismen tatsächlich besser vereinbar sind mit experimentellen Daten zur Sprachverarbeitung und mit Modellen von Sprachverstehen, die Forscher der Computerlinguistik entwickelt haben. Ähnliche Gründe bewegten Steven Pinker (1984) dazu, für seine Erlernbarkeitstheorien eine lexikalisch-funktionale Grammatik zu übernehmen, die er für einen „zentralen Trend" (oder modale Position) unter den modernen Sprachtheorien hält. Die Arbeit der Bresnan-Gruppe steht auch im Mittelpunkt des neuen *Center for the Study of Language and Information* in Stanford, dessen erklärtes Ziel eine integrierte Theorie menschlicher Sprachkompetenz ist. Das Zentrum hat seine Arbeit gerade aufgenommen, und noch läßt sich nicht sagen, ob sich der Traum einer Verbindung von philosophischen, psychologischen und datenverarbeitenden Aspekten der Sprache erfüllen wird; aber wir, die wir uns zur kognitionswissenschaftlichen Bewegung zählen, werden den Fortgang voll Interesse verfolgen.

Viel von der Anziehung, die Bresnans Theorie hat, geht auch von einer anderen Richtung aus, die in jüngster Zeit Anhänger fand — der Theorie von Gerald Gazdar, der an der University of Sussex lehrt. Gazdar (1981) kehrt zu den in Chomskys frühen Veröffentlichungen heftig attackierten Phrasenstruktur-Grammatiken zurück und vertritt die Auffassung, man brauche keine Transformationen, und selbst ungewöhnliche Oberflächenstrukturen seien ganz direkt darstellbar; dies sei überdies deshalb wichtig, weil Sätze, die nach Meinung der Transformationsgrammatiker gleich sind, sich in Wahrheit oft unterscheiden. In Gazdars Theorie operiert die semantische Interpretation direkt auf der von einer Grammatik generierten Oberflächenstruktur. Jeder Syntaxregel entsprechen explizite Semantikregeln. Gazdar meint, seine Theorie sei direkter als die

Chomskys; besser vereinbar mit Analysen aus der formalen Sprachtheorie (die ihrerseits für die Erfindung von Computersprachsystemen relevant ist); und eröffne einen besseren Zugang zu Problemen des Spracherwerbs. Er baut eine Gegenposition zu Chomsky auf, wenn er schreibt:

Hält man sich vor Augen, was alles zu der Syntaxtheorie gehört, die Chomsky in den letzten zehn Jahren entwickelt hat, nämlich — unter anderem — Phrasenstrukturregeln, komplexe Symbole, eine Ebene der S-Struktur, eine Ebene der D-Struktur, eine „Ebene der logischen Form", Filter, Transformationen, interpretative Regeln, stilistische Regeln, Koindizierungskonventionen und abstrakte Kasus, verwundert es etwas, wenn er eine alternative Syntaxtheorie als „unnötig komplex" geißelt, die nur Phrasenstrukturregeln, komplexe Symbole und eine Ebene der Oberflächenstruktur verwendet. (Zitiert in Longuet-Higgings, Lyons und Broadbent 1981, S. 281)

Leser und Leserinnen, die mit der Linguistik nicht vertraut sind, werden die Unterschiede zwischen Gazdar und Bresnan nur schwer verstehen, und selbst deren Abweichungen von Chomsky mögen vergleichsweise gering wirken. (Chomsky selbst neigt dazu, diese Unterschiede herunterzuspielen, er nennt die verschiedenen Theorien häufig „notationelle Varianten" der gleichen Grundidee.) Da aber diese Theorien bei der Suche nach den Programmen oder Mechanismen, die „wirklich verstehen", miteinander konkurrieren, ist die Entscheidung wichtig, welches Modell das geeignetste ist. Am neuen *Center for the Study of Language and Information* arbeiten sowohl Anhänger von Bresnan wie von Gazdar und hoffen entscheiden zu können, welches der beiden Modelle sich für den Umgang mit den Sprachdaten besser eignet oder ob sich (wie Chomsky wohl sagen würde) die Unterschiede zwischen beiden Positionen als geringfügig erweisen werden. Unklar ist allerdings bislang, worin der entscheidende Test für die Theorien bestehen könnte. Linguistik ist (noch) nicht Mathematik oder Physik.

Versuch einer Zwischenbilanz

Auch wenn völlig unklar ist, ob sich Chomskys Positionen — sei es in der Linguistik, sei es in den Nachbardisziplinen — schließlich durchsetzen werden, so ist er es, der die relevanten Themen für die Diskussion benannte. Seine Vorstellungen davon, welche Fragestellungen in der Linguistik wichtig sind, bestimmen auch heute noch in weiten Teilen des Fachs die Diskussion; und seine Art, Fragen zu formulieren, hat alle Kognitionswissenschaftler beeinflußt, auch die, die sein Werk offen ablehnen und auch junge Wissenschaftler, die sich der Herkunft ihrer Anschauungen nur vage bewußt sind.

Falls sich die Bedeutung eines Wissenschaftlers daran mißt, wie leicht er in seiner Disziplin zu ersetzen ist, dann ist Chomsky fraglos die wichtigste Figur der Linguistik unserer Zeit — ebenso bedeutend wie de Saussure und Jakobson für frühere Epochen und jemand, der letztendlich auf die Entwicklung der Disziplin einen sogar noch größeren Einfluß haben könnte. Was die Kognitionswissenschaften im allgemeinen angeht, ist sein Beitrag umstrittener und weniger sicher. Aber Chomsky hat nachgewiesen, welche mathematische Präzision in der Sprache steckt, er hat modellhaft vorgeführt, wie wichtig eine von der Theorie ausgehende Forschung ist, und er hat gravierende Argumente für eine Position vorgetragen, die Mentalismus, Nativismus und Modularität umfaßt — aus diesen Gründen neige ich zu der Auffassung, daß er zu den zwei oder drei wichtigsten und nicht zu ersetzenden Denkern der gesamten Bewegung gehört. Piaget mag mehr wichtige Phänomene entdeckt haben; Herbert Simon und Allen Newell mögen ein Paradigma entwickelt haben, dem Kollegen in größerer Zahl folgen; keiner aber benannte die Fragen der Kognitionswissenschaft mit solcher Präzision und Überzeugungskraft wie Chomsky. Und selbst wenn nicht einmal er selbst den strengen Kriterien völlig gerecht werden konnte, die er für eine linguistische Theorie gefordert hat, so werden doch nachfolgende linguistische Theorien (und Theoretiker) weiterhin an den Kriterien gemessen werden, die er in seinem Frühwerk formuliert hat. Ob er auf andere Kognitionswissenschaften eine ebenso nachhaltige Wirkung haben wird, könnte davon abhängen, ob sich sein Modell, das sich für Sprache als fruchtbar erwies, in Bereichen wie visueller Wahrnehmung, logischer Klassifikation oder der Erforschung des Bewußtseins als ebenso nützlich erweist.

Chomsky mag dies mit gemischten Gefühlen sehen. Einerseits ist er geradezu besessen von einem überaus strengen wissenschaftlichen Gewissen und sähe seinen Grad an formaler Präzision und seine Kriterien für Erklärungsadäquatheit gern allgemein angewandt. Andererseits beharrt er seit langem darauf, daß die Regeln, denen Sprache folgt, möglicherweise nur für diesen Bereich gelten, und er mißbilligt Vorstellungen von allgemeinen kognitiven Strukturen, die unabhängig von verschiedenen Inhalten sind. So könnten also seine bahnbrechenden Studien zur Linguistik als Modell dafür dienen, wie andere Fachgebiete erforscht werden sollten, aber die Frage bleibt unbeantwortet, ob dabei irgendwelche Parallelen zutage treten werden.

Charakteristisch für diese paradoxe Situation ist Chomskys Auffassung, die Linguistik sei Teil der Psychologie. Wenn er das immer wieder sagt, könnte der Eindruck entstehen, er meine damit, die Erforschung der Sprache solle einfach einer umfassenderen Psychologie einverleibt werden (eine ziemlich gängige Meinung). Mir aber scheint ganz offensichtlich zu sein, daß Chomsky die Einvernahme der Linguistik durch eine Psychologie, wie sie gegenwärtig praktiziert wird, keineswegs gutheißen würde. Die Psychologie müßte nach seinen Vorstellungen umstrukturiert werden (eine nicht mehr ganz so gängige Sichtweise, die in Psychologenkreisen möglicherweise auf wenig Gegenliebe stößt).

Und wie verhält es sich mit den Forderungen nach Autonomie im Bereich Sprache? Chomsky behauptet seit fast dreißig Jahren, Syntax könne als ein Modul behandelt werden, das unabhängig von anderen Aspekten der Sprache operiert (selbstverständlich interagiert sie mit ihnen). Viele Forscher hätten Chomskys Annahmen gern übernommen, nun aber sieht es so aus, als seien die Verbindungen der Syntax mit anderen Aspekten der Sprache — der lexikalischen Semantik (à la Bresnan) und der Pragmatik (à la Gazdar) — so eng, daß die These von der Autonomie der Syntax gefährdet scheint.

Es geht nicht darum, ob man Syntax getrennt betrachten kann — selbstverständlich kann jede Komponente für sich untersucht werden. Die Frage ist vielmehr, was durch ein striktes Befolgen eines solchen Forschungsprogramms gewonnen oder verloren wird. Kritiker, die die Autonomie der Syntax verwerfen, meinen, die wichtigsten Sprachoperationen müßten auf andere Weise gedacht werden. Statt eines Modells, bei dem sich die Versuche vor allem darauf richten, die isolierten Operationen der Syntax auszumachen und die Beziehung zwischen der Syntax und den anderen Komponenten auf eine spätere Forschungsphase verschoben werden, wollen sie Modelle (wie z. B. die lexikalisch-funktionalen Ansätze) bedacht wissen, bei denen die Interaktion verschiedener Faktoren im Vordergrund steht.

Kurz gesagt, Chomskys Nachweis einer autonomen Syntax ist aus methodologischen Gründen immer noch wichtig, aber es ist nicht so klar, ob sie als zutreffende Charakterisierung zentraler Aspekte von Sprache gelten kann. Statt dessen könnten kooperierende Ansätze aus der Computerlinguistik — die die pragmatischen und kommunikativen Aspekte von Sprache von Anfang an einbeziehen und von der Interaktion semantischer und syntaktischer Faktoren ausgehen — den Sieg davontragen.

Und wie steht es mit dem Verhältnis zwischen Sprachforschung und den anderen Kognitionswissenschaften? Ein Weg ist, Sprache mit Hilfe anderer Disziplinen zu untersuchen, sie jedoch weiterhin als einen getrennten Bereich zu behandeln, der es wert ist, um seiner selbst willen erforscht zu werden. Hierbei wird Sprache — spezieller Untersuchungsgegenstand der Linguistik — auch von anderen Disziplinen erforscht, wie dies durch neurolinguistische Studien der Sprachproduktion oder die psycholinguistische Erforschung der Phonemerkennung geschieht. Viele Forscher (darunter die ursprünglichen Gutachter der *Sloan Foundation*) sehen Sprache als das geeignetste „Testgelände" für eine integrierte Kognitionswissenschaft. Parallel dazu könnte es interdisziplinäre Studien in anderen Wissensbereichen — wie Wahrnehmung und Motorik — geben. Dies ist fraglos ein mögliches Modell für die Kognitionswissenschaft — eines mit „vertikaler" Orientierung und eines, dem ich starke Sympathien entgegenbringe.

Inwieweit die Erforschung der Sprache von anderen Wissenschaftsdisziplinen getrennt bleiben sollte, hängt in gewissem Maße davon ab, für welche Fragestellungen man sich am meisten interessiert. Interessiert man sich für Sprache als abstraktes System — sei es als Schöpfung einer göttlichen Macht oder bloß als Muster von Gehirnströmen — sollte Sprache am besten mit den taxonomischen und strukturellen Kategorien erforscht werden, die Linguisten bevorzugen. (Sprache wird hier, etwa wie das von Astronomen erforschte Sonnensystem, zu einem „entfernten" Studienobjekt.) Interessiert man sich allerdings für Sprache als Teil menschlicher Kommunikation, dann läßt sich die Sicht einer von anderen Disziplinen getrennten Linguistik nicht so gut aufrechterhalten.

In Übereinstimmung mit dieser Auffassung haben sich einige Wissenschaftler inzwischen ein horizontaleres Modell der Kognitionswissenschaft angeeignet (oder erneut angeeignet). Danach ist es falsch, den Untersuchungsgegenstand als Vorrecht nur einer Disziplin (wie Sprache für die Linguistik) anzusehen: es ist sogar wichtiger, jede menschliche Tätigkeit mit dem gesamten Spektrum aller angrenzenden Gebiete zu verbinden, die erforscht werden können. Überdies gehört Sprache keiner Disziplin allein, sondern ist Teil jeder kognitiven Wissenschaftsdisziplin und jeder Versuch, sie „abzuschotten", ist unnatürlich oder engstirnig. Diese Sicht leitete Wissenschaftler wie Jakobson im Bereich Poetik, Sapir in seinen Studien zu Sprache und Denken, de Saussure in seinen historischen Sprachstudien. Roy Harris, ein scharfer Kritiker Chomskys, fordert eine engere fachliche Integration:

> Sprache kann nicht isoliert von der Untersuchung der „Rationalität" erforscht werden. Ein solches Studium kann es sich nicht leisten, unsere alltäglichen Annahmen über das weite Verhaltensspektrum vernünftiger Menschen zu vernachlässigen... Eine integrative Linguistik muß anerkennen, daß Menschen in einem Kommunikationsraum leben, der nicht säuberlich in Sprache und Nicht-Sprache unterteilt ist... Sie schließt von vornherein die Möglichkeit von Form- und Bedeutungssystemen aus, die, ungeachtet der Situation oder des Kommunikationszwecks, einen zentralen Kern sprachlichen Verhaltens „erklären" wollen. (1981, S. 165)

Manchmal hat Chomsky (1980) eingeräumt, daß Sprache ein weniger („abgeschottes") Territorium sein könnte als ihm lieb wäre, und daß Erfordernisse der Kommunikation oder das Eindringen von Überzeugungen jede Sprachhandlung prägen könnten. Sollte dies allerdings der Fall sein, wäre Sprache kein lohnender Untersuchungsgegenstand mehr, denn dann wäre sie mit allem anderen hoffnungslos verstrickt. Mit Chomskys Worten:

> [Falls] nichtsprachliche Faktoren in die Grammatik [einbezogen werden müssen]: Überzeugungen, Einstellungen, etc., [läuft dies] — auf die Ablehnung der anfänglichen Idealisierung von Sprache als Forschungsobjekt hinaus. A *priori* kann ein solcher Schachzug nicht für unzulässig erklärt werden, aber er muß empirisch motiviert sein. Wenn er sich als richtig erweist, dann würde ich folgern, daß Sprache ein Chaos ist, das der Untersuchung nicht wert ist —, ... Es ist festzuhalten, daß die Frage nicht lautet, ob Überzeugungen oder Einstellungen und so weiter im sprachlichen Verhalten oder in sprachlichen Urteilen eine Rolle spielen... Die Frage ist, ob distinkte kognitive Strukturen identifiziert werden können, die im realen Gebrauch von Sprache und sprachlichen Urteilen, zu denen das grammatische System gehört, in Interaktion treten. (1979, S. 140; 152f./dt. 1981, S. 173).

Hier geht es um die grundlegendsten Fragen der wissenschaftlichen Vorgehensweise. Es kann sein, daß Chomsky letztendlich nicht recht behält. Die Verbindungen zwischen Syntax und Semantik, zwischen dem „Sprachsystem" und anderen mentalen Organen, zwischen Linguistik und anderen Disziplinen sind vielleicht stärker oder anders, als er es sich vorstellt. Aber Chomsky könnte trotzdem die bessere Forschungsstrategie gewählt haben. Denn selbst falls sich letztendlich herausstellen sollte, daß alles mit allem verknüpft ist, könnte ein Forschungsprojekt, das dies zu realisieren versucht, sehr wohl unter seinem eigenen Gewicht zusammenbrechen.

Zu den attraktivsten Merkmalen der Kognitionswissenschaft gehört es, so exakte Methoden und Modelle zu postulieren, daß der Analytiker entscheiden kann, wo diese Modelle unzulänglich oder nicht befriedigend sind. Das Paradox der Computerwissenschaft stellt sich ja nur, weil wir dank der Methoden der Datenverarbeitung einige Punkte erkennen konnten, in denen sich Menschen von einer einfältigen Logikmaschine unterscheiden. In dieser Hinsicht ist Chomskys Arbeit beispielhaft, weil er für die Syntaxanalyse strenge Methoden entwickelt hat. Welche Rolle die Syntax für die menschliche Kognition auch spielen mag, wir beginnen jetzt, ihre Mechanismen zu verstehen und wir beginnen auch, ihre Beziehung zu anderen Sprachkomponenten klarer zu sehen. Dies kann nur von wenigen anderen Bereichen der Kognitionswissenschaften gesagt werden. Chomsky hat ein mustergültiges Beispiel für eindeutigen wissenschaftlichen Fortschritt in dieser neuen Disziplin erbracht, wofür er von den kognitionswissenschaftlichen Kollegen aller Disziplinen geachtet wird.

In dem Maße, in dem der Austausch mit anderen Kognitionswissenschaftlern fortgeführt wird, wird es einfacher werden, den wirklichen Einfluß — und die Grenzen — von Chomskys einzigartiger Vision abzuschätzen. Die Einbettung der Sprache in die Kultur — ein Thema, das Chomsky (aus methodologischen Gründen) verbannt hat — wird sicherlich zu den Fragen einer umfassenderen Disziplin gehören. Bei dem Versuch, die Grenzen des Chomsky-Ansatzes zu bestimmen, wird die intensive Zusammenarbeit zwischen Linguistik und Anthropologie von besonderer Bedeutung sein, zwei Fachgebiete, deren Geschichte seit ihren ersten Anfängen eng zusammenhängt. Wie diese Verbindungen ursprünglich entstanden, worin sie heute bestehen, wird deutlich werden, wenn ich die Anthropologie als eine Kognitionswissenschaft darstelle.

8. Anthropologie: Über die Fallstudie hinaus

Lucien Lévy-Bruhl erforscht das Denken der Naturvölker

Ursprünglich schien Lucien Lévy-Bruhl in der langanhaltenden Debatte um die Rationalität des Denkens der Primitiven eine progressive Stimme zu sein. Im Verlauf seiner Karriere aber änderten sich die Ansichten seiner anthropologischen Kollegen so sehr, daß er schließlich als konservativ, fast reaktionär galt. Am Ende seines Lebens schließlich hatten sich dann die Anschauungen des französischen Denkers fast in ihr Gegenteil verkehrt: Er lehnte genau die Position ab, die ursprünglich die Aufmerksamkeit auf sein Werk gelenkt hatte. Wenn wir uns die Gründe für diese Veränderungen genau ansehen, werden wir nicht nur eine der hervorstechendsten Gestalten in der Geschichte der Anthropologie besser verstehen, wir werden auch den zentralen Fragen der kognitiven Anthropologie begegen.

Als Lévy-Bruhl vor fast einem Jahrhundert begann, die Denkprozesse primitiver Völker zu studieren, herrschte in anthropologischen Kreisen generell eine evolutionäre Grundhaltung. Man nahm an, die Angehörigen der „fortgeschrittenen" westlichen Gesellschaften verkörperten den Gipfel der Ratio, während die „geringeren Geschöpfe" rund um den Globus lediglich ein minderwertiger Abklatsch des abendländischen Geistes seien. Lévy-Bruhl stellte sich gegen diese vorherrschende Meinung: „Nun wollen wir ihre Geistestätigkeit nicht länger… darauf reduzieren, eine niedere Form der unsrigen zu sein." Primitive folgern nicht falsch; sie folgern vielmehr anders. Lévy-Bruhl meinte, das primitive Denken folge einer Art von Logik, einer „Prälogik", die sich grundlegend von der unseren unterscheide: Diese prälogischen Gedanken könne man am besten nach ihren eigenen Gesetzmäßigkeiten verstehen (zitiert in Cazeneuve 1972, S. 41).

Lévy-Bruhl benannte zwei Grundmerkmale des primitiven Denkens. Vor allem hat ein solches Denken teil am *Gesetz der Partizipation*. Primitive nehmen Gegenstände, Wesen und andere externe Phänomene zugleich als mit sich identisch und als von sich getrennt wahr. Daher sagen die Trumai (ein Stamm in Nordbrasilien), sie seien Wassertiere, womit sie nicht meinen, sie seien Fische, sondern vielmehr, sie seien zugleich Mensch *und auch* Fisch. Zweitens, und in bestimmter Weise nicht weniger unverständlich für das abendländische Denken, können Primitive mystische Kräfte, Eigenschaften und Qualitäten ausstrahlen und empfangen, die sie als außerhalb ihrer selbst empfinden, ohne deswegen aufzuhören, zu sein, was und wer sie sind. So kann ein Neugeborenes die Folgen all dessen zu erleiden haben, was sein Vater tut, ißt, sagt und so weiter (Cazeneuve 1972). Aufgrund dieser Eigenheiten ist das primitive Denken nicht wiederspruchsfrei. Eine Idee muß nicht aufgegeben werden, weil sie mit einer anderen unvereinbar ist; beide Ansichten können nebeneinander existieren.

Als Lévy-Bruhl unterschiedliche Arten des Denkens postulierte, verwies er darauf, welche Probleme sich ergeben, wenn man von einer Population auf eine andere schließt. Nichts kann ein sorgfältiges Studium der „mentalen" Repräsentationen jeder Gruppe ersetzen. Als Ergebnis dieses Studiums, schloß er, erweist sich das Denken des Primitiven als völlig verschieden von dem des modernen Europäers: beherrscht von Emotionen und Affekten, an Logik kaum interessiert, Widersprüche und mystische Kräfte duldend, die in einem zivilisierten cartesianischen Umfeld tabu wären.

In aller Regel verteidigen Wissenschaftler ihre Ansichten, wenn die nachfolgende Generation sie angreift. Lévy-Bruhl jedoch war, zumindest privat, eine Ausnahme von dieser Regel. In seinen postum veröffentlichten Notizbüchern führte er eine Debatte mit sich selbst, die genauso unnachsichtig und quälend war wie die Angriffe gegen ihn in den Fachpublikationen. Ihm kamen Zweifel, daß Primitive auf andere, prälogische Weise denken:

> Der Schritt, den ich gerade getan habe und der hoffentlich endgültig ist, besteht kurz gesagt darin, eine falsch gestellte Frage aufzugeben… selbst angesichts der zahlreichen und charakteristischen Fälle von *Partizipation*, die meine sechs Bände füllen, ist deren Erklärung noch immer zweifelhaft… Ich begann mit der Annahme einer primitiven, von der unseren verschiedenen Mentalität… eine Position, die ich niemals gut zu verteidigen verstand und die auf lange Sicht unhaltbar ist… Die These, derart abgemildert und abgeschwächt, ist nicht zu verteidigen… Wir sollten ganz aufhören, Partizipation mit etwas zu erklären, das typisch ist für den menschlichen Geist… Es existiert keine primitive Mentalität, die von anderen zu unterscheiden wäre. (Zitiert in Cazeneuve 1972, S. 86f.)

In diesen späten Betrachtungen übernahm Lévy-Bruhl im Grunde die Position, die er ursprünglich bekämpft hatte. Er stimmte jenen zu, für die zwischen primitiver und zivilisierter Mentalität nur ein gradueller Unterschied bestand, und stand jenen nicht mehr fern, die bezweifelten, ob es überhaupt grundlegende Unterschiede gibt. Lévy-Bruhl flüchtete sich in das Argument, vielleicht sei es das wissenschaftliche Denken, das ungewöhnlich sei. Jean Cazeneuve faßt das wie folgt zusammen: „Was man unter dem Namen primitive Mentalität beschrieben hat, ist ohne Zweifel eine dauerhafte Struktur des menschlichen Geistes, in unserer Gesellschaft jedoch ist diese Struktur durch das Primat das wissenschaftlichen Denkens überlagert, während es bei schriftlosen Völkern deutlich erkennbar bleibt" (1972, S. 22). Abschließend äußerte er eine Ansicht, die heute breite Zustimmung finden würde: „Die Grundstruktur menschlichen Denkens ist überall gleich" (S. 12).

Der Streit, der in Lévy-Bruhls Denken tobte, spiegelte eine Diskussion wider, die im Abendland geführt wurde, seit sich die Menschen der Existenz fremdartiger Völker bewußt geworden waren und begonnen hatten, über deren Verhältnis zu vertrauteren Exemplaren des Menschengeschlechts nachzugrübeln. Die Debatte betraf zwar auch Moral und Werte dieser unbekannten Populationen, im Mittelpunkt eines brennenden Interesses stand jedoch immer die Art ihres Denkens. Hatten sie die gleiche Logik wie „wir", oder hatte jede Menschengruppe eine eigene Logik? Wie können wir uns Zugang zum Denken der Primitiven verschaffen und die Welt wahrnehmen, wie sie es tun? Wer als Forscher ein berufliches Interesse für diese Fragen zu entwickeln begann, war schon „in Gefahr", Anthropologe zu werden.

Zu Lévy-Bruhls Zeiten, Anfang unseres Jahrhunderts, gab es fast nur schriftliche Quellen: Man las Mythen oder, seltener, Transkriptionen von Gesprächen mit Menschen aus schriftlosen Gesellschaften, und zog dann Schlüsse über die Art des Denkens, die sich in ihnen widerspiegelte. Solche hermeneutischen Methoden aber konnten nicht den Status einer empirischen Wissenschaft beanspruchen. Und so wurde es im zwanzigsten Jahrhundert immer üblicher, daß völkerkundlich orientierte Wissenschaftler Feldforschung betrieben, um die Denkprozesse „ihres Volkes" aus erster Hand zu studieren. Dieser Übergang zu „Fallstudien" war fraglos ein wichtiger Schritt in eine empirische Richtung. Das Problem individueller Feldforschung allerdings war, daß sie einem einzelnen Forscher oder einer kleinen Gruppe viel — möglicherweise zu viel — Ermessensspielraum ließ.

Ein bedeutendes Kapitel in der Geschichte der Anthropologie in unserem Jahrhundert nimmt die Suche nach Forschungsmethoden ein, die weniger idiosynkratisch, sondern zuverlässiger sind (Herskovits 1953; Kardiner und Preble 1961). Da es in der Regel nicht praktikabel war, daß große Teams den gleichen Ort besuchten — und Forscher, die ihn zu weit auseinanderliegenden Zeitpunkten besuchten, unter Umständen nicht die „gleichen" Völker beobachteten (Freeman 1983) — galt das Augenmerk objektiveren Methoden, die von einem einzigen Forschungsteam angewandt werden konnten. Diese Notwendigkeit führte in den sechziger Jahren zur *Ethnowissenschaft*, einer Reihe vermeintlich objektiver empirischer Verfahren, mit denen man die Denkprozesse von Völkern überall taxieren konnte.

Ethnologen bereitete es keinerlei Probleme, von einer Repräsentationsebene zu sprechen. Was für andere, eher experimentell orientierte Disziplinen einen bedeutenden Sprung darstellte, war für Anthropologen ganz selbstverständlich. Die Schwierigkeiten lagen woanders. Obwohl es eine Zeitlang schien, als hätten die neuen empirischen Verfahren der Anthropologie zu einer solideren wissenschaftlichen Grundlage verholfen, machte sich nun Unzufriedenheit mit diesen Methoden breit: Zweifelsohne elegant, ließen sie aber offenbar viel von dem außer acht, was für Denken und Erfahrung einer Kultur zentral ist. Man ist zumindest teilweise wieder zu der Auffassung zurückgekehrt, die Anthropologie solle sich den holistischen Methoden der gründlichen Fallstudie zuwenden und sich vielleicht eher den Human- als den empirischen Wissenschaften zuordnen. Die anhaltende Unsicherheit darüber, ob die anthropologische Forschung die Methoden der experimentellen Kognitionswissenschaft übernehmen sollte, ist ein zweites entscheidendes Thema der Disziplin.

Spekulationen über andere Völker reichen zurück bis in die Klassik. Spätestens seit Herodot wußte man, daß sich menschliche Verhaltensmuster von einer Gesellschaft zur anderen unterscheiden und man versuchte, solche Unterschiede zu dokumentieren und zu erklären (oder wegzuerklären). Theologen führten die Existenz fremder Völker auf diese oder jene biblische Geschichte zurück — wie auf die Zerstreuung der drei Söhne Noahs oder auf die Verbannung Kains, dessen Antlitz mit Dunkelheit bedeckt worden war. Recht häufig wurde angenommen, bestimmte fremde Völker, beispielsweise die nordamerikanischen Indianer oder die arabischen Nomaden, seien eine Verfälschung oder Degeneration des „reinen" Menschen: Sie standen im Gegensatz zu jenem Zweig, der in direkter Linie von Adam oder Abraham abstammte und — selbstverständlich — mit dem modernen Europäer verwandt war.

Das wiedererwachte Interesse an Gelehrsamkeit und an weiten Reisen, beides typisch für die Renaissance, gab solch uralten Spekulationen neuen Aufschwung. Einige vertraten weiterhin die Degenerierungsthese, andere betonten Ähnlichkeiten zwischen gegenwärtigen Wilden und den Vorfahren des zivilisierten Menschen. Verglich man frühe Europäer und zeitgenössische Wilde, folgte daraus, daß sich die zeitgenössischen Wilden lediglich auf einer früheren Entwicklungsstufe befanden als die zeitgenössischen Europäer. Wie ein Beobachter es formulierte, „Europa und Amerika lösten das Problem, indem sie ihre eigenen Nationen an das eine Ende, die primitiven Stämme an das andere Ende der sozialen Skala plazierten und die übrige Menschheit zwischen diesen beiden Polen anordnete, je nachdem, ob sie mehr der wilden oder der zivilisierten Lebensführung entsprachen" (Hodgen 1964, S. 483).

Es gab auch Gelehrte, die diese Unterschiede einfach nur verstehen wollten. Beispielhaft in dieser Hinsicht war der herausragende französische Gelehrte Charles Louis Montesquieu, dessen Interesse der Erforschung von Gesetzen, Sitten und Moralvorstellungen in verschiedenen Teilen der Welt galt. Bei seinem Versuch, Unterschiede der Gesellschaften zu erklären, nannte Montesquieu Faktoren wie Bevölkerungsdichte, geographische Barrieren, das Maß von Abgeschiedenheit, der Grad technischer Entwicklung, die Mittel zum Lebensunterhalt, der Stand des Handels, Klima und Bodenbeschaffenheit. Seiner Ansicht nach spielten die natürliche Umwelt und die klimatischen Bedingungen in primitiven Gesellschaften eine größere Rolle als in höher entwickelten Gesellschaften. Er war ein früher Funktionalist, denn er suchte in jeder Gesellschaft nach den Gründen für vermeintlich so brutale Bräuche wie Kannibalismus und Sklaverei oder für Götzenanbetung (De Waal Malefijt 1974).

Die Aufklärung, mit ihrem glühenden Glauben an Rationalität und Gleichheit, verschärfte die Diskussion über die Mentalität der Primitiven. Einerseits schien der abendländische Geist, nahm man Rationalität als Maßstab, qualitativ höher entwickelt als der Geist offenbar verwirrter Wilder. Andererseits aber, wenn es in erster Linie um Gleichheit ging, schienen andere Folgerungen angebracht. Praktiken wie die Sklaverei und Annahmen wie die, eine Gruppe sei einer anderen überlegen, galten als rückschrittlich oder anachronistisch. Diese entstehenden egalitären Meinungen bedeuteten für religiöse Menschen ein Problem, denn sie mußten erklären, warum manche an einen einzigen Gott glauben, andere hingegen polytheistischen Vorstellungen anhingen. Der berüchtigte Bischof Whatley behauptete, man könne den Wilden nicht helfen und tue besser daran, sie als Angehörige einer anderen Spezies zu behandeln. Darwin bedeutete für die Angehörigen der etablierten Kirchen eine andersgeartete Bedrohung, da sie jetzt mit seinen Behauptungen zu kämpfen hatten, alle Menschen stammten von gemeinsamen Vorfahren ab, diese Entwicklung reiche Jahrmillionen zurück und der Mensch sei folglich nicht getrennt von dem Rest der Schöpfung zu denken (De Waal Malefijt 1974).

Edward Tylor begründet die Disziplin der Anthropologie

Es war an der Zeit, über andere menschliche Gemeinschaften systematischer nachzudenken. Verschiedene Gelehrte trugen zu den Anfängen der wissenschaftlichen Erforschung von Gesellschaft und Kultur bei, die Person aber, der diese Ehre (oder Verantwortung) am häufigsten zugesprochen wird, ist Edward Tylor, ein Engländer des ausgehenden neunzehnten Jahrhunderts. Er arbeitete um die gleiche Zeit wie Wilhelm Wundt, der Begründer der modernen Psychologie, wie Gottlob Frege, der Erfinder der modernen Logik, wie die Junggrammatiker in der Sprachwissenschaft und die erste Generation experimentell arbeitender Neurowissenschaftler, und veröffentlichte 1871 sein Hauptwerk *Primitive Culture* (das bereits 1873 unter dem Titel *Die Anfänge der Kultur* auf deutsch erschien). Nachdem er in den sechziger Jahren Amerika und Mexiko bereist und dabei einen lebhaften Eindruck von kulturellen Unterschieden bekommen hatte, unternahm Tylor mit seinem Buch einen rationalistischen Angriff auf die Behauptung, religiöse Glaubenssätze seien göttlichen Ursprungs. Aus seiner Sicht waren die menschlichen Kulturen und Religionen das Ergebnis einer natürlichen, gesetzmäßigen Evolution menschlicher Geistesfähigkeiten.

Eine neues Fachgebiet braucht Definitionen, und Tylor lieferte die meistzitierte Beschreibung von Kultur: „Jenes komplexe Ganze, das Wissen, Glauben, Kunst, Moral, Gesetz, Sitte und alle anderen Fähigkeiten und Gewohnheiten einschließt, die der Mensch als Mitglied der Gesellschaft erworben hat" (1871, S. 1). Entscheidend war der Begriff *erworben*: Tylor erklärte damit, menschliche Fähigkeiten gehörten nicht einfach zum Erbgut: sie leiten sich vielmehr von der Angehörigkeit zu einer Gruppe ab und sind veränderbar, falls Menschen in einer anderen Gruppe aufwachsen oder falls eine bestimmte Gruppe ihre Sitten oder Werte verändert. Diese Betonung auf Lernen unterlief auch jede Vorstellung, nach der Menschen sich aufgrund bestimmter vererbter Merkmale oder aufgrund ihrer Plazierung auf einer evolutionären Skala so verhalten, wie sie es tun. Wenn man Verhalten lernen oder erwerben kann, kann man es auch verändern.

Tylor war ganz deutlich von den Darwinistischen Evolutionsideen beeinflußt. Nach seinem eigenen Schema konnte man die Menschheit linear anordnen, von (in seiner Terminologie) den Wilden über die Barbarei bis zur Zivilisation. Er glaubte aber an die psychische Ganzheit und vertrat die Auffassung, alle Völker seien zu dieser Entwicklung fähig. Hinzu kam, daß selbst die Menschen am höchsten Punkt der Zivilisation von älteren Überresten nicht frei seien. Nach Tylors Schema des *Überdauerns* hat jeder Mensch zahlreiche Angewohnheiten, Anschauungen und Sitten, die auf frühere Zeiten zurückgehen und die trotz der Tatsache, daß sie inzwischen sinnlos sind, überdauert haben. Ein treffendes Beispiel dafür ist die Redewendung „Gott sei Dank", die schon lange ihre ursprüngliche Bedeutung verloren hat, welche dennoch rituell beschworen wird, wenn jemand erleichtert ist. Entsprechend war Tylor der Meinung, selbst die irrationalsten Bräuche seien Ergebnis einer Vernunft wie der unseren; er dachte, wie schon Montesquieu, eine Sitte werde plausibel, wenn man ihre Ursprünge und Begleitumstände verstehe.

Neben solch neuen Arten, über Kultur und das Verhältnis zwischen unterschiedlichen Völkern nachzudenken, steuerte Tylor zu der Wissenschaft, die er mitbegründete, auch wichtige methodologische Ideen bei. Bemerkenswert war seine Methode der *Adhäsion*, mit der er herauszufinden suchte, welche Sitten oder Bräuche zusammenhingen. Dazu legte er gewaltige Listen von Bräuchen verschiedener Kulturen an und stellte fest, welche häufiger zusammen auftraten als andere. Mit solchen Korrelationen konnte er beispielsweise belegen, daß eine vorhersagbare Verbindung bestand zwischen Teknonymie (die Sitte, wonach sich Eltern nach ihren Kindern benennen) und der Sitte, im Haushalt der mütterlichen Verwandten zu leben; darüber hinaus zeigt sich, daß der Brauch, Eltern nach Kindern zu benennen, noch enger in Verbindung steht mit bestimmten Vermeidungspraktiken, bei denen Individuen, die in einer potentiell gespannten Beziehung zueinander stehen, eine schützende Distanz voreinander wahren. Diese Korrelationsmethode war ein außerordentlicher Gewinn für dieses neue Fachgebiet. Dazu der Anthropologe Robert Lowie, der in der ersten Hälfte unseres Jahrhunderts arbeitete: „Nichts anderes, was Tylor getan hat, hebt ihn so nachhaltig über die Schar seiner Kollegen hinaus" (zitiert in Kardiner und Preble 1961, S. 75). Statt metaphysischer Spekulationen darüber, warum bestimmte Bräuche entstanden sind, konnte Tylor jetzt statistische Beziehungen zwischen verschiedenen Institutionen oder Bräuchen aufdecken.

Aus unserer Sicht mögen sich Tylors Ansichten von denen seiner Vorgänger kaum unterscheiden, für die der Primitive lediglich eine blasse Variante des zivilisierten modernen Menschen war. In Wirklichkeit aber trug Tylor dazu bei, diese Auffassung zu Grabe zu tragen. Die Behauptung, Kultur gebe es bei allen Menschen, wenn auch in vielleicht roher oder primitiver Form, bedeutete einen wesentlichen Schritt in Richtung auf eine realistischere Sichtweise. Und Tylors Glaube, daß alle Menschen Rudimente der Vergangenheit bewahrten und daß Verhalten zu verstehen und zu rechtfertigen ist, wenn man es im Kontext sieht, rückte den Primitiven näher an den zivilisierten modernen Menschen heran (Stocking 1982). Abraham Kardiner und Edward Preble meinten, um den Klerus zu schlagen, „der zwischen dem zivilisierten Menschen und seinen primitiven Vorfahren eine unüberbrückbare Kluft schaffen wollte, mußte Tylor zeigen, daß der ‚ungehobelte Wilde' potentiell ein englischer Gentleman war" (1961, S. 77). Sollte Shaws Pygmalion vielleicht doch recht behalten?

Die Briten

Tylors Arbeit über primitive Gesellschaften verbindet die Beschreibungen des Stubengelehrten früherer Jahrhunderte mit empirischen Arbeiten der Gegenwart: von der Spekulation zur Korrelation. Als Folge seines bahnbrechenden Werkes konnte man beobachten, wie in England diese beiden Kräfte miteinander rangen. Die alte Garde wurde vertreten durch Sir James Frazer, Erforscher antiker Gesellschaften, dessen mehrbändiges *The Golden Bough* (1890, 1922 unter dem Titel *Der Goldene Zweig, Das Geheimnis von Glauben und Sitten der Völker* auf deutsch erschienen) das vielleicht berühmteste anthropologische Buch aller Zeiten ist. In diesem hinreißenden Werk, das viele Humanisten beeinflußt und zugleich eine breite Öffentlichkeit verzaubert hat, spann Frazer einen Faden von den heidnischen Zeremonien der Vergangenheit zu den Bräuchen des Christentums und anderer moderner Religionen. Er beschrieb frühe Formen der Magie, bei denen man über einen Menschen einfach dadurch Kontrolle erlangen konnte, daß man irgend etwas ihm Gehörendes in den eigenen Besitz brachte. Diese Totembräuche waren Vorläufer der Religion, bei der Menschen aufhörten zu glauben, sie könnten das Geschehen selbst kontrollieren, und statt dessen höhere nichtmenschliche Kräfte postulierten, die die Welt beherrschen. Und schließlich beschrieb Frazer die höchste Entwicklungsstufe, die der Wissenschaft, auf der der Mensch erneut begann, die Natur zu manipulieren, jetzt aber die relevanten physikalischen Gesetze entdecken und überprüfen wollte. Von diesem Standpunkt aus galten frühe Menschen und moderne Primitive als vergleichsweise irrational, besaßen aber vermutlich das gleiche Potential wie der moderne Mensch (Frazer 1955).

Frazers Arbeit wurde von Laien sehr bewundert und von den meisten Anthropologen gelesen, aber die Tradition, die er vertrat, wich schließlich einem weniger grandiosen, dafür mehr empirischen Ansatz. Ein dafür symbolisches Ereignis war, unmittelbar vor der Jahrhundertwende, die Ausrichtung einer großen

Expedition zur Torresstraße im Südpazifik. Nie zuvor hatten sich so viele wissenschaftlich ausgebildete Männer nur deswegen auf eine Mission begeben, um zu dokumentieren, wie völlig andere Menschen leben. A. C. Haddon, ursprünglich Zoologe, hatte diese *Cambridge Anthropological Expedition* (ironischerweise) auf Frazers Anregung hin organisiert. Haddon interessierte sich für die Mentalität der Naturvölker, beabsichtigte aber, im Unterschied zu seinen Vorgängern, vor Ort systematische Messungen psychologischer Merkmale vorzunehmen. Begleitet wurde Haddon von Psychologen, Medizinern, Experten für Sprache und für Musik, darunter W. H. Rivers, C. S. Myers und William McDougall — drei Psychologen und Mediziner, die später bedeutende Sozialwissenschaftler werden sollten (Rivers 1900).

Die Wissenschaftler führten während der Expedition etliche Untersuchungen durch. Vor allem aus unserer heutigen Perspektive betrachtet, konzentrierten sie sich nicht auf „höhere" kognitive Funktionen; sie orientierten sich statt dessen an den Praktiken damaliger Psychiater und untersuchten die Fähigkeit, in verschiedenen Sinnesmodalitäten Unterscheidungen zu machen, Sinnestäuschungen zu erkennen und Farben zu benennen. Und die Resultate waren im Hinblick auf die Kontroverse über primitive Mentalität auch nicht gerade eindeutig. Manche Ergebnisse waren provozierend: So wies einiges darauf hin, daß die Sprache, die man spricht, Einfluß darauf haben könnte, wie man Farben sieht oder einordnet; es gab Belege für das außerordentlich präzise Beobachtungsvermögen der Papua (trotz keineswegs außergewöhnlicher Sehschärfe); einiges ließ vermuten, daß auch räumliche Wahrnehmungen kulturell erlernt sein könnte; und es gab Belege von immensem Erinnerungsvermögen für Familienstammbäume. McDougall behauptete außerdem, die Eingeborenen hätten einen doppelt so stark ausgeprägten Tastsinn wie Engländer, ihr Schmerzempfinden hingegen sei nur halb so groß. Generell aber konnten sich die Wissenschaftler weder darüber einigen, wie groß die Unterschiede zwischen den Gruppen waren, noch darüber, womit diese Unterschiede am besten erklärt werden könnten (R. Brown 1956; Stocking 1982).

Aber die Torres-Expedition war ein Meilenstein in der Geschichte der Anthropologie, nicht wegen ihrer Ergebnisse, sondern weil sie überhaupt stattfand. Daß sechs bedeutende Wissenschaftler mehrere Jahre mit Feldforschung zubrachten und dabei sorgfältige Beobachtungen und Experimente durchführten, war dramatischer Beweis dafür, daß man über kulturelle Unterschiede nicht mehr nur zu spekulieren brauchte: sie konnten genau untersucht werden. Es dauerte einige Jahre, bis die übrige Wissenschaftsgemeinde die ganze Bedeutung dieses Modells begriffen hatte. Am Schluß aber konnten Spekulationen, wie Frazer sie unterbreitet hatte, mit „vor Ort" erhobenen empirischen Daten einfach nicht mehr konkurrieren.

Die amerikanische Vision

Die Gelehrtenhegemonie des Franz Boas

Diese Lehren faßten dank der unermüdlichen Bemühungen von Franz Boas, einem jüngst eingewanderten deutschen Physiker, auch in den Vereinigten Staaten Fuß (Herskovits 1953; T. Kroeber 1970; Stocking 1982). Ursprünglich war Boas nach New York gekommen, um seine Doktorarbeit fertigzustellen — es handelte sich, auch wenn es kaum zu glauben ist, um eine Studie zur Farbe des Meerwassers. Laboruntersuchungen stellten ihn nicht zufrieden, daher wollte er die Farbe des Meerwassers an Ort und Stelle studieren — so jedenfalls die Legende. Boas befand sich in der Arktis unweit von Baffinland und trieb dort geographische Studien, als er das erste Mal Eskimos traf, deren Sprache und Verhalten ihn fesselten. Dies war der Anfang einer lebenslangen Faszination, die die Eingeborenen dieses Teils der Welt auf ihn ausübten, sowie des anhaltenden Engagements eines begabten und tatkräftigen Mannes, die wissenschaftliche Anthropologie zu begründen, bevor es, (wie er sagte) „zu spät ist".

Konfrontiert mit den widerstreitenden Ansprüchen des Physikers — der objektive Erklärungen für Farbe suchte — und des Forschungsreisenden — der die Atmosphäre fremdartiger Kulturen einzufangen suchte — bemühte sich Boas um eine Verbindung beider Aspekte. Er kam zu dem Ergebnis, die wissenschaftliche Sichtweise des Außenseiters und die subjektive Sichtweise des einzelnen oder der jeweiligen Kultur seien gleichermaßen gültig: Dies also war Boas' Lösung des Dilemmas „universal" versus „speziell", das sich allen stellt, die in der Anthropologie arbeiten. Diese Lehre führte er in den größeren Kontext der Anthropologie ein, als er eine Langzeitstudie über die Indianer der nordwestlichen Pazifikküste durchführte. Außerdem begann er sozusagen die komplette nachfolgende Anthropologen-Generation auszubilden, und zwar nicht nur jene, die seiner Lehre treu blieben, sondern auch solche, die dann abweichende Schulen begründen sollten.

Abgesehen davon, daß Boas völlig in seiner Berufung zum Anthropologen aufging, läßt sich sein Beitrag nur schwer zusammenfassen: Standhaft mied er streng theoretische Aussagen und verfuhr lieber induktiv. Dennoch kann man leicht aufzeigen, in welche Richtungen er die Anthropologie führte, Richtungen, die selbst in dem komplexen Fachterrain unserer Tage noch auszumachen sind.

Am wichtigsten ist, daß Boas die Idee einer geradlinigen Entwicklung von Kultur ablehnte. Im Gegensatz zu Tylor und dessen Vorgängern war Boas der Meinung, man solle eine Kultur am besten anhand ihrer eigenen Bräuche, Erfordernisse und Zwänge studieren, statt in Beziehung zu anderen Kulturen, die eine mehr oder weniger fortgeschrittene Organisationsweise zeigen. Er meinte, man solle sorgfältig dokumentieren, was geschieht, und versuchen zu verstehen, warum es geschieht, statt zu bewerten, wie fortgeschritten oder primitiv es ist (was die Evolutionisten beharrlich taten) oder woher es stammt

Absender:

Name

Straße

PLZ/Ort

☐ Informieren Sie mich bitte regelmäßig und kostenlos über Ihre Greif-Bücher

Ich habe diese Karte folgendem Titel entnommen:

(wie es die Diffusionisten zu tun pflegten). Diese Betonung des gut dokumentierten Einzelfalls, gepaart mit Standhaftigkeit gegenüber allen evolutionären oder diffusionistischen Verlockungen, ist ein Kennzeichen der Anthropologie, wie sie seit Boas betrieben wird.

Boas betonte die Bedeutung von Sprache und Linguistik für alle anthropologischen Studien. Er lernte sehr leicht Sprachen, entwickelte Methoden zu deren sorgfältiger Aufzeichnung und regte viele seiner Studenten an, die Sprachen der nordamerikanischen Indianer zu dokumentieren, solange sie noch gesprochen wurden. Leonard Bloomfield, jener Pionier der amerikanischen Linguistik, zollte Boas' bemerkenswerten Leistungen auf diesem Gebiet Bewunderung:

Sein größter Beitrag zur Wissenschaft und auf alle Fälle der, den wir am besten beurteilen können, war die Entwicklung der deskriptiven Sprachforschung. Die Eingeborenensprachen unseres Landes waren von einigen sehr begabten Männern studiert worden, aber keinem war es gelungen, dieses Studium auf eine wissenschaftliche Grundlage zu stellen ... Boas trug eine ungeheure Menge von Beobachtungsmaterial zusammen, darunter viele sorgsam aufgezeichnete Texte, und erfand, sozusagen im Alleingang, das Handwerkszeug für phonetische und strukturelle Beschreibungen. (1943, S. 198)

Boas sah jede Sprache als einzigartige Schöpfung, die (in der Art von de Saussure) als organisierte Ganzheit verstanden werden mußte. Er betonte, daß Sprachen aus unterschiedlichen Quellen zusammen-, aber auch von einer gemeinsamen Quelle auseinanderfließen können, und bedauerte die Suche des neunzehnten Jahrhunderts nach der ersten oder „Ur"-Sprache, aus der alle anderen Sprachen hervorgegangen sein sollen. Er betonte auch die wichtige Rolle, die Sprache für jedes menschliche Handeln hat, äußerte sich aber skeptisch zu der Meinung, eine Kultur könne durch die Form ihrer Sprache eingegrenzt werden. Ganz im Gegensatz zu Sapir-Whorf meinte er sogar, Denken beeinflusse die Sprache und nicht umgekehrt. Selbst wenn einige Sprachen nicht so viele abstrakte Begriffe haben wie andere, sind alle komplex genug, um der Vielfalt menschlichen Denkens gerecht zu werden. Dank Boas' eindeutiger Position zu dieser Frage hat es in den Wissenschaftskreisen der Vereinigten Staaten immer Verbindungen zwischen Anthropologie und Linguistik gegeben — ein Vorbild für jene Art von Kooperation, die die Kognitionswissenschaft jetzt anstrebt.

Boas' Gedanken zur Sprache hingen eng mit seinen Gedanken zur primitiven Mentalität zusammen. Seiner Ansicht nach liegt der wesentliche Unterschied zwischen den mentalen Prozessen von Naturvölkern und unseren eigenen in folgendem begründet: Während sich die Kategorien, die Naturvölker benutzen, ungelenkt und unreflektiert ausgebildet haben, konnte die moderne Gesellschaft, die über Schrift verfügt, Wissen so systematisieren, wie der rationale Wissenschaftler es tut. Dieser Unterschied ist nicht entstanden, weil jedes einzelne Mitglied unserer Gesellschaft logischer denkt, sondern weil diverse philosophisch orientierte Fragen über Generationen systematischer ausgearbeitet wurden und jetzt der Gesamtbevölkerung zur Verfügung stehen. Boas' eigene Forschungstätigkeiten hatten ihn davon überzeugt, daß Indianer und Eskimos mit Abstraktion in Sprache und Denken umzugehen wußten, wenn sie ihr begegneten, daß aber derartiges einfach nicht zu ihrem normalen intellektuellen Milieu gehörte. Alles in allem war Boas also einer der ersten, und einer der entschiedensten Fürsprecher der Auffassung, daß primitive und moderne Gesellschaften im wesentlichen über das gleiche kognitive Potential verfügen; eine ständige Skepsis gegenüber einer Aufspaltung in „primitiv" und „modern", die durch nichts gerechtfertigt oder bewiesen ist, gehört zu Boas' zwingendsten Beiträgen zum anthropologischen Denken unserer Tage.

Vom Anfang seiner Karriere an mißtraute Boas allen Versuchen, einen Menschen, oder eine Gruppe von Menschen, für besser oder schlechter zu erklären als andere; mit wachsendem Erfolg und zunehmender Berühmtheit nutzte er seine immer einflußreichere und exponiertere Stellung in der Öffentlichkeit, um jeglicher Form von Rassismus entgegenzutreten. Mindestens ebenso bewundernswert wie seine Beiträge zur Anthropologie war Boas' Haltung im Kampf gegen die in den Vereinigten Staaten noch immer verbreitete Meinung, Angehörige bestimmter sozialer oder ethnischer Gruppen seien intelligenter oder moralischer als andere. Daß der Behauptung, eine Gruppe sei weniger wert als eine andere, jede wissenschaftliche Grundlage fehlte, gehört zu den immer wiederkehrenden Leitthemen in Boas' Schriften. Es ist ein Leitthema, das seit den dreißiger Jahren bis heute zu den Grundannahmen der Sozialwissenschaften gehört.

Reaktionen auf Boas

Boas' Beiträge waren hauptsächlich methodologisch, grundsätzlichen Theorien mißtraute er instinktiv. Daher überraschte es nicht, daß in der folgenden Generation seine eloquentesten Kritiker aus den Reihen jener kamen, die eine stark theoretische Position zu verteidigen hatten. Leslie White (1963) und Marvin Harris (1968), Vertreter des Evolutionismus mit Sympathien für den Marxismus, stellten Boas als jemanden dar, der sich weigerte, einen Standpunkt zum Verhältnis zwischen den Kulturen zu beziehen, und der in seiner Leidenschaft für Daten über Einzelpersonen und Gruppen die materiellen und technischen Grundlagen menschlichen Handelns vernachlässigte. A. R. Radcliffe-Brown (1940, 1952), einer der führenden Theoretiker der britischen Anthropologie, betonte die Bedeutung eines Theoriegerüsts für die Anthropologie; er vertrat die Durkheim-Richtung, nach der die Notwendigkeit von Gruppensolidarität eine entscheidende Wirkung auf Verwandtschaftsstrukturen sowie das Handeln und die Anschauungen des einzelnen hat. Radcliffe-Brown sah Kulturen auch als Teil eines Gesellschaftssystems, als „Oranismen", die sich zu immer größerer Vielfalt und Komplexität hin entwickeln. Solches Theoretisieren gefiel Boas überhaupt nicht, der Generalisierungen über die Bedürfnisse von ganzen Gruppen oder Kulturen grundsätzlich mißtraute.

Eine andere Richtung war der funktionalistische Ansatz von Bronislaw Malinowski (1961, 1968): in mancherlei Hinsicht dem Behaviorismus in der Psychologie und Bloomfields strukturaler Linguistik verwandt, ließ Malinowski wenig Interesse an mentalen Phänomenen oder historischen Faktoren erkennen. Statt dessen widmete er sich fast ausschließlich der peniblen Beschreibung sozialen und sexuellen Verhaltens. Nach Malinowski sollte der Anthropologe danach suchen, welchem *Zweck* eine bestimmte Sitte, ein materieller Gegenstand, eine Idee oder eine Auffassung in einer Gesellschaft dient: Die sorgfältigen und phantasievollen Methoden der Feldforschung, die Malinowski entwickelte, waren auf diese praktischen Ziele ausgerichtet. Malinowski ging auch mit seiner Gesamtdarstellung des Lebens der Naturvölker weiter als seine Vorgänger — er führte die verschiedenen Bräuche einer Gemeinschaft detailliert auf und zeigte, wie sie zusammenpassen. Malinowskis bestechende Ethnographien sollten beträchtlichen Einfluß auf die gängigen Arbeitsverfahren von Anthropologen nehmen, aber für seine biologisch und psychologisch orientierten Erklärungen konnte er das Fach nie gewinnen; und Boas, selbst ein gewissenhafter Feldforscher, fragte sich, was das Ganze denn eigentlich solle.

So wurde zwar an Boas Kritik geübt, aber die meisten amerikanischen Anthropologen schlossen sich der grundsätzlichen Richtung seiner Lehre an. Zudem verhielt sich Boas durchaus großmütig gegen alle, die durch seine Schule gegangen waren. Eine seiner Studentinnen, Ruth Benedict (1934), ging weit über das hinaus, was Boas selbst gewagt hätte, als sie den „Charakter" einer Zivilisation skizzierte und versuchte, die „Bedeutung von Kultur" als Ganzes zu erfassen. Ein anderer Schüler, Alfred Kroeber (1917, 1948), betonte die historischen Komponenten der Anthropologie, grübelte über den Begriff Kultur im weitesten Sinne nach und bezweifelte, daß es sinnvoll sei, sich auf bestimmte Gruppen oder bestimmte Verhaltensweisen zu konzentrieren. Boas hatte zwar Zweifel an Benedicts ambitioniertem Projekt und teilte keine von Kroebers Bedenken hinsichtlich einer wissenschaftlich orientierten Anthropologie, aber er unterstützte die Arbeit seiner Schützlinge weiter. Im Kampf um die Zukunft der Anthropologie in Amerika war persönliche Loyalität wichtiger als ideologische Übereinstimmung.

Der Sonderstatus von Sprache und Sprachwissenschaft

Während Boas Kroeber dazu ausersah, die Führung der Anthropologie in den Vereinigten Staaten zu übernehmen, fiel seine Wahl auf Edward Sapir, als es um die Führung auf dem Gebiet der Sprachwissenschaft ging. Sapir interessierte sich für das Aufzeichnen von Indianersprachen ebensosehr wie Boas (und war auch ebenso begabt wie dieser). Auch stimmte er mit Boas darin überein, daß alle Sprachen gleich komplex sind und daß sie sich (in ihren fundamentalsten Aspekten) unabhängig von Umweltdeterminanten entwickeln. Außerdem hatte Sapir, im Unterschied zu vielen anderen Boas-Schülern, ein beharrliches Interesse an der Mentalität verschiedener Kulturen. Seine eigenen Studien ließen ihn aber zu Schlußfolgerungen kommen, die Boas' Ansichten zuwiderliefen. Ich erwähnte schon im Abschnitt über die Geschichte der Linguistik, daß Sapir und sein Schüler Benjamin Lee Whorf schließlich meinten, die Sprache einer Gruppe sei die wesentliche Determinante für deren Überzeugungen und Denkweisen. Sapir sah Sprache schließlich sogar als Leitlinie für soziale Wirklichkeit:

> Sie konditioniert ganz entschieden all unser Denken über soziale Probleme und Prozesse ... Es ist völlig illusorisch zu glauben, man passe sich der Realität im wesentlichen ohne Sprachgebrauch an und Sprache sei nur ein entsprechendes Mittel, um bestimmte Kommunikations- oder Denkprobleme zu lösen ... Nicht zwei Sprachen sind ähnlich genug, als daß man davon ausgehen könnte, daß sie die gleiche soziale Wirklichkeit widerspiegeln. Die Welten, in denen verschiedene Gesellschaften leben, sind unterschiedliche Welten, nicht einfach die gleichen Welten mit verschiedenen Etiketten. (1929, S. 162)

Die Richtung, in die Sapir die Beziehung zwischen Sprache und Kultur entwickelte, war faszinierend, in Boas' Arbeit zwar nicht angelegt, von diesem aber schließlich als Herausforderung geschätzt. (Ob er die radikalere Richtung gutgeheißen hätte, die Whorf schließlich einschlug, darf bezweifelt werden.) Doch es gibt eine weitere, ebenfalls auf Boas' Einfluß zurückzuführende Anthropologierichtung, die Sprache als Analysesystem auf kulturelle Phänomene anwendet. Ich meine die Variante der strukturalen Anthropologie, die Claude Lévi-Strauss begründet hat, einer der herausragendsten Anthropologen unserer Zeit — ein Wissenschaftler, der in den frühen vierziger Jahren ein enger Freund von Boas wurde, als die Karriere des älteren Gelehrten ihrem Ende zuging und die des jüngeren gerade begann.

Lévi-Strauss hat davon gesprochen, wieviel er Boas' Einfluß verdankt: „Boas kommt das Verdienst zu, mit bewundernswertem Scharfsinn die unbewußte Natur der kulturellen Phänomene definiert zu haben, in den Texten, in denen er von diesem Gesichtspunkt aus durch Vergleich mit der Sprache die fernere Entwicklung des linguistischen Denkens und einer ethnologischen Zukunft, deren Verheißungen wir kaum zu ahnen beginnen, vorweggenommen hat" (1967, S. 33). Mit seiner Beobachtung, daß weder Sprache noch Kultur ins Bewußtsein dringen, hatte Boas eine enorme Einstiegsmöglichkeit für die Anthropologie entdeckt. Eben weil Menschen sich dieser Strukturen nicht bewußt sind, ist es viel weniger wahrscheinlich, daß sie sie beliebig revidieren oder für ihr Wesen und Wirken *ad hoc*-Erklärungen erfinden. Aber wenn Boas die allgemeine Richtung antizipierte, in die sich die Anthropologie bewegen würde, war es ein gemeinsamer Freund, Roman Jakobson, der Lévi-Strauss dann tatsächlich in jene Erkenntnisse über Sprache einführte, die sich als entscheidend für dessen Arbeit erweisen sollten (Jakobson 1941; Jakobson und Halle 1956).

Jakobson, Gründungsmitglied der Prager Schule der Linguistik, hatte darauf verwiesen, daß bestimmte Gegebenheiten des menschlichen Geistes festlegen, wie Sprache funktioniert. Diese Gegebenheiten mögen nicht sofort augenfällig sein; aber einmal spezifiziert, ermöglichen sie es dem Analytiker, diverse sprachliche Phänomene richtig zu verstehen. Da Menschen, so Jakobson, dazu neigen, Dinge unter dem Aspekt von Polarität wahrzunehmen, erweisen sich viele wichtige Unterscheidungen in der Sprache ebenfalls als binär. Phoneme bestehen aus distinktiven Merkmalen, wobei jedes distinktive Merkmal entweder vorhanden (beispielsweise stimmhaft) oder nicht vorhanden (beispielsweise stimmlos) ist. Auch andere Bereiche der Sprache, einschließlich Grammatik und Bedeutung, kann man unter dem Aspekt der Anwesenheit oder Abwesenheit binärer Merkmale betrachten. Diese Merkmale existieren nicht ohne Organisation: Sie bilden ein System, dessen grundlegende Beziehungen die zwischen Merkmalen sind. Die wesentliche Aufgabe der Linguistik besteht darin, die systematischen und strukturierten Beziehungen zwischen den verschiedenen Begriffen herauszuarbeiten.

Die Strukturalisten

Lévi-Strauss' Lehren

Bis hierhin war dies eine rein linguistische Theorie, die Jakobson und seine Kollegen der Prager Schule ausgearbeitet hatten und die, mehr oder weniger getreulich, auch andere vertraten, die von de Saussure beeinflußt waren. Lévi-Strauss' entscheidender Schritt und der Kern seines Beitrages zur Anthropologie bestand in seinem Beharren — und seinem Nachweis — daß zentrale Aspekte von Kultur ihrem Wesen nach sprachlicher Natur sind und am besten mit den Methoden des strukturalen Linguisten angegangen werden sollten.

Völlig angemessen für einen Anthropologen, der die Aufmerksamkeit seiner Kollegen auf sich ziehen möchte, begann Lévi-Strauss seine Forschung mit einem Bereich, der für alle Anthropologen von zentralem Interesse ist — Verwandtschaftsverhältnisse oder Verwandtschaftsstrukturen. Zunächst stellte er fest, daß es in jedem Verwandtschaftssystem als Grunddaten sowohl ein Beziehungssystem durch Bezeichnungen (Vater, Sohn) als auch eines durch Einstellungen (eng, distanziert) gibt. Als Testfall für seine Idee einer strukturalen Anthropologie wählte Lévi-Strauss das klassische Problem des Avunkulats: die Beziehung, bei der die Autorität über die Familie beim Bruder der Mutter liegt, der seinem Neffen gegenüber bestimmte Rechte ausübt, und mit diesem Neffen dennoch eine zwanglose, scherzende Verbindung aufrechterhalten kann. Lévi-Strauss bemerkte einen Zusammenhang zwischen diesen Verhaltensweisen und dem Verhalten des jungen Mannes gegenüber seinem Vater. In Gruppen, in denen das Verhältnis zwischen Vater und Sohn vertraulich ist, ist die Beziehung zwischen Onkel und Neffe streng; vertritt hingegen der Vater die Familienautorität, ist der Umgang mit dem Onkel freier.

Radcliffe-Brown, ein gewiefter Analytiker von Verwandtschaftsstrukturen, hatte bereits auf dieses Phänomen aufmerksam gemacht. Doch es genüge nicht, so Lévi-Strauss in Reaktion auf Radcliffe-Brown, den Zusammenhang zwischen den Einstellungen Vater/Sohn einerseits sowie Onkel mütterlicherseits/Sohn der Schwester andererseits zu untersuchen. Man müsse vielmehr, in der Rolle des strukturalen Anthropologen, nicht nur *alle* relevanten Termini, sondern auch die Beziehungen zwischen *allen* in Betracht ziehen. Im vorliegenden Fall sind die vier entscheidenden Beziehungen die zwischen Bruder/Schwester, Mann/Frau, Vater/Sohn *sowie* Onkel mütterlicherseits/Sohn der Schwester (Lévi-Strauss 1967, S. 57).

Wie der Sprachwissenschaftler die phonologischen Systeme vieler Sprachen studiert, um die korrekte Menge distinktiver Merkmale herauszufinden, so untersuchte Lévi-Strauss in etlichen Kulturen das Avunkulat, um dessen operative Faktoren zu entdecken. Dann entwarf er ein Strukturgesetz, das seiner Ansicht nach die entscheidenden Faktoren berücksichtigt, die in diesem komplexen Geflecht von Verwandtschaften wirksam sind. Das Gesetz lautet: die Beziehung (ob frei oder formell) zwischen mütterlichem Onkel und Neffe verhält sich zur Beziehung zwischen Bruder und Schwester wie die Beziehung zwischen Vater und Sohn zur Beziehung zwischen Ehemann und Ehefrau. Ist, so Lévi-Strauss, ein Beziehungspaar bekannt, läßt sich, wie bei jeder Analogie, das andere jeweils davon ableiten (1967, S. 57); im Anschluß führte er Beispiele für sein „Gesetz" an. Dann behauptete er, man treffe selbst bei ganz unterschiedlichen Abstammungsformen auf die gleiche Grundbeziehung zwischen den vier Oppositionspaaren, die man zur Konstruktion des Verwandtschaftssystems brauche. Somit verfüge man also über den passenden Schlüssel für derartige Beziehungen, weil nun bekannt sei, welches die richtige Analyseeinheit ist: „Diese Struktur ist die einfachste Verwandtschaftsstruktur, die denkbar ist und die es überhaupt geben kann. Sie ist im eigentlichen Sinne das *Verwandtschaftselement*" (S. 61).

Lévi-Strauss' frühe Veröffentlichungen über Verwandtschaft waren zwar sehr umstritten, etablierten aber seinen Ruf als bedeutender anthropologischer Denker und trugen auch dazu bei, linguistische Methoden (und, in geringerem Umfang, formallogische Analyse) in die anthropologische Forschung einzuschleusen. Hoch gelobt wurden auch einige Arbeiten zur sozialen Organisation, ein weiteres wichtiges Interessengebiet der Anthropologie. Hier klärte Lévi-Strauss die rätselhafte Natur dualistischer Organisationen — d. h. es gibt im gleichen Dorf zwei parallele, oft exogame Clans. Lévi-Strauss erbrachte den Beweis, daß dieser Dualismus *de facto* die verborgenen dynamischen Kräfte verschleiert, die durch den Tausch von Frauen und anderen Gütern entstehen. Dieser Tausch, nicht die äußere Verteilung der Wohnbereiche, spiegelt die wahren Sozialbeziehungen des Dorfes wider.

Anfang der fünfziger Jahre besuchte Lévi-Strauss eine Konferenz von Linguisten und Anthropologen, bei der er einen Teil des Materials vorstellte, das ich gerade skizziert habe. In seinem Vortrag erwähnte er einen „Gast, der unter uns weilte, obwohl niemand daran gedacht hatte, ihn zu unseren Debatten einzuladen: *den menschlichen Geist*" (1967, S. 84). Lévi-Strauss meinte, die Anthropologen hätten aufgrund ihrer Konzentration auf materielle und soziale Organisationsaspekte von Kulturen dem entscheidenden Faktor für das Verständnis einer jeden Kultur den Garaus gemacht — der Frage, wie der menschliche Geist Informationen aufnimmt, klassifiziert und interpretiert. Es war kein Zufall, daß Lévi-Strauss gerade zu einem Zeitpunkt Anthropologen an die Notwendigkeit erinnerte, mentale Repräsentationen zu bedenken, als andere Pioniere der Kognitionswissenschaft die Bemühungen ihrer jeweiligen Disziplinen in neue Richtungen zu lenken begannen — der Zeitgeist war überall heftig am Werk.

Den Geist erforschen

Lévi-Strauss' Bemerkung war im Hinblick auf seine eigene Arbeit prophetisch, denn seine weitere Laufbahn verbrachte er damit, so weit wie möglich das Wesen des menschlichen Geistes in seiner ursprünglichen Form aufzudecken. Er ging diese Aufgabe an, indem er erforschte, wie Menschen Gegenstände und Elemente klassifizieren und wie sie Mythen schaffen und verstehen. Ein Gutteil dieser Arbeit wird als empirisch dargestellt — auf den Klassifikationssystemen basierend, die rund um die Welt beobachtet wurden und auf den Mythen, die bei vielen Indianerstämmen verwandt sind. Aber Lévi-Strauss machte kein Geheimnis daraus, daß er auf seine Intuitionen vertrauen mußte (er sprach einmal davon, er habe einen „neolithischen Verstand"). In der „Ouverture" zu seiner bedeutendsten Mythenstudie erklärte er sogar, es laufe „letztlich auf dasselbe hinaus, wenn in diesem Buch das Denken der südamerikanischen Eingeborenen unter der Wirkung des meinigen Gestalt gewinnt oder das meine unter der Wirkung des ihrigen" (1971, S. 28). Denn schließlich ist es, so meint er, beide Male der gleiche Geist — der menschliche Geist nämlich — und wo der Gelehrte hinzukommt, ist einfach unwichtig. Vielleicht ist dies Kognitionswissenschaft — aber es ist eine Wissenschaft, die auf einem cartesianischen Vertrauen in den eigenen Geist basiert, und nicht auf der Validierung durch Konsens, die heute fast alle Wissenschaftler vertreten.

Ich kann hier nicht alle Schritte von Lévi-Strauss' komplexem und noch unvollendetem Projekt nachvollziehen, aber ich kann etwas über die Methoden sagen, die er benutzt und die Schlüsse, zu denen er kommt. In seinen Studien zur Klassifikation vertritt er ganz entschieden die Auffassung, vorrangigstes Merkmal eines jeden Denkens sei es, zu klassifizieren und daß Naturvölker sowohl nach denselben Richtlinien als auch auf ziemlich dieselbe Art und Weise klassifizieren wie die zivilisiertesten Menschen. Er beschreibt die Klassifizierungspraktiken primitiver Gruppen als eine Wissenschaft des Konkreten:

Statt nach den Faktoren zu suchen, die den Strukturen oder Prozessen der Welt *zugrunde liegen* (wie es der geschulte Wissenschaftler tut), versucht das primitive Denken, die Gegenstände und Erfahrungen des Alltags nach ihren perzeptuellen oder sensorischen Eigenschaften zu klassifizieren. Diese Methoden führen nicht immer zu denselben Kategorien und Klassen wie die der abendländischen Wissenschaft — sie mögen detaillierter oder weniger detailliert, ihre Grenzen mögen anders gezogen sein; im großen und ganzen aber verraten sie die gleiche Art von Analyseschritten seitens dessen, der klassifiziert.

Und auch die Zahl der Möglichkeiten, wie das menschliche Denken funktionieren kann, ist nicht unbegrenzt. Als Menschen sind wir in den Kombinationen beschränkt, über die wir verfügen, in der Anzahl distinktiver Oppositonsmerkmale, mit denen wir spielen können. In dieser Erklärung legte Lévi-Strauss seine Karten auf den Tisch:

> Die Gesamtheit der Bräuche eines Volkes ist stets durch einen Stil gekennzeichnet; sie bilden Systeme. Ich bin davon überzeugt, daß die Anzahl dieser Systeme begrenzt ist und daß die menschlichen Gesellschaften genau wie die Individuen — in ihren Spielen, ihren Träumen, ihrem Wahn — niemals absolut Neues schaffen, sondern sich darauf beschränken, bestimmte Kombinationen aus einem idealen Repertoire auszuwählen, das sich rekonstruieren ließe. (1978, S. 168)

Auch wenn der Grad analytischer Präzision verschieden ist von dem der modernen Linguistik, ist es angebracht, die hier von Lévi-Strauss vorgetragene Mendelsche Sicht mit den Grenzen der Informationsverarbeitung zu vergleichen, die George Miller Mitte der fünfziger Jahre fand, oder mit der „Fixierung der Parameter", von der jetzt in der Chomsky-Linguistik die Rede ist.

Die Entstehung von Mythen

Lévi-Strauss' Studien zur Entstehung von Mythen stellen seine intensivste Suche nach den Gesetzen der menschlichen Kognition dar. In einem frühen Werk (1967) entwickelte er einen methodologischen Ansatz für die strukturale Erforschung des Mythos. Er verfuhr auf bewährt strukturalistische Weise, indem er vorschlug, den Mythos in Bestandteile oder Einheiten zu zerlegen (die Grundphrasen des Mythos) und dann alle Einheiten zu sammeln, die sich auf das gleiche Leitmotiv beziehen oder die gleiche Aussage machen. Im Falle der ödipalen Mythen beispielsweise macht Lévi-Strauss einen Themenkomplex aus, bei dem es um *überbewertete Verwandtschaftsbeziehungen* geht (Kadmos sucht seine Schwester, die von Zeus geraubt wurde, Ödipus heiratet seine Mutter Iokaste); einen Themenkomplex, bei dem es um *unterbewertete Verwandtschaftsbeziehungen* geht (Ödipus tötet seinen Vater Laios, Eteokles tötet seinen Bruder Polyneikes); einen Themenkomplex, bei dem es darum geht, *Ungeheuer zu vernichten* (Kadmos tötet den Drachen, Ödipus die Sphinx); und *einige ungewöhnliche*

Namen, die die Schwierigkeit, aufrecht zu gehen, zum Thema haben (Labdakos bedeutet „lahm", Laios „linkisch", Ödipus „Schwellfuß".

Nachdem er die diversen Themen in diese vier Kategorien eingeordnet hat, entwickelt Lévi-Strauss eine Formel, die angeblich die wahre Botschaft des Mythos beschreibt. Nach seiner Darstellung befaßt sich der Ödipus-Mythos in all seinen unzähligen Varianten entweder mit der Überbewertung oder der Unterbewertung der Bedeutung von Verwandtschaftstrukturen und mit der Frage nach den Ursprüngen des Menschen auf der Erde: entweder durch Autochthonie (Auftauchen aus der Erde, wobei bestimmte Geschöpfe getötet werden müssen, damit der Mensch aus der Erde geboren werden kann) oder durch Geburt (Menschen, die aus der Erde geboren werden, können anfangs nicht gehen oder sie gehen linkisch). Der Mythos löst diese Fragen — woher der Mensch wirklich kommt — nicht, weil Mythen sich mit ewigen Mysterien befassen; gleichwohl bietet er einen Moment des Gleichgewichts, indem er verschiedene rivalisierende Leitmotive darlegt und so etwas wie eine Balance zwischen ihnen aufzeigt. In letzter Konsequenz formalisiert Lévi-Strauss den Ödipus-Mythos wie folgt: Die Überbewertung der Blutsverwandtschaft verhält sich zu ihrer Unterbewertung wie die Bemühung, der Autochthonie zu entgehen, zu der Unmöglichkeit, diese zu erreichen (Lévi-Strauss 1967, S. 238).

Es mag zwar fast ausgeschlossen scheinen, diesem knapp dargestellten Beispiel zu folgen, und noch schwieriger, es zu schlucken; aber es verdeutlicht an sich ganz gut, worum es Lévi-Strauss geht. Zu versuchen, seine Darstellung einer Mythenstruktur oder einer Verwandtschaftsstruktur wie des Avunkulats so zu „übersetzen", daß sie klarer und weniger fremdartig ist als das Original, wäre als Taktik ebenso verzerrend wie ein vorsätzliches Verdrehen seiner Argumente. Wie man sieht, ist er bereit, jedwedes Mythenfragment und jeden Mythenkorpus zu nehmen und ihre Elemente so lange zu reduzieren und neu zu arrangieren, bis er zu einer Erklärung jener Leitmotive kommt, mit denen der Mythos arbeitet, und der Botschaft, die in ihnen unausgesprochen enthalten ist.

Aber was will Lévi-Strauss? Ich vermute, daß er glaubt, die einfachen empirischen Kategorien, die Mythen bevölkern — Wahrnehmen von Geruch, Geräuschen, Stille, Licht, Dunkelheit, von Rohem oder Gekochtem — müsse man sich als den Begriffsapparat vorstellen, mit dem man sich den abstrakteren Problemen nähert, mit denen Menschen überall ringen müssen: Konflikte wie die Dialektik von Natur und Kultur, das Inzest-Tabu, die Beziehung zwischen den Geschlechtern, die Bedeutung bestimmter sozialer Arrangements. Diese Ideen werden an Hand konkreter Einzelfälle dargestellt, beispielsweise als emotional aufgeladene Geschichten sozialer Konflikte, auf abstrakterer Ebene aber können sie als logische Aussagen neu formuliert werden. Will man die Mythen richtig verstehen, müssen die logischen Termini und Relationen spezifiziert werden, wie Lévi-Strauss dies in seiner Auslegung des Ödipus-Mythos versuchte. Des weiteren behauptet er noch, die Mythen selbst stünden zueinander in einer quasi-biologischen Beziehung. Jeder Mythos gestaltet in gewissem Sinne die anderen um, die ihm vorausgehen, und jeder Mythos ist nur in

Beziehung zu allen anderen Mythen eines Korpus (zu dem in letzter Konsequenz alle Mythen gehören könnten, die jemals gesponnen wurden) völlig zu verstehen. Jene Beziehungen zwischen phonemischen Merkmalen, die ein Sprachsystem definieren, spiegeln sich in den thematischen Formen, die ein Mythensystem bilden, wider.

Mythen mögen zwar viele von uns verwirren, sie sind aber der Königsweg für eine Analyse nach Lévi-Strauss. Er meint, der Mythos gestatte uns einen Blick auf das Denken in reinster Form, da „der Geist, der Selbstkonfrontation ausgeliefert und der Pflicht, mit den Gegenständen zu operieren, enthoben, in gewisser Weise sich darauf beschränkt sieht, sich selbst als Objekt zu imitieren" (1971, S. 24). Und seine Untersuchungen sind für ihn Bestätigung der essentiellen Logik, die jedem menschlichen Denken eigen ist:

> Die Logik des mythischen Denkens erschien uns ebenso anspruchsvoll wie die, auf der das positive Denken beruht, ... der Unterschied liegt weniger in der Qualität der intellektuellen Operationen als in der Natur der Dinge, auf die sich diese Operationen richten ... der Mensch [hat] allezeit gleich gut gedacht. Der Fortschritt — falls dieser Begriff überhaupt angemessen ist — hätte nicht das Bewußtsein, sondern die Welt als Aktionsraum, in der eine mit konstanten Begabungen ausgestattete Menschheit im Laufe ihrer langen Geschichte mit immer neuen Objekten ringen muß. (1967, S. 253f.)

Und so findet Boas' Lehre ihre Bestätigung in Lévi-Strauss' Analyse der Mythen.

Es dürfte kaum überraschen, daß Lévi-Strauss' Werk die meisten Leser zwar tief beeindruckt, aber nur wenige überzeugt hat. Es wäre zu schön, wenn sich alle Mythen der Welt, die aus unterschiedlichsten Quellen stammen und aus verschiedensten Gründen entstanden sein können, sich zur Verkörperung jener Botschaften verbinden sollten, die ein reflektierter, aber einzelner französischer Gelehrter in ihnen sieht. Lévi-Strauss selbst äußert sich über seine Untersuchungen ganz verschieden, wie das gerade angeführte Zitat zeigt. Generell aber ist er der Meinung, Verwandtschaft sei zu sehr in soziales Handeln eingebettet, um ein sicherer Führer zu mentalen Prozessen zu sein, daß aber in der Mythologie der Schlüssel zu den Gesetzen des Denkens verborgen liegt. Daß Systeme nachweisbar sind, ist für Lévi-Strauss der Beweis, daß der Geist über Ordnungsgesetze verfügt, und daß der Anthropologe — ebensogut könnte er sagen, der Kognitionswissenschaftler — gefordert ist, sie aufzudecken.

Wie Noam Chomsky, so hat man auch Lévi-Strauss sehr wegen der Reichweite seines Projektes und für seinen kühnen Versuch bewundert, seinem Fach eine neue Richtung zu weisen. Anders als im Fall von Noam Chomsky lassen sich seine Methoden nicht mit ausreichender Klarheit darlegen, als daß sie ein jeder, ausgestattet mit gutem Willen und harter Arbeit, nachvollziehen könnte. Daher hat Lévi-Strauss im Grunde keine Schule, sondern hauptsächlich Imitatoren, die sich um jene Art intuitiver subjektiver Analyse bemühen, die der Meister so hervorragend beherrscht. Der englische Anthropologe Edward Leach (1961, 1974) dürfte der sowohl bekannteste als auch begabteste von ihnen sein.

Aber wie viele große Denker verlangt auch Lévi-Strauss entweder absolute Treue (der anderen) zu seinem System oder irgendeine formale Distanzierungserklärung. Und so blieben viele, Leach eingeschlossen, die ursprünglich auf seiner Seite standen, schließlich auf der Strecke — eine Situation, die Lévi-Strauss nicht zu mißfallen scheint.

Ist Lévi-Strauss also ein überaus bedeutender Forscher auf dem Gebiet der Kognitionswissenschaft, oder ist er lediglich ein isolierter Humanist? Ich vermute, die meisten meiner Kollegen sehen ihn in der Tradition von Rousseau, Montesquieu und der Académie Française (in die er unlängst gewählt wurde) und nicht in einer Reihe mit Simon und Chomsky, aber ich glaube, dies wird sich als kurzsichtig erweisen. Meiner Ansicht nach wird Lévi-Strauss, trotz seines Dünkels und seiner Exzentrizität, seiner wunderlichen Interessen und seiner fixen Ideen in der Geschichte der Kognitionswissenschaft eine bleibende Gestalt sein. Um die Jahrhundertmitte rückte er Fragen der Kognition ins Zentrum der anthropologischen Diskussion. Indem er die strengsten Ansätze der Sprachforschung heranzog, die es zu seiner Zeit gab, und sie kreativ auf die wichtigsten Bereiche der Anthropologie übertrug, eröffnete er neue Forschungsgebiete. Wie Piaget hat er mitunter ein System vorgegaukelt oder Begriffe der formalen Analyse ziemlich beliebig entlehnt, statt wirklich systematisch zu sein: daher ist es Aufgabe seiner Nachfolger, seine Richtung auf weniger persönliche und leichter replizierbare Art zu verfolgen (wie man dies allerdings machen soll, ist viel unklarer als bei Piaget, beispielsweise). Und wie im Fall Piaget waren auch Lévi-Strauss' starke Positionen zu Problemen der Anthropologie wohlfeiler Ausgangspunkt für revisionistische Darstellungen.

Wenn jeder einzelne Kritikpunkt überprüft sein wird, werden vielleicht nur wenige von Lévi-Strauss' *spezifischen* Schlußfolgerungen überdauern; aber diese Kritik wird nur aufgrund seiner fruchtbaren Fragen und provozierenden Hypothesen möglich gewesen sein. Außerdem hege ich den Verdacht, daß man in hundert Jahren sein Forschungsprogramm gescheiter finden wird als das seiner schärfsten Kritiker — das wahre Kennzeichen eines großen Denkers. Lévi-Strauss wird überdauern, weil er Fragen stellte, die sowohl für die Anthropologie als auch für die Kognition von zentraler Bedeutung sind, weil er Analysemethoden aufgezeigt hat, die sich als praktikabel erweisen könnten, und weil er systematische Beziehungen vorgeschlagen hat, die möglicherweise für solch unterschiedliche Bereiche wie Verwandtschaft, soziale Organisation, Klassifikation und Mythologie gelten.

Sperbers Variationen

Einer von denen, die Lévi-Strauss' Unterfangen mit Wohlwollen begegnen, ist sein früherer Schüler Dan Sperber, der jetzt in Paris arbeitet (1968, 1982). Er befürwortet den ehemals radikalen Plan seines Lehrers, die Produkte des menschlichen Geistes zu untersuchen und teilt dessen Meinung, das Modell der Linguistik sei für Anthropologen wegweisend. Aber Sperber glaubt, und dies ist wohl angemessen für einen Vertreter der jüngeren Generation, Lévi-Strauss sei der *falschen* linguistischen Schule gefolgt. Strukturalistische Vorgehensweisen sind in der Anthropologie inzwischen ebenso überholt wie in der Linguistik, sagt Sperber; jetzt müßten Anthropologen ihre Modelle in den Arbeiten von Chomsky, Fodor und anderen Vertretern der Generativen Schule suchen.

Hier nun erweisen sich die Lektionen zum Großteil als negativ, denn Sprache gilt als ein System, das eigenen, ganz speziellen Regeln gehorcht. Im Gegensatz zu Lévi-Strauss' Vision (und als Hinweis auf die Verlagerung hin zu disziplinspezifischen Prinzipien), vertritt Sperber die Auffassung, die linguistische Analyse sei auf kulturelle Phänomene wie Mythen, Sitten und Rituale nicht anwendbar. Statt dessen müsse man kulturelle Phänomene als Entitäten ansehen, die Gegenstand endlos vieler geistiger Assoziationen oder Ausformungen sind, und zwar solche, die geschehen, *nachdem* die normalen regelgeleiteten sprachlichen Operationen ausgeführt worden sind. Die meisten kulturellen Entitäten üben ihre Macht im Bereich des Mysteriösen, des Undurchdringlichen, des stark Symbolischen aus — und nicht in den vergleichsweise dürren Aspekten der Sprache, die nach festen syntaktischen, phonologischen und lexikalischen Regeln erfaßt und analysiert werden können. Sperber weist darauf hin, daß die meisten Annahmen von Menschen nicht propositional sind, sondern halbpropositional — nicht wirklich logisch und viel verschwommener. Es sei riskant, an solch amorphe Überzeugungssysteme das strikte Klassifikationsraster des Syntaktikers oder Phonetikers anzulegen. Man müsse vielmehr studieren, welche Prozesse die umfangreichen Bedeutungsschattierungen hervorrufen.

Sperbers positiver Beitrag ist seine Beschreibung symbolischer Prozesse. Die symbolischen Mechanismen werden nicht durch Erfahrung ausgelöst oder konstruiert, sondern sie gehören zu der angeborenen geistigen Ausstattung, die Erleben ermöglicht. Diese Mechanismen der symbolischen Ausformung funktionieren auf eine an Lévi-Strauss' Wilde erinnernde Weise und beginnen mit der Annahme, der „Abfall" des Denkens müsse immer gerettet werden, weil sich daraus etwas machen läßt. Gerade weil in dieser Spreu atypische oder außergewöhnliche Begriffsmerkmale erhalten bleiben, eignet sie sich für endlose symbolische Ausformungen. In diesen Fällen bedient sich der geistige Symbolmechanismus des Allgemeinwissens, über das man verfügt, des Wissens über entlegene oder weniger entlegene Kategorien — er bedient sich im Grunde jeder Information oder Interpretation, die gerade verfügbar ist — alles in dem Versuch, diese disparaten Elemente irgendwie zu einem sinnvollen Gesamtgerüst zusammenzusetzen. Die Anthropologie ist die Disziplin, die zu dem breitesten Spektrum von Anschauungen, Bräuchen und Symbolsystemen Zugang hat; somit befindet sie sich in der privilegierten Lage, die Funktionsweisen jener symbolischen Mechanismen des Menschen aufdecken zu können, die eine Ergänzung zu den (relativ) reinen Datenverarbeitungsaspekten sind, die an Sprache, Mathematik und der normalen Kategorisierung teilhaben.

Es herrscht kein Mangel an Kritikern, die jeden einzelnen Schritt bemängelt haben, den Lévi-Strauss getan hat — angefangen bei seinen ersten Ethnographien der vierziger Jahre bis hin zu der fragwürdigen Übernahme kybernetischer, informationstheoretischer oder linguistischer Methoden, von denen es bei ihm nur so wimmelt. Die meiner Meinung nach substantiellste Kritik zweifelt an, daß sich die polymorphen menschlichen Verhaltensweisen und Anschauungen für eine solch systematische, regelhafte und „geschlossene" Analyse eignen, wie sie für bestimmte Aspekte sprachlicher Strukturen angemessen ist. Nach Meinung des Anthropologen Clifford Geertz hat Lévi-Strauss voreilig eine Analogie gezogen zwischen den menschlichen Denkprozessen und der Funktionsweise eines herkömmlichen Rechners (Geertz 1973, 1983). Der Kurs, der laut Geertz vorzuziehen ist, besteht in sorgfältigen Detailstudien einer sozialen Gruppe in ihrem kulturellen Umfeld; nur so kann man hoffen, die von ihr benutzte Symbolik sowie die Weise zu verstehen, wie sie der Welt Sinn verleiht. Geertz kritisiert Lévi-Strauss' mechanistischen Ansatz, seine Unkenntnis der spezifischen historischen Umstände, die einen bestimmten Mythos oder eine soziale Organisation entstehen ließen, sein Herunterspielen affektiver oder emotionaler Faktoren, den Verlust des Individuums mit seinen ureigensten Bedürfnissen, Motiven, Zielen und Wünschen — und dies alles zugunsten eines Intellekts, der Klassifikationen und Propositionen ausspuckt. Geertz findet es auch nicht besonders klug, symbolische Produkte als Output innerer Kognitionsmechanismen zu deuten: er sieht den Geist stärker in seiner Verbindung zum Öffentlichen und daher Mythen, Rituale, Anschauungen und dergleichen als sozial generierte Symbolform:

> Denken sollte nicht unter dem Aspekt betrachtet werden, daß es parallel dazu korrelierte Affekte oder innere Erfahrungen gibt, die auf eine irgendwie regelhafte Weise mit ihm einhergehen. Natürlich heißt das nicht, daß Menschen *keine* inneren Erfahrungen haben; *selbstverständlich* haben sie das; es geht um was anderes: Fragt man jemanden, was in seinem oder ihrem Kopf vorgeht, während er oder sie beispielsweise ein Ritual ausübt, dann ist kaum zu glauben, daß solche Erfahrungen für alle Beteiligten gleich sind... Das Denken, und auf seltsame Weise sogar das Fühlen, geschehen in Wirklichkeit öffentlich. Sie sagen wirklich, was sie sagen, sie tun, was sie tun, sie meinen, was sie meinen.
>
> ...Denken ist, zumindest zum großen Teil, eine öffentliche Handlung. (Zitiert in Miller 1983, S. 202f.)

Er äußert sich nicht direkt dazu, ob der Ansatz der strukturalen Anthropologie schließlich sinnvoll sein könnte; Kritikern wie Geertz aber scheint klar, daß die Zeit für einen Sturm auf die Universalien des Denkens noch nicht gekommen ist. Wir müssen erst die Einzelfälle besser verstehen als bisher; und dieses Verstehen muß uns selbst ebenso einbeziehen wie die „komischen Leute" anderswo, deren schwierig einzuordnende Bräuche die Symbolprozesse der Anthropologen seit jeher inspiriert haben.

Ethnowissenschaft

Was Lévi-Strauss weitestgehend allein, versehen mit seinen Intuitionen, getan hat, ist in den letzten drei Jahrzehnten in etwas veränderter Form zu einem wichtigen Zweig der Anthropologie geworden. Ich meine den Bereich der Ethnowissenschaft unter ihren diversen Decknamen — Komponentialanalyse, Ethnosemantik, kognitive Anthropologie —, die alle das organisierte Studium der Denksysteme von Menschen anderer Kulturen betreffen — und manchmal auch unsere eigenen.

Ursprünge

Die Faktoren, die in den Vereinigten Staaten um die Mitte der fünfziger Jahre zur Entstehung der Ethnowissenschaft führten, ähneln jenen, die etwa um die gleiche Zeit Lévi-Strauss in Frankreich inspirierten. Beide anthropologischen Kreise waren beeinflußt vom Beispiel der Linguistik als Sozialwissenschaft, die eine nie dagewesene wissenschaftliche Strenge erreicht hatte. Informationstheorie, stochastische Modellbildung, Kybernetik und Computersimulation waren weitere Anzeichen dafür, welche Vorteile eine formale Betrachtungsweise sozialer Phänomene bot. Die Arbeiten von Semiotikern wie Roman Jakobson (1963) und Charles Morris (1971) schufen ein Bewußtsein der im wesentlichen symbolischen Natur menschlichen Handelns sowie der Notwendigkeit, es über seine kognitiven, nicht über seine praktischen Aspekte zu erklären. Mit den Worten eines frühen Ethnowissenschaftlers:

> Das Modell für die ersten Experimente in strukturaler Bedeutungsanalyse war bewußt eine analoge Adaption dessen, was für die Phonemanalyse entwickelt worden war. Von denen, die in der Frühphase dieses Experiments dabei waren, haben viele eingeräumt, daß sowohl der erste Anstoß dazu als auch die Idee, wie man es machen könnte, eine Mischung war aus ihrer Ausbildung in Phonemik und der Lektüre von Charles W. Morris' *Foundations of the Theory of Signs*. (Lounsbury 1968, S. 223)

Genau vor diesem Hintergrund entstanden die ersten beiden Publikationen, die bewußt ethnowissenschaftlich waren: Ward Goodenoughs (1964) Revision seiner Untersuchung zu der Verwandtschaftsterminologie bei den Trukesen, die er einige Jahre zuvor als Feldforschung durchgeführt hatte (1951, 1956); und Floyd Lounsburys (1956) strukturale Analyse der Pawnee-Terminologie, die 1863 für Lewis Henry Morgan von einem Indianer gesammelt worden war.

Als was sahen sich die Vertreter dieser neuen Wissenschaftssparte? Laut Stephen Tyler, Herausgeber der ersten Anthologie der kognitiven Anthropologie, will das Fach aufdecken, wie verschiedene Völker ihre Kultur organisieren und praktizieren.

Es ist ein Versuch, zu verstehen, welche Organisationsprinzipien ihrem Verhalten zugrunde liegen. Man geht davon aus, daß jedes Volk ein einzigartiges System hat, materielle Phänomene wahrzunehmen und zu organisieren — Dinge, Ereignisse, Verhaltensweisen und Emotionen... Untersuchungsgegenstand sind nicht diese materiellen Phänomene, sondern die Art, wie sie im Denken der Menschen organisiert sind. Kulturen sind demnach keine materiellen Phänomene: Sie sind kognitive Organisationen materieller Phänomene. (Tyler 1969, S. 3)

In Anlehnung an das Vorbild der Grammatik des Sprachwissenschaftlers forschen Ethnowissenschaftler danach, wie sich das Beherrschen der Regeln ihrer Kultur im Verhalten der Eingeborenen, besonders in der gesprochenen Sprache, äußert.

Anthony Wallace, ein früher Vertreter des Fachs, vergleicht den Ethnosemantiker mit einem Beobachter, der folgende Aufgabe zu lösen hat: Beschreibe das Rechensystem, das eine Gruppe von Menschen benutzt, die ihr System nicht schriftlich niedergelegt haben. Der Forscher darf Fragen stellen und beobachten und die Methode als Neuling selbst erlernen. Bei der Auswertung dieser Daten stellt er nicht einfach Häufigkeitstabellen auf, und er mißt auch nicht jedem Schnitzer, Scherz, Gerede oder Fehler gleiches Gewicht bei:

Was er statt dessen tut, ist, auf das Regelsystem zu schließen, das diese Menschen anzuwenden suchen. Die Bestätigung, daß er auf dem Weg zu einem adäquaten Verständnis dieser Regeln ist, bekommt er aus der logischen Vollständigkeit des Systems, das er erschließt; und daraus, daß er, wenn er es benutzt, ein Verhalten an den Tag legen kann, das ein Experte damit belohnt, daß er etwas sagt wie, „Genau, gut so; jetzt hast du's kapiert". (1968, S. 537)

Robert B. Edgerton und L. L. Langness haben es noch knapper gefaßt: „Ziel einer ethnowissenschaftlichen Beschreibung ist es, für eine Kultur ein so vollständiges Regelwerk zu schreiben, daß jeder Fremde es benutzen kann, um sich in dieser Kultur richtig zu verhalten" (1974, S. 38).

Ein Beispiel für eine Komponentialanalyse

Eine verbreitete Methode der Ethnowissenschaft ist die Komponentialanalyse. Um zu zeigen, wie man eine derartige Analyse machen könnte, habe ich ein Beispiel aus einer frühen Studie über englische Verwandtschaftsbezeichnungen von Anthony Wallace und John Atkins entlehnt (1960). Die Autoren beginnen mit einer Reihe von Verwandtschaftsbezeichnungen: *Großvater, Großmutter, Vater, Mutter, Bruder, Schwester, Sohn, Tochter, Enkel, Enkelin, Onkel, Tante, Vetter, Base, Neffe* und *Nichte*. In einem zweiten Schritt definieren sie diese Bezeichnungen im Hinblick auf ihre genealogischen Relationen. Großvater ist demnach definiert als jemand, der Vater des Vaters ist (oder, in der Notation der Anthropologen: *VaVa*). „*Großvater*: *VaVa, VaMu*" bedeutet übersetzt: „*Großvater* bezieht sich auf ,Vater des

Vaters' und auf ‚Vater der Mutter'." Alle Bezeichnungen werden mit den Abkürzungen *Va*, *Mu*, *Br*, *Sw*, *So*, *To* sowie einigen einfachen Operatoren definiert.

Das übrige Verwandtschaftsraster hat Einträge wie:

Großmutter: *MuVa*, *MuMu*
Enkel: *SoSo*, *SoTo*
Onkel: *BrVa*, *BrMu*, *BrVaVa*, *BrVaMu* und so weiter.

Das Raster kulminiert im Eintrag für *Vetter* oder *Base*, zu denen mindestens zwölf mögliche Verwandte gehören. In diesem speziellen Verwandtschaftsraster werden die Bezeichnungen *Onkel*, *Tante*, *Vetter*, *Base*, *Neffe* und *Nichte* in erweitertem Sinne benutzt und umfassen somit Verwandte wie „Vetter zweiten Grades der Mutter" und andere entfernte Verwandte einer weitläufigen Familie.

Zu dem nächsten Schritt gehören einige Beobachtungen, die aus dem Raster gewonnen wurden. Beispielsweise spezifizieren alle Begriffe das Geschlecht des Verwandten; einige wie Großvater, aber nicht Vetter, die Generation; alle spezifizieren, ob der Verwandte mit *Ego** linear (beispielsweise *Sohn*) oder nicht linear (beispielsweise *Neffe*) verwandt ist; und nicht-lineare Bezeichnungen spezifizieren, ob alle Vorfahren des Verwandten direkte Vorfahren von *Ego* sind, ob alle Vorfahren von *Ego* Vorfahren des Verwandten sind oder keines von beiden.

Nun kommt der entscheidende Schritt: Der Analytiker stellt die Hypothese auf, daß drei Dimensionen ausreichen werden, um alle Bezeichnungen zu definieren. Das *Geschlecht des Verwandten* (männlich als a_1, weiblich als a_2); *Generation* (b_1 als zwei Generationen vor *Ego*; b_2 als eine Generation vor *Ego*; b_3 als *Egos* eigene Generation; b_4 als eine Generation nach *Ego*; b_5 als zwei Generationen nach *Ego*); schließlich *Linearität*: c_1 ist linear; c_2 ist ko-linear (*Bruder* oder *Schwester*); c_3 ist alinear (*Base* oder *Vetter*). „Linear" sind Personen, die Vorfahren oder Nachkommen von *Ego* sind; „ko-linear" sind nicht-lineare Verwandte, deren Vorfahren ohne Ausnahme alle Vorfahren von *Ego* einschließen oder aber in diesen eingeschlossen sind; „alinear" sind Verwandte, die weder linear noch ko-linear sind.

Nun werden die Bezeichnungen als Komponenten neu definiert. So ist *Großvater* also $a_1b_1c_1$; *Enkel* ist $a_1b_5c_1$; *Schwester* ist $a_2b_3c_2$: *Onkel* ist $a_1b_1c_2$ und $a_1b_2c_2$; und *Vetter* ist a_1,b (unmarkiert hinsichtlich Generation) und c_3. (Man beachte, daß bei einer Bezeichnung, die in einer Dimension nicht diskriminiert, der Buchstabe für diese Dimension ohne Index aufgeführt wird.)

Jetzt kann diese Analyse von Verwandtschaftsbezeichnungen mit Hilfe des Paradigmas der nachfolgenden Tabelle zusammengefaßt werden. Entsprechend der technischen Definition des Paradigmas wurde jede Bezeichnung so definiert, daß sie sich mit keiner anderen überschneidet oder sie einschließt; jede Komponente wird durch mindestens eine Bezeichnung bestimmt, und alle Bezeichnungen sind im gleichen Paradigma darstellbar.

---

* *Ego* bezeichnet in diesem System das Individuum, von dem ausgehend die Verwandtschaftsbeziehungen abgeleitet werden (Vivelo 1981, S. 214, S. 314).

<table>
<tr><th></th><th colspan="2">c_1</th><th colspan="2">c_2</th><th colspan="2">c_3</th></tr>
<tr><th></th><th>a_1</th><th>a_2</th><th>a_1</th><th>a_2</th><th>a_1</th><th>a_2</th></tr>
<tr><td>b_1</td><td>Großvater</td><td>Großmutter</td><td rowspan="2">Onkel</td><td rowspan="2">Tante</td><td rowspan="5">Vetter</td><td rowspan="5">Base</td></tr>
<tr><td>b_2</td><td>Vater</td><td>Mutter</td></tr>
<tr><td>b_3</td><td colspan="2">Ego</td><td>Bruder</td><td>Schwester</td></tr>
<tr><td>b_4</td><td>Sohn</td><td>Tochter</td><td rowspan="2">Neffe</td><td rowspan="2">Nichte</td></tr>
<tr><td>b_5</td><td>Enkel</td><td>Enkelin</td></tr>
</table>

Aus: A. F. C. Wallace und J. Atkins, „The Meaning of Kinship Terms", in: *American Anthropologist* 62 (1): 58—80, 1960 (mit frdl. Gen. der *American Anthropological Association*). Der im Deutschen gebräuchlichen Notation angepaßt nach Vivelo 1981, S. 214ff. [Anm. d. Verl.].

Diese Analyse erreicht das angestrebte Ziel, die Beziehungen zwischen den Verwandtschaftsbezeichnungen der deutschen Sprache klar, vollständig und einfach darzustellen. Wallace und Atkins behaupten nicht, dies sei die beste oder die einzige Art, die Komponenten unserer Verwandtschaftsstrukturen darzulegen (ein bekannter Gegenentwurf ist Romney und D'Andrade 1964) — sondern nur, daß dies eine mögliche und ökonomische Art ist, diese Aufgabe zu lösen.

Wallace' und Atkins' Beispiel zeigt auch, welche Fragen die Begründer der Komponentialanalyse beschäftigten. Sie hielten es für sinnvoll, die Methode zunächst auf einen Bereich anzuwenden, der bereits relativ gut bekannt ist, in dem es eine endliche Zahl von Begriffen gibt, die objektiv bestimmbar sind (wie Geschlecht), in dem sich Gesellschaften in den benutzten Terminologien sowie der Art, wie sie den Verwandtschaftskuchen aufteilen, auf vermutlich aufschlußreiche Art unterscheiden. Wichtig war auch, daß die Mitglieder dieser Gesellschaften die gleichen Intuitionen über ihre jeweiligen Verwandtschaftsstrukturen haben. Bei den Irokesen beispielsweise sind die primären Dimensionen die *Generation* sowie die *Parallelvettern und -basen und Kreuzvettern und -basen*, während im Verwandtschaftssystem der Crow die primären Dimensionen ebenfalls dieses Vettern/Basensystem, daneben aber ein *verschobenes Generationenmaß* sind (bei dem Frauen in bestimmten Kontexten eine soziale Generation höher eingestuft werden als ihre Brüder (Lounsbury 1963, S. 572). Dazu Floyd Lounsbury:

Wir gehen davon aus, daß wir eine „formale Erklärung" für eine Sammlung empirischer Daten haben, wenn 1.) eine Anzahl primitiver Elemente und 2.) Regeln zu deren Handhabung festgelegt wurden, so daß bei der Anwendung letzterer auf erstere die Elemente eines „Modells" erzeugt werden; dieses Modell ähnelt seinerseits in befriedigendem Maße einem Faksimile oder einer exakten Replik der empirischen Daten, deren Wechselbeziehungen und systemische Natur wir zu verstehen suchen. Eine formale Erklärung ist somit ein Apparat, mit dem die vorliegenden Daten rückblickend interpretiert und damit „verständlich" gemacht werden können; d. h. wir können zeigen, daß sie gesetzmäßige und zu erwartende Konsequenzen eines zugrunde liegenden Prinzips sind, von dem angenommen werden kann, daß es bei ihrer Entstehung wirksam ist. (Zitiert in Durbin 1966, S. 31)

Goodenough fügt einen weniger förmlichen Kommentar hinzu:

Wie gesagt, ein Test für die Adäquatheit dieser Erklärung besteht darin, daß sie mein persönliches Empfinden als Informant für die Struktur dessen, was beschrieben wird, nicht verletzt. Das ist der subjektive Adäquatheitstest. Ein ebenso wichtiger Test ist, daß sie einem Fremden das nötige Wissen liefert, um meine Verwandtschaftsterminologie so benutzen zu können, daß ich sie als damit übereinstimmend empfinde, wie ich sie benutze. Dies ist der objektive Adäquatheitstest. (Zitiert in Kuper 1973, S. 573)

So beschrieben, mag die Komponentialanalyse wie ein relativ einfacher und gradliniger Prozeß wirken, über dessen Anwendung sich ausgebildete Anthropologen einig sein und mit dem sie letztlich zu übereinstimmenden Resultaten kommen sollten. Und tatsächlich kann man, zumindest im Vergleich zu Lévi-Strauss' erklärtermaßen subjektiven Meßverfahren, Studenten in der Komponentialanalyse ausbilden. In der Realität allerdings hat sich die Komponentialanalyse als weitaus komplizierter und „unschärfer" erwiesen, als ihre Erfinder gehofft hatten.

Kritik von innen

Der Verwandtschaftsbereich ist ein positives Extrem, wenn es darum geht, wie durchführbar das Auflisten von Termini ist und wie wahrscheinlich es ist, daß die relevanten Dimensionen verläßlich bestimmt werden können. Wendet man sich anderen Bereichen zu, Farben, Pflanzen oder Krankheiten, erweist es sich als schwieriger, die relevanten Termini in Erfahrung zu bringen und die Bereiche abzustecken, ganz zu schweigen davon, herauszufinden, welche Dimensionen relevant sind für die vertretbare und wünschenswerte Systematisierung eines Bereiches.

Selbst wenn Termini und Dimensionen abgesteckt worden sind, wird die Frage ihrer Anordnung zum Gegenstand erheblicher Kontroversen. Das gerade zitierte, klar umrissene Beispiel eines Paradigmas ist nur eine von zahlreichen formalen Arten, Termini zu arrangieren. Daneben gibt es Diagramme, Pyramiden, Taxonomien, Bäume, verschiedene Raster, Kontrastpaare und etliche andere Arten, die Ergebnisse anzuordnen: Die Beziehung zwischen diesen Beschreibungsarten ist keineswegs klar, darüber hinaus kann man sie kombinieren oder Ergebnisse auf mehr als eine Art aufbereiten, beispielsweise als Schachtel- oder Schlüsseldiagramme. Selbst unsere eigenen Verwandtschaftsbezeichnungen lassen sich anders als mit Paradigmen darlegen, je nachdem, welche Termini man benutzt, mit welchen Methoden man zu den Definitionen gelangt, und wie die Dimensionen in ihrem Verhältnis zueinander ausgerichtet werden (Kay 1966).

Noch heiklere Fragen tun sich auf, wenn man bestimmen möchte, ob eine Komponentialanalyse adäquat ist oder welche von vielen konkurrierenden Analysen die präziseste ist. Die Intuitionen eines Muttersprachlers oder eines klugen Anthropologen sind ein denkbarer Maßstab, man kann aber auch empirische Methoden benutzen — indem man beispielsweise Informanten bittet, Fragen zu beantworten, Elemente zu sortieren, Begriffe zu definieren, Wörter zu gruppieren oder sogar ihre eigenen Komponentialanalysen zu machen. Die „psychologische Realität" einer Analyse (befindet sie sich in den Köpfen aller Informanten, des geübten und reflektierenden Informanten oder nur im Kopf des Analysierenden?) erweist sich als eines der kompliziertesten Probleme der Komponentialanalyse. Zur „Simulation" des Wissens von Eingeborenen kann man sogar die gleichen Fragen stellen, die sich John Searle für sein Gedankenexperiment vom Computer und dem „chinesischen Zimmer" ausgedacht hat.

Einige dieser kritischen Punkte wurden schon früh von Wallace und Atkins (1960) erwähnt, die auf Schwierigkeiten mit Homonymen und Metaphern hinwiesen, wenn also das gleiche Wort verschiedene Bedeutungen oder verschiedene Wörter die gleiche Bedeutung haben. Es gibt das Problem der Konnotation, wenn Wörter die gleiche objektive Bedeutung haben, aber affektiv unterschiedlich getönt sind (*Papi*, *Paps*, *Daddy*, *Alter*, *Herr*, *Vati*, *Vater*, und so weiter). Andere Kritiker meinten, die Komponentialanalyse sei in sich zirkulär, da man zu Beginn von just den Beziehungen zwischen Termini ausgehen müsse, die eigentlich erst Ergebnis der Untersuchung sein sollten. Mit anderen Worten, Existenz und Kohärenz des Bereichs werden vorausgesetzt, bevor die Untersuchung beginnt (Gardin 1965). Einige Kritiker haben über die gravierenden Probleme gesprochen, die sich bei der Übersetzung von Termini einer fremden Sprache (insbesondere einer Sprache, die nicht indoeuropäischen Ursprungs ist) in uns vertraute Sprachen ergeben, sowie aus der Annahme, die gleichen Analysearten seien auf die Übersetzungen anwendbar (Crick 1976; Keesing 1976). So ist es zum Beispiel riskant, im Falle einer Kultur, in der Männer und Frauen wenig gemeinsam tun, den fremdsprachigen Begriffen die gleiche Bedeutung zu verleihen, die männlich und weiblich für uns haben; und dabei sind schon hier Häufigkeit und Verwendung von *männlich* und *weiblich* ganz anders als von *Mann* und *Frau* (Lyons 1968).

Kritik von außen

Die Kritik derer, die formal-analytische Ansätze nicht befürworten, ist noch schärfer. Clifford Geertz weist darauf hin, daß zu wissen, wie man über etwas spricht, nicht das gleiche ist, wie es zu tun. Man muß auf die Logik achten, die sich im tatsächlichen Leben zeigt, nicht auf irgendwelche abstrakten symbolischen Elemente, deren Gültigkeit für die Bewohner bestenfalls fraglich ist — nicht zu reden von den formallogischen Beziehungen, die zwischen diesen Elementen herrschen könnten. „Ich glaube, nichts hat mehr zur Diskreditierung der Kulturanalyse beigetragen als die Konstruktion makelloser Beschreibungen formaler Ordnung, an deren tatsächliche Existenz niemand so richtig glauben kann" (Geertz 1973, S. 18). Gary Witherspoon meint, viele wirklich wichtige Aspekte seien in der Sprache einfach nicht hervorgehoben, und kommt zu dem Schluß:

> Wie ein Navajo denkt und welche Kategorien er in seinem Denken verwenden kann, ist nicht das gleiche... Die Annahme, daß Verwandtschaftsnamen in allen Kulturen eine primäre Referenz haben... daß Verwandtschaft und Verwandte in allen Kulturen im Grunde gleich und nur durch andere Verwandtschaftsnamen verschieden aufgeteilt sind, und daß Verwandtschaftsbezeichnungen den Verwandtschaftskategorien einer jeweiligen Kultur entsprechen und sie ausdrücken, scheint über alle Maßen naiv. (1971, S. 116)

Michael Silverstein (1978) sieht die kognitive Anthropologie als natürliche Folge des Imports Bloomfieldscher Vorstellungen in die Anthropologie. Man geht davon aus, daß Wörter direkt für Dinge stehen. Dies zeigt ein überaus atomistisches Konzept von Sprache, funktional in Datenmatrizen geordnet, ohne jede Vorstellung davon, wie Wörter in einem sozialen Kontext funktionieren, in welche Handlungen sie eingebettet sind, wie sie miteinander interagieren und sich gegenseitig beeinflussen. Nicht Sprache als Ansammlung isolierter Zeichen, die sich auf isolierte Objekte beziehen, sollte das von Anthropologen bevorzugte Modell sein, sondern Sprache als strukturiertes System.

Der vielleicht vielsagendste Punkt in jeder Diskussion über das Schicksal der Ethnologie ist der Umstand, daß Stephen Tyler ihr den Rücken zugewandt hat. Anfangs befürwortete er entschieden die Komponentialanalyse und gab ihre erste Anthologie heraus, doch verlor er in dem Jahrzehnt danach alle Illusionen. 1978 veröffentlichte er *The Said and the Unsaid*, in dem er ganz entschieden seine frühere Auffassung verwarf, Sprache erlaube einen zuverlässigen Blick in das menschliche Kognitionssystem. Mit seinen Worten:

> Sowohl der logische Positivismus als auch die generative Transformationsgrammatik folgen der Sicht von Sprache-als-Mathematik. Beide konzentrieren sich auf Sprache als ein System primitiver oder elementarer Einheiten, die nach festgelegten Regeln kombiniert werden können. Diese Analogie mag zwar für einige begrenzte Bereiche durchaus hilfreich sein, macht es aber schwer verständlich, wie das rein formale System von Elementen und Regeln einen Bezug zu etwas anderem als sich selbst haben soll. Beide schaffen dualistische Systeme, die formale Sprachkompetenz mit empirischen Komponenten kontrastieren. (1978, S. 13f.)

Jetzt betont Tyler die funktionalistischen Facetten von Sprache. Danach ist Sprache nicht nur ein Mittel zur Darstellung von Ideen, sondern ebenso zum Vermitteln von Wünschen, Gefühlen und Emotionen — und sie ist vor allem ein Mittel, mit der Welt zurechtzukommen. Seiner Formulierung nach ist Sprache ein Mittel zur Herstellung von Beziehungen und kein Objekt, das aus Beziehungen besteht. Was wir als die Absichten, Ziele, Pläne und Einstellungen eines Menschen deuten, sind Hinweise darauf, was diese Person denkt.

Tyler kommt schließlich zu einer hermeneutischen Position. Das heißt, man schaut auf das Gesagte und auf das Ungesagte — auf den Hintergrund unausgesprochener Vorausannahmen und Implikationen — die konventionell durch das Gesagte, intentional durch Sprecher und Hörer geschaffen werden. Die angebliche Unabhängigkeit der Semantik von der Pragmatik bestreitet er:

> Nicht weniger als den Tod der Bedeutung hätten wir als Ergebnis einer Denkweise vorhersagen müssen, die dem Denken jeden Inhalt nahm; und was sonst konnten wir von einer Analysemethode erwarten, die sich erdreistete, beweisen zu wollen, daß Bedeutung wie durch ein Wunder aus einer mechanischen Verkettung bedeutungsloser Elemente entstehen kann? ... Ob in Kunst oder Wissenschaft: nichts ist offensichtlicher als die intellektuelle Dürftigkeit des Formalismus. (1978, S. 465)

Tylers Grabrede für die Komponentialanalyse bedeutete keineswegs den Tod dieser Bewegung. Allerdings herrscht nun allgemein Einigkeit darüber, daß die ursprünglichen Methoden der Komponentialanalyse zwar für einige Bereiche anwendbar sind, sich aber möglicherweise nicht sehr weit ausdehnen lassen. Solche Techniken können für das Studium von Verwandtschaft und Farbe hilfreich sein; sie können plausibel sein bei anderen, vermutlich endlichen Kategorien wie Pflanzen, Tieren und Gebrauchsgegenständen; sie werden jedoch sehr schnell dysfunktional, wenn man sie auf diffuse Bereiche wie Emotionen oder Krankheiten anwendet, bei denen die Begrenzung eines Bereichs nicht von Anfang an feststeht und ideosynkratische Interpretationssysteme von einzelnen (oder einer Gruppe) größeres Gewicht bekommen.

Bei Krankheiten beispielsweise sind Antworten so eng verknüpft mit den Werten der eigenen Kultur, der Natur von Schmerz, den herrschenden Theorien über die Ursachen und die Heilungsmöglichkeiten von Krankheiten, den Unterschieden zwischen beobachtbaren und erlebten Symptomen, daß der Analysierende sehr schnell den Glauben daran verliert, daß verschiedene Informanten über dieselbe Sache, ja über denselben Bereich sprechen. Roger Keesing, auch er ein ehemaliger Vertreter der neuen Ethnographie, erkannte diese Schwierigkeiten schon 1976:

> Fast fünfzehn Jahre lang haben kognitive Anthropologen „die neue Ethnographie" so weit getrieben, wie sie zu treiben war. Seit mindestens fünf Jahren ist offensichtlich, daß das nicht sehr weit sein wird — daß sich die Heilsversprechungen der frühen Polemiken nicht erfüllen werden. „Die neuen Ethnographen" waren nicht in der Lage, über die Analyse von künstlich vereinfachten und begrenzten (und gemeinhin trivialen) semantischen Bereichen hinauszukommen, und dies hat viele frühere Anhänger entmutigt. (1976, S. 307)

Dies war keineswegs der erste Fall der Kognitionswissenschaft, bei dem sich herausstellte, daß formale Methoden bei jenen Verhaltensaspekten am besten funktionieren, die für die Belange der Menschheit offenbar am unwichtigsten sind. Es steht außer Frage, daß sich das Paradox der Computerwissenschaft auch in der Anthropologie wiederfindet.

Stephen Murray (1982), der sich mit dem Aufstieg und späteren Niedergang der „klassischen Ethnowissenschaft" befaßt hat, nennt zwei Gründe für das Dahinschwinden dieser Forschungsrichtung. Der erste Grund liegt in einem lauthals verkündeten, aber nicht eingelösten Versprechen. Um die Mitte der sechziger Jahre sollte mit einer großangelegten Studie des Trinkverhaltens in Chiapas, Mexiko, das Leistungsvermögen ethnowissenschaftlicher Forschung getestet werden. Geplant war, daß Forscher in fünf Dörfern Daten zum Trinkverhalten erheben und diese mit den gleichen Analysemethoden auswerten sollten. Aber die Schwierigkeiten der Datenanalyse ließen sich nicht lösen, und die Forscher gingen schließlich zu anderen Problemen über. Paul Kay, ein Teammitglied, berichtet:

> Nachdem wir eine riesige Menge Material gesammelt und zwei oder drei Jahre damit zugebracht hatten, nach objektiven Verfahren — oder auch nur halbwegs objektiven Verfahren — zu suchen, die man auf dieses Material hätte anwenden können, um es auf irgendeine logische Aussage zu reduzieren, gaben wir auf, weil wir solche Verfahren nicht finden konnten. Trinken ist in Chiapas eine Einrichtung, die alle Lebensbereiche eines Volkes durchdringt: Religion, Politik, Familienleben, sogar die Landwirtschaft ist untrennbar mit Trinken verbunden — das heißt, eine Ethnographie des Trinkens machen zu wollen bedeutet, man muß die komplette Ethnographie machen. (Zitiert in S. O. Murray 1982, S. 169)

Kays Kollege Brent Berlin meint: „Wir waren nicht davon überzeugt, daß das, was sich aufgrund der erhobenen Daten sagen ließ, wirklich viel aufschlußreicher war als das, was man aufgrund der altmodischen teilnehmenden Beobachtung hätte sagen können" (S. 169).

Die Erfahrung von Chiapas mag für Anthropologen eine wichtige Lehre gewesen sein. Während bestimmte Bereiche dafür geeignet sein mögen, von der übrigen Kultur getrennt betrachtet zu werden, dürften die meisten interessanten Bereiche untrennbar mit ihrem Umfeld verbunden sein. Die Trinkgewohnheiten zu untersuchen, ohne zugleich alles andere zu untersuchen, könnte (aus anthropologischer Sicht) wissenschaftlich unhaltbar sein: in diesem Fall ist *isolieren* gleichbedeutend mit *zerstören*. Berlin und Kay, anfangs enthusiastische Befürworter der ethnosemantischen Methode, verweisen hier auf ihre Grenzen. Die Auswirkungen von Kontext, Geschichte und Kultur könnten für einen Großteil des anthropologischen Terrains das eigentlich Entscheidende sein.

Murray sieht einen weiteren Grund für den Niedergang der Ethnowissenschaft: Diese Unterabteilung der Anthropologie hat sich niemals zu einer einzigen integrierten Sichtweise zusammengefunden, sondern war bestenfalls ein lockeres Bündnis. Murray meint, selbsternannte revolutionäre Gruppen, die völlige Linientreue fordern und sich um eine visionäre Führungspersönlichkeit scharen, hätten im akademischen Konkurrenzkampf eher Erfolg. (Man denkt sofort an die Linguistik mit Chomsky.) Ein lockeres Bündnis hingegen bietet Konkurrenten weniger Widerstand und hört schließlich auf, als erkennbare Richtung zu existieren. Und so „traf die Ethnowissenschaft, nachdem ihr ein gewisses Maß an Anerkennung und Erfolg zuteil geworden war, der scheinbare Preis für diesen Erfolg: Zersplitterung... Ende der sechziger Jahre übte sie auf neue Forscher keinen Reiz mehr aus, und so war es denn vorbei mit der klassischen Ethnowissenschaft" (1982, S. 172).

In der Anthropologie herrscht kaum Einigkeit, was an ihre Stelle treten könnte. Einige Größen des Fachs forschen weiterhin in dieser Richtung, streben aber bescheidenere Ziele an. Andere haben sich der Haltung von Clifford Geertz (1973, 1983) angeschlossen, der meint, daß die Anthropologen mit dem Versuch, die empirischen Wissenschaften zu imitieren, in die Irre gegangen sind und der Anthropologe dem interpretierenden Literaturwissenschaftler nähersteht. (Ich komme im Rahmen späterer Diskussionen um die Kognitionswissenschaft auf die Geertzsche Kritik zurück.) Andere meinen, Ideen und Konzepte aus anderen Bereichen der Kognitionswissenschaft könnten mit Nutzen in anthropologische Studien eingeführt werden.

Anleihen bei der Psychologie

Die Komponentialanalyse hat zwar unter den Anthropologen den größten Wirbel verursacht, in den letzten Jahrzehnten aber blühte auch der Import von Methoden aus anderen Disziplinen. Einige Forscher analysierten, in der Tradition der Expedition zur Torres-Straße, das Wahrnehmungsvermögen diverser Populationen. Marshall Segall, Donald Campbell und Melville Herskovits (1966) versuchten in einer ehrgeizigen Studie, den Streit über den Einfluß der Umwelt auf die visuelle Wahrnehmung zu entscheiden, indem sie untersuchten, wie empfänglich verschiedene Gruppen für optische Täuschungen sind. Sie legten Menschen aus vierzehn außereuropäischen Kulturen verschiedene optische Täuschungen vor. Die Forscher fanden — was die Position stützt, daß Erfahrung die Sehweise beeinflußt —, daß Versuchspersonen aus Europa und den Vereinigten Staaten bestimmten Täuschungen wie der Müller-Lyer-Täuschung* leichter zum Opfer fielen. Sie scheinen Abbild eines Lebens in einer

---

* Bei der Müller-Lyer-Täuschung scheint eine der beiden Linien

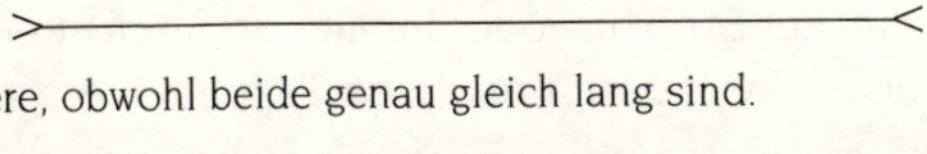

länger als die andere, obwohl beide genau gleich lang sind.

„gezimmerten" Umwelt zu sein, die voller recht- und viereckiger Gegenstände ist. Bei anderen perzeptuellen Anordnungen waren hingegen die nicht-westlichen Versuchsgruppen täuschungsanfälliger. Menschen beispielsweise, die in einem Äquatorgebiet leben, wo man flächig und weit sehen muß, neigten eher dazu, der Horizontal-vertikal-Täuschung zum Opfer zu fallen. Diese Forscher konnten also bei einem Thema, das Psychologen mit einem Gespür für kulturelle Unterschiede seit langem interessierte, erstaunliche Regelhaftigkeiten feststellen.

Eine andere psychologisch inspirierte Studienreihe widmete sich der Frage, inwieweit Menschen nicht-westlicher Gesellschaften wie westliche Menschen schlußfolgern können. Dabei erwiesen sich die Verfahren von Intelligenztests sowie jene, die Jean Piaget in seiner Arbeit mit Kindern entwickelt hatte, als am einfachsten übertragbar. Frühe Untersuchungsreihen tendierten zu der Aussage, Menschen außerhalb des Abendlandes, und besonders solche, die keine Schule besucht hatten, würden bei den Tests zur Abstraktion, Konzeptbildung und Klassifikation sehr viel schlechter abschneiden (Dasen 1972; Dasen und Heron 1981). (Die Ergebnisse perzeptueller und motorischer Fähigkeiten lagen viel näher beeinander.) Doch noch bevor man daraus den Schluß hätte ziehen können, nicht-westliche Menschen seien weniger intelligent oder könnten nicht so gut denken, nahmen Michael Cole und seine Kollegen (Cole und Scribner 1974) einige wichtige methodologische Verbesserungen vor. Und da stellte sich heraus, daß viele der vormals dokumentierten Unterschiede zwischen Vertretern der beiden Kulturen gänzlich verschwanden, wenn man Material benutzte, das den Versuchspersonen vertraut war, oder ihnen das erwartete Verhalten erklärte oder vormachte.

Als Folge dieser aufschlußreichen Beobachtungen wird heute sehr viel mehr Gewicht auf Material gelegt, das „kulturell fair" ist, sowie darauf, grundlegende Fähigkeiten zu testen, statt solcher, die wahrscheinlich nur in einer Umgebung mit Schulbildung vermittelt werden. Die meisten Ergebnisse deuten nun auf das hin, was Boas seit jeher angenommen hatte: daß die fundamentalen Operationen des Denkens überall gleich sind, und daß sich Kulturen nur in der Art, wie sie diese Prozesse *verwenden*, drastisch unterscheiden. Auf der Basis dieser grundsätzlichen Kontinuität bilden sich bestimmte Fähigkeiten heraus wie die, ohne die üblichen kontextuellen Hinweise zu schlußfolgern, oder bestimmte komplizierte Ketten von Schlußfolgerungen auszuführen, die offenbar insbesondere bei Menschen entstehen, die einige Jahre eine Schule westlicher Prägung besucht haben.

Wissenschaftler haben sich erneut einigen Fragen zu Sprache und Denken zugewandt, die schon vor vielen Jahren gestellt worden sind. Es hatte zwar nie eine starke experimentelle Bestätigung der Whorf-Sapir-Hypothese gegeben, aber viele Anthropologen hegten die Vermutung, daß es zwischen entfernten Kulturen enorme Unterschiede in den Begriffsystemen gebe und daß diese sehr wohl Abbild sprachlicher Struktur- oder Inhaltsvarianten sein könnten. In einer Forschungsreihe aber, die bis zum heutigen Tage mehrere Kognitionswissenschaften nachhaltig beeinflußt hat, zog Eleanor Rosch (1973a, 1973b — damals Eleanor Heider) die Whorf-Theorie stark in Zweifel: Sie zeigte, daß alle Menschen, auch Menschen aus Kulturen mit wenigen Farbbezeichnungen, das Farbspektrum auf etwa gleiche Weise sortieren, klassifizieren und anderweitig handhaben. Sprache hat keine Auswirkung auf grundlegende psychologische Prozesse. In einer parallelen Forschungsarbeit zeigten Roschs Kollegen Brent Berlin und Paul Kay (1969), Anthropologen von der *University of California* in Berkeley, daß die Farbbezeichnungen der unterschiedlichsten Gesellschaften einer grundsätzlichen Systematik folgen: Hat eine Gesellschaft nur zwei Farbbezeichnungen, teilen diese das Spektrum in weiß und schwarz; hat die Sprache drei Bezeichnungen, hat sie ein Wort für rot; hat sie vier Bezeichnungen, enthält sie eines für grün oder gelb (nicht aber beides) und so weiter, bis zu den vollständigsten Sprachen mit elf elementaren Farbbezeichnungen (weiß, schwarz, rot, grün, gelb, blau, braun, rosa, purpur, orange und grau). Diese Arbeiten waren zwar (wie wir im zwölften Kapitel sehen werden) Gegenstand heftiger Kontroversen, sie trugen aber dazu bei, das Pendel der anthropologischen Forschung in Richtung Universalismus zurückschwingen zu lassen: Inzwischen gehen die meisten Forscher davon aus, daß Menschen auf der ganzen Welt relativ ähnlich wahrnehmen und klassifizieren und daß die Art, wie sie klassifizieren, die Operation tiefgreifender mentaler Prinzipien widerspiegelt, die nicht so leicht zu erschüttern sind.

Überzeugte Anthropologen stecken nun also in einer Zwickmühle. Einerseits freuen sie sich als Gegner von Rassismus und kulturellem Chauvinismus über den Nachweis, daß Menschen auf der ganzen Welt auf ähnliche Weise denken und Informationen verarbeiten. Eines der wichtigsten Rätsel der Anthropologie scheint gelöst. Andererseits möchten sie als Gelehrte, die die spezifischen Eigenarten unterschiedlicher Kulturen schätzen, nicht, daß ihre sorgfältigen Studien einzelner Kulturen durch diese beruhigenden Anzeichen von Universalismus ungültig oder überflüssig werden. Folglich legen sie größten Wert auf die Feststellung, die prinzipielle Gleichheit mentaler Prozesse habe es keinesfalls weniger wichtig werden lassen, die enormen Unterschiede festzuhalten und zu erklären, die es rund um den Globus in Verhaltensweisen und Denkmustern sowie deren Anwendung gibt.

Ein produktiver Weg für die Anthropologie, das eine zu tun und das andere nicht zu lassen, ist der, die sorgfältigen Fallstudien fortzuführen, die bisher das A und O des Fachs waren, diese Studien aber durch vielversprechende Konzepte oder Methoden aus der Kognitionswissenschaft zu bereichern. Einige sorgfältige Studien dieser Art haben Michael Cole und Kollegen erstellt. Einer von ihnen, Jean Lave (1977), kontrastierte die mathematischen Fähigkeiten liberianischer Schneider in ihrem alltäglichen Arbeitsumfeld mit ihrem Abschneiden bei mathematischen Standardaufgaben. Sylvia Scribner (1984) konnte zeigen, daß Milchmänner, die in der Gegend von New York arbeiten, komplizierte numerische Schätzungen durchführen können, während sie in ihrer gewohnten Umgebung ihrer Arbeit nachgehen. Laut Edwin Hutchins (1980) legen Einwohner der Trobriand-Inseln bei Streitgesprächen über Landeigentum logisches Folgern von beachtlicher Komplexität an den Tag. Und Cole untersuchte, in Zusammenarbeit mit Sylvia Scribner (Scribner und Cole 1981), bei dem Vai-Stamm in Liberia, wie sich verschiedene Grade von Alphabetisierung auf allgemeine Fähigkeiten des Schlußfolgerns und Erinnerns auswirken. Diese Untersuchungen betonen alle die individuellen Aspekte der jeweiligen Gruppen in ihrer heimischen Umgebung. Sie meiden ganz bewußt voreilige Generalisierungen oder ein übermäßiges Vertrauen auf die Aussagekraft willkürlicher Sortieraufgaben. Läßt man aber die nötige Umsicht walten, ist es sehr wohl möglich, die Arten des Denkens in entlegeneren Teilen der Welt mit jenen Denkprozessen und Meßverfahren zu vergleichen, auf die man in Gegenden mit einem abendländischen Schulsystem trifft. Die Anthropologie kann tatsächlich Konzepte der Kognitionswissenschaft übernehmen, ohne traditionelle Methoden oder klassische Problemstellungen in Bausch und Bogen verdammen zu müssen.

Ich möchte einen letzten Berührungspunkt zwischen der Anthropologie und den anderen Kognitionswissenschaften erwähnen. Obwohl in den letzten Jahren die meiste Energie in immer engmaschigere Analysen bestimmter Bereiche gesteckt wurde — von Verwandtschaftsbezeichnungen bis hin zu kulturanthropologischen Theorien von Emotionen — interessieren sich einige Wissenschaftler auch heute noch für die großen ungelösten Fragen, die schon Tylor beschäftigten: Wie ist Kultur möglich, wie entsteht sie, wie wird sie erworben? Ein Teil dieses Interesses findet seinen Platz in einem evolutionären Forschungsrahmen. Wissenschaftler, die sich mit anderen Primaten befassen, mit Schädeln von Frühmenschen oder mit anderen Relikten paläontologischen oder archäologischen Ursprungs, suchen nach Hinweisen, wie der Mensch zum „kultivierten Tier" wurde — nach den Ursprüngen von Sprache, Sozialverhalten, Ritualen und Kunst. Auf kürzere Zeiträume bezieht sich die Frage mancher Wissenschaftler, wie Kinder in einer Gesellschaft Kultur „erlernen". Von Roy D'Andrade (1981) stammt die Formulierung, Kultur bestehe aus einem großen Wissensfundus, der von einer Generation an die nächste weitergegeben wird, wozu auch erlernte Programme des Handelns und Verstehens gehören. Im Unterschied zum klassischen Computerprogramm aber sind diese Programme eher unspezifiziert und nicht explizit, werden in einem langsamen Prozeß des gelenkten Entdeckens aufgenommen und bedürfen des Umgangs mit Symbolsystemen, die nicht formal, sondern um Inhalte zentriert sind. Jeder Mensch muß Hunderttausende von Einzelstückchen kultureller Information erwerben, um für diese Gesellschaft kompetent zu werden, und doch liegen die Mechanismen, wie diese Einheiten erworben werden, noch immer völlig im Dunkeln. D'Andrade meint, daß ein Verständnis von Kultur schwerlich ohne beträchtliche Nachahmung und Anleitung erworben werden kann, daß aber die psychologischen Standarderklärungen bisher noch kein Licht darauf werfen konnten, wie diese Unterweisung stattfindet. Auch hier bietet sich das Modell des menschlichen Spracherwerbs als verführerische, allerdings vielleicht auch gefährliche Analogie an.

Zurück zu Lévy-Bruhl

In dem Jahrhundert, seit der Begriff „Kultur" erstmals formal eingeführt und die Anthropologie als Disziplin umrissen wurde, hat man enorme Mengen empirischer Daten über Menschen unterschiedlicher Kulturen gesammelt. Wir wissen viel mehr als frühere Beobachter über Verwandtschaftsterminologie, soziale Organisation, Verhaltensweisen, Klassifikationsarten, Sprachgebrauch, Mythos, Denkvermögen. Wie in vielen anderen Sparten der Kognitionswissenschaft hat die fundamentale Fragestellung — hier: Denken Naturvölker wie wir? — nichts von ihrer Dringlichkeit verloren. Aber die Art, wie Wissenschaftler über diese Frage nachdenken, ist heute viel differenzierter. Heuzutage sehen es die meisten Forscher als erwiesen an, daß die fundamentalen Wahrnehmungs- und Klassifikationsprozesse überall gleich ablaufen, daß aber gewisse Umweltelemente darauf Einfluß haben können, wie — und in welchem Umfang — sich diese Prozesse entwickeln. Dank dieser Forschungsrichtung wurden etliche aufschlußreiche Unterschiede zwischen Menschen unterschiedlicher Gesellschaften aufgedeckt, während sich zugleich eine grundsätzliche Übereinstimmung im Denken überall zu bestätigen scheint. In diese Richtung wird vermutlich die künftige Arbeit gehen.

Als Anthropologen sich den Problemen zuwandten, die Lévy-Bruhls Schriften so lebhaft schilderten, stellten sie fest, daß sie mit einem seltsamen Konglomerat von Aktivitäten befaßt waren. Man kokettierte mit betont kognitiven Verfahren — die formalen Gedanken eines Lévi-Strauss und die allgemeiner verifizierbare Komponentialanalyse der amerikanischen Schule. Auch wenn sich keine der beiden als Wundermittel zur Klärung von Denkprozessen einer Gruppe oder Person — von einer fremdartigen ganz zu schweigen — erwiesen hat, hat man zumindest über einige Bereiche einiger Gesellschaften deutliche Einsichten gewonnen. So widmete sich Lévi-Strauss den umfassendsten Fragen, hat es aber unterlassen, seine Analysemethoden mit hinreichender Exaktheit zu beschreiben; im Gegensatz dazu verfügen die Vertreter der Komponentialanalyse über ein relativ präzises analytisches Instrumentarium, konnten es aber über bestimmte, relativ begrenzte Bereiche hinaus nicht erfolgreich anwenden.

Der Erfolg des kognitionswissenschaftlichen Ansatzes in der Anthropologie wird von der Möglichkeit abhängen, die Exaktheit der Komponentialanalyse (oder eines anderen von der Datenverarbeitung beeinflußten Ansatzes) mit den globalen Fragen zu verbinden, die schon immer der Grund dafür waren, daß sich Gelehrte von der Erforschung fremder Kulturen angezogen fühlten. Wir haben gesehen, daß die Komponentialanalyse bei begrenzten Kategorien wie Verwandtschaft oder Farbe annehmbare (wenn auch keine ungeteilten) Erfolge erzielte, aber zum Verständnis nicht so eng begrenzter Kategorien wie Gefühle oder Krankheiten bislang wenig beitragen konnte.

In gewisser Weise ist es sinnvoll, sich die Anthropologie als eine Art „Obergrenze" der Kognitionswissenschaft vorzustellen. Die Anthropologie befaßt sich zweifelsohne mit Problemen, bei denen es um einen sehr großen Gegenstand (wie ganze Kulturen) geht und die ein ziemlich großes Spektrum umfassen (wie das Verhältnis zwischen Sprachpraktiken und Denkmustern einer Kultur). Falls kognitionswissenschaftliche Methoden auf derart globale Fragestellungen erfolgreich angewandt werden können, wäre ohne Zweifel bewiesen, daß sie für die Erforschung des menschlichen Denkens von Nutzen sind.

Es könnte sich allerdings erweisen, daß kognitionswissenschaftliche Methoden bei so breit angelegten Aufgaben nur zum Teil erfolgreich sind oder nur auf die begrenztesten (und möglicherweise uninteressantesten) Bereiche sinnvoll anwendbar sind. Die Aspekte Kontext, Kultur und Geschichte mögen sich in anderen Kognitionswissenschaften ausklammern lassen, doch es ist durchaus denkbar, daß sie den eigentlichen Kern der Anthropologie ausmachen. Sollte sich in letzter Konsequenz ergeben, daß die Anthropologie überwiegend außerhalb der Hauptströmungen der Kognitionswissenschaft liegt, wäre dies ein wichtiges (wenn auch recht enttäuschendes) Ergebnis. Und dies könnte Vorbote einer noch weniger erfreulichen Konsequenz sein: daß nämlich große Bereiche von Psychologie, Philosophie und Linguistik ebenfalls außerhalb der Kognitionswissenschaft liegen könnten, zumindest in ihrer heute praktizierten Form.

In den Jahren, seit Lévy-Bruhl mit sich selbst über den Status des primitiven Denkens stritt, ist das Pendel ganz entschieden zugunsten des Glaubens an die im wesentlichen universelle Einheitlichkeit des Geistes ausgeschlagen. Die Frage aber, wie dieser Geist zu erforschen ist, ist immer noch heftig umstritten. Auf jeden Anhänger der empirischen kognitiven Methodologie, auf jeden Befürworter des strukturalen oder ethnosemantischen Ansatzes kommt jetzt ein Geertzianer, der die kognitionswissenschaftliche Art, Anthropologie zu betreiben, für grundsätzlich falsch hält und der statt dessen eine von Empathie geprägte Interpretation kultureller Daten fordert, vergleichbar etwa der Vorgehensweise eines Literaturwissenschaftlers. Nun ist allerdings bemerkenswert, daß in den letzten Jahren offenbar ein gemäßigter Mittelweg entsteht. Dabei bleibt die Anthropologie das Fach, für das die genaue Fallstudie unabdingbar, eine geschärfte Aufmerksamkeit für charakteristische Besonderheiten von bleibender Bedeutung ist. Zugleich gibt es keinen Grund, warum sich diese Studien nicht der wichtigsten und nützlichsten kognitiven Konzepte und Rahmentheorien bedienen sollten. Und so hat eine neue Forscherriege gelernt, die Sprache der Kognitionswissenschaft zu sprechen und ihre Methoden anzuwenden, selbst wenn sie dies in einem Bereich praktiziert, wo der Einzelfall von alles entscheidender Bedeutung bleibt. Die Kognitionswissenschaft kann zur Anthropologie beitragen, ohne sie zu verschlucken.

Während die Kenntnis der jeweiligen Geschichte und der Besonderheiten einer jeden Gesellschaft auch künftig von Wert sein wird, wächst dennoch die Erkenntnis, daß in letzter Konsequenz alles, was irgendein Mensch in irgendeiner Kultur erreichen kann, durch die Gattung bedingt ist, der wir alle angehören — und noch spezieller durch das Nervensystem, das wir Menschen haben.

Daher schätzen Anthropologen jeder Couleur — von Lévi-Strauss bis Geertz — seit jeher Entdeckungen über den menschlichen Organismus: über die Evolution des Gehirns, die Entwicklung der Skelettmuskulatur, die Sexualbeziehungen in verschiedenen Entwicklungsstufen. Solche Einsichten aus Biologie und Neurowissenschaften können für sich genommen Fragen zur Kultur nicht beantworten — die Analyseebenen sind einfach zu disparat. (Die Neurowissenschaft bildet in der Tat eine Art „Untergrenze" der Kognitionswissenschaft und ist daher von der Anthropologie so weit entfernt, wie es nur geht.) Aber mit der Zeit könnten die Forschungsergebnisse über das menschliche Nervensystem sehr wohl Licht darauf werfen, was Menschen befähigt, sich die Praktiken der Kultur, in die sie zufällig hineingeboren werden, in so kurzer Zeit anzueignen und sie überdies an andere weiterzugeben.

9. Neurowissenschaft: Der Flirt mit dem Reduktionismus

Karl Lashley umreißt ein Forschungsprogramm

Karl Lashley, der herausragendste amerikanische Neuropsychologe der ersten Hälfte unseres Jahrhunderts, erinnerte sich gern an seine erste Begegnung mit der Komplexität des Nervensystems. 1907, als siebzehnjähriger Laborgehilfe in der Zoologie, „fand ich in einer Schachtel mit Abfällen … Golgi-eingefärbte Schnitte des Froschhirns. Ich sagte, ich würde … alle Verbindungen zwischen den Zellen herausarbeiten, damit wir wüßten, wie der Frosch funktioniert… Diesem Problem bin ich nie mehr entkommen" (zitiert in Beach et al. 1960, S. XVII).

Karl Lashley widmete, ganz wie hier behauptet, seine wissenschaftliche Laufbahn der Erforschung des Nervensystems. Einige seiner frühen Arbeiten führte er gemeinsam mit J. B. Watson durch, der bald darauf der Begründer der behavioristischen Psychologie werden sollte; aber den wichtigsten Einfluß auf seinen wissenschaftlichen Werdegang hatte Shepherd Ivory Franz, ein Neuroanatom, der bezweifelte, daß Verhalten in spezifischen Regionen des Nervensystems lokalisierbar ist. Zu Franz' wichtigsten Entdeckungen gehörte, daß bei Säugetieren eine Frontallappen-Läsion erlerntes Verhalten nicht auslöscht, solange die Gewebezerstörung nicht sehr umfangreich ist; daß seit langem existierende Gewohnheiten in jedem Fall tendenziell beibehalten werden; und daß Fähigkeiten, die aufgrund ausgedehnter Zerstörung verloren schienen, wiedererlernt werden können. Unter Franz' Anleitung begann Lashley sein Lebenswerk, die Erforschung des neuralen Substrats bestimmter Verhaltensweisen.

Die Läsionstechnik

Bei seiner Forschung machte Lashley ausgiebig Gebrauch von der *Ablationstechnik*, bei der bestimmte Areale des Nervensystems (häufig Regionen der Großhirnrinde) durch einen chirurgischen Eingriff zerstört werden. Vorrangiges Ziel der Ablationstechnik ist die Bestimmung, welches Verhalten nach einer punktförmigen Läsion gestört oder zerstört ist, um daraus Schlußfolgerungen ziehen zu können, welche Funktionen in der Regel von dieser Gehirnregion unterhalten werden. Lashley neigte hinsichtlich der Möglichkeit, ein bestimmtes Verhalten einer bestimmten Gehirnregion zuordnen zu können, eher zur Skepsis; aber seine Lehrzeit bei Franz ließ keinesfalls erahnen, wie weit Lashley gehen würde, um diesem Problem nachzuspüren, oder zu welch kühnen Schlußfolgerungen er einige Jahrzehnte später kommen sollte. Die Erfahrungen des Studenten sagen wenig über die Leistungen des gestandenen Wissenschaftlers.

In dem Jahrzehnt nach seiner ersten Lehrzeit bei Franz führte Lashley Dutzende von Experimenten am Nervensystem der Ratte durch. Zu seinen typischen Studien gehörte die Ablation eines Areals aus dem visuellen Kortex des Rattengehirns und die Bestimmung, welche Auswirkungen dies auf die Wahrnehmungsfähigkeit der Ratte hatte. 1929 dann konnte Lashley seine Ergebnisse in einem bedeutenden Buch mit dem Titel *Brain Mechanisms and Intelligence* zusammenfassen. Er zog die Bedeutung spezifischer Nervenareale und -verbindungen stark in Zweifel: „Es ist sehr fraglich, ob die gleichen Neuronen und Synapsen auch nur an zwei ähnlichen Reaktionen auf den gleichen Reiz beteiligt sind" (1929, S. 3). Lashley beschrieb Experimente zum Labyrinthlernen nach kortikaler Ablation und kam zu dem Schluß:

> Die Fähigkeit, das Labyrinth zu erlernen, ist abhängig von der Menge des funktionalen Cortexgewebes und nicht dessen anatomischer Spezialisierung... Die Ergebnisse sind unvereinbar mit Theorien, nach denen Lernen durch Veränderungen der Synapsenstruktur geschieht, und auch mit jeder anderen Theorie, die davon ausgeht, bestimmte neurale Integrationen seien abhängig von definitiven anatomischen Bahnen, die auf sie spezialisiert sind... Die Integrationsmechanismen sind in den dynamischen Beziehungen zwischen den Teilen des Nervensystems zu suchen und nicht in Details struktureller Differenzierung. (S. 3)

Mit diesen Worten präsentierte Lashley der neurowissenschaftlichen Gemeinde einige atemberaubende Behauptungen. Schließlich liegt eine der größten Verlockungen der Neurowissenschaft in der Hoffnung, die spezifischen neuralen Grundlagen bestimmter Verhaltensweisen finden zu können — und was wäre da geeigneter als die Entdeckung des neuralen Zentrums einer bestimmten Handlung, eines Gedankens oder Verhaltens? Und doch behauptete hier ein bedeutender Neurowissenschaftler, gestützt auf jahrzehntelange Forschung, eine derartige Suche sei aussichtslos. Lashley zog die Lokalisationstheorie in Zweifel — die Annahme, ein spezifisches Verhalten sei in einem spezifischen Nervenareal lokalisierbar. Zugleich, wenn auch weniger explizit, stellte er den *Reduktionismus* vor Schwierigkeiten, eine Lehre, die Verhalten vollständig durch neurale (oder andere niedere) Prinzipien zu erklären versucht.

Äquipotentialität und Engramme

Nachdem er für sich zufriedenstellend geklärt hatte, daß bestimmte Verhaltensmuster nicht bestimmten Hirnregionen zugeordnet werden können, suchte Lashley in den weiteren Jahren seiner wissenschaftlichen Laufbahn nach einer gangbaren Alternative zu der klassischen Lokalisationslehre (Beach et al. 1960). Er interessierte sich für die Ideen der Gestaltpsychologie, wonach der Organismus zunächst eine ganzheitliche Gestalt wahrnimmt und erst dann für deren Einzelelemente empfänglich wird. Lashley schien diese Art der Psychologie auch neurologisch sinnvoll; möglicherweise reagiert das Gehirn nicht auf spezifische Informationsformen, sondern arbeitet vielmehr als integrierte Einheit und reagiert als organisierte Gesamtheit auf komplexe Stimulationsmuster.

Lashley entwickelte mehrere zusammenhängende Konzepte. Er sprach von *Äquipotentialität* — der Kapazität eines jeden Teils eines funktionalen Areals, ein bestimmtes Verhalten auszuführen. Äquipotentialität ist durch das *Massenwirkungsgesetz* vermittelt, nach dem die Effizienz, mit der eine Funktion ausgeführt werden kann, proportional zum Grad der Verletzung eines Hirnareals reduziert ist. Mit anderen Worten, Leistungsdefizite sind nicht durch den Ort der Verletzung bedingt, sondern durch die Menge des zerstörten Gewebes. Wie Lashley sagt:

> Die Alternative zu einer Theorie des Speicherns von Gedächtnisinhalten durch lokale Synapsenveränderung ist das Postulat, Neuronen seien auf irgendeine Weise für bestimmte Erregungsmuster oder -kombinationen sensibilisiert. Allein dank solcher Permutationen kann die begrenzte Anzahl von Neuronen die Vielzahl von Funktionen hervorbringen, die sie ausführen. ... Alle Gehirnzellen sind unentwegt aktiv und sind, in einer Art von algebraischer Summation, an jeder Handlung beteiligt. Es gibt keine speziellen Zellen, die speziellen Gedächtnisinhalten vorbehalten wären. (1950, S. XI)

Schließlich dachte er über die Eigenschaft der *Plastizität* nach — die Fähigkeit von unverletzt gebliebenen Arealen des Nervensystems, nach der Zerstörung einer spezifischen Region deren Funktionen zu übernehmen.

Angesichts dieser Theorie generalisierter Repräsentations- und Verhaltensmuster fragt er sich, was man von der Suche nach dem *Engramm* halten soll, der diskreten Repräsentation spezifischer Ideen, Begriffe oder Verhaltensweisen im Nervensystem. Lashley kam zu dem Schluß, man werde ein solches Engramm niemals finden. Provozierend negativ formulierend sagte er: „Diese Serie von Experimenten hat ziemlich viel Information darüber erbracht, was und wo die Gedächtnisspur nicht ist. Sie hat nichts über die wahre Natur des Engramms herausgefunden. Manchmal, wenn ich mir die Forschungsergebnisse zur Lokalisierung der Gedächtnisspur ansehe, dann denke ich, daß die einzig mögliche Schlußfolgerung daraus nur lauten kann, daß Lernen einfach ausgeschlossen ist" (1950, S. 501). Nach Lashleys Ansicht ist als Folge des Lernens die Information weiträumig in großen Hirnregionen, wenn nicht gar im ganzen Gehirn, repräsentiert. In diesen Arealen können dann alle Zellen nach bestimmten festgelegten Mustern reagieren. Ob die Zellen mobilisiert werden können, um eine gestörte Funktion auszuführen, hängt davon ab, wieviel Prozent der Zellen nach einer Hirnverletzung noch vorhanden sind, wie gut das fragliche Verhalten zuvor beherrscht wurde und wie stark die Motivation des Tieres ist. Insbesondere im Fall von Tieren mit Hirnverletzungen muß die Motivation unter Umständen sehr stark sein, wenn der Organismus seine noch erhaltenen Fähigkeiten offenbaren soll.

Lashleys Experimente sind ein schwerer Rückschlag für jede unmodifizierte Sicht des Nervensystems als einer Anzahl diskreter Zentren, jedes mit speziellen Funktionen, so daß die Zerstörung eines Zellverbands den völligen Verlust einer bestimmten Funktion bedeutet und alle anderen völlig verschont bleiben. Diese Experimente stellten auch den *Reflexbogen* in Frage — die Verbindung, bei der jede Reaktion durch einen spezifischen Reiz ausgelöst wird —, der vorherrschendes neurales Verhaltensmodell für höhere (wie niedere) Organismen gewesen war. So simpel war das alles einfach nicht. In einer Studie nach der anderen leitete Lashley Implikationen aus der Lokalisationstheorie ab, dachte sich ein kritisches Experiment dazu aus und zeigte, daß trotz der Vorhersagen der Vertreter der Lokalisationslehre Fähigkeiten erhalten blieben, und strafte somit jene Wissenschaftler Lügen, die behaupteten, Impulse müßten über bestimmte festgelegte Bahnen weitergeleitet werden, damit ein bestimmtes Verhalten ausgeführt werden kann.

Lashleys Bildersturm

Lashley lieferte nicht nur eine vernichtende Kritik der simplen Lokalisationslehre, er vermittelte der nachfolgenden Forschergeneration auch sehr nachdrücklich die Schwierigkeiten eines leistungsfähigen Modells des Nervensystems. In seinem vielleicht bekanntesten Aufsatz, dem Hixon-Vortrag „The Problem of Serial Order in Behavior" (Jeffress 1951), den ich im zweiten Kapitel erwähnte, breitete er beschwörend eine ganze Reihe von Problemen aus, die die Neurobiologie ignoriert hatte. Er erwähnte als Beispiele Sprechen, Gehen, Klavierspielen und dergleichen, und er zeigte, daß viele Verhaltenssequenzen lange Planungseinheiten aufweisen, die sich zu schnell entfalten, um „live" geändert oder korrigiert zu werden. Seiner Auffassung nach war es nötig, die existierenden Assoziationsmodelle des Nervensystems neu zu fassen, um Wirkungen einzubeziehen, die erst erhebliche Zeit nach der anfänglichen Stimulation manifest werden. Um beispielsweise ein Wortspiel verstehen zu können, muß man in Gedanken (oder im Gehirn) eine bestimmte Bedeutung behalten, die im Witz latent vorhanden ist und erst durch die Pointe „aktiviert" wird. Dieses Verhalten läßt sich durch kein einfaches Reiz-Reaktions-Schema erklären: man braucht ein Modell des Nervensystems, das hierarchisch ist und zu dem Mechanismen der Rückwärts- und Vorwärtsverkettungen gehören.

Lashleys unorthodoxe Haltung zeigte sich am neuen Thema Elektronenrechner. Zur Zeit des Hixon Symposiums legten viele bekannte Wissenschaftler großen Wert darauf, eine Analogie zwischen Gehirn und Digitalrechner herzustellen. Lashley mahnte zur Vorsicht:

Das Gehirn ist mit einem Digitalrechner verglichen worden, weil das Neuron, wie ein Schalter oder Ventil, einen Kreis entweder schließt oder nicht schließt. Hier aber hört die

Ähnlichkeit auf. Der Schalter des Digitalrechners ist in seiner Wirkung konstant und diese Wirkung ist groß im Verhältnis zum totalen Output der Maschine. Die vom Neuron erzeugte Wirkung variiert mit seiner Erholung von der Refraktärphase und seinen metabolischen Zuständen. Die Zahl der an jeder Handlung beteiligten Neuronen geht in die Millionen, so daß der Einfluß jedes einzelnen vernachlässigbar ist... Jede Zelle des Systems ist entbehrlich... Das Gehirn ist eine analoge, keine digitale Maschine. Die Analyse seiner integrativen Aktivitäten muß möglicherweise statistisch geschehen. (Zitiert in Beach et al. 1960, S. 539)

Lashley brachte mit seinen sorgfältigen Experimenten und seinen polemischen Reden die zentralen Lehrsätze seiner Zeit ins Wanken. Im Grunde sagte er seinen Kollegen, ihr vielgelobtes Reiz-Reaktionsmodell, ihr Reflexbogen könnte Verhalten nicht erklären. Sein Schüler Karl Pribram erinnert sich: „Lashley hatte ein geniales Talent dafür, etwas anzuzweifeln und alle Mythen über die Funktionsweise des Gehirns zu durchlöchern" (Hooper 1982, S. 170).

Nicht ganz so direkt, aber ebenso entschieden, untergruben Lashleys Beschreibungen unreflektierte Annahmen des Reduktionismus. Solange spezifische Zellen oder bestimmte Reflexbögen Grundlage der Erklärungen waren, konnten Neurowissenschaftler ganz beruhigt annehmen, Verhalten ließe sich neurologisch erklären. Ein bestimmter Hirnlappen steuert das Sehen oder dient der Willensäußerung und mehr war dazu nicht zu sagen. Bei einer solchen Annahme mag die Notwendigkeit für Erklärungen auf psychologischer oder mentalistischer Ebene schwinden. Lashley aber, der ewige wissenschaftliche Störenfried, verbrachte die letzten Jahre seines Berufslebens damit, Verhaltensweisen zu beschreiben — beispielsweise lange Sequenzen ohne Rückwärtsverkettung — die die herrschenden mechanistischen Modelle nicht beschreiben konnten und die sehr für abstraktere und hierarchisch organisierte Repräsentationsformen sprachen. Lashley selbst suchte zwar nicht nach Erklärungen auf mentalistischer Ebene — er war noch zu sehr Watson-Schüler —, aber sein Werk (und sein Reden über „Pläne" und „Strukturen") bereitete den Weg für Simons Annahme eines Symbolsystems, Piagets Postulierung mentaler Operationen, Millers TOTE-System und Chomskys Übernahme von Regeln und Repräsentationen. In unserer Sprache: Lashley half, den Boden für eine kognitionswissenschaftliche Sicht von Verhalten und Denken zu bereiten.

Während Lashleys entscheidende Beiträge zur Kognitionswissenschaft nicht heruntergespielt werden dürfen, war seinen neurowissenschaftlichen Behauptungen ein weniger glückliches Schicksal beschieden. Wie es schon anderen Forschern vor ihm ergangen ist, die starke und falsifizierbare Theorien aufgestellt hatten, haben nachfolgende Wissenschaftler viele seiner spezifischen Behauptungen überprüft, und heute werden nur noch wenige davon allgemein anerkannt. So hat sich gezeigt, daß das Nervensystem sehr viel spezifischer, sehr viel weniger äquipotent ist, als Lashley annahm. Sein Glaube, daß das Gehirn gestaltartig arbeitet, fände heute kaum noch Anhänger. Aber indem er die Fragen präzise formulierte und die Schlüsselbegriffe der Wissenschaftsdebatte einführte, beherrschte er lange Zeit die Forschung in der Neurowissenschaft, die auf Fragen der Kognition und des Verhaltens stößt, und sein Einfluß ist auch heute noch spürbar.

Lashleys Werk und das anderer experimenteller Forscher, die an der Schnittstelle von Gehirn und Verhalten arbeiten, wirft eine weitere Frage auf — und zwar eine, die für meine eigenen Nachforschungen sehr wichtig ist. Viele Wissenschaftler, vor allem Neurowissenschaftler, vertreten die Auffassung, menschliche Verhaltensweisen und Gedanken seien am besten über Struktur und Funktion des menschlichen Nervensystems zu erklären. Einige meinen, neuroanatomische Erklärungen könnten Erklärungen ergänzen, die in psychologischen oder behavioristischen Begriffen vorgetragen werden; für andere aber könnten neuroanatomische Erklärungen letztendlich alle Erklärungen überflüssig machen, die mit Repräsentationen oder Symbolen oder ähnlichen psychologischen Spezialbegriffen hantieren. Die Vertreter dieses Reduktionismus sind der Ansicht, die Kognitionswissenschaft sei bestenfalls eine Übergangslösung: eine Interimserklärung für mentale Aktivitäten, die verschwinden wird, sobald eine Erklärung über Synapsen möglich ist. Und diese Reduktionisten befinden sich in schärfster Opposition zu den Funktionalisten — waschechten Kognitivisten, die glauben, Verhalten und Denken seien gar nicht anders als auf der Ebene von Repräsentationen zu erklären, völlig unabhängig von der „Hardware", in der sie zufällig realisiert sind. Der Streit darum, ob Reduktionismus möglich — und erstrebenswert — ist, lauert im Hintergrund jeder Darstellung neurowissenschaftlicher Arbeit (siehe Mehler, Morton und Jusczyk 1984).

Funktionsspezialisierung innerhalb des Kortex?

Solche Diskussionen über die Spezifität von Funktionen gibt es in der Geschichte der Wissenschaft schon lange. Descartes, einer der ersten, der sich mit der Beziehung zwischen Körper und Geist befaßte, hatte eigene Vorstellungen zur Lokalisation. Er hatte erkannt, daß verschiedene Teile des Gehirns verschiedene Körperfunktionen steuern und lokalisierte die Interaktion zwischen Seele und Körper in der Zirbeldrüse am oberen Abschnitt des Zwischenhirns. Sein Zeitgenosse Joan Huarte verwarf die Lehre von der Lokalisierbarkeit spezifischer Fertigkeiten in getrennten Ventrikeln und meinte statt dessen, das Gehirn arbeite als eine Einheit (Diamond 1974). Offenbar tobte bereits in der Anfangszeit des wissenschaftlichen Zeitalters der Streit darüber, wie plausibel eine reduktionistische Position, wie tragfähig eine holistische (im Gegensatz zur lokalistischen) Erklärung neuraler Repräsentation ist.

Es ist kein Wunder, daß sich Wissenschaftler seit langem dafür interessierten, wie Prozesse und Informationen im Gehirn repräsentiert sind. Solange man keine absolut mystischen Erklärungen menschlichen Verhaltens vertritt — und dann ist man kein Wissenschaftler — ist es wichtig, die Grundlagen menschlichen Verhaltens und Denkens zu verstehen. Selbst die Griechen hatten Theorien darüber, wenn auch die von ihnen gesponnenen Erklärungen uns heute eher poetisch denn realistisch erscheinen. Nachdem das Gehirn als jener Teil des menschlichen Körpers ausgemacht worden war, der höchstwahrscheinlich mit den Inhalten des Geistes befaßt war, kreisten alle Diskussionen über die neurale Grundlage von Gedanken und Handlungen zwangsläufig um dieses begrenzte Areal.

Das Wissen über das Nervensystem wuchs im achtzehnten Jahrhundert rapide (siehe Gardner 1975; Herrnstein und Boring 1965). Luigi Galvani zeigte, daß elektrischer Strom Muskelkontraktionen auslösen kann. Charles Bell und François Magendie entdeckten unabhängig voneinander die anatomische Trennung sensorischer und motorischer Funktionen im Rückenmark. Tiere konnten sich noch bewegen, obwohl sie anästhesiert worden waren, und sie konnten Empfindungen wahrnehmen, obwohl sie gelähmt worden waren. Johannes Müller entdeckte das *Gesetz der spezifischen Sinnesenergie*, das besagt, daß die Qualität der Empfindung nicht durch die Merkmale des objektiven Reizes, sondern durch die speziellen Neuronen bestimmt wird, die darauf reagieren.

Aufbauend auf diesen Entdeckungen entwickelte Franz Joseph Gall die weitestgehende (und berüchtigtste) Lokalisationstheorie. Der Titel eines seiner Werke faßt seine wichtigste Behauptung zusammen: „Über die Funktion des Gehirns und eines jeden seiner Teile: mit Beachtung der Möglichkeit, die Instinkte, Eigenschaften und Anlagen oder die sittliche und geistige Neigung von Menschen und Tieren anhand der Ausformungen des Gehirnes wie des Kopfes zu bestimmen." In seinen Schriften vertrat Gall die Position, das Gehirn sei unterteilt, um viele verschiedene Funktionen ausführen zu können. Diese Neigungen sind angeboren, und „das Gehirn besteht aus ebenso vielen einzelnen und unabhängigen Organen, wie es fundamentale Geisteskräfte gibt" (zitiert in Robinson 1976, S. 339). Galls Phrenologie führte in den Händen seiner extremeren Schüler zu der Behauptung, man könne sogar das intellektuelle Profil eines jeden Menschen bestimmen, indem man seine Schädelform untersuche.

Galls Lehren fanden zwar in der Öffentlichkeit des frühen neunzehnten Jahrhunderts weiten Anklang, wurden aber von der Wissenschaft kaum übernommen. Pierre Jean Marie Flourens, sein wichtigster Kritiker, wies experimentell nach, daß verschiedene Areale des Kortex gemeinsam agieren. Er meinte, die Gehirnregionen fungierten als Einheit, und die Schwere eines Funktionsverlustes lasse sich nicht einfach auf die Hirnregion, ja nicht einmal auf die Größe des betroffenen Gehirnareals reduzieren. Er räumte zwar ein, das Nervensystem habe ein gewisses Maß an Spezifität, doch er fügte hinzu, daß „zudem Phänomene anderer Art richtig ans Licht gebracht werden sollten, wozu sowohl diese wirkungsvolle *Ganzheit* des Nervensystems gehört, die alle Teile des Systems verbindet, trotz der Verschiedenheit ihrer Tätigkeit, und auch das Maß, wie sehr jedes dieser Teile zum Gemeinsamen beiträgt" (zitiert in Herrnstein und Boring 1965, S. 222).

Beweise für die Lokalisationslehre

Im ausgehenden neunzehnten Jahrhundert bewegte sich das Pendel langsam von Flourens zu Gall. Gustav Theodor Fritsch und Eduard Hitzig (1870), zwei deutsche Neurophysiologen, konnten eindeutig zeigen, daß die Stimulation verschiedener Hirnregionen beim Hund zur Kontraktion spezifischer Muskeln führte. David Ferrier, der einige Jahre später in England arbeitete, richtete seine Aufmerksamkeit auf die präfrontalen Areale des Kortex. Obwohl in dieser Region weder motorische noch sensorische Funktionen nachweisbar waren, behauptete Ferrier, daß sie

> ... für die geistige Arbeit wichtig ist... [Nach einer Ablation] konnte ich in Charakter und Verhalten des Tieres eine ganz entschiedene Veränderung bemerken... Statt wie zuvor aktiv an ihrer Umgebung interessiert zu sein und nach allem, was in ihr Wahrnehmungsfeld kam, neugierig zu spähen, blieben sie apathisch... Allem Anschein nach hatten sie die Fähigkeit zu aufmerksamer und intelligenter Beobachtung verloren. (Zitiert in Diamond 1974, S. 244)

Schon bald entdeckte man solche Lokalisationen höherer Gehirnfunktionen auch beim Menschen. Um 1860 berichtete der französische Chirurg Paul Broca (1861) über zwei aphasische Patienten, die als Folge einer Hirnverletzung die Sprache verloren hatten. Brocas Erkenntnis, dessen Bedeutung für die nachfolgende wissenschaftliche Forschung kaum zu überschätzen ist, lautete, diese Sprachausfälle seien nicht die Folge irgendwelcher zufälliger Verletzungen des Nervensystems, sondern von Schädigungen der linken Gehirnhälfte. Er engte diesen Bereich weiter ein und behauptete, das motorische Sprachzentrum befinde sich primär am Fuße der dritten Stirnhirnwindung. Nachfolgende Fallstudien bestätigten Brocas Behauptung im wesentlichen und legten auch eine Verbindung nahe zwischen anderen Arten von Sprachausfällen und Verletzungen angrenzender Areale der linken Hemisphäre. Nur wenige Jahre später schrieb Carl Wernicke (1874) Schwierigkeiten beim Sprachverstehen einer Verletzung des linken Temporallappens zu; und Jules Déjerine (1892) erkannte, daß Lese- und Schreibschwierigkeiten eine Folge von Läsionen des linken Parietallappens und des Parietalokzipital-Kortex sind (siehe Gardner 1975).

Dies war die große Zeit für Gelehrte, die an Lokalisation glaubten. Immer ausgeklügeltere Tierversuche erbrachten Beweise für die Spezifität jeder Hirnregion. Parallel dazu wurden, aus der wachsenden Anzahl von Fallstudien mit Hirnverletzten, Behauptungen über die erstaunliche Spezifität bestimmter kognitiver Defizite laut. Vielleicht — so der Traum — würde man, wenn die Studien nur präzise genug durchgeführt wurden, die funktionelle Bedeutung aller Hirnregionen aufdecken können. Die Lokalisationstheorie würde triumphieren; der Reduktionismus an Plausibilität gewinnen.

Flourens' Anhänger standen den lokalistischen Aussagen skeptisch gegenüber und gaben keineswegs auf. Einige Jahrzehnte nach Brocas epochaler Veröffentlichung erklärte der französische Neurologe Pierre Marie vor der Pariser

Neurologischen Gesellschaft, daß „der dritten Stirnhirnwindung keine besondere Bedeutung für die Sprachfunktion zukommt" (1906, S. 241). Marie hatte die von Broca untersuchten Gehirne erneut untersucht und war zu dem Ergebnis gekommen, die ursprünglichen Behauptungen des Meisters seien schlicht unhaltbar. Brocas Patienten hatten ausnahmslos viel ausgedehntere Verletzungen als Broca berichtet hatte, und die parallel dazu aufgetretenen Defizite waren nicht gewissenhaft genug dokumentiert worden. Marie konterte, es gebe nur eine Form der Aphasie, die durch Läsionen verschiedener Hirnregionen entstehen könne; Berichte über Lokalisation seien stark übertrieben worden.

Die Wiederkehr des Holismus

Maries Protest hätte unbeachtet bleiben können; tatsächlich aber zog er etliche Reaktionen nach sich. Innerhalb weniger Jahre bestätigten Neurologen der unterschiedlichsten Herkunft seine Befunde, kognitive Funktionen seien im Nervensystem nicht ausgeprägt lokalisiert. Sie erbrachten Beweise dafür, daß man bei Betroffenen mit Verletzungen in sehr vielen verschiedenen Arealen die gleichen Defizite antreffen konnte; während andererseits Patienten mit anatomisch ähnlichen Läsionen häufig gegensätzliche, gelegentlich sogar keinerlei Defizite erkennen ließen. Für diese Neurologen, die als „Holisten" bekannt wurden (im Gegensatz zu den „Lokalisierern" oder „Diagramm-Zeichnern") war das Gehirn ein hochintegriertes Organ, das an allen geistigen Aktivitäten als Ganzes beteiligt ist und keine spezifischen Schäden durch diskrete Läsionen erleiden kann. Sie sprachen von der Plastizität des Nervensystems, der Fähigkeit unverletzter Areale, die Funktionen verletzter Areale zu übernehmen und von dem Verlust abstrakten Denkens und anderer Funktionen als Folge der *Größe*, nicht des *Ortes* der Läsion (Gardner 1975).

Die holistische Position von Neurologen wie Pierre Marie, Kurt Goldstein und Henry Head wurde durch einige Ereignisse innerhalb der Psychologie gestärkt. Wie Karl Lashley, ihr Gegenpart in der Welt der Tierneuropsychologie, waren auch diese Forscher von den Resultaten der Gestaltpsychologie sehr beeindruckt. Eindeutig war, daß der Organismus nicht auf einzelne Reize, sondern auf die Beziehung zwischen Reizen reagierte, auf umfassendere Muster und auf Reize, die als Teil des jeweiligen Umfeldes wahrgenommen werden. Zudem fiel die Annahme der Gestalttheorie, das Nervensystem sei in neuronale Felder aufgeteilt, die über weite Hirnregionen hinweg operieren, bei diesen Neurologen auf fruchtbaren Boden. Die Gegner der Lokalisationstheorie in der Neurologie bildeten, wie die Gegner des Atomismus in der Psychologie, in den ersten Jahrzehnten unseres Jahrhunderts ein Bollwerk gegen die elementaristischen Tendenzen der Behavioristen. Zugleich sympathisierten die Holisten sehr viel stärker mit der Vorstellung, Verhalten lasse sich mit neuralen Schaltungen nicht zufriedenstellend erklären. Ihrer Auffassung nach bestand die Notwendigkeit von Erklärungen auf psychologischer Ebene weiter — vor allem jener globalen oder holistischen Erklärungen, die Gestaltpsychologen gaben.

Auch hier also korreliert eine Skepsis gegenüber Lokalisation mit einer Skepsis gegenüber Reduktionismus — ganz sicher keine logisch zwingende Verbindung, sondern die Verknüpfung zweier Ideen im Denken vieler Wissenschaftler. Diese nun meinten, selbst falls sich herausstellen sollte, daß bestimmte Funktionen nach Verletzungen spezifischer Gehirnareale regelmäßig ausfielen, bleibe die Bedeutung dieser Ergebnisse unklar. Schon Hughlings Jackson, ein Vorläufer der holistischen Schule aus dem neunzehnten Jahrhundert, hatte darauf hingewiesen, daß eine Lokalisation der Symptome nicht eine Lokalisation der Funktion bedeute (Jackson 1932). Um nur ein Beispiel anzuführen: Wenn nach einer Verletzung des Parietallappens das Benennen ausfällt, rechtfertigt dies nicht die Annahme, Benennen finde tatsächlich in genau diesem Areal des Gehirns statt. Richard L. Gregory hat dies treffend beschrieben:

> Wenn man aus einem Radiogerät irgendeinen von mehreren Widerständen ausbaut, kann dies dazu führen, daß es merkwürdige Geräusche von sich gibt, aber daraus kann man nicht schließen, die Aufgabe der Widerstände sei es, das Pfeifen zu unterdrücken.... Der Südabschnitt der britischen Eisenbahn ist ein komplexes System aus Gleisanlagen, Stellwerken, Stationen und Kontrollsystemen. Eine Panne auf einem Streckenabschnitt, ein Stromausfall oder ein Fehler im zentralen Kontrollraum in Waterloo können den Verkehr in weiten Bereichen unterbrechen. Trotzdem könnten wir nicht sagen, die Funktion des Systems sei ... im Elektrizitätswerk, im zentralen Kontrollraum ... lokalisiert ... sie sind alle wesentlich. (Zitiert in Rose 1973, S. 94)

Wir haben es hier mit etwas zu tun, was wie eine wissenschaftlich unhaltbare Situation aussieht. Die eine Schule, die Vertreter der Lokalisationslehre, machte immer detailliertere Arten der Funktionsspezialisierung im Nervensystem geltend. Aus ihrer Sicht war es nur eine Frage der Zeit, bis sich jede Verhaltensfunktion im Gehirn des Organismus korrekt würde lokalisieren lassen. Für die rivalisierende Schule, deren Vertreter ebenso angesehen und ebenso wortgewaltig waren, hatte die Position der Lokalisations-Gruppe abgewirtschaftet: nicht nur türmten sich Beweise zugunsten des Trios Massenwirkung, Äquipotentialität und Plastizität; selbst wenn die gegnerische Seite Zusammenhänge zwischen Läsionen und Ausfällen belegen konnte, blieb der Aussagewert dieser Verbindungen unklar.

Die Auswertung der Daten

Wenn angesehene Wissenschaftler derart konträre Standpunkte vertreten, muß man einen Schritt zurücktreten und versuchen, die Dinge aus der Entfernung zu betrachten. Natürlich kann es sein, daß eine Richtung völlig im Recht, die andere völlig im Unrecht ist: keine der beiden Schulen aber bestritt die experimentellen Ergebnisse der anderen, somit ist diese Lösung unwahrscheinlich.

Möglich ist auch, daß jede Schule über verschiedene Phänomene sprach und daher auf eigenem Terrain recht hatte. Dann hätten vielleicht die Lokalisations-Anhänger bei bestimmten Organismen, bestimmtem Verhalten, bestimmten Lebensabschnitten recht; die Holisten hingegen bei anderen Organismen, anderem Verhalten, anderen Lebensabschnitten. Und tatsächlich blickte jede der beiden Schulen auf etwas andere Datengruppen, um ihre Schlußfolgerungen zu belegen. Ein Holist sprach in aller Regel gern von der Ratte im Labyrinth, der Lokalisations-Adept hingegen pflegte eine Schwäche für die Unterschiede bei erwachsenen Aphasikern zu haben.

Jedenfalls suchten gegen Ende der vierziger Jahre viele Forscher nach Annäherungsmöglichkeiten zwischen eingeschworenen Holisten und extremen Lokalisierern. Langsam wurde klar, daß die Behauptungen über hochspezifische Syndrome als Folge hochspezifischer Läsionen unhaltbar waren; die Variation von einer Studie zur anderen — und einer Klinik zur anderen — war einfach zu groß. Andererseits erschütterten etliche Untersuchungen die extrem holistische Position. Selbst Lashley räumte ein, im visuellen System — dem System, mit dem er sich am besten auskannte — gebe es ein beträchtliches Ausmaß an Lokalisation. Studien der Neuroembryologen Paul Weiss (1952) und Roger Sperry (1951) ergaben, daß bereits das entstehende Neuron hochspezifische Information enthält: verpflanzte man sich ausbildende Gliedmaßen chirurgisch in eine neue Position, verbanden sich die Nerven trotzdem wieder mit ihrem ursprünglichen Ort, selbst wenn dies bedeutete, daß der Organismus dadurch unfähig wurde, sich auf seine normalen Ziele hin zu entwickeln. Solche Ergebnisse widersprachen der extremen Variante der Plastizitätshypothese und belegten sogar im unausgereiften Nervensystem beträchtliche Spezifität und Festlegung. Am entscheidendsten war, daß die von den Gestaltpsychologen vertretene Ausnahme der „cortikalen Repräsentationsfelder" durch Experimente widerlegt wurde, bei denen in das Gehirn verschiedene Fremdkörper eingefügt wurden. Lashley unterbrach neuroelektrische Felder mit Goldfolie (Lashley, Chow und Semmes 1951); Sperry paßte isolierte Glimmerstreifen ins Hirn ein (Sperry und Miner 1955); und Karl Pribram (1971) bestrich die Oberfläche des Kortex mit winzigen Mengen einer Aluminium-Hydroxid-Creme. Die Musterdiskrimination blieb trotz ausgeprägter Unterbrechungen direkter Ströme und elektroencephalographischer Aktivitäten intakt. Diese Ergebnisse waren mit dem Lokalisationsstandpunkt schwerlich zu erklären; zugleich aber diskreditierten sie auch die wesentlichen theoretischen Annahmen der Gestalt-Holisten. Der Gestaltpsychologe Wolfgang Köhler, bedeutendster Vertreter der Feldtheorie, soll angesichts der Ergebnisse dieser Experimente verzweifelt erklärt haben, „das widerlegt nicht nur meine Theorie des Isomorphismus, es widerlegt auch jede andere moderne neurologische Wahrnehmungstheorie" (zitiert in Pribram 1971, S. 110f.).

Donald Hebbs kühne Synthese

Wenn die Konkurrenz zwischen Theorien zu scharf wird, ist eine theoretische Synthese dringend erforderlich. Dem kanadischen Neuropsychologen Donald O. Hebb gelang die wohl beste Vermittlung zwischen der holistischen Auffassung und einer atomistischen Lokalisations-Theorie. In seinem inzwischen zu einem Klassiker gewordenen Buch *The Organization of Behavior* (1949) schrieb er, Verhaltensmuster wie visuelle Wahrnehmungen würden über lange Zeiträume schrittweise durch die Verbindung bestimmter Zellgruppen aufgebaut, die er „Zellverbände" [*cell assemblies*] nannte. Somit sind Verhaltensweisen oder Wahrnehmungen tatsächlich in spezifischen Regionen lokalisierbar, vielleicht sogar in spezifischen Hirnzellen. Mit der Zeit aber bilden sich komplexere Verhaltensweisen aus Gruppen von Zellverbänden, die er *Phasensequenzen* nannte. Diese Phasensequenzen sind nicht so ausgeprägt lokalisiert und umfassen viel größere Zellgruppen, die aus disparaten Teilen des Nervensystems stammen. Zu einer Phasensequenz gehört zwingend ein gewisses Maß an Äquipotentialität: dies beinhaltet Alternativbahnen, so daß, falls einige Bahnen zerstört werden, eine Verhaltensfunktion von den nicht Betroffenen immer noch mehr oder weniger effektiv ausgeführt werden kann. Wenn der Organismus dann ausgereift ist und die komplexesten Verhaltensformen ausführen kann, ist es schwierig, ein Verhalten einer diskreten Neuronengruppe in einer fest umrissenen Hirnregion zuzuordnen.

Dies zeigt, daß Hebbs Position Aspekte der holistischen und der lokalistischen Auffassung verbinden konnte. Einerseits hat, für den Beginn des Lebens, die Lokalisationstheorie einen Vorsprung, weil einfache Wahrnehmungen von spezifischen Zellgruppen abhängen: kein Holismus. Mit der Reifung aber entstehen komplexere Zellverbände und Phasensequenzen, und diese nehmen an vielfältigen Arten von Verhalten teil: erheblicher Holismus. Gleichwohl wäre es eine Vereinfachung, wollte man den Verlauf der Entwicklung als Voranschreiten von Lokalisation zu Holismus sehen; denn unter anderen Aspekten ist die Abfolge genau umgekehrt. Wie Hebb sagte, ist Lernen in frühen Lebensphasen flexibel, so daß es trotz der Zerstörung großer Teile des Nervensystems stattfinden kann; im Gegensatz dazu hängt späteres Lernen wesentlich von bestimmten bereits ausgebildeten Strukturen ab, und die Plastizität des Systems ist vergleichsweise gering. In dieser Hinsicht ist es also einleuchtender, die Entwicklung als von Holismus zu Lokalisation verlaufend zu sehen. Hebbs Arbeit hatte den heilsamen Effekt, auf diese unterschiedlichen Komplexitäten und widerstreitenden Tendenzen hinzuweisen und es somit für alle weniger vertretbar zu machen, *entweder* eine rigide Lokalisations- *oder* eine unflexible Holismus-Position einzunehmen. Diese mittlere Position ist inzwischen überaus wichtig geworden, und wurde in letzter Zeit von Computerwissenschaftlern übernommen, die an der Simulation des Sehens arbeiten (siehe 10. Kapitel).

Zurück zum Hixon-Symposium

Die Notwendigkeit, diese extremen Positionen zu versöhnen, war auch bei den verschiedenen wichtigen Konferenzen der späten vierziger und frühen fünfziger Jahre deutlich spürbar. Beim Hixon-Symposium (Jeffress 1951) diskutierten die bedeutendsten Neurologen, Neurophysiologen und Neuropsychologen darüber, ob die Lokalisationstheorie haltbar sei. Der Psychologe Heinrich Klüver berichtete von erstaunlich spezifischem Verhalten nach Läsionen der Schläfenlappen bei Affen: es kam zu psychischer Erblindung, starker oraler Fixierung, einer exzessiven Neigung, auf unterschiedslos alle visuellen Reize zu reagieren, markanten Veränderungen im emotionalen Verhalten, auffallend anderen Ernährungsgewohnheiten sowie einer zunehmenden Häufigkeit und Varianz des Sexualverhaltens. Der Neurologe J. M. Nielsen beschrieb spezifische Agnosieformen (d. h. die Unfähigkeit, Objekte zu erkennen), die mit Läsionen des Hinterhauptlappens einhergehen. Der Neuropsychologe Ward Halstead konnte bestimmte mentale Schwierigkeiten beim Planen und Abstrahieren als Folge von Verletzungen der Stirnlappen vorhersagen.

In Reaktion auf all diese Beweise, die für Lokalisation sprachen, unterzog Karl Lashley seine langen Experimentierreihen zum Mustererkennen und zum Labyrinthlernen bei Ratten einer erneuten Prüfung. Er sprach davon, daß er selbst einen bemerkenswerten *Mangel an Beweisen* für die Lokalisation gefunden habe, und dann verspottete er Halstead:

> Ich habe mir ausgemalt, daß, wenn ich das Rentenalter erreicht habe, mein vielleicht bedeutendster Beitrag zur Neurologie der sein könnte, mir die Stirnlappen entfernen zu lassen, um zu sehen, was ich dann noch kann. Ich bin nicht so sicher wie Dr. Halstead, daß dadurch die Produktion von irgendetwas unmöglich würde, was von wirklichem Interesse ist. Wir haben kaum experimentelle Belege für geistige Defekte nach einer einfachen Entfernung der Frontallappen. (Zitiert in Jeffress 1951, S. 145)

Auch Wolfgang Köhler äußerte Vorbehalte gegen Lokalisations-Erklärungen: „Der atomistische Charakter von Dr. McCullochs Neurophysiologie verbietet jeden direkten Zugriff auf relational determinierte Gegebenheiten wie beispielsweise eine visuelle Gestalt... Wenn wir uns Hirnfunktionen als physikalisches Feldgeschehen vorstellen statt als neuronale Impulse, entstehen solche Schwierigkeiten gar nicht" (zitiert in Jeffress 1951, S. 65). Dies also war die Situation Anfang der fünfziger Jahre: Köhler und Lashley verteidigten eine *top-down*-Perspektive gegen Befürworter einer Sicht, die auf spezifischen neuronalen Strukturen basierte. Zwischen beiden Fraktionen wurden immer noch Grenzen gezogen; zugleich wuchs nicht nur das Gefühl, jede besitze einen Teil der Wahrheit, sondern auch der Wunsch nach einer mehr integrativen Sichtweise (wie Hebbs), die jeder Position Gerechtigkeit widerfahren lassen würde.

Hubel und Wiesels entscheidende Experimente

In den späten fünfziger Jahren begannen David Hubel und Torsten Wiesel, zwei junge Neurophysiologen, von einzelnen Zellen des Katzengehirns mit Mikroelektroden Ableitungen zu machen. Im Verlauf der folgenden beiden Jahrzehnte sollten sie Impulse aus dem Nervensystem zahlreicher Katzen und anderer Tiere aufzeichnen, und zwar sowohl über den gesamten visuellen Kortex in verschiedenen Tiefen als auch von anderen Hirnarealen. Für diese Arbeit, die weithin als bahnbrechend gilt, erhielten Hubel und Wiesel 1981 den Nobelpreis für Medizin oder Physiologie. Viel von dem, was wir heute über Lokalisation wissen, stammt aus diesen Studien (Hubel und Wiesel 1959, 1962, 1979; Hubel 1979; siehe auch Lettvin et al. 1959).

Hubel, Wiesel und ihre Kollegen deckten zwei wichtige Phänomene auf. Zunächst erbrachten sie den über jeden Zweifel erhabenen Beweis, daß spezifische Zellen in der Sehrinde auf spezifische Formen von Information der Umgebung reagieren. Die hervorragend organisierte Hirnrinde umfaßt kortikale Säulen, und in den Säulen reagieren *einfache Zellen* auf punktuelle Reizmerkmale wie Orientierung, oder das Vorhandensein oder Nichtvorhandensein von Licht. Sogenannte *komplexe Zellen* reagieren auf Linien mit optimaler Orientierung, in einem größeren Bereich des Gesichtsfeldes; diese Reaktion entspricht vielleicht einer frühen Analysestufe visueller Formen durch das Gehirn. Manche Zellen reagieren nur, wenn die Reize dem linken oder rechten Auge dargeboten werden, andere hingegen stehen mit beiden Augen in Kontakt. Einige *hyperkomplexe Zellen* reagieren am besten auf Ecken; andere auf eine Form, die einer Zunge gleicht. Nach derartigen Entdeckungen konnte niemand mehr Zweifel daran haben, daß das Nervensystem in seiner Funktionsweise überaus spezifisch ist.

Das zweite und ebenso wichtige Forschungsgebiet des Hubel-Wiesel-Laboratoriums betrifft die entscheidende Rolle bestimmter früher Erfahrungen für die Entwicklung des Nervensystems. Einige perzeptuelle und motorische Fähigkeiten sind ohne Frage schon bei der Geburt „fest verdrahtet“ (wie sonst könnte der Organismus gut genug funktionieren, um zu überleben?), dies aber gilt keineswegs für alle Funktionen (wie sonst könnte der Organismus sich verändern und lernen?). Das Sehsystem der Katze entwickelt sich nicht — es verkümmert sogar zum Teil —, wenn das Tier nach der Geburt keinem optischen Reizmuster ausgesetzt wird, überdies muß sich die Katze in einer visuell abwechslungsreichen Umgebung befinden, beide Augen gebrauchen und sich in ihrer Umgebung frei bewegen können. Treffen die Zellen, die zur Verarbeitung von Vertikalen bestimmt sind, nur auf horizontale Muster, verkümmern sie oder werden „übernommen“, um andere Funktionen auszuführen. Dabei ist zu beachten, daß selbst der Zeitpunkt dieser frühen Erfahrungen festgelegt sein kann. Hindert man beispielsweise zwischen der dritten und fünften postnatalen Woche eines der beiden Augen am Formensehen, wird es funktional blind bleiben, selbst wenn das normale Sehen und eine normale optische Umwelt wiederhergestellt werden.

Die Arbeit von Hubel und Wiesel steht zwar im Mittelpunkt dieser Forschungsrichtung, sie wurde aber durch die vieler anderer Forscher ergänzt und untermauert. Jerome Lettvin und seine Kollegen am *Massachusetts Institute of Technology* wiesen schon früh nach, daß die Rezeptoren des Froschauges ebenfalls extrem spezifisch sind und auf kleine tropfenartige Formen reagieren, die deutlich an Mücken erinnern — daher die Bezeichnung *Mückendetektor* (Lettvin et al. 1959). Vernon Mountcastle (1978) wies Säulen im somato-sensorischen Kortex nach, die über spezifische Reaktionsmuster verfügen, die analog zu denen des visuellen Kortex sind. Mortimer Mishkin machte Ableitungen vom Schläfenlappen von Affen und fand Zellen, die für die Kodierung der physikalischen Eigenschaften visueller Objekte zuständig sind; diese Zellen scheinen an Aktivitäten beteiligt, die der Objekterkennung sehr nahe kommen (und um einiges entfernt sind von jener Empfänglichkeit für punktuelle Formen, die Neuronen des primären visuellen Kortex erregen). Zur Großhirnrinde des Affen gehören sogar Nervenzellen, die am stärksten auf die Form einer Affenhand reagieren (Gross, Rocha-Miranda und Bender 1972). Wer mit Spezifität und der Theorie der Funktionslokalisation sympathisiert, konnte sich durch die Ergebnisse der letzten Jahrzehnte bestätigt sehen.

Der molare Blickwinkel

Selbst wenn Zellverbände, die auf Objekte oder größere Teile von Objekten reagieren, einer molaren Form der Mustererkennung näher sind als Zellen, die auf Lichtpunkte oder einzelne Kanten reagieren, sind sie doch ein gutes Stück von jenen „höheren" Formen des Denkens entfernt, mit denen sich die meisten Kognitionswissenschaftler befassen. Eine andere, auf molarer Ebene durchgeführte Untersuchungsreihe, ist ebenfalls für die Behauptungen von Lokalisatoren und Holisten von Bedeutung.

Sperrys Patienten

In den späten fünfziger und frühen sechziger Jahren wurden einige wenige Patienten, die unter schwerster Epilepsie litten, einer radikalen Behandlung unterzogen: Bei einem chirurgischen Eingriff trennte man die beiden Gehirnhälften voneinander. Roger Sperry nutzte die bahnbrechenden wissenschaftlichen Implikationen dieser ungewöhnlichen Operation. Er entwickelte, gemeinsam mit mehreren Kollegen vom *California Institute of Technology*, Methoden, um beide Gehirnhälften getrennt zu testen. Auch diese Studien waren epochal; Sperry konnte sich dafür 1981 mit Hubel und Wiesel den Nobelpreis teilen (Gazzaniga 1981; Sperry 1974; siehe auch Geschwind 1965).

Der entscheidende Punkt von Sperrys Arbeit war der Nachweis gravierender Unterschiede in den Funktionen beider Hemisphären. Sperry führte mit zwölf Patienten, die für die Untersuchungen verfügbar waren, eine Unmenge von Tests durch, und bestätigte die Vermutung von Klinikern (Geschwind 1965) und Experimentalpsychologen (Kimura 1973; Milner 1967), daß die linke Hemisphäre für Sprache und andere konzeptuelle und klassifikatorische Funktionen dominant ist, die rechte hingegen für räumliche Funktionen und andere differenzierte Formen der Unterscheidung. Soweit also eine Bestätigung der Lokalisationstheorie — und zwar eine überaus bemerkenswerte: Denn man kann jede Hemisphäre des gleichen Menschen in einem Ausmaß allein testen, daß die andere Hemisphäre nicht einmal „weiß", daß ihre neurale Nachbarin getestet wird.

Aber auch hier gab es Ergebnisse, die für den holistischen Standpunkt sprachen. Mit Hilfe von sehr einfallsreichen Techniken konnte das Sperry-Team beweisen, daß die rechte Hemisphäre von Rechtshändern über ein viel größeres Sprachvermögen verfügt, als bislang angenommen: So zeigte sich eine beachtliche Fähigkeit zum Verstehen geschriebener Sprache (Zaidel 1977, 1978). Es könnte sein, daß beim normalen Menschen gerade wegen der Dominanz der linken Hemisphäre die latenten sprachlichen Fähigkeiten der rechten (oder nicht-dominanten) Hemisphäre nicht nachweisbar sind. Das zweite, und ebenso wichtige Ergebnis war, daß es zwischen den einzelnen Patienten erhebliche individuelle Unterschiede gab (Gazzaniga 1983). Dazu gehörte insbesondere, daß die Wahrscheinlichkeit gut entwickelter Fähigkeiten in beiden Hemisphären um so größer war, je jünger der Patient bei der Operation gewesen war. Im Gegensatz dazu zeigten Epileptiker, die bei der Operation schon relativ alt waren, die vertrauten Erscheinungsformen beträchtlich lateralisierter Funktionen, die die meisten Hirnverletzten aufweisen. Schließlich unterschieden sich die beiden Hemisphären auch untereinander: Die rechte ist für eine eher holistische oder gestaltartige Wahrnehmung relativ dominant.

Grade der Plastizität und Hierarchie der Funktion

Sperrys Ergebnisse deuten darauf hin, daß das nicht ausgereifte menschliche Nervensystem tatsächlich über ein hohes Maß an Plastizität verfügt: der Mensch kann — vielleicht muß er sogar — Teile des Nervensystems benutzen, die unter normalen Bedingungen für genau diesen Zweck nicht herangezogen würden. Je früher die Verletzung geschieht, um so wahrscheinlicher ist es, daß man die angestrebte Funktion wird ausführen können, ganz egal, wo die Läsion auftrat. Ja, selbst wer in den ersten beiden Lebensjahren die gesamte linke Hemisphäre verliert, wird noch Sprache lernen; dann nämlich sind die relevanten Areale der rechten Hemisphäre noch plastisch oder äquipotent genug, um diese Funktion zu übernehmen. Fände dieser chirurgische Eingriff später statt

— beispielsweise nach der Pubertät — wäre die Sprach-Wiedererlangung sehr viel geringer; der Patient wäre danach mit größter Wahrscheinlichkeit deutlich aphasisch oder gar stumm (Dennis 1980).

Auch andere Faktoren beeinflussen das Maß an Plastizität. Im allgemeinen verfügen jüngere Menschen, Linkshänder sowie Menschen, die in früher Kindheit eine Hirnverletzung erlitten haben, über größere Plastizität als alle, für die dies nicht gilt. So stützen die Daten erwachsener Rechtshänder häufiger die Lokalisationstheorie, während Daten für die holistische Position eher von jüngeren Linkshändern stammen.

Auch andere Laboratorien führten mit hirngeschädigten Patienten Untersuchungen durch, die unser Wissen über die neurale Repräsentation kognitiver Fähigkeiten vergrößert haben (Geschwind 1974). Dank der Arbeit von Alexander Luria (1970) und seinen Kollegen aus der Sowjetunion wissen wir jetzt, daß im Verlauf der Entwicklung verschiedene Nervenzentren dominant werden und sich die Hierarchie der Verhaltensfunktionen verändert. Bei Kleinkindern beispielsweise sind die sensorischen Regionen dominant; bei älteren Menschen hingegen sind die Assoziationsfelder und die „Planungsregionen" der Stirnlappen vorherrschend. Daher verlaufen bei jüngeren Menschen Läsionen der sensorischen Areale oft tödlich, während bei älteren Menschen Läsionen des Stirnlappens weitaus gefährlicher sind.

Nach Lurias Untersuchungen wird keine Funktion gänzlich von einem spezifischen Areal allein ausgeführt, doch es verhält sich auch nicht so, wie Lashley meinte, daß nämlich alle Areale gleichermaßen zu einer bestimmten Funktion beitragen. Vielmehr können mehrere anatomische Areale bei der Durchführung eines bestimmten Verhaltens eine Rolle spielen, *aber jedes einzelne leistet einen charakteristischen und unersetzbaren Beitrag*. So kommt beim Zeichnen die Detailbeherrschung von der linken, die umfassende Formwiedergabe von der rechten Hemisphäre. Aus diesem Grund lassen die Arten von Störungen, die in Zeichnungen deutlich werden, meist auf den Sitz der Hirnverletzung des Betreffenden schließen. So kommen wir also von der simplen Aussage, die eine Hemisphäre führe diese, die andere Hemisphäre jene Funktion aus, zu der differenzierteren Feststellung, daß jede Hemisphäre, oder jede Region innerhalb einer Hemisphäre, auf charakteristische Weise zur jeweiligen Handlung beiträgt.

Über die beste Art, die Dominanzverhältnisse der beiden Hemisphären zu beschreiben, ist schon viel gesagt worden. Charakterisierungen reichen vom Lapidaren (Sprache in der linken, räumliche Funktion in der rechten) über das Hochtrabende (Wissenschaft oder Rationalität in der linken, Kunst oder Intuition in der rechten) bis zu einer Unterscheidung, die Abbild der gegenwärtigen Diskussionen in der Neurowissenschaft ist (lokalisierte Funktionen in der linken, synthetisierendes oder holistisches Funktionieren in der rechten Hemisphäre). Eine präzise Charakterisierung der Funktionen beider Hemisphären — oder, was wahrscheinlicher ist, der endgültige Beweis, daß eine derart klare Zweiteilung einfach nicht möglich ist — muß von weiteren Studien noch erbracht werden (Beaumont, Young und McManus 1984). Was immer aber die

Aufgabe jeder isolierten Hemisphäre sein mag, zwischen den beiden Hemisphären herrscht eindeutig eine dynamische Interaktion. Wird die linke Hemisphäre erregt (durch den Klang von Sprache, zum Beispiel), begünstigt dies bestimmte Arten von analytischen und sprachlichen Funktionen. Im Gegensatz dazu treten durch die Erregung oder Stimulation der rechten Hemisphäre räumliche oder holistische Funktionen in den Vordergrund (siehe Kinsbourne 1978).

Es ist zwar generell gesprochen günstiger, als junger statt als alter Mensch eine Hirnverletzung zu erleiden, weil man dann noch die Plastizität dieser Entwicklungsstufe nutzen kann, doch *früh* ist nicht in allen Fällen gleichbedeutend mit *besser*. Es gibt mindestens drei Vorbehalte. Zum einen lassen sich bei einer frühen Verletzung mitunter im Moment keine manifesten Defizite ausmachen, aber sie kann der Grund für schwere Ausfälle in späteren Lebensjahren sein. So lösen Verletzungen des Stirnlappens bei jungen Affen unter Umständen keinerlei unmittelbare Funktionsstörungen aus, Spätwirkungen aber zeigen sich zu dem Zeitpunkt, wo normalerweise die planenden oder mnemonischen Funktionen der Stirnlappen reifen (Goldman-Rakic et al. 1982; Goldman und Galkin 1978). Zum zweiten kann es sein, daß ein anderes Hirnareal einspringt, der „Retter" dann aber seine vorherbestimmten, eigentlichen Funktionen nicht mehr ausführen kann. So wird bei einem Kind mit Verletzung der linken Hemisphäre die rechte Hemisphäre Sprachfunktionen übernehmen, aber das Kind wird später räumliche Defizite aufweisen, da die relevanten Zonen der rechten Hemisphäre nicht verfügbar sind (B. T. Woods 1980). Schließlich mag eine andere Gehirnregion zwar eine Funktion übernehmen, dies aber nicht auf die bestmögliche Weise tun. Menschen, die nur die rechte Hemisphäre haben, lernen zwar sprechen, werden aber andere Sprachstrategien benutzen, was dazu führt, daß sie für ganz wesentliche syntaktische Merkmale der Sprache vergleichsweise unempfänglich sind (Dennis und Whitaker 1976). Zumindest für Rechtshänder mag es nur eine optimale Art des Spracherwerbs geben — die Art, sich der intakten Strukturen der linken Hemisphäre zu bedienen, die sich entwickelt haben, um phonologische und syntaktische Analysen auszuführen. Sprachfunktionen, die mit der rechten Hemisphäre ausgeführt werden, sind extrem von semantischen und pragmatischen Faktoren abhängig; diese Art, mit Sprache umzugehen, reicht für die meisten gängigen Kommunikationssituationen aus, nicht aber für die Erfassung subtiler grammatischer Unterscheidungen.

Abgesehen davon, daß ganz bestimmte Hirnregionen offenbar darauf festgelegt sind, ganz bestimmte Funktionen auszuführen, sprechen weitere Überlegungen gegen eine rein „plastische" Sicht. Arbeiten der experimentellen Psychologie zeigen, daß Organismen „darauf vorbereitet" sind, bestimmte Verhaltensweisen zu meistern und „nicht darauf vorbereitet", andere zu erlernen. So lernen Ratten beispielsweise schnell zu laufen oder zu springen, um einem Schock auszuweichen, aber nur mit größten Schwierigkeiten, einen Hebel zu drücken, der gleiches bewirken würde. So scheint also Springen zur Schockvermeidung eine natürliche oder „vorbereitete" Reaktion zu sein: soll aber eine Ratte in einen Kasten mit geschlossenem Deckel springen, dann wird das Lernen langsam und unzuverlässig verlaufen. Man kann sinnvollerweise davon ausgehen, daß normale Kinder „darauf vorbereitet" sind, Sprache sehr schnell zu lernen und daß zumindest einige Kinder „darauf vorbereitet" sind, das tonale System ihrer Kultur nach nur geringem direktem Kontakt zu meistern: es wäre nicht überraschend, wenn Kinder große Schwierigkeiten hätten, „nicht-natürliche" Sprachen oder Musiksysteme zu lernen, die ein teuflischer Experimentator erfunden oder ein omnipotenter Herrscher diktiert hat.

Die neurale Grundlage der Kognition: Untersuchungen zweier Systeme

Große Kontroversen der Wissenschaft verschwinden selten völlig, besonders, wenn die rivalisierenden Positionen im Grunde beide stichhaltig sind (Holton 1984). So könnte es auch bei der Kontroverse zwischen den Vertretern der Lokalisationstheorie und den Holisten sein, die seit Descartes' Ära erkennbar ist und seit Galls Zeiten sehr wortreich geführt wird. Untersuchungen der letzten fünfundzwanzig Jahre, die in der Folge des Hixon-Symposiums durchgeführt wurden, haben allerdings dazu beigetragen, die strittigen Fragen einzugrenzen. Nun wird eingeräumt, daß zumindest auf der Ebene der sensorischen Verarbeitung das Nervensystem so spezifisch konstruiert ist, daß es auf bestimmte Informationen in bestimmter Weise reagiert. Einiges spricht auch für eine „neurale Beteiligung" auf Repräsentationsebenen, die viel molarer sind, und die sich sogar bis auf die beiden Gehirnhälften erstreckt. In dieser Hinsicht gingen Lashleys Annahmen viel zu weit. Andererseits wächst noch immer die Menge beeindruckender Daten, die die Elastizität und Plastizität des Nervensystems belegen, vor allem in frühen Entwicklungsphasen. Zu solchen Zeiten können sich sogar Organismen anpassen, die nicht über die üblichen neuro-anatomischen Strukturen verfügen, und sie können die erforderlichen Funktionen ausführen, manchmal ohne die Gefahr allzu nachteiliger Konsequenzen. In dieser Hinsicht bleibt der Standpunkt der Holisten und der Befürworter der Massenwirkung zutreffend. Eine vorläufige Schlußfolgerung also ist, daß alle ein gewisses Maß an Lokalisation akzeptieren, in diesem generellen Gerüst aber wichtige Plastizitäts-Inseln bleiben.

Große Kontroversen verstummen zwar fast nie gänzlich, aber sie werden gedämpfter geführt. Heute geht sehr viel weniger Energie in die Kontroverse Lokalisation versus Holismus (oder Spezifität versus Plastizität), zumindest was die Funktionsweise des Nervensystems betrifft. Die Untersuchungen haben sich statt dessen wieder einem begrenzteren Bereich zugewandt. Neurowissenschaftler widmen den Großteil ihrer Zeit sorgfältigen Studien spezifischer

Systeme in spezifischen Organismen; ausschlaggebend dafür ist die Hoffnung, daß, falls man über diese Systeme als solche alles erfahren kann, ein so erlangtes Wissen letztendlich in grundsätzlichere Erwägungen zur neuralen Grundlage der Kognition wird einfließen können, wozu auch das umstrittene Thema Reduktionismus gehört. Aus vielen möglichen Beispielen habe ich zwei ausgewählt; ich habe sie mit Bedacht aus zwei sehr verschiedenen Analyseebenen gewählt, und sie könnten auf unterschiedliche Weise zu der im Entstehen begriffenen Kognitionswissenschaft beitragen.

Eric Kandel schlägt eine Brücke

Vor kurzem konnten Eric Kandel und seine Kollegen an der *Columbia University* überbrücken, was einmal eine riesige Kluft zu sein schien — die Kluft zwischen der Funktionsweise einer einzelnen Nervenzelle und dem Verhalten des Organismus (Kandel 1979). Dem Forscherteam gelang dieser Sprung, indem es sich auf einen sehr einfachen Organismus konzentrierte — die Meeresschnecke *Aplysia californica* —, deren Nervensystem leicht zu beschreiben ist und die auch einfacher Formen des Lernens fähig ist, wie Habituation, Sensibilisierung und klassisches Konditionieren. Mit ihren Untersuchungen dieser Prozesse bei der Schnecke zeigte das Kandel-Team, daß diese elementaren Aspekte des Lernens nicht diffus über das gesamte Gehirn verteilt sind, sondern sich in den Aktivitäten spezifischer Abschnitte neuronaler Netzwerke lokalisieren lassen. Einige der erlernten Verhaltensweisen der Schnecke benötigen nicht mehr als fünfzig Nervenzellen.

Nach Kandels Meinung entsteht Lernen durch eine Veränderung der Synapsenverbindungen zwischen Zellen; Lernen und Gedächtnis führen nicht zwingend zu neuen Synapsenverbindungen, sondern entstehen in der Regel durch eine Veränderung der relativen Stärke bereits existierender Verbindungen. Kandel und seine Kollegen haben gezeigt, daß für die Veränderung der Synapsenstärke entscheidend ist, wieviel chemische Überträgersubstanz an den Endknöpfen freigesetzt wird. Versetzt man beispielsweise dem Schwanz der Meeresschnecke einen Schlag, wird Neurotransmitter freigesetzt. An den synaptischen Bläschen gibt es eine Veränderung, so daß als Reaktion auf den nächsten Impuls mehr Transmittersubstanz freigesetzt wird. Bekommt der Schwanz wieder einen Schlag, „erinnert" sich das Neuron schnell, chemische Befehle zum Einziehen des Siphos auszusenden.

Kandel faßt zusammen, wie er die Beziehung zwischen angeborenen und im Experiment gesetzten Inputs für solches Lernen sieht:

> Das Potential vieler Verhaltensweisen, deren ein Organismus fähig ist, ist im Grundgerüst des Gehirns verankert und wird somit von den Genen und der Reifung gesteuert. Umweltfaktoren und Lernen aktivieren diese latenten Fähigkeiten, indem sie die Effektivität bereits existierender Bahnen verändern und führen damit zur Entstehung neuer Verhaltensweisen. (1982, S. 35)

Dank dieser Arbeit können wir heute — vielleicht erstmals — einen Blick darauf werfen, was auf chemischer und neuraler Ebene zum Lernen gehört. Der Kognitionswissenschaft stellt sich somit die beunruhigende Frage, ob es, wenn komplexere Verhaltensformen ähnlich beschrieben werden können, überhaupt noch einen Bedarf an separaten Erklärungen auf der Ebene der Repräsentation gibt.

Der Vogelgesang

Eine gänzlich andere, aber ebenso anregende Forschungsrichtung sind die Arbeiten über den Gesang der Vögel von Fernando Nottebohm und seinen Kollegen von der *Rockefeller University* (Nottebohm 1970, 1980; siehe auch Konishi 1969; Marler und Peters 1977). Viele Vogelarten haben einen Gesang, und es ist allgemein bekannt, daß diese Arten, und manchmal sogar die Unterarten, an ihrem besonderen Gesang erkennbar sind. Woher aber kommt dieser Gesang, und wie erhält er seine typische Tonhöhe, sein Tempo und seine Melodie?

Die Antwort, so zeigt sich, ist von Gattung zu Gattung verschieden. In einigen Fällen ist der Gesang dem Vogel angeboren. So beherrscht bei den Ringeltauben jedes Männchen einen bestimmten Gesang. Dazu bedarf es weder Rückkopplung noch externer Stimulation. Selbst wenn man dem Vogel direkt nach der Geburt das Gehör raubt, singt er dennoch das Lied seiner Spezies.

Bei den meisten anderen Gattungen ist der Erwerb des Gesangs nicht so zwangsläufig. In aller Regel beginnen Vögel mit einer Zeit plappernden Subgesangs, dem eine Zeit des Plaudergesangs folgt, bei dem Silben so lange wiederholt oder geübt werden, bis sie kurze Phrasen ergeben. Innerhalb eines Jahres dann entsteht aus dem Plaudergesang ein stereotypisierter Gesang, der dem anderer normaler erwachsener Männchen ähnelt.

Aus neurowissenschaftlicher Sicht ist es lehrreich, daß verschiedene Deprivationen eine Vorhersage über den Verlauf der Gesangsentwicklung erlauben. Kanarienvögel beispielsweise brauchen für eine normale Entwicklung die akustische Rückmeldung. Haben sie die, erzeugen sie selbst dann einen gut strukturierten Gesang, wenn sie die Lautäußerungen anderer Artgenossen nicht hören können: ihr eigener Gesang genügt. Der Buchfink hingegen braucht sowohl die akustische Rückmeldung des eigenen Gesangs *als auch* die Gesänge anderer Vögel, um einen völlig normalen Gesang auszubilden. Raubt man ihm in den ersten drei Lebensmonaten das Gehör, produziert er einen überaus abnormen Gesang, der kaum mehr ist als ein anhaltendes Kreischen. Wird er allerdings erst taub, nachdem er seine Melodie ganz gelernt hat, wird die Ausführung nicht erkennbar schlechter.

Vogelgesang gehört zu den wenigen Beispielen zerebraler Lateralität bei nichtmenschlichen Lebewesen. Wie die linke Hirnhemisphäre beim Menschen entscheidend ist für Sprachkompetenz, erweist sich der linke sublinguale Nerv (N. *hypoglossus*) beim Vogel als entscheidend für die Gesangsproduktion. Man kann einen Vogel aphasisch (oder amusisch) machen, indem man den linken

Teil seines Nervensystems zerstört. Aber der aphasische Kanarienvogel kann seine früheren Lieder zurückerlangen, weil die homologen Bahnen der rechten Hemisphäre über ein Potential verfügen, das genutzt werden kann. Wenn es um das Wiedererlangen einer Funktion geht, sind also Singvögel (weil ihr Nervensystem plastischer ist) besser dran als erwachsene Menschen.

Die Arbeit von Wissenschaftlern wie Nottebohm und Kandel geht von der Annahme aus, daß zum gegenwärtigen Zeitpunkt viel zu gewinnen ist, wenn man ein einzelnes System in einem einzelnen Organismus sorgfältig untersucht. Wie Peter Marler, ein anderer bahnbrechender Erforscher des Vogelgesangs, sagte: „Die Forschungsarbeit zum Erlernen des Vogelgesangs ist langwierig und mühevoll. Aber ich glaube, daß dies auf lange Sicht der vielleicht einzige Weg sein könnte, wie wir jemals zu einem angemessenen Verständnis der Probleme kommen können, die sich uns stellen ... und das ist [in diesem Fall], wie die natürlichen Wahrnehmungskategorien bei Tieren und Menschen entstehen" (1983, S. 93).

Nun basieren diese beiden Forschungsbemühungen auf etwas unterschiedlichen Annahmen. Kandel hofft, durch die Erforschung von Habituation und Konditionierung schließlich Prozesse erklären zu können, die bei unterschiedlichsten Organismen vorkommen, auch beim Menschen: hier lautet die Annahme, daß bestimmte, mitunter als „horizontal" bezeichnete Lernprozesse quer zu allen Inhalten (ob Musik oder Zeichnen) verlaufen, und in relativ analoger Form bei verschiedenen Organismen (von *Aplysia* bis zum Menschen) zu finden sind. Nottebohms Forschungsrichtung hingegen verläuft anders. Vogelgesang gibt es als Verhalten offensichtlich nur bei Vögeln, selbst wenn man sich vorstellen könnte, daß einige phylogenetische Verbindungen zu menschlicher Musik oder Sprache existieren. Jedenfalls ist es ein in sich geschlossenes System, das diverse experimentelle Eingriffe erlaubt. Ein Interesse für Vogelgesang ist im Einklang mit der Annahme, daß kognitive Aktivitäten vorwiegend „vertikal organisiert" sind: daß es einen Bereich namens „Gesang" gibt, der möglicherweise Regeln gehorcht, die sich von anderen Bereichen unterscheiden und der daher am besten ganz eigenständig untersucht wird. Ob vom Vogelgesang auf andere Systeme anderer Organismen — oder auch nur von einer Vogelgattung auf eine andere — gültige Verallgemeinerungen möglich sein könnten, wird sich erst weisen, wenn man jedes dieser Systeme für sich eingehend erforscht hat. Auch in der Neurowissenschaft ist, nicht anders als in der Psychologie oder der Künstlichen Intelligenz, eine Spannung zwischen dem „modularen" Standpunkt und einem anderen erkennbar, zu dem „generelle Problemlösung" oder ein „zentraler Prozessor" gehören.

Die bemerkenswerten Forschungserfolge, die Hubel, Wiesel und ihre Mitarbeiter erzielten, haben dem Glauben neue Nahrung gegeben, daß Systeme auf je eigene Art funktionieren können. David Hubel sagte 1978 dazu:

Wir gehen inzwischen davon aus, daß es bei jeder Region des zentralen Nervensystems um spezifische Probleme geht, die unterschiedlicher Lösungen bedürfen. Beim Sehen haben wir es mit Konturen, mit Richtung und Tiefe zu tun. Beim Hören hingegen können wir Myriaden von Problemen antizipieren, die die zeitliche Interaktion von Tönen verschiedener Frequenzen betreffen und man kann sich schwer vorstellen, daß der gleiche neurale Apparat all diese Phänomene behandelt. ... Bei den fundamentalen Aspekten der Hirnfunktionen ist eine Lösung, die für alle und alles paßt, wenig wahrscheinlich. (Hubel 1978, S. 28)

Solche Ansichten, vorgetragen von einem der führenden Neurophysiologen unserer Zeit, sprechen dafür, die Aufmerksamkeit auf spezifische Eigenschaften spezifischer sensorischer Detektoren zu richten und bedeuten eine Herausforderung für alle, die nach einem einzigen neuralen Erklärungsmodus suchen, der für unterschiedliche Verhaltensformen gleichermaßen gilt.

Die Arbeit von Kandel (sowie, wenn auch in geringerem Maß, die von Nottebohm) wirft erneut die Frage des Reduktionismus auf. Manche sehen in der Erklärung des klassischen psychologischen Phänomens der Habituation durch neurochemische Reaktionen einen wichtigen Schritt in Richtung auf die Übernahme der Kognition durch die Neurowissenschaften. Sind die Grundmechanismen des Lernens erst einmal auf diese Weise beschrieben, ist keine weitere Erklärungsebene mehr nötig; auf eine Weise, die am Verhalten orientierte Philosophen wie Richard Rorty zusagen würde, sind diese Reduktionisten der Meinung, es werde nichts mehr zu tun bleiben, wenn die Neurophysiologie das ihre getan hat. Dennoch finden die meisten Wissenschaftler mit kognitiven Tendenzen solche Beobachtungen zwar informativ, für ihre eigentlichen Interessen jedoch letztlich marginal. Dazu die Psychologen John Marshall und John Morton:

Die Beziehung zwischen Lerntheorie und natürlichem Verhalten läßt sich nur durch die funktionalen Repräsentationen dessen bestimmen, was das Nervensystem des Organismus tut, und nicht durch das, was es ist. Bei einfachen Organismen wie der *Aplysia* läßt sich diese Beziehung ganz leicht durch ihre Neurophysiologie und Neurochemie herstellen ... Bei Menschen kann dies bestenfalls abstrakt geschehen ... Nehmen wir einmal an, es würde sich herausstellen, alle menschlichen Synapsen wären denen der *Aplysia* äquivalent, und nehmen wir an, alle Verhaltensweisen einer solchen Synapse ließen sich durch die Lerntheorie darstellen. Nehmen wir weiter an, wir verfügten über eine lückenlose neurobiologische Kenntnis des Menschen. Dann hätten wir vielleicht eine Darstellung natürlichen menschlichen Verhaltens ... aber wir hätten keine Antwort auf die Fragen, die uns *wirklich* interessieren. (Zitiert in Fox 1983, S. 1222)

Pribrams Holographie-Hypothese

Angesichts dieses gestiegenen Interesses an der Funktionsweise spezifischer Neuronen- und Verhaltenssysteme könnte man glauben, daß Befürworter einer holistischeren Auffassung vom Gehirn zum Schweigen gebracht seien. Mitnichten. Der Neurowissenschaftler Karl Pribram meinte in seinem Buch *Languages of the Brain* (1971), mit der Annahme spezifischer Merkmalsdetektoren à la Hubel und Wiesel komme man nur begrenzt weiter: Seiner Auffassung nach ist das Gehirn eher in Analogie zu einem holographischen Prozeß zu sehen. Die Holographie ist eine Art der Photographie, bei der das Bild eines Gegenstandes (unter Aufrechterhaltung der Dreidimensionalität) über Muster von Lichtwellen reproduziert werden kann, die auf einer (zweidimensionalen) Photoplatte oder einem Film aufgezeichnet wurden. Ein Hologramm ist die Platte oder der Film mit dem aufgezeichneten Muster: Informationen über jeden einzelnen Punkt des Originalbildes finden sich über das gesamte Hologramm verteilt, so daß es gegen Zerstörung gefeit ist. Da Wellen eines jeden Teils des Gegenstandes auf jedem Teil des Hologramms aufgezeichnet sind, kann mit jedem beliebigen Teilstück des Hologramms (wie klein auch immer) das gesamte Bild rekonstruiert werden. Ein Hologramm kann riesige Informationsmengen auf kleinstem Raum speichern; ja, es wurden schon etwa 10 Millionen Bit holographisch in einem Kubikzentimeter gespeichert.

Nach Pribrams Holographietheorie können alle Hirnteile an jeder Form der Repräsentation teilnehmen, wenn er auch einräumt, daß es Areale gibt, die für die eine Funktion und andere Areale, die für die andere Funktion eine wichtigere Rolle spielen. Er meint, so wie sich unzählige Hologramme überlagern lassen, so seien auch in unserem Gehirn unendlich viele Bilder stapelbar. Möglicherweise erinnern wir uns an etwas Spezielles, indem wir mit einem besonderen Rekonstruktionsstrahl eine auf bestimmte Art kodierte Erinnerung fokussieren. Pribram denkt auch an eine weitere Eigenschaft des Hologramms: die Tatsache, daß die gesamte Oberfläche jeweils eine Wellenfront mit einer starken räumlichen Periodizität aufzeichnet. Selbst wenn von einem zerschnittenen Hologramm nur ein kleines Stück übrig bleibt, reicht dies zur Rekonstruktion des gesamten Bildes aus (Hooper 1982).

Die Hologramm-Analogie traf zwar auf ausgesprochene Skepsis, viele Neurowissenschaftler aber begegnen Pribrams Absicht, beweisen zu wollen, daß das Nervensystem mehr ist als eine bloße Ansammlung spezifischer Verarbeitungsmodi, durchaus wohlwollend; sie wollen die Möglichkeit nicht aufgeben, an die Lashley so entschieden glaubte —, daß wichtige Wissensarten über das gesamte Gehirn verteilt sind. Pribram bemerkt, „die Eigenschaften von Hologrammen ähneln den schwer faßbaren Eigenschaften, die Lashley im kortikalen Gewebe zur Erklärung perzeptueller Vorstellungen und Engrammenkodierung suchte, so sehr, daß der holographische Prozeß als Erklärungsmodell ernstlich in Betracht gezogen werden muß" (1982, S. 176). Außerdem hat Pribram unlängst selbst auf eine Weise von einem „begrenzten Holographen" zu sprechen begonnen, die an die Auffassung von einer begrenzten Plastizität erinnert, und zwar in der Hoffnung, damit einigen Fallstricken einer uneingeschränkt holographischen Erklärung zu entgehen. Eric Harth kommentiert:

Was Hirnforscher am Hologramm interessiert, ist dieses Merkmal des *verteilten Gedächtnisses* (der Ausdruck stammt von Lashley): Jedes Hologrammstückchen sagt ein wenig über jeden Teil der Szene, kein Stück aber ist unersetzlich. Die zweite bestrickende Tatsache ist, daß man beliebig viele Hologramme auf dem gleichen Filmstück überlagern und dann die Bilder der Originalszenen nacheinander reproduzieren kann, ohne Interferenz durch die übrigen Bilder. (1982, S. 88)

Die Analogie zu Lashleys Sicht des Neokortex ist augenfällig und mag dazu beitragen, die anhaltende Anziehungskraft einer holographischen Theorie des Gedächtnisses zu erklären.

Drei historische Stufen

In der uralten Kontroverse über das Ausmaß der Lokalisation von Repräsentation im menschlichen Nervensystem können wir historisch drei Stufen benennen. Bei der ersten ging es um wissenschaftliche Spekulation. Als Descartes die Seele in der Zirbeldrüse lokalisierte, als Gall über die Repräsentation von Liebesfähigkeit und Kriminalität in verschiedenen Gehirnlappen sprach, stellten beide Behauptungen auf, die nicht auf experimentelle Belege gestützt waren.

Ein bedeutender Schritt vorwärts war die Möglichkeit, die Auswirkungen von Verletzungen diskreter Areale des Nervensystems zu untersuchen. Als Fritsch und Hitzig im Nervensystem von Hunden bestimmte Regionen verletzten, als Broca und Wernicke sich den Folgen von Schädigungen des menschlichen Kortex zuwandten, konnten sie nachweisen, daß es zwischen Gehirnarealen und Verhaltensformen Zusammenhänge gibt.

Als schließlich Hubel und Wiesel Ableitungen von diskreten Zellen im visuellen Kortex der Katze machten, konnten sie mit großer Spezifität die Funktion einzelner Regionen bestimmen sowie die Umstände, unter denen sie normalerweise funktionieren (oder nicht funktionieren). Diese Technik war derart erfolgreich und präzise, daß sich die meisten Forscher um die Auswirkungen von Verletzungen großer und nicht klar umgrenzter Hirngebiete nicht mehr kümmerten — ausgenommen bei Menschen, die das Unglück hatten, eine Gehirnverletzung zu erleiden.

Vor dem Hintergrund dieser drei historisch aufeinander aufbauenden Ereignisse in der Neurowissenschaft können wir nun die gegenwärtigen Kontroversen über Lokalisation und Plastizität skizzieren. Heutzutage gibt es überaus empfindliche radiologische, elektrophysiologische und chemische Untersuchungsmethoden zur Erforschung von Struktur und Funktionen des Nervensystems, seiner Entwicklungsprozesse, von Auswirkungen diverser Krankheiten. Die Beweiskraft dieser verschiedenen Forschungsarbeiten hatte zwei Konsequenzen: zum einen hat sie die Lokalisationstheorie inzwischen zur plausibleren generellen Richtung gemacht; zum zweiten lenkt sie die Aufmerksamkeit aktiver Wissenschaftler von den andauernden Kontroversen über breit angelegte konzeptionelle Fragen weg zur Funktionsweise spezifischer Systeme.

Aber es ist noch viel zu früh für die Behauptung, das Pendel bewege sich nicht mehr, oder die entscheidenden Fragen der Neurowissenschaft seien beantwortet. Wie Pribrams Interesse an den holographischen Aspekten des Nervensystems zeigt und wie neuere Untersuchungen zum Wiedererlangen von Funktionen bei jüngeren Tieren verdeutlichen, sind die Stimmen zugunsten von Massenwirkung und Plastizität nicht zum Schweigen gebracht. Zudem herrschen (wie wir noch sehen werden) hinsichtlich der spezifischen Areale der höheren kognitiven Funktionen selbst in den fundamentalsten Fragen noch Meinungsverschiedenheiten. Neurowissenschaftler sind sich weder darüber einig, wie sie die Funktionen spezieller Zellen beschreiben sollen, die Hubel und Wiesel untersuchten (beispielsweise als Empfänglichkeit für Ortsfrequenzen statt Entdeckung der Linienorientierung) (Pribram 1980, S. 58) noch darüber, wie die verschiedenen Defizite von Aphasikern zu charakterisieren sind, und auch nicht über den optimalen Oberbegriff für die Funktionen der rechten Hemisphäre beim Gesunden, bei jemand, der unter einer einseitigen Hirnverletzung leidet, oder jemand, dessen Hirnhemisphären aus therapeutischen Gründen getrennt wurden. Und selbst wenn die Lokalisationstheorie (im großen und ganzen) vertretbarer scheint als der Holismus, ist inzwischen klar, daß Reduktionismus ein völlig anderes Thema ist.

Wird die Neurowissenschaft die Kognitionswissenschaft schlucken?

Die Neurowissenschaften unterscheiden sich in mehrfacher Hinsicht von den anderen kognitiven Disziplinen (so wie sich auch die Philosophie, jene völlig nicht-experimentelle Disziplin, von ihnen unterscheidet). Neurowissenschaftliche Forscher zeichnen sich unter ihren kognitionswissenschaftlichen Mitstreitern dadurch aus, daß sie dem Modell der „erfolgreichen" Naturwissenschaften wie Physik oder Biologie am nächsten stehen, am leichtesten ihre Fragen eindeutig formulieren und Fortschritte in ihrer Beantwortung überprüfen können. Während sicherlich der eine oder andere der Behauptung zustimmen würde, daß Psychologen oder Anthropologen kaum weitergekommen sind, oder es versäumt haben, ihre zentralen Themen hinreichend zu definieren, fände sich schwerlich ein informierter Beobachter, der solche Anschuldigungen gegen die Neurowissenschaften erheben würde. Dies ist einer der Gründe, warum ich in diesem Kapitel auf einen ausführlichen historischen Überblick verzichtet und mich statt dessen auf eine zentrale Frage des Fachs konzentriert habe — um zu zeigen, wie diese Frage gestellt wurde, um die Veränderungen der jeweiligen Perspektive zu betrachten, und um die neurowissenschaftlichen Ergebnisse zu beurteilen, die am Ende einer seit hundert Jahren andauernden Arbeit zu dieser Frage stehen.

Und doch sollte klar geworden sein, daß die Neurowissenschaften zwar anders sind (und wer wollte dieses Anderssein bedauern), nicht aber so ganz und gar anders. Wie ich schon sagte, dauert die Grundsatzkontroverse über die meisten zentralen Fragen an. In der Unsicherheit, die ich beschrieben habe, spiegelt sich der Umstand, daß die Neurowissenschaft zwar schnell wächst, aber ein junges Fach ist und viele grundlegenden Fragen zur Zeit nur definiert, nicht löst. Und die Unsicherheit deutet auch auf eine weitere Überlegung hin.

In den Neurowissenschaften vertreten manche (vielleicht die meisten) die Meinung, kognitionswissenschaftliche Konzepte und Fragen seien für eine biologisch orientierte Wissenschaft ohne Belang. Nach dieser reduktionistischen Sicht ist es das Ziel einer jeden Naturwissenschaft, Phänomene auf der elementarsten Ebene zu untersuchen, die es gibt. So wie die Physik Erklärungen auf der Ebene des Subatoms zustrebt, und die Biologie Erklärungen auf der Ebene des Gens und des Moleküls sucht, so sollten sich die Neurowissenschaften immer mehr an der Nervenzelle und ihren chemischen und elektrischen Prozessen orientieren. Solange die Wissenschaft relativ wenig gefestigt ist, mag es bis auf weiteres nötig sein, psychologische Experimente durchzuführen oder sich mit der Computersimulation von Verhalten zu befassen. Sobald aber die richtigen neurowissenschaftlichen Untersuchungen durchgeführt sind, dürften Erklärungen überflüssig werden, in denen von Verhalten, Denken, Aktionen, Schemata und anderen molaren oder repräsentationalen Begriffen die Rede ist.

Innerhalb der Neurowissenschaften gibt es einen parallelen Trend zum Reduktionismus. Solange die Wissenschaft so wenig gefestigt ist, mag es nötig sein, von Erscheinungen auf molaren neuralen Ebenen zu sprechen (beispielsweise innerhalb einer Nervensäule, eines Hinterhauptlappenareals oder gar eines ganzen Lappens oder einer kompletten Hemisphäre). Letztendlich aber wird man aufhören, über dergleichen zu sprechen, wenn man nämlich die gleichen Erscheinungen auf der Ebene einer einzelnen Zelle erklären kann. Eine ausgeprägt reduktionistische Position geht also in zwei Richtungen vor: sie entledigt sich schnellstmöglich der psychologischen und phänomenologischen Terminologie; und sie geht von größeren Arealen des Nervensystems zu spezifischeren Arealen über. Natürlich existieren schwächere reduktionistische Positionen, die ein gewisses Maß an kognitiven Begriffen oder auch Gespräche über molare neurale Systeme zulassen; doch sie teilen mit dem starken Reduktionismus die Skepsis hinsichtlich eines jeden Konzepts, dessen Bezug zu allgemein bekannten neuralen Fakten unklar bleibt.

Aus kognitionswissenschaftlicher Sicht — die ich hier gern vertrete — sind solche Argumente unhaltbar. So sehr sich Kognitionswissenschaftler darin unterscheiden mögen, ob sie sich für die neuesten Entdeckungen und Lieblingsmodelle von Gehirnforschern interessieren und darin auskennen, in einem entscheidenden Punkt sind sie sich einig: man kann keine adäquate Theorie von irgendetwas haben, was das Gehirn tut, wenn man keine adäquate Theorie dieser Aktivität hat (Mehler, Morton und Jusczyk 1984). Man kann Wahrnehmung — selbst in ihren feinkörnigsten Aspekten — nicht ohne eine Theorie der

Wahrnehmung erforschen. Man kann Klassifikation nicht ohne eine Theorie der Kategorisierung untersuchen, ohne ein fundiertes Wissen über die Bereiche, die kategorisiert werden und ohne ein Verständnis der philosophischen Probleme, die zur Konstruktion oder Entwicklung einer Kategorie gehören. Es wäre überaus unklug, über Geist, Selbst, Handeln zu sprechen, ohne sich zuvor eingehend mit allen Fußangeln vertraut gemacht zu haben, die seit ewigen Zeiten wie Krokodile in eben diesen mentalistischen Sümpfen lauern. Um einen Satz von Wittgenstein zu paraphrasieren: Wenn man jede Hirnverbindung kennt, die an der Begriffsbildung beteiligt ist, dann hilft dies nicht die Spur zu verstehen, was ein Begriff ist.

Nach dieser Auffassung ist es unmöglich, sich dem Nervensystem als neutraler Beobachter zu nähern, der bloß Tatsachen notiert (was viele Neurowissenschaftler zu tun glauben). Sowohl die Themen, die untersucht werden, als auch die Art, wie dies geschieht, reflektieren implizite Theorien: Theorien darüber, was Wahrnehmung, was Kognition, was Sprache ist; was an ihnen wichtig ist; und wie jeder dieser Prozesse geschieht. Schwerwiegende Probleme tun sich auf, wenn man von niederen Organismen auf Menschen verallgemeinert; und in jedem Fall gilt, daß die Wahrscheinlichkeit naiver Fehler wächst, wenn man seine Verfahrensweisen nicht kritisch in Frage stellt.

Nehmen wir ein Beispiel aus der Sprache: Ein Neurologe, der nichts von Linguistik weiß, könnte sich auf seine naiven Intuitionen über Sprache verlassen; so könnte er folglich über einen Aphasiker sagen, er sei unfähig, „kleine Wörter" zu benutzen oder „in ganzen Sätzen zu sprechen". Ein linguistisch gebildeter Beobachter aber wird sofort subtilere Fragen stellen und Unterscheidungen machen können: Welche grammatischen Kategorien bereiten Schwierigkeiten? Treten diese Schwierigkeiten in unterschiedlichen sprachlichen Kontexten auf? Korrelieren sie mit anderen Schwierigkeiten oder Unterscheidungen in Phonologie, Syntax, Lexikon oder Pragmatik? Auf ein solches linguistisches Wissen Zugriff zu haben, ist keine Garantie für eine korrekte Analyse. (Manchmal kann sogar eine allzu starke Bindung an eine bestimmte linguistische Theorie den Beobachter für Phänomene blind machen, die dem Paradigma zuwiderlaufen.) Aber jedes linguistische Wissen zu meiden, kommt einer freiwillig gewählten Blindheit gleich: und so herrscht heute Einigkeit darüber, daß zu jedem Aphasie-Forschungsteam neben Neurowissenschaftlern auch Psychologen und Linguisten gehören sollten.

Aus diesen Gründen halte ich es für richtig, die Neurowissenschaft als eine Grenzdisziplin der Kognitionswissenschaft zu betrachten. So wie die Anthropologie bei der Erforschung kognitiver Phänomene eine Art Obergrenze darstellt, ist die Neurowissenschaft eine Art Untergrenze. Viele der Phänomene, die Neurowissenschaftler erforschen, können entweder ohne jeden Verweis auf eine repräsentationale Ebene adäquat erklärt werden oder sie räumen repräsentationalen Aspekten lediglich eine Nebenrolle ein: so schreit die Darstellung der Habituation bei der *Aplysia* nicht gerade nach einer repräsentationalen Analyse. Solche Phänomene gehören ebenso wenig zum Kerngebiet der Kognitionswissenschaft wie Diskussionen über das Religionssystem eines Eingeborenenstammes. Sobald Neurowissenschaftler aber in den Bereich komplexerer Formen der Geistestätigkeit vorzudringen beginnen — Bereiche wie Sprache, Objektwahrnehmung, logisches Problemlösen — lassen sich diese Fragen der Repräsentation keinesfalls mehr umgehen. Hier nun wird interdisziplinäre Zusammenarbeit zwingend. Und hier stellt sich die Aufgabe der Kognitionswissenschaft: wie schlägt man die besten Erklärungsbrücken zwischen der Ebene des Neurons und der Ebene der Regeln oder Konzepte?

Daher können es sich Neurowissenschaftler, selbst wenn sie es wollten, nicht erlauben, den anderen in den Kognitionswissenschaften völlig den Rücken zuzuwenden. Selbst wenn Fachgebiete wie Psychologie, Philosophie, Linguistik oder Anthropologie vielleicht nicht *die* Antwort auf Fragen über Wahrnehmung, Gedächtnis, Lernen oder Sprache haben sollten, ist die Arbeit, die über Jahrzehnte in diesen Gebieten geleistet wurde, heute für jede Diskussion relevant. Sie nicht zu kennen, wird selbst dem begabtesten Neurowissenschaftler nur schaden. Selbst die, die eine „feuchte" Forschungsmethode (bei der man das Gehirn „öffnet" und sich das, was da ist, ansieht oder anhört) einer „trockenen" Forschungsmethode (bei der man versucht, aus beobachtetem Verhalten eine adäquate Theorie abzuleiten) bei weitem vorziehen, sehen immer mehr ein, daß die Lösung ihrer Probleme mit größerer Wahrscheinlichkeit in einer umfassenden interdisziplinären Zusammenarbeit zu suchen ist. Ich werde mich im anschließenden dritten Teil einigen dieser vielversprechenden interdisziplinären Bemühungen zuwenden.

Teil III:
Auf dem Weg zu einer integrierten Kognitionswissenschaft

Einleitung

Im zweiten Teil habe ich Höhepunkte der Wissenschaftsgeschichte jener sechs Disziplinen dargestellt, die zusammen die heutigen Kognitionswissenschaften bilden und sich vielleicht eines Tages zu einer einzigen Kognitionswissenschaft verbinden werden. Ich habe zwar jede Disziplin isoliert betrachtet — um zu sehen, wie sie sich im Rahmen ihrer eigenen Vorgaben entwickelt hat, welches ihre wesentlichen Fragestellungen, welches ihre Arbeitsmethoden sind — aber keine von ihnen agiert in einem Vakuum. Zwischen einigen Disziplinen hat es einen regen Austausch gegeben — so zwischen Philosophie und Psychologie, zwischen Linguistik und Anthropologie, sogar zwischen Künstlicher Intelligenz und Neurowissenschaft. Man kann mit den Worten des Psychologen E. G. Boring (1950) sagen, daß das Wirken des Zeitgeistes zu spüren ist oder daß, um den Ausdruck des strukturalistischen Historikers Michel Foucault (1970) zu benutzen, disparaten Disziplinen eine gemeinsame Episteme auferlegt wurde.

Um einen Eindruck von den Faktoren zu geben, die offenbar in unterschiedlichen Disziplinen wirksam waren, werde ich im folgenden die Geschichte der Kognitionswissenschaft kurz skizzieren, als handele es sich um eine einzige Disziplin. Das Vorbild für unsere Wissenschaft geht auf die Griechen zurück — auf die Schriften von Platon und Aristoteles, die Themen, um die es im *Menon* geht. Hier wurden erstmals die Fragen nach Natur, Status, Ursprung und Anwendung von Wissen formuliert. Der Fragenkatalog der Kognitionswissenschaft wurde während der Blütezeit der Philosophie im siebzehnten und achtzehnten Jahrhundert präzisiert — in den Kontroversen zwischen Rationalisten (wie Descartes) und Empiristen (wie Locke und Hume) sowie in den Bemühungen um eine Synthese, wie sie um 1780 von Kant, um 1910 von Whitehead und Russell versucht wurde. Hier erkennen wir die ersten Anzeichen jener Themen, die die Kognitionswissenschaftler auch heute noch beschäftigen.

Im neunzehnten Jahrhundert wurde unsere Wissenschaft immer mehr zum Terrain empirisch statt introspektiv arbeitender Wissenschaftler. Die unbestreitbaren Erfolge von Physik und Chemie sowie Darwins inspirierendes Beispiel in der Biologie weckten Hoffnungen auf eine entsprechende Wissenschaft menschlichen Verhaltens und Denkens. Der Ausbau berufsbildender Studiengänge, die rapiden Fortschritte im Bereich der Technik und die Entstehung einer Gesellschaft, die wohlhabend, zugleich aber mit neuen sozialen und wirtschaftlichen Problemen belastet war, begünstigten die Entwicklung von Psychologie, Linguistik, Anthropologie und Neurowissenschaften, die alle innerhalb weniger Jahrzehnte entstanden. Diese Disziplinen unterschieden sich zwar in ihren jeweiligen Schwerpunkten, die Grundannahme der Vorläufer unserer Kognitionswissenschaft aber lautete, daß sich menschliches Verhalten und Denken über Jahrtausende herausgebildet, sich an die verschiedenen Umwelten, in der Kulturen entstanden, angepaßt haben, und auch, daß sie mit empirischen, vielleicht sogar experimentellen Methoden erforschbar sind. Nun endlich würde es möglich sein, sichere Antworten auf die uralten Fragen nach Wahrnehmung, Sprache, Klassifikation und Vernunft zu finden.

Die ersten Vertreter dieser neuen Disziplinen im ausgehenden neunzehnten Jahrhundert waren für diese Aufgabe hervorragend geeignet: fest verankert in den Naturwissenschaften und der Philosophie ihrer Epoche, waren sie zudem phantasievolle Empiristen und passionierte Organisatoren, die Gesellschaften gründeten, Zeitschriften herausgaben und unermüdlich mit Sympathisanten und Skeptikern diskutieren konnten. Die erwähnten Pioniere Helmholtz, James, Wundt, de Saussure, Frege, Tylor und Boas sind nur einige von ihnen.

Diese Forscher gründeten neue Wissenschaften, doch ihre anfangs großartig und optimistisch formulierten Ziele ließen sich nicht immer verwirklichen. Zu Beginn unseres Jahrhunderts gab es zu dieser ersten visionären Generation eine Welle von Gegenbewegungen, welche zumeist atomistisch und funktional orientiert waren: Verhalten sollte im Hinblick auf seine konstituierenden Elemente analysiert, unter dem Aspekt seiner Rolle im Leben eines Organismus und in bezug zu den Zielen einer Gesellschaft betrachtet werden. Der Behaviorismus erfaßte die Psychologie (Watson) und die Linguistik (Bloomfield); der Funktionalismus beherrschte die Anthropologie (Malinowsksi); der logische Empirismus dominierte in der Philosophie (der Wiener Kreis). Die einzige Ausnahme von diesem idealtypischen Muster bildete die Neurowissenschaft, die (vielleicht angemessen für eine „Grenzdisziplin") genau entgegengesetzt reagierte: die Lokalisationslehre der älteren Generation wurde einige Zeit lang von holistischen Betrachtungen beiseite gefegt.

Die einzelnen Disziplinen waren allerdings nicht ganz und gar von der behavioristischen Denkweise beherrscht. Überall gab es einige Wissenschaftler, die holistische oder strukturalistische Positionen vertraten. Die Visionen einer Wissenschaft vom Geist wurden von den Gestaltpsychologen und von Piaget, den Prager Linguisten und von strukturalen Anthropologen wie Radcliffe-Brown wachgehalten. Und just zu der Zeit, als der Mentalismus gründlich diskreditiert war, legten Mathematiker und Ingenieure das Fundament für umwälzende Erfindungen, die schließlich die Hegemonie des Behaviorismus brechen sollten.

Der Behaviorismus war in den Vereinigten Staaten und auch, allerdings weniger ausgeprägt, in anderen Ländern von 1920 bis 1950 die herrschende Theorie. Aber als das Hixon-Symposium und die Macy-Konferenz stattfanden, als Craik und Turing und Wiener schrieben, als Bruner, Chomsky, Lévi-Strauss, Miller, Newell und Simon ihren Studien nachgingen, bahnte sich eine kognitive Wende an. Wissenschaftler entdeckten (oder entdeckten erneut) die zentrale Bedeutung höherer Ebenen des sprachlichen und konzeptuellen Handelns und die Nützlichkeit neuer Rechengeräte bei der Erforschung dieser Phänomene. Kamen die Äußerungen dieser Wissenschaftler zunächst einem Bildersturm gleich, so wurden sie schließlich (mit erstaunlicher Geschwindigkeit) zur neuen

Heilslehre. Der Behaviorismus wurde eigentlich nicht besiegt, er wurde vielmehr durch die gezielte Erforschung menschlicher Kognitionsprozesse irrelevant.

Ende der fünfziger und Anfang der sechziger Jahre herrschte in den etablierten Disziplinen Begeisterung, in der Künstlichen Intelligenz, dieser brandneuen, zutiefst kognitiven Disziplin, gar Euphorie. Aber die Versprechungen der Kognitionswissenschaften ließen sich nicht so einfach erfüllen. Es folgten weitreichende Diskussionen über die beste Art, diese Disziplin zu betreiben: ob mit Techniken, die *top down* oder *bottom up* vorgingen, ob mit allgemeinen Problemlösungs- oder mit Expertensystemen, ob mit programmatischen Langzeitexperimenten, hoch selektiver Beweisführung oder detaillierten Fallstudien. Und als deutlich wurde, daß sich die Vorhersagen der Anfangszeit nicht erfüllen würden, setzte Anfang der siebziger Jahre eine Gegenbewegung ein: Vielleicht würde es doch keine Kognitionswissenschaft geben, zumindest nicht zu Lebzeiten ihrer enthusiastischsten Anhänger.

Es gibt noch eine zweite, angenehmere Möglichkeit. Vielleicht sind die einzelnen Kognitionswissenschaften im Rahmen ihrer Fachgrenzen und Paradigmen so weit gekommen, wie es geht. Was zunächst kaum mehr als höfliche und kurze Gespräche zwischen ihnen waren, muß jetzt zu umfassenden gemeinschaftlichen Forschungsanstrengungen über Probleme werden, die für mehrere von ihnen von zentraler Bedeutung sind. In der Erkenntnis, daß viele Wissenschaftsprobleme einfach zu vielschichtig sind, um von einer Disziplin allein angegangen zu werden, und auch aufgrund einer wahren Begeisterung für Methoden und Konzepte, die in Nachbardisziplinen erarbeitet wurden, haben immer mehr Wissenschaftler — von denen viele ihre Ausbildung in der besonderen Atmosphäre der Zeit nach den fünfziger Jahren erhalten haben — aufgehört, nur eine Disziplin zu betreiben, sind zur umfassenderen Kognitionswissenschaft übergewechselt und befassen sich nun vor allem mit interdisziplinären Fragen.

Daher werde ich in den abschließenden Kapiteln dieses Buches einige Forschungsprojekte vorstellen, die die Bezeichnung *kognitionswissenschaftlich* verdienen. Sie setzen sich aus mehreren Disziplinen zusammen — vereint entweder in einer Person, in einem Laboratorium oder auch im Zusammenwirken mehrerer Personen oder Laboratorien —, und sie zielen auf die Beantwortung jener uralten philosophischen Fragen ab, die schon die Denker der Antike bewegten. Natürlich gibt es zahlreiche weitere Beispiele, und meine Auswahl beansprucht keinesfalls Allgemeingültigkeit. Ich habe Forschungsprojekte ausgewählt, bei denen es um die zentralen Fragen der Kognitionswissenschaft geht und die unter Kognitionswissenschaftlern als vorbildlich gelten. Sie sind nicht unangreifbar (keine gute Forschung ist unangreifbar), aber sie haben zu ganz besonders differenzierten kritischen Kommentaren sowie zu Vorschlägen geführt, wie man dieser Kritik Rechnung tragen könnte. Ich werde im folgenden nicht zögern, wesentliche Kritikpunkte zu zitieren und, wo nötig, auch meine eigenen Vorbehalte zu nennen. Ich will mich auf vier Fragenkomplexe konzentrieren, die zu qualitativ hochwertiger kognitionswissenschaftlicher Arbeit geführt haben.

Im 10. Kapitel geht es um die heutigen Bemühungen der Künstlichen Intelligenz, mit Unterstützung von Neurowissenschaft und Psychologie zu erklären, wie der Mensch Formen und Objekte wahrnimmt. Unabdingbar dafür ist das bahnbrechende Werk von David Marr und seinen Kollegen, sowie die von J. J. Gibson und anderen Anhängern der „direkten Wahrnehmung" formulierte Kritik daran.

Im 11. Kapitel widme ich mich dem Komplex des bildhaften Vorstellens: Was meint man eigentlich, wenn man von „bildhafter Vorstellung" spricht, und können Bilder wirklich als Mittel der Wissensrepräsentation angesehen werden? Mein Überblick behandelt insbesondere Stephen Kosslyns Arbeit auf den Gebieten Psychologie und Künstliche Intelligenz sowie einige Einwände dagegen, die von dem Psychologen und Computerwissenschaftler Zenon Pylyshyn stammen.

Im 12. Kapitel wende ich mich der Frage zu, wie Menschen Objekte und Elemente ihrer Umgebung klassifizieren. Ausgangspunkt sind Untersuchungen zum Farbenbenennen, die die Ethnopsychologin Eleanor Rosch sowie die beiden Linguisten und Anthropologen Brent Berlin und Paul Kay durchgeführt haben. Diese Forschung dreht sich um die philosophische Frage, ob Klassifikation willkürlich oder begründet geschieht, sowie um die Beziehung zwischen Sprache und Denken.

Menschliche Rationalität ist das Thema des 13. Kapitels. Schon seit der griechischen Antike denken Philosophen über Wesen und Umfang menschlicher Rationalität nach, nun aber wird die Vorstellung vom Menschen als logisch Denkendem durch neuere Forschungsarbeiten wie die von Amos Tversky und Philip Johnson-Laird äußerst fraglich. Diese Kritik, die auf Erkenntnissen aus Psychologie, Linguistik und Künstlicher Intelligenz basiert, hat erhebliche philosophische Debatten ausgelöst — einen rationalen Diskurs über Irrationalität.

Ein Überblick über die besten Arbeiten und über die schärfste Kritik an diesen Arbeiten ist ein Weg, um zu einer Einschätzung der modernen Kognitionswissenschaft zu kommen. Letztlich aber ist die Art, wie sich das Fachgebiet selbst präsentiert — seine Selbstdarstellung — ein ebenso wichtiger Test. Zumeist habe ich nichts anderes getan, als diese Selbstdarstellung wiederzugeben und so das Fachgebiet durch seine Geschichte und seine Arbeiten für sich selbst sprechen lassen. Am Schluß aber werde ich diesen Beobachterstatus aufgeben und meine eigenen Gedanken zu dieser Bewegung äußern, deren erste Gehversuche mich zu diesem Buch angeregt haben.

10. Die Welt wahrnehmen

> Wie erkennen wir einen Kreis als Kreis, ob er groß oder klein ist, nahe oder weit entfernt, ob er nun auf einer Ebene senkrecht zur Blickrichtung zum Mittelpunkt liegt und als Kreis zu sehen ist oder irgendeine andere Orientierung hat und als Ellipse zu sehen ist? Wie sehen wir Gesichter, Tiere und Landkarten in Wolken oder in den Flecken eines Rorschach-Tests?
>
> *Norbert Wiener*

Das alte Rätsel Wahrnehmung

Philosophische Überlegungen beginnen — ob beim Kind oder in der Gesellschaft — in aller Regel mit der Wahrnehmung der Außenwelt. Der naive Betrachter ist erstaunt über die Existenz einer Welt von Dingen, die man sehen kann, solange die Augen geöffnet sind und das Licht ausreicht. Die Dinge bewegen sich, wir bewegen uns vielleicht auch, und doch sehen wir weiterhin eine stabile, organisierte Welt. Wir sehen auch Formen und Farben, vielleicht als Teil von Gegenständen, vielleicht aber auch früher als sie oder statt ihrer. Und die meisten von uns glauben, daß wir auch ohne konkret vorhandene Dinge wahrnehmen können, indem wir uns auf unsere Erinnerungen verlassen, auf unsere geistigen Vorstellungsbilder, unsere Vorstellungskraft.

Dies sind scheinbar banale Feststellungen, aber die Philosophie- und Psychologiegeschichte bezeugen die Schwierigkeiten, vertretbare Erklärungen dafür zu finden, wie normale Wahrnehmung entsteht. Sofort tun sich etliche Fragen auf. Sind alle Informationen, die für richtige Wahrnehmung nötig sind, in der Außenwelt, oder fließen Erwartungen und Wissen in die Wahrnehmung ein? Die Welt besitzt offensichtlich drei Dimensionen, wie aber wird die dritte Dimension in der Retina registriert und dann im Kopf rekonstruiert? Wie unterscheidet sich die Wahrnehmung der Welt von einem Bild der Welt oder der Vorstellung von der Welt, die man im Kopf hat? Warum verschwinden optische Täuschungen nicht, nachdem man sie durchschaut hat? Und wie verhalten sich verschiedene visuelle Eindrücke und Bilder zum Denken? Sind auch sie Gedanken, sind sie Träger für Gedanken, spiegeln sie den Umgang mit symbolischen Entitäten wider, oder sind sie nichts als Epiphänomene, Spuren, die nichts Wesentliches zu unserer Fähigkeit beitragen, zu wissen, zu lernen und zu verstehen?

Über solche Fragen hat man sich den Kopf zerbrochen, seit es Philosophie gibt. Die Griechen bildeten Wissen dem Sehen nach; sie bemühten sich nachhaltig darum zu verstehen, wie wir ein Wissen der sichtbaren Welt erlangen und wie dieses Wissen zum allgemeinen Verstehen beitragen — oder es überhaupt erst hervorbringen — kann. Schon die Vorsokratiker stritten sich: Metrodorus von Chios riet seinen Anhängern, Sinneseindrücke gering zu veranschlagen und auf Meinungen zu achten; Demokrit hingegen glaubte, jegliches Wissen beruhe auf Wahrnehmung (Barnes 1979). Plato sagte, die Seele erlaube Wahrnehmung, während Aristoteles sich mehr für die Funktionsweise des Auges interessierte. In der Neuzeit kehrten Rationalisten und Empiristen zu diesen Fragestellungen zurück. Während für Descartes die Sinnesorgane von geringer Bedeutung waren, waren sie für die Empiristen der Ursprung allen Wissens.

Es dauerte nicht lange, bevor sich andere Wissenschaftler an dieser Debatte beteiligten. Tatsächlich fingen sogar die meisten Psychologen mit einem Interesse an Wahrnehmung an, und in unserem Wissen über Wahrnehmung hat es unbestreitbar mehr Fortschritte gegeben als in der Erforschung anderer mentaler Prozesse. In meinem Abriß über die Psychologie habe ich schon einige zentrale Themen erwähnt: Hermann von Helmholtz' Annahme, der Reiz enthalte nur ungenaue Information und Wahrnehmung, sei daher stark von unbewußtem Schließen über das Beobachtete abhängig; J. J. Gibsons Entgegnung, die Sinne könnten unmittelbar aus der Umwelt Informationen extrahieren, die für das Überleben wichtig sind; die Meinung derer, für die Wahrnehmung mit der Entdeckung elementarer Einheiten beginnt, aus denen komplexere Objekte und Formen zusammengesetzt werden; die konträre Annahme der Gestaltpsychologen, man nehme auf *top-down*-Weise erst die umfassende Gestalt wahr.

Zwei neue Forschungsrichtungen haben sich zur Diskussion über Wahrnehmung hinzugesellt. Die eine, im 9. Kapitel schon dargestellt, will etwas über die Empfänglichkeit einzelner Nervenzellen für eine bestimmte Art der Stimulation erfahren. Wenn die Funktionsweise aller Neuronen und Neuronengruppen bekannt wäre, gäbe es vielleicht keinen Bedarf mehr, perzeptuelle Verarbeitung abstrakt (oder auf einer höheren Eben) zu beschreiben.

Computer-Simulationen

Mit dem Aufkommen des Computers begann eine weitere Gruppe von Wissenschaftlern mit der Erforschung visueller Wahrnehmungsprozesse. Für sie lag der wesentliche Anreiz nicht so sehr in der Frage, wie Wahrnehmung beim Menschen abläuft, sondern wie Wahrnehmung bei Organismen oder bei Maschinen generell möglich ist. Sie packten diese technische Herausforderung an, indem sie versuchten, „sehende" Maschinen und Programme zu schaffen: wurde diesen Mechanismen die Information „visuell" präsentiert, konnten sie sie so zerlegen, daß Art und Form der präsentierten Objekte, Muster oder Szenen bestimmbar waren.

Nach einigen Fehlstarts in den späten fünfziger und frühen sechziger Jahren begründeten Wahrnehmungsforscher eine Richtung, die *Szenenanalyse* heißt (Boden 1977; McArthur 1982). Zu einem typischen Forschungsprogramm dieser Art gehört ein Bild (normalerweise eine Umrißzeichnung) als Input für den Computer, dessen Aufgabe es ist, das Bild unter dem Aspekt auszuwerten, was auf der Vorlage abgebildet ist, in welcher Beziehung die abgebildeten Dinge zueinander stehen und diese Dinge zu beschreiben. Es schien klar, daß die „reale" Welt zu komplex war, um sie mit der vorhandenen Technologie analysieren zu können, daher arbeiteten die leistungsfähigsten Programme mit künstlichen Mikrowelten (Welten der Art, wie Terry Winograd sie für SHRDLU, sein Sprache verstehendes Programm, benutzt hatte). Es war schon davon die Rede (s. S. 185f.), daß Forscher wie David Waltz Programme erstellen konnten, die in der Lage waren, die meisten Umrißzeichnungen von Bauklotz-Arrangements ganz eindeutig zu interpretieren. Diese Ansätze der frühen siebziger Jahre waren allerdings auf mehrfache Weise beschränkt. Zum einen benutzten die Programme im allgemeinen künstliche Umrißzeichnungen und nicht wirkliche Gegenstände oder Fotos von wirklichen Gegenständen. Zudem gehörte zu diesen Szenen in der Regel eine überaus geringe Anzahl von Formen aus einer bestimmten, künstlichen Mikrowelt. Die Datenverarbeitung auf der Ebene des eigentlichen Bildes beschränkte sich auf ein Minimum: das Gewicht lag auf der Manipulation der symbolischen Beschreibungen einer Szene, jener Operationsweise, die Computer sehr gut beherrschen, sowie auf weitestgehenden Rückgriffen auf vorhandenes Wissen über derartige Formen. Unberücksichtigt blieben die vielfältigen Informationen, die dem normalen Betrachter unter normalen Bedingungen zur Verfügung stehen. Allgemeiner gesagt, selbst wenn ein Programm eine Szene erfolgreich zerlegte, wurde man das Gefühl nicht los, dies sei das Ergebnis cleverer technischer Tricks und nicht psychologisch plausibler Mechanismen.

Wenn es im Bereich Computersehen weitere Fortschritte geben sollte, dann mußte man sich nicht nur fragen, wie eine spezielle Art von Bild oder Mikrowelt wahrgenommen wird, sondern den Wahrnehmungsprozeß grundsätzlicher angehen; Ziel war das Aufspüren der Mechanismen, die, ob denen eines lebenden Beobachters ähnlich oder nicht, zumindest in der Lage waren, mit den vielfältigen Objekten der Wahrnehmung und perzeptuellen Aufgaben fertig zu werden — also auch der Wahrnehmung von Bewegung, Tiefe, Oberflächenstruktur und anderen Variablen, die die menschliche Wahrnehmung so effektiv machen. Eine Kombination von Ergebnissen aus Wahrnehmungspsychologie, Neurowissenschaft und Künstlicher Intelligenz erlaubte, vielleicht zum ersten Mal, eine vertretbare Gesamtdarstellung der frühen Phasen visueller Wahrnehmung — eine Darstellung, die erklärte, wie jeder beliebige Organismus eine Welt aus Formen und Gegenständen wahrnehmen kann. Wichtige Beiträge zur Lösung dieser Aufgabe kamen aus vielen Ecken, die entscheidende Konzeption aber stammt in den wesentlichen Teilen von David Marr.

David Marrs Werk

Marrs Forscherleben war zwar tragisch kurz, aber verblüffend produktiv. Er studierte im englischen Cambridge Neurophysiologie und begann seine wissenschaftliche Laufbahn mit der Erforschung des menschlichen Kleinhirns (Marr 1969). Er erkannte aber, daß die entscheidenden Fragen über Verhalten nicht zu beantworten sind, wenn man das Gehirn nur betrachtet — selbst dann nicht, wenn man die Funktion jeder Zelle und jeder Verbindung kennt; Marr selbst sagte, dies sei, als wolle man das Fliegen verstehen, indem man Vogelfedern untersucht. Zu einem wirklichen Verständnis des Fliegens gehört, daß man versteht, warum sich nicht jeder beliebige Organismus oder jede Maschine in die Luft zu erheben vermag, und man muß die Faktoren verstehen, die es einem bestimmten Organismus gestatten, die Schwerkraft zu überwinden. Ebenso kann man die Wahrnehmung nur mit einer Theorie wirklich verstehen, die berücksichtigt, welche realen Probleme es beim Wahrnehmen von Objekten gibt, wie diese Begrenzungen überwunden werden können, wie Wahrnehmung in ganz konkreten Mechanismen, ob Computer oder Gehirn, realisiert werden kann. Diese Erkenntnis war Marr ein Ansporn für seine Forschung im Laboratorium für Künstliche Intelligenz des *Massachusetts Institute of Technology* — die er ab 1973 nur sieben Jahre lang betreiben konnte, bis er an Leukämie starb.

In dieser kurzen Zeit skizzierte Marr ein Programm zur Erforschung von visueller Wahrnehmung im besonderen und von Wissenssystemen im allgemeinen. Seine Position gründete auf der Annahme, Sehen sei die Konstruktion effizienter symbolischer Beschreibungen von Bildern, die man in der Welt antrifft. Er selbst sagte einmal, die Bilder der Außenwelt sollten zu einer Beschreibung führen, die für den Betrachter nützlich und nicht mit irrelevanter Information überladen ist. Indem Marr sich für eine symbolische Beschreibung entschied, distanzierte er sich ausdrücklich von Forschern, die von „direkter Wahrnehmung" ausgehen und schloß sich dem kognitionswissenschaftlichen Lager an.

Die Ebenen der Szenenanalyse

Marr meinte, um zu einer solchen Beschreibung zu kommen, müsse man mehr verstehen als nur eine einzige Analyseebene. Man müsse die Reaktionen von Nervenzellen beschreiben können, des weiteren die Ergebnisse psychophysischer Experimente vorhersagen und Computerprogramme schreiben können, die visuellen Input wie gewünscht analysieren und interpretieren (Marr 1982). Folglich postulierte er drei Erklärungsebenen — Datenverarbeitungstheorie, Algorithmus und Implementierung.

Marrs Ebenen lassen sich am einfachen Beispiel einer Registrierkasse verdeutlichen. Um ein solches Gerät zu verstehen, muß man auf abstraktester Ebene fragen, was es leistet und warum es etwas macht. Da seine Aufgabe das

Rechnen ist, muß man sich die Theorie des Addierens aneignen, und dazu gehört auch zu verstehen, wie Zahlenpaare auf ihre Summen abgebildet werden, und eine Übernahme von Prinzipien wie Kommutativgesetz — z. B. $3+4=4+3$ — und Assoziativgesetz — $(3+4)+5=3+(4+5)$. Die Additionstheorie konstituiert die Datenverarbeitungstheorie der Registrierkasse.

Analog dazu besteht bei visuellen Prozessen das Problem darin, Eigenschaften der Welt aus ihren Bildern abzuleiten: Es ist mit anderen Worten die Herausforderung, Sehen unabhängig von dem jeweiligen Mechanismus zu erklären, in dem es zufälligerweise stattfindet. In diesem Fall zeigt die Datenverarbeitungstheorie, was verarbeitet wird und warum es für die Belange des Sehens sinnvoll ist, gerade diese Information zu verarbeiten. Sie legt genau fest, wie sich ein zweidimensionales Bild zu einer dreidimensionalen Welt verhält und wie dieses Bild interpretiert werden kann — die notwendigen Prozesse, mit denen die Eigenschaften einer Szene auf dem dazugehörigen Bild wiedererkannt werden können. Nehmen wir aber an, zum Sehen gehörten solche Prozesse wie der, die Form eines rotierenden Körpers aus flüchtigen Bildeindrücken zu erkennen oder die Fähigkeit stereoskopischer Wahrnehmung (d. h. die Fähigkeit eines binokularen Mechanismus, räumliche Tiefe zu berechnen, indem die Informationen zweier geringfügig verschiedener Blickwinkel kombiniert werden). Jede Datenverarbeitungstheorie muß erklären, wie solche Prozesse mittels der im Bild vorhandenen Information ausgeführt werden können.

Damit dieser Prozeß tatsächlich ablaufen kann, muß man ihn irgendwie realisieren und daher für jede relevante Entität eine Repräsentationsform wählen. Zur zweiten Analyseebene eines Prozesses gehört zum einen die Wahl einer Repräsentation für den Input und den Output des Prozesses und zum zweiten ein Algorithmus (oder ein formales Verfahren der Symbolmanipulation), mit dem diese Umwandlung tatsächlich erreicht werden kann. Mit anderen Worten, diese zweite algorithmische Ebene gibt an, *wie* eine Operation durchgeführt wird. Handelt es sich um Addition, kann man als Repräsentationen arabische Ziffern wählen, und was den Algorithmus angeht, könnte man zuerst die kleinsten Ziffern addieren und einen Übertrag machen, falls die Summe größer ist als 9. Dies ist der Repräsentationstypus von elektrischen und mechanischen Registrierkassen.

Im Fall des Sehens geht es bei der algorithmischen Ebene um das Problem, auf welch unterschiedliche Arten ein Mechanismus Funktionen wie das räumliche Sehen tatsächlich repräsentieren und ausführen könnte. Speziell für diesen Fall hatten Marr und seine Kollegen einige elegante Verfahren erarbeitet. Allerdings hatten diese, wie sich herausstellte, keinerlei Ähnlichkeit mit den Prozessen, die das Gehirn anzuwenden scheint. Marr war es aber wichtig, daß sein Algorithmus mit dem zu vereinbaren war, was über das Sehen bei Tieren bekannt ist: daher wurde dieser Algorithmus durch einen ersetzt, der besser vereinbar war mit Erkenntnissen aus Psychophysik und Neuropsychologie.

Die dritte Ebene betrifft das „Gerät", in dem der Prozeß physikalisch realisiert werden soll. Der gleiche Algorithmus läßt sich in überaus verschiedenartige

Technologien implementieren. Addieren kann man beispielsweise mit diversen elektrischen oder mechanischen Maschinen, aber auch im Kopf.

Jede Aufgabe läßt sich mit verschiedenen Algorithmen lösen und jeder Algorithmus kann in einer bestimmten Hardware auf unterschiedliche Weise umgesetzt werden. Die Entscheidung darüber, wie der Algorithmus tatsächlich realisiert wird, liegt bei jedem Forscher selbst, und vielen Vertretern der Künstlichen Intelligenz ist es völlig egal, wie nun speziell der Mensch visuell wahrnimmt. Marrs Interesse an der Realisierungsebene beschäftigte sich zwar eindeutig mit der Möglichkeit, Szenen mit Hilfe von Computerprogrammen effektiv zu zergliedern. Dies war der entscheidende „Existenzbeweis" dafür, daß ein Algorithmus wirklich funktionierte. Wie wir aber bereits sahen, folgte er in seiner Arbeit den Funktionsweisen, die offenbar vom menschlichen Gehirn benutzt werden — vielleicht weil man bei diesen am ehesten davon ausgehen konnte, daß sie auch bei nichtorganischen Maschinen gut funktionieren.

Marr fand, es sei für Wissenschaftler einfacher, auf der algorithmischen und der mechanischen Realisationsebene zu arbeiten — Ebenen, die sich für konkrete Experimente eigneten. Aber seiner Meinung nach war die zur Zeit wichtigste Ebene die der Datenverarbeitungstheorie. Hier wird Marrs Auffassung deutlich, daß das Wesen der für die Wahrnehmung grundlegenden Datenverarbeitung stärker von solchen Datenverarbeitungsproblemen abhängt, die *jedes System* lösen muß, als von der konkreten Hardware, in der die Lösungen in den bislang bekanntesten Fällen implementiert waren.

Marr warnte davor, sich zu intensiv und zu ausschließlich auf Hirnprozesse zu konzentrieren; er konstatierte, selbst mit lückenlosen anatomischen und physiologischen Kenntnissen könne man nicht erklären, warum Neuronen rezeptive Felder haben. Um zu verstehen, wie die Neuronen des visuellen Systems ihre Aufgaben erfüllen, müsse man mathematische Prinzipien heranziehen, die zur Bildinterpretation gehören. Gleichwohl wußte Marr, daß keine Disziplin in der Lage sein würde, das Geheimnis der Wahrnehmung im Alleingang zu lösen. Als echter Kognitionswissenschaftler sagte er dazu einmal:

> Die Lehre daraus ist, daß eine Vernachlässigung eines dieser drei Bereiche sehr nachteilig sein kann. Wie der moderne Physiker, so muß auch der moderne Psychologe einiges von Mathematik verstehen, aber der Psychologe muß auch mit Datenverarbeitung vertraut sein, und er muß eine klare Vorstellung von ihren Möglichkeiten und ihren Grenzen haben, von der erfolgversprechendsten, davon, was dazu gehört, diese Prozesse zu verstehen. (1982, S. 187)

Zwei Skizzen und ein Modell

Soweit die theoretischen Präliminarien. Nachdem sie einen allgemeinen Ansatz zum Verständnis des Sehens entwickelt hatten, begannen Marr und seine Kollegen, jene Schritte zu benennen, die die individuelle Verarbeitung des Gesehenen bestimmen — ob dies durch eine Maschine oder einen Organismus geschieht. Marrs Ziel war eine Erklärung dafür, wie unser Hirn, ausgehend von anfänglichen „Grauwert"-Variationen des Netzhautbildes, die symbolischen Repräsentationen erarbeitet. Verkürzt gesagt, beschrieben Marr und Kollegen eine Reihe von Repräsentationen, sogenannte „Skizzen", die mit der schnellsten und gröbsten Art der Zergliederung visueller Informationen anfingen und darin gipfelten, daß das Bild als vollständige Anordnung von Dingen im Raum gesehen wurde (nähere Beschreibungen in Marr 1982 und Rosenfield 1984).

Die erste Repräsentation war die *primäre Skizze*: sie verdeutlichte die Eigenschaften des zweidimensionalen Bildes, angefangen bei den Intensitätsabstufungen einer Szene (Graubereiche, relativ helle im Vergleich zu relativ dunklen Bereichen) bis hin zu einer primitiven geometrischen Repräsentation. Zur nächsten Repräsentation, der *2½-D-Skizze*, gehört die Darstellung von Tiefe und Richtung der sichtbaren Flächen aus der Sicht des Betrachters. Der letzte Schritt ist die *Drei-D-Repräsentation*. Ihr Koordinatensystem ist nicht betrachter-, sondern objektzentriert; sie umfaßt eine Darstellung des Volumens, des Raums, den ein Gegenstand einnimmt, und nicht nur seiner sichtbaren Flächen, und eine strukturierte Anordnung einfacher, erkennbarer Formen unterschiedlicher Größen. Mit diesen Skizzen umrissen Marr und Kollegen die Schritte, die *jeder* Mechanismus zwingend durchlaufen muß, und zwar vom Augenblick (oder der Situation) des ersten Versuchs, eine externe Szene sinnvoll zu interpretieren, bis zu dem Augenblick (oder der Situation), wenn die Szene in relativ wirklichkeitsgetreuer Form erfaßt wurde.

Betrachtet man die allerersten Schritte der visuellen Informationsverarbeitung genauer, zeigt sich, daß diese Prozesse darauf abzielen, Faktoren wie Geometrie, Spiegelungen, Beleuchtung einer Szene und Betrachtungswinkel zu ordnen. Das Erstellen der primären Skizze verläuft in mehreren Phasen. Dazu gehören Schritte wie das Entdecken von Intensitätsveränderungen, Darstellen und Analysieren lokaler geometrischer Strukturen und das Entdecken von Beleuchtungseffekten wie Lichtquellen, Helligkeitsmaxima und Transparenzen. Diese Schritte tragen dem Umstand Rechnung, daß Intensitätsveränderungen des Lichts an jenen Punkten einer Szene aufzutreten pflegen, an denen es vermutlich Kanten und Veränderungen in den Oberflächenkonturen gibt. Diese Phase endet mit einer Repräsentation, die Größe und Verteilung der Intensitätsveränderungen explizit macht — dadurch kann man entdecken, welche Begrenzungslinien es in einem Bild gibt und was der Grund für sie ist. Die erste Skizze besteht aus Klecksen, die sich in verschiedene Richtungen orientieren; sie erinnern an die Merkmale, die Hubel und Wiesels Detektoren ausmachen — Kontraste, räumliche Ausdehnung, allgemeine Orientierung auf lokaler Ebene. All diese Reduktionen und Vereinfachungen werden als mentale Repräsentationen oder symbolische Abbildungen der „Rohinformation" erfaßt, die das Licht überträgt: Wahrnehmung besteht aus Serien solcher vereinfachter Skizzen auf dem Weg zu einer Sicht der Welt, die der Wirklichkeit näher ist.

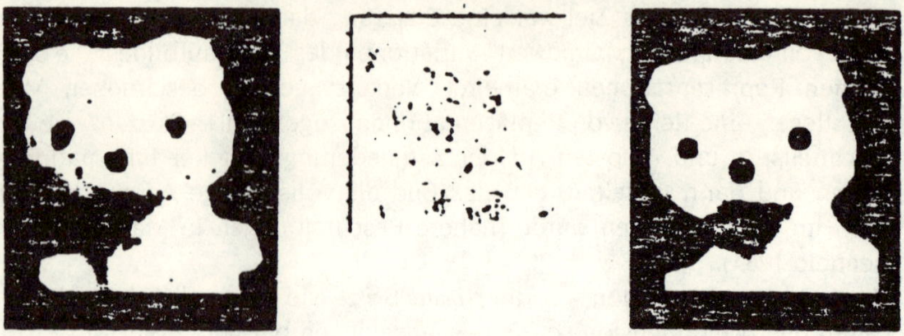

Ein Bild (links), die räumlichen Komponenten einer primären Skizze (Mitte) und eine Rekonstruktion des Bildes auf Grundlage der primären Skizze (rechts).

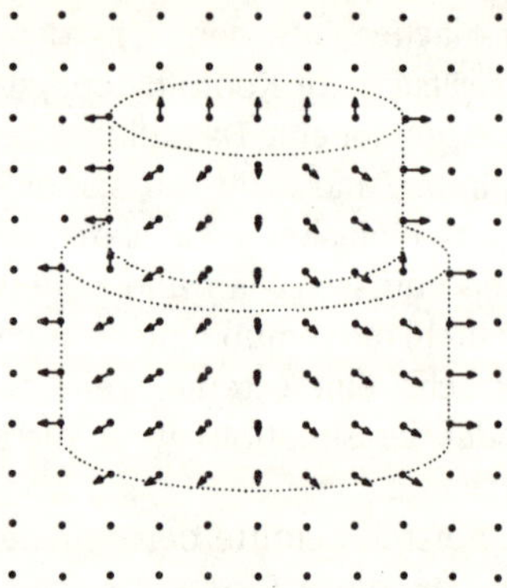

Eine 2½-D-Skizze ohne Repräsentation der Tiefeninformation.

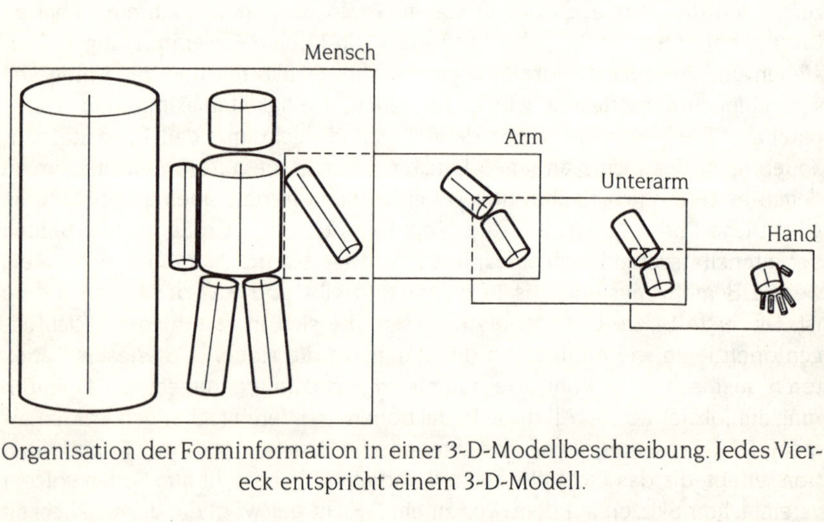

Organisation der Forminformation in einer 3-D-Modellbeschreibung. Jedes Viereck entspricht einem 3-D-Modell.

Aus: P. H. Winston und R. H. Brown, *Artificial Intelligence: An MIT Perspective*, Bd. 2: *Understanding Vision, Manipulation, Computer Design, Symbol Manipulation* (Cambridge, Mass.: MIT Press, 1979) Abdruck mit freundlicher Genehmigung.

Ist die erste Skizze erstellt, ist sie Ausgangspunkt für einige Prozesse, die daraus eine Darstellung der Geometrie der sichtbaren Flächen ableiten. Zu diesen Prozessen gehören räumliches Sehen, die Interpretation von Schattierungen, Texturen, verdeckenden Linien und verschiedenen Bewegungsaspekten. Beim globalen räumlichen Sehen erhält man eine innere Repräsentation, zu der Einzelheiten über Tiefe sowie Ausrichtung und Diskontinuitäten der Flächen gehören. Doch wie schon die primäre Skizze, so sind auch die Koordinaten der 2½-D-Skizze noch betrachterorientiert. Sie bezieht sich auf nur einen einzigen Blickwinkel und kann daher einen der wichtigsten Aspekte visueller Wahrnehmung nicht erklären: daß ein Gegenstand als formkonstant wahrgenommen wird, selbst wenn sich der Betrachter bewegt.

Marr meint, das Ziel früher visueller Informationsverarbeitung sei es, eine 2½-D-Skizze zu konstruieren. Man umgeht alle Schwierigkeiten der traditionellen psychologischen Analyse, zu denen intuitive Unterscheidungen wie Figur, Grund, Bereich und Objekt gehören; die verschiedenen Module der frühen visuellen Verarbeitung und die 2½-D-Skizze selbst befassen sich ausschließlich damit, in einem Bild die Eigenschaften der Flächen zu entdecken. Diese treten auf absolut gleiche Weise in Erscheinung, ob man Menschen, Tiere, Bäume oder Gemälde sieht. In diesem Schritt müssen dem Betrachter nur Formen und Reflexe deutlich werden. Marr sagt, die 2½-D-Skizze sei der letzte Schritt, bevor eine Fläche interpretiert wird (nämlich als ein bestimmtes Objekt oder eine bestimmte Art von Objekt): Sie könnte sogar der Endpunkt rein perzeptueller Prozesse sein.

Der letzte Schritt der frühen visuellen Verarbeitung ist der Übergang von einer wahrnehmungsnahen Repräsentation zu einer Repräsentation, mit der Erkennen möglich ist — eine Menge bedeutungsvoller Bereiche. Jetzt geht es um die *Objekterkennung*: Dazu ist eine stabile Formbeschreibung erforderlich, die nicht vom momentanen Blickwinkel abhängt. Das heißt, die Einzelteile einer Form müssen in Relation zu einem Bezugsrahmen beschrieben werden, der sich auf die Form bezieht. Für ein Schema zur Formrepräsentation werden ein Koordinatensystem sowie Komponentenachsen eines Bildes herangezogen, die festhalten, was für die fraglichen Objekte charakteristisch ist.

Was bedeutet das praktisch? Der Gegenstand wird in Komponenten und Subkomponenten zerlegt, bis alle Teile eindeutig bestimmt sind. Das Koordinatensystem und die Komponentenachsen des Modells müssen aus einem Bild erkannt, die Anordnung der Komponentenachsen in diesem Koordinatensystem muß spezifiziert werden. Sieht das Ergebnis einer ersten Skizze wie Linienfragmente aus, die nach verschiedenen Richtungen orientiert sind, wirkt das Ergebnis der 3-D-Skizze wie ein Strichmännchen aus Pfeifenreinigern. Dies liegt, meinen Marr und sein Kollege Keith Nishahara (1978), daran, daß das Gehirn die aus der 2½-D-Skizze gewonnenen Konturen automatisch auf Symmetrieachsen überträgt, die Strichmännchen ähneln. Ist die 3-D-Skizze dann erstellt, sollte das Endergebnis eine unverwechselbare Beschreibung eines jeden unterscheidbaren Gegenstandes sein; der gleiche Gegenstand sollte immer, unabhängig vom Blickwinkel, zur gleichen unverwechselbaren Beschreibung führen; und verschiedene Darstellungen sollten die Ähnlichkeiten zwischen verschiedenen Gegenständen einfangen, zugleich aber alle wichtigen Unterscheidungen wahren.

Wir haben also eine Abfolge von Schritten, die offenbar sowohl Menschen als auch Maschinen durchlaufen müssen, um eine Szene oder ein Bild zu verstehen. Der erste Schritt der Datenverarbeitung, das Erstellen der primären Skizze, besteht in der Beschreibung einer Szene mithilfe einer Unmenge von Merkmalen wie Kanten, Linien und Klecksen — jene Art von Merkmalen, die möglicherweise auf spezifische kausale Detektoren à la Hubel und Wiesel angewiesen sind. Diese primäre Skizze, eine erste symbolische Repräsentation des Bildes, entsteht durch Verarbeitungsmechanismen, die von jedem „höheren" Wissen über Gegenstände völlig unabhängig sind. Der zweite Schritt ist die Analyse der primären Skizze durch symbolische Prozesse, die Linien, Punkte und Kleckse auf verschiedene Weise gruppieren können. Hier geht es darum, daß man gemeinhin eine dreieckige Tropfenform sehen kann, bevor man weiß, daß es sich um einen Kastanienbaum handelt. Dem entspricht, daß bei manchen Arten von Hirnverletzungen Formen recht zuverlässig gesehen werden können, ohne daß der Patient weiß, um welches Objekt es sich dabei handelt. Die letzten Schritte schließlich identifizieren einen Gegenstand einschließlich seiner Komponenten; und diese Identifizierung sollte unzweideutig bestimmen, welcher Gegenstand wahrgenommen wird. In dieser letzten Phase früher visueller Wahrnehmung wird vermutlich auch *top-down*-Wissen über die Beschaffenheit von Gegenständen ganz allgemein herangezogen. Folgt man diesem Schema, spielt also dieses Wissen, das zuvor für die Wahrnehmung unabdingbar schien, erst dann eine Rolle, wenn alle Formen komplett analysiert wurden.

Ich habe darzustellen versucht, wie kühn Marrs Ansatz bezogen auf die Künstliche Intelligenz war und auch, ohne technisch ins Detail zu gehen, wie er sich die Schritte visueller Verarbeitung vorstellt. Ebenso wichtig ist es zu betonen, um was für ein ungeheuerliches Unterfangen es sich handelt. Auf der Ebene der primären Skizze beispielsweise sind Tropfenformen, Endpunkte und Unterbrechungen, Kantensegmente, virtuelle Linien, Begrenzungslinien, Gruppierungen, kreisförmige Anordnungen und andere derartige Elemente nur einige Grundelemente, die die Algorithmen entdecken müssen. Marr hat versucht, den Prozeß allgemein zu beschreiben:

> Zunächst wählt man in etwa ähnliche Elemente aus [dem Bild] aus und gruppiert und bündelt sie, formt Linien, Kurven, größere Kleckse, Gruppen und kleine Flecken, soweit die dem Bild eigene Struktur dies erlaubt. Man tut dies immer wieder und baut dabei auf jeder Ebene Zeichen oder Grundelemente auf, die die räumliche Struktur genau dieser Analyseebene einfangen. Handelt es sich also bei dem Bild um die Nahaufnahme einer Katze, könnte die grobe primäre Skizze vor allem Beschreibungen der Katzenhaare ergeben. Auf der nächsten Stufe könnten die Flecken auf ihrem Fell erscheinen — die auch direkt durch Intensitätsveränderungen entdeckt werden könnten — und diese Parallel-

streifen-Struktur dieser Flecken ist eine noch höhere Analyseebene ... bei jedem Schritt sind die verwendeten Grundelemente qualitativ ähnliche Symbole — Kanten, Balken, Tropfen und Endpunkte oder Unterbrechungen — aber sie beziehen sich auf immer abstraktere Bildmerkmale. (1982, S. 91)

Implikationen für die Kognitionswissenschaft

Welchen Beitrag leistet Marrs Erklärungsansatz zur klassischen Diskussion über visuelle Wahrnehmung? Im Großen und Ganzen bevorzugt er eine *bottom-up*-Bildanalyse. Statt Hypothesen darüber, was da sein könnte, an den Anfang zu stellen, besteht sein Wahrnehmungssystem aus vielen spezifischen Datenverarbeitungsmechanismen, die darauf abzielen, spezifische Analysen auszuführen, unabhängig von irgendwelchem Wissen über die „reale Welt" oder einer Interaktion zwischen den verschiedenen Mechanismen. Marr behauptet sogar, es gebe separate *Module*, die Aspekte visueller Information wie Bewegung, räumliche Tiefe und Farbe berechnen, wobei jedes Modul nach eigenen Prinzipien arbeitet und kaum, vielleicht gar nicht, mit anderen interagiert. Marr versuchte, das Wissen über mögliche Objekte und Szenen so spät wie möglich in den Verarbeitungsprozeß visueller Information einzuführen. Denn sobald man Wissen (der Art, das Menschen vermutlich zur Interpretation von Szenen benutzen) bemüht, wird die Modellierung sehr viel komplizierter. Marr dazu: „Man könnte vielleicht sagen, daß wir es auf diesen höheren Ebenen zunehmend mit den Problemen zu tun bekommen, die Linguisten haben" (1982, S. 313).

Marr tendierte zu einem *bottom-up*-Ansatz, solange dieser sich halten ließ, ebenso sehr aber war er ein Vertreter der These einer beträchtlichen Informationsverarbeitung und beträchtlicher symbolischer Repräsentation in den Frühstadien der visuellen Verarbeitung. Das heißt, er hielt nichts von der Idee, daß Wahrnehmung automatisch ablaufen kann, und zwar aufgrund einer festgelegten oder vorherbestimmten „Resonanz" zwischen dem Wahrnehmenden und der Welt. Marr stand eher in der Helmholtzschen Tradition und berücksichtigte im Ansatz ein erhebliches Maß an aktiver Verarbeitung der Anfangsinformation, die für eine effektive Wahrnehmung erforderlich ist.

In dieser Hinsicht stand Marr seinem MIT-Kollegen Noam Chomsky nahe, der betont hatte, welch beträchtliches Maß an Datenverarbeitung zur Sprachproduktion und zum Sprachverständnis gehört (Chomsky 1984). Chomsky schätzte zwar die Methoden der Künstlichen Intelligenz nicht und kümmerte sich kaum um eine Bestätigung seiner Theorie durch Ergebnisse aus anderen Disziplinen, aber er war wie Marr der Meinung, daß Sprache (oder Syntax) auf dem höchsten Abstraktionsniveau erklärt werden muß — was ist Syntax, und wie kann es irgendeinem Mechanismus überhaupt gelingen, syntaktische Operationen auszuführen? Kein Wunder, daß die beiden Wissenschaftler sich sehr schätzten. Gerade so, wie Chomsky die Syntax in unverfälschter Form (von Semantik oder Pragmatik unberührt) untersuchen wollte, so wollte Marr seine Analyse visueller Verarbeitung frei von Einmischungen durch das Wissen von der „realen Welt" halten. Aber Marr bemühte sich auch um die Vereinbarkeit seiner Theorie mit den Erkenntnissen der Hirnforschung. Auf jeder Verarbeitungsebene überprüfte er die einschlägigen Forschungsergebnisse über Gehirnfunktionen: ständig revidierte er Algorithmen in der Hoffnung, sie mit psychologischen und neurophysiologischen Ergebnissen vereinbar zu machen — sei es auf der Ebene individueller Zellen, sei es auf der Ebene ganzer Hirnareale. Marr blickte also *sowohl* auf das Gehirn *als auch* auf die Computer-Implementierung der Algorithmen und verkörperte so eine interdisziplinäre Kognitionswissenschaft.

Neben seinen entschiedenen Bemühungen, Licht auf visuelles Verarbeiten, vor allem dessen Frühstadien, zu werfen, hatte Marr auch dezidierte Ansichten darüber, wie andere Forschungsarbeiten in der Künstlichen Intelligenz aussehen sollten. Kritisch bewertete er jene Ansätze, deren Aufmerksamkeit ausschließlich einzelnen Mechanismen gelten, die an einem bestimmten Problem herumbasteln, ohne die eigentlichen Dimensionen dieses Problems zu verstehen. Ebenso verurteilte er die extrem verallgemeinernden Ansätze, die meinten, jedes Problemlösen folge den gleichen Mechanismen. Bei der Informationsverarbeitung, so Marr, ist die Struktur eines jeden Einzelproblems von zentraler Bedeutung, und diese Struktur gilt es als erstes zu verstehen.

Er hielt es auch für wichtig, sich zuerst um die Aufgaben zu kümmern, die Menschen gut beherrschen, statt um die, die sie eher schlecht können. Generell gesprochen sind die gut funktionierenden Prozesse für die Menschen wichtiger, und umfassen mit größerer Wahrscheinlichkeit sehr alte, hochorganisierte Mechanismen. Hingegen würde die Erforschung von Aufgaben, die die meisten Menschen nur mit Schwierigkeiten erledigen können (wie die Lösung kryptographischer Rätsel), lediglich *ad-hoc-* und experimentell induzierte Strategien zutage fördern: Es ist wenig wahrscheinlich, daß durch sie tief verwurzelte Aspekte menschlicher Informationsverarbeitung aufgeklärt würden.

Marrs Kollege Christopher Longuet-Higgins äußerte sich überaus anerkennend über seinen verstorbenen Kollegen:

> Als er anfing, war die Neurophysiologie ein theoretisches Vakuum, jetzt brodeln in ihr lebhafte Kontroversen über die Gültigkeit seiner Vorstellungen vom visuellen System … Selbst wenn sich, was unwahrscheinlich ist, Marrs detaillierte Hypothesen samt und sonders als unhaltbar erweisen sollten, sind die Fragen, die er aufgeworfen hat, nicht mehr zu ignorieren und die von ihm entwickelte Methodologie scheint als einzige überhaupt die Hoffnung zuzulassen, die verwirrenden Schaltpläne des zentralen Nervensystems zu enträtseln. Das Lebenswerk von David Marr wird seine Erfüllung gefunden haben, wenn Neurowissenschaftler nicht mehr verstehen können, wie man die Gültigkeit seiner theoretischen Maxime jemals hat bezweifeln können. (1982, S. 992)

Noch größeres Lob kommt von ihrem gemeinsamen Landsmann Stuart Sutherland: „*Vision* [Marrs postum veröffentlichtes Buch] ist vielleicht das bedeutendste Buch zu diesem Thema seit Helmholtz' *Handbuch der Physiologischen Optik*" (1982, S. 692).

In nicht-trivialem Sinne knüpfte Marr an das Programm der späten vierziger Jahre an, als sich erstmals Vorstellungen über eine Kognitionswissenshaft herauskristallisierten. Gelehrte wie Wiener, von Neumann und McCulloch, die sich für die Verbindungen zwischen Hirn, Computer und Wahrnehmungsprozessen interessierten, hatten mehrere Ideen dazu geäußert, wie die Wahrnehmungsmechanismen arbeiten. Nachdem sich das erste Modell als falsch, oder als nicht verifizierbar erwiesen hatte, stellte man die Versuche, diese Stränge zu verknüpfen, einige Zeit lang ein, und die Wissenschaftler zogen sich auf ihre Spezialgebiete zurück: Psychologen wie Gibson widmeten sich der visuellen Wahrnehmung; Experten im Bereich Künstliche Intelligenz wie Frank Rosenblatt ging es um visuelle Wahrnehmung beim Computer; Neurophysiologen wie Lettvin, Hubel und Wiesel maßen der Neuroanatomie des Gehirns die größte Bedeutung bei. Marr nutzte den Computer, arbeitete aber vorrangig an einer Theorie der Wahrnehmung und konnte so einige Schritte in Richtung auf eine Integration dieser verschiedenen Perspektiven tun. Er sprach einmal davon, was sein Ziel sei: „Die Entdeckung von Konstriktionen, die gültig und hinreichend universal sind, führt zu Erkenntnissen über die visuelle Wahrnehmung, die ebenso beständig sind wie Ergebnisse anderer Sparten der empirischen Wissenschaft" (Marr 1979, S. 75).

Reaktionen auf Marr

Noch läßt sich nicht beurteilen, was von Marrs Theorie am ehesten überdauern wird und was modifiziert oder gänzlich verworfen werden muß. Die meisten Beobachter haben Marrs Forschungsprogramm bewundert und vermochten kaum zu glauben, was er mit seinen Kollegen in nur wenigen Jahren erreicht hatte, aber sie haben sich selten öffentlich darüber geäußert, welche Aspekte seines Werks sie für die kritikanfälligsten halten. In meinen Gesprächen mit Experten der Wahrnehmungsforschung wurden mögliche Kritikpunkte deutlich.

Wie viele andere Pioniere legte auch Marr seine Überzeugungen nachdrücklich und unumwunden dar, und er zögerte nicht, andere zu kritisieren. Folge davon ist, daß, was nicht überrascht, Beobachter häufig die Verbindungen hervorheben, die Marrs Arbeiten zu denen anderer Forscher haben (z.B. Horn 1975), und auch die Zusammenhänge zwischen den verschiedenen Analyseebenen, die er bevorzugt getrennt voneinander hielt, betonen. Offensichtlich wurden nicht alle Prozesse, die in seinen Schriften geschildert sind, in Computerprogramme implementiert; und bevor das nicht geschehen ist, bleibt unklar, welche tatsächlich realisierbar sind. Es gibt Vorbehalte hinsichtlich der Frage, inwieweit visuelle Verarbeitung ohne *top-down*-Information eigentlich möglich ist: sollte sich herausstellen, daß derartige *top-down*-Effekte schon früh auftauchen können oder in den Frühstadien visueller Verarbeitung durchgehend wirksam sind, oder sogar ein Überspringen von Stufen ermöglichen, würde dies

Marrs modularen Ansatz gefährden. Und von der Ebene der primären Skizze abgesehen, hat Marrs Modell kaum direkten Bezug zu neurologischen Erkenntnissen.

Es wurden auch Zweifel darüber geäußert, ob es sich bei Marrs Analyse wirklich um eine erfolgreiche Erklärung des Kernproblems der Wahrnehmung handelt — dem Erkennen realer Objekte der realen Welt. Seine Erklärung betrifft vor allem die Schritte *vor* der Objekterkennung; es könnte sich herausstellen, daß die von ihm skizzierten Verfahren hauptsächlich bei der Wahrnehmung ganz bestimmter Figuren anwendbar sind — beispielsweise bei Körpern von Säugetieren, die sich relativ leicht in zylindrische Formen zerlegen lassen.

Wie andere Forscher, deren Arbeit richtungweisend war, hat auch Marr dazu beigetragen, die thematischen Schwerpunkte der künftigen Forschung zu bestimmen. Inzwischen befaßt sich eine große Zahl von Forschern mit interdisziplinären Arbeiten zur visuellen Wahrnehmung; und ganz ungeachtet ihrer persönlichen Einstellung zu Marrs Behauptungen arbeiten sie alle an den Problemen, die vor allem durch ihn bekannt geworden sind. Eine sehr viel kritischere Sicht seines ganzen Werkes kann man allerdings unschwer bei einer Forschergruppe erkennen, die sein Werk kaum diskutiert: all jene, die von James J. Gibsons Schriften inspiriert sind. Die Denkrichtung, die Gibson begründet hat, ist eine große Herausforderung für den generellen kognitionswissenschaftlichen Erklärungsansatz von Wahrnehmung — und auch für andere Fragen der menschlichen Kognition.

Gibsons Theorie der direkten Wahrnehmung

Nach Gibsons Ansicht (1950, 1966, 1979; siehe auch Turvey et al. 1981) sind Organismen so beschaffen, und sie leben in einer so beschaffenen Welt, daß sie die Informationen, die sie zum Leben und Gedeihen brauchen, ganz leicht bekommen können. Vor allem unsere Sinnesorgane sind darauf eingerichtet, aus der Außenwelt Informationen aufzunehmen. Entdeckt man also die dritte Dimension, dann erhält man die relevante Rauminformation einfach über das Licht, ohne daß man Entfernungen berechnen oder die Informationen von Auge und Hand aufeinander abstimmen müßte; unbewußtes Schließen der Art, wie es von Wissenschaftlern seit Helmholtz postuliert wurde, ist gänzlich unnötig. Zu Beginn des Lebens ist die Information relativ grob, Zeit und Erfahrung aber lassen sie immer feinkörniger werden; in allen Fällen aber ist die verfügbare Information für das Überleben ausreichend, wirklichkeitsgetreu und frei von irreführenden Hinweisen. Sie liegt in der Welt bereit und man muß sie nur aufnehmen — weder aufbereiten oder verarbeiten — und es ist ganz unnötig, vorhandenes Wissen, mentale Modelle oder Interpretationsschemata heranzuziehen (Gibson 1967). Sobald die Forscher verstehen, wie Menschen ihre Aufmerksamkeit auf das richten, was da ist, lassen sich alle Probleme der Wahrnehmungspsychologie — vielleicht sogar der Psychologie generell — zufriedenstellend erklären.

Aufgrund welcher Beobachtungen kam Gibson zu dieser extrem schlichten Sicht der Wahrnehmung? In vielen Jahren experimenteller Arbeit beeindruckte es ihn sehr, über welche Informationen allein der Gesichtssinn verfügt. So ging zum Beispiel die klassische empiristische Theorie davon aus, der Tastsinn sei unabdingbar für die Tiefen- und Raumwahrnehmung eines Organismus. Gibson aber zeigte, daß die visuelle Umgebung ausreichend Information bietet, um allein damit Tiefe bestimmen zu können. Ein wichtiger Hinweis dafür ist der Texturgradient. Stellen Sie sich ein Stück Papier oder einen Linoleumfußboden mit Schachbrettmuster vor: man nimmt die Textur als auf der gesamten Fläche unverändert wahr. Solange man direkt auf das Muster blickt (ob es sich vor oder unter einem befindet), bleibt die Textur gleich. Wenn man aber die Vorlage schräg stellt oder sie aus einem anderen Winkel betrachtet, verändert sich die Textur von der nächstgelegenen zur weiter entfernt liegenden Ecke, und der Betrachter erhält präzise und eindeutige Informationen darüber, wie weit jeder Teil der Vorlage vom Auge entfernt ist (Hochberg 1978). Daher ergeben sich allein aus der Beachtung des Texturgradienten Informationen über die Größe von Gegenständen auf einer Fläche oder die Anordnung von Flächen im Verhältnis zueinander: Weitere Sinnesmodalitäten, die Berechnung von Quotienten oder sonstiges unbewußtes Schließen sind ganz unnötig.

Gibson betont auch, wie wichtig Bewegungungen des Beobachters für die Wahrnehmung sind. Solange man zum Stillsitzen gezwungen wird, bleibt jede Szene mehrdeutig. Dürfen Sie aber umherlaufen, sind Veränderungen in der optischen Situation ganz präzise an Ihre willentlichen Körperbewegungen gebunden. Während Sie Ihre Umgebung erkunden, bekommen Sie routinemäßig Informationen, die ihrerseits zu weiteren relevanten Informationen führen. Außerdem ist durch die Veränderung der optischen Situation, welche die Folge der vom Individuum initiierten Bewegungen sind, sehr einfach feststellbar, was in der visuellen Welt geschieht. Das heißt, aktiv explorierende Menschen nutzen ein Wahrnehmungssystem, das im Hinblick auf Raum und Entfernung den größtmöglichen Informationswert besitzt.

Aufgrund dieser und zahlreicher weiterer Beobachtungen stand Gibson dem gesamten Datenverarbeitungsansatz schließlich extrem skeptisch gegenüber. Er verwarf die Idee mentaler Repräsentationen, mentaler Operationen, der Informationsverarbeitung (im Gegensatz zum unmittelbaren „Extrahieren") und alle verwandten Konzepte. Inferenzen waren gänzlich unnötig. Gibson fand, daß sich Kognitionswissenschaftler mit Diskussions- und Analysearten befassen, die nicht nur unnütz, sondern auch von Grund auf verkehrt sind.

Im Licht der heutigen Psychologie betrachtet, ist diese Position fraglos überaus radikal. Ja, wer dieses Buch bis hierhin gelesen hat, könnte sich sogar fragen, warum irgend jemand sie heute, in dieser kognitiv orientierten Zeit, überhaupt ernst nimmt. Ich sehe dafür mindestens drei Gründe. Der erste ist, daß Gibson ein überaus kluger und gewissenhafter Wissenschaftler war, ein sorgfältiger Beobachter von Wahrnehmung, der zur Klärung etlicher perzeptueller Phänomene beitrug und — wie Marr später betonen sollte — die Aufmerksamkeit auf die vielfältigen Informationen lenkte, die in der Umwelt des Organismus direkt enthalten sind. Marr sagte, Gibson habe die alles entscheidende Frage gestellt: „Wie kommt man im Alltagsleben auf der Basis ständig wechselnder Sinneseindrücke zu konstanten Wahrnehmungen? Genau das ist die richtige Frage, die beweist, daß Gibson völlig zu Recht das Problem der Wahrnehmung darin sah, aus sensorischer Information ‚gültige' Eigenschaften der Außenwelt abzuleiten" (Marr 1982, S. 24).

Ein zweiter Grund für Gibsons Attraktivität liegt in den übergreifenden Konzepten, die er entwickelt hat. Er meinte, Psychologen sollten in der Physik — besonders in der Optik — nach Möglichkeiten suchen, die Struktur der Umwelt zu verstehen. Die Physik findet ihre Verknüpfung zur Biologie, wenn sich Organismen durch die Welt bewegen und dabei wichtige Informationen extrahieren, auf die sie von Natur aus abgestimmt sind. Als zentralen Punkt seiner differenzierten Umweltanalyse führte Gibson den Begriff der *Affordanz* ein. Affordanz ist der Aufforderungscharakter eines Gegenstandes oder einer Szene — die Handlung, die geschehen könnte, wenn ein Organismus einer bestimmten Art auf eine Entität einer bestimmten Art trifft. Die Idee der Affordanz besagt, daß Menschen Dinge werfen, die greifbar sind (das heißt, die Gegenstände fordern zum Greifen auf), Dinge zu sich nehmen, die eßbar sind (sie fordern zum Essen auf) und Dinge liebkosen, die liebenswert sind (sie fordern auf, daß man sie liebt). Das Konzept der Handlungsaufforderung erlaubte eine Analyse davon, wie effektiv ein Organismus in seiner Umgebung ist, ohne deswegen Ansichten, Einstellungen oder mentale Anstrengungen bemühen zu müssen — ausnahmslos Konzepte, die Gibson ganz erhebliches Unbehagen bereiteten. Ja, für ihn lag die Bedeutung eines Gegenstandes in den Aufforderungen, die er für einen Organismus enthielt. Gegenstände haben für uns eine Bedeutung, weil sie uns auffordern, mit ihnen, an ihnen oder in Reaktion auf sie etwas zu tun.

Ein letzter Grund für Gibsons Überzeugungskraft liegt in der Einfachheit seines Standpunktes. Wie B. F. Skinner, der sich auf einem anderen Terrain mühte, konnte auch Gibson eine unzweideutige Theorie vorlegen, die, so schien es, interne Verarbeitungsmechanismen, repräsentationale Konstrukte und dergleichen überflüssig machte und an deren Stelle eine ganz klare, realitätsbezogene Erklärung setzte, bei der die Welt alle Information enthält, die nötig ist. „Ich bin überzeugt", sagte Gibson einmal, „daß Invarianz aus der Realität kommt und nicht umgekehrt. Die zeitliche Invarianz der umgebenden optischen Anordnung wird nicht konstruiert oder deduziert; sie muß nur entdeckt werden" (zitiert in Royce und Rozeboom 1972, S. 239).

Und genau hier haben sich Kognitionswissenschaftler fast jeder Provenienz mit Gibson in den Clinch begeben. Wie Marr sagte, geht es bei Informationsverarbeitung exakt um das Problem der Invarianz, und dieses Problem müsse man mit dem Instrumentarium der modernen Psychologie angehen. Gibson hat die Schwierigkeit eines solchen „Entdeckens" erheblich unterschätzt. Der einzige Weg, die Funktionsweise dieses Entdeckens zu verstehen, ist der, es als ein Problem der Informationsverarbeitung zu behandeln.

Kognitionswissenschaftliche Kritik an Gibson

Um der Herausforderung von Gibson und seinen Anhängern zu begegnen, fuhr die kognitionswissenschaftliche Gemeinde schweres Geschütz auf. David Marrs Kollege Shimon Ullman startete in *The Behavioral and Brain Sciences* (1980) eine Attacke „gegen direkte Wahrnehmung". Ullman weist darauf hin, man könne nur dann von einer direkten Wahrnehmung von Information sprechen, die Gibson so lauthals propagiere, wenn perzeptuelle Information nicht in kleinere Bestandteile zerlegbar sei; Untersuchungen im Bereich Datenverarbeitung und Psychophysik aber hätten nachhaltige Beweise dafür erbracht, daß die Wahrnehmung von Gegenständen in kleinere Einheiten und in elementarere Operationen zerlegbar ist.

Nach Ullmans Auffassung solle man daher besser ein — von direkt nach indirekt verlaufendes — Kontinuum perzeptueller Mechanismen postulieren. Es gibt Aspekte der Wahrnehmung, beispielsweise das Entdecken von Texturen oder das Auffinden der Zusammenhänge zwischen Lichteinfall, Oberflächenbeschaffenheit und Helligkeitsgradient, die relativ direkt zu funktionieren scheinen. Die Disziplin verdankt Gibson viel, weil er diese Wahrnehmungskapazitäten erkannt und ihre Funktionsweise geklärt hat. Viele andere Aspekte von Wahrnehmung aber sind für ein direktes Registrieren und Interpretieren schlicht ungeeignet. Die Rohverteilung von Intensitäten, die das Netzhautbild ergibt, ist so umfangreich, daß sie keinesfalls zu bewältigen ist: Der einzig praktikable erste Schritt ist der, diese Intensitätsverteilung durch eine Repräsentation der signifikanten Veränderungen im Bild zu ersetzen, wie das Marr-Team es mit der Annahme der primären Skizze tat. Außerdem finden andere Aspekte von Wahrnehmung — Bewegungswahrnehmen, beispielsweise — einfach nicht direkt statt, sondern sie umfassen das Entwerfen von Strukturbeschreibungen, auf denen die Wahrnehmungsmechanismen dann operieren können. Und wenn man schließlich bei der Objekterkennung angekommen ist, handelt es sich hierbei um einen Prozeß, der von bereits vorhandenem Wissen und von Überzeugungen völlig durchdrungen ist und keinesfalls direkt von Detektoren geleistet werden kann. Nach Ullmans Dafürhalten impliziert der Informationsreichtum in der optischen Anordnung nicht, daß innere Konstrukte in der Wahrnehmungstheorie keinen Platz haben. Im Gegenteil, erst wenn wir sowohl die reichhaltige Umweltinformation *als auch* die Fähigkeit des Wahrnehmenden zu beträchtlicher Rekodierung und Transformation in Betracht ziehen, können wir Gegenstände sehen und erkennen.

Ullmans Kritik an Gibson gilt zwei Punkten. Zum einen sagt er, es sei von großem Nutzen, Wahrnehmung unter dem Aspekt ihrer Bestandteile und ihrer Stufen zu untersuchen (statt sie als eine Art automatischer „Resonanz" zwischen Wahrnehmendem und Umwelt zu sehen); daher ist ein *bottom-up*-Ansatz durchaus sinnvoll. Zum zweiten insistiert er darauf, wie wichtig eine Analyse sei, die von internen symbolischen Repräsentationen ausgeht: Wahrnehmung läßt sich ohne einen solchen kognitionswissenschaftlichen Ansatz weder modellieren noch erklären. Kurz gesagt, die unbestrittene Vielfalt der perzeptuellen Anordnung impliziert keinesfalls, daß es im Wahrnehmenden selbst keinerlei Konstriktionen gibt.

Noch frontaler attackieren Jerry Fodor und Zenon Pylyshyn die Theorie Gibsons in ihrem Artikel „How Direct is Visual Perception: Some Reflections on Gibson's ‚Ecological Approach'" (1981). Sie verteidigen ihre — von ihnen ironisch „etabliert" genannte — Auffassung und richten ihren entscheidenden Angriff gegen den zentralen Gedanken in Gibsons Schema — daß Gegenstände Eigenschaften oder Affordanzen besitzen, die in Resonanz mit den Bedürfnissen oder Zielen von Organismen geraten, und Organismen daher bereitwillig auf sie reagieren oder sie „extrahieren".

Gibson wollte mit dem Konzept der Affordanz erklären, wie Organismen wissen können, was sie mit dem Wahrgenommenen tun oder wie sie darauf reagieren sollen. Fodor und Pylyshyn aber führen dagegen an, die Eigenschaften dieser Handlungsaufforderungen seien unbegrenzt — alles könne eine Handlungsaufforderung sein. Wenn aber jede Eigenschaft als Handlungsaufforderung verstanden werden kann — und wenn darüber hinaus jede dieser Eigenschaften extrahiert werden kann — erhält man eine Erklärung, die ebenso inhaltsleer ist wie Skinners vermeintliche Erklärung des Spracherwerbs. Fodor und Pylyshyn, hier nun in der Rolle, die Chomsky einst für Skinner spielte, folgerten, Gibsons Erklärung, warum Organismen Gegenstände so handhaben, wie sie es tun, entbehre der theoretischen Signifikanz. Wie Fodor an anderer Stelle sagte, „Die Kategorie ‚Affordanz' wirkt auf mich wie ein platter Betrug; wie der Versuch, alle Vorteile von Intentionalität einzuheimsen, ohne die Nachteile dafür in Kauf zu nehmen" (Fodor 1980, S. 107).

Wie dieses Zitat schon andeutet, haben die in Gibsons Theorie fehlenden Schlüsselbegriffe alle mit *Bedeutung* zu tun — damit, wie ein Organismus einen Gegenstand interpretiert, Schlüsse aus ihm zieht oder eine „intentionale Haltung" ihm gegenüber einnimmt. Nur so kann erklärt werden, warum der Organismus nicht unterschiedslos alles bemerkt und auf alles reagiert. Folgt man den „Etablierten", dann verkennt Gibson, daß Menschen deshalb in einem Umfeld angemessen handeln können, weil sie aus dem Gesehenen Schlußfolgerungen ziehen und weil sie sich dem Wahrgenommenen mit Annahmen, Zielen, Absichten und anderen Intentionen nähern. Fodor und Pylyshyn sagen, die Feststellung, wir würden direkt wahrnehmen, daß ein Felsbrocken als Waffe benutzt werden kann (weil er „greifbar" und „schleuderbar" ist) sei völlig unzureichend; wir brauchen eine Erklärung, wie das Erfassen einer solchen Eigenschaft *ohne* Inferenz geschehen kann. Einem Wahrnehmenden steht keine „neutrale" Information zur Verfügung; entweder ist die Information in der Welt vorhanden, für den Wahrnehmenden aber nicht in relevanter Form verfügbar, oder die Information wird von dem Wahrnehmenden interpretiert und kann daher nicht mehr als neutral bezeichnet werden (Fodor 1984).

Wenn also Gibson sagt, daß Licht Informationen über Oberflächenbeschaffenheit liefert, spricht er im Grund von semantischen Beziehungen — es ist Information *über* etwas; er aber kann nicht erklären, wie man solche semantischen Beziehungen erkennt. Auf die Frage, wie man von Eigenschaften des Lichts zu Eigenschaften der Oberfläche kommt, gibt es nach Auffassung von Fodor und Pylyshyn nur eine einzige Antwort: auf dem Weg des Schlußfolgerns. Das drängende Problem der Kognitivisten ist, zu verstehen, aufgrund welcher Überlegungen man zu der Entscheidung kommt, auf *welche* Eigenschaften des Lichts geachtet, welche interpretiert, und auf welche dann reagiert werden muß.

Fodor und Pylyshyn meinen, Gibson unterschätze aufgrund seiner lebenslangen Spezialisierung auf Probleme der visuellen Wahrnehmung die Schwierigkeiten, eine Kognitionspsychologie zu konstruieren, die auf mentale Repräsentation verzichtet. Die typischen perzeptuellen Relationen sind extensional: Sie betreffen Information über Merkmale der Umwelt, beispielsweise die eines Bildes. Hier mag die Notwendigkeit interner Repräsentationen und Inferenzen weniger offenkundig sein. Aber die typischen kognitiven Relationen — wie glauben, erwarten, denken und so weiter — sind intentional, und man benötigt die Konstrukte mentaler Repräsentation, um Intentionalität erklären zu können. Es ist ein großer Unterschied, x zu sehen, oder x als y zu sehen, und das wichtigste Thema der Kognitionspsychologie ist die Fähigkeit, etwas als eine Entität zu erfassen — den Stein als Werkzeug oder Waffe oder Schemel und nicht bloß als Klumpen.

Fodor und Pylyshyn (1981) schließen, daß man entweder, wie es die etablierte Position fordert, eine unabhängige Erklärung der Bedeutung einer Repräsentation oder, wie Gibson es fordert, der Spezifizierung einer Eigenschaft braucht. Das Problem, die Bedeutung einer Repräsentation zu erklären, wäre vielleicht zu bewältigen, da sie möglicherweise durch Bezug auf ihre Funktion rekonstruierbar ist; Gibson aber gibt keinerlei Hinweise darauf, wie man eine Eigenschaft spezifiziert, keinerlei Erklärung, wie eine Lichtkonfiguration jemals derart interpretierte Eigenschaften spezifieren kann. Wo also „die etablierte Position wenigstens eine schwache Hoffnung anzubieten hat, bietet die Gibsonsche Position nichts als eine Sackgasse" (Fodor und Pylyshyn 1981, S. 9). Das Entscheidende über Inferenz, über mentale Repräsentation, über Intentionalität nicht zu begreifen, das alles sind also nur Facetten des gleichen Nichtverstehens.

Eine aggressive Verteidigung

Man könnte glauben, daß sich Gibsons Anhängerschaft angesichts einer derart hieb- und stichfesten Kritik des MIT-Trios Ullman, Fodor und Pylyshyn*, still zurückgezogen (oder doch mindestens zurückgesteckt) hätte. Keineswegs. In Kommentaren zu Ullmans Artikel in *The Behavioral and Brain Sciences* sowie in einer Antwort auf Fodor und Pylyshyn, die deren Originalartikel an Länge noch übertraf, behaupteten Michael Turvey und Robert Shaw, Gibsonanhänger von der *University of Connecticut*, die Kognitivisten hätten das Wesentliche *ihrer eigenen* Position nicht begriffen. Eingangs erinnern Turvey und Shaw daran, wie sehr Gibsons Werk zur Klärung grundlegender Fragen der Wahrnehmung beigetragen und geholfen hat, Wahrnehmung und Verhalten einer Vielzahl von Organismen zu erklären, die sich in einer Vielzahl von Umgebungen bewegen. Der Pudding erweist sich beim Essen, sagen sie, und bestreiten ohne weitere Begründung den Gedanken, Gibsons Ansatz sei ebenso nichtssagend wie der Skinners; und sie verschanzen sich hinter Chomsky, wenn sie behaupten: „So wie Chomsky die Regelhaftigkeiten und die Mühelosigkeit des natürlichen Spracherwerbs als Rechtfertigung dafür sah, Sprache als eigenständiges Thema zu behandeln, so stritten Gibson und seine Anhänger für die Wichtigkeit, der natürlichen, effektiven Wahrnehmung gerecht zu werden" (Turvey et al. 1981, S. 239).

Laut Turvey, Shaw und ihren Kollegen (hier zu Turvey und Shaw abgekürzt) versucht Gibsons ökologischer Ansatz zu erklären, wie ein Organismus die Umwelt begreift und wie er sein Handeln im Hinblick auf diese Umwelt steuert. Dieser Ansatz zielt direkt auf die Beziehungen Organismus—Umwelt, niemals darauf, was im Kopf des Organismus vorgehen könnte. Viele Fragen kann man sogar einfach übergehen: für Gibson ist „gewahr sein" *immer* „einer Eigenschaft gewahr sein", und darum ist es nicht nötig, Inferenzen oder symbolische Berechnungen anzunehmen. Daher werden Fragen wie die, was zur Wahrnehmung zählt, ob Wahrnehmen als Urteilen ausgelegt werden sollte, ob Wahrnehmung direkt oder indirekt ist, und wo bei all dem die Inferenz hingehört, völlig zweitrangig.

Das Turvey-Team richtet Fodors und Pylyshyns Argumente nochmals gegen sie selbst, wenn es zu dem Ergebnis kommt, die etablierten Ansichten seien ungenügend eingegrenzt und hätten der Inferenz eine Last aufgebürdet, die sie einfach nicht tragen kann. Statt dessen vertreten Turvey, Shaw und Kollegen eine Art Naturgesetz, das von einer sinnvollen Beziehung zwischen Organismen und Umwelt ausgeht. Mit „Naturgesetz" beziehen sie sich auf naturwissenschaftliche Prinzipien — in diesem Fall Gesetze, die erklären, wie Organismen wahrnehmen und sich verhalten, und zwar dank ihrer Abstimmung mit ihrer Umwelt. Der Begriff *Wahrnehmung* sollte dann auf Beziehungen beschränkt bleiben, die von solchen Gesetzen erfaßt werden.

---

* Pylyshyn, gegenwärtig an der *University of Western Ontario*, ist häufiger Besucher und sporadischer Mitarbeiter am MIT.

Ökologische Theoretiker wie Gibson versuchen, den Anwendungsbereich des Naturgesetzes so weit wie möglich auszudehnen, denn diese Strategie verspricht eine Eingrenzung und eine prinzipiengeleitete Erklärung einer gesetzmäßigen Entwicklung des Schließens. Im Gegensatz dazu wollen Etablierte wie Fodor und Pylyshyn Kognition und Intelligenz so weit wie möglich ausdehnen und damit die Rolle des Naturgesetzes eingrenzen. Regelhaftigkeiten müssen dann mit mentalen Regeln und Repräsentationen erklärt werden — die ihrerseits durch kaum mehr als unsystematische Intuitionen beschränkt sind (Turvey et al. 1981, S. 245) Das Establishment redet sehr viel darüber, wie man die richtigen Inferenzen macht und sehr wenig darüber, wie man die richtigen Prämissen ausfindig macht. Die Ökologie-Schule eröffnet einen Weg zu den richtigen Prämissen, indem sie die Wahrnehmungsgesetze erläutert; sie leitet diese Naturgesetze ab, indem sie Organismen aufmerksam beobachtet und mit ihnen Experimente durchführt, wenn sie Informationen aus ihrer natürlichen Umgebung aufnehmen und erfolgreich in ihr agieren. Das Establishment muß blind darauf setzen, daß es erraten kann, woher ein Organismus weiß, was er in einer bestimmten Situation tun muß; die ökologische Schule hat die sehr viel weniger komplizierte Aufgabe, lediglich feststellen zu müssen, was ein solcher Organismus in solchen Situationen tatsächlich *tut*.

Die Rolle des Naturgesetzes konzentriert sich auf *Affordanzen* und *Ausführende*. Gibsons „ökologische Wissenschaft" studiert die Beziehungen zwischen Affordanz — der Aufforderung eines Gegenstandes, ihn zu greifen, zu besteigen und dergleichen — und Ausführendem — demjenigen, der greift, besteigt und so weiter. Die von der Gibson-Schule angeführten Beispiele erklären, wie Organismen diese und zahllose andere Tätigkeiten in ihrer natürlichen Umgebung ausführen, um überleben und gedeihen zu können. Nach Meinung dieser Wissenschaftsrichtung ist es Aufgabe der Psychologen, die gesetzmäßigen Regelhaftigkeiten der Umwelt zu beschreiben, wenn sie eine wissenschaftliche Erklärung dafür wollen, wie Verhalten entsteht, wie es funktioniert und was es auslöst (Turvey et al. 1981, S. 274). Hierzu gehören auch die Gesetze all jener alltäglichen Dinge und Geschehnisse, deren Aufforderungscharakter das Verhalten steuert, das für alle lebenden Organismen von Bedeutung ist. Und so füllen „ökologische Psychologen" ihre Aufsätze mit Untersuchungen der Orte, an denen Wespen ihre Eier ablegen können, der Dinge, die Haie fressen können, der Stengel, die Sumpfschnecken erklettern können und so weiter — nach optischen Täuschungen oder mehrdeutigen Sätzen sucht man hier vergebens.

Turvey und Shaw bedauern die wachsende Tendenz, einem Organismus neurale Detektoren oder strukturale Beschreibungen zuzuschreiben, die im Grunde nur genau die Eigenschaft repräsentieren, die wahrgenommen wird. Derartige Praktiken sind Kennzeichen des Establishments: Damit Z das Merkmal x von X sehen, entdecken, registrieren kann, muß Z das Merkmal x in gewissem Sinne — neurophysiologisch oder konzeptuell — „haben". Im Gegensatz dazu meidet (laut Turvey und Shaw) die ökologische Schule Regeln (oder Datenverarbeitung) zugunsten von Naturgesetzen, sie meidet Repräsentationen zugunsten zusammen auftretender Eigenschaften und Konzepte zugunsten von Affordanzen. Statt den Versuch zu unternehmen, Eigenschaften in den Kopf der Organismen zu zwängen, läßt die ökologische Schule diese Eigenschaften dort, wo sie hingehören — in der natürlichen Welt. Kurz gesagt besteht also für die Ökologen die zentrale Aufgabe ihrer Wissenschaft darin, Naturgesetze aufzudecken, die die Beziehung des Organismus' zu seiner Umwelt bestimmen, und nicht kognitive Gesetze, die mit mentalen Repräsentationen operieren.

Konträre Ansichten

Nach Darstellung der Ökologen haben wir es mit zwei völlig konträren Vorstellungen zu tun. Die Art, wie die Etablierten sich dem Problem der Intentionalität nähern, beschwört das Bild eines Organismus (wie des Einsiedlerkrebses) herauf, der sich, wenn er Hunger hat, mit dem Konzept Nahrung im Kopf umherbewegt und etwas sucht, das diesem Konzept entspricht, oder das Bild eines Organismus (wie der Sumpfschnecke), die sich, wenn aufgrund der nahenden Flut in großer Gefahr, mit dem Konzept eines Etwas im Kopf umherbewegt, auf das man hinaufklettern kann und die Umgebung nach etwas absucht, das diesem Konzept entspricht. Der ökologische Ansatz beschwört ein gänzlich anderes Bild — das eines Organismus, der sich, bei der jeweiligen Gelegenheit, im Kontext einer von mehreren Mengen ineinander geschachtelter Gesetze bewegt. Angesichts der Tatsache, daß ein Baßtölpel präzise ins Wasser eintauchen und einen Fisch hochholen kann, wenn er Hunger hat, fragt die ökologische Schule nach den diversen Gesetzen, die das Verhalten des Baßtölpels steuern können und danach, wie er die für ein spezifisches Tauchverhalten nötigen Parameter gewinnt. Dieses Bild zeigt das starke Vertrauen darauf, daß die Intentionalität eine natürliche Grundlage hat, was für das Bild der Etablierten nicht zutrifft (Turvey et al. 1981, S. 299).

Nach Turvey und Shaws Meinung geht es hier um grundsätzliche Fragen der Wissenschaftsphilosophie. Spiegeln die in der Natur zu beobachtenden Gleichförmigkeiten zugrundeliegende konkrete Gesetzmäßigkeiten wider, oder sind sie nichts als eine hinterlistige Erfindung des menschlichen Geistes? Turvey und Shaw bezichtigen Kant der Arroganz, der sagte, das Verstehen leite seine Gesetze nicht von der Natur ab, sondern schreibe sie der Natur vor (1981, S. 299). Sie selbst holen die „Vorschriften" lieber aus den Bereichen Biologie und Physik statt aus dem schwerer faßbaren Bereich des menschlichen Geistes. Diese Forscher gehen lieber davon aus, es gebe eine natürliche Ordnung, deren Entdeckung die Aufgabe des Wissenschaftlers sei — so wie es die Aufgabe des Organismus ist, die natürlichen Eigenschaften seiner Umgebung zu entdecken, die ihm alles bietet, was er jemals wissen muß.

Die Gibson-Gruppe greift die Etablierten wegen ihres Begriffs wissenschaftlicher Wahrheit an. Während sowohl Gibson als auch seine Kritiker Teil eines Forschungsprojektes sind, das herausfinden möchte, wie Wahrnehmung und Kognition geschehen, findet die Gibson-Gruppe die entscheidenden Informationen eher in der Umgebung des Organismus und in seinem Verhältnis zu ihr; die Kognitivisten des Establishments konzentrieren sich statt dessen auf die Präsuppositionen und Neigungen, die dem Organismus mitgegeben sind, und auf die Art, wie Information der Außenwelt während der Vorbereitung transformiert oder rekonstruiert wird.

Man kann sich auf den Standpunkt stellen, dies seien zwei Seiten der gleichen Ausgangssituation: Die eine achtet sehr viel mehr auf die Umwelt, die andere sehr viel mehr auf den Organismus; beide aber versuchen, die gleichen Phänomene auf vergleichbare Weise zu erklären. Möglich wäre auch, das Territorium, das es zu erklären gilt, aufzuteilen und dabei einfache Wahrnehmung den Ökologen, komplexes Schließen den Etablierten zu überlassen. Beide Parteien vertreten mitunter, wenn ihnen mehr nach Ausgleich zumute ist, derartige Auffassungen; doch generell scheint die Kluft viel tiefer. Die Begriffe, die für die Etablierten zentral sind — *Intentionen, Inferenzen, Schemata* — halten die Gibson-Anhänger für unnötig; die Terminologie, die von ihnen bevorzugt wird — *Affordanzen, Ausführende, „Extrahieren" von Information* — finden wiederum die Etablierten nichtssagend oder unzulänglich. Auch die wissenschaftlichen Grundannahmen sind verschieden: Gibson vertraut auf die reale Welt, wie sie ist, in der alle Informationen vorhanden sind und in der der Organismus einfach auf sie eingestimmt ist; die Etablierten vertrauen auf die konstruktiven Kräfte des Geistes, wobei die Außenwelt nur Auslöser für Tätigkeiten und Operationen ist, die im Organismus zum Großteil bereits fest eingebaut sind. Die kognitive Forschung wird, je nachdem, wer das Sagen haben wird, sehr verschiedene Wege nehmen.

Einerseits ist der Streit zwischen Etablierten und Ökologen deprimierend. Jetzt sind zwei Jahrtausende seit den ersten Spekulationen über Wahrnehmung vergangen, einige Jahrhunderte seit den philosophischen Debatten zwischen Empiristen und Rationalisten — und immer noch streiten führende Wissenschaftler über die grundlegendsten Dinge. Auch wenn die gegenwärtige Debatte keine direkte Wiederholung anderer Debatten ist — Nominalisten versus Realisten, Empiristen versus Rationalisten, unbewußtes Schließen versus sensorisches Registrieren versus dem „Aufnehmen" relevanter Information — so sind doch die Leitmotive so vertraut, sind die Argumente schon so oft vorgetragen worden, daß man sich fragen muß, ob es überhaupt so etwas wie Fortschritt gegeben hat.

Läßt man aber diese Aussagen über die Positionen — in ihrer extrem verknappten Form — einmal hinter sich, gibt es viel mehr Übereinstimmung. Beide Schulen sind ganz gewiß der Meinung, daß sich unser Wissen über Wahrnehmungsmechanismen in den letzten Jahrzehnten vergrößert hat. Wir verstehen heute viel besser als vor fünfzig Jahren, wie die Wahrnehmung der Welt geschieht, und ein Gutteil dieses Wissens verdanken wir Gibson. Uneinigkeit herrscht in der Frage, ob die Erforschung von Organismen und Umgebungen genügen kann oder ob eine zusätzliche Analyseebene benötigt wird. Marr und seine Kollegen vertraten sehr entschieden die Ansicht, Wahrnehmung sei nur dann zu verstehen, wenn man die Natur des Problems, um das es beim Sehen geht, explizit analysiert — ein Ansatz, der logischer und mathematischer Vorgehensweisen bedarf — und wenn man sich des weiteren bemüht, diese Überlegungen in ein exakt spezifiziertes Modell umzusetzen.

Ich glaube, daß diese Fragen durch künftige Forschung beantwortet werden können — und vermutlich auch werden: Dazu muß man in Erfahrung bringen, ob der Gibsonsche Ansatz komplexeren Aspekten der Szenen- und Objekterkennung gerecht werden kann, oder ob sie jener Mechanismen der Inferenz und Intention bedürfen, die von den Vertretern des Establishments postuliert werden. Oder, anders gesehen, das Ergebnis hängt ebenso stark davon ab, ob der vielversprechende Establishment-Ansatz tatsächlich dazu beiträgt, den krabbelnden Säugling im Laufstall oder den fliegenden Baßtölpel zu verstehen.

Mögliche Mittelwege

Neissers ökologischer Ansatz

In jüngerer Zeit wurden in entgegengesetzten Ecken der Kognitionswissenschaften zwei Tendenzen erkennbar, die auf einen Mittelweg zwischen diesen beiden Extremen hoffen lassen. Der eine Trend, verkörpert durch die neueren Arbeiten von Ulric Neisser (1976, 1984), verläuft eindeutig in einer *top-down*-Richtung. Neisser, früher einmal das Musterbeispiel eines Kognitionspsychologen, hat zunehmend die Geduld mit den künstlichen Laboruntersuchungen und den Erklärungen der Informationsverarbeitung verloren, die zur Hauptstütze seiner Disziplin geworden sind. Er war einige Jahre Kollege von Gibson und ist jetzt ein gemäßigter Konvertit. Dieses Überlaufen zur Ökologie-Richtung besteht nicht so sehr in einer doktrinären Übernahme von Gibsons konkreten Konzepten, sondern vielmehr in dem Entschluß, Verhalten, das ihn interessiert, unter den von Gibson bevorzugten „realen" Bedingungen zu studieren. So fordert Neisser jetzt also, wie bereits im 5. Kapitel erwähnt, Untersuchungen dazu, wie sich die Wahrnehmung entfaltet, während sich ein Organismus in seiner Umgebung bewegt, Untersuchungen über Wiedererkennen und Klassifizieren komplexer realer Objekte, wie man sie alle Tage vorfindet, statt der künstlichen Gegenstände in einer Laborsitutation, und Untersuchungen über Erinnerungen an eigene frühere Erlebnisse oder an vielschichtige Erfahrungen in der natürlichen Umwelt. Neisser hofft, daß eine Vereinigung der kognitionswissenschaftlichen Anliegen mit dem naturalistischen Ansatz der Gibson-Schule letztendlich zu einer Wissenschaft führt, die dem Menschen wirklich gerecht wird.

Parallelverarbeitung in der Wahrnehmung

Die zweite neuere Tendenz, die zur Mäßigung des Streits zwischen Gibson und dem Establishment beitragen könnte, ist deutlich der *bottom-up*-Tradition verpflichtet. Ich denke hier an eine Welle neuer Arbeiten in der Künstlichen Intelligenz zur visuellen Wahrnehmung. Angeregt durch Marrs Beispiel, aber in wesentlichen Punkten von ihm abweichend, untersuchen jetzt etliche Wissenschaftler Modelle visueller Verarbeitung, die eng an das Nervensystem des Primaten angelehnt sind (Ballard, Hinton und Sejnowski 1983; Brown 1984; Feldman 1981; Grossberg 1980; Hinton und Anderson 1981; Hinton, Sejnowski und Ackley 1984; Hofstadter 1983; Rumelhart und McClelland 1982; Waldrop 1984). Diese Ansätze — mit Namen wie „parallele visuelle Datenverarbeitung", „Neo-Assoziationismus", „Neo-Konnektionismus" oder „massive Parallelverarbeitungssysteme" (M.P.P.S.) — beginnen mit einer Kritik an der bislang üblichen Computersimulation von Sehen, die mit serieller Symbolverarbeitung im „Von-Neumann-Stil" arbeitet. Sie finden es sehr viel sinnvoller, Sehen zu simulieren, indem man (physische oder virtuelle) Maschinen benutzt, die viele (möglicherweise bis zu einer Million) unabhängige Prozessoren umfassen, die viele Prozesse gleichzeitig ausführen. Solche parallel arbeitenden Systeme führen das Marr-Schema sehr viel weiter, als er das selbst explizit getan hat. Jetzt kommt zur Idee verschiedener Module, die jeweils ihre separaten Analysen durchführen, die Idee vieler Einheiten hinzu, die auf eine Weise operieren und Informationen austauschen, die dem gleichzeitigen Feuern vieler Hirnzellen entspricht. Die Datenverarbeitung geschieht durch die Interaktion von exzitatorischen (erregenden) und inhibitorischen (hemmenden) Prozessen in einem Netzwerk relativ einfacher neuronenähnlicher Einheiten, die so konkurrieren und kooperieren, daß bestimmte Einheiten aktiviert, andere unterdrückt werden. Schließlich kommt das Netzwerk dank seiner statistischen Eigenschaften in einem stabilen Zustand zur Ruhe, der seine spezielle „Aufgabe" widerspiegelt — beispielsweise die, ein bestimmtes Bild wahrzunehmen.

In diesen M.P.P.S. treten Speicherung und Wahrnehmung verteilt auf: Das heißt, statt einer einzigen zentralen Steuerung oder einer komplexen Informationsübermittlung zwischen Modulen operieren viele Einheiten simultan und erreichen ihre Wirkung statistisch. Dank der multiplen Verbindungen kann bei jedem Erkennen oder jedem Problemlösen ein Großteil des Wissens des gesamten Systems herangezogen werden. Eine verteilte Repräsentation hat weitere Vorteile. Keine Information befindet sich an einem speziellen Ort; daher bleibt, selbst wenn viele Einheiten (oder Zellen) zerstört werden, der relevante Speicher bzw. das Konzept erhalten. Wegen der ausgedehnten Verteilung der Information ist eine Entscheidung auch dann möglich, wenn sich herausstellt, daß eine Abgleichung verrauscht, unvollständig oder nur angenähert ist. Diese Eigenschaften scheinen jenen Such- und Entscheidungsprozessen ähnlicher zu sein, die Organismen in einer vielschichtigen und oft chaotischen natürlichen Welt durchführen müssen.

Ein wichtiges Merkmal des M.P.P.S.-Ansatzes ist, daß er sich einiger wesentlicher Charakteristika der traditionellen Künstlichen Intelligenz (die Gibson am nachhaltigsten ärgerten) entledigt hat. Entscheidend für die klassische Newell-Simon-Position ist die Annahme von symbolischen Strukturen, an denen als Ergebnis eines Entscheidungsprozesses Operationen in spezifizierter Abfolge ausgeführt werden. Bei dieser neuen Arbeitsweise könnte man unter Umständen völlig auf *jede* Symbolverarbeitung verzichten und Wahrnehmung statt dessen auf direktere Weise modellieren — nur Neuronen, die mit anderen Neuronen verbunden und mit speziellen Funktionen befaßt sind. Ein getrennter Wissensspeicher ist nicht mehr nötig, denn das Wissen (und sogar „Intelligenz") liegt einfach in der Stärke und der Angemessenheit der Verbindungen zwischen einfachen neuronenartigen Prozessen. Die Maschinenkonzepte dieses neuen Ansatzes weisen also erstaunliche Parallelen zum Primatengehirn auf.

In mancherlei Hinsicht scheint es, als werfe der Parallelverarbeitungsansatz die Kognitionswissenschaft zu ihren Anfängen (oder gar in die Zeiten vor ihrer Gründung) zurück. Die simulierten neuronalen Netzwerke gleichen jenen, die einst McCullochs und Pitts Aufmerksamkeit auf das Verhältnis zwischen Nervensystem und logischem Kalkül lenkten. Der Wunsch, das Gehirn direkt nachzubilden, erinnert an frühe Versuche, Rechner zu konstruieren, die Hebbs Zellverbände und Phasensequenzen realisieren sollten. Die statistischen, an ein „Pandämonium" erinnernden Aspekte solcher Modelle und das klare Fehlen von steuernden „Exekutivprozessen" kontrastiert mit jenen logischen Programmen, die Differenzen Schritt für Schritt reduzierten und schließlich von Newell und Simon mit ihrem „Generellen Problemlöser" perfektioniert wurden. Und doch kann man diese neuen Ansätze wegen der größeren Exaktheit, mit der die Netzwerke spezifiziert sind, sowie wegen des besseren Verständnisses der Probleme, die zur Bildverarbeitung gehören, auch als Versuch einer Synthese zwischen dem herkömmlichen und dem Marr-Ansatz sehen, statt nur als regressive Kraft. Ja die Tatsache, daß mehrere Algorithmen einige Aspekte visueller Wahrnehmung erfolgreich simulieren konnten und daß die Funktionsweise dieser Systeme mit dem vereinbar scheint, was wir über die Funktionsweise des Sehsystems bei Primaten wissen, rechtfertigt die Hoffnung, daß derartige parallel arbeitende Systeme eines Tages einigermaßen vollständige Simulationen der Frühstadien visueller Wahrnehmung erlauben werden.

Trotz der Aufregung, die M.P.P.S. in jüngster Zeit verursacht haben, bleiben einige Fragen offen. Diese Systeme erreichen in kurzer Zeit sehr viel mehr, aber Geschwindigkeit allein sichert nicht Verstehen: Die Grundfragen, was Wahrnehmung (und andere Systeme) wirklich ausmacht, müssen weiterhin gestellt und angegangen werden. Grundprobleme von Datenverarbeitung und Definition verschwinden nicht einfach durch größere Geschwindigkeit oder durch bloße Maschinenleistung. Es bleibt die Frage, wie es den vielen unabhängigen Prozessoren gelingt, zusammenzuwirken, und ob sie tatsächliches sequentielles Verhalten simulieren können — zum Beispiel Augenbewegungen. Wie schon bei Gibsons Arbeit stellt sich auch hier die Frage, inwieweit Mechanismen dieser Art an kompliziertere Problemlöseformen adaptiert werden können, und zwar Problemlösen der Art, wie es bislang von den symbolmanipulierenden „Von-Neumann-Rechnern" simuliert wurde.

Seit kurzem sprechen einige Experten über die faszinierende Idee, es sei vielleicht am effektivsten, wenn man sich das Gehirn (also auch den Computer) so vorstellt, daß es über zwei verschiedene Systeme verfügt: ein „massiv parallel arbeitendes", das sich mit probabilistischen Aktivitäten wie Objekterkennen befaßt, und ein zweites, sequentiell arbeitendes, das sich der Symbolmanipulation widmet, dichotome Urteile fällt und mit deterministischen Aktivitäten wie logischem Problemlösen beschäftigt ist (Kosslyn 1984; Fahlman, Hinton und Sejnowski 1983).

Wirft der neue M.P.P.S.-Ansatz ein anderes Licht auf die Probleme, die zwischen Gibson- und Establishment-Anhängern diskutiert werden? Paradoxerweise bedienen sich die „Parallelverarbeiter" genau der Mechanismen, die man am klarsten mit dem Establishment assoziiert — leistungsstarker Elektronenrechner — um eine Auffassung von Wahrnehmung zu propagieren, die Gibsons Sicht näher steht. Er starb zu früh, um sich zu diesem neuen Ansatz in der Simulation des Sehens äußern zu können. Mehrere Eigenschaften dieses neuen Ansatzes aber erinnern stark an Gibson: die Übereinstimmung mit den Funktionsabläufen des Gehirns, die Ablehnung komplexer Symbolmanipulation oder verzweigter Entscheidungsprozeduren darüber, welcher Schritt als nächster auszuführen ist, das Einbeziehen umfangreichen Weltwissens und die Vorschläge, wie die Gestaltphänomene aus der Konkurrenz und dem Zusammenwirken mehrerer neuronaler Netzwerke entstehen könnten. Und falls solche Bemühungen tatsächlich zu einer wirksamen Simulation des Sehens führen sollten, in einer Weise, die mit dem menschlichen Nervensystem in Einklang steht, könnten die theoretischen Diskussionen darüber, welche Vorstellung von Wahrnehmung „richtig" ist, zunehmend irrelevant werden. (Fodor 1984 vertritt eine andere Auffassung.)

Sollte eine der beiden rivalisierenden Schulen — oder eine ihnen vergleichbare — Erfolg haben, würden jedenfalls die Probleme visueller Wahrnehmung größtenteils gelöst sein. Die Marr-Ullman Richtung wäre eher ein Sieg für die Kognitionswissenschaft: Sie ist der bewußt gesuchte Dialog zwischen mehreren partizipierenden Disziplinen, von der keine allein das Rätsel lösen kann, und sie basiert explizit auf kognitionswissenschaftlichen Konzepten wie Repräsentation und symbolischen Operationen. Bliebe die Gibson-Richtung siegreich, hieße dies, daß beträchtliche Teile des kognitionswissenschaftlichen Gepäcks entbehrlich sind; eine solche Erklärung stünde mehr in einer klassischen psychobiologischen oder psychophysischen Tradition. Der M.P.P.S.-Ansatz liegt irgendwo in der Mitte: Hier steht die Technologie der Kognitionswissenschaft im Dienst einer Auffassung von Wahrnehmung, die der Neurologie näher steht als der Psychologie.

Ich selbst glaube, daß Gibsons Arbeit ein logischer Ausgangspunkt für die Erforschung von Wahrnehmung ist: Seine ökologische Sichtweise bietet grundlegende Informationen über Wahrnehmungsphänomene sowie über die Arten von Information in der Umwelt, für die jeder Wahrnehmungsapparat empfänglich sein muß. Marr faßte das in die Worte, Gibson helfe uns zu verstehen, wie die Datenverarbeitung, die zur Wahrnehmung gehört, im Grunde beschaffen sei. Von begrenztem Nutzen aber ist Gibsons Werk, wenn es um das Verständnis der konkreten Schritte geht, die zur Wahrnehmung spezifischer Gegenstände gehören. Marr hingegen unterbreitet eine plausible Erklärung dafür, wie ein Organismus ganz konkret von der Verteilung des Lichts zum Zergliedern von Gegenständen einer Szene kommt. Er hat einen mechanistischen Erklärungsansatz von Wahrnehmung entwickelt, der in sich schlüssig erscheint und auch mit entsprechenden Ergebnissen aus mehreren kognitiven Disziplinen vereinbar ist. Selbst wenn sich seine spezielle Theorie als falsch oder lückenhaft erweisen sollte, oder sich die Theorie der Parallelprozessoren behauptet: Marr hat festgelegt, was vermutlich die Leitlinien künftiger Debatten über die Frühstadien visueller Wahrnehmung sein werden. In der Begrifflichkeit dieses Kapitels gesagt: Selbst falls Marr Unrecht haben sollte, was das Ausmaß möglicher *bottom-up*-Analyse betrifft, bevor *top-down*-Faktoren wirksam werden, so hat er doch ein überzeugendes Plädoyer für die Bedeutung einer symbolischen oder repräsentationalen Ebene der Informationsverarbeitung gehalten. Meiner Meinung nach liegt die Beweislast jetzt bei den Gibson-Anhängern.

Auch wenn Marr (oder die Parallelverarbeitungs-Richtung) recht hat und wir Objekterkennung mit relativ geringfügigem Rekurs auf Wissen über die Außenwelt erklären können, ist dennoch offenkundig, daß das Erkennen von Objekten oder sogar von Objektgruppen nur der Anfang des kognitiven Vorhabens ist. Wer sich für Kognition interessiert, muß sich mit dem Problem befassen, was mit diesen ersten Wahrnehmungen geschieht, wenn sie beim Planen, Problemlösen oder schlichtem Erinnern aufgerufen werden: Man muß sich damit befassen, wie Organismen Dinge identifizieren, sie klassifizieren und wie sie über sie nachdenken. Diese noch schwieriger zu lösenden Rätsel sind Thema des folgenden Kapitels.

11. Vorstellungsbilder: Erfindungen der Phantasie?

> Wie ich betreffs der Phantasie schon in der Schrift „Über die Seele“ gezeigt habe, kann man ohne Phantasiebild nicht denken.
>
> *Aristoteles*

Die alten Bilder vom bildhaften Denken

In gewisser Weise ist eine behavioristische Einstellung anderen Organismen gegenüber nicht unvernünftig. Man hat schließlich keinen Zugang zu den inneren Erlebnissen und Gefühlen eines Tieres oder eines anderen Menschen, und daher könnte es klug sein, sich hinsichtlich einer Beurteilung dieser Erlebnisse zurückzuhalten und sich statt dessen Betätigungen zu widmen, die manifest oder zumindest leicht meßbar sind. Betrachtet man jedoch seine eigenen mentalen Prozesse, scheint es ungerechtfertigt, so ausschließlich auf beobachtbarem Verhalten zu beharren. Ein Psychologe mag wenig geneigt sein, einem anderen Menschen Vorstellungsbilder, Halluzinationen oder Träume zuzuschreiben, doch es dürfte Selbsttäuschung sein, wollte man dies im eigenen phänomenalen Erleben leugnen — dies hätte selbst Decartes nicht bezweifelt. Und hat man seine eigenen inneren Bilder einmal akzeptiert, steht man vor einem neuen Rätsel: Kann man sie anderen weiterhin vorenthalten?

Es ist also kein Wunder, daß sich seit der griechischen Antike die meisten Forscher mentaler Prozesse als Studiengegenstand die Fähigkeit erwählt haben, vielfältige Gegenstände, Szenen und Erlebnisse vor dem „geistigen Auge“ heraufzubeschwören — Entitäten, die in der Umgebung nicht präsent sind (und die es vielleicht nie gegeben hat). Philosophen machten den Anfang, dann kamen die psychologischen Stubengelehrten und schließlich die erste Generation von Experimentalpsychologen: Sie alle wollten unbedingt die bildhafte Vorstellung erforschen.

Warum dieses Interesse an Vorstellungsbildern? Wenn man einmal darüber nachzudenken beginnt, kann es faszinierend sein, die Welt der Dinge zu sehen oder zu berühren, aber ein Mensch kann sicherlich durchs Leben gehen, ohne auch nur einen Gedanken auf diese Erfahrungen zu verschwenden: Sie sind so offenbar wie die von Molières *bourgeois gentilhomme* unwissentlich gesprochene Prosa. Geht es aber um Erlebnisse, die, wie eindrücklich man selbst sie erleben mag, anderen nicht zugänglich sind, stellen sich faszinierende Fragen. Es ist leicht zu verstehen, warum wir über die Fähigkeit verfügen, auf die Dinge um uns zu reagieren — wie sonst sollten wir überleben? — welchem Zweck aber dienen Erfahrungen, die ganz und gar persönlich sind? Dient dieser Prozeß der Anpassung oder kann er schädlich sein? Warum träumt man? Kann man sich einfach alles vorstellen, und falls nicht, wo sind die Grenzen? Geschieht das Vorstellen genau wie das normale Wahrnehmen, werden also dabei Wahrnehmungsstrukturen nur durch einen inneren statt einen äußeren Reiz aktiviert — oder geschieht es durch andere geistige Prozesse? Wieweit kann man seine Vorstellungsbilder steuern — und ist es möglich, die Vorstellungsbilder anderer zu beeinflussen?

Für die ersten Psychologen stand das Studium der Vorstellungsbilder im Mittelpunkt ihres Fachs. Schüler von Wundt erforschten ihre eigenen bildhaften Vorstellungen und analysierten akribisch die Selbstbeobachtungen ihrer darin geübten Versuchspersonen. Doch kaum war ein Vierteljahrhundert vergangen, wurden gravierende Zweifel daran laut, ob sich Vorstellungsbilder wirklich als Gegenstand seriöser psychologischer Publikationen eigneten. In der Folge der Kritik der Würzburger Schule betonte man die kurzlebigen und wenig zuverlässigen Aspekte des Vorstellungsbildes. Es zeigte sich, daß nicht alle Menschen bildhafte Vorstellungen hatten, und die sie hatten, berichteten bei der Introspektion ganz unterschiedlich darüber. Es gab keinen zuverlässigen Weg, bildhaftes Vorstellen im Experiment zu definieren, keine Einigkeit darüber, was als imaginistisches oder imaginiertes Erlebnis gelten sollte. Man konnte einer jungen empirischen Wissenschaft gewiß nicht empfehlen, ein derart vages und verschwommenes Konzept als primäres mentales Konstrukt zu wählen, und schon gar nicht als Erklärung dafür, wie Menschen denken. Das waren die Gründe, warum das „Geist(er)bild" ein halbes Jahrhundert lang aus der anerkannten wissenschaftlichen Psychologie verbannt blieb.

Zu Beginn der siebziger Jahre allerdings, als der Behaviorismus an Einfluß verloren hatte, berichteten Psychologen zunehmend von Ergebnissen, über die man nur schwer nachdenken oder schreiben konnte, es sei denn, in den Begriffen des bildhaften Vorstellens (Paivio 1971). Die möglicherweise einflußreichsten Untersuchungen stammen von Roger Shepard und seinen Kollegen an der *Stanford University*. In einer häufig zitierten Studie, die ich bereits im 5. Kapitel erwähnte, legten er und Jacqueline Metzler (1971) ihren Probanden paarweise geometrische Figuren vor und baten sie, so schnell wie möglich zu entscheiden, ob die beiden Figuren im Grunde identisch, aber aus unterschiedlichen Blickwinkeln gesehen waren.

Verblüffenderweise zeigte sich, daß die Schwierigkeit der Aufgabe (gemessen durch die zur Antwort benötigten Zeit) in direktem Zusammenhang mit der Winkeldifferenz zwischen den beiden Figuren stand. Um festzustellen, daß eine um achtzig Grad gedrehte Figur mit der Ausgangsfigur identisch ist, braucht man also länger, als wenn sie nur um fünfzig Grad gedreht ist — und wenn die Figur um einhundert Grad gedreht ist, ist die Feststellung ihrer Übereinstimmung mit der Zielfigur noch schwieriger als bei den beiden ersten Beispielen. Die Schlußfolgerung lag nahe, daß die Probanden die Figuren mental rotierten, und je größer die Winkeldifferenz zwischen beiden Figuren, desto länger der Weg zu einer korrekten Antwort. Außerdem waren Vermutungen darüber ganz überflüssig, denn die Versuchspersonen selbst bestätigten diese Erklärung. Es schien vernünftig — ja geradezu unausweichlich — daraus die Schlußfolgerung zu ziehen, daß Menschen mentale Bilder dieser Formen produzieren und sie dann in einem bislang undefinierten mentalen Raum rotieren.

Stephen Kosslyn, der vielleicht bedeutendste zeitgenössische Forscher im Bereich bildhafte Vorstellung, schreibt (1980), Shepards Ergebnisse seien für die Kognitionspsychologie eine Sensation gewesen. Die Daten waren verblüffend und zeigten systematische Zusammenhänge auf, die offenbar eine grundlegende Fähigkeit des Kognitionssystems widerspiegelten. Diese flüchtigen inneren Bilder gehorchten einem ebenso einfachen wie handfesten psychophysischen Gesetz: Die Zeit, die zur Beurteilung von Identität (oder Nicht-Identität) benötigt wurde, war eine monotone Funktion der Winkeldifferenz zwischen den beiden Formen. Eines der am schwersten faßbaren Konstrukte der Psychologie hatte zu einem wissenschaftlichen Gesetz von bestechender Präzision geführt.

Die Aufregung hatte noch andere Gründe. Angesichts von Shepards Ergebnissen schien die Annahme sinnvoll, daß ein Mensch Bilder im Kopf hat. Er selbst hat diesen Ausdruck, der sowieso nicht vernünftig definiert werden kann, niemals benutzt; durch ihn aber wurde die Idee des analogen Modus' mentaler Repräsentation gesellschaftsfähig, ein Modus, der einige Relationen von räumlicher Nähe umfaßt, die auch in der physischen Welt zu beobachten sind. Shepards Resultate ließen die üblichen Versuche fragwürdig werden, alles Denken mit Hilfe einer einzigen Art von Datenverarbeitungsmechanismus zu erklären — jenes seriellen Digitalrechners nämlich, der nur eine bestimmte Art von Information verarbeitet. Der typische Erklärungsansatz jener Tage lautete, Information sei im Gehirn durch Listen oder Netzwerke propositionaler Informationen repräsentiert. Dieser Ansatz aber — der besagt, unser Wissen bestehe nur aus Listen oder Propositionen — war offenbar völlig unzulänglich, um die Ergebnisse und Phänomene der mentalen Rotation zu erklären. Statt dessen schien die Vorstellung sinnvoller, daß das Gehirn eine geordnete Folge von Zuständen durchläuft, die jenen Prozessen ähneln, die beim Betrachten realer Objekte ablaufen. Vorstellungsbilder sollten ganz eigenständig betrachtet werden und nicht als eine mysteriöse Variante verbaler Vermittlung oder symbolischer Manipulation. Vielleicht gibt es zwei separate und gleichermaßen gültige Formen mentaler Repräsentation. Und vielleicht könnte eine Erforschung des weniger bekannten bildhaften Modus dazu beitragen, spätere Stadien visueller Wahrnehmung zu klären — und zwar auf eine Weise, die sich sowohl von der neurologischen als auch von der ökologischen Perspektive unterscheidet.

Stephen Kosslyns Modell

Ausgehend von diesen und anderen, ebenso faszinierenden Ergebnissen führte Kosslyn mit seinen Kollegen drei umfangreiche und aufeinander abgestimmte Forschungsreihen durch (Kosslyn et al. 1979). Vor allem fanden sie weitere empirische Belege für die Existenz und Flexibilität des bildhaften Vorstellens. In diesen überaus scharfsinnigen Experimenten konnte das Kosslyn-Team wichtige Eigenschaften des Systems für bildhaftes Vorstellen umreißen.

Lassen Sie mich, um Kosslyns Arbeitsweise zu verdeutlichen, ein typisches Experiment beschreiben (Kosslyn, Ball und Reiser 1978). Die Versuchsperson sieht zunächst eine Landkarte mit sieben fiktiven Orten — ein Felsen, ein Baum, eine Bucht, eine Wiese, ein Brunnen, eine Hütte und ein See. Nachdem sie sich mit der Landkarte vertraut gemacht hat, wird sie gebeten, sich die Landkarte vorzustellen und verschiedene Fragen dazu zu beantworten. So soll sie sich beispielsweise auf einen Ort der Karte konzentrieren und sie dann nach einem zweiten Ort absuchen. Es wird davon ausgegangen, daß dieser zweite Ort auf der Karte ist; die Versuchsperson wird nun instruiert, sich einen kleinen schwarzen Fleck vorzustellen, der sich so schnell wie möglich vom ersten zum zweiten Ort bewegt, und sie soll einen Knopf drücken, wenn er angelangt ist. Kann sie den genannten zweiten Ort nicht finden, ist ein anderer Knopf zu drücken.

Die Suchzeit von Ort A zu Ort B war, wie Kosslyn herausfand, eine lineare Funktion der Entfernung zwischen den beiden Orten auf der Karte. Offenbar überflogen die Probanden ein mentales Bild, wie man eine tatsächlich vorhandene Karte überfliegen würde. Um sicherzugehen, daß die Versuchspersonen keine propositionale Repräsentation oder eine mentale Liste aller Orte benutzten, testete man sie unter einer zweiten Bedingung. Nun wurden sie nur gefragt, ob ein bestimmter Ort auf der Karte verzeichnet war. Unter diesen Umständen spielte der Faktor Entfernung keine Rolle, sondern die Befragten zogen offenbar nur eine Liste zu Rate. Dies machte es sehr unwahrscheinlich, daß die Versuchspersonen beim ersten Experiment irgendwelche propositionalen Repräsentationen herangezogen hatten; denn in diesem Fall hätten die Ergebnisse beider Experimente übereinstimmen müssen (Kosslyn 1983, S. 46).

Wie verhält es sich mit anderen Ergebnissen des Kosslyn-Teams? Es dauert länger, das Vorstellungsbild eines großen Gegenstandes durchzumustern als das eines kleinen; länger, ein dreidimensionales Vorstellungsbild durchzumustern als ein flächiges; länger, bis kleine Details eines Vorstellungsbildes gesehen werden als große; und es ist schwieriger, sich Gegenstände vorzustellen, von denen man weiß, daß sie verborgen oder durch ein Hindernis verdeckt sind, als solche, die bekanntermaßen sichtbar sind. Kosslyn und seine Kollegen blieben sich stets der Möglichkeit bewußt, daß die Probanden die richtige Antwort durch Nachdenken (statt Imaginieren) finden könnten, und achteten besonders auf Versuchsbedingungen, bei denen sie die richtige Antwort nicht wissen konnten. Das Team entdeckte, daß Versuchspersonen Vorstellungseffekte wahrnehmen, die sogar Wissenschaftler aus der Beschreibung der Aufgabe nicht hatten vorhersagen können, die aber jeder, der in diese konkrete Situation gerät, mit Sicherheit erfahren wird. Andererseits gibt es Effekte — wie bestimmte Nachbilder — die man nur erlebt, wenn man einer wirklichen Darbietung ausgesetzt ist, nicht aber, wenn man sich die Bedingungen vorstellen soll, unter denen diese Effekte normalerweise auftreten. Die gerade erwähnten Forschungsarbeiten untermauern die Eigenständigkeit von Vorstellungsbildern. Würden sich Menschen immer so verhalten, wie ihr Verstand es diktiert — und geistige Bilder nur in den Fällen benutzen, wenn sie glauben, daß sie dies tun sollten — würden sie nicht derart paradoxe Effekte an den Tag legen.

Nachdem Kosslyn und seine Kollegen eine beeindruckende Menge an Resultaten vorweisen konnten, die offenbar die Folge irgendeiner Art bildhafter Vorstellungen waren, legten sie eine umfassende Theorie dieser Fähigkeit vor. Sie behaupten zwar nicht geradeheraus, daß der Mensch Bilder im Kopf hat, vertreten aber die Idee einer „quasi-bildhaften" Form geistiger Repräsentation namens „Vorstellungsbild". Ihrer Auffassung nach ist diese Form mentaler Repräsentation für das Verständnis von Kognition ebenso wichtig wie die geläufigere propositionale Form.

Hier nun wird die Sache heikel. Viele Psychologen hätten nichts dagegen, das bildhafte Vorstellen wieder ins Lexikon der Psychologie aufzunehmen, und sie würden es sogar als „begrenztes Erklärungskonstrukt" für bestimmte gesicherte Ergebnisse zulassen. Geht es aber um bildhaftes Vorstellen als Grundeigenschaft der menschlichen Kognition — als primäre Symbol- und Repräsentationsart von Information — werden Psychologen und andere Kognitionswissenschaftler viel vorsichtiger. Denn wenn man zuläßt, daß ein so vages Konzept wie „bildhaftes Vorstellen" als psychologische Erklärung herhalten darf, auf welcher Grundlage will man dann andere „Scheinkonzepte" ausschließen? Und auch die Philosophen werden nervös: Was bedeutet es, „eine bildhafte Vorstellung zu haben" oder Informationen aus einem solchen Bild abzulesen? Und da wir gerade dabei sind: Was soll das überhaupt sein, ein Bild im Kopf? (Block 1981a).

Folgt man Kosslyn, setzen sich geistige Bilder im wesentlichen aus zwei Komponenten zusammen: die Oberflächenrepräsentation ist die quasi-bildhafte Entität im Arbeitsspeicher, die einhergeht mit dem subjektiven (Kosslyns Begriff) Erleben, eine bildhafte Vorstellung zu haben. Diese Bilder werden mit einem Display verglichen, das ein Computerprogramm, das auf gespeicherte Daten zurückgreift, auf einer Kathodenstrahlröhre produziert. Mit anderen Worten, die Vorstellungsbilder sind kurzfristige räumliche Displays im Arbeitsspeicher, die aus abstrakteren Repräsentationen erzeugt werden, welche sich im Langzeitgedächtnis befinden.

Diese anfänglich abstrakten Repräsentationen bestehen aus Propositionen und anderen nicht-bildhaften Informationen, wie die durch Begriffe verkörperten. Beim Erzeugen von bildhaften Vorstellungen wirken also ein beschreibendes (sprachähnliches) und ein abbildendes (bildähnliches) Gedächtnis zusammen. Aber das quasi-bildhafte Abbild ist nicht nur ein epiphänomenaler Begleiter abstrakterer nichtbildhafter Verarbeitung. Es ist vielmehr möglich, sich des Langzeitgedächtnisses zu bedienen und so bestimmte Vorstellungsbilder zu erzeugen, sie auf verschiedene Weise zu bündeln und zu transformieren und sie nach semantischen Kategorien zu ordnen (beispielsweise kann eine bestimmte imaginierte Form als stilisierter Stiefel oder als die Umrisse von Italien ausgelegt werden). Kosslyn spricht davon, man brauche einen Mechanismus, der etwa so sei wie ein geistiges Auge, um Vorstellungsbilder oder Teile davon interpretieren zu können: er ist sogar der Auffassung, daß jedes repräsentationale System irgendeinen Interpretationsmechanismus braucht (Kosslyn 1978). Und er hebt hervor, daß Informationen in Bildern gespeichert sind, die nicht sprachähnlich sind, sondern die „eine nicht beliebige Entsprechung zu dem repräsentierten Ding haben" (1981, S. 46). Fassen wir zusammen: Kosslyns Modell umfaßt also ein Displaymedium, das einer Kathodenstrahlröhre ähnelt, Techniken, um auf dem Display ein Bild zu erzeugen, sowie Techniken, um die Informationen auf diesem Display zu interpretieren und zu transformieren.

Computersimulation

Wenn man heute in der Pschologie die detaillierte Beschreibung eines Prozesses hat, ist der Versuch wünschenswert (und schick), davon ein Computermodell auszuarbeiten — wie Kosslyn und seine Mitarbeiter es taten. Sie postulieren zwei verschiedene Datenstrukturen. Die erste besteht aus einer *Oberflächenmatrix*, die das Vorstellungsbild repräsentiert. Die Struktur der Bilddaten wird durch eine Konfiguration von Punkten auf einer Matrix repräsentiert. Die Matrix entspricht einem *visuellen Puffer*, einem räumlichen Medium, das dazu dient, die Repräsentationen festzuhalten, die das Sehen sowohl beim Wahrnehmen als auch beim Imaginieren ermöglichen. Ein quasi-bildhaftes Vorstellen entsteht, indem man selektiv gewisse Zellen dieser Matrix ausfüllt. Das Vorstellungsbild zeigt Einzelheiten über räumliche Ausdehnung, Helligkeit und Kontrast; es hat eine begrenzte Auflösung, was zu unscharfen Konturen führt, wenn ein Objekt zu klein ist. Die Matrix entspricht einem visuellen Kurzzeitspeicher; die Repräsentationen darin sind daher flüchtig und lassen sich nur durch bewußte Anstrengung aufrechterhalten.

Die übrigen Datenstrukturen sind im Langzeitspeicher enthalten und repräsentieren die Informationen, die zur Erzeugung von Vorstellungen benutzt werden. Eine Art der Repräsentation speichert visuelle Information über das tatsächliche Erscheinungsbild eines Gegenstandes, zum Beispiel wie etwas aussieht; dazu gehören auch Informationen darüber, wie der Gegenstand aussieht, wenn er auf unterschiedliche Weise betrachtet wird. Die zweite Art von Langzeitrepräsentation besteht aus Fakten über die imaginierten Gegenstände. Diese Fakten sind diskursiv repräsentiert, in propositionaler Form: hierher gehören Informationen wie der Name der am häufigsten assoziierten übergeordneten Kategorie sowie eine Größeneinordnung des Gegenstandes. Diese Datenstrukturen werden bei drei Imaginationsprozessen benutzt: bei Routinen zum Erzeugen von Oberflächenbildern, zur Klassifikation von Bildern oder Bildteilen und zur Transformation von Bildern.

An einem überaus schematischen Beispiel illustrieren Kosslyn und Kollegen, wie diese Datenquellen und Prozesse in einem Programm aktiviert werden. Um eine detaillierte bildhafte Vorstellung von einem Stuhl zu erzeugen, konstruiert die IMAGE-Prozedur erst das Bildgerüst eines Stuhls und sucht dann im Langzeitgedächtnis nach gespeicherten Fakten, wie die Teile heißen, die zu einem Stuhl gehören. Es könnte zum Beispiel herausfinden, daß Stühle Sitzpolster haben, und daß diese ein wichtiger Teil eines Stuhls sind. PUT- und FIND-Prozeduren lokalisieren dann den relevanten Bildteil (die Sitzfläche) mit Hilfe von Prozeduren, die die Sitzfläche beschreiben. Ist sie gefunden, meldet eine FIND-Operation in einem cartesianischen Koordinatensystem zurück, an welche Stelle im Bild dieses Teil paßt. Sind Ort und Größe berechnet, wird eine entsprechende PICTURE-Prozedur aufgerufen und das Teil in ein Gesamtbild eingefügt (Kosslyn et al. 1979, S. 542).

Der wichtigste Grund, tatsächlich Computer zu programmieren statt nur ein Flußdiagramm zu zeichnen, ist der, daß man so die Implikationen bestimmter Annahmen entdecken und die Interaktion zwischen Komponenten studieren kann (Kosslyn 1980). Die Tatsache, daß die Simulation funktioniert, löst auch das Homunculus-Problem: Die Integration geschieht durch das Programm, und man braucht zum Lesen der Bilder keinen „kleinen Mann". In einigen Fällen machte Kosslyns Simulation sogar Probleme deutlich, die man nicht vorhergesehen hatte, und führte zu entsprechenden Revisionen des Modells. So war in der ursprünglichen Simulation nicht vorgesehen, die inaktiven Regionen der Oberflächenmatrix abzutasten. Erst als das Programm in einem bestimmten Bild einen Gegenstand finden sollte und Fehlermeldung gab, änderte Kosslyn das Programm entsprechend. Die Computersimulation hat nicht nur Lücken im Modell aufgezeigt, sondern auch mehrere neue Studien angeregt; diese führten zu weiteren Veränderungen des Modells, die auch in künftige Revisionen der Simulation eingearbeitet werden könnten.

In mehrerer Hinsicht kann Kosslyns Untersuchung als typisch für die Kognitionswissenschaft gelten. Zunächst greift er einige uralte philosophische Probleme auf, und zwar auf dem Weg der systematischen experimentellen Forschung. Er widmet sich ganz unumwunden der Ebene mentaler Repräsentation, meidet aber zugleich viele Schwachstellen früherer Versuche, das Konstrukt des bildlichen Vorstellens zu postulieren und zu verwenden. Ursprünglich in der Psychologie beheimatet, arbeitet er sehr stark mit Computersimulation. Daneben gibt es, wie wir noch sehen werden, wichtige Verbindungen zu neurowissenschaftlichen und philosophischen Arbeiten, denen gegenwärtig sehr energisch nachgegangen wird. Viele Aspekte der Erlangung bildhafter Vorstellungen — auch ihre Ähnlichkeiten mit oder Unterschiede zu normalem Wahrnehmen oder normalem Erinnern — konnten geklärt werden. Natürlich hat das Kosslyn-Team keineswegs alle offenen Fragen zum bildhaften Vorstellen beantwortet: ein beträchtlicher Teil ihrer Arbeit sowie etliche ihrer Behauptungen sind umstritten. Aber Kosslyn hat, aufbauend auf den Arbeiten von Shepard, Paivio und anderen, die Erforschung der bildhaften Vorstellung zu einem respektablen Thema der Kognitionswissenschaft gemacht, und er hat Licht auf entscheidende Aspekte dieses Modus mentaler Repräsentation geworfen, der jetzt auf jeder kognitiven Landkarte der Disziplin eine zentrale Rolle spielt.

Der Streit über die Kosslyn-Shepard-Thesen

Vermutlich hat keine kognitionswissenschaftliche Forschungsarbeit aus jüngster Zeit solche Kontroversen heraufbeschworen wie die über bildhaftes Vorstellen. Und da Kosslyn bereitwillig über Vorstellung als eigene Repräsentationsform spricht und sein Modell mit viel Elan entwickelt, revidiert und popularisiert, kreist die Debatte vor allem um seine Behauptungen. Nicht nur veröffentlichte *The Behavioral and Brain Sciences* (1979) in einer Ausgabe einen ausführlichen Artikel über seine Arbeit sowie fünfundzwanzig Kommentare führender Kognitionswissenschaftler, es haben sich auch einige wichtige philosophische Arbeiten sehr detailliert der bildhaften Vorstellung angenommen (Block 1981a; Dennett 1978; Fodor 1975).

Wie jeder Beitrag, der viel Aufmerksamkeit erregt, wurde auch Kosslyns Arbeit in fast jedem Punkt kritisiert — die Vorwürfe gehen von naiver Theoriebildung über das Verbreiten von Mythen über bildhafte Vorstellungen bis hin zu Vermutungen, bei den beteiligten Versuchspersonen handele es sich ausnahmslos um Menschen, die leicht beeinflußbar und durch die Aufgabenstellung manipuliert seien oder aber bei ihrer Darstellung der Vorstellungsbilder zur Konfabulation neigten. (Siehe die Reaktionen auf Kosslyn et al. 1979 in *The Behavioral and Brain Sciences*, dazu auch Kosslyn 1980 und 1983 und Pylyshyn 1984.) Kosslyn hat zu jedem dieser Kritikpunkte detailliert schriftlich Stellung genommen und konnte, wie viele meinen, befriedigende Antworten geben.

Einigen speziellen Kritikpunkten begegnete er mit Experimenten. So hatte man kritisiert, daß sein Modell dreidimensionalen Aspekten von Vorstellungsbildern nicht gerecht werde. Sein Schüler Steven Pinker wies in der Folge nach, daß Versuchspersonen, die eine dreidimensionale Szene gesehen hatten, auch dreidimensional imaginierten: Das heißt, die Zeit, die sie für den Weg zwischen mehreren Gegenständen brauchten, verringerte sich proportional zu den tatsächlichen dreidimensionalen Entfernungen zwischen den Gegenständen und nicht proportional zu den zweidimensionalen Entfernungen, die eine photographische Wiedergabe der gleichen Szene zeigte (Kosslyn 1983, S. 154). Eine weitere Kritik an Kosslyn ging davon aus, seine Versuchspersonen hätten bei einigen der von ihnen berichteten Effekte über ein propositionales Vorwissen verfügt: In diesem Fall braucht man keine Erklärungen mit Hilfe von Vorstellungen. Also untersuchte Ronald Finke, auch er ein Mitarbeiter von Kosslyn, ein Phänomen — das Wahrnehmen eines komplementärfarbigen Nachbildes — von dem psychologische Laien nichts wissen (Finke und Schmidt 1978). Trotz ihrer Unkenntnis berichteten Versuchspersonen, die man bat, das Phänomen zu imaginieren, ganz genau die gleichen Nachbilder wie unvorbereitete Versuchspersonen, die es mit „echten" Präsentationen zu tun hatten. Und Kosslyns Grundannahmen wurden gestützt durch Martha Farahs Forschungsergebnisse (1988), die belegen, daß mindestens eine Komponente seines Modells — nämlich die der Bilderzeugung — durch Hirnverletzung isoliert zerstört werden kann. Des weiteren scheint, und dies steht in eklatantem Widerspruch zu den Annahmen der einschlägigen Literatur über Lateralisierung, die Bilderzeugungskomponente im hinteren Abschnitt der linken (nicht der rechten) Gehirnhälfte des Menschen lokalisiert zu sein.

Auch anderes wurde bemängelt. Einige Wissenschaftler stellten die Bedeutung von Schlüsselbegriffen in Kosslyns Modell in Frage und beschuldigten ihn theoretischer Ungenauigkeit. Zum Beispiel scheint der Begriff *quasi-bildhaft*, angewandt auf ein geistiges Bild, ein klares Beispiel dafür, wie man die Konnotation des Wortes „Bild" nutzt, ohne dessen Nachteile in Kauf zu nehmen. Grundsätzliche Kritik gilt auch der ökologischen Validität von Kosslyns Forschungsprogramm. Ulric Neisser bringt diese Meinung zum Ausdruck:

> Warum wirkt die hier vorgestellte Theorie auf den Leser eher clever denn tiefschürfend, eher wie pfiffige Modellkonstruktion denn seriöse Psychologie. Ich glaube, es liegt daran, daß das Denken von Kosslyn und seinen Mitarbeitern völlig abgetrennt ist von allem, was wir über menschliches Handeln und Wahrnehmen wissen ... Es versucht, einige überaus begrenzte Testergebnisse (zumeist Reaktionszeiten) „zu klären", indem es sie in Beziehung setzt zu einer ebenso begrenzten Klasse von Modellen (zumeist Computerprogramme von etwas ähnlichem). (Zitiert in Kosslyn et al., S. 560)

Möglicherweise dank der fruchtbaren Experimente aus den Laboratorien des Kosslyn-Teams gelten die interessantesten Kritiken nicht dem Phänomen, auch nicht den Ergebnissen, die recht stabil scheinen, sondern vielmehr seiner Behauptung, es existiere eine separate Ebene der Repräsentation namens „bildhafte Vorstellung", die eigene Merkmale aufweise und unabhängig von der anerkannten propositionalen Repräsentationsform operiere. Diese Behauptungen wurden von mehreren Kommentatoren bezweifelt, unter anderem von John Anderson und Philip Johnson-Laird. Ausgehend von bestimmten logischen Überlegungen behauptete Anderson, jede dieser Versuchsreihen könne man sowohl mit Propositionen wie auch mit Vorstellungsbildern erklären, und es lasse sich nicht grundsätzlich entscheiden, welche stimmt. Anderson folgert, daß es, „außer mit eindeutigen physiologischen Daten, nicht möglich sein wird, zu bestimmen, ob eine innere Repräsentation bildhaft oder propositional ist" (1978, S. 249). Johnson-Laird läßt Andersons Beweis nicht gelten, findet es aber unwahrscheinlich, daß sich Meinungsverschiedenheiten über Vorstellungsbilder durch psychologische Experimente werden beilegen lassen. Seiner Ansicht nach wäre es produktiver, über Repräsentationsebenen zu diskutieren. Selbst wenn ein psychologischer Prozeß auf der einen Ebene nur Symbolketten benutzt, könnte er auf einer höheren Ebene diverse Arten von Repräsentationen — wie Felder, Punktmatrizen und dergleichen — benutzen. Es mag Zwecke geben, darunter auch das Lösen bestimmter Probleme, bei denen es für einen Menschen sinnvoll ist, mentale Vorstellungsbilder oder, wie Johnson-Laird sie lieber nennt, „mentale Modelle" zu benutzen (Johnson-Laird 1983).

Pylyshyns Feldzug gegen die Vorstellung von der bildhaften Vorstellung

Andere Kritiker finden Kosslyns Behauptungen einfach falsch. Sein wohl hartnäckigster und herausforderndster Gegner ist der kanadische Computerwissenschaftler Zenon Pylyshyn, der etwa ein Dutzend längere Aufsätze publiziert hat, die alle die Behauptung widerlegen sollen, daß bildhaftes Vorstellen als eigenständige Form mentaler Repräsentation gelten kann. Wie ein rastloser Ankläger attackiert Pylyshyn jede Analyseebene und jeden Aspekt von Kosslyns Arbeit (Pylyshyn 1979, 1981, 1984). Der Dreh- und Angelpunkt seiner Kritik aber ist der Zweifel an Kosslyns Behauptung, Menschen könnten denken — Probleme lösen oder logisch folgern — indem sie sich eines separaten Mediums namens „bildhafte Vorstellung" bedienen. Gäbe es eine solche biologische Funktion, wäre es eine „fest verdrahtete" menschliche Fähigkeit: Das heißt, Menschen *müßten* das Medium Vorstellungsbild zur Lösung bestimmter Probleme anwenden. Nach Pylyshyns Dafürhalten aber sind bildhafte Vorstellungen lediglich ein Produkt symbolisch kodierter Regeln und Propositionen, ähnlich wie Überzeugungen oder Ziele. Mit anderen Worten, ein Mensch verfügt über große Wissensmengen, die in Propositionen kodiert sind, und er bedient sich einfach dieser Propositionen, um etwas zu konstruieren, was ihm phänomenal als Vorstellungsbild erscheint (Pylyshyn 1981, 1984).

Es lohnt sich, Pylyshyns komplizierte Argumentation nachzuvollziehen, denn sie steht für eine weitverbreitete Auffassung davon, wie man Kognitionswissenschaft betreiben und wie man den Geist konzipieren sollte. Pylyshyn beginnt mit der schlichten Beteuerung, Kognition *sei* ein Rechenvorgang: der Rechner sei nicht nur eine Metapher für das Gehirn, der Geist rechne tatsächlich. Dann unterscheidet er zwei grundsätzlich verschiedene Erklärungen für das Verhalten eines Systems (1984, S. 210). Die erste betrifft die *inneren Eigenschaften* des Systems, Prozesse, die die Operation von Naturgesetzen widerspiegeln. (Dies ist die Ebene, um die es J. J. Gibson im Grunde ging.) Die zweite Erklärungsform betrifft die *äußeren Eigenschaften* — die Eigenschaften der Außenwelt, die das System auf irgendeine Weise repräsentieren muß. In diesem Fall müssen die Erklärungsprinzipien Ziele und Annahmen des Systems in Betracht ziehen. Diese zweite Form, bei der es eher um Schließen denn um Reagieren geht, beschäftigt den Kognitivisten ganz besonders. Hier begeben wir uns auf das Terrain von Chomsky und Fodor.

Bei seiner Erklärung der inneren Eigenschaften prägte Pylyshyn den Begriff *funktionale Architektur*, und bezeichnet damit die grundlegenden Informationsverarbeitungsmechanismen des Systems, für die eine nicht-repräsentationale Erklärung genügt. Zur funktionalen Architektur gehören die Grundoperationen, die durch das biologische System möglich sind, ebenso wie eingebaute Restriktionen — beispielsweise das Fassungsvermögen des Gedächtnisses, die Kapazität eines Puffers, die Liste zulässiger Operationen, usw. Die funktionale Architektur kann sich nicht auf eine Weise verändern, die kognitive Erklärungen (wie Ziele, Annahmen, Repräsentationen und dergleichen) erforderlich machen würde. Vielmehr lassen sich Unterschiede in eben jenen kognitiven Phänomenen erklären, indem man die unterschiedlichen Gruppierungen heranzieht, die innerhalb der festgelegten Mengen von Operationen entstehen können.

Mit der Idee der funktionalen Architektur kann Pylyshyn zwei fundamental verschiedene Prozesse trennen: die, für deren Erklärung man auf bestimmte Repräsentationen zurückgreifen muß, und die, für die man dies nicht muß. Prozesse, die diesen Rückgriff auf die repräsentationale Ebene brauchen, nennt er *kognitiv penetrierbar*: Sie können (und werden routinemäßig) von den symbolischen Prozessen eines Individuums beeinflußt, zu denen Annahmen, Wünsche und dergleichen gehören. Da sie Inferenzen zulassen, fallen sie nicht in den Bereich der funktionalen Architektur. Im Gegensatz dazu stehen *kognitiv unpenetrierbare* Fähigkeiten: Diese Prozesse, Teil der funktionalen Architektur, geschehen automatisch und eingekapselt, unabhängig von den persönlichen Anschauungen eines Menschen. Unpenetrierbare Fähigkeiten sind mit der in den Computer eingebauten Hardware vergleichbar; penetrierbare Fähigkeiten können programmiert und daher auch verändert werden.

Es wäre schön, wenn das menschliche Kognitionsrepertoire großenteils unpenetrierbar wäre: Dann könnte man viele Prozesse als zwingend, als Folge neuraler „Verdrahtung" beschreiben. Wie sich allerdings zeigt, ist ein Gutteil der menschlichen Kognition penetrierbar. Und insbesondere, so Pylyshyn, erweist sich bildhaftes Vorstellen als *kognitiv penetrierbar*: Es ist keine Voraussetzung für ein bestimmtes Kognitionssystem (Teil der Hardware), sondern es kann auf alle möglichen Arten verändert werden, und zwar einfach dadurch, daß man sich selbst (propositionale) Anweisungen erteilt. Die von Kosslyn vorgetragenen Ergebnisse würden unser Wissen von der Funktionsweise des Geistes nur dann vertiefen, wenn diese Funktionen kognitiv unpenetrierbar wären: Das heißt, sie müßten *immer* auftreten, wenn eine bildhafte Vorstellung beteiligt sein könnte. In Wahrheit aber, behauptet Pylyshyn, kann man derartige Funktionen ändern: Sie sind kognitiv penetrierbar. Konkret gesagt: Sie können in einem Vorstellungsbild Ihre Aufmerksamkeit ebenso leicht von einer Stelle zur anderen springen lassen, wie Sie die Geschwindigkeit verändern können, mit dem Sie es überfliegen — was beweist, daß diese Handlungen Ihren Ideen und Annahmen unterliegen.

Pylyshyn wendet sich Kosslyns Landkarten-Aufgabe zu, interpretiert sie aber anders. Wo Kosslyn glaubt, die Versuchsperson konzentriere sich nacheinander auf die Punkte des mentalen Bildes, glaubt Pylyshyn, die Testperson stelle sich einfach vor, wie die Situation im „richtigen Leben" wäre und wie man sich in ihr verhalten würde. Das bedeutet, das Experiment prüft implizites Wissen über die abgebildete Situation und nicht die Wahrnehmung eines (oder innerhalb eines) imaginierten Mediums. Allgemeiner gesagt, der Umstand, daß Information in einem Vorstellungsbild immer benannt ist, läßt vermuten, daß die Repräsentation interpretiert worden sein muß, bevor sie erzeugt wurde. Nach Pylyshyns Meinung hat das Oberflächendisplay, das für Kosslyns Theorie so zentral ist, kaum eine Funktion; seine Elemente und seine Interpretation gehorchen den Zielen, Annahmen und Bemühungen des Betreffenden. Dem Oberflächendisplay fehlen alle inneren Merkmale: *Alle* sind interpretiert und Veränderungen unterworfen (Pylyshyn 1979, S. 562).

Pylyshyn folgert, man denke am besten in den Begriffen einer Reihe von Prozessen, die biologisch determiniert sind — sozusagen in die Hardware eingebaut —, und einer weiteren Reihe von abstrakten Symbolen oder Propositionen, die einfach durch bestimmte Regeln in einem Computerprogramm manipuliert werden können. Vorstellungsbilder sind nicht in die Hardware eingebaut und müssen daher als ein Epiphänomen gelten, das der Manipulation von symbolischen Elementen nachgeordnet ist.

Kosslyn aber übernimmt die von Pylyshyn gemachten Unterscheidungen nicht. Er meidet den Bezug auf zugrunde liegende abstrakte Propositionen und bezieht sich statt dessen lieber auf verschiedene Repräsentationsformen — wie die verbalen und bildhaften Varianten. Statt der möglicherweise unsinnigen Suche nach einer nicht weiter reduzierbaren Repräsentationsform scheint es Kosslyn sinnvoller, jene internen Repräsentationen zu postulieren, die die empirischen Daten am effektivsten erklären. Denn es geht gar nicht um die Frage, ob bildhafte Vorstellungen aus primitiveren propositionalen oder symbolischen Repräsentationen ableitbar sind, sondern vielmehr darum, ob eine quasi-bildhafte Vorstellung klar erkennbare Eigenschaften hat, aufgrund derer sie als eigenständige Repräsentationsform gelten kann. Bemühungen, alle Ergebnisse über bildhaftes Vorstellen, von denen bislang die Rede war, mit propositionalen oder symbolischen Codes zu erklären, erweisen sich als schwerfällig und umständlich, während ein Modell wie das von Kosslyn mit den vorliegenden Ergebnissen bestens fertig wird und zudem interessante neue Ergebnisse verspricht. Pylyshyn mag seine Theorie für ökonomischer halten, weil sie nur einen Modus mentaler Repräsentation postuliert, aber Kosslyns Theorie hat keinerlei Schwierigkeiten mit etlichen Daten, für die Pylyshyn keine befriedigende Lösung hat.

In dieser umfassenden Kontroverse vertritt Pylyshyn den typischen Computerwissenschaftler, der seit geraumer Zeit dem Modell einer digitalen Symbolverarbeitung verpflichtet ist, bei dem Informationsverarbeitung durch Operationen auf Symbolketten geschieht. Er legt sehr viel Wert auf diesen symbolzentrierten Ansatz:

Die Vorstellung eines diskreten atomaren Symbols ist die Grundlage jeden formalen Verstehens. Ja sie ist die Grundlage aller Denk-, Ausdrucks- oder Rechensysteme, für die es eine Notation gibt. ... Bislang hat es niemand vermocht, einen anderen Typ Atom zu definieren, von dem formales Verstehen abzuleiten wäre. Kein Wunder also, daß viele von uns nur sehr ungern von diesem vielgescholtenen Fundament der Kognitionspsychologie Abschied nehmen wollen — und zwar zugunsten von Symbolen, die über so verschiedene innere Eigenschaften verfügen wie kontinuierliche oder analoge Merkmale. (1984, S. 51)

Pylyshyn findet die Behauptungen hinsichtlich der Vorstellungsbilder auf beunruhigende Weise zirkulär. Seiner Meinung nach sollte eine Theorie kognitiver Prozesse erklären, woher die Leistungsfähigkeit bildhafter Vorstellungen kommt. Dazu müßte man nachweisen können, daß es einen imaginären Verarbeitungsmodus gibt, der tatsächlich eine unveräußerliche Eigenschaft von Kognition ist (d. h., mit der Struktur des Gehirns zusammenhängt) und benutzt werden muß, um Fragen über Orte, Entfernungen und dergleichen zu beantworten. Pylyshyn aber hat den Eindruck, daß Kosslyn ein Medium Vorstellungsbild bloß *annimmt* und dann vorgibt, dessen Wesen zu erklären, indem er darauf hinweist, wie bildhaftes Vorstellen funktioniert — jene Art von Operationen also, bei denen Vorstellungbilder beteiligt sind. Pylyshyn meint, die Frage, die Kosslyns Werk aufwerfe, sei die, „ob wir annehmen dürfen, daß gewisse spezifische empirische Regelhaftigkeiten auf allgemeine Konstriktionen verweisen, die aus der Natur des ... repräsentationalen *Mediums* oder *Formats* folgen, oder ob solche Regelhaftigkeiten die Folge dessen sind, was Menschen glauben, was sie als ihr Ziel erachten" (1980b, S. 162).

Kosslyn seinerseits räumt ein, daß es eine propositionale Grundebene des Kodierens gibt, von der Vorstellungsbilder generiert werden könnten, zumindest zum Teil. Was die Legitimität und die Bedeutung eines separaten Repräsentationsmodus angeht, der für sich genommen produktiv sein kann, vertritt er einen „anti-reduktionistischen" oder „anti-monistischen" Standpunkt. Geistigen Bildern kommt nicht nur im Denken eine kausale Rolle zu, sie bleiben, einmal gebildet, in einer Form kodiert, die dann verschiedenen Zwecken dienen kann. Pylyshyns Ideen seien einfach nicht produktiv: Er kann trotz seiner Kriterien der kognitiven Unpenetrierbarkeit keine (über elementarste Wahrnehmungspropzesse hinausgehenden) Prozesse als Beispiel nennen, die für Annahmen, Wünsche und andere intentionale Phänomene unempfänglich wären. Kosslyn hat das Gewicht experimenteller Beweise auf seiner Seite, denn wenn er etwas über Vorstellungsbilder behauptet oder etwas simuliert, kann er sich auf große Mengen entsprechender Daten stützen. Inzwischen gibt es sogar, wie bereits erwähnt, neurologische Erkenntnisse, die man als Bestätigung für Kosslyns Modell anführen kann. Aber da es Pylyshyn um konzeptionelle Grundsatzfragen geht, dürfte er sich von noch einer Studie und noch einem Versuchsergebnis schwerlich umstimmen lassen.

Nach meinem Dafürhalten ist Kosslyns Beweisführung im Rahmen der empirischen Kognitionswissenschaften überzeugender. Wenn man sich um ein Modell dafür bemüht, wie der Geist arbeitet und eine bestimmte Art von Modell immer wieder zu aufschlußreichen Ergebnissen führt, dann wäre es töricht, dieses Modell bloß wegen einiger theoretischer Einwände aufzugeben — die außerdem nur sehr schwer zu widerlegen sind. (Ich selbst glaube sogar, daß die künftige Forschung sehr wohl mehrere Systeme bildhafter Vorstellung, analog der für das visuelle System beschriebenen, entdecken könnte, die aber andere Informationen erfassen und transformieren, beispielsweise sprachliche, musikalische oder taktile.) Ned Block (1983) hat darüber hinaus ausgeführt, daß man alle Fragen der „Anti-Imaginisten" zu den Schwierigkeiten, im Geist Bilder (oder „Quasi-Bilder") zu finden, auch gegen die Propositionalisten richten könnte. Schließlich ist keineswegs evident, was es bedeuten soll, daß es im Geist Propositionen gibt; der Unterschied ist lediglich, daß diese Idee etwas weniger lebhaft (und etwas weniger imaginistisch) und somit vielleicht etwas einfacher zu akzeptieren ist.

Doch während Kosslyns Ansatz im Kernbereich der Kognitionswissenschaft als ziemlich vernünftig gilt, entfachte er im Lager der Philosophen beträchtlichen Ärger. Philosophen haben die Frage aufgeworfen, was es eigentlich bedeutet, wenn man mit dem Begriff „bildhafte Vorstellung" beginnt und dann flugs (und unreflektiert) dazu übergeht, verschiedene verwandte Ausdrücke zu verwenden: Das Bild überfliegen, sich auf Bildteile konzentrieren, das Bild transformieren und so weiter. Da klar ist, daß es im Geist keine Bilder (nicht einmal „Quasi-Bilder") gibt (Wer oder was ist da, um sie zu sehen? Was ist das Medium des Bildes? und so weiter), muß man sich fragen, was gewonnen, was verspielt werden kann, wenn man diese Metapher weiter ausschmückt (Schwartz 1981). Georges Rey (1981) stellt einige unbequeme Fragen. Er will wissen, in welcher Art von Raum Bilder leben, die in zwei Dimensionen zu existieren scheinen. Ist das geistige Bild wirklich genauso strahlend bunt, wie es die entsprechenden Gegenstände „live" sind? Er zieht auch Kosslyns verheißungsvolles Modell in Zweifel. Kathodenstrahlröhren werden vom menschlichen Auge wahrgenommen, in den Tiefen des Gehirns dürfte sich allerdings kaum ein weiteres Auge befinden. Menschen berichten häufig, daß sie Dinge sehen, die es nicht wirklich gibt — wenn man dies bedenkt, sollte man vielleicht zu erklären versuchen, was Menschen berichten, einschließlich der Schilderungen ihrer Vorstellungsbilder, statt Bilder erforschen zu wollen, von denen man möglicherweise nicht sinnvoll behaupten kann, daß sie „existieren".

Eine sprachphilosophische Kritik

Mit dieser Kritik noch weiter geht William Shebar (1979), ein Philosoph, der mit Kosslyn gearbeitet hat und dann einige seiner Ideen einer Kritik im Sinne Wittgensteins unterzog. Wie schon im vierten Kapitel erwähnt, schätzte Wittgenstein psychologisches Theoretisieren nicht sehr: Seiner Meinung nach wurden Begriffe häufig unbewußt aufgrund bestimmter suggestiver Merkmale unserer Sprache übernommen. Daher verlangt ein Ansatz im Sinne Wittgensteins, ganz genau auf die Sprache in solchen Ausdrücken wie „imaginieren" oder „sich ein Bild machen" zu achten und gegenüber bildhaftem Vorstellen als psychologischem Erklärungskonstrukt skeptisch zu sein.

Shebar meint, eine aufmerksame Betrachtung der Sprache, mit der über Vorstellungsbilder gesprochen wird, offenbare die vielen Fallen, die sich in ihr verbergen. Man dürfe sich ein Vorstellungsbild nicht als ein Ding vorstellen, denn was für ein Ding ist es? Es sei besser, von der Handlung des bildhaften Vorstellens zu sprechen, etwas, das Menschen ganz gewiß tun. Man kann jemanden bitten, sich ein Haus vorzustellen — denn dies ist etwas, das Menschen tun können — aber man kann nicht sagen, jemand solle „ein Haus sehen", denn Sehen ist eine andere Art von Tätigkeit als Vorstellen, und zwar eine, die nicht der willentlichen Kontrolle unterliegt. Ebenso irreführend ist es, ein Vorstellungsbild mit einem tatsächlichen Bild gleichzusetzen. Man braucht Material, um ein Bild, nicht aber, um ein Vorstellungsbild zu machen; aber eine derartige Redeweise führt dazu, daß wir bildhaftes Vorstellen als eine Art Diavorführung erachten, die wir auf der privaten Projektionsfläche unseres Geistes sehen können. Denn Sie haben ganz offensichtlich keinen Zugang zum Vorstellungsbild eines anderen, aber Sie können es sich sehr wohl vorstellen.

Shebar widerspricht Kosslyns Interpretation seiner Resultate. Sie seien auch ohne Analogie zu Vorstellungsbildern erklärbar. Jeder weiß, daß es länger dauert, wenn man auf richtigen Bildern größere Entfernungen überfliegen muß, und wenn man sich diesen Prozeß vorstellen soll, faßt man ihn auf dieselbe Weise auf. Die Tatsache, daß es länger dauert, bis man einen Knopf drückt, impliziert nicht die Existenz eines bestimmten Prozesses namens „bildhaftes Vorstellen" — oder eines bestimmten Elementes namens „Vorstellungsbild" — der länger dauert; sie bestätigt nur eines: Was immer man beim Überfliegen auch tun mag, es dauert länger, wenn die Entfernung größer ist.

Nach Shebars Meinung ist der Terminus *innere Repräsentation* von Anfang an mit den Konnotationen der *äußeren Repräsentation* beladen, der er nachgebildet wurde. Aber es ist unlauter, ein verborgenes Bild eine Repräsentation zu nennen — denn für wen würde es etwas repräsentieren, wenn es sichtbar wäre? Shebar wittert einen Teufelskreis. Versuchspersonen verstehen die Anweisungen, die Kosslyn gibt, weil sie genau die Analogie erfassen, die benutzt wurde, um die Vorhersagen zu machen und die später benutzt wird, um das Ergebnis zu erklären. Folgt man Shebar, versteht eine Versuchsperson den in der Instruktion benutzten Begriff „innerer Prozeß" nur dann, wenn sie den Begriff des „äußeren" Prozesses erfaßt, dem er nachgebildet wurde; sie muß daher exakt die Regelhaftigkeiten hervorbringen, die aussehen, als seien sie ein Beleg für die Theorie.

Shebars Kritik ist potentiell vernichtend für jede Erforschung des bildhaften Vorstellens und möglicherweise auch für andere Zweige der Psychologie, bei denen es um innere Repräsentation geht. Psychologen, sagt er, glauben Prozesse zu untersuchen, während sie in Wahrheit prüfen, welche Wirkung es hat, über Dinge auf eine bestimmte Art zu sprechen. Die Forscher bedienen sich einer Ausdrucksweise, die *de facto* vortheoretische Diskussionen über Erleben widerspiegelt, und nicht Mechanismen, die wirklich untersucht und verstanden werden können. Nach dieser Interpretation lassen sich die Probleme der Psychologie nicht durch neuere Daten oder eine präzisere Terminologie lösen, sondern durch die Erkenntnis, daß es sich hierbei gar nicht um echte Probleme handelt.

Ich finde Shebars Kritik anregend, vielleicht ein klein wenig zu schrill, keineswegs aber so vernichtend, wie er es wohl gern hätte. Es ist sicherlich sehr riskant, ein bestimmtes Vokabular zu übernehmen, da mit ihm Assoziationen verbunden sind, die unbewußt sein können — und daher um so gefährlicher für alle, die es verwenden. Aber diesem Problem kann man besser dadurch begegnen, daß man genau auf die eigene Ausdrucksweise achtet und gewissenhaft die eigene Theoriebildung prüft, statt zwingend eine Forschungsrichtung völlig aufzugeben. Ganz sicher lohnt es sich, zu erforschen, wie Menschen wahrnehmen — das hätte nicht einmal Wittgenstein bestritten; und wenn es so aussieht, daß das Auftauchen innerer Vorstellungsbilder zur Wahrnehmung gehört oder daß diese Merkmale haben, die der „echten" visuellen Wahrnehmung ähneln, dann verdienen auch diese Phänomene, erforscht zu werden. Da aber diese Fähigkeiten nicht offen zutage liegen, der intersubjektiven Überprüfung nicht so leicht zugänglich sind, muß man wachsam sein.

Eine Sichtweise im Sinne Wittgensteins wirft für die Kognitionswissenschaft schwerwiegende Fragen auf. Die Grundannahme dieser jungen Disziplin lautet, daß man zu Recht von inneren Repräsentationen sprechen kann: das heißt, von einer separaten Ebene zwischen den Nervenzellen der Physiologie und den Verhaltensnormen einer Gesellschaft. Wittgenstein mochte sich dieser Annahme nicht anschließen, auch wenn er eine platte behavioristische Kritik an „inneren Konstrukten" mied und eine differenzierte Sicht davon einführte, welche Wege die Gesellschaft findet, um die Welt begrifflich fassen zu können.

Es mag den Anschein haben, als seien Untersuchungen zum bildhaften Vorstellen geradezu maßgeschneidert für eine Kritik in der Wittgenstein-Tradition. Es bereitet wenig Probleme, über Gegenstandswahrnehmung oder über Handlungen zu sprechen; und selbst wenn man von Sprache oder Musik redet, richtet sich dies auf ein Symbolsystem, das leicht analysierbar ist. Eine Diskussion aber über dieses seinem Wesen nach mysteriöse Phänomen namens Vorstellungsbild inspiriert zwingend Metaphern (wie „das geistige Auge") und recht exotische Modelle (wie die Kathodenstrahlröhre), die sich in gewissen schwerwiegenden Punkten von den Phänomenen unterscheiden, deren Modell sie sind. Ein gefundenes Fressen für Philosophen!

Vorsichtige Kognitionswissenschaftler, wie beispielsweise Pylyshyn, scheinen gut beraten, das Reden über bildhaftes Vorstellen völlig sein zu lassen und sich auf weniger schwankenden Boden zu begeben. Es gibt allerdings einen anderen, kühneren wissenschaftlichen Schachzug, den Kosslyn, Shepard und Kollegen für sich in Anspruch nehmen können. Wenn sich die Kognitionswissenschaft bei dem relativ unbedeutenden (und tendenziösen) Phänomen des bildhaften Vorstellens erfolgreich zu behaupten vermag, wenn sie dieser sprachphilosophischen Kritik standhalten kann, dann läßt sich das kognitionswissenschaftliche Vorhaben als Ganzes besser verankern. Unter diesem Aspekt betrachtet, könnten die Hindernisse bei der Erforschung des bildhaften Vorstellens allen Erfolgen, die in diesem Bereich erzielt werden, erhebliche Schlagkraft verleihen.

Doch mindestens in einer Hinsicht könnten sich Wittgensteinsche Vorbehalte bewahrheiten. Selbst wenn es überzeugende Belege geben sollte, die für eine streng kognitionswissenschaftliche Erklärung der „echten" Wahrnehmung sowie jener Wahrnehmung zweiter Ordnung sprechen, die zum bildhaften Vorstellen gehört, so könnten diese Formen geistiger Aktivität dennoch völlig — oder zumindest weitestgehend — ohne Rekurs auf Sprache oder organisierende Begriffssysteme geschehen. (Es ist schließlich durchaus möglich, daß nicht sprachbegabte Lebewesen bildhafte Vorstellungen haben, und es läßt sich kaum bezweifeln, daß sie auf ähnliche Weise wie Menschen wahrnehmen.) Aber eine Kognitionswissenschaft, die diesen Namen verdient, muß letztendlich auch eine Erklärung für jene kognitiven Fähigkeiten finden, die stark von sprachlichen oder konzeptuellen Prozessen gefärbt oder völlig von ihnen durchdrungen sind. Wenn sich Kognitionswissenschaftler auf dieses Gebiet begeben, sehen sie sich mit den verwirrendsten Fragen ihrer Wissenschaft konfrontiert — und den Fragen, die Menschen am meisten beschäftigen.

12. Eine kategorisierte Welt

Als die Griechen den Menschen einen ungefiederten Zweifüßler nannten, war dies nicht nur eine prägnante Definition ihrer eigenen Gattung. Sie belegt beispielhaft ihre Überzeugung, daß man die normalen Objekte der Welt in Gruppen klassifizieren und diese Gruppen durch bestimmte kritische Eigenschaften definieren kann. So gehören also alle menschlichen Lebewesen zu einer einzigen Klasse namens „Menschen", und diese Klasse kann mit der gerade zitierten, eigentümlichen Bezeichnung eindeutig definiert werden.

Lassen Sie uns darüber nachdenken, welche Leistung diese knappe Formulierung darstellt. Alle Lebewesen reagieren ähnlich auf Entitäten, die ihnen ähnlich scheinen, aber diese Reaktionen sind in aller Regel unreflektiert. Festzustellen, daß Menschen überall Entitäten zu Gruppen zusammenfassen, ist ein bedeutender Fortschritt. Zu bemerken, daß diese Kategorisierungen eine ineinandergeschaltete Hierarchie bilden können, ist eine weitere Einsicht. So behandelt ein Mensch verschiedene Ansichten eines Foxterriers als Beispiele desselben Foxterriers; als nächstes faßt er alle Foxterrier zusammen; dann gruppiert er Foxterrier und Pudel in die Kategorie Hund, Hunde und Katzen in die Kategorie Haustier, und so weiter die Hierarchie hinauf: Säugetier, Wirbeltier, Tier, Lebewesen und, ganz einfach, Entität (Keil 1979). Menschen bilden und organisieren nicht nur Kategorien, sie filtern auch die Charakteristika heraus, die jede Kategorie definieren. Verfügt man über eine befriedigende Definition eines Foxterriers, eines Hundes, eines Haustieres und so weiter, dann verfügt man über ein Grundprinzip, anhand dessen man jede Entität in eine oder mehrere richtige Kategorien einordnen kann.

Seit den Tagen des Aristoteles werden Tätigkeiten wie Benennen, Definieren und Kategorisieren von Philosophen genauestens untersucht. Um die Mitte unseres Jahrhunderts hatte sich eine bestimmte Auffassung als die „richtige Art" etabliert, Kategorien, Konzepte und Klassifikationen (drei Termini, die ich hier austauschbar verwenden werde) zu betrachten. Doch in den letzten fünfunddreißig Jahren, genau seit die Kognitionswissenschaft im Vormarsch ist, ist diese Theorie, wie wir die Welt kategorisieren, schärfsten Angriffen ausgesetzt gewesen und in ihrer reinen Form vertritt sie heute im Grunde niemand mehr.

In diesem Kapitel werde ich zunächst die wichtigsten Punkte dieser *klassischen Konzepttheorie* und dann die wichtigsten Kritiken von Psychologen, Anthropologen und Philosophen an dieser Position darstellen. Es ist heute keine Übertreibung zu behaupten, daß an die Stelle der klassischen Konzepttheorie die sogenannte *natürliche Konzepttheorie* getreten ist. Auch diese neue Sicht hat ihre Kritiker gefunden, darunter etliche, die sich nach den weniger verworrenen Tagen der klassischen Theorie sehnen, sowie ganz radikale Wissenschaftler, die grundsätzlich bezweifeln, daß Kategorisieren sinnvoll ist. Ich werde zunächst einige

Reaktionen auf die Theorie der natürlichen Klassifikation betrachten, und dann Bestandsaufnahme machen, welche Erkenntnisse über menschliches Klassifizieren inzwischen als gesichert gelten können und welchen Beitrag dieses Wissen zu einer entstehenden Kognitionswissenschaft leisten kann.

Die klassische Sicht der Klassifikation

Erste Eindrücke von der klassischen Theorie gewährte meine Darstellung von Jerome Bruners Untersuchung, wie man Konzepte bildet oder findet (Bruner, Goodnow und Austin 1956). Erinnern wir uns (s. S. 106ff.), daß Versuchspersonen geometrische Begriffe wie *großes rotes Dreieck* oder *hoher blauer Zylinder* herausfinden sollten. In diesen Fällen war eine Kategorie willkürlich definiert (man konnte jede beliebige Merkmalskombination zum Zielbegriff machen) und jeder Gegenstand gehörte eindeutig zu dieser Kategorie (oder nicht). Das bewährte Rezept: eine Kategorie und eine Reihe von definierenden Merkmalen, gerade so wie der ungefiederte Zweifüßler. Und diese Sichtweise blieb nicht auf die experimentelle Kognitionspsychologie beschränkt. Die Lieblingsdefinitionen von Philosophen folgten dem gleichen Muster: ein Junggeselle ist männlich, unverheiratet, erwachsen. Anthropologen suchten ähnliche Strukturen in ihren Untersuchungen der Verwandtschaftsverhältnisse (ein Onkel ist männlich, eine Generation älter und kein direkter Vorfahre). Selbst in der Neurowissenschaft suchte man nach Detektoren, die unzweideutig alle Linien registrieren, die in die eine, nicht aber in die andere Richtung verliefen.

Ich werde einen Moment lang als Klassiker die klassische Theorie vertreten und ihre Kriterien erklären (siehe Smith und Medin 1981):

1. Kategorien sind willkürlich. Nichts in der Welt oder unserem Nervensystem gibt vor, wie wir aufteilen müssen, was wir wahrnehmen. Dies ist Aufgabe der Kulturen und Sprachen. Dinge können völlig beliebig zu Kategorien zusammengefaßt werden, und Menschen können lernen, die Kategorien, die ihre Kultur festgelegt hat, zu erkennen oder zu bilden.

2. Kategorien haben definierende oder kritische Merkmale. Alle Vertreter einer Kategorie — und nur sie — besitzen diese definierenden Merkmale, und zwischen Vertretern und Nichtvertretern gibt es keine Überschneidungen.

3. Die *Intension* (oder das Merkmalsbündel) bestimmt die *Extension* einer Kategorie (d. h., was dazugehört). Daher ist es unsinnig zu sagen, eine Kategorie habe eine innere Struktur, aufgrund derer einige Dinge offenbar bessere Beispiele dieser Kategorie sind als andere. Entweder ist ein Dreieck groß und rot oder es ist nicht groß und rot. Grenzen sind eindeutig und nicht unscharf.

Diese Behauptungen sind recht undifferenziert formuliert: Einwände gegen eine derart schlichte Auffassung von Klassifikation finden sich schon in Schriften aus der Zeit der englischen Empiristen. Dennoch war eine Spielart dieser klassischen Position sehr verbreitet, bis Ludwig Wittgenstein und seine Anhänger um die Mitte unseres Jahrhunderts diese mit Behauptungen erschütterten, die in den letzten Jahrzehnten durch bedeutende verhaltenswissenschaftliche Forschungen untermauert worden sind. Eleanor Rosch, vermutlich diejenige Kognitionsforscherin, deren Werk am nachhaltigsten zum Sturz der klassischen Theorie beitrug, hat die um 1950 herrschende Lehre beschrieben:

> Der Prozessor galt als rational, die Aufmerksamkeit richtete sich auf die logische Natur von Problemlösungsstrategien. Das „hochentwickelte westliche Denken" war angeblich ein Denken, das Wissen von den Idiosynkrasien der jeweiligen Alltagserfahrungen abstrahierte und sich dabei der Gesetze der Aristotelischen Logik bediente. Im Hinblick auf Kategorien bedeutete dies, daß eine Kategorie kennen gleichbedeutend damit war, ein abstraktes, klar abgegrenztes, notwendiges und hinreichendes Kriterium für Kategorienzugehörigkeit zu haben. Falls andere Denkprozesse — wie bildhaftes Vorstellen, Ostensivdefinition, Schlußfolgern durch Analogiebildung oder die Verwendung von Metaphern — überhaupt Beachtung fanden, schrieb man sie in aller Regel minderen Geschöpfen wie Frauen, Kindern, Primitiven, ja sogar nichtmenschlichen Lebewesen zu. (Rosch und Lloyd 1978, S. 2)

In gewisser Weise paßte die klassische Theorie der Kategorisierung zur Aura der Kognitionswissenschaft — eine Wissenschaft, die auf der Eindeutigkeit des Computers basierte. Aber ebenso, wie die verbreitete Auffassung vom Computer als einer universellen Logik-Maschine langsam einer Pluralität der Positionen gewichen ist, so konnte auch diese verbreitete Sicht von Klassifikation dem Ansturm von Argumenten und empirischen Daten verschiedener Fachrichtungen nicht standhalten. Ein schwerer Schlag kam aus einer Ecke der Forschung, die ursprünglich als ureigenes Terrain der klassischen Theorie galt — die Farbbenennung.

Das Universum der Farbnamen

Rein physikalisch läßt sich nicht bestimmen, wo eine Farbe endet und eine andere beginnt: das Farbspektrum ist ein ununterbrochenes Kontinuum. Und doch verfügt jede menschliche Gruppe über Arten und Weisen, Farben zu benennen und einzuordnen, und diese scheinen recht verschieden. Einige Kulturen haben nur zwei oder drei Namen für alle Farben, während andere Gesellschaften, so auch die unsere, über ganze Begriffsfamilien verfügen — von unmodifizierten (Blau) bis hochmodifizierten (zartes Himmelblau). Da jede Kultur das Farbspektrum nach eigenem Gutdünken aufzuteilen scheint, herrschen hier offenbar keine Naturgesetze. Vielmehr unterbricht eine Kultur das Farbspektrum an der einen Stelle beispielsweise bei Wellenlänge x, während eine andere dies bei Wellenlänge y tut oder das Spektrum gröber oder feiner unterteilt. Die

Aufgabe der Angehörigen einer Kultur besteht darin, die Farbnamen, die diese Kultur willkürlich bestimmt hat, ebenso zu lernen wie die Namen von Verwandten, von Flora, Fauna und zahlreichen menschlichen Erfindungen — von Werkzeugen bis hin zu Regierungsformen.

Zu den Wissenschaftlern, die etwa so dachten, gehörte Roger Brown, Psycholinguist an der Harvard University. In den frühen fünfziger Jahren begann Brown in Zusammenarbeit mit seinem Doktoranten Eric Lenneberg sich dafür zu interessieren, welche Auswirkungen die kulturspezifische Unterteilung des Farbspektrums auf die Fähigkeit von Angehörigen dieser Kultur haben könnte, bestimmte Farbtöne zu klassifizieren und sie später korrekt zu identifizieren. In einer Zusammenfassung aus dem Jahre 1975 beschrieb Brown sehr treffend den Zeitgeist jener Epoche, und er zeigte auch, wie jener dann von Eleanor Rosch, die knapp zwanzig Jahre später bei ihm studierte, unterminiert werden sollte.

Brown schreibt in diesem Aufsatz, daß er und Eric Lenneberg (1954) die Sapir-Whorf-Hypothese überprüfen wollten: d. h., daß die Konzeptualisierung der Welt ein Abbild der speziellen Termini und Konzepte der Kultur sei, der man angehört (siehe auch Kapitel 8, S. 250). Vor allem zwei Gründe ließen die beiden Forscher zu Farben als Untersuchungsgegenstand greifen: Zum einen kann man Farben auf objektive, „kulturunabhängige" Weise beschreiben, indem man sich umfangreicher psychophysikalischer Meßmethoden bedient; zum zweiten belegten interkulturelle Studien, daß zahlreiche Kulturen verschiedenartige Farb-Wortschätze benutzen.

Aus verschiedenen Gründen nahmen an der ursprünglichen Brown-Lenneberg-Studie nur Versuchspersonen teil, deren Muttersprache Englisch war. Man zeigte ihnen vierundzwanzig Farben und bat sie, diese zu benennen: Leicht zu benennende Farben wurden als „kodierbar" bezeichnet. Eine andere Gruppe sah kurz eine kleine Zahl von Farben, dann ein großes Spektrum von Farbtönen und sollte beurteilen, welche davon sie zuvor bereits gesehen hatte und welche nicht. Zu den Farben der neuen Auswahl gehörte einige, die als kodierbar eingestuft waren, und einige, für die das nicht galt. Die Ergebnisse schienen eine schwache Version der Whorf-Sapir-Hypothese zu bestätigen: Genauer gesagt, die Versuchspersonen erkannten Farbplättchen, die als hochgradig kodierbar eingestuft worden waren, leichter wieder als solche, bei denen dies nicht der Fall war. Die Verfasser schlossen daraus, daß der Umstand, daß der englische Wortschatz über Namen für diese Farben verfügt, der Grund dafür sei, daß leicht zu benennende Farben auch leichter wiedererkannt würden.

Roschs Kritik an klassischen Theorien

In den etwa zehn Jahren, die auf die Brown-Lenneberg Studie folgten, wurden mehrere Folgeuntersuchungen durchgeführt. Diese Forschung ging verschlungene Pfade, war in ihren Ergebnissen aber nicht schlüssiger als das Pionierexperiment: Nur mäßige Bestätigungen der Sapir-Whorf-Hypothese, aber auch keine eindeutige Wiederlegung. Etwa 1970 jedoch bekam Eleanor Rosch (damals Eleanor Rosch Heider) die Gelegenheit, die Dani in Neu Guinea zu besuchen. Die Dani, ein Steinzeitvolk, haben nur zwei Farbtermini — *mola* für helle, warme, und *mili* für dunkle, kalte Töne. Rosch wollte wissen, wie sich ein derart ungewöhnlich begrenztes Farbvokabular auf das Verhalten der Dani bei verschiedenen Farbaufgaben auswirken würde, und legte ihnen vierzig Farbplättchen mit vier Helligkeitsstufen und zehn Farbtönen vor. Jede Versuchsperson sollte jedes Farbplättchen benennen; in einer anschließenden Wiedererkennungsaufgabe wurde der Versuchsperson ein Testplättchen gezeigt; danach wurde sie gebeten, dreißig Sekunden im Dunkeln zu warten und dann aus den vorhandenen vierzig Plättchen jenes auszusuchen, das sie zuvor gesehen hatte. Die Benennungsaufgabe bestätigte eindeutig, daß die Dani zu einer anderen Kultur als der unseren gehören. An den äußersten Enden des Farbspektrums stimmten die Urteile der Versuchspersonen darüber, welche Farben *mili* und welche *mola* waren, überein. Die dazwischen liegenden Plättchen jedoch wurden nicht übereinstimmend eingestuft, da die einzelnen Versuchspersonen die Grenzlinie zwischen den beiden Farbtermini an unterschiedlichen Stellen zogen.

Aber das Ergebnis der Wiedererkennungsaufgabe war völlig unerwartet. Es zeigte sich, daß die Dani Farben auf eine uns sehr ähnliche Weise wiedererkennen — ihnen unterliefen beispielsweise die gleichen Verwechslungen —, auch wenn ihre Leistungen generell niedriger lagen. Unterschiedliche Benennstrukturen fanden also keine Entsprechungen in der Art und Weise, wie Farben im Gedächtnis gespeichert oder abgerufen wurden (Heider 1972; Rosch 1973a; Rosch 1973b).

Um dieses Ergebnis zu überprüfen, wählten Rosch und ihr Kollege Donald Olivier (1972) Farbpaare, die im Spektrum unmittelbar aneinandergrenzten und in Sättigung und Helligkeit gleich waren. Beide Farben konnten entweder zum gleichen Farbnamen (im Englischen wie im Dani) oder zu verschiedenen Farbnamen und damit auch zu verschiedenen Farbkategorien (beispielsweise Grün und Blau) gehören. Selbst bei dieser vereinfachten Aufgabe erwies sich das Wiedererkennen perzeptuell angrenzender Farbtöne als präzise, und zwar unabhängig davon, ob diese zur gleichen oder zu verschiedenen Farbkategorien gehörten — was die klassische Whorf-Hypothese schlüssig widerlegte. Brown drückt es folgendermaßen aus: „Die faszinierende Ironie dieser Untersuchung liegt darin, daß sie im Geiste eines strengen Relativismus und linguistischen Determinismus begann und nun bei einer Position des kulturellen Universalismus und der linguistischen Irrelevanz angelangt ist" (1975, S. 152). Oder, in Roschs eigenen Worten: „Kurz gesagt, das Farbspektrum ist keineswegs eine Domäne, die sich für das Studium der Auswirkungen von Sprache auf Denken besonders gut eignet, sondern es scheint vielmehr ein hervorragendes Beispiel dafür zu sein, wie zugrundeliegende perzeptuelle, kognitive Faktoren Form und Inhalt sprachlicher Kategorien beeinflussen" (Heider 1972, S. 20).

Warum bedeuteten diese Forschungsergebnisse einen Rückschlag für die klassische Theorie der Begriffsbildung? Lange Zeit hatte man angenommen, die Grenzlinien zwischen Farben seien beliebig, würden nach Gutdünken der Kulturen gezogen; Menschen spiegeln, so hieß es, diese Grenzen in ihrem klassifikatorischen und mnemotechnischen Verhalten nur wider. Rosch nun stellte diese Argumentation in Frage. Die Benennungspraktiken sind offenbar zufällig. Wie sich Menschen aus unterschiedlichen Kulturen an Farben erinnern, scheint Abbild der Organisation des Nervensystems, nicht aber der Struktur eines bestimmten Wortschatzes zu sein. Einige Farbtöne sind „gute" Beispiele einer Farbe — und zwar aufgrund der Physiologie des menschlichen Sehsystems und nicht aufgrund spezifischer Benennungspraktiken. Man kann sagen, daß Aspekte von Farbe nicht durch einen Wortschatz „augenfällig" werden, sondern daß der Wortschatz jene Aspekte kodiert, die bereits augenfällig *sind*.

Rosch gab sich keineswegs damit zufrieden, lediglich die Farbbenennung bei einem fremden Stamm zu erforschen (Mervis und Rosch 1981; Rosch 1977, 1978). Nachdem sie in die USA zurückgekehrt war, untersuchte sie zahlreiche Bereiche und kam zu dem Ergebnis, daß die Geschichte mit den Farben auch anderweitig überaus relevant war. Nach der klassischen Konzepttheorie, die vor allem auf der Arbeit mit künstlichen Stimuli fußte, ist jede Kategorie durch eine finite Menge kritischer Merkmale definiert: Elemente der jeweiligen Kategorie besitzen diese Merkmale, Nicht-Elemente besitzen sie nicht. Diese klassische Sichtweise aber versagt in der Welt natürlicher Objekte — wie Vögel — und erweist sich auch im Bereich von Gegenständen, die von Menschen hergestellt sind (Möbelstücke oder Werkzeuge, um nur zwei zu nennen) als nicht besonders hilfreich. In der Realität sind hoch korrelierende (nicht-unabhängige) Merkmale die Regel. Sieht ein Betrachter beispielsweise Federn, Felle und Flügel, so kommt er schnell zu dem Schluß, daß Flügel empirisch häufiger zusammen mit Federn auftreten als mit Fellen. Anders gesagt, es gibt im Aussehen von Elementen der gleichen Kategorie erhebliche Redundanzen — und nicht jene Unabhängigkeit der Merkmale, die von der klassischen Theorie postuliert wurde. Wiedererkennungsmechanismen machen sich diese Redundanzen zunutze.

Die Realität hinterläßt auch an anderen Stellen ihre Spuren. So wird zum Beispiel eine Gruppe von Gegenständen eines bestimmten Aussehens mit größerer Wahrscheinlichkeit der Kategorie „Stühle" zugeordnet (weil sie das Potential haben, daß man darauf sitzen kann), während eine andere Gruppe von Gegenständen eher der Kategorie „Trinkgefäße" zugeordnet wird (weil sie das Potential haben, daß man sie halten und aus ihnen gießen kann). Während einige Charakteristika offenbar für Stühle, andere für Trinkgefäße kennzeichnend sind, sucht man vergebens nach einer Menge definierender Merkmale; hilfreicher für die Klassifikation ist offenbar die Frage, welche Handlungen diese Dinge auslösen (oder zu welchen sie auffordern).

Rosch hat eine Grundstruktur herausgearbeitet, die bei einem breiten Spektrum von Kategorien zu beobachten ist. Kategorien werden um ein zentrales

Element oder einen *Prototypen* gebildet — ein repräsentatives Beispiel dieser Klasse, das mit anderen Elementen der Kategorie die meisten Merkmale gemeinsam hat, während es mit Objekten, die nicht zu dieser Kategorie gehören, wenige oder keine Merkmale teilt. Ein Rotkehlchen ist als Vogel prototypischer als ein Huhn oder ein Pinguin: Daher wird das Rotkehlchen problemloser als Vogel erkannt und mit geringerer Wahrscheinlichkeit unzutreffend als Element einer anderen Kategorie (wie Säugetier oder Fisch) klassifiziert. Ähnlich erweist sich eine Limousine als besserer Prototyp für das Auto als ein Caravan oder ein Kleinbus. Diese Ergebnisse treffen sogar auf künstlich geschaffene Kategorien zu — wie Punktmuster oder abstrakte Zeichen, deren Elemente nach bestimmten, vorgegebenen Kriterien gestaltet sind. Das heißt, die Versuchsergebnisse zum Erkennen oder Erinnern derartiger Formen lassen sich mit der Annahme, daß Versuchspersonen Prototypen bilden, sinnvoller interpretieren als mit der Annahme, daß sie nach einer festgelegten Liste von Merkmalen suchen (oder sie erfinden). Die klassische Theorie mußte sich auf eigenem Platz geschlagen geben.

Rosch hat auch auf andere Aspekte der Struktur von Kategorien hingewiesen. In vielen gebräuchlichen Kategorien gibt es, so Rosch, ein bestimmtes Niveau, auf dem Menschen am leichtesten Namen lernen, sie leicht abrufen, sich leicht an sie erinnern, und so weiter. Sie nennt dies das *Basisniveau*. Innerhalb einer Kategorie haben Objekte auf Basisniveau zahlreiche perzeptuelle und funktionale Charakteristika gemeinsam. So ist im Bereich der Möbel ein Stuhl ein Objekt auf Basisniveau; im Bereich der Tierwelt wäre dies ein Hund oder ein Vogel. Das Objekt auf Basisniveau kann einem höheren, dem *übergeordneten* Niveau (Möbel im Fall des Stuhls, Tier im Fall des Vogels) und auch einem *untergeordneten* Niveau gegenübergestellt werden (Schaukelstuhl im Fall der Stühle, Rotkehlchen oder Zaunkönig im Fall der Vögel). Kleine Kinder benennen alle Objekte bevorzugt auf Basisniveau — alle vierbeinigen Tiere sind einige Zeit lang „Hunde", die Kategorien „Tier" und „Collie" bilden sich erst später. Menschen erwerben mit der Zeit die Fähigkeit, auf all diesen Niveaus zu benennen und zu klassifizieren, tendieren aber, wann immer dies möglich ist, zum Gebrauch des Basisniveaus.

Und schließlich bezweifelt Rosch die Existenz eindeutiger oder starrer Grenzen zwischen Kategorien. Selbstverständlich lassen sich Kategorien konstruieren, die kritische Merkmale und starre Grenzen haben, doch die Kategorien der realen Welt sind häufig unscharf voneinander getrennt und vermischen sich. Hier klingt eine Sichtweise an, die Ludwig Wittgenstein einige Jahre zuvor zum ersten Mal geäußert hatte.

Mit diesen Ansichten verwarf Rosch jede einzelne Annahme der klassischen Theorie. Kategorien bilden sich nicht zufällig, sondern systematisch. Der Gibsonschen Auffassung folgend, reflektieren Kategorien die Wahrnehmungsstruktur des Betrachters, die Handlungen, die man ausführen kann, die physikalische Struktur der Welt. Kategorien besitzen keine kritischen Merkmale, in ihnen stecken Prototypen, und weniger prototypische Beispiele werden in Relation dazu wahrgenommen, wie sehr sie dem Prototyp ähneln oder nicht. Kategorien haben eine interne Struktur, und diese Struktur hat psychologische Konsequenzen: Objekte auf Basisniveau erweisen sich als die, die am einfachsten zu benennen sind und an die man sich am besten erinnert; psychologisch schwerer zugänglich, gleichwohl für verschiedene Zwecke nützlich und wichtig ist zum einen das feinkörnigere untergeordnete, zum anderen das grobkörnigere übergeordnete Niveau. Und Kategorien haben keine festen Grenzen: Viele Elemente überspannen die Trennlinien zwischen zwei oder mehreren Kategorien.

Möglicherweise ist das Zusammenwirken mehrerer Faktoren dafür verantwortlich, daß Kategorisierung auf diese Weise geschieht. Da Menschen in einem langjährigen Prozeß die Fähigkeit entwickeln, effizient mit ihrer Umwelt umzugehen, neigen sie dazu, jene Objekte zu einer Kategorie zusammenzufassen, die sie als ähnlich wahrnehmen oder die zu ähnlichen Handlungen auffordern oder beides. Überdies ist keineswegs beliebig, was als ähnlich gilt. Unser visuelles System beispielsweise funktioniert dergestalt, daß es bestimmte Rottöne für „besser" hält als andere, und es zieht die Grenze zwischen Rot und Orange oder Orange und Gelb an ganz bestimmten Punkten, selbst wenn es sich dabei (physikalisch gesehen) um ein kontinuierliches Spektrum handelt. Diese Sichtweise ist ganz offensichtlich gut vereinbar mit dem, was wir über die Physiologie des Farbsehens wissen, und sie läßt sich auch mit neueren Arbeiten auf dem Gebiet der Logik verknüpfen: Wie sich zeigt, verträgt sich die neue „unscharfe Logik", die sich mit Zugehörigkeits*graden* zu einer Klasse beschäftigt, gut mit den von Rosch und ihren Kollegen aufgestellten Behauptungen. So revolutionierte schließlich ein verblüffendes Ergebnis zum Farbenbenennen bei einem entlegenen steinzeitlichen Stamm unsere Sicht von Konzeptbildung.

Während fast alle darin übereinstimmen, daß Roschs Ergebnisse die starke Variante der klassischen Konzepttheorie schlüssig widerlegt haben, melden Kritiker Zweifel daran an, ob die natürliche Konzepttheorie, für sich allein genommen, an ihre Stelle treten kann. Sharon Armstrong, Lila Gleitman und Henry Gleitman (1983) untersuchten die Struktur einer Kategorie, die im Sinne der klassischen Theorie eindeutig definiert war: die Kategorie der ungeraden Zahlen. Das Ergebnis lautete — zur Freude der Autoren — daß die Versuchspersonen eine solche Kategorie mit gleicher Wahrscheinlichkeit um einen Prototypen organisieren, wie sie es bei natürlichen Kategorien tun — also bei Vögeln oder Gemüse (der Prototyp der ungeraden Zahlen war übrigens die Sieben). Die Wissenschaftler folgerten daraus, daß Roschs Ansatz nicht unterscheiden kann zwischen dem klassisch definierten und einem natürlichen Konzept. Mir allerdings scheint, dieses Forschungsergebnis ließe sich mit gleicher Plausibilität als Beweis dafür anführen, daß selbst „echte" klassische Konzepte jene kategoriale Struktur haben, die Rosch auf anderem Gebiet aufgedeckt hat. Demnach wäre die Neigung, in allen Kategorien naturalistische Merkmale ausfindig zu machen, eher Bestätigung denn Widerlegung der natürlichen Konzepttheorie.

Ein weiterer kritischer Einwand wurde von Daniel Osherson und Edward Smith (1981) vorgetragen: Mit der Prototypen-Theorie sei nicht erklärbar, auf welche Weise komplexere Konzepte (beispielsweise das Konzept „Schoßhund") aus elementaren Konzepten aufgebaut werden. Diese Autoren vertreten eine Hybridtheorie: Danach ist für Kategorisierung weiterhin ein Kernkonzept im Sinne der klassischen Konzepttheorie erforderlich, das jedoch mit einem Identifikationsprozeß kombiniert werden muß, mit dem man die kategoriale Zugehörigkeit bestimmt. Roschs Ansatz sehen sie als Erklärung dafür, wie man natürliche und künstliche Konzepte identifiziert. Nach Ansicht von Osherson und Smith ist eine solche Hybridtheorie wichtig, da „die Fähigkeit, Gedanken und komplexe Kozepte aus einer Art Grundvorrat an Konzepten aufzubauen, dem Wesen menschlicher Geistestätigkeit sehr nahe kommen dürfte" (1981, S. 55).

Meiner Auffassung nach vermögen weder die Ergebnisse von Armstrong und ihren Kollegen noch die Argumente von Osherson-Smith die Schlagkraft von Roschs Position zu erschüttern. Die klassische Konzepttheorie bleibt zweifelhaft; die natürliche Konzepttheorie erweist sich als präzisere Beschreibung, wie Menschen Kategorien bilden und benützen. Gleichwohl berühren die beiden von mir referierten Kritikpunkte ein wichtiges Problem: Es gibt Aspekte der menschlichen Kognition — wie die Fähigkeit, die Definition „ungerade Zahl" stringent anzuwenden oder die Fähigkeit, aus einfachen Konzepten komplexere zu bilden — die im Rahmen der natürlichen Konzepttheorie nicht erklärbar scheinen. Möglicherweise bedienen sich zumindest einige Aspekte der Kategorisierung jener Art von Datenverarbeitung, die „Klassiker" so schätzen.

Berlin und Kay erforschen die Grundbezeichnungen für Farben

Bleiben wir bei Farben: Brent Berlin und Paul Kay von der *University of California* in Berkeley fanden erstaunliche Belege für die „Natürlichkeit" von Farbnamen (1969). Wie bereits erwähnt, erforschten diese Anthropologen experimentell die Farbnennpraktiken in zwanzig nicht miteinander verwandten Sprachen — von Arabisch über Ibo (Nigeria) bis Thai — und stellten fest, daß sich Kulturen hinsichtlich der Anzahl von Grundbezeichnungen für Farben drastisch unterscheiden, von zwei (wie bei den Dani) bis zu elf (wie im Englischen).

Die Bedeutung dieser Unterschiede wurde durch zwei wichtige Phänomene verringert, die Berlin und Kay nachweisen konnten: Wenn sie ihren Informanten die Farbtöne des kompletten Spektrums vorlegten, wählten diese die gleichen Farbtöne als Grundfarben, ob sie Bezeichnungen dafür hatten oder nicht: Das heißt, Informanten aus verschiedenen Kulturen stimmten darin überein, was ein „gutes Blau" oder ein „schlechtes Grün" ist, selbst wenn ihre Kultur keinen Namen für diese Farben hatte. Ja, die Unterschiede zwischen verschiedenen Sprechern der gleichen Sprache waren mit denen zwischen Sprechern verschiedener Sprachen vergleichbar. Berlin und Kay sahen den Grund für diese universelle Übereinstimmung in der Struktur des Nervensystems der Primaten, durch das bestimmte Farbtöne gegenüber anderen herausgehoben sind (de Valois und Jacobs 1968).

Das zweite, ebenfalls bemerkenswerte Ergebnis war eine feste Reihenfolge im Aufbau des Farbwortschatzes. Nachdem sie die Wortschätze von 98 verschiedenen Kulturen untersucht hatten, entdeckten Berlin und Kay folgende Sequenzen: Hat eine Kultur (wie die Dani) nur zwei Farbbegriffe, dann sind dies Schwarz und Weiß; kommt ein dritter hinzu, ist dies Rot; an vierter Stelle folgt Gelb oder Grün und an fünfter die Farbe, die nicht als vierte erschien; Blau und Braun konkurrieren um die Plätze sechs und sieben: Violett, Rosa, Orange und Grau sind die letzten vier Begriffe, die sich herausbilden. Diese Ergebnisse sind unter gar keinen Umständen als Ergebnis historischer Zufälle oder Überlieferungen zu erklären. Statt dessen spiegelt die Art von Unterscheidungen, die Kulturen zwischen Farben treffen und in ihren Wortschatz aufnehmen, offenbar Unterscheidungen wider, die in ihrer Wahrnehmung der Welt am stärksten hervortreten, vermutlich (auch hier) aus neurophysiologischen Gründen.

Die Ergebnisse von Berlin und Kay waren für die Anthropologie ebenso epochal wie Roschs Forschung für die Psychologie. So wie sich die Psychologen gezwungen sahen, ihren Glauben an die klassische Definition von Begriffen und die Beliebigkeit von Kategorien neu zu überdenken, so mußten die Anthropologen ihren Glauben an die Flexibilität von Benennen und von Kategorisieren und auch an den Einfluß der Sprache auf Denkstrukturen überprüfen. Dennoch vertreten manche Anthropologen die Auffassung, die von Berlin und Kay gezogenen Schlußfolgerungen gingen zu weit. John Bousfield beispielsweise meint, es sei eine Sache zu wissen, daß das Farbspektrum zweigeteilt sei, eine gänzlich andere jedoch, die Termini mit „Schwarz" und „Weiß" zu übersetzen. Seiner Auffassung nach müssen diese beiden Bezeichnungen sehr viel mehr Bedeutungen haben (da sie die einzige Möglichkeit sind, über Farben zu sprechen) als in einer Kultur mit vielen Farbnamen:

> Wir dürfen unter gar keinen Umständen vergessen, daß wir die Bedeutung dieser beiden Wörter unserer Sprache verändern würden, wenn wir ab sofort so ziemlich jeden Farbton und jede Farbabstufung im Raum der einen oder der anderen Kategorie zuordnen müßten. Wir können das, wie wir auch den Geschmack von Wein auf einer süß-herb Skala einordnen können... Aber uns entgeht etwas, wenn uns nicht bewußt wird, daß ein Wandel in der Bedeutung unserer Begriffe eingetreten ist, und ebenso, wenn wir denken, ihre Begriffe würden „dasselbe bedeuten" wie unsere. (1979, S. 208)

Die Kritik von Marshall Sahlins, Anthropologe an der *University of Chicago*, geht sogar noch weiter. Zunächst akzeptiert er Berlins und Kays Ergebnisse ohne Einschränkung und meint, daß „der Relativismus mit den interkulturellen Regelhaftigkeiten der Farbkategorisierung einfach fertig werden muß" (1976, S. 2). Im weiteren Fortgang aber interpretiert er die Ergebnisse praktisch konträr zu Berlin und Kay. Statt die Meinung zu übernehmen, daß Farbwahrnehmung die kulturellen Benennpraktiken leitet, behauptet Sahlins, der menschliche Wahrnehmungsapparat sei einerseits den dominierenderen kulturellen Belangen untergeordnet: „Die tatsächliche ethnographische Existenz von Farbbegriffen und Farbwahrnehmungen [ist bedingt durch] deren kulturelle Bedeutung als Kodes von sozialem, ökonomischem und rituellem Wert" (S. 8). Nach Sahlins' „semantischer" Interpretation haben Farben nichts mit einem Dutzend Farbplättchen zu tun — einer willkürlichen Erfindung abendländischer Technik —, sondern sie bezeichnen entscheidende kulturelle Unterschiede zwischen Leben und Tod, kostbar und alltäglich, rein und unrein. Selbst in unserer Kultur können Ausdrücke wie *rot* oder *gelb, blau* oder *grün* dazu benutzt werden, wichtige Unterscheidungen in „emotional besetzten" Bereichen wie Politik, Körperzuständen oder Religion hervorzuheben. Nur aufgrund ihrer intensiven Beschäftigung mit Phänomenen wie Wut, Patriotismus oder Trauer — Phänomene, die mit charakteristischen Farbtönen assoziiert werden — achten Menschen überhaupt auf Farben. Diese semantische Sicht der Dinge ignoriert, so Sahlins, die Biologie keineswegs, sondern weist ihr nur ihren richtigen Platz zu.

Ich fände es ganz verfehlt, sich auf eine Diskussion über Henne und Ei einzulassen — ob also zuerst die kulturellen Unterscheidungen da waren, die den Menschen zu einer bestimmten Art der Wahrnehmung veranlassen, oder zuerst die Fähigkeit des Menschen, Farben *per se* auf eine bestimmte Art zu unterscheiden. Ich glaube, daß Sahlins auf etwas anderes hinweist. Seiner Meinung nach geht es nie um Wahrnehmung *per se*, außer vielleicht in einer artifiziellen Situation, wenn man Versuchspersonen bittet, Farbplättchen zu betrachten. Wahrnehmung dient immer einem kulturellen Zweck. Daher sollte man à la Lévi-Strauss, das perzeptuelle System — und umfassender: den Geist — als Hilfsmittel der Kultur sehen, als Organisationstruktur, deren menschliche Kulturen sich bedienen können. Sahlins kommt zu dem Schluß: „Mir scheint, daß *Basic Color Terms* für die Ethnographie der Farbe sehr aufregende Perspektiven eröffnet, deren generelles Ziel, weit über die Bestimmung empirischer Zusammenhänge zwischen semantischen Kategorien hinaus, vor allem die Korrelation zwischen semiotischen und perzeptuellen Strukturen sein könnte. Denn auch Farben sind gut zu(m) denken" (1976, S. 16).

In solchen Reaktionen auf die Ergebnisse von Berlin und Kay erkennen wir den gleichen Drang zur Verteidigung des eigenen Terrains wie schon bei Roschs Arbeit. So wie einige Psychologen es nötig fanden, die klassische Konzepttheorie zu verteidigen, sucht mancher Anthropologe sicherzustellen, daß der Bereich Kultur nicht verschwindet — jetzt, da einige überzeugende Universalien nachgewiesen werden konnten. Vielleicht werden Gelehrte schließlich einen Weg finden, die Stärken beider Positionen miteinander zu verbinden, wie es Osherson und Smith in der Psychologie, Sahlins in der Anthropologie versuchten. Ich aber bin der Meinung, daß es keiner dieser Kritiken gelingt, den Kernpunkt der natürlichen Konzepttheorie zu entkräften. Sie sind eher Kommentare oder Mahnungen zur Vorsicht denn überzeugende Wiederbelebungen der klassischen psychologischen oder anthropologischen Sichtweise.

Neue philosophische Annäherung an das Problem

Just um die Zeit, als Eleanor Rosch sich in die Wildnis Neuguineas begab, spitzte sich in der philosophischen Gemeinde eine Veränderung zu, die in vielerlei Hinsicht eine Parallele zu den Tendenzen in Psychologie und Anthropologie aufwies. Wie schon mehrfach zuvor, hatte sich auch diese philosophische Veränderung schon im Denken von Ludwig Wittgenstein (1968) angekündigt. Wittgenstein hatte in den ersten Jahrzehnten des Jahrhunderts als einer der wichtigsten Teilnehmer, wenn nicht gar als Inspirator des Wiener Kreises (s. S. 74 ff.) die Bedeutung von Logik und die Notwendigkeit eines präzisen Sprachgebrauchs betont (und auch gesagt, es sei besser, zu schweigen, wenn eine solche sprachliche Genauigkeit nicht möglich ist). Im zweiten Abschnitt seiner wissenschaftlichen Laufbahn aber befaßte sich Wittgenstein vor allem damit, wie Umgangssprache benutzt wird. Diese Beschäftigung ließ ihn zu dem kontroversen Schluß kommen, daß philosophische Probleme in aller Regel im Sprachgebrauch begründet liegen. Für ihn war Sprache eine lockere und fragmentarische Menge von Elementen und ein notwendiges Kommunikationsmittel zwischen Menschen, das aber gleichermaßen zum Vertuschen wie zum Aufklären taugt, da Sprache ein Filter ist, durch den jede Erfahrung hindurch muß. Begriffe sind weder mentale Konstrukte im Kopf noch abstrakte Ideen in der Welt — man sollte sie als *Fähigkeiten* ansehen, die Menschen auf eine Art und Weise anwenden können, die für die übrige Gemeinschaft akzeptabel ist — grob gesagt als eine Art, Dinge zu tun.

Wittgenstein ist skeptisch und meint, ein Fragender dürfe allenfalls darauf hoffen, besser zu verstehen, wie die Sprache als System funktioniert und wie unsere Vorstellungen durch die sprachlichen Gewohnheiten unserer Umgebung geprägt worden sind. Alle Bemühungen zu erforschen, was „wirklich" geschehen ist, den Schleier der Sprache beiseite zu schieben, sind zum Scheitern verurteilt. Und die Verherrlichung von Logik oder von abstrakten Begriffen, die in einer Gemeinschaft ohne jeden Nutzen sind, ist ein irrelevanter Schritt, ohne jede philosophische Überzeugungskraft.

Während Wittgenstein eine radikal andere Sicht von Sprache und Konzeptbildung forderte, wurde der logische Empirismus auch von ihm ehemals gewogenen Philosophen der anglo-amerikanischen Tradition wie W. V. O. Quine (1953) und Nelson Goodman (1955) kritisiert. Es war schon im vierten Kapitel davon die Rede: Die Unterscheidung zwischen analytisch und synthetisch, der Gegensatz zwischen Unmittelbarem und Mittelbarem, die Möglichkeit, Beobachtungssätze zu verifizieren — all dies galt nicht mehr. Jetzt sollte die Philosophie bescheidenere Ziele anstreben oder sogar mit der Psychologie zu einer Art „naturalisierter Erkenntnistheorie" verschmelzen.

Schließlich formulierten, quasi gemeinsam, die amerikanischen Philosophen Saul Kripke (1972) und Hilary Putnam (1975b) eine noch radikalere Kritik an der klassischen Konzepttheorie. Diese beiden bezweifelten, daß die Welt ein ungeordnetes Chaos von Empfindungen ist, das sich mit gleicher Plausibilität auf unzählig verschiedene Arten aufteilen läßt. Statt dessen schlossen sich diese Philosophen, analog zu Roschs Vorgehen in der Psychologie, einer Auffassung von Benennen und Klassifizieren an, die an den plattesten Realismus erinnerte. Kripke, Putnam und ihre Mitstreiter meinten, die Welt habe eine reale Struktur, und ein Gutteil unseres begrifflichen Instrumentariums sei darauf abgestimmt, die wahre und faßbare Struktur einzufangen. Putnam (mit seinen „natürlichen Arten") und Kripke (mit seinen „starren Designatoren") meinten, es gebe zahlreiche Dinge, von Gold bis Goldfisch, und auch viele Entitäten, wie „Richard Nixon" oder „Greta Garbo", die nicht durch eine Liste kritischer Merkmale definiert werden sollten. Praktisch gesehen haben diese Begriffe keine Definition, keine Intension; sie haben nur eine Extension, oder eine Relation, die zwischen dem Begriff und seinem konkreten Referenten besteht. Richard Nixon ist der Mensch, den seine Mutter so genannt hat; er kann niemand anders sein; und es gibt nur eine einzige Möglichkeit sicherzustellen, daß er Richard Nixon ist, nämlich die einer beglaubigten Bestätigung, daß er die Person ist, die 1913 von ihren Eltern auf diesen Namen getauft wurde. Ebenso ist Gold, was es ist; Wissenschaftler mögen es heute als Atomgewicht 79 definieren, aber es bleibt auch dann noch Gold, falls sie es anders definieren sollten.

Nach dieser Auffassung teilen alle Vertreter der gleichen natürlichen Art ein fest umrissenes gemeinsames Strukturmerkmal. So haben im Grunde alle Zitronen die gleiche Struktur, selbst wenn zwei wahllos herausgegriffene Zitronen ein bestimmtes wahrnehmbares Merkmal nicht teilen sollten. Eine Kategorie ist mithilfe von Prototypen organisiert, die es dem Laien ermöglichen, andere Repräsentanten dieser Kategorie zu erkennen: eine solche Organisation ist unabdingbar, da man nicht zwingend mit den genetischen Eigenschaften vertraut ist, die alle Zitronen gemeinsam haben.

Stephen Schwartz (1979) hat dargelegt, daß wir uns bei der Entscheidung, wie solche *Begriffe für natürliche Arten* richtig zu gebrauchen sind, auf die Hilfe von Experten verlassen. Wir nehmen an, daß sich durch irgendjemand (oder irgendetwas) die Identität von Richard Nixon beweisen läßt; wir nehmen an, daß irgendjemand bestätigen kann, daß diese Kugel eine Zitrone oder dieses Metall Gold ist. Mit solchen Begriffen für natürliche Arten lassen sich verläßliche Generalisierungen wie die folgende bilden: „Wenn man mit Gold x macht, dann wird es...". Um Begriffe für natürliche Arten richtig zu benutzen, braucht man das Merkmal, das die Extension bestimmt, nicht zu kennen — vielleicht kennt es gegenwärtig sogar niemand; man muß nur glauben, daß es irgendwann einmal entdeckt werden kann. Mit anderen Worten, es gibt eine Natur, die (im Prinzip) aufgedeckt werden kann.

Es stellt sich die Frage, warum wir Begriffe für natürliche Arten haben. Schwartz glaubt, daß solche Bezeichnungen immer dann auftauchen, wenn es für dasselbe Material oder Ding typisch ist, daß es viele verschiedene Formen annehmen kann. Wasser kann verschiedene Formen annehmen und dies gilt auch für Krankheiten, Tiere, Pflanzen und so weiter. Sieht man diese Veränderungen am „gleichen" Objekt, dann nimmt man an, daß es einen Grundzug gibt, der dafür verantwortlich ist, daß dieses Ding auch weiterhin von gleicher Art bleibt. Hingegen verändern sich „künstliche Arten" nicht unbedingt drastisch: Autos rosten nicht zwangsläufig, Ringe müssen sich nicht verbiegen: dies sind bloß Wandlungen, die mit jedem vom Menschen hergestellten Gegenstand geschehen *können*. Dann benennt Schwartz eine Einheitlichkeit in der Veränderung, die Begriffe für natürliche Arten erkennen lassen, da alle Vertreter einer bestimmten Art diese Veränderungen durchlaufen müssen. So etwas wie eine gesetzmäßige Natur muß beim Übergang von Eis zu Wasser oder von Larve zu Schmetterling erhalten bleiben. „Der Grund, warum ich glaube, daß alle Tiger einen Wesenskern teilen, der Grund, der mich zwingt, ein gemeinsames Grundmerkmal für alle Tiger anzunehmen, das den Tiger zum Tiger macht, ist der, daß große Tiger, in einem völlig natürlichen, unbewußten und unvermeidbaren Prozeß, kleine Tiger produzieren" (1979, S. 315). Oder um es in Kripkes Begriffen zu sagen: wir sehen Dinge unter dem Aspekt, was mit ihnen geschehen kann, unter dem Aspekt modaler Möglichkeiten, Regelhaftigkeiten und Ausnahmen.

Wem philosophische Scharmützel etwas fern liegen, dem mag die Hinwendung zu natürlichen Arten, die Bereitschaft zur Übernahme ostensiver Definition („Dies ist Gold") oder der Geschichte von Gegebenem („Dies ist immer schon Nixon gewesen") statt einer Liste notwendiger und hinreichender Bedingungen („Gold ist A, B, C, oder Nixon ist X, Y, Z) recht unbedeutend erscheinen. Aber innerhalb der Philosophie gelten die von Wittgenstein begonnenen, von Kripke und Putnam dann in neue und unerwartete Richtungen vorangetriebenen Schritte als sehr radikal. Einige heilige Kühe, die bis auf Aristoteles zurückgehen, werden geradeheraus angezweifelt; es werden eine Reihe starker und biologisch orientierter Annahmen („Eine Zitrone hat Wesen...") in eine Welt eingeführt, die es sich in ihrem Empirismus und Nominalismus gemütlich eingerichtet hatte. Nun sind Bedeutungen nicht mehr im Kopf von jemand, die Kripke-Putnam-Richtung behauptet, sie seien in der Welt — sie seien ein Imperativ, der von der realen Struktur der Dinge sowie dadurch, wie Individuen sie erlernen, auferlegt ist.

Unter Philosophen hat es heftige Diskussionen über diese neue Theorie der Referenz gegeben. Die Rede vom Wesen, von einer „realen" Struktur der Welt, von einer Verbindung zwischen Eigennamen (wie Richard Nixon) und der Bezeichnung natürlicher Arten (wie Zitrone oder Gold) wird mitunter als reaktionärer Schritt gewertet, der an Fehler erinnert, denen Philosophen vor langer Zeit anheim gefallen sind, die aber nach mehreren Jahrhunderten empiristischer philosophischer Analyse überwunden schienen. Es gilt als riskant, verschiedene Elemente aufgrund angeblicher zugrundeliegender struktureller Identität in eine Kategorie zusammenzuwerfen. Ja, die Rückkehr zum Realismus hat derart weitreichende philosophische Implikationen, daß sogar Putnam (aber offenbar nicht Kripke) Bedenken kamen, ob eine solche Analyserichtung nicht auf gefährliches Terrain führen könnte.

Doch welche Befürchtungen ein Philosoph auch hegen mag, wer sich für Kognitionswissenschaft interessiert, ist verblüfft über die deutlichen Entsprechungen zwischen verschiedenen Fachgebieten. Die Ergebnisse, die empirisch in den Laboratorien der Psychologen und bei der Feldforschung in Neu Guinea gewonnen wurden, zeigen eindeutige Parallelen zu den Diskussionen unter Gelehrten, die vielleicht niemals auf den Gedanken kämen, ein Experiment durchzuführen oder sich einem Anthropologenteam anzuschließen, sondern die von Diskussionen über Fragen absorbiert sind, die auf ähnliche Weise seit über zwei Jahrtausenden diskutiert werden. Aus diesen überaus verschiedenen Ecken kam eine gemeinsame Abkehr von der klassischen Konzepttheorie, ein beträchtliches Unbehagen an Listen kritischer Merkmale und ein damit einhergehendes Vertrauen darauf, daß es in der Welt natürliche Kategorien gibt, die am besten durch Beispiele („Stereotype" oder auch „Prototypen" genannt) definiert werden und möglicherweise zugrundeliegende Strukturen reflektieren, die wir *qua* Menschsein erkennen und verstehen können. In jedem Fall blieb unklar, inwieweit die revisionistischen Behauptungen sich im Fach würden durchsetzen können, und manche Kritiker sehnten sich nach der guten alten klassischen Zeit zurück: aber die Erschütterung der klassischen Darstellungsweise wurde weithin zur Kenntnis genommen und häufig gebilligt.

Hier also haben wir ein typisches Beispiel, wie sich mehrere Sparten der Kognitionswissenschaft in dem Versuch ergänzten, eine uralte philosophische Frage zu beantworten. In diesem speziellen Fall gilt die Frage der Fähigkeit des Menschen, Entitäten als Elemente einer Kategorie zusammenzufassen, und dann diese Kategorie oder Klasse von anderen aus dem gleichen allgemeinen Erfahrungsbereich zu unterscheiden. Im Verlauf vieler Jahre hatte man sich darauf verständigt, daß Kategorisierung recht willkürlich geschieht, und die jeweilige Kultur bestimmt, welche Entitäten zusammenzufassen sind. Es ließ sich so ziemlich jedes Bündel von Kriterien postulieren, und einmal postuliert, konnten diese Krtiterien auf Einzelfälle angewandt werden, um zuverlässig zu bestimmen, welche zu dieser Kategorie gehörten und welche nicht. Klassen waren relativ eindeutig; die Klassengrenzen relativ fest. Daher konnten Forscher wie Jerome Bruner ihre Versuche ohne weiteres mit künstlich gebildeten Klassen durchführen: denn schließlich glaubte man, daß sie gute Vertreter jener Arten von Klassen seien, mit denen wir täglich umgehen müssen.

In den Fächern Psychologie und Philosophie, die zunächst relativ unabhängig voneinander arbeiteten, möglicherweise aber die gleichen Faktoren oder den gleichen Geist widerspiegelten, wuchs die Erkenntnis, daß diese klassische Sichtweise falsch ist. Kategorisierung ist alles andere als künstlich und eindeutig; sie baut vielmehr auf Informationen der natürlichen Welt auf, und wir sind als Gattung darauf ausgelegt, auf sie zu reagieren. Kategorien haben eine interne Struktur, die um einen Prototyp zentriert ist und ob andere Vertreter typisch oder weniger typisch sind, wird in Abhängigkeit davon entschieden, in welchem Ausmaß sie über Grundmerkmale des zentralen Prototyps verfügen. Perzeptuelle Informationen spielen eine ganz entscheidende Rolle dabei, wie Kategorien definiert werden; Sprache zeichnet größtenteils die Unterscheidungen nach, die Menschen machen, und bestimmt keineswegs, wie man die Welt klassifiziert.

Im Niedergang der klassischen Theorie steckt eine gewisse Ironie — eine Ironie, der wir bereits in anderen Zusammenhängen begegnet sind. Die klassische Konzepttheorie war für ein Datenverarbeitungsmodell des Geistes wie maßgeschneidert: eine präzis definierte Menge von Kriterien ergibt zusammen genommen eine Kategorie. Computer waren die idealen Geräte, um dieses mentale Modell zu simulieren (oder idealtypisch darzustellen). Verblüffenderweise erwies sich just in dem Augenblick, als die Wissenschaft über eine absolut angemessene Maschine verfügte, um eine bestimmte Auffassung von Konzepten zu simulieren, diese Auffassung als falsch. Es ist also kein Wunder, daß sich mehrere Disziplinen gegen die vergleichsweise radikalen Implikationen der natürlichen Sicht von Kategorisierung wehrten. Zahlreiche Wissenschaftler meinen, es gebe mehr als eine Art von Kategorien, einige eher natürlich, andere eher beliebig und daher leichter vereinbar mit den Analysemethoden der klassischen Theorie. Fraglos wahr ist, daß die natürliche Theorie sich besser für Farben oder Pflanzen eignet als für juristische Fachbegriffe, Religionen oder Selbstkonzepte; außerdem ist noch völlig unklar, in welchem Maße die natürliche Theorie zufriedenstellend mit allen von Menschen hergestellten Dingen fertig wird.

Ich glaube sogar, daß der entscheidende Prüfstein für die natürliche Konzepttheorie der ist, inwieweit sie über eine Erklärung solcher Grundentitäten hinauszugehen vermag, auf deren Wahrnehmung und Klassifikation wir „biologisch eingestimmt" sind. Farbe ist vermutlich ein gutes Beispiel für eine natürliche Art, weil unser Wahrnehmungssystem darauf eingerichtet ist, bestimmte Farben als Grundfarben zu sehen; und es spricht sehr viel dafür, daß die Primaten auf der ganzen Welt Farben ähnlich sehen (es sei denn, sie sind farbenblind). Die Belege für andere „natürliche" Entitäten — wie Pflanzen, Früchte oder Tiere — sind nicht so eindeutig, aber es gibt Grund zur Annahme, daß man diese im Rahmen der natürlichen Arten hinreichend wird erklären können (Berlin, Breedlove und Raven 1973).

Ein Gutteil unserer tagtäglichen Klassifizierungen aber gilt nicht Dingen, auf die wir von der Evolution vorbereitet worden sind. Es gibt eine große Zahl von Dingen, die von Menschen geschaffen wurden, über Maschinen bis zu Literatur und Kunstwerken. Es gibt abstrakte Konzepte wie politische Prinzipien, religiöse Gebote, Weltanschauungen und Wirtschaftsgesetze. Und es gibt Konzepte, die viel stärker in die persönlichen Belange eines Menschen hineinspielen: Konzepte, die Persönlichkeit, Motivation, Sexualität, Emotionen und das Selbst betreffen. Ethnologen haben versucht, diese Konzepte mit Ansätzen in den Griff zu bekommen, die in einfacheren Bereichen wie Verwandtschaftssystemen, Pflanzen und Farben funktioniert hatten. Wir sahen bereits im 8. Kapitel, daß derartige Versuche nicht besonders erfolgreich waren; ja, die Ethnographie ist, sowohl in ihrer klassischen wie in ihrer natürlichen Variante, gegenwärtig verstummt. Man kann sagen, daß die Kritik an der klassischen Sicht relativ erfolgreich gewesen ist, daß sich aber die natürliche Erklärung bei komplexeren, weniger stark „eingebauten" Konzepten noch nicht als wirklich erhellend erwiesen hat.

Kann man Klassifikation kognitionswissenschaftlich erforschen?

Dies führt uns zu einer grundsätzlicheren Kritik, die mit dem Namen Clifford Geertz vom *Institute of Advanced Studies* und anderen Vertretern der symbolischen Anthropologie verbunden ist. Geertz (1973, 1983) stellt sich gegen die zentralen kognitionswissenschaftlichen „Dogmen", für die Denken einheitlich, an die individuelle Psyche gebunden und von bestimmbaren Gesetzen geleitet ist; statt für diese Newell-Simon-Sicht plädiert Geertz für eine Vorstellung von Denken als einem Kollektivprodukt, das aufgrund historischer Kräfte, die über Jahrtausende gewirkt haben, in einzelnen Kulturen verschieden kodiert ist.

Die Existenz zahlreicher Kulturen mit unterschiedlicher und ideosynkratischer Geschichte macht interkulturelle Vergleiche schwierig, wenn nicht gar suspekt. Statt die psychologischen Prozesse einer Population mit denen einer anderen Population zu vergleichen, muß man darüber nachdenken, inwieweit die Begriffsstrukturen der einen Gesellschaft mit denen einer anderen vergleichbar sind. Geertz vermag nicht zu glauben, daß sich hier eine Imitation der Naturwissenschaften als nützlich erweisen wird. Stattdessen tritt er für Forschungsansätze ein, die bislang zu den Humanwissenschaften gerechnet wurden. Der Anthropologe, der sich bemüht, die Begriffsstrukturen oder die Kategorisierungsgewohnheiten einer fremden Gesellschaft zu verstehen, hat vielleicht mehr mit einem Literaturkritiker gemeinsam, der Texte zu verstehen, einem Historiker, der Dokumente zu deuten, einem Kunstkritiker, der Gemälde zu analysieren sucht als mit einem Chemiker, der Verbindungen analysiert, oder einem Biologen, der ein Experiment durchführt. Nach dieser Vorstellung ist die Kulturanalyse keine exmperimentelle Wissenschaft, die nach Gesetzen sucht, sondern vielmehr eine interpretative oder „hermeneutische" Suche nach Bedeutung. Die Methode gleicht hier einem imaginativen Sprung, mit dem man versucht, sich in den Kopf, oder das Erleben des „Eingeborenen" hineinzuversetzen. Der bevorzugte Weg ist die sorgfältige ideographische Fallstudie: Man studiert die Kategorien Religion oder Tierleben durch Beobachtung der Alltagspraktiken und nicht, indem man um Definitionen bittet oder Klassifikationsaufgaben vorlegt.

Die symbolische Anthropologie warnt uns vor einer weiteren Gefahr. Wesentliche Bereiche in der Erforschung von Wahrnehmen, Wiedererkennen, Klassifizieren, logischem Schließen und anderen kognitiven Operationen sind möglicherweise nicht auf gleiche Weise naturgegeben, wie man zum Beispiel vernünftigerweise die Bewegungen der Himmelskörper oder die Gesetze des Atoms als naturgegeben annehmen kann, die sogar der sprichwörtliche Besucher vom Mars nicht anzweifeln würde. Vielmehr ist unsere Art, Regeln, Konzepte und dergleichen zu konzipieren, Folge einer ganz bestimmten Geistes- und Kulturgeschichte, die in beträchtlichem Maße auf eine Betrachtungsweise zurückzuführen ist, die zu Zeiten der griechischen Antike entstanden ist. Wir befassen uns mit dem Versuch, Konzepte zu verstehen, die aus unserer philosophischen und historischen Tradition stammen; und es wäre ein gravierender Fehler, wollten wir annehmen, unser Fragenkatalog müsse *der Fragenkatalog* überhaupt sein, der einzig mögliche, an dem man sich orientieren kann. Vielleicht analysieren Hindus oder Danis Kognition radikal anders oder lehnen das Konzept Kognition überhaupt ab. Solche Argumente haben Berührungspunkte mit der Kritik an den Arbeiten zum Farbsehen, die Sahlins (1976) vorgetragen hatte: Danach beherrschen die Themen, die ein Individuum oder eine Kultur als zentral erachten, alle kognitiven, naturgegebenen Operationen.

Die Auflösung einer derart grundlegenden Kontroverse ist selbstverständlich nicht im voraus möglich. Es handelt sich um ein empirisches Problem oder vielleicht um die Frage, welcher Erklärungsmodus sich angesichts der als relevant geltenden Prinzipien — seien es Prinzipien der Kunst, der Natur, Sozial- oder Humanwissenschaften — als befriedigender und aufschlußreicher erweisen wird. Es ist allerdings auch keine reine Geschmacksfrage.

Ich glaube, selbst wenn die Prozesse, mittels deren Menschen nachdenken und klassifizieren, auf der ganzen Welt ähnlich sind, könnten die tatsächlichen Inhalte der Kognition und ihre Beurteilung so verschieden sein, daß sinnvolle Generalisierungen nur schwer möglich sind. Und wenn bestimmte Konzepte wirklich das Ergebnis von Tendenzen sind, die in der Sprache der jeweiligen Kultur verborgen sind, dann läuft man um so leichter Gefahr, in einem Morast zu versinken, der seit Wittgenstein und Whorf bekannt ist und aus dem bislang nur wenige Wissenschaftler wieder aufgetaucht sind. Mir scheint, die entscheidende Grenzlinie, die gezogen werden muß, verläuft zwischen den Konzepten und Prinzipien des Schlußfolgerns, die sich seit Anbeginn der Menschheitsgeschichte ausgebildet haben, einerseits, und jenen, die vor vergleichsweise kurzer Zeit entstanden sind und die ein Abbild der Geschichte, Sitten und Werte einer bestimmten kulturellen Gruppe sind, andererseits. Fraglos gibt es eine bestimmte Art und Weise, wie Menschen Oberbegriffe für Farben oder Tiere bilden, und diese könnte durchaus auf der ganzen Welt gleich sein. Auf eine Kurzformel gebracht: Konzepte werden vermutlich nicht auf klassische Weise gebildet, ein naturalistischer Ansatz scheint bei bestimmten Aspekten von Konzeptbildung und Folgern jedoch denkbar.

Begibt man sich aber in die Welt menschlicher Erfindungen, die Welt der Künste, Rituale oder Wissenschaften, ist die Möglichkeit effektiver Generalisierungen weniger offensichtlich. Hier könnten sich historische und kulturelle Kräfte als so dominierend erweisen, daß die Unterschiede die Gemeinsamkeiten überwiegen könnten. Gewisse Generalisierungen sind zwar möglich, aber die, die für eine bestimmte Situation am aufschlußreichsten scheinen, gehen vielleicht über diese eine Situation nicht hinaus. Was uns am meisten über die Balinesen sagt, könnte uns am wenigstens über die Belgier verraten. Und umgekehrt.

Wissenschaftler schätzen ihre eigenen Reflexionen und machen sie zur Richtlinie ihrer Forschung. Sie entwerfen künstliche, durch kritische Merkmale definierte Kategorien (sonst könnte ihre Arbeit nicht beginnen), und sie folgen strikten Prinzipien der Logik (sonst würde ihre Arbeit nicht akzeptiert). In ihrem Bemühen, Denkprozesse zu modellieren, haben sie nach den Kategorien und Operationen des Durchschnittsmenschen gesucht. Aber diese Forscher suchten vergebens nach dem Wissenschaftler im wissenschaftlichen Laien (und auch im Wissenschaftler, wenn er gerade „Laie" ist). Angesichts eines künstlichen Begriffs versuchten Probanden, diesen Begriff (auch wenn es nicht paßt), zu behandeln, als handele es sich um ein natürliches Konzept. Wenn Versuchspersonen logisch schließen sollen, nehmen sie bildhafte Vorstellungen und Prototypen zur Hilfe. So befinden wir uns also in der paradoxen Situation, daß Wissenschaftler — für experimentelle Zwecke — versucht haben, die natürliche Welt künstlich zu machen; ihre Versuchspersonen aber benutzten, angesichts ihrer Schwierigkeiten mit diesen künstlichen Konzepten, einfach (selbst wenn es mitunter nicht so ganz paßt) ihre naturalistischen Folgerungs- und Klassifikationsmodi.

Wenn wir uns wieder den ältesten philosophischen Fragen zuwenden, dann sehen wir, daß tatsächlich Fortschritte gemacht wurden. Zumindest ist die klassische Sicht inzwischen sehr fraglich geworden. Bei den Konzepten der natürlichen Arten erinnern einige Faktoren an „Ideen" oder „Universalien" — Platon dürfte dies Genugtuung bereiten. Inzwischen spricht auch einiges dafür, daß Sprache unter gewissen Umständen tatsächlich die Art und Weise beeinflußt, wie man die Welt konzipiert; je weiter man in komplexe, abstrakte und nicht mehr direkt wahrnehmbare Bereiche vordringt, desto dominierender könnte die Rolle des benutzten Symbolsystems werden. Doch in den Bereichen, die bisher erforscht wurden — wie die Klassifikation normaler Gegenstände oder alltäglicher Sinneserfahrungen — hat sich die Position der krassen Nominalisten oder der kompromißlosen Whorfianer nicht bestätigt.

Und wie ist es der Kognitionswissenschaft bei diesem Gemeinschaftsunternehmen ergangen? Auch hier war der Fortschritt abhängig von einer Zusammenarbeit mehrerer Fachbereiche. Die Disziplinen, die sich mit den Fragen der Klassifikation am intensivsten befaßten, waren die Philosophie, die die Probleme definierte und diskutierte; die Psychologie, die sich einige wichtige Experimente ausdachte; und die Anthropologie, die entsprechende interkulturelle

Studien durchführte. Wissenschaftlerinnen und Wissenschaftler wie Eleanor Rosch, Brent Berlin, Paul Kay und Hilary Putnam vertreten beispielhaft diesen Kooperationsgeist. Die Beschränkungen der Klassifikation seitens der Neurophysiologie sind bisher unerheblich; aber sollte sich herausstellen, daß Ergebnisse wie die der Farbbenennung vereinbar sind mit dem, was man über die Physiologie weiß, fühlten sich alle etwas wohler. Es ist nicht zuletzt die immense Kluft zwischen unserem Wissen über abstrakte Begriffe und unserem Wissen über das Nervensystem, die jede Hoffnung auf eine umfassende Erklärung zum gegenwärtigen Zeitpunkt in weite Ferne rückt.

Nicht weniger als im Fall von Wahrnehmung und bildhafter Vorstellung, hat es auch gegen dieses Unternehmen als Ganzes harsche Kritik gegeben. Gibson bestritt die Auffassung, daß zur Wahrnehmung Repräsentationen gehören, Wittgenstein stellte die Erklärungskraft bildhaften Vorstellens in Frage; hier nun haben sich Geertz und andere Anthropologen gefragt, ob vergleichende ethnographische Studien von Kategorien, die im Abendland sinnvoll sind, tatsächlich unser vielgerühmtes Denken erhellen können. Vielleicht werden die Anthropologen mit ihrer Meinung recht behalten, daß komplexe Konzepte sich den derzeitigen Forschungsmethoden entziehen; und vielleicht ist, zumindest für eine Weile, Interessanteres und Wichtigeres durch Ansätze zu lernen, die von geistigem Einfühlungsvermögen geprägt sind. Andererseits lassen sich dieselben Kategorisierungsprozesse bei verschiedenen Populationen und in verschiedenen Erfahrungsbereichen erkennen; insofern wissen wir jetzt über Kategorisierung mehr (und etwas anderes) als vor dem Entstehen der Kognitionswissenschaft.

Mit den Fragen zur Kategorisierung haben wir uns auf ein für Menschen charakteristisches Terrain begeben, zu dem sowohl Sprache als auch Denkfähigkeit gehören. Kaum jemand würde bestreiten, daß die Forschung auf diesem Gebiet weniger fortgeschritten ist als auf dem der Wahrnehmung; und es mag sogar sein, wie Geertz meint, daß die wichtigsten Probleme der Kategorisierung auch in Zukunft mit kognitionswissenschaftlichen Methoden nicht faßbar sein werden. Vielleicht wird die Kognitionswissenschaft als Disziplin der Aufgabe nicht gewachsen sein, Ursprung, Wesen und Verwendung unserer vielschichtigsten und schillerndsten Konzepte und Kategorien zu erklären.

Aber selbst wenn Fragen der Kategorisierung mit kognitionswissenschaftlichen Vorgehensweisen untersucht werden, selbst wenn sich (nur als Beispiel) die natürliche Theorie als völlig zutreffend erweisen sollte, bleiben entscheidende Fragen ungelöst. Denn letztendlich ist Klassifikation oder Kategorisierung ein Werkzeug — ein Mittel, mit dem Menschen ihre Welt organisieren, um bestimmte Probleme zu lösen und bestimmte Ziele zu erreichen. Der endgültige Erfolg oder Mißerfolg dieses Fachgebiets hängt davon ab, ob sich Prinzipien, die für vergleichweise einfache Konzepte und bescheidene Klassifikationen entwickelt wurden, auf komplexe Begriffe und Begriffssysteme werden anwenden lassen.

Und wie ist der Organismus beschaffen, der sich dieser Fähigkeiten bedient, und mit welchem Ziel werden sie benutzt? Hier sehen sich Kognitionswissenschaftler mit dem Einfluß des Wertesystems auf die menschliche Kognition konfrontiert — und sie widmen sich vor allem der Frage, ob man behaupten kann, daß Menschen logisch oder rational vorgehen. Diese Frage ist wissenschaftlich wichtig, denn ein Gutteil der Kognitionswissenschaft basiert auf dem Modell des logisch arbeitenden Rechners; und sie hat auch erhebliche politische und soziale Implikationen. Die Antworten auf Fragen nach der menschlichen Rationalität, mit denen ich mich im folgenden Kapitel befassen werde, erweisen sich als überraschend und als wenig beruhigend für alle, die an die Vernunft glauben.

13. Ein rationales Wesen?

> Wenn es einen einfachen Fehler gibt, dem die meisten Laien aufsitzen, dann gibt es immer auch eine etwas raffiniertere Variante des gleichen Problems, dem die Fachleute aufsitzen.
>
> *Amos Tversky*

Die Griechen nannten den Menschen zwar manchmal einen ungefiederten Zweifüßler, setzten aber viel stärker auf eine andere Definition: der Mensch als rationales Wesen. Nur der Mensch verfügt über eine Denkweise, die explizit Regeln befolgt und zu Schlüssen führt, die die Gemeinschaft als richtig oder falsch bewerten kann. In Erweiterung dieser griechischen Idee kann man unterscheiden zwischen dem Individuum, das zu richtigen Schlüssen kommt — und daher als rational gelten kann — und der Methode, mit der diese Schlüsse erreicht werden — eine Methode, die Logik heißt. Demnach ist ein Wesen vorstellbar, das rational ist, aber auf anderen Wegen als denen der Logik zu Schlußfolgerungen kommt — sei es durch scharfsinnige Intuition, durch erfolgreiches Raten oder weil es programmiert wurde, nur richtige Antworten zu geben.

Obwohl die Philosophen (in gewissem Sinne) von Beweisen für die menschliche Irrationalität umgeben waren, haben sie sich an die Vorstellung geklammert, daß der Mensch logisch und rational sei — oder zumindest an das Ideal, daß sich die Menschen um Rationalität bemühen sollten und es im Rahmen ihrer Möglichkeiten liegt, sie zu erlangen. Diese hartnäckige Beschäftigung mit einem Ideal von Rationalität kann nicht verwundern, hat doch die Philosophie selbst versucht, rational vorzugehen. Bertrand Russell äußerte sogar die Vermutung, Aristoteles habe als erster den Menschen über Rationalität definiert (zitiert in Pylyshyn 1984, S. 257). Über die Jahrhunderte ist die Entfaltung der Logik immer auf das engste mit der Geschichte der Philosophie verknüpft gewesen; und wie die Logik zu Aristoteles' Zeiten die griechische Philosophie beeinflußt hat, so ist die heutige Philosophie durch die Logiksysteme von Frege, Whitehead und Russell sowie Kripke geprägt.

Die Kognitionswissenschaft entstand im Schatten der modernen Logik. Wie ich schon im zweiten Kapitel bei der Beschreibung des Hixon Symposiums sagte, förderten sowohl frühe Arbeiten mit Elektronenrechnern als auch das Modell des Neurons als logischer Schaltung die Auffassung, das Denken sei logisch (Jeffress 1951). Außerdem vertrat die erste Generation der Kognitionswissenschaftler eine entschieden rationalistische Sicht vom Menschen. Jerome Bruner, Herbert Simon, Allen Newell und Jean Piaget — sie alle wählten als Untersuchungsgegenstand Fragen, bei denen es auch um die menschliche Fähigkeit des richtigen Folgerns ging. Und so waren auch die ersten Aufgaben, die Computer lösten, Aufgaben der Logik; die von den Psychologen untersuchten Klassifikationsaufgaben verlangten logische Deduktion; Piaget ging einen Schritt weiter: Er untersuchte nicht nur logische Probleme, er nahm an, daß „reife" Menschen denken, indem sie logische Prinzipien anwenden. Er sagte dazu einmal, Denken sei „nur der Kalkül als solcher, den die Aussage-Operationen enthalten" (Piaget und Inhelder 1977, S. 293).

Aber vielleicht waren das Vertrauen der ersten Generation in die Erforschung logischer Probleme und ihre entschlossene Suche nach rationalen Denkprozessen fehlgeleitet. Empirische Arbeiten der letzten dreißig Jahre zu Fragen des logischen Folgerns haben die Vorstellung nachhaltig ins Wanken gebracht, daß Menschen — selbst sehr gebildete Menschen — rational vorgehen, ganz zu schweigen davon, daß sie in ihre Folgerungen ein wie auch immer geartetes logisches Kalkül einbeziehen würden. Ein weiteres Mal hat unser Computer-Zeitalter Abweichungen von der Präzision des Computers entdeckt. Diese Erkenntnis ist Gegenstand vieler Forschungsarbeiten, aber kaum jemand fände es falsch, daß ich als die zentralen Vertreter dieses Kapitels Philip Johnson-Laird (Großbritannien) und das Team Daniel Kahneman und Amos Tversky (ursprünglich Israel) gewählt habe. Diese Forscher legten nicht nur erstaunliche Beobachtungen darüber vor, wie Menschen von der Rationalität abweichen; sie haben auch Gründe dafür gefunden, warum wir Menschen uns oft so irren.

Die Unlogik menschlichen Folgerns

Karten mit Zahlen

Betrachten wir folgendes Problem, das Peter Wason und Philip Johnson-Laird ausgearbeitet haben (Johnson-Laird und Wason 1970; Wason 1966; Wason und Johnson-Laird 1972). Vier Karten werden offen aufgelegt, die eine zeigt ein E, die zweite ein K, die dritte eine 4 und die letzte eine 7. Man sagt Ihnen, jede Karte habe auf einer Seite einen Buchstaben, auf der anderen eine Zahl. Dann sollen Sie folgende Regel prüfen: „Eine Karte, die auf einer Seite einen Vokal hat, hat auf der anderen eine gerade Zahl." Sie dürfen dann zwei, und nur zwei, Karten umdrehen, um herauszufinden, ob diese Hypothese stimmt.

Sollten Sie dieses Problem oder eines, das ihm sehr ähnelt, bereits kennen, wird Ihnen die richtige Lösung kaum Schwierigkeiten bereiten. (Dann würde Ihr Gedächtnis, nicht Ihr logisches Denkvermögen getestet.) Ist dies aber Ihre erste Begegnung mit einer solchen Aufgabe, werden Sie fast sicher falsch vorgehen, wie über 90 Prozent aller Versuchspersonen (darunter zahlreiche Logiker), denen das Problem in vielen verschiedenen Formen vorgelegt wurde. Die meisten erkennen, daß man die Karte mit dem Konsonanten nicht aufnehmen muß, denn sie ist für die Regel ganz offensichtlich irrelevant; sie erkennen auch, daß es entscheidend ist, die Karte mit dem Vokal umzudrehen, denn eine ungerade Zahl auf der Rückseite würde die Regel widerlegen. Die Schwierigkeit liegt in der Entscheidung, welche der beiden Zahlenkarten man nehmen soll. Es ist überaus verlockend, die Karte mit der geraden Zahl umzudrehen, weil die Regel die Geradzahligkeit erwähnt; und dieser Verlockung erliegen die meisten Versuchspersonen fatalerweise auch. Es ist aber ganz unerheblich, ob auf deren Rückseite ein Vokal oder ein Konsonant steht, denn die Regel sagt in Wirklichkeit nichts darüber aus, was auf der Rückseite einer geraden Zahl sein muß. Entscheidend hingegen ist es, die Karte mit der ungeraden Zahl umzudrehen. Steht auf dieser Karte ein Konsonant, ist das Ergebnis irrelevant. Hat sie jedoch einen Vokal, ist die fragliche Regel falsch, denn auf der Karte müßte (laut Regel) eine gerade (und keine ungerade) Zahl stehen.

Die Tatsache, daß sich diese Aufgabe als schwierig erweist (obwohl sie, einmal erklärt, ziemlich offensichtlich scheint) läßt einen stutzen: wer großes Vertrauen in die eigenen logischen Fähigkeiten und die seiner Mitmenschen setzt, wird für dieses Ergebnis kaum eine schnelle Erklärung finden. Ich bin allerdings der Meinung, daß es an dem Ergebnis von Wason und Johnson-Laird etwas gibt, das noch interessanter ist. Nehmen Sie folgende Aufgabe, auch diese mit vier Karten, wobei jede für eine Reise steht. Jede Karte hat auf einer Seite ein Reiseziel, auf der anderen ein Transportmittel. Dieses Mal stehen Worte auf jeder Kartenseite, also „Manchester", „Sheffield", „Zug", und „Auto"; und die Regel lautet: „Wenn ich nach Manchester fahre, nehme ich immer den Zug." Diese Regel ist formal identisch mit der Zahl-Buchstaben-Variante, bereitet aber den Versuchspersonen relativ wenig Schwierigkeiten. 80 Prozent von ihnen erkennen, daß sie die Karte „Auto" umdrehen müssen. Sie sind sich offenbar darüber im Klaren, daß die Regel widerlegt wäre, falls auf der Rückseite der Karte „Auto" das Wort „Manchester" stünde; wohingegen es egal ist, was auf der Rückseite von „Zug" steht, denn man kann, zumindest was die Regel betrifft, auf jede beliebige Weise nach Sheffield fahren.

Warum lösen 80 Prozent der Versuchspersonen diese Aufgabe richtig, während bei der logisch identischen Zahl-Buchstaben-Variante nur zehn Prozent wissen, welche Karte umzudrehen ist? Vielleicht läßt sich eine Aufgabe mit vertrautem Material viel leichter lösen — Material, mithilfe dessen man sich in eine Situation versetzen und überlegen kann, was man tun würde, was in dieser Lage vernünftig wäre. Sie werden diese Aufgabe sogar mit noch größerer Wahrscheinlichkeit richtig lösen, falls Sie Brite bzw. Britin sind (und daher Sheffield und Manchester kennen) und der älteren Generation angehören (und daher mit Zügen als üblichem Transportmittel aufgewachsen sind).

Diese Ergebnisse sind fraglos schwer vereinbar mit einer Vorstellung vom Menschen als „Logikmaschine", die in der Lage ist, auf immer gleiche Weise zu denken, ganz egal, welche spezifischen Informationen eine Aufgabe enthält. Menschen unterscheiden sich also deutlich von einem idealen Rechner: der eigentliche Inhalt einer Aufgabe (Vokale versus Transportmittel) darf für einen derart syntaktisch gesteuerten Apparat von keinerlei Bedeutung sein. Aber genau so, wie die spezifische Struktur einer Kategorie die Klassifikationsstrategien von Versuchspersonen im Rosch-Versuch färbt, so bestimmt auch der Inhalt einer bestimmten Aufgabe, wie wir alle (sehr versierte Logiker vielleicht ausgenommen) an eine scheinbar einfache Denkaufgabe herangehen.

Die Resultate dieser und zahlreicher anderer Aufgaben überzeugten Philip Johnson-Laird, einen führenden Kognitionswissenschaftler davon, daß Menschen beim Problemlösen keine mentale Logik anwenden (1983). Jene Arten von Logik, die Logiker beschrieben haben, sind für den Durchschnittsmenschen offenbar schlicht irrelevant. Wir erstellen keine Wahrheitstafeln, in denen die Ergebnisse nachgeschlagen werden: wir benutzen keine formalen Ableitungsregeln. Statt dessen behauptet Johnson-Laird, es gebe Folgern ohne Logik. Der Kognitivist sieht sich dem Dilemma gegenüber, Rationalität *und* menschliches Irren berücksichtigen zu müssen.

Gedankenspiele über Reisen oder mit Vokalen und Zahlen mögen ein klein wenig künstlich wirken, am Syllogismus aber ist nichts erfunden. Diese Form des Folgerns reicht mindestens bis zu den Griechen zurück, und wurde von Aristoteles (oft unser Richter in diesen Dingen) als Herzstück der Logik bezeichnet. Durchschnittsmenschen benutzen ihn unreflektiert als Teil ihres Alltags; und er wird, wie Johnson-Laird schlüssig beweist, selbst von Kritikern benutzt, die die Bedeutung von Syllogismen herunterspielen wollen. Man kann sagen, „Syllogismen sind künstlich". Dann, „Psychologen sollten keine Dinge studieren, die künstlich sind". Daraus folgt, „Psychologen sollten Inferenzen untersuchen, die regelmäßig im Alltagsleben benutzt werden", oder ganz kurz und bündig, „Psychologen sollten keine Syllogismen studieren."

Artisten und Bienenzüchter

Nach Johnson-Lairds Analyse gibt es vierundsechzig verschiedene Syllogismen — sie alle sind Varianten des folgenden Beispiels:

Alle Artisten sind Bienenzüchter. (Alle A sind B.)
Alle Bienenzüchter sind Chemiker. (Alle B sind C.)

Die Versuchsperson (auch der Leser darf mitmachen) soll herausfinden, was, wenn überhaupt, aus diesen beiden Prämissen folgt. Das Johnson-Laird-Team fand, daß derartige Syllogismen erhebliche Schwierigkeiten bereiten, und daß Menschen sehr häufig falsche Schlüsse ziehen. Außerdem bereitet es Logikern und Psychologen erhebliche Probleme, das Muster von Erfolg und Mißerfolg bei solchen Aufgaben befriedigend zu erklären. Diese Mißlichkeiten ergaben sich, weil die Experten im syllogistischen Schließen annehmen, daß Menschen, die nichts von formaler Logik wissen, dennoch irgendeine Spielart davon benutzen (beispielsweise visuelle Hilfen wie Euler-Kreise oder Venn-Diagramme), um die Aufgaben zu lösen.

Diese Experten haben komplizierte Erklärungen ausgearbeitet, die angeblich zeigen, wie der Durchschnittsmensch an Syllogismen herangeht. Diese Methoden funktionieren vielleicht im Prinzip — falls man, unter anderem, über eine unbegrenzte Gedächtniskapazität verfügt und sehr komplizierte mathematische Notationen beherrscht. Johnson-Laird aber legt überzeugend dar, daß nicht einmal ein begabter Gymnasiast auf diese Methoden gestützt vorzugehen vermag: „Die bestehenden Theorien sind viel zu zerbrechlich, um die Last menschlicher Vernunft zu tragen" (1983, S. 93). Entweder können die Theoretiker die falschen Schlußfolgerungen erklären, nicht aber die von der Vesuchsperson an den Tag gelegte Rationalität, oder sie können die Fähigkeit der Versuchspersonen erklären, unter idealen Bedingungen richtig zu deduzieren, bieten aber keine Aufklärung über die Fehler, die Menschen machen. Die Kunst liegt in einer Erklärung, die sowohl der Rationalität als auch den Irrtümern gerecht wird. Und so kommt es zu Johnson-Lairds bedeutendstem Beitrag zur Kognitionswissenschaft: der Idee des mentalen Modells.

Er bittet uns, so zu tun, als könnten wir Personen heraufbeschwören, die eine oder mehrere der in den Prämissen genannten Rollen ausfüllen. Selbstverständlich können wir Personen schaffen, die zugleich Artisten, Bienenzüchter und Chemiker sind — also das in den Prämissen genannte Rollentrio erfüllen. Diese Personen können im mentalen Modell dargestellt werden als

Artisten-Bienenzüchter-Chemiker
Artisten-Bienenzüchter-Chemiker
Artisten-Bienenzüchter-Chemiker

Wir wissen auch, daß es Personen gibt, die Bienenzüchter und Chemiker, aber nicht Artisten sind:

Bienenzüchter-Chemiker
Bienenzüchter-Chemiker
Bienenzüchter-Chemiker

Und unser Alltagswissen (sowie ein sorgfältiges Erwägen der Aufgabe) sagt uns, daß es Chemiker geben kann, die keine Bienenzüchter sind:

Chemiker
Chemiker
Chemiker

Jetzt haben wir ein mentales Modell konstruiert, das alle Informationen enthält, die direkt aus den genannten Prämissen verfügbar sind. Es gibt, wie wir sehen, drei Kategorien von Personen: die mit allen drei Berufen; die, die Bienenzüchter und Chemiker sind sowie die reinen Chemiker. (Der Umstand, daß ich in jeder Kategorie drei Vertreter aufgezählt habe, ist zufällig, man kann sich beliebig viele ausdenken.) Indem wir diese Aufstellungen verwenden, können wir nun Fragen beantworten oder Schlüsse ziehen. Wollen wir zum Beispiel bestimmen, ob alle Artisten auch Chemiker sind, sehen wir einfach in unseren Listen nach und bestätigen, daß alle Artisten Chemiker sind.

Johnson-Lairds Ansatz ist wichtig, weil er anders vorgeht als diejenigen, die explizit oder implizit der formalen Logik folgen. Man braucht die Prämissen nicht — implizit oder explizit — in die *p*s und *q*s der formalen Logik zu übersetzen, nicht zu sagen, jedes *p* sei *q* und jedes *q* sei *r*, um dann, einem Algorithmus folgend, zu deduzieren, was sich aus dieser Aufstellung ergibt. Man braucht auch keine sich überschneidenden Kreise zu zeichnen (die Visualisierung der formalen Logik durch ein System wie die Euler-Kreise) und abzulesen, welche Aspekte sich unter den jeweiligen Umständen überschneiden. Statt dessen benutzt man, wenn man ein mentales Modell konstruiert, einfach das Medium, in dem man sich am wohlsten fühlt (Worte, Bilder, irgendeine Mischform), um für sich selbst die Information auf bequeme und leicht zugängliche Weise darzustellen.

Laut Johnson-Laird stellt man zunächst auf irgendeine Weise den einzelnen Begriff dar (Artisten, Bienenzüchter) und bildet dabei ein mentales Modell der ersten Prämisse. Daraufhin fügt man diesem mentalen Modell die Information der zweiten Prämisse (daß Bienenzüchter Chemiker sind) hinzu, und bedenkt dabei die verschiedenen Arten, wie man dies tun kann. Hierbei empfiehlt sich die Strategie, die verschiedenen Kombinationen festzustellen (ob jemand Bienenzüchter sein kann, ohne Artist zu sein) und dazu so wenige „imaginäre Akteure" wie möglich heranzuziehen, auch wenn, wie schon gesagt, die tatsächliche Zahl der Akteure irrelevant ist für die syllogistischen Schlußfolgerungen, die am Ende zu ziehen sind. Wenn alle mentalen Bilder konstruiert sind, wird schließlich ein integrierter Satz Bilder getestet: Es beginnt die Suche nach einer Interpretation der Prämissen, die mit dem Modell *unvereinbar* ist. Eine Schlußfolgerung ist dann, und nur dann, valide, wenn die Prämissen auf keine Weise interpretiert werden können, die mit einer Negation der Schlußfolgerung vereinbar ist.

Bei diesem Beispiel kann man zu einer validen Konklusion kommen, indem man nur ein einziges mentales Modell konstruiert. Dies macht die Lösung dieser Aufgabe relativ einfach: Man vermeidet die kombinatorische Explosion, die bei konventionellen formalen Ansätzen syllogistischen Folgerns ein Problem ist. Natürlich ist bei anderen Aufgaben die Bildung eines mentalen Modells sehr viel komplizierter. So präsentiert Johnson-Laird folgende syllogistischen Prämissen:

Alle Bankangestellten sind Athleten.
Kein Clubmitglied ist Bankangestellter.

Sollten Sie dies für einen einfachen Syllogismus halten, irren Sie sich höchstwahrscheinlich. (Sogar wenn Sie wissen, daß er schwierig ist, werden Sie vermutlich daran scheitern.) Es gibt, wie Johnson-Laird zeigt, nur eine einzige narrensichere Konklusion:

Einige Athleten sind keine Clubmitglieder.

Diese Folgerung ist deswegen so schwierig, weil man dafür drei separate mentale Modelle aufstellen und integrieren muß, um zu einer einzigen Schlußfolgerung zu gelangen. Von den vierundsechzig möglichen Syllogismen, die Johnson-Laird untersucht hat, sind vier so vertrackt wie dieser: Für sie muß man drei getrennte Modelle konstruieren und auswerten. Obendrein fehlen ihnen, und das macht alles nur noch schlimmer, bestimmte Oberflächen- oder „figurale" Hinweise, die sonst bei der Lösung von Syllogismen hilfreich sind.

So weit scheint, was Johnson-Laird sagt, vernünftig. Warum aber sollte man es als die beste Erklärung syllogistischer Denkprozesse akzeptieren? Er unterbreitet mehrere Kriterien für eine Theorie des Folgerns und zeigt dann, daß sein Ansatz alle erfüllt. Als erstes muß man alle vierundsechzig Syllogismen charakterisieren und dann diejenigen vorhersagen können, welche den Versuchspersonen die größten Schwierigkeiten bereiten werden. Empirische Studien mit Versuchspersonen haben diese Vorhersagen in den wesentlichen Punkten bestätigt. Zum zweiten muß man die erforderlichen Prozesse beschreiben, mit denen Menschen diese Aufgabe lösen, und dann die Versuchspersonen mit den besten und den schlechtesten Ergebnissen danach unterscheiden, ob sie jede der angenommenen Teilfähigkeiten aufweisen. Johnson-Lairds Modell sagt voraus, daß die Verschlechterung der Leistung mit der Anzahl der separaten Modelle, die konstruiert werden müssen, zusammenhängt. Zum dritten sollte die Theorie erklären können, wie Kinder mit Syllogismen umgehen, und die Faktoren benennen, die ihre Leistungen verbessern können. Wie sich zeigt, können jüngere Kinder keine Syllogismen lösen, für die man mehr als ein Modell braucht; Kinder kommen am besten mit jenem Syllogismus zurecht, den Aristoteles für perfekt hielt:

Alle A sind B.
Alle B sind C.
Daher sind alle A C.

Alle diese Forschungsbemühungen geschehen aus dem Blickwinkel der Psychologie, wenn auch zugegebenermaßen einer Psychologie, die von einem profunden Wissen um die Wege und Irrwege der Logik geprägt ist. Doch Johnson-Laird dringt in den Kernbereich der Kognitionswissenschaft vor, weil er (wie Stephen Kosslyn in seiner Arbeit über bildhafte Vorstellungen) seine Theorie durch ein Computerprogramm ergänzt hat. Dieses Programm besteht aus drei Grundschritten:

1. Konstruiere ein mentales Modell der ersten Prämisse.
2. Füge dem mentalen Modell der ersten Prämisse die Information der zweiten Prämisse hinzu und bedenke dabei die verschiedenen Arten, wie dies getan werden kann. (Dies ist wie sich zeigt, der kniffligste Aspekt des Prozesses, nämlich derjenige, der festlegt, ob ein, zwei oder drei verschiedene Modelle konstruiert werden müssen.)
3. Formuliere eine Konklusion, die für alle Modelle der Prämissen Gültigkeit hat, um das Verhältnis, falls es eines gibt, zwischen den „Endbegriffen" auszudrücken.

Diese Schritte verkörpern, was Johnson-Laird ein *effektives Verfahren* nennt — ein Verfahren das, so es strikt befolgt wird, garantiert, daß man zur richtigen Schlußfolgerung gelangt. Er glaubt, Kognitionswissenschaft sei abhängig von der Aufdeckung solcher effektiver Verfahren, die nicht nur von jenem mangelhaften Mechanismus namens Mensch, sondern auch von jenem makellosen Mechanismus namens Digitalcomputer ausgeführt werden können. Johnson-Lairds Verfahren funktionierte auf dem Computer fehlerfrei und ist somit effektiv.

Johnson-Laird sieht die Stärke seiner Theorie in dem Umstand, daß sie sowohl mit den Fehlern vereinbar ist, die Menschen machen, als auch mit einer völlig validen Menge von Schlußfolgerungen. Er schreibt:

> Es scheint keine Spielart des deduktiven Folgerns zu geben, durch die wir gezwungen wären, die Existenz einer mentalen Logik anzunehmen, um den psychologischen Phänomenen gerecht zu werden. Um logisch zu sein, braucht ein Mensch keine formalen Inferenzregeln, er braucht ein stillschweigendes Wissen der fundamentalen semantischen Prinzipien, die jede Inferenz lenken: eine Deduktion ist unter der Bedingung valide, daß die Prämissen auf keine Weise richtig interpretiert werden können, die mit der Konklusion unvereinbar ist. Die Logik bietet eine systematische Methode, nach diesen Gegenbeispielen zu suchen. Die Versuchsergebnisse deuten darauf hin, daß Menschen normalerweise über keine derartigen Methoden verfügen. (Zitiert in Mehler, Walker und Garrett 1982, S. 130)

Sind mentale Modelle die Patentlösung?

Syllogismen sind nur eines von mehreren Gebieten, die Johnson-Laird untersuchte, um die Stärke seiner Theorie mentaler Modelle zu beweisen. In seinem Buch *Mental Models* (1983) wendet er sie mit beeindruckendem Erfolg auf Bereiche wie Inferenz, Wortbedeutung, Grammatik und Diskursverstehen an. Zunächst beschreibt er jeweils, worin das zu lösende Problem besteht, danach die konkurrierenden Erklärungsmodelle (darunter solche, die auf Propositionen, Schemata, bildhaftem Vorstellen und anderen Dauerbrennern der kognitionswissenschaftlichen Forschung basieren) und versucht schließlich zu zeigen, warum die Theorie der mentalen Modelle über die Verfahren, die Menschen anwenden, Aufschluß geben und warum sie effektiv von einem Computer ausgeführt werden kann. Dies ist mehr als eine Abfolge effektiver Demonstrationen: Es ist ein überzeugendes Plädoyer für eine bestimmte Weise, sich der Kognitionswissenschaft zu nähern. *Mental Models* könnte sehr wohl das mentale Modell der nächsten Generation von Kognitionswissenschaftlern werden.

Wenn es um die Beschreibung geht, was ein mentales Modell ist und wie es sich von konkurrierenden Erklärungsansätzen unterscheidet, ist Johnson-Laird nicht durchweg erfolgreich. Vielleicht überfrachtet er ein einzelnes Konzept mit allzu großen Ansprüchen — wenn er beispielsweise sagt, daß „unser Wissen von der Welt völlig von mentalen Modellen abhängig ist" (1983, S. 419). Kommentar eines wohlwollenden Kritikers: „Johnson-Laird fällt der Versuchung anheim zu glauben, seine im Entstehen begriffene Theorie mentaler Modelle könne sämtliche Probleme lösen, die man überhaupt nur haben kann" (Stich 1984, S. 189).

Johnson-Laird scheint um diese Schwierigkeit zu wissen, sieht sie aber möglicherweise weniger als Hindernis denn als Ansporn. Er setzt auf die Vielseitigkeit solcher Modelle:

> Da mentale Modelle viele Formen annehmen und vielen Zwecken dienen können, sind ihre Inhalte sehr vielfältig. Sie können nur „Stellvertreter" beinhalten, die Individuen und deren Identitäten repräsentieren, wie es in den Modellen für syllogistisches Folgern der Fall ist. Sie können räumliche Beziehungen zwischen Objekten repräsentieren, und auch zeitliche oder kausale Beziehungen zwischen Ereignissen. Ein detailliertes imaginiertes Modell der Welt kann herangezogen werden, um die projektiven Relationen zu berechnen, die man für ein Bild braucht. Modelle haben einen Inhalt und eine Form, die sie ihrem Zweck angemessen werden lassen, ob der nun im Erklären, Vorhersagen oder Steuern liegt. (1983, S. 410)

Ungeachtet dieser vermutlich überzogenen und vielleicht unhaltbaren Behauptungen erweisen sich mentale Modelle als nützlich, um das Verhalten eines Menschen in einem begrenzten Bereich wie dem syllogistischen Folgern darzustellen. Zum einen erklärt Johnson-Lairds Ansatz, wieso man bei manchen Fragen Erfolg haben, bei anderen scheitern kann, ohne daß er auf formallogische Methoden zurückgreifen muß. Daher kann er ein breites Spektrum von Verhalten erklären. Zum zweiten wurden die Vorhersagen, die zum Modell gehören, nicht nur mit Menschen, sondern auch mit einem Computerprogramm getestet. Auch hier ist ein Computerprogramm keine Erfolgsgarantie, aber die Tatsache, daß sich die Simulation als lauffähig erwiesen hat, zeigt, daß die Theorie zumindest keine versteckten Fehler oder Widersprüche hat. Nach seinen eigenen Bedingungen funktioniert das Modell.

In seiner Erörterung konkurrierender Erklärungsansätze in den Kognitionswissenschaften macht Johnson-Laird eine aufschlußreiche Bemerkung. Seiner Meinung nach ist es zu einfach zu sagen, bildhafte Vorstellungen seien (oder seien nicht) Repräsentationsmodi, zu argumentieren (wie es z. B. Pylyshyn [1984] getan hat), man solle sich alle Repräsentationen in propositionaler Form vorstellen, oder zu behaupten (wie John Anderson*), es lasse sich nicht prinzipiell entscheiden, ob an einem Prozeß Propositionen oder bildhafte Vorstellungen beteiligt sind. Johnson-Laird zieht es vor, von mindestens drei Typen mentaler Repräsentation auszugehen: propositionalen Repräsentationen, die natürlichen Sprachen ähneln, mentalen Modellen, die strukturelle Analogien

---

* Anderson hat einen Beweis konstruiert, daß man immer mit einer anderen Repräsentationsart eine Alternativerklärung konstruieren kann, die sich auf äquivalente Weise verhält (1978).

zur Welt sind und bildhaften Vorstellungen, die perzeptuelle Korrelate von Modellen aus einem bestimmten Blickwinkel sind (1983, S. 165). Wir sollten uns den Menschen als jemanden vorstellen, der Information auf mehreren unterschiedlichen Abstraktionsebenen repräsentieren kann; zudem muß die Repräsentationsform einer Ebene nicht zwingend die gleiche sein wie die einer anderen. Wie ein Computer mehrere unterschiedliche Sprachen haben kann, vom Maschinencode bis zur höheren Programmiersprache, so kann auch ein psychologischer Prozeß auf der einen Ebene nur Symbolketten benutzen, auf einer höheren Repräsentationsebene aber Vorstellungsbilder oder mentale Modelle hinzuziehen. Dieser umfassende Ansatz wird wohl dem breiten Spektrum psychologischer Prozesse gerechter, die Menschen bei Problemen wie dem Verstehen eines Textes oder dem Schlußfolgern heranziehen, als ein stures Beharren auf einem einzigen Modus geistiger Repräsentation.

Wenn wir uns also wieder dem Rätsel logischen Schlußfolgerns zuwenden, zeigt sich, daß Johnson-Laird unser Wissen auf zweifache Weise erweitert hat. Erstens hat er gezeigt, daß sich Menschen Problemen des Folgerns keineswegs auf die Weise nähern, wie man lange Zeit glaubte: man folgert nicht nach Art der klassischen Logik. Aber Menschen sind auch nicht irrational. Auf dem Weg über sorgfältige Analysen syllogistischen Folgerns, über die Durchführung von Experimenten mit Versuchspersonen unterschiedlicher Altersstufen und Bildungsgrade sowie über die Computersimulation seines Modells gelangte Johnson-Laird zu einem Bild des Schlußfolgerns, das robust und entwicklungsfähig scheint. Eine Kombination mehrerer Kognitionswissenschaften hat tatsächlich Aufschluß gegeben über ein altes philosophisches Problem — den Grad menschlicher Rationalität.

Warum versagt die Logik? Wie der Anthropologe Roy D'Andrade bemerkte, ist das Vokabular des Logikers ein Vokabular zweiter Ordnung (1982). Es macht keine Aussagen über Dinge oder Ereignisse, sondern vielmehr über die Vereinbarkeit oder Unvereinbarkeit von Aussagen. Aussagen der normalen Sprache beziehen sich aber in der Regel nicht auf Wahrheitsbedingungen, sondern vielmehr auf Zustände in der Welt: Menschen sind offenbar so erschaffen (oder erzogen), daß ihr größtes Interesse dem gilt, was in der Welt unter diesen oder jenen Bedingungen geschehen kann. Genauigkeit, Geschwindigkeit und Komplexität, mit der ein Mensch schlußfolgert, sind offenbar vor allem eine Funktion der Vertrautheit mit dem zu verarbeitenden Material und dessen Organisation, und nicht so sehr eine Funktion irgendeiner spezifischen oder allgemeinen Fähigkeit. Und so existieren beträchtliche Unterschiede darin, wie jemand über unterschiedliche Probleme nachdenken kann, Probleme, die unter formalen Gesichtspunkten das gleiche Maß (oder gar die gleichen Prinzipien) logischer Sachkenntnis verlangen.

Diese Argumente, die auf den Analysen von Johnson-Laird, Wason und D'Andrade basieren, sprechen dafür, daß wir das logische Denken der Menschen nicht verstehen, indem wir ihnen irgendein formallogisches Kalkül zuschreiben, sondern indem wir auf zwei Faktoren achten. Der erste betrifft den Inhalt: Je größer die Vertrautheit und je detaillierter die relevanten Schemata, die verfügbar sind, desto einfacher läßt sich die Aufgabe lösen. Der zweite Faktor betrifft die Form: Man hat mit einer Aufgabe in dem Maße Erfolg, wie es gelingt, mentale Modelle zu konstruieren, die alle relevanten Informationen angemessen repräsentieren und diese mentalen Modelle flexibel zu benutzen. Wie man lernt, derartige mentale Modelle zu konstruieren, sie in das Wissen von der „realen Welt" zu integrieren und sie in den entsprechenden Situationen zutreffend anzuwenden, sind fruchtbare Fragen für die Entwicklungs- und Lernpsychologie.

Falls Johnson-Laird und seine Kollegen recht haben, dann sind die Prinzipien, die von Logikern erdacht — und von Forschern wie Piaget benutzt — wurden, für die Art, wie wir tatsächlich schlußfolgern, nur sehr begrenzt anwendbar. Wir haben uns offenbar als Wesen entwickelt, die am besten mit Aufgaben zurecht kommen, die vertraute Elemente enthalten und die einfache Konstruktion und Manipulation mentaler Modelle erlauben. Betrachtungen der reinen Logik, ein Gebiet, das erst entstanden ist, nachdem sich unsere Überlebensmechanismen schon sehr lange ausgebildet hatten, mögen für bestimmte Informationen unter bestimmten Umständen für bestimmte Leute nützlich sein. Aber Logik ist kein tragfähiges Modell dafür, wie die meisten Leute die meiste Zeit die meisten Probleme lösen.

Verzerrungen der menschlichen Kognition: Der Beitrag von Tversky und Kahneman

Als reichten die heftigen Angriffe von Johnson-Laird und seinen Kollegen nicht aus, war die menschliche Rationalität in den letzten Jahren weiteren Attacken findiger (wenn nicht gar hinterhältiger) Forscher ausgesetzt. Eine berühmte Versuchsreihe der siebziger Jahre stammt von Amos Tversky und Daniel Kahneman, die damals an der Hebräischen Universität in Jerusalem arbeiteten. Auch hier lautete das Fazit der Experimente, daß man häufig bei Aufgaben, deren formale Struktur gleich ist, völlig verschiedene Ergebnisse erhält; überdies ließen die Ergebnisse starke Verzerrungen im menschlichen Kognitionssystem erkennen, die jede Theorie logischen Denkens in Betracht ziehen muß. Während Johnson-Laird Aufschluß darüber brachte, mit welchen Prozessen man Aufgaben der klassischen Logik löst, widmeten sich Tversky und Kahneman jenen heuristischen und strategischen Prinzipien, die beeinflussen — vielleicht sogar bestimmen — wie man im alltäglichen Leben Schlüsse zieht (Kahneman, Slovic und Tversky 1982; Kahneman und Tversky 1982; Tversky und Kahneman 1983).

Theaterkarten kaufen und Münzen werfen

Ich möchte nur einige der vielen bestechenden Beispiele betrachten, die Tversky und Kahneman anführen. Auf die Frage, welche Sequenz von Kopf oder Zahl unüblicher ist, KKKZZZ oder KZKKZZ, entscheiden sich die meisten für die erste. Da Unregelmäßigkeit ein wesentliches Merkmal von Zufall ist, scheint eine unregelmäßige Folge wahrscheinlicher als eine regelmäßige, selbst wenn beide in Wahrheit gleich wahrscheinlich sind.

Stellen Sie sich vor, Sie seien auf dem Weg ins Theater mit zwei Karten, die fünfzig Mark gekostet haben, und Sie stellen fest, daß Sie die Karten verloren haben. Würden Sie nochmals fünfzig Mark bezahlen? Jetzt stellen Sie sich vor, Sie seien auf dem Weg zum Theater, um diese Karten zu kaufen. Dort angekommen, stellen Sie fest, daß Sie fünfzig Mark Bargeld verloren haben. Würden Sie jetzt die Karten für die Vorstellung kaufen? Objektiv gesehen sind diese Situationen identisch, denn beide Male haben Sie fünfzig Mark weniger als zuvor. Trotzdem meinen die meisten, sie würden eher neue Karten kaufen, wenn sie das Geld, als wenn sie die Karten verloren hätten. Die Begründung lautet, daß der gleiche Verlust auf verschiedenen „geistigen Konten" verbucht wird: Der Verlust von fünfzig Mark Bargeld geht auf ein Konto, das getrennt ist von der Aufführung und somit vergleichsweise wenig Auswirkung darauf hat, ob man neue Karten kauft. Die Kosten für die verlorenen Karten hingegen gehen auf das Konto „Theaterbesuch", und man würde nur höchst ungern die Kosten für den Theaterbesuch verdoppeln — indem man für zwei Karten hundert Mark hinblättert.

Ein anderes Beispiel: Herr Hoffmann und Herr Werner wollen, allerdings mit zwei verschiedenen Flügen, zur gleichen Zeit den Flughafen verlassen. Sie fahren in einem Auto zum Flughafen, bleiben in einem Stau stecken und kommen eine halbe Stunde nach der regulären Abflugzeit am Flughafen an. Herr Hoffmann erfährt, sein Flug sei pünktlich gewesen, während man Herrn Werner sagt, sein Flug habe Verspätung gehabt und sei erst vor fünf Minuten abgeflogen. Fast alle sind der Meinung, daß Herr Werner verärgerter sein wird, ungeachtet der Tatsache, daß die objektive Situation beider Männer identisch ist — schließlich haben beide ihr Flugzeug verpaßt. Der Grund dafür ist, so Tversky und Kahneman, daß in der Vorstellung Herr Werner sehr viel näher dran war als Herr Hoffmann, seinen Flug zu bekommen und darum die erlebte Frustration größer ist. So ärgert sich auch jemand, dessen Lotterielos sich in nur einer Ziffer von der Nummer des Hauptgewinns unterscheidet, viel mehr als jemand, dessen Losnummer mit der des Hauptgewinns keinerlei Ähnlichkeit hat.

Stellen Sie sich vor, Sie wollen ein Jackett für 125 Mark und einen Taschenrechner für 15 Mark kaufen. Der Verkäufer des Taschenrechners sagt Ihnen, das Modell, das Sie kaufen möchten, sei in einer anderen Filiale, zwanzig Minuten weit weg, für 10 Mark im Sonderangebot. Würden Sie den Weg machen? Die meisten Menschen sagen ja. Eine andere Gruppe fragt man etwas ähnliches. Hier nun wurde der Preis des Jacketts auf 15 Mark, der des Rechners auf 120 Mark in der Filiale geändert. Von den Versuchspersonen, denen diese Variante vorgelegt wurde, sagten die meisten, sie würden den zusätzlichen Weg nicht auf sich nehmen. Die Summe der Einkäufe ist in beiden Fällen gleich: die Frage ist immer die, ob man zwanzig Minuten fahren will, um 5 Mark zu sparen. Offenbar aber werten die Befragten die Ersparnis von 5 Mark im Verhältnis zum Preis des Taschenrechners. Relativ gesehen kann man einer Reduzierung von 15 auf 10 Mark (oder um 33 Prozent) weniger widerstehen als einer Reduzierung von 125 auf 120 Mark (um weniger als 5 Prozent).

Abschließend darf ich Sie mit Linda bekannt machen. Sie ist einunddreißig Jahre alt, unverheiratet, extrovertiert und überaus intelligent. Sie hat während ihres Studiums Seminare in Philosophie belegt, interessierte sich als Studentin sehr für Probleme der Rassendiskriminierung und der sozialen Ungerechtigkeit und nahm an Demonstrationen gegen Atomwaffen teil. Nun sollen Sie, auf einer Skala von „sehr wahrscheinlich" bis „sehr unwahrscheinlich" insgesamt acht Aussagen bewerten. Dazu gehören Aussagen wie: „Linda ist Sozialarbeiterin in der Psychiatrie", „Linda ist Bankangestellte" und „Linda ist Bankangestellte und aktive Feministin". Rational betrachtet, ist es wahrscheinlicher, daß Linda Bankangestellte ist, als daß sie Bankangestellte und aktive Feministin ist. Schließlich ist die Wahrscheinlichkeit von x immer größer als die Wahrscheinlichkeit des unabhängigen Ereignisses x *und* des unabhängigen Ereignisses y. Und doch stimmen mehr als achtzig Prozent der Versuchspersonen, darunter solche, die in Statistik sehr bewandert sind, eher der Aussage zu, Linda sei Bankangestellte und Feministin als der Aussage, Linda sei Bankangestellte.

Woher kommt ein solches Ergebnis, das jeder Rationalität hohnspricht? Tversky und Kahneman meinen, hier sei das Prinzip der *Repräsentativität* weitaus stärker als die Wahrscheinlichkeitsgesetze. Menschen gehen allzu bereitwillig auf die naheliegende Vermutung ein, daß jemand mit bestimmten Charakterzügen auch bestimmte andere aufweisen wird. (Ist also eine Frau politisch aktiv, dann ist es wahrscheinlich, daß sie auch Feministin ist.) Je besser die vorgegebenen Details zu diesem repräsentativen Bild passen, desto größer ist die Wahrscheinlichkeit, daß eine Versuchsperson diesen neuen Details zustimmt, selbst wenn (rational gesehen) die zusätzlichen Details die Stichprobe immer kleiner und daher absolut gesehen weniger wahrscheinlich werden lassen. Das heißt, angesichts der Information, daß Linda eine bestimmte Art von Mensch ist, passen Versuchspersonen bereitwillig weitere Dinge ein, die in der Vergangenheit für derartige Menschen repräsentativ waren, und ignorieren dabei alles, was sie ansonsten über Wahrscheinlichkeit wissen.

Das, was sie „ansonsten" wissen, existiert weiterhin. Auf die abstrakte Frage: „Was ist wahrscheinlicher, nur x oder x und y" sagen Versuchspersonen sofort, daß „nur x" wahrscheinlicher ist. Und konfrontiert man sie mit dem offensichtlichen Widerspruch zwischen dieser abstrakten Antwort und ihren Antworten auf die Fragen zu Linda, räumen sie sofort ein, einen Fehler gemacht zu haben. Darum wäre es zu einfach, wenn man behaupten wollte, die Versuchspersonen seien einfach nur übertölpelt worden: Die Reaktion, die bei den Fragen zu Linda auf Repräsentativität basiert,' scheint Zeichen einer tiefverwurzelten menschlichen Urteilsverzerrung zu sein.

Dies sind nur einige von vielen lebensnahen Beispielen, die Tversky und Kahneman untersucht haben, und es sind die, die sich am einfachsten referieren lassen.* Aber diese Beispiele sollten die Behauptung unterstreichen, daß man nicht auf eine Weise Entscheidungen fällt, die logisch stimmig ist oder den Wahrscheinlichkeitsgesetzen gehorcht. Damit will ich allerdings nicht sagen, daß dieses Verhalten unlogisch oder nicht erklärbar sei. Vielmehr deckten Tversky und Kahneman eine eigene Psychologie der Präferenzen auf, die nicht streng aus einer ökonomischen Gewinn- und Verlustrechnung folgt, sondern sich statt dessen darauf konzentriert, in welchem Rahmen man Wahlmöglichkeiten einbettet. Zu den relevanten Überlegungen gehörten: Handelt es sich um eine Situation, in der ein Verlust unvermeidlich (im Gegensatz zu nur wahrscheinlich) ist; wird das Ergebnis spürbare Auswirkungen auf die übliche Lebensweise haben; hat man problemlos Zugriff zu einem Element der fraglichen Kategorie; wie geht die eigene Phantasie mit dem um, was hätte geschehen können; wie ähnlich ist das Beispiel einem Prototyp, über den man schon eine feste Meinung hat; in welcher Stimmung wird man sich vermutlich befinden; wie ist die Frage formuliert (ein Beispiel: ist die Rede davon, daß von sechshundert Menschen vierhundert getötet wurden oder davon, daß von sechshundert zweihundert lebend davonkamen)!

Zusammenfassend kommen Tversky und Kahneman zu dem Schluß, daß statistische Prinzipien und Deduktionsregeln einfach nicht aus dem Methodenrepertoire des Wissenschaftlers in das Alltagsdenken übernommen werden. Menschen sind nicht auf eine Weise kohärent, wie man das gern hätte. Gelassen ziehen die Wissenschaftler das Fazit: „Diese deskriptive Studie über Präferenzen stellt auch die Theorie rationaler Entscheidung in Zweifel, denn oft ist es alles andere als klar, ob man die Wirkungen von Entscheidungsgewichtungen, von Referenzpunkten, Rahmenbildungen und Verlusten als Fehler oder Verzerrungen erachten oder als valide Elemente menschlicher Erfahrung akzeptieren sollte" (Kahneman und Tversky 1982, S. 171).

Eine philosophische Kritik

Die Ergebnisse von Tversky und Kahneman wie auch die Daten, die Johnson-Laird, Wason und andere erhoben haben, blieben von den Hütern der menschlichen Rationalität — den Berufsphilosophen — keineswegs unbeachtet oder unkommentiert. Einer von ihnen ist L. Jonathan Cohen von der *Oxford University*,

---

* Interessierte Leser/innen können in die Rolle der Versuchsperson schlüpfen, indem sie die Dutzende von Beispielen in Kahneman, Slovic und Tversky 1982 nachvollziehen.

der den Arbeiten von Tversky, Kahneman und deren Kollegen einige kritische Artikel widmete. Cohen (1981) bringt drei Argumente gegen die Idee vor, die meisten Menschen verhielten sich nicht logisch bzw. nicht rational. Das erste lautet ganz schlicht, was logisch ist, müsse der Mann auf der Straße bestimmen; er ist die letzte Instanz, und Ergebnisse, die Statistiker oder Experimentatoren einem Laien aufpfropfen wollen, seien, streng genommen, irrelevant. Danach machen Menschen gelegentlich Fehler, selbstverständlich; abgesehen von solchen „Performanzfehlern" jedoch sollte man davon ausgehen, daß der Durchschnittsmensch kompetent ist. Schließlich bezweifele niemand die Urteile über Grammatik, die der Mann auf der Straße abgibt, und Urteile über Vernunft sollte man ebenso bewerten. Dieses Argument mag verlockend klingen; in letzter Konsequenz aber scheint es mir antiwissenschaftlich, da es die Diskussion eigentlich beendet. Denn wenn jeder Mensch (ohne Rücksicht auf Alter oder Geisteszustand) als rational gilt, ganz egal, wie er oder sie denken mag, und ganz egal, ob er oder sie mit anderen übereinstimmt, dann läßt sich Rationalität überhaupt nicht erforschen. Sie ist allgegenwärtig und nicht zu hinterfragen.

Ein zweites Gegenargument lautet, es sei unvernünftig, von einem normalen Menschen zu erwarten, daß er sich Wahrscheinlichkeitsgesetze und anderer Statistikregeln bewußt ist: die angeblichen Resultate seien zumeist ein Zeichen fehlender Schulbildung oder mangelnden Spezialwissens, nicht von Kognitionsdefiziten. Danach wären wir alle superrational, wenn wir die entsprechende Spezialausbildung erhielten. Bisher hat noch niemand das Angebot gemacht, Otto Normalverbraucher in die Gesetze der Wahrscheinlichkeit einzuführen, aber zahlreiche Anekdoten und einige Versuchsergebnisse belegen schon jetzt, daß auch ausgebildete Fachleute genau solche Urteilsverzerrungen an den Tag legen, die Tversky und Kahneman aufgedeckt haben (Kahneman, Slovic und Tversky 1982).

Der dritte — und nach meinem Dafürhalten interessanteste — Kritikpunkt stellt die Relevanz statistischer Gesetze wie zum Beispiel des Bayes-Theorems überhaupt in Abrede. Nach diesem Theorem, 1763 von Thomas Bayes formuliert, sollte man die Ausgangswahrscheinlichkeiten in Betracht ziehen, wenn man in einer bestimmten Situation Wahrscheinlichkeitsurteile abgibt. Will man also entscheiden, ob eine Beschreibung auf einen Anwalt oder einen Strafverteidiger gemünzt ist, ist es zweckdienlich, dabei zu bedenken, daß es in unserer Gesellschaft sehr viel mehr Anwälte als Strafverteidiger gibt.

Cohen richtet seinen kritischen Blick auf folgendes Beispiel aus den von Tversky und Kahneman publizierten Untersuchungen. Man erzählte den Versuchspersonen, in einer bestimmten Stadt verkehrten blaue und grüne Taxen, und zwar im Verhältnis 85 zu 15. (Dies ist nach Bayes die Ausgangswahrscheinlichkeit.) Ein Zeuge identifizierte ein Taxi, das in einen Unfall verwickelt war, als grün; man informierte das Gericht nun dahingehend, dieser Zeuge könne bei den herrschenden Lichtverhältnissen in achtzig Prozent der Fälle ein blaues Taxi fehlerfrei von einem grünen unterscheiden. Dann wurden die Versuchspersonen gefragt: Wie hoch ist die Wahrscheinlichkeit (in Prozent), daß das in den Unfall verwickelte Taxi in Wirklichkeit blau war?

Die häufigste Antwort lautete 0,2. Forscher wie Kahneman und Tversky behaupten, diese Antwort sei auf gravierende Weise falsch, da sie erkennen läßt, daß die Ausgangswahrscheinlichkeiten nicht berücksichtigt wurden. Die Forscher denken folgendermaßen: Der Umstand, daß es viel mehr blaue als grüne Taxen gibt, muß in Betracht gezogen werden, wenn man die Wahrscheinlichkeit dafür berechnet, daß das Taxi tatsächlich grün war. Dann stellen sie vier Berechnungen an: die Wahrscheinlichkeit einer richtigen Identifizierung des Taxis als blau, wenn es tatsächlich blau war (85%×0,8 = 68%), der falschen Identifizierung des Taxis als blau, wenn es in Wirklichkeit grün war (15%×0,2 = 3%), der richtigen Identifizierung des Taxis als grün, wenn es tatsächlich grün war (15%×0,8 = 12%), und der falschen Identifizierung des Taxis als grün, wenn es in Wirklichkeit blau war (85%×0,2 = 17%). Zusammengenommen beträgt die Wahrscheinlichkeit, das Taxi als grün zu identifizieren, 29 Prozent (17% + 12%), und der Anteil einer falschen Identifizierung ist $^{17}/_{29}$. Somit ist nach dem Entscheidungsmodus, den die Versuchsleiter vertreten, die Wahrscheinlichkeit, daß das Taxi im Unfall in Wirklichkeit blau war, $^{17}/_{29}$ und nicht $^{1}/_{5}$.

Aber, so Cohen, es ist gar nicht nötig, diese Aufgabe nach dem Lehrbuch (hier dem Bayes-Theorem) anzugehen. Er meint zum Beispiel, Richter sollten sich nicht auf Wahrscheinlichkeit verlassen, wenn es sich vermeiden läßt: Ein solcher Rückgriff auf Wahrscheinlichkeit tut so, als handele es sich vor Gericht darum, eine lange Reihe von „Taxifarben-Identifikationsproblemen" zu lösen, während der Richter in Wirklichkeit nur versucht, diesen einen Fall zu entscheiden. Streng genommen befaßt sich der Richter hier mit der Wahrscheinlichkeit, daß das am Unfall beteiligte Taxi in Wirklichkeit blau war, und zwar unter der Bedingung, daß der Zeuge behauptete, es sei grün gewesen. Da der Richter weiß, daß nur 20 Prozent der Zeugenaussagen hinsichtlich Taxifarben falsch sind, schätzt er ganz zutreffend die fragliche Wahrscheinlichkeit als $^{1}/_{5}$ ein, und verletzt damit nicht das Bayes-Theorem. Die Tatsache, daß sich die Taxifarben in Wahrheit im Verhältnis von 85 zu 15 verteilen, darf zu Recht als für die Schätzung irrelevant erachtet werden: Diese Tatsache vergrößert oder verkleinert schließlich die Wahrscheinlichkeit nicht, daß eine bestimmte Taxifarben-Identifizierung unter der Bedingung richtig war, daß es eine Identifizierung durch diesen einen Zeugen ist. Mit Cohens Worten: „Eine Wahrscheinlichkeit, die für jedes Ereignis einer bestimmten Klasse von Ereignissen gleichermaßen gilt, weil sie auf kausalen Eigenschaften, zum Beispiel der Physiologie des Sehens basiert, ist durch Fakten wie Zufallsverteilungen nicht veränderbar, da sie für das einzelne Ergebnis keine kausale Wirksamkeit haben" (1981, S. 328f.).

Cohen führt ein weiteres Beispiel an, das viel unmittelbarer trifft. Nehmen Sie an, sie leiden unter einer Krankheit, die entweder A oder B sein kann. Es ist bekannt, daß A neunzehnmal häufiger vorkommt als B. Beide Krankheiten führen, wenn sie nicht behandelt werden, zum Tode, aber es ist gefährlich, die Behandlungen zu kombinieren. Ihr Arzt macht einen Test, der bei 80% aller durchgeführten Differentialdiagnosen stimmt. Nach diesem Test leiden Sie an der sehr viel selteneren Krankheit B. Sollten Sie dennoch die Behandlung wählen, die auf A abgestimmt ist? Nach der Bayesschen Sicht der Dinge wäre dies der richtige Schritt. Bedenkt man die Ausgangsverteilung der Krankheit, ist die Wahrscheinlichkeit, daß sie an A leiden, $\frac{19}{23}$. Aber die könnten sich entscheiden, die Ausgangswahrscheinlichkeit zu ignorieren, denn Sie wissen schließlich, daß die Wahrscheinlichkeit, daß *Sie* unter A leiden, $\frac{4}{5}$ ist. Cohen meint, es wäre für Sie als Patient irrational, sich nach objektiven Wahrscheinlichkeiten statt nach der gerade erstellten speziellen Diagnose zu richten. Denn folgt man den Statistiklehrbüchern, war es sogar Zeitverschwendung, die Differentialdiagnose überhaupt zu machen, denn ganz unabhängig von deren Ergebnis wäre es statistisch gesehen immer klüger, davon auszugehen, daß Sie an der statistisch verbreiteteren Krankheit A leiden.

Cohen unterscheidet verschiedene Interessen, um die es hier geht. Die Verwaltung des Krankenhauses, die eine hohe Rate von Diagnoseerfolgen bei geringen Kosten haben möchte, wäre gut beraten, den Wahrscheinlichkeitsgesetzen zu folgen und daher den Test abzuschaffen. Dem Patienten aber geht es um Erfolg in seinem ganz bestimmten Fall, nicht um die wahrscheinlichen Erfolge des Systems auf lange Sicht. Daher muß er die Testergebnisse im Hinblick auf seine Chancen bewerten. Langfristige Erfolgsserien sind für ihn ohne jede Bedeutung.

Mit der Behauptung, daß die Faktoren, die den Fachmann für Statistikgesetze betreffen, nicht identisch seien mit denen, die einen einzelnen Menschen bei Entscheidungen über sein Leben beeinflussen, wählt Cohen einen interessanten Weg. Das aber brachte ihm kaum die Sympathien anderer Urteilsforscher ein, jener beispielsweise, die man gebeten hatte, seinen Aufsatz im Journal *The Behavioral and Brain Sciences* (Cohen 1981) zu kommentieren. Cohen wurde als Apologet von Irrtümern und des Status quo kritisiert, als jemand, der die Lehren der Wissenschaft rückgängig machen wolle, dabei selbst unfähig sei, ein Argument oder eine Schlußfolgerung kohärent vorzutragen und sich darum auf ungestützte Behauptungen und Einbildungen verlasse. Mir schien diese Kritik in ihrer Schärfe derart überzogen, daß man sich fragen muß, ob Cohen nicht einen wunden Punkt getroffen hat. Ich meine, daß Cohen nicht (wie er wollte) gezeigt hat, daß Menschen logisch vorgehen, sondern vielmehr weitere Beweise dafür anführte, daß sie in systematischer Weise von Logik und Rationalität abweichen. Und er hat uns ins Gedächtnis zurückgerufen, daß es nicht unbedingt das gleiche ist, ob man erklärtermaßen im eigenen Interesse handelt oder ob man beurteilt, welches Resultat bei einem hypothetischen Ereignis wahrscheinlicher ist.

Dazu läßt sich noch einiges sagen. Zum einen hat sich der Mensch entwikkelt, um in bestimmten biologischen und sozialen Umgebungen überleben zu können und nicht, um irgendwelchen abstrakten Vorstellungen von Logik zu genügen. Es ist gut möglich, daß die Art von Induktion und Deduktion, die Menschen gewohnheitsmäßig (und sogar als Reflex) durchführen, das Überleben am wahrscheinlichsten macht. Und so sind sie absolut gesehen rational, selbst wenn sie unter dem Aspekt bestimmter Lehrbuchprinzipien irrational wirken mögen.

Andere Überlegungen betonen die Verzerrungen, die in herrschenden psychologischen Paradigmen stecken. Solange Experimente mit Täuschungen oder Tricks arbeiten, kann man davon ausgehen, daß sie für einen Gutteil des täglichen Verhaltens von begrenzter Relevanz sind. Wenn man Fallen in die Fragen einbaut, kann man selbstverständlich falsche Antworten oder Antworten vorprogrammieren, die Versuchspersonen wie Narren aussehen lassen. Piaget und seine Mitarbeiterin Bärbel Inhelder dachten sich einmal einen Versuch aus, bei dem sie kleinen Kindern fünf Tulpen und zwei Rosen gaben und dann fragten: „Sind das mehr Tulpen oder mehr Blumen?" (Inhelder und Piaget 1973). Kinder unter sieben Jahren werden darauf antworten, es seien mehr Tulpen, da ihnen offenbar nicht klar ist, daß der Begriff *Blumen* alle Tulpen und alle Rosen umfaßt. Piaget und Inhelder schlossen daraus selbstsicher, daß kleine Kinder unfähig sind, eine Kategorie (Blumen) mit einer ihrer Unterkategorien (Tulpen) zu vergleichen. Der Philosoph Jonathan Adler (1984) aber wies darauf hin, daß die Annahme, Kinder könnten solche Vergleiche nicht machen, vielleicht zu simpel sei. Es könne vielmehr sein, daß Kinder einfach keine Fragen erwarten, die den normalen Gesprächsregeln zuwiderlaufen, „relevant" oder zweckdienlich zu sein. Vielleicht glauben Kinder, der Vergleich, nach dem sie gefragt werden, sei der perzeptuell offensichtliche — sind das mehr Tulpen oder mehr Rosen? — statt der unklaren, vielleicht gar hinterhältigen Frage, „Sind das mehr Tulpen oder mehr Tulpen plus Rosen?" Nach dieser Auffassung würden Kinder richtig antworten, wenn man sie nach Vergleichen fragt, bei denen eine Unterkategorie mit einer Basiskategorie plausibler verglichen werden kann. Und es zeigt sich tatsächlich, daß Kinder, wenn man ihnen solche Fragen stellt — Sind hier mehr Kinder oder mehr Leute? — sehr wohl empfänglich sind für die Prinzipien der „Klasseninklusion" (siehe auch Donaldson 1978).

Wenn wir diesen Gedanken auf die vorhergehenden Beispiele übertragen, dann sehen wir, daß Versuchspersonen die Aufgaben von Tversky und Kahneman durchaus unter dem Blickwinkel interpretiert haben könnten, wie sich Menschen normalerweise unterhalten und welche Informationen sie dabei austauschen. In der Aufgabe „die Bankangestellte Linda" zum Beispiel geht man davon aus, daß die Details zu Lindas früherer politischer Betätigung nur erwähnt wurden, damit der Zuhörer daraus schließt, daß sie Feministin ist. Ein Zuhörer macht also lediglich die vernünftige Annahme, dem Sprecher gehe es darum, daß der Zuhörer glaubt, Linda sei Feministin — warum sonst sollte er sich die Mühe machen, so viel über ihre politische und soziale Einstellung zu erwähnen? Bei der Taxi-Aufgabe hingegen könnte man annehmen, die Information über Ausgangswahrscheinlichkeiten habe mit der konkreten Frage nichts zu tun. Denn Tversky und Kahneman haben selbst berichtet, daß Versuchspersonen anders antworten, wenn man ihnen sagt: „Die beiden Firmen sind zwar ungefähr gleich groß, aber an 85 Prozent der Taxiunfälle in der Stadt sind grüne, an 15 Prozent blaue Taxis beteiligt." Jetzt stand die Information über die Ausgangswahrscheinlichkeiten in ganz direktem Bezug zu der konkreten Aufgabe und wurde von den Versuchspersonen auch beachtet. Mit erscheint es zwar allzu simpel, die scheinbare Irrationalität der Versuchspersonen lediglich der Art zuzuschreiben, wie die Aufgaben formuliert sind, sowie den für ein Gespräch relevanten Annahmen. Zugleich aber ist es auch wichtig, die möglichen Auswirkungen dieser Faktoren nicht zu ignorieren (Kahneman, Slovic und Tversky 1982, S. 157).

Jonathan Cohen benutzt die Resultate von Tversky und Kahneman, um den Beweis zu führen, daß Menschen ihrem Wesen nach rational sind, und um die Meinung zu begründen, experimentelle Wissenschaftler hielten sich mit statistischen Feinheiten auf, die mit dem täglichen Überleben wenig zu tun haben. Aber andere Philosophen haben die Ergebnisse von Tversky und Kahneman nicht im geringsten angezweifelt und ihre bisherigen Ansichten angesichts dieser Resultate revidiert. So weist Christopher Cherniak (1983) die Vorstellung zurück, daß jeder rational Handelnde eine Logik in der Art eines vollständigen Deduktionssystems erster Ordnung verwenden muß. Cherniak empfiehlt sogar, die Suche nach der idealen Rationalität aufzugeben: Um dieses Ziel zu erreichen, müßte man unbegrenzte Ressourcen bereitstellen. Statt dessen schlägt er einen minimalen Rationalitätsstandard vor. Man macht einige, nicht aber unbedingt alle Inferenzen, die angebracht sind, und benutzt sogar formal falsche Heuristiken — skizzierte bildhafte Vorstellungen oder andere Kürzel — um innerhalb einer vertretbaren Zeitspanne zu einer vertretbaren Entscheidung zu kommen.

Henry Kyburg, ein Philosoph an der *University of Rochester*, findet, Philosophen stünde noch immer das Recht zu, Rationalität als Ideal zu beschreiben, dem man sich möglicherweise nur annähern kann. Dann aber schreibt er, empirische Daten seien relevant, da sie zeigen, wie normative Prinzipien der Inferenz, Wahrscheinlichkeit und Urteilsfindung gewohnheitsmäßig verletzt werden. Kyburg verwirft Cohens Interpretation, welche die Intuitionen des Durchschnittsmenschen zum Standard der Rationalität erklärt, und sagt: „Es ist nicht klar, ob eine derartige Forschung für die Entwicklung normativer Standards induktiver oder deduktiver logischer Beweiskraft relevanter wäre als eine Erforschung der arithmetischen Intuitionen von Menschen für die Entwicklung von Standards arithmetischer Gültigkeit" (Kyburg 1983, S. 232). Aber er räumt bereitwillig ein, daß „empirische Daten auf bestimmte Fakten hinweisen können, die für die Entwicklung normativer Restriktionen relevant sind" (S. 244). Eine solche Theorie sollte sowohl auf normativen Faktoren als auch darauf basieren, was Menschen tatsächlich tun. Er kommt zu dem Schluß:

> Auch wenn meiner Meinung nach klar ist, daß die Charakterisierung der Rationalität ein schwieriges Problem ist — sehr viel schwieriger, als viele glauben — scheint es nicht unüberwindlich. Denn die Schwierigkeiten, die wir aufdecken, tragen zu unserem Wissen bei. Und die Tatsache, daß wir überhaupt Fortschritte machen — die Tatsache, daß wir den Argumenten des anderen zuhören und es als Verpflichtung empfinden, uns mit ihnen zu befassen — zeigen, daß wir uns unserem Ziel nähern können. (S. 245)

Cherniaks und Kyburgs Beiträge aus der philosophischen Ecke sind wichtig für unsere Betrachtungen. Statt das Thema Rationalität gänzlich zu verwerfen oder zu dem Ergebnis zu kommen, die empirischen Arbeiten seien völlig irrelevant, sehen sie das Studium der Rationalität als Gemeinschaftsprojekt — zu dem Resultate der Empiriker ebenso gehören wie Klarstellungen und Differenzierungen der Philosophen. Sie lassen die Möglichkeit offen, daß man von den strengen Vorschriften der Logik abweichen und dennoch eine lebensfähige Variante von Rationalität an den Tag legen kann. Dies nun ist ein Beispiel für das konservative Modell der Kognitionswissenschaft. Es tun sich nicht — wie zum Beispiel in der Psycholinguistik — bestimmte Wissenschaften zusammen, sondern es herrscht ein breiter Dialog, ein Dialog zwischen Philosophen, die weiterhin über ein klassisches Problem der Philosophie nachdenken und Empirikern, die kluge Methoden entwickelt haben, um sich diesem alt-ehrwürdigen Thema zu nähern. Die hier angeführten Beispiele stammen zwar vorrangig aus der Psychologie, sind jedoch keineswegs auf diese Disziplin beschränkt. Ich habe schon erwähnt, daß zu den Themen, mit denen sich Wason und Johnson-Laird, Tversky und Kahneman befaßt haben, auch sprachliche Probleme gehörten (Wie sind die jeweiligen Fragen formuliert?); sie sind auf diverse anthropologische Bereiche übertragbar (Haben andere Populationen andere Urteilsverzerrungen?); und es ist gewiß lehrreich, sie mit der Künstlichen Intelligenz zu simulieren (so wie Johnson-Laird seine Arbeit an Computersimulationen orientierte). Von den Kognitionswissenschaften stehen im Grund nur die Interessen der Neurowissenschaftler etwas abseits von der Forschung über Logik, Entscheidungen und Rationalität. Ob dies nur zur Zeit so ist, oder ob der komplette Bereich rationaler und logischer Annahmen auf einer Ebene operiert, die von der Neurowissenschaft nicht erfaßt werden kann, war noch nicht Gegenstand hinreichender Untersuchungen.

Zusammenfassung

Mit diesem Überblick über Arbeiten zur Rationalität beschließe ich meine Darstellung von vier interdisziplinären Forschungsbemühungen, die für die heutigen Kognitionswissenschaften exemplarisch sind. Zusammengenommen bestätigen diese Beispiele, daß interdisziplinäres Arbeiten zu echten Fortschritten in der Beantwortung alter erkenntnistheoretischer Fragen führen kann. Auch wenn diese Arbeit scharf angegriffen wurde — als Beispiel sei L. Jonathan Cohens Kritik genannt — glaube ich, daß man dieser Kritik ohne fundamentalen Schaden für das kognitionswissenschaftliche Vorhaben zufriedenstellend begegnen kann. Ein solches Ergebnis ist besonders beeindruckend in einem Bereich wie der Rationalität, der von der Funktion des Nervensystems ebenso weit entfernt ist wie von jenen elementaren Prozessen, die zur Wahrnehmung visueller Formen gehören.

Aus der Forschung über Rationalität wie aus der über Kategorisierung kann man eine frappierende Lehre ziehen. Vor einigen Jahrzehnten, der Computer war noch nicht erfunden und die Kognitionswissenschaft noch nicht begründet, war die Meinung gang und gäbe, daß Menschen in der Regel Konzepte auf klassische Weise bilden und im großen und ganzen logisch denken. Jetzt hat das kognitive Zeitalter mit seinen hochleistungsfähigen Techniken der Datenverarbeitung die Sicht zweifelhaft werden lassen, der Mensch funktioniere präzise. Damit möchte ich selbstverständlich nicht sagen, daß menschliches Verhalten nicht mehr Gegenstand von Untersuchungen ist, die mit dem Computer und mit anderen kognitionswissenschaftlichen Methoden durchgeführt werden — Johnson-Laird hat ja gezeigt, wie einige solcher Verhaltensweisen exakt simuliert werden können; aber die Annahme, Menschen dächten digital und deduktiv, ist nicht mehr haltbar. Es bleibt die grundsätzlichere Frage, ob andere Formen menschlicher Irrationalität — belegt von Klinikern wie Sigmund Freud oder C. G. Jung, von Anthropologen wie Clifford Geertz und Dan Sperber — sich durch die Methoden der Kognitionswissenschaft werden klären lassen.

Auch negative Lehren sind wichtig, und man kann eine Wissenschaft nicht für ihre Ergebnisse verantwortlich machen, seien sie nun Anlaß zu Freude oder zu Kummer. Rüttelt man aber am Modell vom Menschen als Computer, wirft dies weitreichende Fragen dazu auf, inwieweit die Kognitionswissenschaft überhaupt eine zutreffende Auffassung von der menschlichen Geistestätigkeit hat und ob sie über die angemessenen Methoden zu deren Erforschung verfügt. Diesen Problemen wende ich mich im letzten Kapitel zu, in dem ich unter dem Aspekt der Geschichten, die ich erzählt, und unter dem Aspekt der speziellen Forschungsarbeiten, die ich vorgestellt habe, zu den leitmotivischen Themen der Kognitionswissenschaft zurückkehren werde. Abschließend werde ich meine Gedanken dazu darlegen, inwieweit die Kognitionswissenschaft ihre ursprünglichen Versprechungen einlösen konnte und die wichtigsten Paradoxa und Aufgaben skizzieren, denen sie sich derzeit stellen muß.

14. Zusammenfassung: Das Paradox der Computerwissenschaft und die Aufgabe der Kognitionswissenschaft

Ein weitblickender Beobachter hätte es vielleicht schon Anfang unseres Jahrhunderts, nach einem Blick auf das wissenschaftliche Terrain, für vertretbar gehalten, die Entstehung einer neuen Geistes-Wissenschaft zu prognostizieren. Denn endlich schien, aufbauend auf der philosophischen Tradition der Griechen und der Aufklärung und als Folge dramatischer Fortschritte in Physik, Chemie und Biologie die Lösung des Rätsels menschlicher Geistesprozesse in greifbarer Nähe. Überdies waren gegen Ende des neunzehnten Jahrhunderts zahlreiche neue Disziplinen begründet worden, die sich vor allem mit dem Denken und dem Verhalten des Menschen befaßten. Gewiß würde die Möglichkeit, Menschen vieler verschiedener Kulturen im Licht jüngster Erkenntnisse über das menschliche Nervensystem und mit den leistungsfähigen Techniken aus Logik und Mathematik zu erforschen, früher oder später zu einer soliden Wissenschaft vom Geist führen.

Im Rückblick scheint klar, daß mindestens drei Bedingungen erfüllt sein mußten, bevor dieser Traum reifen konnte. Erstens mußten die Unzulänglichkeiten des Behaviorismus nachgewiesen werden. Zweitens mußten die begrenzten Möglichkeiten einer jeden einzelnen Sozialwissenschaft erkannt werden. Und schließlich bedurfte es als letztem Anstoß für eine neue Kognitionswissenschaft des Computers.

Ich habe in diesem Buch skizziert, wie jede der drei Bedingungen erfüllt wurde. 1948, als Karl Lashley seinen berühmten Hixon-Symposium-Vortrag über das Problem serieller Ordnung im Verhalten hielt, wußten schon viele Wissenschaftler, daß der behavioristische Ansatz zur Erklärung menschlicher Verstandestätigkeit mit schwerwiegenden Mängeln behaftet war. Auch die Grenzen anderer Schulen im Umkreis des Behaviorismus — logischer Positivismus, strukturale Linguistik, anthropologischer Funktionalismus, Pawlowsche Reflexologie — wurden immer deutlicher. Eine ganz neue Herangehensweise an diese Probleme war dringend erforderlich.

Mit der Entdeckung der Grenzen einer behavioristischen Vorgehensweise wuchs auch die Erkenntnis, daß jede Human- und Verhaltenswissenschaft, isoliert betrieben, eigene und möglicherweise lähmende Grenzen hat. Ob es um die Ambivalenz der Philosophie gegenüber der Relevanz empirischer Daten für vertraute Probleme der Erkenntnistheorie ging, um die Schwierigkeit der Psychologie, ihre experimentellen Arbeitsweisen auf umfassendere Fragen abzustimmen, um die Probleme der Anthropologie, über die Einzelstudie hinauszukommen, oder um den Ehrgeiz der Neurowissenschaft, Fähigkeiten zu erforschen, die sich nicht auf die neurale Ebene reduzieren ließen: All diese Disziplinen spürten immer deutlicher die Notwendigkeit eines fruchtbaren Austausches mit Nachbardisziplinen.

Schließlich, und das war vermutlich entscheidend, trafen einige neue Ergebnisse aus Mathematik und Logik (wie die von Shannon, Turing und von Neumann) mit bahnbrechenden technischen Neuerungen zusammen, die um die Jahrhundertmitte im ersten Elektronenrechner gipfelten. Nachdem einmal bewiesen war, wie effektiv diese Maschinen symbolisches Material verarbeiten konnten, waren etliche Wissenschaftler davon überzeugt, daß eine Wissenschaft von der Kognition mit Hilfe von Computermodellen entwickelt werden könne. Schon 1956 hatten Psychologen wie George Miller und Jerome Bruner, Computerwissenschaftler wie Allen Newell und Herbert Simon und Linguisten wie Noam Chomsky Arbeiten vorgelegt, die (rückblickend) den Geist der Kognitionswissenschaft erkennen ließen. Und dreißig Jahre später zeigten, aufbauend auf diesen ersten Arbeiten, Forscher wie David Marr und Stephen Kosslyn (mit Studien am Schnittpunkt von Wahrnehmungspsychologie und Künstlicher Intelligenz), Eleanor Rosch (mit der Verbindung psychologischer und anthropologischer Fragen) und Philip Johnson-Laird (mit einer Synthese von Ansätzen aus Philosophie, Psychologie, Linguistik und Künstlicher Intelligenz), daß bei der Lösung alter philosophischer und wissenschaftlicher Problemstellungen deutliche Fortschritte erzielt werden konnten. Auch wenn die Arbeiten zur visuellen Wahrnehmung mehr erreicht haben als die Forschungen über Klassifikation oder Rationalität, so kann man heute doch mit gutem Gewissen sagen, daß die Kognitionswissenschaft den Kinderschuhen entwachsen ist.

Darum ist es im jetzigen Stadium dieser Wissenschaft wie im Gang meiner Darstellung Zeit, eine Bestandsaufnahme zu machen: ein weiteres Mal zurückzukehren zu den wichtigsten Themen der Kognitionswissenschaft, um zu klären, was in den vergangenen Jahrzehnten erreicht wurde, und um zu erkennen, was noch zu tun bleibt, wenn die Kognitionswissenschaft ihr volles Potential realisieren soll. Zu dieser Bewertung gehört eine Betrachtung des zentralen Konzeptes der Kognitionswissenschaft — der Repräsentationsebene — sowie die Rückkehr zu zwei leitmotivischen Problemen, von denen ich schon in den ersten Kapiteln sprach, dem Paradox der Computerwissenschaft und der Aufgabe der Kognitionswissenschaft.

Die zentrale Bedeutung der mentalen Repräsentation

Meiner Meinung nach liegt die bedeutendste Leistung der Kognitionswissenschaft in dem eindeutigen Beweis, daß zu Recht von einer Ebene geistiger Repräsentation ausgegangen werden kann: einer Reihe von Konstrukten, die zur Erklärung kognitiver Phänomene — von visueller Wahrnehmung bis zum

Verstehen von Geschichten — herangezogen werden können. Wo vor vierzig Jahren, als der Behaviorismus im Zenit stand, wenige Wissenschaftler von Schemata, bildhaften Vorstellungen, Regeln, Transformationen und anderen mentalen Strukturen und Operationen zu sprechen gewagt hätten, gelten diese repräsentationalen Annahmen und Konzepte jetzt als selbstverständlich und finden sich in allen Kognitionswissenschaften.

Selbst wenn die meisten Forscher (und vielleicht die meisten Leser und Leserinnen) diese repräsentationale Ebene als gegeben erachten, muß diese Analyseform zu konkurrierenden Beschreibungs- und Analyseebenen in Bezug gesetzt werden. Es wird in den empirischen Wissenschaften schon lange akzeptiert, vom Nervensystem und allgemeiner von biologischen Systemen zu sprechen. Schließlich sind sie sichtbar, sogar zerlegbar. Die meisten Naturwissenschaftler interessieren sich zwar beruflich kaum für Fragen der Kultur oder der Geschichte, für Human- und Gesellschaftswissenschaftler aber es ist völlig akzeptabel (und unstrittig), soziale Kräfte, kulturelle Gewohnheiten, geschichtliche Traditionen und dergleichen als Erklärungen gelten zu lassen. Wie sonst wären makroskopische Gesellschaftsphänomene erforschbar? Der Triumph des Kognitivismus liegt darin, daß der Begriff der Repräsentation heute im wesentlichen diesem etablierten Diskurs ebenbürtig ist — der neuronalen Ebene einerseits, der soziokulturellen Ebene andererseits. Wer die repräsentationale Ebene aus dem Wissenschaftsdiskurs verbannen möchte, wäre gezwungen, Sprache, Problemlösen, Klassifikation und dergleichen strikt im Rahmen neurologischer und kultureller Analysen zu erklären. Die Entdeckungen der letzten dreißig Jahre lassen eine solche Alternative unannehmbar werden.

Für Repräsentationen im allgemeinen einzutreten ist eine Sache, dies präzise und zwingend zu tun, eine ganz andere. Zahllose Terminologien und Rahmenbegriffe entstanden bei dem Versuch, Repräsentationen zu charakterisieren — Skripts, Schemata, Symbole, Rahmen, Vorstellungsbilder, mentale Modelle, um nur einige zu nennen. Und zahllose Termini beschreiben die von diesen mentalen Entitäten ausgeführten Operationen — Transformationen, Konjunktionen, Tilgungen, Umkehrungen und so weiter. Die Kognitionswissenschaft muß ihr terminologisches Haus bestellen und über Schlagworte und unscharfe Begriffe hinauswachsen; das Fach muß sich auf eine Sprache einigen, mit der man über eine Reihe von repräsentationalen Phänomenen sprechen kann — auch wenn sich erweisen sollte, daß zu dieser Sprache einige Dialekte gehören.

Ich würde zunächst zwei Varianten von Repräsentationen unterscheiden. Die eine wird zu Beginn oder später in die Hardware — ob Computer oder Gehirn — eingebaut. Eine solche Form muß man annehmen, um detailliert verfolgen zu können, was mit Information geschieht, zu dieser Variante der Repräsentation aber gehören keine Prozesse, die dem Organismus bewußt oder gegenwärtig sind. Ein Beispiel: Im Frühstadium visueller Verarbeitung, das von der Marr-Gruppe beschrieben worden ist, muß das visuelle System symbolische Repräsentationen physischer Information erschaffen und dann anhand dieser Repräsentationen weiter vorgehen. Aber kein Organismus kann diese Abfolge willentlich beeinflussen, und sie sind nur dem Kognitionswissenschaftler zugänglich.

Eine zweite Variante der Repräsentation umfaßt jenes Problemlöse- und Klassifikationsverhalten, das Menschen mit einer gewissen Flexibilität und einigermaßen explizit und bewußt ausführen. Wenn man einen Satz oder eine Geschichte analysiert, ein Vorstellungsbild schafft oder transformiert, dann mag man sich darüber im Klaren sein, daß man eine mentale Repräsentation — oder ein mentales Modell — erzeugt hat, mit dem man bestimmte Operationen ausführt. Es ist nicht nötig, sich dessen explizit bewußt zu sein, aber es ist immerhin möglich. Außerdem kann man die Repräsentationsart oder die Art von Regel, die benutzt wird, verändern, sollte man dies wollen. Auch solche geistige Aktivität wird zutreffend als Repräsentation beschrieben, verlangt aber fraglos einen anderen Status (bzw. eine andere Terminologie) als jene Repräsentationsarten, die automatisch erfolgen und vielleicht „fest verdrahtet" sind.

Vielleicht gibt es mehrere Varianten von Repräsentationen, oder es gibt ein Kontinuum von impliziter zu expliziter Repräsentation oder von „fest verdrahteter" zu „flexibel programmierbarer". Aber solange man sich nicht auf eine Taxonomie einigt, werden Diskussionen über Repräsentationen allzu leicht *ad hoc* und unbefriedigend wirken. Wenn *Repräsentation* wirklich der Dreh- und Angelpunkt der Kognitionswissenschaft ist, muß sie so klar formuliert und so allgemein akzeptiert werden wie die Quantentheorie in der Physik oder der genetische Code in der Biochemie. Diese Klarheit und dieser Konsens liegen fraglos in weiter Ferne.

Das Paradox der Computerwissenschaft

Streng genommen hätte man Kognitionswissenschaft auch ohne Computer betreiben können. Immerhin gab es schon vor der Erfindung des Computers eine Theorie der Datenverarbeitung. Aber es ist eine historische Tatsache, daß die Kognitionswissenschaft schwerlich zu dem Zeitpunkt entstanden wäre, zu dem sie entstand, oder die Form angenommen hätte, die sie annahm, wäre nicht damals auch der Elektronenrechner aufgekommen. Schon die erste Generation der Kognitionsforscher sah im Computer das praktischste und passendste Modell, um über das Denken nachzudenken. Und den meisten dieser Forscher wurde er schon bald für die tägliche empirische und theoretische Arbeit unentbehrlich. Auch wenn sich die Verknüpfung von Computer und Kognitivismus als möglich, nicht aber als zwingend erwiesen hat, ist das Schicksal der Kognitionswissenschaft eng mit dem des Computers verbunden.

Damit wären wir bei dem eigentümlichen Zustand, den ich das *Paradox der Computerwissenschaft* nenne. Wenn man bedenkt, daß es eine bis zu den Griechen zurückreichende, zählebige Tradition gibt, menschliches Denken als Verkörperung mathematischer Prinzipien zu denken, dann erstaunt es kaum, daß die erste Generation von Kognitivisten — aufgewachsen in der Tradition des logischen Positivismus — eine überaus rationalistische Sicht menschlichen Denkens vertrat. Zu den wichtigsten kognitionswissenschaftlichen Ergebnissen gehört nun allerdings, daß diese bequeme Annahme im Lauf der Jahre sehr fraglich geworden ist.

Zweifelsohne könnte es, wenn es um elementare und relativ „unpenetrierbare" Prozesse wie visuelle Wahrnehmung oder syntaktische Analyse geht, eines Tages kompetente Erklärungen geben, die auf Datenverarbeitung basieren. Das heißt, die Beschreibungsarten, die in der Begrifflichkeit des digitalen „Von-Neumann-Rechners" zu machen sind, könnten sich auch als richtige Erklärungen dieser menschlichen Kognitionsprozesse erweisen. Aber wenn es um komplexere und stärker von Anschauungen geprägte Prozesse wie die Klassifikation ontologischer Bereiche oder die Beurteilung konträrer Handlungsverläufe geht, ist dieses Computermodell weniger angemessen. Menschen bewältigen solche Aufgaben offenbar nicht auf eine Weise, die man logisch oder rational nennen könnte oder zu der eine schrittweise symbolische Verarbeitung gehört. Statt dessen benutzen sie Heuristiken, Strategien, Verzerrungen, bildhafte Vorstellungen und andere vage oder bloß angenäherte Methoden. Die Modelle der Symbolmanipulation, mit denen die erste Generation der Kognitivisten — Newell, Simon und andere — arbeiteten, sind zur Beschreibung solch zentraler menschlicher Fähigkeiten offenbar nicht optimal geeignet.

Das Paradox liegt in der Tatsache, daß diese Einsichten vor allem aus den Versuchen resultieren, Computermodelle und Computersimulationen einzusetzen; nur weil sie die Vorgaben des Computers ganz minutiös befolgten, konnten Wissenschaftler entdecken, worin sich Menschen von dem sequentiell arbeitenden Digitalcomputer *unterscheiden* — dem „Von-Neumann-Rechner", der das Denken der ersten Generation von Kognitionsforschern beherrschte.

Eines muß ich nochmals unterstreichen. Wenn ich dieses Paradox der Computerwissenschaft so betone, behaupte ich *nicht*, daß eine am Computer angelehnte Erklärung menschlichen Verhaltens und Denkens mit allen dazugehörigen Verdrehungen, Irrationalitäten und Subjektivitäten gänzlich ausgeschlossen sei. Solche Erklärungen mögen durchaus möglich sein, und im Prinzip sind sie — dies ist seit Turing bekannt — ganz sicher möglich. Das Paradox läßt vielmehr vermuten, daß das Bild der menschlichen Kognition, das durch die Kognitionswissenschaft allmählich entsteht, sehr weit — zumindest auf molarer Ebene sehr weit — entfernt ist von der systematischen, genauen, Schritt-für-Schritt-Vorstellung, die für das Denken der Begründer des Faches (und auch aller, die bereits vor Jahrhunderten davon träumten), maßgeblich war. Menschliches Denken ist, wie sich zeigt, unsystematisch, intuitiv und subjektiven Repräsentationen unterworfen — es ist kein reiner, fehlerloser Rechenvorgang. Diese Prozesse werden sich vielleicht irgendwann einmal mit einem Computer simulieren lassen, aber das Endergebnis wird wenig Ähnlichkeit haben mit herkömmlichen Auffassungen von Kognition, deren Dogma die Parallelen zu Datenverarbeitung und Computer sind.

Dieses Vertrauen auf den Elektronenrechner als dem Hauptmodell des Denkens bringt ein weiteres Problem mit sich, das man erst jetzt zu erkennen beginnt. Eine Fixierung auf den Computer führt selbstverständlich dazu, daß der Schwerpunkt auf logisches Problemlösen (à la Newell und Simon) oder geordnete, stark regelgeleitete Analysen (à la Chomsky) gelegt wird. Ergebnisse der neurologischen und entwicklungspsychologischen Erforschung mentaler Prozesse belegen aber, daß unsere Vorstellungen von Kognition erheblich erweitert werden müssen. Prozesse, die zu musikalischen und anderen künstlerischen Aktivitäten gehören, und mit großer Wahrscheinlichkeit auch Prozesse, die zum Erkennen anderer Menschen und des eigenen Selbst benötigt werden, verdienen ebenfalls die Bezeichnung *kognitiv* (Gardner 1983). Sollte diese Position richtig sein, muß eine gewissenhafte Kognitionswissenschaft diese Fähigkeiten ebenso erklären wie die bekannteren logisch-mathematischen Fähigkeiten. Worin ihre Relevanz für die Erforschung menschlicher Rationalität oder menschlichen Problemlösens auch bestehen mag, daß die vom Computer abgeleiteten Modelle *diese* kognitiven Tätigkeiten adäquat werden beschreiben können, ist sogar noch weniger wahrscheinlich.

Dem könnte man entgegenhalten, die Kognitionswissenschaft solle sich damit zufrieden geben, logisches Denken zu modellieren, und andere Arten des Denkens unter den Tisch fallen lassen. Vielleicht sollte die Kognitionswissenschaft auf einem klassischen Datenverarbeitungsansatz aufbauen, selbst wenn Menschen einem solchen klassischen Computer kaum ähneln. Aber wenn man die Kognitionswissenschaft auf eine einzige Kognitionsform beschränken würde, dann bedeutete dies, den Untersuchungsgegenstand den Möglichkeiten der derzeitigen Forschungswerkzeuge anzupassen. Ebenso ist es wissenschaftlich kaum haltbar, eine Erklärung nur deswegen zu akzeptieren, weil man sie geben kann. Schließlich ist es nicht das Ziel der Wissenschaft, eine mögliche Theorie zu unterbreiten (es wird immer zahllose mögliche Theorien geben), sondern vielmehr zu der Theorie zu finden, die am genauesten, knappsten und überzeugendsten ist. Schließlich könnte man alle kognitiven Phänome in der Begrifflichkeit von Atomen oder historischen Faktoren beschreiben — in beiden Fällen wäre eine repräsentationale Erklärung überhaupt nicht nötig. Gerade jetzt aber, da eine solche Erklärung akzeptabel geworden ist, ist der Versuch wichtig, die *beste* repräsentationale Erklärung zu finden. Repräsentation ohne Datenverarbeitung wäre für gewisse Sparten der Kognitionswissenschaft ein mögliches Ergebnis.

Die Idee der Repräsentation hing bislang eng mit unseren gegenwärtigen Vorstellungen vom Computer zusammen. Aber es läßt sich nicht *a priori* bestimmen, inwieweit die Wege, die gegenwärtig zur Beschreibung von Repräsentationen beim Computer beschritten werden, für Organismen — ob Pantoffeltierchen oder Professoren — zutreffen. Die Repräsentationsarten, von denen Neo-Assoziationisten wie Geoffrey Hinton ausgehen, sind radikal anders (und viel einfacher) als die, die Jerry Fodor oder Zenon Pylyshyn billigten; zudem könnte sich zeigen, daß keine von ihnen ausreichend oder zutreffend einen Menschen beschreiben kann, der träumt, dichtet oder Musik hört. Frühere Denkmodelle — Reflexbogen, Hydraulikmaschine, Telefonzentrale — gelten heute als nur begrenzt zutreffend. Klar ist schon jetzt, daß eine einzige Computerart nicht ausreicht, um jedes Denken nachzubilden. Wir müssen die Alternative in Betracht ziehen, daß der Mensch ein Konglomerat aus diversen Computern oder Computermodellen sein könnte — oder überhaupt anders ist als alle bislang beschriebenen Computer. Computer werden eine entscheidende Hilfe sei, um bestimmen zu können, wie computerähnlich wir sind, aber das letzte Wort in dieser Angelegenheit könnte durchaus lauten: „Nicht sehr".

Selbst wenn sich der Computer als tragfähiges Modell für bestimmte Facetten menschlichen Denkens erweisen sollte, stellt sich die Frage nach jenen Seiten der menschlichen Natur, die Kognitonsforscher ausgegrenzt haben. Wie schon im dritten Kapitel erwähnt, sind sich fast alle Kognitionswissenschaftler darin einig, einige keineswegs nebensächliche Faktoren von ihren Überlegungen ausschließen zu wollen. Dazu gehören unter anderem Umwelteinflüsse, affektive Aspekte des Erlebens und die Auswirkungen kultureller und historischer Faktoren auf menschliches Verhalten und Denken (siehe D. Norman 1980). Einige sehen dies als eine vorübergehende Strategie, bis die einzelnen Aspekte der Kognition entwirrt sind; andere vertreten die harte Haltung, die Kognitionswissenschaft solle sich überhaupt nicht mit diesen Faktoren befassen, oder meinen gar, ein kognitionswissenschaftlicher Ansatz werde eines Tages jede Erklärung solch unscharfer Faktoren überflüssig machen.

Selbst für eine kurze Betrachtung jedes „ausgegrenzten" Themas wären viele Seiten nötig, und da die Kognitionsforscher diese Fragen gemieden haben, gibt es kaum Arbeiten aus dem Fach selbst, auf die ich mich beziehen könnte. Ich bin der Meinung, daß sich die Kognitionswissenschaft schließlich damit wird befassen müssen und daß es dafür zwei Möglichkeiten gibt: Entweder werden Wissenschaftler eine kognitive Erklärung von Gefühlen vorschlagen, die beispielsweise Gefühlszustände als quantitative Werte auf einer Skala — wie Glück oder Grausamkeit — interpretiert; oder die Forscher werden sich für einen komplexen Erklärungsrahmen entscheiden, in dem die Interaktion traditionell kognitiver Faktoren mit affektiven oder kulturellen Faktoren irgendwie abgebildet werden kann. Dies werden ebenso wichtige wie unendlich komplizierte Vorhaben sein, für die sich die bisherigen, auf dem Computer basierenden Vorstellungen als wenig hilfreich erweisen könnten.

Zwischen Wissenschaftlern gibt es krasse Unterschiede in der Einschätzung, wie sehr diese anderen Faktoren die kognitiven Faktoren schließlich überdekken werden. Aus der Sicht eines Philosophen wie Hubert Dreyfus, eines Linguisten wie Roy Harris, eines Psychologen wie Benny Shanon oder eines Anthropologen wie Clifford Geertz sind diese Faktoren so wichtig, so grundlegend für das menschliche Erleben, daß man besser daran täte, sie und nicht die kognitiven Faktoren als primär zu erachten. Ich sympathisiere zwar durchaus mit dieser

Sicht, bin aber dennoch der Meinung, daß es einen Kernbereich der Kognition gibt, der für sich erklärt werden kann, ohne daß man dabei zwingend auf diese anderen, ohne Zweifel wichtigen Elemente zurückgreifen (oder sich auf sie stützen) muß. Dieser Kernbereich war Thema dieses Buches, besonders der letzten vier Kapitel. Die Grenzen dieses Kernbereiches könnten die Grenzen der Kognitionswissenschaft bestimmen.

Meine persönlichen Zweifel am Computer als dem entscheidenden Modell menschlichen Denkens ergeben sich aus zwei prinzipiellen Überlegungen. Wie Hilary Putnam (1981) betonte, ist die Gesellschaft, in der der Einzelne lebt, von entscheidender Bedeutung. Durch die Menschen unserer Umgebung erfahren wir, welche Ansichten als akzeptabel gelten, welche falsch oder gefährlich, gerechtfertigt oder ungerechtfertigt sind. Solche Urteile können ihren Ursprung nicht im Individuum haben, sondern müssen einem Kollektiv entstammen; und da wir alle einer Gemeinschaft angehören, ist es für uns sinnvoll, uns auf solche Kollektivurteile zu beziehen. Im krassen Gegensatz dazu ist die Behauptung gänzlich unsinnig, ein Computer habe einen Fehler gemacht oder vertrete falsche Ansichten. Der Computer führt nur das aus, wofür er programmiert wurde, und seine Leistungen bleiben von Kriterien wie richtig oder falsch ganz unberührt. Nur jene Entitäten, die in einer Gemeinschaft leben, mit ihr interagieren und zu ihr gehören, können so beurteilt werden.

Mein zweiter Vorbehalt gegen den Computer als Modell betrifft den gravierenden Unterschied zwischen biologischen und mechanischen Systemen. Ich finde es verzerrend, Menschen unabhängig von ihrer Zugehörigkeit zu einer Gattung zu sehen, die sich über Jahrtausende herausgebildet hat, und sie nicht als Organismen zu betrachten, die sich im Verlauf eines Lebens in komplexer Interaktion zwischen genetischer Veranlagung und Umweltbedingungen entwickeln. Wenn es stimmt, daß Denkprozesse diese biologischen Entwicklungsfaktoren widerspiegeln und durch Regressionen, Antizipationen, Frustrationen und ambivalenten Gefühlen beeinflußt sind, unterscheiden sie sich grundlegend von Denkprozessen nicht-organischer Systeme. Dabei darf man nicht vergessen, daß dies nicht so sein müßte — biologische Systeme hätten genau wie anorganische (mechanische) Systeme sein können. Aber sie sind es ganz offensichtlich nicht. Darum glaube ich, daß adäquate Modelle menschlichen Denkens und Verhaltens sowohl Aspekte biologischer Systeme (zum Beispiel Prozesse der Organdifferenzierung oder Organverschmelzung) als auch Aspekte mechanischer Systeme (zum Beispiel die Funktionsweise elektronischer Regelkreise) umfassen müssen. Schon ein einfacher Vergleich zwischen organischen und mechanischen Strukturen und Prozessen könnte zu den aufschlußreichsten Aspekten des Fachs gehören. Kurz gesagt, die Kognitionswissenschaft wird sowohl die Neurobiologie als auch die Künstliche Intelligenz einschließen (und zu beiden Verbindung haben) müssen.

Die Aufgabe der Kognitionswissenschaft

Im Mittelpunkt meiner Sicht der Kognitionswissenschaft steht die Behauptung, daß dieses Fach versucht, alte Fragen der Erkenntnistheorie mit Methoden der Empirie zu lösen. Tatsächlich kommen die meisten Fragen dieser modernen Wissenschaft aus der klassischen Philosophie: das Interesse dafür, wie wir die Welt wahrnehmen und Dinge klassifizieren, welchen Status Wörter, bildhafte Vorstellungen und andere Konstrukte haben, wie Rationalität oder Irrationalität des Menschen einzuschätzen ist. Und selbst Fragen, die klassische Philosophen nicht hätten formulieren können — wie die, in welchem Maß das menschliche Denken einem Computer gleicht — wurden üblicherweise in philosophischer Manier gestellt. Am bemerkenswertesten dürfte sein, daß die heutige Kognitionswissenschaft auf einige philosophische Fragen vernünftige Antworten gefunden hat, auch wenn sie bestimmte Fragen zurückgewiesen, andere radikal umformuliert hat.

In gewisser Weise steht die Philosophie nur am Rande des breiten Stromes der Kognitionswissenschaft. Am einen Ufer dieses Stroms stellt die Philosophie etliche der zu erforschenden Fragen bereit, am anderen prüft sie die Antworten, die sich ergeben, trägt zu deren Interpretation und Integration bei und unterzieht das gesamte Unterfangen einer kritischen Prüfung. So waren es beispielsweise Philosophen, die als erste die Frage nach der menschlichen Rationalität aufwarfen und die jetzt intensiv und instruktiv an der Interpretation von Ergebnissen beteiligt sind, die Freud, Piaget, Tversky und Kahneman vorgelegt haben. Aber es könnte der Eindruck entstehen, als seien Philosophen, die sich der Kognitionswissenschaft widmen, jetzt in Gefahr, da sie einer Disziplin außerhalb der empirischen Wissenschaften angehören. Denn wenn die empirischen Wissenschaften philosophische Fragen beantworten, könnten Philosophen von der Bildfläche verschwinden — was ja in weiten Bereichen der Physik und Biologie bereits geschehen ist. Dennoch glaube ich, daß Philosophen, die sich für Fragen der Kognition interessieren, in absehbarer Zeit noch nicht von intellektuellem Arbeitsmangel bedroht sein werden.

Wie aber steht es um die Beziehungen zwischen den anderen Disziplinen der Kognitionswissenschaft? Werden sie zu einer einzigen Kognitionswissenschaft verschmelzen, oder steht zu erwarten, daß sie in den kommenden Jahren ihre Selbständigkeit behaupten werden? Und welche Entwicklung wäre vorteilhafter?

Man kann zwei Vorstellungen von Kognitionswissenschaft einander gegenüberstellen. Die weniger ambitionierte möchte eine Kooperation der sechs beteiligten Disziplinen, wobei jede weiterhin ihre primären — in Teil II näher beschriebenen — Fragen, Methoden und Ziele verfolgt. Nach dieser Sicht liefert die Philosophie die Hauptthemen und trägt zur Beurteilung bei, ob sie erfolgreich behandelt wurden; Neurowissenschaft und Anthropologie bleiben Grenzdisziplinen, Psychologie und Künstliche Intelligenz sind die Kerndisziplinen, und die Linguistik versucht, jene Fähigkeit zu erklären, die für die menschliche

Kognition von ganz zentraler Bedeutung ist. Solange sie zusammenarbeiten, sind diese Forscher „praktizierende Kognitionswissenschaftler", ansonsten kümmern sie sich um ihre eigenen Angelegenheiten.

Diese „schwache" Version der Kognitionswissenschaft ist heute mit ziemlicher Wahrscheinlichkeit die Norm, verdient aber kaum das Etikett einer bedeutenden neuen Wissenschaft. In einer stärkeren, kühneren Version der Kognitionswissenschaft werden sich disziplinäre Grenzen und Bindungen langsam auflösen. An ihre Stelle tritt die gemeinsame Anstrengung aller Wissenschaftler, die repräsentationale Ansätze wählen, um Modelle und Erklärungen für die entscheidenden kognitiven Funktionen des Menschen zu finden.

Diese Umgestaltung der Kognitionswissenschaft basiert auf folgender Überlegung: Heute ist es in der Kognitionsforschung noch von zentraler Bedeutung, welche fachliche Ausbildung man hat: Ob man Philosoph oder Anthropologe ist, ist wichtiger, als die Frage, ob man sich mit Problemen der Sprache oder der sozialen Interaktion befaßt. Diese Aufteilung in etablierte Disziplinen ist angemessen, solange die einzelnen Bereiche der Kognition, um die es geht, keine entscheidende Rolle spielen; diese konventionelle interdisziplinäre Arbeitsteilung ist durchaus sinnvoll, solange man davon ausgehen kann, daß unabhängig vom Inhalt eines Bereichs (musikalische versus räumliche Kognition, zum Beispiel) die gleichen Prozesse auftreten.

Ich vertrete eine völlig andere, bislang noch umstrittene Meinung. Aus meiner in diesem Buch dargelegten Sicht sind die wirklich wichtigen Grenzlinien in der Kognitionswissenschaft nicht die gleichen wie die der traditionellen Disziplinen, sondern vielmehr die zwischen speziellen kognitiven Inhalten. Darum sollten Wissenschaftler nach dem Kognitionsbereich definiert werden, der im Mittelpunkt ihrer Arbeit steht: nach großen Bereichen wie Sprache, Musik, Sozialverhalten, logisches Denken und begrenzteren Unterbereichen wie syntaktische Verarbeitung, Frühstadien visueller Verarbeitung oder Wahrnehmung von Rhythmus. Wissenschaftliche Ausbildungsgänge und Forschungsprojekte sollten zunehmend um diese Probleme zentriert werden. Bei der Arbeit an einem dieser Probleme müßten Wissenschaftler ihre natürlich zunächst unterschiedlichen Sichtweisen zusammenbringen, um zu einem umfassenden Erklärungsansatz für den jeweiligen kognitiven Bereich zu kommen. Und so wäre schließlich das kognitionswissenschaftliche Bild von syntaktischer Verarbeitung, oder von Sprache überhaupt, eine koordinierte repräsentationale Erklärung, die das komplette Spektrum traditioneller Einzeldisziplinen abdeckt, ohne daß diese auch nur erwähnt werden müßten.

Dennoch läßt sich das Problem der Einzeldisziplinen, oder allgemeiner gesagt, der Erklärungsebenen, nicht völlig übergehen — und hier treffen wir auf die größte Herausforderung für die moderne Kognitionsforschung. Nachdem sie die Gültigkeit der repräsentationalen Erklärungsebene etabliert haben, müssen die Kognitionsforscher Wege abstecken, wie sich diese Ebene auf andere legitime (und legitimierte) Interpretationsweisen menschlichen Handelns übertragen läßt. Einige Zeit lang mußten die Vertreter der repräsentationalen Ebene ihren eigenen, noch unerforschten Weg gehen — und der Genius der ersten Generation in den fünfziger Jahren bestand darin, dieses Programm kompromißlos zu verfolgen. Irgendwann aber muß man diese Isolation hinter sich lassen. Wir müssen verstehen, wie Kultur sich im Gehirn abbildet — und der Königsweg zu diesem Verstehen wird die repräsentationale Ebene sein.

Der Grund für eine solche Verknüpfung der Erklärungsebenen ist einfach, aber entscheidend. Wenn es nicht möglich ist, die wichtigsten Forschungsergebnisse jeder Einzeldisziplin mit Arbeiten der Nachbardisziplinen zu verbinden, lassen sich die Bedeutung und die Grenzen dieser Arbeiten nicht einschätzen. Niemand befürchtet, daß Physik, Chemie oder Biologie verschwinden könnten, obwohl doch jede dieser Disziplinen lebhafte, ausgeprägte und notwendige Beziehungen zu ihren Nachbardisziplinen unterhält, und zwar über die „Grenzdisziplinen" wie physikalische Chemie oder Biochemie.

Paradoxerweise aber wurde ein Gutteil der wirklich bemerkenswerten kognitionswissenschaftlichen Arbeiten durchgeführt, als gäbe es nur die Ebene mentaler Repräsentation. Im Fall von Sprache (Grammatik, genauer gesagt) beziehen sich die brillanten Arbeiten von Chomsky und seinen Schülern zum Beispiel in keiner Weise auf tatsächliche Zustände im Gehirn oder im sozialen Umfeld, und sie lassen sich auch ganz unabhängig davon aufrecht erhalten. Wenn aber die Kognitionswissenschaft über ihre Anfänge hinauswachsen soll, dann muß sie zu einer repräsentationalen Erklärung von Sprache kommen, an deren einem Ende das Wissen über die neurale Architektur bestimmter Areale der linken Gehirnhälfte, an deren anderen Ende das Wissen über Struktur und Funktion von Sprache in verschiedenen kulturellen Gruppen steht. Nur eine solche Verknüpfung der Erklärungsebenen kann zeigen, ob angenommene repräsentationale Erklärungen von Sprache angesichts neuraler und kultureller Überlegungen wirklich zutreffen. Ziel einer solchen Durchdringung der Ebenen ist nicht, um es nochmals zu betonen, daß eine Disziplin oder Ebene die anderen schluckt; Ziel ist vielmehr, daß unser Wissen über einen Bereich wie Sprache alle relevanten wissenschaftlichen Aspekte — Neuronen wie Nationen — einschließen soll.

Viele engagierte Kognitionswissenschaftler, die ihre Arbeit auf die repräsentationale Ebene beschränkt und Grenzbereiche gescheut haben, haben auch eine enge Festlegung dessen verlangt, was als kognitiv zu zählen hat. So hat Jerry Fodor (1981) bezweifelt, daß die Kognitionswissenschaft höhere oder komplexere Formen des Denkens erklären kann, die für Einstellungen des Menschen „durchlässig" sind; und Zenon Pylyshyn (1984) hat eine Definition von Kognition vorgeschlagen, die Bereiche wie Lernen, Entwicklung und „Befindlichkeit" ausschließt.

Dies mag zwar auf kurze Sicht eine kluge Forschungsstrategie sein, als generelle Richtlinie für die Kognitionswissenschaften aber finde ich sie verfehlt. Nur weil unsere derzeitigen Meßmethoden oder Konzepte noch primitiv sind, sollten wir nicht normalen Vorstellungen davon zuwiderhandeln, worum es beim „Mentalen" geht, und noch weniger sollten wir den Wunsch haben, die beeindruckendsten Leistungen des menschlichen Geistes links liegen zu lassen.

Ich finde sogar, höchstes Ziel der Kognitionswissenschaft sollte ganz genau das sein: eine überzeugende wissenschaftliche Erklärung, wie Menschen zu ihren bemerkenswertesten symbolischen Erzeugnissen kommen: Wie wir Symphonien komponieren, Gedichte schreiben, Maschinen (auch Computer) erfinden oder Theorien (auch kognitionswissenschaftliche) aufstellen. Zu solchen Erklärungen werden die Methoden gehören müssen, wie Menschen komplexe Projekte angehen, um ehrgeizige Ziele zu erreichen, wie sie ihre Pläne machen, wie sie mit der Arbeit an einem Projekt beginnen, ihre alltäglichen (und ihre nicht alltäglichen!) Arbeitsabläufe organisieren, Rohentwürfe unter dem Eindruck der Kommentare anderer Menschen und im Licht ihrer eigenen Motive und Normen modifizieren, wie sie bestimmen, wann ein solches Programm oder Produkt abgeschlossen ist und dann eine neue Arbeit beginnen.

Zu einem solchen Erklärungsansatz werden vermutlich mentalistische Entitäten oder hoch molare Modelle (sowie viele feinerkörnige Entitäten) gehören. Er wird vermutlich engere Bereiche (wie sprachbezogene Prozesse) und auch separate Konstrukte umfassen müssen, um jene Prozesse erklären zu können, die zu Kreativität, Synthese und/oder Bewußtsein gehören. Schließlich muß, das gehört zur Aufgabe der Kognitionswissenschaft, eine repräsentationale Erklärung dieser menschlichen intellektuellen Leistungen zum einen mit dem verbunden werden, was wir über ihre neuralen Substrate wissen, und zum anderen mit dem, was über die Rolle des kulturellen Umfeldes wissen, das diese Leistungen fördert und aufnimmt (oder auch zurückweist oder modifiziert).

Schon der Versuch, die Phasen zu skizzieren, die zur Modellierung eines jeden komplexen kreativen Handelns gehören, zeigt deutlich die Unermeßlichkeit der Aufgabe und die Unzulänglichkeit unseres gegenwärtigen Handwerkszeugs. Und doch ist es für Kognitionswissenschaftler von entscheidender Bedeutung, dieses Ziel nicht aus den Augen zu verlieren — ja, es über ihren Schreibtisch oder neben den Bildschirm ihres Personal Computers zu hängen. Die Erforschung des Denkens darf die bemerkenswertesten Beispiele dieses Denkens nicht übergehen, auch wenn ihre Klärung noch in weiter Ferne zu liegen scheint.

Selbst bei den optimistischsten Zukunftsszenarien für die Kognitionswissenschaften wäre es unvernünftig, eine Erklärung des Geistes zu erwarten, die alle bestehenden wissenschaftlichen und erkenntnistheoretischen Probleme endgültig lösen wird. Aber ich glaube trotzdem, daß die Verfasser von *Menon*, von *Abhandlung über die Methode*, *Kritik der Reinen Vernunft* und *Ursprung der Arten* der Ansicht wären, daß man in der Beantwortung dieser alten Fragen, mit denen schon sie sich befaßten, deutliche Fortschritte gemacht hat. Dank der Entwicklung eines neuen logischen Instrumentariums, der verschiedenen Verwendungsmöglichkeiten des Computers, der Anwendung wissenschaftlicher Methoden auf psychologische Prozesse und kulturelle Praktiken, dank unseres profunderen und präziseren Verständnisses von Sprache und dank der zahlreichen Entdeckungen über Organisation und Funktionsweise des Nervensystems haben wir heute ein differenzierteres Verständnis jener Fragen, die schon Platon, Descartes, Kant und Darwin stellten.

Wie weit die Kognitionswissenschaft noch kommen kann und für welche der konkurrierenden Visionen sie sich entscheiden wird, läßt sich nicht beantworten. Wir alle, die wir uns als Kognitionswissenschaftler sehen, sind gefordert. Wenn wir die Lehren unserer Wissenschaftsgeschichte und unseres philosophischen Hintergrunds beherzigen, wenn wir die Warnungen kluger Kritiker beachten, ohne uns dadurch handlungsunfähig machen zu lassen, wenn wir die Grenzen jeder Forschung erkennen, ohne deswegen die Nerven zu verlieren — dann gibt es gute Gründe, optimistisch zu sein.

Nachwort: Die Kognitionswissenschaft seit 1984

Die Kognitionswissenschaft ist als Idee etwa vierzig, als definierte Wissenschaftsdisziplin etwa zehn Jahre alt. Obwohl das Fach noch sehr jung ist, hat es bereits einige Phasen durchlaufen, die ich in den vorstehenden Kapiteln beschrieben habe. In dem noch kürzeren Zeitraum, seit die Arbeit an diesem Buch abgeschlossen wurde, zeichnen sich bereits neue Trends ab, auf die ich anläßlich dieser Ausgabe des Buches eingehen möchte.*

Sehe ich mir die letzten Jahre an, fällt mir ein Paradox auf. Die Probleme, an denen die führenden Wissenschaftler gegenwärtig arbeiten und die Art, wie sie diese Probleme angehen, sind der Weltanschauung, die Wissenschaftler unmittelbar vor der Gründung der Kognitionswissenschaft vertraten, viel näher als der jener Arbeiten, die in den dazwischenliegenden Jahrzehnten von ihren Nachfolgern durchgeführt wurden.

Lassen Sie mich den Versuch unternehmen, dieses Paradox zu entschlüsseln. In den vierziger Jahren wurden die „Vorväter" der Kognitionswissenschaft immer unzufriedener mit dem Behaviorismus, der Diskussionen über das Gehirn mied, das Konzept mentaler Repräsentation ablehnte und Überlegungen zu höheren Wahrnehmungs- oder Problemlöseprozessen scheute. Wissenschaftler wie W. Ross Ashby, Donald Hebb, Karl Lashley, Warren McCulloch, Heinz von Foerster, John von Neumann und Norbert Wiener hatten völlig andere Vorstellungen. Sie waren der Meinung, unser Wissen über das Gehirn und über Datenverarbeitung ließe sich in der Erforschung kognitiver Systeme verbinden — insbesondere jener Systeme, die für den menschlichen Geist typisch sind. Diese Vorstellung war — wenn auch zugegebenermaßen in anderer Form — Grundlage für Warren McCulloch und Walter Pitts Nachbildung neuraler Netzwerke mit Begriffen des logischen Kalküls, für Donald Hebbs neuronale Modelle der Frühstadien von Wahrnehmung und Lernen, für Frank Rosenblatts etwas späteren und wenig glücklichen Versuch, Wiedererkennen via Perceptronen zu simulieren, und für die breiter angelegten, eine Synthese anstrebenden Darstellungen der Wissenschaftler Lashley, von Neumann und Wiener.

Diese Vorstellungen gerieten zwar niemals völlig in Vergessenheit, wurden aber von der ersten Generation von Kognitionswissenschaftlern zumindest vorläufig beiseite gelegt. Worin sich bahnbrechende Kognitivisten wie Jerome Bruner, Noam Chomsky, Claude Lévi-Strauss, John McCarthy, Georg Miller, Jean

---

* Für ihre Hilfe bei der Arbeit an diesem Essay danke ich Mark Bickhard, Hiram Brownell, Judy Greissman, Phoebe Hoss, Stephen Kosslyn, Stephen Pinker, Eric Wanner, Ellen Winner und Edgar Zurif.

Piaget und Herbert Simon auch unterscheiden mochten — dem menschlichen Gehirn oder Nervensystem schenkten sie kaum Beachtung. Ihr Interesse galt fast ausschließlich jenen Eigenschaften des Denkens, auf die systematische Introspektion hindeutete, die in psychologischen Laboratorien überprüft, vom Computer simuliert oder durch die symbolischen Ausdrucksformen einer Gesellschaft verkörpert wurden. Sie plädierten — erfolgreich — für eine Ebene mentaler Repräsentation, für die Bildung von Modellen höherer Kognitionsprozesse und für eine Oberflächenkompatibilität der Symbolsysteme bei Mensch und Computer.

In den letzten Jahren schlug das wissenschaftliche Pendel in die andere Richtung aus. Seit die Grenzen des seriellen „Von-Neumann-Rechners" deutlicher geworden sind und alternative Auffassungen über Datenverarbeitung an Überzeugungskraft gewonnen haben, gab es eine Verschiebung in Richtung auf eine veränderte „modale Sicht" von Kognition — eine Sicht, bei der psychologische, datenverarbeitende und neurologische Aspekte viel enger verknüpft werden. Diesen Standpunkt habe ich schon kurz im zehnten Kapitel (s. S. 335 und 337) sowie im Schlußkapitel (s. S. 405—410) beschrieben. In den letzten Jahren sind die wichtigsten Behauptungen und die weitreichenden Ambitionen dieses Ansatzes der „verteilten Parallelverarbeitung" (PDP*) noch deutlicher geworden.

Zunächst einmal versteht sich dieser PDP-Ansatz explizit als Gegenposition zu der klassischen Newell-Simon- sowie der Fodor-Sicht von Kognition. Statt von seriellen Operationen oder Rechenvorgängen mit Symbolen oder Symbolketten, statt von „Exekutiven", „Interpreten" und „zentralen Steuereinheiten", geht der PDP-Ansatz in der Regel von Tausenden von Verknüpfungen zwischen Hunderten von Einheiten aus (im Prinzip läßt sich dieser Ansatz auf Millionen oder gar Milliarden von Verbindungen erweitern). Die resultierenden Netzwerke sind durch erregende oder hemmende Prozesse zwischen zwei Einheiten gekennzeichnet. „Wahrnehmung", „Handeln" oder „Denken" sind Folge von Veränderungen der Stärke (oder der Gewichtung) von Verbindungen zwischen diesen Einheiten. Eine Aufgabe ist beendet oder ein Input verarbeitet, wenn das System (zumindest versuchsweise) bei zufriedenstellenden Werten oder „stabilen Zuständen" „bleibt" oder „zur Ruhe kommt". Kurz gesagt: bei einer „Lösung".

Wie sich gezeigt hat, funktionieren Modelle dieser Art bei etlichen Problemen ganz ordentlich, die absichtlich aus unterschiedlichen Bereichen von Wahrnehmung und Denken ausgewählt wurden. PDP-Modelle können die Fingerbewegungen von flottem Schreibmaschineschreiben simulieren, sie können simulieren, wie man nach einem Gegenstand greift, ohne diesen umzustoßen, und vertraute Muster oder optische Täuschungen perzeptuell „vervollständigen". Diese Modelle lösen auch Probleme auf konzeptuellerer Ebene. Beispielsweise können sie lernen, fünfundfünfzig Tierarten anhand charakteristischer Merk-

* Für *parallel distributed processing*.

male zu unterscheiden, oder anhand demographischer Informationen über die Mitgliederstruktur von mehreren Organisationen bestimmen, welcher Organisation eine bestimmte Person angehört.

Besonders faszinierend finde ich James McClellands Nachweis, daß ein PDP-Modell auch die Prozeduren erlernen kann, mit Hilfe derer im Englischen das Imperfekt gebildet wird, und daß das Modell zunächst die gleichen Fehler (Übergeneralisieren der „-ed" Endungen) macht wie Kinder. Solche Ergebnisse lassen hoffen, daß irgendwann die Ansätze der Computerwissenschaft und der Entwicklungspsychologie verschmelzen werden — eine Konvergenz, die aus klassischer kognitionswissenschaftlicher Sicht in weiter Ferne schien.

Da in den PDP-Modellen alles Wissen in den Verbindungen enthalten ist, treten deren Befürworter für eine Neukonzeptualisierung wesentlicher psychologischer Fähigkeiten ein. So gilt nun das Gedächtnis nicht mehr als die Gesamtheit der im Gehirn gespeicherten Fakten oder Ereignisse, sondern als die Gesamtheit der Beziehungen zwischen verschiedenen Aspekten dieser Fakten oder Ereignissen, die in Gruppierungen oder Mustern von Einheiten kodiert werden. Gespeichert werden die Verbindungen sowie die Stärke der Verbindungen zwischen Einheiten, durch die das Muster später wieder erzeugt werden kann. Analog dazu ist Lernen die Suche nach den richtigen Verbindungsstärken, so daß unter den geeigneten Umständen die passenden Aktivierungsmuster erzeugt werden.

Es dürfte deutlich sein, daß PDP-Modelle auf eine Weise funktionieren, die deutlich an das menschliche Gehirn erinnert. Seit jeher mußten selbst die glühendsten Verfechter der klassischen Sicht von Kognition zugeben, daß das Gehirn zumindest teilweise mit Parallelverarbeitung operieren muß, doch man erachtete diesen Umstand nicht als gravierendes Argument gegen die allgemein akzeptierte serielle Sicht. Darum muß man betonen, daß die PDP-Ansätze nicht vorgeben, *reale* Modelle zerebraler Verarbeitung zu sein: David Rumelhart und James McClelland sagen, daß sie keine neuronalen Modelle entwerfen, sondern mit „neuronal inspirierter Modellbildung kognitiver Prozesse" befaßt sind (1986, Bd. I, S. 130). Es ist sicher dennoch befriedigend — und vielleicht auch vielsagend —, daß die Prozesse, die diese PDP-Modelle kennzeichnen, offenbar jenen ähneln, die vermutlich auch im Nervensystem von Säugetieren stattfinden.

Ich sehe zwei weitere mögliche Annäherungen zwischen verschiedenen Ebenen der Kognitionswissenschaft. Auf der Ebene neuronaler Analyse vertreten Neurobiologen wie Eric Kandel seit langem die Ansicht, Lernen bestehe in der Veränderung der Stärke bereits bestehender, nicht in der Bildung neuer Synapsenverbindungen. Diese Auffassung paßt nicht nur hervorragend zu neueren Arbeiten der PDP-Linie in der Künstlichen Intelligenz; sie klingt auch in Noam Chomskys neueren Äußerungen darüber an, wie Sprache erworben wird (siehe auch S. 226). Chomsky vertritt jetzt die Auffassung, das Neugeborene habe ein hochkompliziert verdrahtetes System, in dem einige Verbindungen noch nicht festgelegt sind. Es gibt nur eine begrenzte Zahl von Möglichkeiten, die Schalter oder Parameter zu setzen. Wenn das Kleinkind Sprache hört, legt die Erfahrung die Parameter fest; und ist dies einmal auf zulässige Weise geschehen, beherrscht die betreffende Person eine bestimmte Sprache — mit ihren einzigartigen Optionen und Restriktionen.

Dazu finden sich Entsprechungen in der Grundlagenforschung des Nobelpreisträgers Gerald Edelman über lernende Systeme auf zellulärer und neurochemischer Ebene. Edelman meint, das Muster neuronaler Verbindungen sei schon bei der Geburt festgelegt, aber als Folge der Begegnung mit bestimmten Reizen und der daraus resultierenden Konkurrenz zwischen verschiedenen Neuronengruppen werden einige Verbindungskombinationen anderen vorgezogen. Die verschiedenen Zellgruppen, oder „Landkarten", verständigen sich miteinander und schaffen bestimmte Kategorien von Dingen oder Ereignissen, die ihrerseits im Lauf der Zeit durch nachfolgende Erfahrungen verändert werden. Edelman sieht sein Modell als eine Möglichkeit, sowohl den universalen als auch den überaus individuellen Aspekten menschlicher kognitiver Erfahrung gerecht zu werden.

Auch in philosophischen und psychologischen Kreisen konnte man eine Reaktion gegen die Auffassung beobachten. Kognition bestehe zwingend in Symbolmanipulation und dem Befolgen expliziter Regeln. Von philosophischer Seite vertreten Stephen Kosslyn und Gary Hartfield die Position, man könne Wahrnehmung (und möglicherweise andere kognitive Fähigkeiten) mittels Repräsentationen erklären, ohne auf Symbole, auf Operationen mit ihnen oder auf Regeln zurückgreifen zu müssen, die ein System speichert und befolgt. Die erforderliche Verarbeitung wird durch die *Grundkonfiguration* des Systems ermöglicht. Hierbei sind Repräsentationen lediglich Zustände eines Organismus oder einer Maschine, die aufgrund der Rolle, die sie bei der Ausführung einer Aufgabe oder einer Funktion dieses Organismus bzw. dieser Maschine spielen, zu Repräsentationen werden.

Auch Mark Bickhard und seine Mitarbeiter haben sich aus komplexer entwicklungspsychologischer und erkenntnistheoretischer Perspektive gegen eine Erklärung von Kognition ausgesprochen, die auf symbolischer Enkodierung basiert. Auch wenn das Konzept der Repräsentation in jeder Erklärung von Kognition seinen Platz finden muß, führen Erklärungen, die auf Enkodierung basieren, zu einem unendlichen Regreß, da man immer schon eine Bedeutung haben muß, die enkodiert werden kann. Bickhard dazu: „Entweder muß *x y* repräsentieren (enkodieren), oder *x* muß enkodieren, was immer es repräsentieren mag — was *x* keinen repräsentationalen Inhalt verleihen und daher *x* auch überhaupt nicht zu einer Enkodierung machen kann" (persönliche Mitteilung, 1986).

Bickhard unterbreitet eine Alternative. Er meinte, wir sollten uns, à la Piaget, vorstellen, daß Organismen ständig mit ihrer Umwelt interagieren, wenn sie verschiedene Ziele und Fähigkeiten anstreben. Repräsentationen entstehen während der Entwicklung sowohl als Folge von Differenzierungen der Umwelt als auch, allgemeiner, als Folge der Operation bestimmter zielorientierter interaktiver Steuerungsstrukturen. Nach dieser Auffassung können Enkodierungen als Spezialisierungen der emergenten repräsentationalen Funktion abgeleitet werden. Diese in jüngster Zeit formulierten philosophischen und entwicklungspsychologischen Ansichten haben zumindest eine gewisse Nähe zu Gibsons Wahrnehmungstheorie. Da sie aber die Notwendigkeit einer repräsentationalen Erklärung akzeptieren, stehen sie in — und nicht außerhalb — der kognitionswissenschaftlichen Tradition.

Selbstverständlich haben die Vertreter der „klassischen" Kognitionswissenschaft angesichts dieser neuen Strömungen ihre bisherigen Positionen nicht völlig aufgegeben. Die Probleme der Inferenz und Intentionalität, von Fodor und Pylyshyn in ihrer Kritik an Gibson formuliert (s. S. 327ff.), stellen sich im Hinblick auf die PDP-Ansätze erneut. Stephen Pinker und Alan Prince' Kritik an den PDP-Modellen zur Sprachverarbeitung ist ein Beispiel für solche Vorbehalte. Diese Kritiker meinen, da sich die PDP-Modellbauer mit bloßen „Lauten" statt mit „phonologischen Einheiten" (den Lauten einer Sprache) oder „morphologischen Einheiten" (Wörtern) befassen, sei es unumgänglich, daß ihnen bedeutende Generalisierungen über Sprache entgingen. Zu einer kohärenten und umfassenden Erklärung sprachlicher Prozesse und Kategorien gehörten mehrere Repräsentationsebenen und adäquate Möglichkeiten, sprachlichen Input und Output zu repräsentieren; allein ihren inneren selbstorganisierenden Prinzipien überlassen, könnten PDP-Ansätze mit Sprachphänomenen nicht adäquat umgehen.

Und selbst wer den PDP-Modellen wohlwollend begegnet, muß einräumen, daß sie bei Wahrnehmung und anderen „niederen" (subsymbolischen) Prozessen besser funktionieren als bei umfassenderen wie Problemlösen, Problemerkennen, Erfinden und anderen „symbolbeladenen" Unternehmungen. Wie Rumelhart und seine Kollegen lakonisch sagen, ist es im Rahmen von PDP-Modellen schwierig, „Denkprozesse, Bewußtseinsinhalte, die Rolle serieller Prozesse, das Wesen mentaler Modelle, die Gründe für mentale Simulationen sowie die wichtige synergetische Funktion von Sprache für das Denken und die Gestaltung unseres Denkens" zu beschreiben (1986, Bd. II, S. 38).

Vielleicht werden, wie ich in diesem Buch schon an anderer Stelle schrieb, Modelle menschlicher Kognition schließlich sowohl Aspekte der PDP-Modelle als auch Aspekte der klassischen „seriell-symbolischen" Modelle umfassen müssen. Niedere Wahrnehmungsprozesse lassen sich vielleicht mit den PDP-Modellen adäquat erklären, aber höhere begriffliche oder sprachliche Prozesse (vielleicht sogar einige Aspekte der Wahrnehmung) brauchen komplexere repräsentationale Erklärungen mit mehreren Ebenen. Ich nehme an, daß in den kommenden zehn, zwanzig Jahren im Wechsel mal der eine, mal der andere Ansatz mehr von sich reden machen wird. Wenn wir Glück haben, wird dies sukzessiv zu einer besseren und differenzierten Integration beider Ansätze führen.

Bei der Beschreibung der Kräfte, die zur Entstehung neuen Wissens in einem Fachgebiet wie der Kognitionswissenschaft beitragen, war mir die Übernahme eines Schemas sehr behilflich, das Mihaly Csikszentmihalyi in Zusammenarbeit mit David Feldman und mir entwickelt hat. Wir unterscheiden drei Komponenten, die alle für wirklich kreatives Handeln unabdingbar sind. Da sind zum einen die *Personen* mit verschiedenen Fähigkeiten und Talenten, die beschließen, an bestimmten Problemen zu arbeiten. Dann gibt es das *Umfeld*, jenes Gesamtgebilde aus Institutionen, Organisationen, Rollen, Publikationsorganen usw., das Beiträge bestimmter Personen als bemerkenswert auswählt. Und schließlich ist da die *Domäne*, die organisierte Wissensstruktur in einer Disziplin oder bei einer Tätigkeit. Diese Struktur verändert sich mit der Zeit, und die revidierte Domäne bildet den Wissensfundus, den die nachfolgende Forschergeneration vorfindet.

Dieses Buch begann mit der Beschreibung einiger herausragender *Personen*, die an der Gründung und dem ersten Aufblühen der Kognitionswissenschaft beteiligt waren. Aus der Distanz einiger Jahre nach der Erstveröffentlichung betrachtet, bleibt die Liste im großen und ganzen unverändert; eine wichtige Ausnahme ist, daß ich heute vermutlich jenen Personen größere Aufmerksamkeit schenken würde, die eng mit der Theorie der verteilten Parallelverarbeitung verbunden sind und deren Ergebnisse in den Publikationen von Rumelhart und McClelland dargestellt sind. Und ich würde auch die wichtigen Arbeiten erwähnen, die in den vierziger Jahren von dem aus Österreich stammenden Kybernetiker Heinz von Foerster sowie dem britischen Universalgelehrten Kenneth Craik geleistet wurden.

Was das Entstehen des *Umfelds* der Kognitionswissenschaft angeht, kann ich mit Freude berichten, daß ihr Ansehen und ihre Reichweite rascher gewachsen sind, als ich vorhergesehen habe. Im Juni 1985 trafen sich die Vertreter von etwa fünfzig amerikanischen Hochschulen am *Vassar College*, um über einen Studiengang „Kognitionswissenschaft" zu diskutieren. In den letzten ein oder zwei Jahren haben mehrere bedeutende Universitäten in den Vereinigten Staaten — darunter *Brandeis University*, *Brown University*, MIT (*Massachusetts Institute of Technology*) und UCLA (*University of California Los Angeles*) — ihre Aufbaustudiengänge neu organisiert, um der wachsenden Bedeutung interdisziplinärer Arbeit in den Kognitionswissenschaften Rechnung zu tragen. Ich vermute, daß inzwischen mehr als einhundert Hochschulen in den Vereinigten Staaten und Kanada anerkannte Studiengänge in den Kognitionswissenschaften anbieten, und diese Zahl nimmt fast jeden Monat zu. Ebenso vielsagend dürfte sein, daß sich heute viele Forscher als „Kognitionswissenschaftler" bezeichnen, und daß diese Bezeichnung in Fachpublikationen und in anspruchsvolleren Veröffentlichungen für ein breiteres Publikum nicht mehr ungewöhnlich ist. Natürlich läßt sich ein Fortschritt im Umfeld nicht einfach gleichsetzen mit einem Fortschritt in der Domäne, aber er könnte doch den wissenschaftlichen Entwicklungen den Boden bereiten.

Die *Domäne* der Kognitionswissenschaft ist die Wissensvermehrung über menschliche Kognition, und zwar auf dem Wege disziplinärer und (zunehmend) interdisziplinärer Forschung. Kurzfristig kann man solche Fortschritte nur schwer abschätzen. Ich selbst glaube, daß das in diesem Buch beschriebene

Forschungsvorhaben jetzt in vielen Bereichen aktiv betrieben wird: Ich könnte eine erheblich überarbeitete Neufassung schreiben und dabei von wesentlichen Fortschritten in unserem Wissen über visuelle Wahrnehmung, das Verarbeiten natürlicher Sprachen, bildhafte Vorstellungen, Kategorisierung und menschliche Rationalität berichten. Statt einer solchen Überarbeitung erscheint es mir sinnvoll, das Literaturverzeichnis um eine kommentierte Bibliographie jener Veröffentlichungen zu erweitern, die mir für ein Verständnis der Kognitionswissenschaft seit 1984 am wichtigsten erschienen (s. S. 439).

HOWARD GARDNER
Cambridge, Massachusetts
Januar 1987

Literaturverzeichnis

Abel, R. 1976. *Man the Measure*. New York.

Adler, J. E. 1984. „Abstraction is Uncooperative", *Journal for the Theory of Social Behavior* 14: 165—181.

Allport, D. A. 1980. „Patterns and Actions: Cognitive Mechanisms Are Content-specific". In G. L. Claxson (Hrg.), *Cognitive Psychology: New Directions*. London.

Anderson, A. R. (Hrg.), 1964. *Minds and Machines*. Englewood Cliffs, N.J.

Anderson, J. R. 1978. „Arguments concerning Representations for Mental Imagery", *Psychological Review* 85: 249—277.

—. 1980. *Cognitive Psychology and Its Implications*. San Francisco (dt.: *Kognitive Psychologie*, eine Einführung. Übers. v. J. Grabowski-Gellert, hg. v. A. Albert. Heidelberg 1988).

—. 1983. *The Architecture of Cognition*. Cambridge, Mass.

Armstrong, S. L.; Gleitman L. R. und Gleitman, H. 1983. „What Some Concepts Might Not Be", *Cognition* 13: 263—308.

Arnheim, R. 1969. *Visual Thinking*. Berkeley (dt.: *Anschauliches Denken. Zur Einheit von Bild und Begriff*. Übers. vom Verfasser. Köln 1972).

Ashby, W. Ross. 1952. *Design for a Brain*. New York.

Atkinson, R. L. und Shiffrin, R. M. 1968. „Human Memory: A Proposed System and Its Control Process". In K. W. Spence und J. T. Spence (Hrg.), *The Psychology of Learning and Motivation: Advances in Research and Theory*, Bd. 2, New York.

Austin, J. L. 1962. *How to Do Things with Words*. Cambridge, Mass. (dt.: *Zur Theorie der Sprechakte*. Dt. bearb. v. E. v. Savigny. Stuttgart 1972).

Ayer, A. J. 1936. *Language. Truth and Logic*. New York.

—. 1973. *The Central Questions of Philosophy*. Harmondsworth.

—. 1982. *Philosophy in the Twentieth Century*. New York.

Baddeley, A. 1981. „The Cognitive Psychology of Everyday Life", *British Journal of Psychology* 72: 257—269.

Bahrick, H. P.; Bahrick, P. O. und Wittlinger, R. P. 1975. „Fifty Years of Memory for Names and Faces: A Cross-sectional Approach", *Journal of Experimental Psychology*: General 104: 54—75.

Ballard, D. H.; Hinton, G. E. und Sejnowski, T. J. 1983. „Parallel Visual Computation", *Nature* 306: 21—26.

Barnes, J. 1979. *The Presocratic Philosophers*. London.

Bartlett, F. C. 1932. *Remembering*. Cambridge.

—. 1958. *Thinking: An Experimental and Social Study*. London.

Bateson, G.; Jackson, D. D.; Haley, J. und Weakland, J. 1956. „Toward a Theory of Schizophrenia", *Behavioral Science* 1: 251—264. (dt.: Vorstudien zu einer Theorie der Schizophrenie. In G. Bateson, *Ökologie des Geistes*. Übers. von H. G. Holl. Frankfurt am Main 1983. S. 270—301).

Beach, F. A.; Hebb, D. O.; Morgan, C. T. und Nissen, H. W. (Hrg.), 1960. *The Neuropsychology of Lashley*. New York.

Beaumont, J. C.; Young, A. W. und McManus, J. C. 1984. „Hemisphericity: A Critical Review", *Cognitive Neuropsychology* 1: 191—212.

Benedict, R. 1934, *Patterns of Culture*. Boston.

—. 1946. *The Chrysanthemum and the Sword: Patterns of Japanese Culture*. Boston.

Berkeley, G. 1929. *Essays, Principles, Dialogues with Selections from Other Writings*. M. W. Calkins (Hrg.) New York.

Berlin, B.; Breedlove, D. E. und Raven, D. H. 1973. „General Principles of Classification and Nomenclature in Folk Biology", *American Anthropology* 75: 214—242.

Berlin, B. und Kay, P. 1969. *Basic Color Terms: Their Universality and Evolution*. Berkeley.

Bernstein, J. 1981. „Profiles: Marvin Minsky and Artificial Intelligence", *New Yorker* 57: 50—126.

—. 1982. *Science Observed: Essays Out Of My Mind*. New York.

Berwick, R. und Weinberg, A. 1983. „The Role of Grammars in Models of Language Use", *Cognition* 13: 1—61.

Block, N. (Hrg.) 1981a. *Imagery*. Cambridge, Mass.

—. (Hrg.) 1981b. *Readings in the Philosophy of Psychology*, Bd. II, Cambridge, Mass.: Harvard University Press.

—. 1983. „Mental Pictures and Cognitive Science", *The Philosophical Review* 92: 499—541.

Bloomfield, L. 1925. „Why a Linguistics Society?", *Language* 1: 1—5.

—. 1933. *Language*. 2. Aufl. New York.

—. 1936. „Language or Ideas?", *Language* 12: 89—95.

—. 1943. „Obituary of Franz Boas", *Language* 19: 198.

Blumenthal, A. L. 1979. „Psychology and Linguistics: The First Half-century". Referat vor dem APA Centennial Symposium: „Linguistics and Psychology", New York.

Bobrow, D. G. 1968. „Natural Language Input for a Computer Problem-solving System". In M. L. Minsky (Hrg.), *Semantic Information Processing*. Cambridge, Mass.

— und Winograd, T. 1977. „An Overview of KRL, or Knowledge Representation Language", *Cognitive Science* 1: 3—46.

Boden, M. 1977. *Artificial Intelligence and Natural Man*. New York.

—. 1981. *Minds and Mechanisms*. Ithaca, N.Y.

Boffey, P. M. 1983. „‚Rational' Decisions Prove Not to Be", *New York Times*, 6. 12. 1983.

Bolinger, D. 1968. *Aspects of Language*. New York.

Boring, E. G. 1950. *A History of Experimental Psychology*. New York.

Bousfield, J. 1979. „The World Seen as a Colour Chart". In R. F. Ellen und D. Reason (Hrg.) *Classifications in Their Social Context*. London.

Bower, G. 1976. „Comprehending and Recalling Stories". Referat vor der American Psychological Association, Washington, D.C.

Brainerd, C. J. 1978. „The Stage Question in Cognitive-Developmental Theory", *The Behavioral and Brain Sciences* 2: 173—213.

Bransford, J. D. und Franks, J. J. 1971. „The Abstraction of Linguistic Ideas", *Cognitive Psychology* 2: 331—350.

Bransford, J. D., Franks, J. J.; Morris, C. D. und Stein, B. S. 1979. „Some Constraints on Learning and Memory Research". In L. S. Cermak und F. I. M. Craik (Hrg.) *Levels of Processing and Human Memory*. Hillsdale, N.J.

Bransford, J. D. und Johnson, M. V. 1972. „Contextual Prerequisites for Understanding: Some Investigations of Comprehension and Recall", *Journal of Verbal Learning and Verbal Behaviour* 11: 717—721.

Bransford, J. D. und McCarrell, N. S. 1975. „A Sketch of a Cognitive Approach to Comprehension: Some Thoughts about Understanding What It Means to Comprehend". in P. N. Johnson-Laird und P. C. Watson (Hrg.), 1977. *Thinking: Readings in Cognitive Science*. Cambridge University Press.

Brentano, F. 1874. *Psychologie vom empirischen Standpunkte*. Leipzig. (Nachdruck 1973, Hamburg).
Bresnan, J. 1978. „A Realistic Transformational Grammar". In M. Halle et. al. (Hrg.) *Linguistic Theory and Psychological Reality*. Cambridge, Mass.
—. 1981. „An Approach to Universal Grammar and the Mental Representation of Language", *Cognition* 10: 39—52.
Brew, J. O. (Hrg.) 1968. *One Hundred Years of Anthropology*. Cambridge, Mass.
Brewster, D. 1854. *North British Review*. Zitiert in J. Miller, 1983. *States of Mind*. New York.
Broadbent, D. E. 1954. „The Role of Auditory Localization in Attention and Memory Span", *Journal of Experimental Psychology* 47: 191—196.
—. 1980. „The Minimization of Models". In A. J. Chapman und D. M. Jones (Hrg.) *Models of Man*. S. 113—127. London.
Broca, P. 1861. „Remarques sur la siège de la faculté du langage articulé", *Bulletin de la société d'anthropologie* (Paris) 6.
Brown, C. M. 1984. „Computer Vision and Natural Constraints" *Science* 224: 1299—1305.
Brown, R. 1956. „Language and Categories". In J. S. Bruner et al., A *Study of Thinking*. New York.
—. 1975. „Reference: In Memorial Tribute to Eric Lenneberg", *Cognition* 4: 125—153.
— und Lenneberg, E. H. 1954. „A Study in Language and Cognition", *Journal of Abnormal and Social Psychology* 44: 454—462.
Bruner, J. S. 1944. *Mandate from the People*. New York.
—. 1973. *Beyond the Information Given: Studies in the Psychology of Knowing*. J. Anglin (Hrg). New York.
—. 1982. *In Search of Mind*. Vorläufige Fassung.
—. 1983. *In Search of Mind*. New York.
—; Goodnow, J. und Austin, G. 1956. A *Study of Thinking*. New York.
Carnap, R. 1928. *Der logische Aufbau der Welt; Scheinprobleme in der Philosophie*. Berlin.
—. 1959. „Psychology in Physical Language". In A. J. Ayers (Hrg.) *Logical Positivism*. Glencoe, Ill.
Cazeneuve, J. 1968. „Lévy-Bruhl, Lucien". Eintrag in der *International Encyclopedia of the Social Sciences*, hrg. von D. Sills. New York.
Cherniak, C. 1983. „The ‚universal acceptance of logic'." *Berkeley Cognitive Science Report*, Nr. 6.
Cherry, E. E. 1953. „Some Experiments on the Recognition of Speech, with One and with Two Ears", *Journal of the Acoustical Society of America* 25: 975—979.
Chomsky, N. 1955. „The Logical Structure of Linguistic Theory". Dissertation, University of Pennsylvania. Als Monographie 1975 veröffentlicht von Plenum Press, New York.
—. 1957. *Syntactic Structures*. Den Haag. (dt.: *Strukturen der Syntax*. Übers. v. K. P. Lange, Den Haag 1973).
—. 1964a. „A Review of B. F. Skinner's *Verbal Behavior*." In A. J. Fodor und J. J. Katz (Hrg.), *The Structure of Language: Readings in the Philosophy of Language*, S. 547—478. Englewood Cliffs, N.J. (ursprünglich in: *Language* 35 (1959): 26—58 (dt.: in H. Halbe (Hrg.), *Psycholinguistik*, Darmstadt 1976, S. 70—100, übers. v. H. Thomas-Rogge).
—. 1964b. „A Transformational Approach to Syntax". In J. A. Fodor und J. J. Katz (Hrg.) *The Structure of Language: Readings in the Philosophy of Language*, 1964, S. 211—245 (Nachdruck aus A. A. Hill (Hrg.) 1962. *Proceedings of the Third Texas Conference on Problems of Linguistic Analysis in English*, 1958, S. 124—128, Austin, Texas. Englewood Cliffs, N.J.
—. 1965. *Aspects of a Theory of Syntax*. Cambridge, Mass.: (dt.: *Aspekte der Syntax-Theorie*. Übers. v. E. Lang, Frankfurt a.M. 1969).

—. 1966. *Cartesian Linguistics*. New York (dt.: *Cartesianische Linguistik, Ein Kapitel aus der Geschichte des Rationalismus*. Übers. v. R. Kruse. Tübingen 1971).

—. 1972 *Language and Mind*. New York (dt.: *Sprache und Geist*. Übers. v. S. Kannegiesser u. a., Frankfurt a.M. 1973).

—. 1975. *Reflections on Language*. New York. (dt.: *Reflexionen über Sprache*. Übers. von G. Meggle und M. Ulkan, Frankfurt a.M. 1977).

—. 1979. *Language and Responsibility*. New York (erstmals veröffentlicht 1977 auf Französisch) (dt.: *Sprache und Verantwortung*. Übers. v. E. Brückner-Pfaffenberger, Frankfurt a.M. 1981).

—. 1980. *Rules and Representations*. New York (dt.: *Regeln und Repräsentationen*. Übers. v. H. Leuninger, Frankfurt a.M. 1981).

—. 1981. „Knowledge of Language: Its Elements and Origins", *Philosophical Transactions of the Royal Society of London*, Series B, 295: 223—234.

—. 1982. *Some Concepts and Consequences of the Theory of Government and Binding*. Cambridge, Mass.

—. 1984. „Changing Perspectives on Knowledge and Use of Language". Referat vor der Society of Philosophy and Psychology, Massachusetts Institute of Technology, Cambridge.

— und Halle, M. 1968. *The Sound Pattern of English*. New York.

Clowes, M. 1971. „On Seeing Things". *Artificial Intelligence* 2: 79—116.

Cohen, G. 1977. *The Psychology of Cognition*. London, New York.

Cohen, L. J. 1981. „Can Human Irrationality Be Experimentally Demonstrated?", *Behavioral and Brain Sciences* 4: 317—370.

Colby, K. M. 1975. *Artificial Paranoia*. New York.

Cole, M. und Scribner, S. 1974. *Culture and Thought*. New York.

Collins, A. 1977. „Why Cognitive Science", *Cognitive Science* 1: 3—4.

Copleston, F. 1962. A *History of Philosophy: Modern Philosophy: The British Philosophers*. New York.

Craik, F. I. M. und Lockgart, R. S. 1972. „Levels of Processing: A Framework for Memory Research", *Journal of Verbal Learning and Verbal Behavior* 11: 671—684.

Crick, M. 1976. *Explorations in Language and Meaning: Towards a Semantic Anthropology*. New York.

D'Andrade, R. G. 1981. „The Cultural Part of Cognition", *Cognitive Science* 5: 179—195.

—. 1982. „Reason versus Logic". *The Ecology of Cognition: Biological, Cultural and Historical Perspectives*. Symposium, Greenboro, N.C.

Dasen, P.R. 1972. „Cross-Cultural Piagetian Research: A Summary", *Journal of Cross-Cultural Psychology* 3: 23—24.

— und Heron, A. 1981. „Cross-Cultural Tests of Piaget's Theory". In H. C. Triandis und A. Heron (Hrg.) *Handbook of Cross-Cultural Psychology* Bd. 4: Developmental Psychology. Boston.

Davis, M. 1958. *Computability and Unsolvability*. New York.

Déjerine, J. 1892. „Contribution à l'étude anatomo-pathologique et clinique des différents variétés de cécité verbale". *Comp. rend. scean. soc. biol.* 9(4): 61—90.

Dennett, D. C. 1978. *Brainstorms: Philosophical Essays on Mind and Psychology*. Cambridge, Mass.

—. 1983. „Cognitive Wheels: The Frame Problem of A.I.". Manuskript. Tufts University.

Dennis, M. 1980. „Language Acquisition on a Single Hemisphere: Semantic Organization". In D. Caplan (Hrg.), *Biological Studies of Mental Processes*. Cambridge, Mass.

— und Whitaker, H. A. 1976. „Language Acquisition Following Hemidecortication: Linguistic Superiority of the Left over the Right Hemisphere", *Brain and Language* 3: 404—433.
Descartes, R. 1954. *Meditationen über die Grundlagen der Philosophie.* Übers. v. A. Buchenau. Hamburg 1954. (Titel der Originalausgabe: *Meditationes de prima philosophia*, 1641/42).
—. 1961. *Abhandlung über die Methode.* Übers. v. K. Fischer. Stuttgart (Titel der Originalausgabe: *Discours de la méthode*, 1637).
de Valois, R. L. und Jacobs, G. H. 1968. „Primate Color Vision", *Science* 162: 533—540.
De Waal Malefjit, A. 1974. *Images of Man: A History of Anthropological Thought.* New York.
Diamond, E. (Hrg.), 1974. *The Roots of Psychology.* New York.
Dodwell, P. 1971. „Is a Theory of Conceptual Development Necessary?" In T. Mischel (Hrg.), *Cognitive Development and Epistemology.* New York.
Donaldson, M. 1978. *Childrens's Mind.* London: Fontana. (dt.: *Wie Kinder denken.* Übers. von B. Fink. Bern, Stuttgart, Wien 1982).
Donders, F. C. 1868. „On the Speed of Mental Processes". Nachdruck in *Acta Psychologica* 30 (1969): 412—431.
Dorf, R. C. 1974. *Computers and Man.* San Francisco.
Dresher, B. E. und Hornstein, N. 1976. „On Some Supposed Contributions of Artificial Intelligence to the Scientific Study of Language", *Cognition* 4: 321—348.
Dreyfus, H. 1972. *What Computers Can't Do: A Critique of Artificial Reason.* New York (dt.: *Die Grenzen künstlicher Intelligenz. Was Computer nicht können.* Übers. v. N. Lindquist. Frankfurt a.M. 1985).
Duncker, K. 1945. „On Problem Solving", *Psychological Monographs* 58 (whole no. 270): 5.
Durant, W. 1926. *The Story of Philosophy.* New York.
Durbin, M. 1966. „The Goals of Ethnoscience", *Anthropological Linguistics* 8: 22—33.
Ebbinghaus, H. 1971. *Über das Gedächtnis.* Untersuchungen zur experimentellen Psychologie. Darmstadt. (Nachdruck d. Erstausg. v. 1885).
Edgerton, R. B. und Langness, L. L. 1974. *Methods and Styles in the Study of Culture.* New York.
Ehrenfels, C. von. 1890. „Über Gestaltqualitäten". *Vtljsch. Wiss. Philos.* 14: 249—292.
Evans, T. G. 1968. „A Program for the Solution of Geometric-Analogy Intelligence Test Questions". In M. Minsky (Hrg.), *Semantic Information Processing.* Cambridge, Mass.
Fahlmann, S. C.; Hinton, G. E. und Sejnowski, T. J. 1983. „Massively Parallel Architecture for AI; NETL, Thistle and Boltzmann Machines". Manuskript, Carnegie-Mellon University.
Fancher, R. E. 1979. *Pioneers of Psychology.* New York.
Farah, M. J. 1984. „The Neurological Basis of Mental Imagery; A Componentical Analysis", *Cognition* 18: 243—261.
Fechner, G. T. 1860. *Elemente der Psychophysik.* Leipzig 1860.
Feigenbaum, E. A. 1959. „An Information-Processing Theory of Verbal Learning". Dissertation, Pittsburgh: Carnegie Institute of Technology, 1959. *Rand Corporation Paper*, P-1817.
—; Buchanan, B. G. und Lederberg, J. 1971. „On Generality and Problem Solving: A Case Study Using the DENDRAL Program". In B. Metzer und D. Michie (Hrg.), *Machine Intelligence*, Bd. 6. Edinburgh.
Feigenbaum, E. A. und Feldman, J. (Hrg.) 1963. *Computers and Thought.* New York.
— und McCorduck, P. 1983. *The Fifth Generation: Artificial Intelligence and Japan's Computer Challenge to the World.* Reading, Mass. (dt.: *Die fünfte Computer-Generation. Künstliche Intelligenz und die Herausforderung Japans.* Übers. v. T. Westermayr. 1984).

Feldman, J. A. 1981. „A Connectionist Model of Visual Memory". In G. E. Hinton und J. A. Anderson (Hrg.), *Parallel Models of Associative Memory*. Hillsdale, N.J.

Finke, R. A. und Schmidt, M. J. 1978. „The Quantitative Measure of Pattern Representation in Images using Orientation-specific Color After-effects". *Perception and Psychophysics* 23: 515—520.

Fodor, J. A. 1972. „Some Reflections on L. S. Vygotskys ‚Thought and Language'". *Cognition* 7: 83—95.

—. 1975. *The Language of Thought*. New York.

—. 1980. „Methodological Solipsism Considered as a Research Strategy in Cognitive Psychology". *Behavioral and Brain Science* 3: 63—110.

—. 1981a. „The Mind-Body Problem". *Scientific American* 244: 114—123.

—. 1981b. *Representations: Philosophical Essays on the Foundation of Cognitive Science*. Cambridge, Mass.

—. 1983. *The Modularity of Mind*. Cambridge, Mass.

—. 1984. „Information and Association". Manuskript. Massachussetts Institute of Technology.

—. Bever, T. G. und Garrett, M. 1974. *The Psychology of Language*. New York.

Fodor, J. A. und Katz, J. J. (Hrg.), 1964. *The Structure of Language: Readings in the Philosophy of Language*. Englewood Cliffs, N.J.

Fodor, J. A. und Pylyshyn, Z. W. 1981. „How Direct Is Visual Perception: Some Reflections on Gibson's ‚Ecological Approach'", *Cognition* 9: 139—196.

Foster, J. M. 1967. *List Processing*. London.

Foucault, M. 1970. *The Order of Things*. New York (dt.: *Die Ordnung der Dinge*. Übers. v. U. Köppen. Frankfurt a.M. 1974).

Fox, J. K. 1983. „Debate on Learning Theory is Shifting", *Science* 222: 1219—1222.

Frazer, J. 1955. *The Golden Bough: A Study on Magic and Religion*. 3. Aufl. New York (erstmals veröffentlicht 1890) (dt.: *Der Goldene Zweig. Das Geheimnis von Glauben und Sitten der Völker*. Leipzig 1922).

Freemann, D. 1983. *Margaret Mead and Samoa. The Making and Unmaking of an Anthropological Myth*. Cambridge, Mass. (dt.: *Liebe ohne Aggression. Margaret Meads Legende von der Friedfertigkeit der Naturvölker*. Übers. v. H. Zahn. München 1983).

Frege, G. 1961. *Die Grundlagen der Arithmetik. Eine logisch-mathematische Untersuchung über den Begriff der Zahl*. Darmstadt (erstmals veröffentlicht 1884).

Fried, C. C. 1963. „The Bloomfield School". In C. Mohrmann, A. Sommerfelt und J. Whatmough (Hrg.), *Trends in European and American Linguistics* 1930—1960. Utrecht.

Fritsch, G. und Hitzig, E. 1870. „Über die elektrische Erregbarkeit des Grosshirns", *Arch. Anat. Psysiol. und Wiss. Med.* 37.

Fryer, D. M. und Marshall, J. C. 1979. „The Motives of Jacques de Vaucanson". *Technology and Culture* 20: 257—269.

Gardin, J. C. 1965. „On a Possible Interpretation of Componential Analysis in Archaeology", *American Anthropologist* 67: 9—11.

Gardner, H. 1975. *The Shattered Mind: The Person After Brain Damage*. New York.

—. 1978. *Developmental Psychology*. Boston.

—. 1983. *Frames of Mind: The Theory of Multiple Intelligences*. New York.

Gazdar, G. 1981. „On syntactic categories", *Philosophical Transactions of the Royal Society of London*. Series B. 295: 267—283.

Gazzaniga, M. A. 1981. „Nobel Prize for Physiology or Medicine", *Science* 214: 517—518.

—. 1983. „Right Hemisphere Language Following Commisorotomy: A Twenty-Year Perspective", *American Psychologist* 38: 525—537.

Geertz, C. 1973. *The Interpretation of Cultures*. New York.

—. 1983a. *Local Knowledge*. New York.

—. 1983b. *Dichte Beschreibung. Beiträge zum Verstehen kultureller Systeme*. Übers. v. B. Luchese und R. Bindermann. Frankfurt a.M.

Geschwind, N. 1965. „Disconnextion Syndromes in Animals and Man", *Brain* 88: 585—644.

—. 1974. *Selected Papers on Language and the Brain*. Dordrecht-Boston/Reidel.

Gibson, J. J. 1950. *The Perception of the Visual World*. Boston (dt.: *Die Wahrnehmung der visuellen Welt*. Übers. v. Vera Schumann. Weinheim 1973).

—. 1966. *The Senses Considered as Perceptual Systems*. Boston (dt.: *Die Sinne und der Prozeß der Wahrnehmung*. Übers. v. I. Köhler u. a.; Bern, Stuttgart, Wien 1982).

—. 1967. „New Reasons for Realism", *Synthese* 17: 162—172.

—. 1979. *The Ecological Apprach to Visual Perception*. Boston (dt.: *Wahrnehmung und Umwelt. Der ökologische Ansatz in der visuellen Wahrnehmung*. Übers. v. G. Lücke u. Ivo Kohler. München, Wien, Baltimore 1982).

Glass, A. L., Holyoak, K. J. und Santa, J. L. 1979. *Cognition*. Reading, Mass.

Goldman, P. S. und Galkin, T. W. 1978. „Prenatal Removal of Frontal Association Cortex in the Fetal Rhesus Monkey: Anatomical and Functional Consequences in Postnatal Life", *Brain Research* 152: 451—485.

Goldman-Racik, P. S., Isseroff, A; Schwartz, M. L. und Bugbee, N. M. 1982. „Neurobiology of Cognitive Development in Non-human Primates". Manuskript, Yale School of Medicine, New Haven.

Goldstine, H. 1972. *The Computer from Pascal to von Neumann*. Princeton.

Goodenough, W. H. 1951. *Property, Kin, and Community on Truk*. New Haven.

—. 1956. „Componential Analysis and the Study of Meaning", *Language* 32: 195—216.

—. 1964. „Language and Property in Truk: Some Methodological Considerations". In D. H. Hymes (Hrg.), *Language in Culture and Society: A Reader in Linguistics and Anthropology*. New York.

—. 1968. „Componential Analysis". In D. Sills (Hrg.), *International Encyclopedia of the Social Sciences*. New York.

Goodman, N. 1955. *Fact, Fiction and Forecast*. Cambridge, Mass. (dt.: *Tatsache, Fiktion, Voraussage*. Übers. v. H. Vetter. Frankfurt a.M. 1975).

—. 1972. „The Revision of Philosophy". In N. Goodman, *Problems and Projects*. Indianapolis (erstmals veröffentlicht 1963).

Gross, C. G.; Rocha-Miranda, C. E. und Bender, D. 1972. „Visual Properties of Neurons in Inferotemporal Cortex of the Macaque", *Journal of Neurophysiology* 35: 96—111.

Grossberg, S. 1980. „How Does a Brain Build a Cognitive Code?", *Psychological Review* 87: 1—51.

Gruber, H. E. und Vonèche, J. J. (Hrg.), 1977. *The Essential Piaget*. New York.

Hacking, I. 1980. „Is the End in Sight for Epistemology?" *Journal of Philosophy* 77: 579—588.

—. 1982. „Wittgenstein the Psychologist" (Rezension von *Remarks on the Philosophy of Psychology*, G. E. M. Anscombe (Hrg.); *New York Review of Books*, 1. April.

Halacy, D. S., Jr. 1962. *Computers: the Machines We Think With*. New York.

Hanfling, O. (Hrg.), 1972. *Fundamental Problems in Philosophy*. Blackwell.

Harris, M. 1968. *The Rise of Anthropological Theory: A History of Theories of Culture*. New York.

Harris, R. 1981. *The Language Myth*. London.

Harris, W. H. und Levy J. S. (Hrg.), 1975. „Holography", *The New Columbia Encyclopidia*. New York.

Harris, Z. S. 1952. „Discourse Analysis", *Language* 28: 18—30.

Harth, E. 1982. *Windows on the Mind: Reflections on the Physical Basis of Conciousness*. New York.

Haugeland, J. 1981. „The Nature and Plausibility of Cognitivism". In J. Haugeland (Hrg.), *Mind Design: Philosophy, Psychology, Artificial Intelligence*. Montgomery, Vt.

Havelock, E. A. 1982. *Preface to Plato*. Cambridge, Mass.

Hayes, J. R. 1978. *Cognitive Psychology: Thinking and Creating*. Homewood, Ill.

Hayes, P. 1982. *Persönliche Mitteilung*. März 1982.

Hebb, D. O. 1949. *Organization of Behavior*. New York.

Heider, E. R. 1972. „Universals in Color Naming and Memory", *Journal of Experimental Psychology* 93: 10—20.

— und Oliver, D. C. 1972. „The Sturcture of the Color Space in Naming and Memory for Two Languages". *Cognitive Psychology* 3: 337—354.

Heims, S. J. 1980. *John von Neumann and Norbert Wiener*. Cambridge, Mass.

Helmholtz, H. von. 1910. *Handbuch der Physiologischen Optik*. Bd. III. Leipzig.

Herrnstein, R. J. und Boring, E. G. (Hrg.), 1965. *A Source Book in the History of Psychology*. Cambridge, Mass.

Herskovitz, M. J. 1953. *Franz Boas: The Science of Man in the Making*. London.

Hilton, A. M. 1963. *Logic, Computing Machines, and Automation*. New York.

Hinton, G. E. 1981. „Implementing Semantic Networks in Parallel Hardware". In G. E. Hinton und J. A. Anderson (Hrg.) *Parallel Models of Associative Memory*. Hillsdale, N.J.

— und Anderson, J. A. 1981. *Parallel Modells of Associative Memory*. Hillsdale, N.J.

Hinton, G. E.; Sejnowski, T. J. und Ackley D. H. 1984. „Boltzmann Machines: Constraint Satisfaction Networks That Learn". *Computer Science Memo*, Carnegie-Mellon University.

Hjelmslev, L. 1953. „Prolegomena to a Theory of Language", *Indiana Publications in Anthropology and Linguistics*, Nr. 7.

Hochberg, J, 1978. *Perception*. Englewood Cliffs, N.J.

Hockett, C. 1958. *A Course in Modern Linguistics*. New York.

—. 1968a. Aufsatz über Leonhard Bloomfield. In D. K. Sills (Hrg.), *International Encyclopedia of the Social Sciences*, S. 95—98. New York.

—. 1968b. *The State of the Art*. Den Haag.

Hodgen, M. T. 1964. *Early Anthropolgy in the Sixteenth and Seventeenth Centuries*. Philadelphia.

Hodges, A. 1983. *Alan Turing: The Enigma*. New York: Simon & Schuster (dt.: *Alan Turing. The Enigma*. Übers. v. E. Lack, Hamburg o.J.).

Hofstadter, D. R. 1983. „Artificial Intelligence: Subcognition as Computation". In F. Machlup und U. Mansfield (Hrg.), *The Study of Information: Interdisciplinary Messages*. New York.

— und Dennett, D. 1981. *The Mind's I*. New York (dt.: *Einsicht ins Ich. Fantasien und Reflexionen über Selbst und Seele*. Übers. v. U. Enderwitz. Stuttgart 1986).

Holton, G. 1984. „Do Scientists Need a Philosophy?", *The Times Literary Supplement*, 2. 11. 1984, S. 231—234.

Holyoak, K. 1983. „Towards a Unitary Theory of Mind" (Rezension von J. R. Anderson, *The Architecture of Cognition*), *Science* 222: 499—500.

Hooper, J. 1982. Interview mit Karl Pribram. *Omni*, Oktober 1982. S. 129—135 und 169—176.

Horn, B. K. P. 1975. „Obtaining Shape from Shading Information". In P. Winston (Hrg.), *The Psychology of Computer Vision*. New York.

Hubel, D. H. 1978. „Vision and the Brain", *Bulletin of the American Academy of Arts and Sciences* 31: 17—28.

—. 1979. The Brain, *Scientific American* 241: 44—53.

— und Wiesel, T. N. 1959. „Receptive Fields of Single Neurones in the Cat's Striate Cortex", *Journal of Physiology* 148: 574—591.

Hubel, D. H. und Wiesel, T. N. 1962. „Receptive Fields, Binocular Interaction and Functional Architecture in the Cat's Visual Cortex", *Journal of Physiology* 160: 106—154.

—. 1979. „Brain Mechanisms of Vision", *Scientific American* 241: 150—162.

Hume, D. 1739. A *Treatise of Human Understanding*. London (dt.: *Traktat über die menschliche Natur*. Übers. u. hrg. v. T. Lipps. Hamburg 1978).

—. 1955. *An Inquiry Concerning Human Understanding*. New York: Liberal Arts Press (erstmals veröffentlicht 1748) (dt.: *Eine Untersuchung über den menschlichen Verstand*. Übers. v. R. Richter, Hamburg 1984).

Humphrey, G. 1951. *Thinking: An Introduction to Experimental Psychology*. New York.

Hunt, M. 1982. *The Universe Within*. New York.

Hutchins, E. 1980. *Culture and Interference: A Trobriand Case Study*. Cambridge, Mass.

Hymes, D. 1974. *Studies in the History of Linguistics*. Bloomington.

Jackendoff, R. 1983. *Semantics and Cognition*. Cambridge, Mass.

Jackson, J. Hughlings. 1932. *Selected Writings*. London.

Jakobson, R. 1941. *Kindersprache, Aphasie und allgemeine Lautgesetze*. Uppsala: Universitets Aarsskrift (Frankfurt a.M. 1973).

—. 1963. *Essais de linguistique générale*. Paris.

— und Halle, M. 1956. *Fundamentals of Language*. Den Haag.

James, W. 1890. *The Principles of Psychology*. New York.

Jefferson, G. 1949. „The Mind of Mechanical Men", Lister oration for 1949, *British Medical Journal* 1: 1105—1121.

Jeffress, L. A. (Hrg.), 1951. *Cerebral Mechanisms in Behavior*. The Hixon Symposium. New York.

Johnson, M. K.; Bransford, J. D. und Soloman, S. 1973. „Memory for Tacit Implications of Sentences", *Journal of Experimental Psychology* 98: 203—205.

Johnson-Laird, P. N. 1982. „Propositional Representations, Procedureal Semantics, and Mental Models". In J. Mehler, E. C. T. Walker und M. Garrett (Hrg.), *Perspectives on Mental Representation: Experimental and Theoretical Studies in Cognitive Processes and Capacities*. Hillsdale, N.J.

—. 1983. *Mental Modes: Towards a Cognitive Science of Language, Inference, and Conciousness*. Cambridge, Mass.

— und Watson, P. C. 1970. „A Theoretical Analysis of Insight into a Reasoning Task", *Cognitive Psychology* 1: 134—148.

— und Watson, P. C. (Hrg.), 1977. *Thinking: Readings in Cognitive Science*. Cambridge.

Kahneman, D.; Slovic, P. und Tversky, A. (Hrg.), 1982. *Judgement under Uncertainty: Heuretics and Biases*, New York.

Kahneman, D. und Tversky, A. 1982. „The Psychology of Preferences", *Scientific American* 246: 160—174.

—. 1984. „Choices, Values, and Frames", *American Psychologist* 39: 341—350.

Kandel, E. R. 1979. „Small Systems of Neurons", *Scientific American* 241: 66—84.

—. 1982. „Steps toward a Molecular Grammar for Learning: Explorations into the Nature of Memory". Beitrag zum Bicentennial Symposium of the Harvard Medical School, Oktober 1982.

Kant, I. 1781. *Kritik der reinen Vernunft*.

Kardiner, A. und Preble, E. 1961. *They Studied Man*. Cleveland.

Katz, J. und Fodor, J. 1963. „The Structure of a Semantic Theory", *Language* 39: 170—210.

Kay, P. 1966. „Comment on B. N. Colby, Ethnografic Semantics: A Preliminary Survey", *Current Anthropology* 7: 3—32.

Keesing, R. M. 1976. *Cultural Anthropology: A Contemporary Perspective*. New York.

Keil, F. C. 1979. *Semantic and Conceptual Development: An Ontological Perspective*. Cambridge, Mass.

Kenny, A. 1973. *Wittgenstein*. Harmondsworth (dt.: *Wittgenstein*. Übers. v. H. Vetter. Frankfurt a.M. 1974).

Kessen, W. 1981. „Early Settlements in New Cognition", *Cognition* 10: 167—171.

Kimura, S. 1973. „The Asymmetry of the Human Brain", *Scientific American* 228: 70—80.

Kinsbourne, M. (Hrg.), 1978. *Assymetrical Functions of the Brain*. Cambridge.

Kitto, H. D. 1951. *The Greeks*. Harmondsworth (dt.: *Die Griechen*. Übers. v. H. v. Hentig. Stuttgart 1957).

Köhler, W. 1917. Intelligenzprüfungen an Anthropoiden. In: *Abhandlungen der Königlichen Preussischen Akademie der Wissenschaften*, Jahrgang 1917; Physikalisch-mathematische Klasse, Berlin (Neuauflage Heidelberg 1973).

—. 1969. *The Task of Gestalt Psychology*. Princeton (dt.: *Die Aufgaben der Gestaltpsychologie*. Übers. v. H. Kopfermann u. L. Köhler. Berlin, New York 1971).

Konishi, M. 1969. „Experimental Studies in the Ontogeny of Avian Vocalizations". In R. A. Hinde (Hrg.) *Bird Vocalization*. Cambridge.

Kosslyn, S. M. 1978. „Imagery and Internal Representation". In E. Rosch und B. B. Lloyd (Hrg.), *Cognition and Categorization*. Hillsdale, N.J.

—. 1980. *Image and Mind*. Cambridge, Mass.

—. 1981. „The Medium and the Massage in Mental Imagery: A Theory", *Psychological Review* 88: 46—66.

—. 1983. *Ghosts in the Mind's Machine: Creating and Using Images in the Brain*. New York.

—. 1984. „Imagery and Cerebral Lateralization: A Computational Theory". Manuskript. Harvard University.

—; Ball, T. M. und Reiser, B. J. 1978. „Visual Images Preserve Metric Spatial Information: Evidence from Studies of Image Scanning", *Journal of Experimental Psychology: Human Perception and Performance* 4: 47—60.

Kosslyn S. M., Pinker, S.; Smith, G. E. und Schwartz, S. P. 1979. „On the Demystification of Mental Imagery", *The Behavioral and Brain Sciences* 2: 535—581.

Kripke, S. 1972. „Naming and Necessity". In D. Davidson und G. Harman (Hrg.), *Semantic of Natural Language*. Dordrecht/Boston (dt.: *Name und Notwendigkeit*. Übers. v. U. Wolf. Frankfurt a.M. 1981).

Kroeber, A. 1917. „The Super-organic", *American Anthropologist* 17: 163—213.

—. 1948. *Anthropology*. New York.

Kroeber, T. 1970. *Alfred Kroeber: A Personal Configuration*. Berkeley.

Kuhn, T. 1970. *The Structure of Scientific Revolution*. 2. Aufl. Chicago (dt.: *Die Struktur wissenschaftlicher Revolutionen*. Übers. v. K. Simon. Frankfurt a.M. 1973).

Kuper, A. 1973. *Anthropologists and Anthropology: The British School* 1922—1972. New York.

Kyburg, H. E. 1983. „Rational Belief", *The Behavioral and Brain Sciences* 6: 231—273.

Labbe, R.; Firl, A.; Mufson, E. und Stein, D. 1983. „Fetal Transplants: Reduction of Cognitive Deficits in Rats with Frontal Cortex Lesion", *Science* 221: 470—472.

Lachman, R.; Lachman, J. L. und Butterfield, E. C. 1979. *Cognitive Psychology and Information Processing: An Introduction*. Hillsdale, N.J.

Lakoff, G. 1969. „Empiricism without Facts", *Foundations of Language* 5: 118—127.
—. 1980. „Whatever Happened to Deep Structure?" *The Behavioral and Brain Sciences* 3: 22—23.
—. 1982. „Categories and Cognitive Models". Arbeitspapier. Berkeley Cognitive Science Report Nr. 2.
— und Ross, J. R. 1976. „Is Deep Structure Necessary?" In J. McCawley (Hrg.), *Syntax and Semantics*, Bd. 7. New York (der Aufsatz stammt aus dem Jahr 1967).
Lashely, K. S. 1929. *Brain Mechanisms and Intelligence*. Chicago.
—. 1950. „In Search of the Engram". In *Symposia of the Society for Experimental Biology* 4: 454—482.
Lashely, K. S.; Chow, K. L. und Semmes, J. 1951. „An Examination of the Electrical Field Theory of Cerebral Integration", *Psychological Review* 58: 123—136.
Lave, J. 1977. „Cognitive Consequences of Traditional Apprenticeship Training in West Africa", *Anthropology and Education Quarterly* 8: 177—180.
Leach, E. 1961. „Lévi-Strauss in the Garden of Eden: An Examination of Some Recent Developments in the Analysis of Myth", *Transactions of the New York Academy of Sciences* II, 23: 386—396.
—. 1974. *Lévi-Strauss*. Überarb. Ausgabe. London.
Leary, D. E. 1978. „The Philosophical Development of the Conception of Psychology in Germany, 1780—1850", *Journal of the History of the Behavioral Sciences* 14: 113—121.
Lees, R. B. 1957. „Review of Noam Chomsky, Syntactic Structures", *Language* 33: 375—408.
Lenat, D. B. 1976. „AM: An Artificial Intelligence Approach to Discovery in Mathematics as Heuristic Search". Bericht STAN-CS-76-570. Stanford University, Computer Science Department.
—. 1984. „Computer Software for Intelligent Systems", *Scientific American* 251: 204—213.
Lettvin, J. Y. 1981. „Filling Out the Forms: An Appreciation of Hubel and Wiesel", *Science* 214: 518—520.
—; Maturana, H. R.; McCulloch, W. S. und Pitts, W. H. 1959. „What the Frog's Eye Tells the Frog's Brain", *Proceedings of the* IRE 47: 1940—1951.
Lévi-Strauss, C. 1967. *Strukturale Anthropologie*. (Übers. v. H. Naumann), Frankfurt a.M. (Titel der Originalausgabe *Anthropologie Structurale*, 1958).
—. 1975 *Strukturale Anthropologie* II. (Übers. v. E. Moldenhauer u.a.), Frankfurt a.M. (Titel der Originalausgabe *Anthropologie Structurale deux*, 1973).
—. 1988. *Traurige Tropen*. Übers. v. E. Moldenhauer. Frankfurt a.M., 6. Auflage (Titel der Originalausgabe *Tristes Tropiques*, 1955).
—. 1971. *Das Rohe und das Gekochte*. Übers. v. E. Moldenhauer. In: C. Lévi-Strauss, *Mythologica*, Bd. 1. Frankfurt a.M. (Titel der Originalausgabe *Mythologique* I. *Le cru et le cuit*. 1964).
Lighthill, J. 1972. „A Report on Artificial Intelligence". Manuskript. Science Research Council.
—; Sutherland, N. S.; Needham, R. M.; Longuet-Higgins, H. C. und Michie, D. 1973. *Artificial Intelligence: A Paper Symposium*. London: Science Research Council.
Locke, J. 1975. *An Essay Concerning Human Unterstanding*. (erstmals veröffentlicht 1690) (dt. *Versuch über den menschlichen Verstand*. Übers. v. C. Winckler, Hamburg 1976).
Longuet-Higgins, H. C. 1979. „The Perception of Music", *Proceedings of the Royal Society of London* series B 205, S. 307—322.
—. 1981. „Artificial Intelligence — A New Theoretical Psychology?" *Cognition* 10: 197—200.

—. 1982. „A Theory of Vision" (Rezension von David Marr: *Vision*), *Science* 218: 991—992.
—; Lyons, J. und Broadbent, D. 1981. *The Psychological Mechanisms of Language*. Ein Gemeinschafts-Symposium der Royal Society und der British Academy, London.
Lorenz, K. 1935. „Der Kumpan in der Umwelt des Vogels: Der Artgenosse als auslösendes Moment sozialer Verhaltensweisen". In: *Journal f. Ornithologie* 83.
Lounsbury, F. G. 1956. „A Semantic Analysis of the Pawnee Kinship Usage", *Language* 32: 158—194.
—. 1963. „Linguistics and Psychology". In S. Koch (Hrg.), *Psychology: A Study of a Science*. New York.
—. 1968. „One Hundred Years of Anthropological Linguistics". In J. O. Brew (Hrg.), *One Hundred Years of Anthropology*. Cambridge, Mass.
Lovejoy, A. O. 1964. *The Great Chain of Being*. Cambridge, Mass. (dt.: *Die große Kette der Wesen. Geschichte eines Gedankens*. Übers. v. D. Turck. Frankfurt a.M. 1985).
Lowry, R. 1971. *The Evolution of Psychological Theory 1650 to Present*. Chicago.
Luce, R. D.; Bush, R. R. und Galanter, N. F. (Hrg.), 1963. *Handbook of Mathematical Psychology*. New York.
Luchins, A. S. 1942. „Mechanization in Problem Solving", *Psychological Monographs* 54 (6), Whole No. 248.
Luria, A. R. 1970. *Die höheren kortikalen Funktionen der Menschen und ihre Störungen bei örtlichen Hirnschädigungen*. Übers. v. P. G. Klemm. Berlin.
Lyons, J. 1968. *Introduction to Theoretical Linguistics*. Cambridge (dt.: *Einführung in die moderne Linguistik*. Übers. und hrg. v. W. und G. Abraham. München 1971).
—. 1970. *Noam Chomsky*, New York (dt.: *Noam Chomsky*. Übers. v. M. Immler. 2. Auflage München 1972).
McArthur, D. J. 1982. „Computer Vision and Perceptual Psychology", *Psychological Bulletin* 92: 283—309.
McCarthy, J. 1984. Interview, Stanford University, Februar 1984.
—; Abrahams, P. W.; Edwards, D. J.; Hart, T. D. und Levin, M. I. (1962). *Lisp I.5 Programmer's Manual*. Cambridge, Mass.
—; und Hayes, P. J. 1969. „Some Philosophical Problems from the Standpoint of Artificial Intelligence". In B. Meltzer und D. Michie (Hrg.), *Machine Intelligence* 4. Edinburgh.
McCorduck, P. 1979. *Machines Who Think*. San Francisco.
McCulloch, W. und Pitts, W. 1943. „A Logical Calculus of the Ideas Immanent in Nervous Activity". *Bulletin of Mathematical Biophysics* 5: 115—133.
McDougall, W. 1961. *Body and Mind*, Boston (erstmals veröffentlicht 1911).
Malinkowski, B. 1961. *Argonauts of the West-Pacific: An Account of Native Enterprise and Adventure in the Archipelagoes of Melanesian New Guinea*. New York (erstmals veröffentlicht 1922) (dt.: *Argonauten des westlichen Pazifiks*. Übers. v. L. Herdt. Frankfurt a.M. 1984).
—. 1968. Culture. In D. L. Sills (Hrg.), *International Encyclopedia of the Social Sciences*. New York (erstmals veröffentlicht 1935).
Mandler, G. 1981, „What Is Cognitive Psychology? What Isn't?" Vortrag vor der APA Division of Philosophical Psychology, Los Angeles.
Mandler, J. M. und Mandler, G. 1964. *Thinking: From Association to Gestalt*. New York.
Marbe, K. 1901. *Experimentell-psychologische Untersuchung über das Urteil*. Leipzig.
Marcus, M. 1979, „A Theory of Syntactic Recognition for Natural Languages". In P. H. Winston und R. H. Brown (Hrg.), *Artificial Intelligence: An MIT Perspective*, Bd. 1. S. 191—229. Cambridge, Mass.
—. 1980. A *Theory of Syntactic Recognition for Natural Language*. Cambridge, Mass.

Marie, P. 1906. „Révision de la question de l'aphasie", *Semaine Médicale* 21: 241—247.
Marler, P. 1982. „Avian and Primate Communication: The Problem of Categories", *Neuroscience and Biobehavioral Reviews* 6: 87—94.
— und Peters, S. 1977. „Selective Vocal Learning in a Sparrow", *Science* 198: 519—521.
Marr, D. 1969. „A Theory of Cerebellar Cortex", *Journal of Physiology* 202: 437—470 (London).
—. 1979. „Representing and Computing Visual Information". In P. H. Winston und R. H. Brown (Hrg.), *Artificial Intelligence: An MIT Perspective*, Bd. II: *Understanding Vision, Manipulation, Computer Design, Symbol Manipulation*. Cambridge, Mass.
—. 1982. *Vision: A Computational Investigation into the Human Representation and Processing of Visual Information*. San Francisco.
— und Nishihara, K. 1978. „Representation and Recognition of the Spatial Organization of Three-Dimensional Shapes", *Proceedings of the Royal Society London*, B 200, S. 269—294.
Matthews, J. R. 1982. „Who's Afraid of Immanuel Kant?" (Rezension von N. Block [Hrg.] *Readings in Philosophy of Psychology*, Bd. I, II), *Contemporary Psychology* 27: 433—434.
Mehler, J.; Morton, J. und Jusczyk, P. 1984. „On Reducing Language to Biology", *Cognitive Neuropsychology* 1: 83—116.
Mehler, J.; Walker, E. C. T. und Garrett, M. (Hrg.), 1982. *Perspectives on Mental Representation: Experimental and Theoretical Studies of Cognitive Processes and Capacities*, Hillsdale, N.J.
Mervis, C. B. und Rosch, E. 1981. „Categorization of Natural Objects", *Annual Review of Psychology* 32: 89—115.
Miller, G. A. 1956. „The Magical Number Seven, Plus or Minus Two: Limits on Our Capacity for Processing Information", *Psychological Review* 63: 81—97.
—. 1962. „Some Psychological Studies of Grammar", *American Psychologist* 17: 748—762.
—. 1979. „A Very Personal History". Vortrag vor dem Cognitive Science Workshop, Massachusetts Institute of Technology, Cambridge, Mass. 1. Juni 1979.
—. 1982. Interview. Princeton University, Januar 1982.
—; Galanter, E. und Pribram, K. 1960. *Plans and the Structure of Behavior*. New York (dt.: *Strategien des Handelns. Pläne und Strukturen des Verhaltens*. Übers. v. P. Bätschi. Stuttgart 1973.
Miller, J. 1983. *States of Mind*. New York.
Milner, B. 1967. „Brain Mechanisms Suggested by Studies of Temporal Lobes". In F. L. Darley (Hrg.), *Brain Mechanisms Underlying Speech and Language*. New York.
Milner, P. M. 1970. *Physiological Psychology*. New York.
Minsky, M. 1963. „Steps toward Artificial Intelligence". In E. A. Feigenbaum und J. Feldman (Hrg.), *Computers and Thought*. New York (der Aufsatz zirkulierte seit 1957).
—. (Hrg.), 1968. *Semantic Information Processing*. Cambridge, Mass.
—. 1975. „A Framework for Representing Knowledge". In P. H. Winston (Hrg.), *The Psychology of Computer Vision*. New York.
—. 1979. „The Society Theory". In P. H. Winston und R. H. Brown (Hrg.), *Artificial Intelligence: An MIT Perspective*, Bd. I (S. 432—450). Cambridge, Mass.
—. 1982. „Learning Meaning". Manuskript, Massachusetts Institute of Technology.
— und Papert, S. 1968. *Perceptrons*. Cambridge, Mass.
Mishkin, M. 1967. „Visual Mechanisms Beyond the Striate Cortex", In R. W. Russell (Hrg.), *Frontiers in Physiological Psychology*. New York.
Moates, D. R. und Schumacher, G. M. 1980. *An Introduction to Cognitive Psychology*. Belmont, Calif.
Mohrmann, C.; et al. 1963. *Trends in Modern Linguistics*. Utrecht.

Moray, N. 1969. *Listening and Attention*. Baltimore, Md.
Morris, C. 1971. *Writings on the General Theory of Signs*. Den Haag.
Morton, J. 1981. „Will Cognition Survive?" *Cognition* 10: 227—234.
Mountcastle, V. B. 1978. „An Organizing Principle for Cerebral Function: The Unit Module and the Distribution System". In G. M. Edelman and V. B. Mountcastle (Hrg.), *The Mindful Brain*. Cambridge, Mass.
Murray, H. A. 1945. „Assessment of the Whole Person", *Proceedings Meeting Military Psychologists and Psychiatrists*. University of Maryland Press.
Murray, S. O. 1982. „The Dissolution of ‚Classical Ethnoscience'", *Journal of the History of the Behavioral Sciences* 18: 63—175.
Neisser, U. 1967. *Cognitive Psychology*. New York (dt.: *Kognitive Psychologie*. Übers. von W. Schlund und U. Aeschbacher, Stuttgart 1974).
—. 1976. *Cognition and Reality*. San Francisco (dt.: *Kognition und Wirklichkeit. Prinzipien und Implikationen der kognitiven Psychologie*. Übers. v. R. Born. Stuttgart 1979).
—. 1980. „Comments on Gestalt Psychology". Vortrag vor dem APA Symposium, September 1980.
—. 1984. „Toward an Ecologically Oriented Cognitive Science". *Emory Cognition Project, Report* 1, Atlanta, Georgia, Januar 1984.
Neumann, J. von 1958. *The Computer and the Brain*. New Haven, Conn. (dt.: *Die Rechenmaschine und das Gehirn*. Übers. v. Ch. und H. Gumin. München 1970).
Newell, A. 1983. „Intellectual Issues in the History of Artificial Intelligence". In F. Machlup und U. Mansfield (Hrg.), *The Study of Information: Interdisciplinary Messages*. New York.
—; Shaw, J. C. und Simon, H. A. 1964. „Elements of a Theory of Human Problemsolving". In R. J. C. Harper, C. C. Anderson, C. M. Christensen und S. M. Hunka (Hrg.), *The Cognitive Processes: Readings*. Englewood-Cliffs, N.J. Ursprüngl. in *Psychological Review* 65 (1958): 151—166.
Newell, A. und Simon, H. A. 1972. *Human Problem Solving*. Engelwood Cliffs, N.J.
Newmeyer, F. 1980. *Linguistic Theory in America: The First Quarter Century of Transformational Generative Grammar*. New York.
Nilsson, N. J. 1980. *Principles of Artificial Intelligence*. Paolo Alto, Calif.
Norman, D. 1980. „Twelve Issues for Cognitive Science", *Cognitive Science* 4: 1—32.
Nottebohm, F. 1970. „*Ontogeny of Bird Song*", *Science* 167: 950—956.
—. 1980. „Brain Pathways for Vocal Learning in Birds: A Review of the First 10 Years", *Progress in Psychobiological and Physiological Psychology* 9: 85—124.
Osherson, D. N. und Smith, E. E. 1981. „On the Adequacy of Prototype Theory as a Theory of Concepts", *Cognition* 9: 35—58.
Paivio, A. 1971. *Imagery and Verbal Processes*. New York.
Peters, S. und Ritchie, R. 1973. „On the Generative Power of Transformational Grammars", *Information Sciences* 6: 49—83.
Piaget, J. 1970. „Piaget's Theory". In P. Mussen (Hrg.), *Carmichael's Manual of Child Psychology* I. New York.
— und Inhelder, B. 1973. *Die Entwicklung der elementaren logischen Strukturen*. Düsseldorf (Titel der Originalausgabe *La genèse des structures logiques élémentaires*).
— und Inhelder, B. 1977. *Von der Logik des Kindes zur Logik des Heranwachsenden*. Übers. v. L. Bernard. Olten (Titel der Originalausgabe *De la logique de l'enfant à la logique de l'adolescent*, 1955).
Piattelli-Palmarini, M. (Hrg.), 1980. *Language and Learning*. Cambridge, Mass.
—. 1983. „The Parliament of Mind" (Rezension von J. A. Fodor, *The Modularity of Mind*), *The Times Literary Supplement*, 2. Dezember 1983, S. 1357.

Pinker, S. 1984. *Language Learnability and Language* Development. Cambridge, Mass.

Platon. *Sämtliche Werke*. Bd. 2 und Bd. 4. Reinbek b. Hamburg o.J.

Popper, K. 1974. *Unended Quest: An Intellectual Autobiography*. Glasgow (dt.: *Ausgangspunkte. Meine intellektuelle Entwicklung*. Übers. v. Friedrich Griese und vom Autor, Hamburg 1979).

Posner, M. 1969. „Abstraction and the Process of Recognition". In G. H. Bower und J. T. Spencer (Hrg.), *The Psychology of Learning and Motivation*, Bd. 3. New York.

— und Mitchell, R. F. 1967. „Chronometric Analysis of Classification", *Psychological Review* 74: 392—409.

Posner, M. und Shulman, G. L. 1979. „Cognitive Science". In E. Hearst (Hrg.), *The First Century of Experimental Psychology*. Hillsdale, N.J.

Pribram, K. H. 1971. *Languages of the Brain: Experimental Paradoxes and Principles in Neuropsychology*. Englewood Cliffs, N.J.

—. 1980. „Mind, Brain and Consciousness: The Organization of Competence and Conduct". In R. J. Davidson und M. Davidson (Hrg.), *The Psychology of Conciousness*. New York.

—. 1982. „Localization and Distribution of Function in the Brain. In J. Orbach (Hrg.) *Neuropsychology after Lashley*. Hillsdale, N.J.

Putnam, H. 1960. „Minds and Machines", In S. Hook (Hrg.), *Dimensions of Mind*. New York.

—. 1973. „Philosophy and Our Mental Life". Vortrag vor dem Foerster Symposium on Computers and the Mind, University of California at Berkeley. In H. Putnam, *Mind, Language and Reality: Philosophical Papers*, Bd. 2, Cambridge 1975.

—. 1975a. *Mind, Language and Reality, Philosophical Papers*, Bd. 2, Cambridge.

—. 1975b. „The Meaning of ‚Meaning'." (Auch in Putnam 1975, S. 215—271.)

—. 1981. („Why Reason Can't Be Naturalized". Howison Lecture, University of California at Berkeley, 30. April 1981. Auch in Putnam 1983.

—. 1983. *Realism and Reason: Philosophical Papers*, Bd. 3. Cambridge.

—. 1984. „After Ayer, after Empiricism", *Partisan Review* 2: 265—275.

Pylyshyn, Z. W. 1973. „What the Mind's Eye Tells the Mind's Brain: A Critique of Mental Imagery". *Psychological Bulletin* 8: 1—14.

—. 1979. „Imagery Theory: Not Mysterious — Just Wrong". *The Behavioral and Brain Sciences* 2: 561—562.

—. 1980a. „The ‚Causal Power' of Machines (Kommentar zu J. Searle, *Minds, Brains and Programms*), *The Behavioral and Brain Sciences* 3: 442—444.

—. 1980b. „Cognitive Representation and the Process-architecture Distinction", *The Behavioral and Brain Sciences* 3: 154—169.

—. 1981. „The Imagery Debate: Analogue Media versus Tacit Knowledge", *Psychological Review* 88: 16—45.

—. 1984. *Computation and Cognition: Towards a Foundation for Cognitive Science*. Cambridge, Mass.

Quillian, M. R. 1968. „Semantic Memory". In M. Minsky (Hrg.), *Semantic Information Processing*, Cambridge, Mass.

Quine, W. V. O. 1953. *From a Logical Point of View*. Cambridge, Mass. (dt.: *Von einem logischen Standpunkt*. Übers. v. P. Bosch. Frankfurt a.M. 1979).

—. 1975. *Ontologische Relativität und andere Schriften. Stuttgart.*

Radcliffe-Brown, A. R. 1940. „On Social Structure", *Journal for the Royal Anthropological Institute* 70.

—. 1952. *Structure and Function in Primitive Society*. Glencoe, Ill.

Rapaport, D. 1951. *Organization and Pathology of Thought*. New York.

Reddy, D. R.; Erman, L. D.; Fennell R. D. und Neely, R. B. 1973. „The HEARSAY Speech Understanding System". In *Proceedings, Third International Joint Conference on Artificial Intelligence* 3: 185—193 (Stanford).
Rey, G. 1981. „What Are Mental Images?" In N. Block (Hrg.), *Imagery*. Cambridge, Mass.
Rieber, R. W. 1983. *Dialogues on the Psychology of Language and Thought: Conversations with Noam Chomsky, Charles Osgood, Jean Piaget, Ulric Neisser, and Marcel Kinsbourne*. New York.
Rivers, W. H. R. 1900. „A Genealogical Method of Collecting Social and Vital Statistics", *Journal of the Anthropological Institute of Great Britain and Ireland* 30: 74—82.
Roberts, L. G. 1965. „Machine Perception of Three Dimensional Solids". In T. T. Tippett et al. *Optical and Electro-optical Information Processing*. Cambridge, Mass.
Robins, R. H. 1967. A *Short History of Linguistics*, Bloomington (dt.: *Ideen- und Problemgeschichte der Sprachwissenschaft. Mit bes. Berücks. d.* 19. *und* 20. *Jahrhunderts*. Übers. v. C. Gutknecht u. K.-U. Panther, Frankfurt a. M. 1973).
Robinson, D. M. 1976. *An Intellectual History of Psychology*. New York.
Romney, A. K. und D'Andrade, R. G. 1964. „Cognitive Aspects of English Kin Terms", *American Anthropologist* 66: 146—170.
Rorty, R. 1979. *Philosophy and the Mirror of Nature*. Princeton, N.J. (dt.: *Der Spiegel der Natur: eine Kritik der Philosophie*. Übers. v. M. Gebauer. Frankfurt a. M. 1981).
—. 1982a. Persönliches Gespräch. Princeton University, Januar 1982.
—. 1982b. „Mind as Ineffable". Manuskript, Princeton University.
Rosch, E. 1973a. „Natural Categories", *Cognitive Psychology* 4: 328—350.
—. 1973b. „On the Internal Structure of Perceptual and Semantic Categories". In T. E. Moore (Hrg.), *Cognitive Development and the Acquisition of Language*, New York.
—. 1977. „Human Categorization". In N. Warren (Hrg.), *Advances in Cross-cultural Psychology*, Bd. I. London.
—. 1978. „Principles of Categorization". In E. Rosch und B. B. Lloyd (Hrg.), *Cognition and Categorization*. Hillsdale, N.J.
— und Lloyd, B. B. 1978. *Cognition and Categorization*. Hillsdale, N.J.
Rose, S. 1973. *The Concious Brain*. New York.
Rosenblueth, A.; Wiener, N. und Bigelow, J. 1943. „Behavior, Teleology, and Purpose", *Philosophy of Science* 10: 18—24.
Rosenfield, I. 1984. „Seeing through the Brain", *New York Review of Books*, 11. Oktober 1984, S. 53—56.
Royce, J. R. und Rozeboom, W. W. (Hrg.), 1972. *The Psychology of Knowing*, New York.
Rumelhart, D. E. 1975. „Notes on a Schema for Stories". In D. G. Bobrow und A. M. Collins (Hrg.), *Representation and Understanding*. New York.
—. 1982. „Comments on Cognitive Science". Manuskript, University of California at San Diego.
— und McClelland, J. L. 1982. „An Interactive Activation Model of Context Effects in Letter Perception: part 2. The Contextual Enhancement Effect and Some Tests and Extensions of the Model", *Psychological Review* 89: 60—94.
Russell, B. 1961. *History of Western Philosophy*. London (dt.: *Philosophie des Abendlandes*. Übers. v. E. Fischer-Wernecke und Dr. R. Gillischewski. Zürich 1950).
Ryle, G. 1949. *The Concept of Mind*. London (dt.: *Der Begriff des Geistes*. Übers. v. K. Baier, Stuttgart 1969).
Sahlins, M. 1976. „Colors and Cultures", *Semiotica* 16: 1—22.
Sapir, E. 1921. *Language*. New York (dt.: *Sprache*. Übers. v. C. Homberger, 2. Auflage München 1972).

—. 1929. „The Status of Linguistics as a Science". In *Selected Writings of Edward Sapir*. Berkeley.

Saussure, F. de. 1967. *Grundfragen der Allgemeinen Sprachwissenschaft*. Hg. v. Ch. Bally und A. Sechehaye, Berlin (Titel der Originalausgabe *Cours de lingustique générale*, 1915).

Schank, R. C. 1972. „Conceptual Dependency: A Theory of Natural Language Understanding", *Cognitive Psychology* 3: 552—631.

—. 1980. „An Artificial Intelligence Perspective on Chomsky's View of Language", *The Behavioral and Brain Sciences* 3: 35—37.

— und Abelson, R. 1977. *Scripts, Plans, Goals, and Understanding*. Hillsdale, N.J.

Schwartz, R. 1981. „Imagery — There's More to It Than Meets the Eye". In N. Block (Hrg.), *Imagery*. Cambridge, Mass.

Schwartz, S. P. 1979. „Natural Kind Terms", *Cognition* 7: 301—315.

Scribner, S. 1984. „Studying Working Intelligence". In B. Rogoff und J. Lave (Hrg.), *Everyday Cognition*. Cambridge, Mass.

— und Cole, M. 1981. *The Psychology of Literacy*. Cambridge, Mass.

Searle, J. 1980. „Minds, Brains and Programs", *The Behavioral and Brain Sciences* 3: 417—457 (dt.: „Geist, Gehirn, Programm". In: D. R. Hofstadter und Dennett, D. C. [Hrg.], *Einsicht ins Ich*, Stuttgart 1986, S. 337—356).

—. 1983a. *Intentionality: An Essay in the Philosophy of Mind*. Cambridge (dt.: *Intentionalität. Eine Abhandlung zur Philosophie des Geistes*. Übers. v. H. P. Gavagai, Frankfurt a.M. 1987).

—. 1983b. „Minds and Brains without Programs". Unveröffentlichter Aufsatz.

Segall, M. H.; Campbell, D.T. und Herskovits, M. J. 1966. *The Influence of Culture on Visual Perception*. Indianapolis.

Shannon, C. E. 1938. „A Symbolic Analysis of Relay and Switching Circuits". Diplomarbeit, Massachusetts Institute of Technology; veröffentlicht in: *Transactions of the American Institute of Electrical Engineers* 57: 1—11.

— und McCarthy, J. (Hrg.), 1956. *Automata Studies: Annals of Mathematical Studies* 34. Princeton.

Shanon, B. 1985. „The Role of Representation in Cognition". In J. Bishop, J. Lockhead, D. N. Perkins (Hrg.), *Thinking*. Hillsdale, N.J.

Shebar, W. 1979. „Mental Imagery: A Critique of Cognitive Psychology", Paper submitted for A. B. with Honors in Philosophy, Harvard University, Cambridge, Mass.

Shepard, R. N. 1981. „Psychophysical Complementarity". In M. Kubovy und J. R. Pomerantz (Hrg.), *Perceptual Organization*. Hillsdale, N.J.

—. 1982. „Perceptual and Analogical Bases of Cognition". In J. Mehler, E. C. T. Walker und M. Garrett (Hrg.), *Perspectives on Mental Representation: Experimental and Theoretical Studies of Cognitive Processes and Capacities*. Hillsdale, N.J.

— und Chipman, S. 1970. „Second-order Isomorphism of Internal Representations: Shapes of States", *Cognitive Psychology* 1: 1—17.

Shepard, R. N. und Metzler, J. 1971. „Mental Rotation of Three-dimensional Objects", *Science* 171: 701—703.

Shiffrin, R. M. und Schneider, W. 1977. „Controlled and Automatic Human Information Processing: II. Perceptual Learning, Automatic Attending, and a General Theory", *Psychological Review* 84: 127—190.

Silverstein, M. 1978. „The Three Faces of Function: Preliminaries to a Psychology of Language". In M. Hickman (Hrg.), *Proceedings of a Working Conference on the Social Foundations of Language and Thought*. Chicago.

Simon, H. A. 1969. *Sciences of the Artificial*. Cambridge, Mass. (dt.: *Die Wissenschaft vom Künstlichen*. Übers. v. O. Wiener. Hamburg o.J.).

—. 1982. Interview. Carnegie-Mellon University. Februar 1982.
— und Newell, A. 1958. „Simulation of Cognitive Processes: A Report on the Summer Research Training Institute, 1958". In *Social Science Research Council Items* 12: 37—40.
Skinner, B. F. 1957. *Verbal Behavior*. New York.
Sloan Foundation. 1976. „Proposed Particular Program in Cognitive Sciences". New York.
—. 1978. „Cognitive Science, 1978". Bericht des State of the Art Committee. New York.
Sloman, A. 1978. *The Computer Revolution in Philosophy: Philosophy, Science and Models of Mind*. Hassocks, Sussex.
Smith, E. E. und Medin, D. L. 1981. *Categories and Concepts*. Cambridge, Mass.
Smith, N. und Wilson, D. 1979. *Modern Linguistics: The Results of Chomsky's Revolution*. Harmondsworth.
Sperber, D. 1968. *Que'est-ce que le structuralisme? 3. Le Structuralisme en anthropologie*. Paris.
—. 1982. *Le Savoir des anthropologues*. Paris.
Sperling, D. 1960. „The Information Available in Brief Visual Presentations". *Psychological Monographs* 24: whole no. 11.
Sperry, R. W. 1951. „Mechanisms of Neural Maturation". In S. S. Stevens (Hrg.), *Handbook of Experimental Psychology*. New York.
—. 1974. „Lateral Spezialization in the Surgically Separated Hemispheres". In F. Schmitt und F. G. Worden (Hrg.), *The Neurosciences: Third Study Program*. Cambridge, Mass.
— und Miner, N. 1955. „Pattern Perception Following Insertion of Mica Plates into Visual Cortex", *Journal of Comparative and Physiological Psychology* 48: 463—469.
Sternberg, S. 1966. „High-Speed Scanning in Human Memory", *Science* 153: 652—654.
—. „Memory Scanning: Mental Processes Revealed by Reaction-Time Experiments", *American Scientist* 57: 421—457.
Stich, S. P. 1982. „The compleat cognitivist" (Rezension von J. A. Fodor, *Representations: Philosophical Essays on the Foundations of Cognitive Science*), *Contemporary Psychologist* 27: 419—421.
—. 1983. *From Folk Psychology to Cognitive Science*. Cambridge, Mass.
—. 1984. „Thinking as per program" (Rezension von P. N. Johnson-Laird, *Mental Models: Towards a Cognitive Science of Language, Interference, and Conciousness*), *Times Literary Supplement*, 4. 2. 1984, S. 189.
Stocking, G. W. 1982. *Race, Culture and Evolution: Essays on The History of Anthropology*. Chicago 1982.
Stouffer, S. A. et. al. 1949. *The American Soldier*. Princeton, N.J.
Sussman, G. J. 1975. *A Computer Model of Skill Acquisition*. New York.
Sutherland, S. 1982. „The Vision of David Marr" (Rezension von David Marr, *Vision*), *Nature* 298: 691—692.
Thomason, R. (Hrg.), 1974. *Formal Philosophy: Selected Papers of Richard Montague*. New Haven.
Thomson, R. 1968. *The Pelican History of Psychology*. Harmondsworth.
Tinbergen, N. 1951. *The Study of Instinct*. London (dt.: *Instinktlehre*. Übers. v. O. Koehler. 4. Auflage Berlin u. Hamburg 1966).
Tolman, E. C. 1932. *Purposive Behavior in Animals and Men*. New York.
Treisman, A. M. 1960. „Contextual Cues in Selective Listening", *Quarterly Journal of Experimental Psychology* 12: 242—248.
—. 1964. „Selective Attention in Man". *British Medical Bulletin* 20: 12—16.
Turing, A. M. 1936. „On Computable Numbers, with an Application to the Entscheidungs-Problem", *Proceedings of the London Mathematical Society*, Series 2, 42: 230—265.

—. 1950. „Computing Machinery and Intelligence". In: *Mind* 59; (dt. „Kann eine Maschine denken?", in: *Kursbuch* 8, 1967, S. 106—138. Übers. v. P. Gänßler).
Turvey, M. T.; Shaw, R. E.; Reed E. S. und Mace, W. M. 1981. „Ecological Laws of Perceiving and Acting: In Reply to Fodor and Pylyshyn (1981)", *Cognition* 9: 237—304.
Tversky, A. und Kahneman, D. 1983. „Extensional vs. Intuitive Reasoning: The Conjunction Fallacy in Probability Judgement", *Psychological Review* 90: 293—315.
Tyler, S. A. (Hrg.), 1969. *Cognitive Anthropology*. New York 1969.
—. 1978. *The Said and the Unsaid: Mind, Meaning, and Culture*. New York.
Tylor, E. 1871. *Primitive Culture*. London (dt.: *Die Anfänge der Kultur*. 2 Bd. Leipzig 1873).
Ullman, S. 1980. „Against Direct Perception", *The Behavioral and Brain Sciences* 3: 373—416.
Vachek, J. 1966. *The Linguistic School of Prague*. Bloomington.
Van Lehn, K.; Seely Brown, J. und Greeno, J. 1982. *Competitive Argumentation in Computational Theories of Cognition* (Zwischenbericht). Cognitive and Instructional Science Series. Xerox Parc, Palo Alto.
Vivelo, F. R. 1981. *Handbuch der Kulturanthropologie*. Stuttgart.
Waldrop, M. 1984a. „Artificial Intelligence (I): Into the World", *Science* 223: 802—805.
—. 1984b. „The Intelligence of Organizations", *Science* 225: 1136—1137.
—. 1984c. „Artificial Intelligence in Parallel", *Science* 225: 608—610.
Wallace, A. F. C. 1968. „Cognitive Theory". In D. L. Sills (Hrg.), *International Encyclopedia of the Social Sciences*. New York.
— und Atkins, J. 1960. „The Meaning of Kinship Terms", *American Anthropologist* 62: 58—80.
Waltz, D. 1975. „Understanding Line Drawings of Scenes with Shadows". In P. H. Winston, (Hrg.), *The Psychology of Computer Vision*. New York.
Wason, P. C. 1966. „Reasoning". In B. Fodd (Hrg.), *New Horizons in Psychology*, Bd. 1. Harmondsworth.
— and Johnson-Laird, P. N. 1972. *The Psychology of Reasoning: Structure in Content*. Cambridge, Mass.
Watson, J. B. and Rayner, R. 1920. „Conditioned Emotional Reactions", *Journal of Experimental Psychology* 3: 1—14.
Watson, R. I. (Hrg.), 1979. *Basic Writings in the History of Psychology*. New York.
Weimer, W. B. 1973. „Psycholinguistics and Plato's Paradoxes of the Meno", *American Psychologist*, Januar 1973, S. 15—33.
Weiss, P. 1952. „Central versus Peripheral Factors in the Development of Coordination", *Research Publications of the Association for Research in Nervous and Mental Disease* 30: 3—23.
Weizenbaum, J. 1966. „ELIZA — A Computer Program for the Study of Natural Language Communication between Man and Machine", *Communications of the Association for Computing Machinery* 9: 36—45.
—. 1976. *Computer Power and Human Reason*. San Francisco (dt.: *Die Macht der Computer und die Ohnmacht der Vernunft*. Übers. v. U. Rennert. Frankfurt a.M. 1979).
Wernicke, C. 1874. *Der aphasische Symptomenkomplex*. Breslau.
Wertheimer, M. 1912. „Experimentelle Studien über das Sehen von Bewegungen", *Zeitschrift für Psychologie* 61: 161—265.
—. 1957. *Produktives Denken*. Übers. von W. Metzger. Frankfurt (Erstveröffentlichung: *Productive Thinking*, New York 1945).
Wexler, K. 1978. „A review of John Anderson, *Language, Memory and Thought*", *Cognition* 6: 327—51.
—. 1982. „A Principle Theory for Language Acquisition". In L. Gleitman und H. E. Wanner (Hrg.), *Language Acquisition. The State of the Art*. New York.

— und Culicover, H. 1980. *Formal Principles of Language Acquisitions*. Cambridge, Mass.

White, L. A. 1963. „The Ethnography and Ethnology of Franz Boas", *Memorial Museum Bulletin*, no. 6, Austin, Tx.

Whitehead, A. N. 1925. *Science and the Modern World*. New York (dt.: *Wissenschaft und moderne Welt*. Übers. v. H. G. Holl. Frankfurt a.M. 1984).

— und Russell, B. 1910—1913. *Principia Mathematica*. Cambridge (dt.: *Principia mathematica*, Übers. v. H. Mokre, Frankfurt a.M. 1986).

Whorf, B. 1956. *Language, Thought and Reality* (Hrg. v. J. Carroll. Cambridge, Mass. (dt.: *Sprache, Denken, Wirklichkeit*. Hrg. u. übers. v. P. Krausser. Reinbek bei Hamburg 1963).

Wiener, N. 1961. *Cybernetics, or Control and Communication in the Animal and the Machine*. 2. Aufl. Cambridge, Mass. erstmals veröffentlicht 1948 (dt.: *Kybernetik. Regelung und Nachrichtenübertragung in Lebewesen und Maschine*. Übers. v. E. H. Serr. Reinbek bei Hamburg 1963).

—. 1964. *Ex-prodigy*. Cambridge, Mass. (dt.: in: *Mathematik — mein Leben*. Übers. v. W. Schwerdtfeger. Düsseldorf 1962).

Wilensky, R. 1983. *Planning and Understanding: A Computational Approach to Human Reasoning*. Reading, Mass.

Wilson, M. D. (Hrg.), 1969. *The Essential Descartes*. New York.

Winograd, T. 1972. *Understanding Natural Language*. New York.

—. 1975. „Frame Representation and the Declarative-Procedural Controversy". In D. G. Bobrow und A. Collins (Hrg.), *Representation and Understanding: Studies in Cognitive Science*. New York.

Winston, P. H. 1977. *Artificial Intelligence*. Reading, Mass. (dt.: *Künstliche Intelligenz*. Übers. v. P. Hamm. Bonn 1987).

— und Brown, R. H. (Hrg.), 1979. *Artificial Intelligence. An MIT Perspective*, Bd. 2: *Understanding Vision, Manipulation, Computer Design, Symbol Manipulation*. Cambridge, Mass.

Witherspoon, G. J. 1971. „Navajo Categories of Objects at Rest", *American Anthropologist* 73: 110—117.

Wittgenstein, L. 1961. *Tractatus logico-philosophicus*. Frankfurt a.M. 1970 (erstmals veröffentlicht 1921).

—. 1980. *Philosophische Untersuchungen*. Frankfurt a.M. (erstmals veröffentlicht 1953).

Wolff, R. P. (Hrg.), 1967. *Kant*. New York.

Woods, B. T. 1980. „Oberservations on the Neurological Basis for Initial Languages". In D. Caplan (Hrg.), *Biological Studies of Mental Processes*. Cambridge, Mass.

Woods, W. A. 1975. „What's in a Link: Foundations for Semantic Networks". In D. G. Bobrow und A. Collins (Hrg.), *Representation and Understanding: Studies in Cognitive Science*. New York.

Young, R. M. 1974. „Production Systems as Models of Cognitive Development". In *Proceedings of AISB Summer Conference*. University of Sussex.

Zaidel, E. 1977. „Lexical Organization in the Right Hemisphere". In P. Busser und A. Rougel-Buser (Hrg.), *Cerebral Correlates of Conscious Experience*. Amsterdam.

—. 1978. „Auditory Language Comprehension in the Right Hemisphere Following Cerebral Commissurotomy and Hemispherectomy: A Comparison with Child Language and Aphasia". In A. Caramazza und E. B. Zurif (Hrg.), *Language Acquisition and Language Breakdown: Parallels and Divergencies*. Baltimore.

Zangwill, O. L. 1980. „Kenneth Craik: The Man and His Work" (The Kenneth Craik Lecture, 10. März 1978), *British Journal of Psychology* 71: 1—16.

Wichtige Veröffentlichungen zur Kognitionswissenschaft 1984—1987

Zum Entstehen neuen Wissens in einem Fachbereich:

Csikszentmihalyi, M. (in Druck) „Society, Culture, and Person: A Systems View of Creativity". In R. Sternberg (Hrg.), *The Nature of Creativity*. New York.

Feldman, D. 1986. *Nature's Gambit*. New York.

Gardner, H. (in Druck). „Creative Lives and Creative Works". In R. Sternberg (Hrg.), *The Nature of Creativity*. New York.

Die ersten beiden „Bibeln" der Parallel Distribuierten Prozessormodelle:

Rumelhart, David E.; McClelland, James L. and the PDP Research Group 1986. *Parallel Distributed Processing: Explorations in the Microstructure of Cognition*. Cambridge.
Bd. I: *Foundations*.
Bd. II: *Psychological and Biological Models*.

PDP *in Verbindung mit menschlichem Kategorisieren:*

Gluck, Mark A. und Bower, Gordon H. 1986. „From Conditioning to Category Learning: An Adaptive Network Model". Unveröffentlichter Aufsatz. Stanford University.

Eine Kritik des PDP *Ansatzes:*

Pinker, Stephen und Prince, Alan. 1986. Paper für das MIT Cognitive Sciences Coloquium. In Vorbereitung.

Kritische Darstellungen der künstlichen Intelligenz:

Haugeland, J. 1985. *Artificial Intelligence. The Very Idea*. Cambridge (dt.: *Künstliche Intelligenz — programmierte Vernunft?*. Übers. v. W. Hüsmert. Hamburg 1987).

Winograd, T. und Flores, F. 1986. *Understanding Computers and Cognition*. Norwood, N.J.

Überblick über neuere Arbeiten in visueller Wahrnehmung:

Pinker, Stephen (Hrg.) 1985. *Visual Cognition*. Cambridge.

Ein Kompendium neuerer Studien zur kognitiven Anthropologie: Die Einleitung beschreibt sehr viel generellere „Kulturmodelle" und „Kulturprogramme" als „Skripts" und „Rahmen" es sind:

Holland, Dorothy und Quinn, Naomi (in Druck). *Introduction to Cultural Models in Language and Thought*. Cambridge.

Aufsätze zahlreicher Kollegen über Jerry Fodors umstrittenes Buch über Modularität:

Sammlung von Rezensionen zu Jerry Fodors *The Modularity of Mind*. In *The Bevioral and Brain Sciences* 8 (1985).

Ein neueres Gespräch mit Noam Chomsky, mit Äußerungen zu seiner Auffassung von Kognition:

Beckwith, R. und Rispoli, M. 1986. „Aspects of a theory of mind: An interview with Noam Chomsky". *New Ideas in Psychology* 4 (1986): 187—202.

Namenregister

Sachregister

Ausführliche Inhaltsübersicht

7. Linguistik: Die Suche nach Autonomie 197

8. Anthropologie: Über die Fallstudie hinaus 238

9. Neurowissenschaft: Der Flirt mit dem Reduktionismus 276

Teil III: Auf dem Weg zu einer integrierten Kognitionswissenschaft

Von Howard Gardner ist außerdem bei Klett-Cotta erschienen:

Abschied vom I.Q.

Die Rahmen-Theorie der vielfachen Intelligenzen

Aus dem Amerikanischen übersetzt
von Malte Heim
395 Seiten, Linson mit Schutzumschlag
ISBN 3-608-93158-9

Seit Anfang des Jahrhunderts versucht man mit verschiedenen Tests, den »Intelligenzquotienten« (IQ) von Menschen zu messen. Wer einen hohen Wert erreicht, gilt als intelligent, und in vielen Fällen kann der einmal ermittelte IQ den ganzen weiteren Lebensweg bestimmen. Doch kann niemand sagen, was Intelligenz eigentlich ist, und die Zahl unterschiedlicher Definitionen ist unüberschaubar. Trotzdem verhalten sich Psychologen, Pädagogen, Personalchefs, Laien so, als gäbe es die Intelligenz.
Genau dies bezweifelt Howard Gardner in seinem mutigen Buch, mit dem er nicht nur Detailkritik an den Testverfahren vorbringt, sondern das ganze Konzept der angeblichen Intelligenzmessung ins Wanken bringt. Aufbauend auf vielen Jahren psychologischer Forschung legt Gardner die Beweise für seine Theorie vor, daß jeder Mensch eine Vielzahl von »Intelligenzen« – mindestens sieben – entwickeln kann, von denen viele mit den Standardtests gar nicht erfaßt werden können. Erst im Zusammenspiel dieser vielfachen Intelligenzen aber ergibt sich, wie Gardner es nennt, »menschlich kompetentes Verhalten«, das zu fördern die eigentliche Aufgabe jeder Gesellschaft sein müßte.
Für »Abschied vom IQ« erhielt Gardner wegen seiner gelungenen Darstellungsform 1983 den »National Psychology Award for Excellence in the Media«.